湖北非凡十年

从党的十八大到二十大

中共湖北省委党史研究室◎编

长江出版传媒 | 湖北人民出版社

图书在版编目（CIP）数据

湖北非凡十年：从党的十八大到二十大 / 中共湖北省委党史研究室编. -- 武汉：湖北人民出版社，2024. 12.
ISBN 978-7-216-10877-5

Ⅰ. D235.63

中国国家版本馆CIP数据核字第2024R1T244号

责任编辑：曾若雪　丁　琦
封面设计：刘舒扬
责任校对：范承勇
责任印制：蔡　琦

出版发行： 湖北人民出版社	**地址：** 武汉市雄楚大道268号
印刷： 湖北新华印务有限公司	**邮编：** 430070
开本： 787毫米 × 1092毫米 1/16	**印张：** 32.5
版次： 2024年12月第1版	**印次：** 2024年12月第1次印刷
字数： 674千字	**插页：** 5
书号： ISBN 978-7-216-10877-5	**定价：** 168.00元

本社网址：http://www.hbpp.com.cn
本社旗舰店：http://hbrmcbs.tmall.com
读者服务部电话：027-87679656
投诉举报电话：027-87679757
（图书如出现印装质量问题，由本社负责调换）

编 委 会

编 辑 组

前　言

时光无言，山河为证。从2012年到2022年，在波澜壮阔的历史长河里，新时代十年踔厉奋发，镌刻着中国人民团结奋进的铿锵足迹；在幅员广袤的中华大地上，新时代十年成绩斐然，书写下一个又一个彪炳史册的东方传奇。

党的十八大以来，以习近平同志为核心的党中央团结带领全党全军全国各族人民，统筹中华民族伟大复兴战略全局和世界百年未有之大变局，统揽伟大斗争、伟大工程、伟大事业、伟大梦想，党和国家事业取得历史性成就，发生历史性变革。习近平总书记深刻指出："新时代十年的伟大变革，在党史、新中国史、改革开放史、社会主义发展史、中华民族发展史上具有里程碑意义。"

湖北是中部地区崛起的重要战略支点。习近平总书记高度重视湖北发展，对湖北人民充满深厚感情。十年来，习近平总书记先后4次考察湖北，并参加十三届全国人大三次会议湖北代表团审议，出席第七届世界军人运动会开幕式，提出"四个着力""四个切实"等重要要求，寄予"三个一定能够"的殷切期望，作出"三个没有改变"的重大判断，赋予湖北"建成支点、走在前列、谱写新篇"的历史使命，对深化改革、产业转型、科技创新、长江大保护、乡村振兴、民生保障等方面作了全方位指引，为新时代湖北改革发展把脉定向、指路领航。

在波澜壮阔的伟大实践中，湖北坚持以习近平新时代中国特色社会主义思想为指导，深入贯彻落实习近平总书记关于湖北工作的重要讲话和指示批示精神，牢记嘱托、感恩奋进，推动"建成支点"实现历史性突破、"走在前列"迈出关键性步伐、"谱写新篇"取得标志性成果。持续推进科技强省建设，走出一条创新引领、更富效率的现代化之路；以武汉、襄阳、宜昌为中心的三大都市圈加快建设，走出一条注重协调、更加均衡的现代化之路；坚持把修复长江生态环境摆在压倒性位置，走出一条绿色低碳、更可持续的现代化之路；坚持对标国际一流，持续优化营商环境，走出一条开放合作、更加包容的现代化之路；坚持"人民至上、生命至上"，打赢了疫情防控的武汉保卫战、湖北保卫战，走出一条成果共享、更加公平的现代化之路。荆楚大地，十年巨变。十年来，湖北经济总量先后跨过3万亿元、4万亿元、5万亿元大台阶，实现了历史性跨越。

新时代是承前启后、继往开来、在新的历史条件下继续夺取中国特色社会主义伟大胜利的时代。党史和文献部门有必要跟进研究以习近平同志为核心的党中央治国理政的丰富实践，记录好新时代党的历史的新篇章，使党史工作始终体现时代性、把握规律性、富于创造性。根据中央党史和文献研究院《关于开展〈新时代　新发展　新成就——从党的十八大到二十大〉（暂定名）编写工作的通知》要求，中共湖北省委党史研究室组织全省各市、州、直管市、神农架林区的党史和文献部门共同开展《湖北非凡十年——从党的十八大到二十大》专题性图书编撰工作。旨在全方位反映十年来湖北经济社会发展取得的非凡成就和宝贵经验，发挥党史和文献部门存史资政育人的职能和优势，为湖北奋进新征程、建功新时代提供借鉴参考，凝聚磅礴力量。

《湖北非凡十年——从党的十八大到二十大》一书包含湖北省级发展综述一篇，全省各市、州、直管市、神农架林区发展综述十七篇。全书从经济建设、政治建设、文化建设、社会建设、生态文明建设、全面从严治党、地方特色工作等方面，全方位、多视角展现湖北各地贯彻落实党中央重大决策部署和省委工作要求的生动实践，反映湖北各地新时代十年取得的重大成就，总结湖北各地新时代十年积累的宝贵经验。希望通过看中国发展的湖北印记，聆历史大潮的荆楚情怀，进一步激发湖北广大干部群众深刻领悟“两个确立”的决定性意义，更加自觉增强“四个意识”、坚定“四个自信”、做到“两个维护”。

征程万里风正劲，重任千钧再出发。新时代的湖北正勇立潮头、奋楫先行，团结一心、锐意进取，加快建设全国构建新发展格局先行区，奋力谱写中国式现代化湖北篇章。历史不会辜负实干者，我们靠实干创造了辉煌的过去，还要靠实干开创更加美好的未来。

目　　录

努力建设全国构建新发展格局先行区
加快“建成支点、走在前列、谱写新篇”

——从党的十八大到二十大湖北发展综述

中共湖北省委党史研究室

湖北地处中国中部、长江中游，是中国工业大省、农业大省、科教大省、生态大省、文化大省，在全国发展格局中具有重要地位。习近平总书记高度重视湖北工作，对湖北人民充满深厚感情。十年来，习近平总书记先后4次到湖北考察调研，参加十三届全国人大三次会议湖北代表团审议，出席第七届世界军人运动会开幕式，对湖北各项工作作出一系列重要指示，为湖北发展指明了方向、提供了根本遵循。湖北牢记殷殷嘱托，坚持以习近平新时代中国特色社会主义思想为指导，完整、准确、全面贯彻新发展理念，一丝不苟贯彻落实习近平总书记对湖北工作的重要讲话和指示批示精神，切实将“建成支点、走在前列、谱写新篇”作为湖北高质量发展的“纲”和“魂”。2021年，湖北地区生产总值迈上5万亿元台阶，实现历史性跨越，较2012年增长了121.4%。居民人均可支配收入达到30829元，较2012年增长了108.2%。长江干流湖北段全线实现Ⅱ类水质，达到历史最高水平。脱贫攻坚取得决定性胜利，抗击新冠肺炎疫情取得决定性成果，人民群众的获得感幸福感安全感不断增强，党的建设不断加强。荆楚大地历经沧桑巨变，吹响了建设全国构建新发展格局先行区，奋进全面建设社会主义现代化国家新征程的昂扬号角。

一、牢记殷殷嘱托，深入学习贯彻习近平总书记关于湖北工作的重要讲话和指示批示精神

习近平总书记对湖北提出“四个着力”“四个切实”重要要求，赋予“建成支点、走在前列”目标定位，寄予“三个一定能够”热切期望，作出“三个没有改变”重要判断，为湖北发展把脉定向，掌舵领航。

（一）习近平总书记关心指导湖北工作

1. 2013年7月考察湖北：赋予“建成支点，走在前列”目标定位，指明“四个着力”改革

发展方向

2013年7月21日至23日，习近平总书记来到湖北，调研全面深化改革问题和经济运行情况，到武汉、鄂州等地，深入港口、企业、乡村、社区实地考察。在武汉，习近平总书记主持召开了部分省市负责人座谈会并作重要讲话。他强调，必须从纷繁复杂的事物表象中把准改革脉搏，把握全面深化改革的内在规律，特别是要把握全面深化改革的“五个关系”，即处理好解放思想和实事求是的关系、整体推进和重点突破的关系、顶层设计和摸着石头过河的关系、胆子要大和步子要稳的关系、改革发展稳定的关系。在听取湖北省委、省政府工作汇报后，习近平总书记提出，要“努力把湖北建设成为中部地区崛起的重要战略支点，争取在转变经济发展方式上走在全国前列”；“着力在推进经济发展方式转变和产业结构调整上取得新突破，着力在推进农业现代化上不断取得新成果，着力在保障和改善民生上不断取得新进展，着力在生态文明建设上取得新成效”。习近平总书记对湖北“建成支点，走在前列”的目标定位和提出的“四个着力”的殷殷嘱托，为湖北改革发展指明了前进方向。

2. 2018年4月考察湖北：“四个切实”推动各项事业共同发展

2018年4月24日至28日，习近平总书记再次来到湖北，先后到宜昌、荆州、武汉等地，考察长江经济带发展和经济运行情况。4月26日，在武汉主持召开深入推动长江经济带发展座谈会并发表重要讲话。他强调，推动长江经济带发展是党中央作出的重大决策，是关系国家发展全局的重大战略。新形势下推动长江经济带发展，关键是要正确把握整体推进和重点突破、生态环境保护和经济发展、总体谋划和久久为功、破除旧动能和培育新动能、自我发展和协同发展的关系，要坚持新发展理念，坚持共抓大保护、不搞大开发，以长江经济带发展推动经济高质量发展。在听取湖北省委、省政府工作汇报后，习近平总书记对湖北工作提出了“四个切实”的重要要求，即“切实推动高质量发展，切实实施乡村振兴战略，切实做好民生工作，切实加强作风建设”。习近平总书记指示湖北，要全面落实党中央决策部署，真抓实干，埋头苦干，全力推动各项事业发展，在决胜全面建成小康社会、夺取新时代中国特色社会主义伟大胜利的新征程上不断创造新的业绩。

3. 2019年10月考察湖北：第七届世界军人运动会实现“办赛水平一流、参赛成绩一流”既定目标

在湖北武汉举办第七届世界军人运动会，是习近平总书记和中央军委作出的重大决策。2019年10月18日，习近平总书记到武汉出席开幕式并宣布运动会开幕。他充分肯定湖北省及武汉市以高度的政治责任感精心组织、精益求精，广大市民以主人翁姿态热情参与、积极奉献，为军运会成功举办作出了重要贡献。第七届世界军人运动会成功举办，体现出了中国气派、军人特色，实现了“办赛水平一流、参赛成绩一流”的既定目标。

4. 2020年3月考察湖北:“三个一定能够”为打赢新冠肺炎疫情阻击战、加快疫后重振加油鼓劲

2020年春节前后,武汉、湖北暴发新冠肺炎疫情,习近平总书记亲自指挥、亲自部署武汉保卫战、湖北保卫战。3月10日,在抗击疫情的关键时刻,习近平总书记亲临湖北省武汉市抗疫一线考察疫情防控工作时强调,湖北和武汉是这次疫情防控斗争的重中之重和决胜之地。经过艰苦努力,湖北和武汉疫情防控形势发生积极向好变化,取得阶段性重要成果,但疫情防控任务依然艰巨繁重。习近平总书记指出,在这场严峻斗争中,武汉人民识大体、顾大局,不畏艰险、顽强不屈,自觉服从疫情防控大局需要,主动投身疫情防控斗争,作出了重大贡献。武汉人民用自己的实际行动,展现了中国力量、中国精神,武汉不愧为英雄的城市,武汉人民不愧为英雄的人民!相信英雄的武汉人民一定能够彻底战胜疫情,一定能够浴火重生,一定能够创造新时代更加辉煌的业绩。“三个一定能够”为湖北打赢阻击新冠肺炎疫情历史性大战,扛住疫后恢复重振历史性大考,夺取决胜全面小康历史性成就,战胜一切艰难险阻注入了强大动力。

5. 2020年5月参加湖北代表团审议:“三个没有改变”为加快疫后重振再添信心

2020年5月,十三届全国人大三次会议在北京召开。习近平总书记在参加会议时念念不忘湖北,特地强调“湖北代表团一定得来一下”。24日,习近平总书记来到湖北代表团亲切看望湖北代表。他指出,湖北经济长期向好的基本面没有改变,多年积累的综合优势没有改变,在国家和区域发展中的重要地位没有改变。“三个没有改变”是习近平总书记对湖北经济社会发展形势的科学判断和精准定位,为湖北加快疫后重振再次增添了信心,为湖北谋划“十四五”规划指明了方向。

6. 2022年6月考察湖北:寄予科技自立自强殷切期望,提出统筹做好疫情防控和经济社会发展更高要求

2022年6月28日,习近平总书记再次莅临湖北省武汉市考察时强调,科技自立自强是国家强盛之基、安全之要。我们必须完整、准确、全面贯彻新发展理念,深入实施创新驱动发展战略,把科技的命脉牢牢掌握在自己手中。他指出,全面建设社会主义现代化国家,实现第二个百年奋斗目标,创新是一个决定性因素。党中央高度重视科技创新,实施科教兴国战略和创新驱动发展战略。他强调,新冠肺炎疫情是一场大考。我们坚持人民至上、生命至上,坚持外防输入、内防反弹,坚持动态清零,因时因势不断调整防控措施,最大程度保护了人民生命安全和身体健康。他强调,坚持就是胜利。要克服麻痹思想、厌战情绪、松劲心态,抓实抓细疫情防控各项工作,同时要尽可能推动经济平稳健康发展。各级党委和政府要想办法帮助人民群众解决实际困难,确保经济发展和人民群众生产生活少受影响。习近平总书记的重要讲话,为新时代湖北高质量发展领航定向,充分体现了习近平总书记对湖北工作的高度重视、殷切期望和对湖

北人民的深情牵挂。

(二)完整准确全面理解和把握习近平总书记对湖北工作的重要指示精神

习近平总书记对湖北工作的重要指示精神为湖北做好各项工作提供了根本遵循。湖北省委高站位谋划,高标准统筹,高质量推进,推动习近平总书记对湖北工作的重要指示精神在荆楚大地落地生根。

1. 对“建成支点,走在前列”作出全面部署

2013年10月16日,省委十届三次全体(扩大)会议举行。审议通过《中共湖北省委关于贯彻落实习近平总书记重要讲话精神,加快推进“建成支点、走在前列”的决定》。全会认为,习近平总书记视察湖北,充分体现了党中央和总书记对湖北的重视、关怀和厚爱,凸显了湖北的重要地位,给湖北带来了重大的历史机遇、战略机遇、发展机遇。贯彻落实总书记重要讲话精神,是湖北首要的、长期的政治任务。

全会对贯彻落实习近平总书记重要讲话精神、加快推进“建成支点、走在前列”作出了全面部署。一要打开解放思想这个“总闸门”,主动解放思想,持续不断解放思想,领导干部带头解放思想,以解放思想开创各项工作新局面。二要增强创新驱动这个总动力,突出科技创新、体制机制创新、方式方法创新,为全省科学发展、跨越式发展注入不竭动力。三要做好推进“一元多层次”战略体系这篇大文章,突出“建成支点、走在前列”的“一元”地位,继续实施“两圈一带”①区域发展战略,积极推进湖北长江经济带和汉江生态经济带开放开发,进一步促进长江中游城市群建设,推动“两圈两带”②区域发展格局的形成。四要把握科学发展这个大方向,突出绿色地区生产总值、民生地区生产总值,加快转变经济发展方式,着力调整经济结构,切实保障和改善民生,促进社会和谐稳定。

2. 明确新时代湖北高质量发展总体要求和主攻方向

2018年5月15日,省委十一届三次全体(扩大)会议举行。会议传达学习习近平总书记视察湖北重要讲话精神,审议通过了《中共湖北省委关于学习贯彻习近平总书记视察湖北重要讲话精神　奋力谱写新时代湖北高质量发展新篇章的决定》。全会指出,习近平总书记视察湖北,是全省人民政治生活中的一件大事,是新时代湖北改革发展进程中的重要里程碑。习近平总书记视察湖北的重要讲话,高瞻远瞩、总揽全局,思想深邃、内涵丰富,进一步明确了新时代深入推动长江经济带发展的指导方针,进一步明确了新时代湖北全面深化改革开放的目标任务,进一步明确了新时代湖北改革发展的总体要求、主攻方向、使命担当。

---

①“两圈一带”:“两圈”指武汉城市圈和鄂西生态文化旅游圈,“一带”指长江经济带。

②“两圈两带”:在武汉城市圈、鄂西生态文化旅游圈和长江经济带之外,新增“汉江生态经济带”。

全会强调，要坚持高质量发展，努力在转变发展方式上走在前列；要坚持实施乡村振兴战略，加快推进农业农村现代化；要坚持以人民为中心的发展思想，在发展中保障和改善民生；要坚持全面从严治党，巩固拓展作风建设成果。全会要求，要做好结合文章，把贯彻落实习近平总书记重要讲话精神，与贯彻落实习近平新时代中国特色社会主义思想和党的十九大精神结合起来，与贯彻落实党中央各项决策部署结合起来，与贯彻落实习近平总书记2013年视察湖北重要讲话精神结合起来，与贯彻落实习近平总书记对湖北工作重要指示精神结合起来，坚持一体学习、一体贯彻、一以贯之，一张蓝图干到底。

3. 科学谋划省域治理现代化

2020年6月10日，省委十一届七次全会举行。全会审议通过了《中共湖北省委关于贯彻落实党的十九届四中全会精神、推进省域治理现代化的决定》《中共湖北省委湖北省人民政府关于推进疾病预防控制体系改革和公共卫生体系建设的意见》。全会指出，突如其来的新冠肺炎疫情，是对治理体系和治理能力的一次大考。在党中央的坚强领导下，经过艰苦卓绝的努力，武汉保卫战、湖北保卫战取得决定性成果，统筹推进疫情防控和经济社会发展工作取得积极成效。但在这场严峻斗争中，也暴露出湖北公共卫生领域存在“不适应、不充分、不平衡”等问题。

全会指出，要打造疾病预防控制体系改革和公共卫生体系建设的“湖北样板”，答好习近平总书记和党中央交给湖北的“必答题”。全会强调，要全面落实“六稳”“六保”，加快推动疫后重振和高质量发展。立足于“三个没有改变”，以保促稳、以稳促进，在危机中育新机，于变局中开新局。要落实好党中央国务院一揽子支持政策，全力稳住经济基本盘；全力保就业、打赢脱贫攻坚战，兜住民生底线；以优化营商环境为抓手深化改革、扩大开放；高度重视、全力化解“疫后综合症”，确保社会大局稳定。要保持大战状态、大考作风，增强“坐不住、等不起、慢不得”的紧迫感，突出讲政治、顾大局、善决策，强担当、敢斗争、提能力，讲真话、干实事、抓落实，多做打基础、利长远、惠民生的实事。

4. 努力建设全国构建新发展格局先行区

2022年6月18日至21日，省第十二次党代会胜利召开。会议高举习近平新时代中国特色社会主义思想伟大旗帜，深入贯彻落实习近平总书记关于湖北工作的重要讲话和指示批示精神，总结了过去五年工作取得的主要成绩和积累的宝贵经验，分析了新发展阶段湖北面临的新形势新任务，提出了努力建设全国构建新发展格局先行区的目标定位，科学回答了湖北在全国大局中应该做什么、能够做什么，应该发挥什么作用、能够发挥什么作用等重大问题。会议指出，建设全国构建新发展格局先行区，是湖北落实国家重大战略必须肩负的历史使命，是“建成支点、走在前列、谱写新篇”在新发展阶段的内在要求，是湖北全面推进社会主义现代化建设的重要路径。会议从坚决守住构建新发展格局的安全底线、加快建设现代产业体系、打造国内大循环的重要节点和国内国际"双循环"的重要枢纽、推进区域协调发展和新型城镇化、实施强县工程、全面深化改革开放、加快文化强省建设步伐、更大力度保障和改善民生、大力发展社会主义民主政治9个方面，对建设全国构建新发展格局先行区的路径举措作出部署。

2022年6月30日，省委常委会举行扩大会议，专题学习习近平总书记考察湖北重要讲话精神。会议强调，要完整准确全面理解和把握习近平总书记考察湖北重要讲话的核心要义和精神实质。一要深刻领会习近平总书记关于坚持以人民为中心的发展思想的重要要求。始终把人民放在心中最高位置，从群众关心的热点难点做起，精准对接和满足民生需求，不断增强人民群众的获得感幸福感安全感。二要深刻领会习近平总书记关于科技自立自强的重要要求。发挥湖北科教资源优势，在原始创新上攻坚发力，在企业创新上激发动能，在产业创新上跨界融合，在制度创新上勇于突破，着力提升创新体系整体效能，塑造更多依靠创新驱动、更多发挥先发优势的引领型发展。三要深刻领会习近平总书记关于实施人才强国战略的重要要求。努力创造有利于科技创新的体制机制和工作生活环境，加快打造全国重要人才中心和创新高地。四要深刻领会习近平总书记关于统筹发展和安全的重要要求。以流域综合治理明确并守住安全底线，统筹四化同步发展，确保江河安澜、社会安宁、人民安康。五要深刻领会习近平总书记关于高效统筹疫情防控和经济社会发展的重要要求。坚定不移贯彻党中央确定的疫情防控方针政策，建立统筹疫情防控和经济社会发展长效机制，最大限度减少疫情对经济社会发展的影响。六要深刻领会习近平总书记关于党建引领基层治理的重要要求。把在疫情防控等大战大考中积累的基层治理经验做法总结好、运用好，更好发挥党组织在社区治理中的领导作用，不断提升治理体系和治理能力现代化水平，答好习近平总书记交给湖北的"必答题"。

二、认真贯彻新发展理念，大力推动经济高质量发展

党的十八大以来，荆楚儿女克难攻坚，以一域之进为中部全域崛起助力，经济发展方式转变明显加快，高质量发展环境不断优化，形成经济发展竞进态势，推动战略支点作用显著增强，向着建成支点目标迈出了坚实步伐。

（一）统筹推进区域协调发展

地区之间发展不平衡不充分是湖北最大的实际，也是湖北地域发展之间最大的矛盾。党的十八大以来，湖北实施"一元多层次"战略体系，"一芯两带三区"区域和产业发展布局、"一主引领、两翼驱动、全域协同"区域发展布局，有效推动了区域协调发展。在实践探索基础上，省第十二次党代会根据新的省情实际和发展的阶段性特征，提出大力

发展三大都市圈、实施强县工程，为湖北长远发展奠定坚实基础。

1. 当好长江经济带建设主力军

习近平总书记一直心系长江经济带发展，亲自谋划、亲自部署、亲自推动，为推动长江经济带高质量发展把脉定向。湖北作为长江流经里程最长的省份，自觉担负起长江经济带发展的时代使命，以"主战场"责任护航长江经济带高质量发展。出资400亿元设立的湖北省长江经济带产业基金，募集社会资本形成规模2000亿元的母基金，最终形成1万亿元资金规模，用于支持战略性新兴产业发展。通过改革创新促进经济发展方式快速转变，让经济发展与保护生态环境同频共振、相互促进。激发创新活力，始终坚持创新是第一动力，加快推进国家创新型试点省份建设，发展质量和效益不断提高。依托长江黄金水道建设综合立体绿色交通走廊，湖北国际物流核心枢纽项目、武汉长江中游航运中心、长江中游"645"工程①等一批基础设施重点项目加快实施。

坚持把湖北放在长江经济带发展大局中考虑，积极推动建立长江中游省际会商机制和工作推进机制，推进省域交流协作。2012年2月，长江中游城市集群三省会商会议在武汉召开，鄂湘赣三省共同签署《加快构建长江中游城市集群战略合作框架协议》，以"中三角"的武汉、长沙、南昌3个城市圈为核心，形成跨省域的经济一体化城市集群，打造继长三角、珠三角、环渤海地区中国经济增长三极之后的第四极。2015年4月、5月，湖北省党政代表团先后到湖南省、江西省学习考察，在长沙和南昌召开了湘鄂、赣鄂两省交流合作座谈会，围绕"共建中三角、打造第四极"的主题深入会谈，并签署《长江中游城市群战略合作协议》，商定进一步加强协同合作，共奏大合唱、共建"中三角"、共谱新乐章，打造第四极。2021年3月，鄂赣两省举行合作发展交流座谈会，双方就建立省际协商合作机制、深化产业等各方面合作、携手推进长江中游城市群建设进行了广泛深入交流，形成重要成果。2021年3月、9月，鄂湘两省两次举行合作发展交流座谈会，进一步深化鄂湘两省合作，激活、完善、赋能长江中游城市群协同发展体制机制，加快武汉、长株潭都市圈建设，共同推动中部地区加快崛起，打造全国重要增长极。2021年9月，湘鄂赣三省协同推动高质量发展座谈会在武汉举行。会议深入学习贯彻习近平总书记关于推动长江经济带发展和推动中部地区崛起的重要指示批示精神，进一步落实党中央、国务院关于新时代推动中部地区高质量发展的决策部署，就深化长江中游三省协同推动高质量发展、加快绿色崛起，共同打造全国重要增长极深入协商，达成共识。审议通过了《深化协同发展加快绿色崛起——长江中游三省战略合作总体构想》，签订6项合作文件，并设立三省协

①长江中游"645"工程：通过整治长江中游航道，将武汉到安庆段水深提高到6米、宜昌到武汉段水深提高到4.5米，旨在解决中游不畅的现状，打通长江中游航运的"肠梗阻"，携手"龙头"上海、"龙尾"重庆，共同舞动长江"巨龙"。

同发展联合办公室，推动三省区域协调发展达到新的更高水平。

2. 大力发展三大都市圈

大力发展以武鄂黄黄为核心的武汉都市圈，支持武汉建设国家中心城市和国内国际“双循环”的枢纽，支持孝感打造武汉都市圈重要节点城市，支持咸宁打造武汉都市圈自然生态公园城市，支持仙桃、天门、潜江建设四化同步发展示范区，将武汉都市圈打造成引领湖北、支撑中部、辐射全国、融入世界的重要增长极。2021年，武汉地区生产总值达到17716.76亿元，稳居全国城市前十。武汉都市圈经济总量跨越3万亿元，位居全国省域都市圈前列，成为全省高质量发展重要增长极。

大力发展襄阳都市圈，支持襄阳打造引领汉江流域发展、辐射南襄盆地的省域副中心城市，建设联结中西部新通道的核心枢纽节点，支持十堰建设绿色低碳发展示范区，支持随州打造城乡融合发展示范区，支持神农架林区建设生态文明建设示范区。2021年襄阳都市圈地区生产总值达到1万亿元左右，成立了媒体、公共资源交易合作、文化馆、医疗保障等14个联盟，区域竞争力不断增强。

大力发展宜荆荆都市圈，支持宜昌打造联结长江中上游、辐射江汉平原的省域副中心城市，建设长江综合立体交通枢纽，支持荆州建设江汉平原高质量发展示范区，支持荆门打造产业转型升级示范区，支持恩施建设“两山”实践创新示范区。2021年宜荆荆都市圈地区生产总值接近1.1万亿元，在重点产业协调联动、基础设施互联互通、生态联保共治等方面取得明显成效。

3. 着力推进强县工程

县域是农村经济、社会、文化等发展的基本单元，是解决城乡发展不平衡不充分问题的主阵地。湖北以强县工程为抓手，促进农民增收，推动城乡协调发展，缩小城乡差距。“十三五”以来，湖北县域经济总量先后突破2万亿元、2.5万亿元，地区生产总值超过300亿元的县（市、区）有36个，超过500亿元的有16个。8个县市进入全国百强县，位居中西部第一，22个县市入围中部百强，66个县域重点成长型产业集群总产值超过8000亿元，湖北县域经济在全国影响力不断扩大。

加强县城建设。认真贯彻落实中央《关于推进以县城为重要载体的城镇化建设的意见》。发布县城品质提升三年行动方案，建设了一批畅通、有序、安全、便捷、美丽、智慧的现代化县城。提高县城公共服务设施建设标准，特别是提升县城教育、医疗、文化等公共服务能力和水平，尽快达到当地城市的平均水准。推动平台、资源、服务下沉，强化县城服务“三农”的能力和水平。切实优化县城开发建设方式，彰显县城及乡村自然、产业和文化特色，严格控制县城建设密度与强度，建设适合县城特点的小型化、分散式基础设施，推动组团式综合开发。

构建一二三产业融合的发展体系。以农业为基础和资源，做好“接二连三”文章，因地制宜发展县域经济，增强县域发展内生动力。引导新型农业经营主体与农户深入合作，建立紧密型的"龙头企业＋合作社＋农户"合作模式，让农民深度融入产业链价值链，更多分享产业增值收益。及时制定出台《关于加快推进农村一二三产业融合发展的实施意见》，聚焦资源要素，强化示范引导，推动政策落实，扎实推进农村产业融合发展。整合中央和省预算内资金3亿多元支持农村产业融合发展示范园建设，撬动金融资金和社会资本超过1000亿元。出台《湖北省规范和保障农村一二三产业融合发展用地实施细则》，有效保障和满足农村产业融合发展用地需求。

构建统筹县城、乡镇、村庄的三级服务体系。健全服务"三农"的政务服务体系，加强农村电子政务建设，推动市县行政审批、公共服务和社会管理等平台向镇村延伸。出台省市县乡村五级事项清单，统一办事指南要素标准，实现"5级118同"，率先在全国将政务服务事项标准化延伸至乡村两级。电子政务外网实现省市县乡村五级全覆盖，在网络承载、数据交换、业务支撑、网络信任等方面进入全国第一方阵。推进城乡基本公共服务均等化，大力推动教联体、医联体等建设，引导更多资源、资金、人才向基层倾斜、向农村覆盖，提升农村地区教育、医疗、养老等基本公共服务水平。2015年以来，全省已有600余万农业人口和其他常住人口转移至城镇落户。2021年，全省30.8万名农民工随迁子女在流入地学校就读，在公办学校就读(含政府购买学位)比例达95.4%，高于全国4.5个百分点。141万名农民工参加企业职工养老保险。

构建政府、社会、村民共建共治共享的治理体系。建设完整乡村社区，大力发展集体经济，提高基层服务群众的条件、能力和水平。从人居环境改善、垃圾污水处理、厕所革命等群众身边、房前屋后的实事小事做起，组织群众、宣传群众、凝聚群众、服务群众，增强群众主人翁意识，共同建设美好家园。探索和创新项目招投标、财政资金统筹使用、"以奖代补"等机制，激发群众参与热情，打造人人有责、人人尽责、人人享有的社会治理共同体。秭归县立足山区农业大县实际，积极顺应"互联网＋"时代潮流，全力构建"党委领导、政府主导、部门联合、企业参与"共建共治共享数字乡村建设格局。麻城市秉持"美好环境和幸福生活共同缔造"理念，坚持党建引领、政府主导、部门联动、镇村主体，构建"纵向到底、横向到边、协商共治"的村庄治理体系，探索出一条富有自身特色的村镇建设之路，让村庄环境变得更美，基础设施更加完善，群众的幸福感安全感更加充盈。

(二)深入实施创新驱动发展战略

湖北深入实施创新驱动发展战略，积极夯实科技创新"四梁八柱"，全域谋划打造"创新高地"，区域科技创新能力居全国第8位、中部第1位，进入全国科技创新水平的"第一方阵"，正从"科教大省"向"科技强省"加速迈进。

1. 不断提升科技创新能力

立足国家重大战略需求，聚焦光电科学、空天科技、生物安全、生物育种等优势领域，组建10家湖北实验室,积极推进优势力量争创国家实验室和国家实验室基地,产出三维直连量子点红外探测、线粒体酶复合体组装分子机制等一批原创成果。推进精密重力测量、极低频探地(WEM)、生物安全P4实验室等已建设施功能优化提升。作物表型组学研究(神农设施)、深部岩土工程扰动模拟、脉冲强磁场3个大设施纳入国家"十四五"规划,占全国七分之一强。全省国家重点实验室总数达到30个,排名全国第4位。获批建设国家智能设计与数控技术创新中心和国家数字建造技术创新中心,占全国总数的八分之一。高新技术企业"十百千万"行动和科技领军企业培育计划深入实施,引领全省科技型中小企业、高新技术企业、科技领军企业加快发展壮大,长飞光纤成为国内唯一高端多模光纤制造商,中国信科研发出我国首款面向光通信和数据中心应用的商用400G硅光收发芯片与模块。2022年1至4月,全省科技型中小企业入库9842家,同比增长192.6%。战略科技人才加快集聚,在鄂两院院士达81人,引进海外高层次人才、杰出青年人才、入选国家创新人才推进计划人才等人数均居全国前列、中部第一位。

科技点亮中国光谷(《湖北日报》 供图)

2. 持续优化科技创新生态

入选国家科技改革试点省份,率先开展职务科技成果赋权、科技成果评价、科技人才评价等改革试点。实行"揭榜挂帅"、"赛马择优"、重大科创项目首席科学家制、重点研发计划项目负责制,拓展"包干制"范围,探索建立"分类、多元、规范"科技评价体系,激发科技人才创新活力。获批建设湖北汉襄宜国家科技成果转移转化示范区,以国家技术转移中部中心和长江中游城市群综合科技服务平台为载体,加快建设国家枢纽型技术交易市场。发挥湖北高校科教资源富集优势,以校区为创新动力源,以科创和产业园区为孵化载体及加速空间,推动科技成果在鄂转移转化落地。启动湖北实验室科技成果转化"春晓行动",推动湖北重大科技成果从"实验室"走向"生产线"。研究制定《湖北省科技成果转化中试基地建设方案》。大力开展“联百校转千果”高校科技成果推介活动，加快促进科技与经济深度融合发展。建成国家级大学科技园5家、省级以上科技企业孵化器229家、省级以上众创空间372家。突出高端引领，实施“楚才兴鄂”科创行动、战略科技人才“双百计划”，加快集聚培养战略科学家、科技领军人才团队、青年科技人才和工程科技人才。联合湖南、江西共同举办长江科技创新要素大会，联合开展“鄂来拍”“鄂来揭”“鄂来投”“鄂来创”等科技金融对接服务系列活动，搭建区域科技金融要素融通的高效平台。承担国家中非创新合作中心建设任务，高规格举办中非创新合作大会，与肯尼亚、南非、贝宁等20多个非洲国家开展科技合作，推动构建更加紧密的中非命运共同体。加强与全球主要科技创新中心和共建“一带一路”国家科技合作平台“布点组网”，加快推进与“创新大国”和“关键小国”建立更加紧密的科技合作机制，支持建设10家离岸科技创新中心。截至2021年12月，湖北省技术合同成交额突破2100亿元，较2017年增长98%，其中技术吸纳达到1145亿元，同比增长36.84%；全省高新技术企业数量达到14560家，位居全国第七、中部第一。

3. 加快推动“三高地两基地”建设

充分发挥湖北科教、人才、产业等比较优势，着力解决一批国家急迫需要和长远发展中的重大“卡脖子”问题，大力推动“三高地两基地”建设，加快形成若干个具有全国辐射力和国际竞争力的骨干产业和产业集群。

打造全国科技创新高地。强化科技创新策源功能，加快建设武汉具有全国影响力的科技创新中心和湖北东湖综合性国家科学中心，推进以东湖科学城为核心区域的光谷科创大走廊建设，2021年大走廊区域82个重大项目集中开工，实现地区生产总值10250亿元。打造襄阳、宜昌等区域性科技创新中心。聚焦智能网联、光电、芯片、北斗等产业领域的核心基础零部件和元器件、先进基础工艺、关键基础材料、核心技术，围绕氢能、储能、量子信息、生命科学、前沿新材料等未来领域，组织攻关突破，攻克一批“卡脖子”技术，推动关键技术产业化。打通“源头创新—技术开发—成果转化—产业聚集”转化链条。“十三五”时期，全省高技术制造业占工业比重由8%提高至10.9%，高新技术产业占地区生产总值比重由16.26%提高至20.63%，规上工业利润率由5.68%提高至6.48%。

打造制造强国高地。发挥湖北汽车产业基础较好的优势，抢抓世界汽车产业向中国集聚、国家汽车产能向中西部转移的机遇，发挥东风公司、上汽通用、小鹏汽车、吉利路特斯等龙头企业的牵引作用，以新能源汽车、智能网联汽车为重点，持续增强湖北汽车产业优势。不断提升产业集中度，打造“汉孝随襄十”为重点的万亿级汽车产业走廊，建设全国汽车产能基地。加快建设全国性汽车数据、交易、检测、售后市场等服务平台，推动中国电动汽车百人会武汉基地建设。2021年，湖北汽车工业营业收入达到6941.77亿元，占全国的8%，占全省规上工业比重升至14.1%；汽车产量209.9万辆，占全国总产量的8%，连续5年稳居全国第4位，其中新能源汽车产量15万辆，同比增长3.8倍。

打造全国数字经济发展高地。推动数字经济与实体经济深度融合，聚焦5G、工业互联网、人工智能、区块链、北斗等数字经济前沿领域，建立以头部企业为引擎的数字经济产业集群，打造全国数字产业化引领区和产业数字化先导区。推动规上工业企业加快普及数字化，实施“上云、用数、赋智”行动，带动中小微企业数字化转型。出台《数字湖北建设意见》、《5G＋工业互联网融合发展行动计划(2021—2023)》、“数字经济13条”等政策措施，成功举办中国5G＋工业互联网大会。着力构建数字化平台体系，建设全国一体化大数据中心和算力网络枢纽节点，大力发展城市信息模型等基础平台。“十三五”时期，中部唯一的国家工业互联网标识解析顶级节点落户武汉，2021年标识注册量达到72.23亿个，日均解析量813万次。全国首个“星火·链网”超级节点在武汉建成上线。2017至2021年，全省数字经济规模由1.2万亿元增至2.1万亿元，占地区生产总值比重由33.8%升至42%，数字经济已成为湖北经济高质量发展的重要引擎。

建设全国现代农业基地。发挥农业大省优势，着力构建现代农业产业体系、生产体系、经营体系。提高种业发展水平，建设“武汉·中国种都”。夯实水稻、水产、油菜、生猪、蔬菜、水果等重要农产品稳产保供基础，确保“米袋子”“菜篮子”供给安全、价格稳定。推动农业全产业链发展，实施培育壮大龙头企业“十百千万”工程。截至2022年5月，省级以上产业化龙头企业达到1072家，创建国家现代农业产业园7个、农业产业强镇67个、优势特色产业集群6个。强化现代农业要素保障和平台支撑，持续做大做强“荆楚粮油”等湖北农产品品牌。创建15个国家级特色农产品优势区，稻虾综合种养突破750万亩，潜江龙虾、随州香菇、恩施硒茶等一大批产品的品牌更响、影响更广、价值链更长。

建设全国现代服务业基地。出台《湖北省推进现代服务业与先进制造业深度融合试点工作方案》，聚焦“制造服务业与服务产品化”，促进制造业企业由提供产品向提供“产品＋服务”转变。实施服务业“五个一百工程”①。2020年，全省共建设112个服务业重点项目，总投资1728.89亿元。实施现代服务业提速升级行动，推进现代服务业与先进制造业和现代农业深度融合。推动生产性服务业向专业化和价值链高端延伸，大力发展现代金融、现代物流、研发设计、检验检测、高端商务、人力资源等知识密集型生产性服务业，构建全产业链区域服务体系。推动生活性服务业向高品质和多样化升级。加快建设武汉国家级现代服务业中心，打造沿长江、汉江生产性服务业功能带。

“十三五”时期，全省共建成4个国家战略性新兴产业集群、17个国家新型工业化产业示范基地、2个全国应急产业示范基地、114个省级重点成长型产业集群。立足特色优势，聚焦资源要素，加快实现“光芯屏端网”、生物医药、新能源和智能网联汽车等重点产

---

①“五个一百工程”：100个服务业重大项目、100家服务业龙头企业、100个服务业重点品牌、100个服务业示范园区、100名现代服务业领军人才。

业的核心技术突破，畅通产业链和创新链，“51020”现代产业集群①加快构建。

（三）全面深化改革开放

湖北坚持用好改革开放关键一招，更好发挥政府作用，以使市场在资源配置中起决定性作用，在更大范围、更宽领域、更深层次推进改革开放，持续推动湖北由沿海开放的“后队”转变为新时代内陆发展的“前队”。

1. 着力推进供给侧结构性改革

推进供给侧结构性改革，是适应和引领经济发展新常态的必然选择，是转变经济增长方式的根本举措，是党领导经济工作的重大创新和创举，也是湖北破解发展难题、实现经济持续健康发展的必由之路。2017年5月，中共中央对外联络部在北京举办以“供给侧结构性改革”为主题的湖北宣介会，向世界展示湖北深入贯彻习近平总书记供给侧结构性改革重要战略思想取得的成效。

“三去一降一补”效果明显。“三去一降一补”是供给侧结构性改革的重要任务。为抓好这一重要任务，2016年4月，省政府印发《湖北省推进供给侧结构性改革五大任务总体方案》《湖北省房地产去库存专项行动方案》《湖北省降低企业成本专项行动方案》等5个专项行动方案。“十三五”时期，湖北大力贯彻中央产业政策，主动淘汰低效、落后水泥产能468.7万吨，关闭退出297处煤矿。坚持“房子是用来住的、不是用来炒的”定位，实行一城一策、分类调控，促进房地产平稳健康发展。2016年以来，湖北大幅度取消、下放、调整省级行政审批事项，成为全国省级行政审批事项最少的省份之一。

农业供给侧结构性改革持续深化。围绕“农业增效、农民增收、农村增绿”，湖北深入推进农业供给侧结构性改革，全省农业发展呈现稳中向好的态势，连续9年粮食总产量稳定在500亿斤以上，切实守住了粮食安全底线。截至2022年5月，全省已建成高标准农田3980万亩。全省规上农产品加工业产值超过1.2万亿元。规上农产品加工业与农业总产值之比为1.5∶1，农产品加工转化率达到70%。积极培育新型农业经营主体，“十三五”期间，各类新型农业经营主体不断涌现，总量超21万个。扎实推进农村土地“三权分置”，印发《关于完善农村土地所有权承包权经营权分置办法的实施意见》。全省农村承包地流转面积达2300万亩，占家庭承包耕地面积的37%。在农村土地“三权分置”的理论和实践层面，湖北都走在全国前列。

实体经济转型升级步伐加快。习近平总书记强调，推动经济高质量发展，要把重点放在推动产业结构转型升级上，把实体经济做实做强做优。湖北多措并举，力促实体经济转型升级，发展壮大。先后出台《关于扩大对外开放积极利用外资的实施意见》和《关

①“51020”现代产业集群：打造5个万亿级支柱产业、10个五千亿级优势产业、20个千亿级特色产业集群。

于新形势下进一步加大招商引资力度的若干意见》，建立健全横向协同、上下联动、资源整合的招商引资工作机制。坚持一手抓改造提升传统产业，一手抓发展壮大新经济。自2017年起，连续三年重点实施“万企万亿技改工程”，工业技改投资年均增长41.5%。深入抓好“科技十条”、“新九条”和“新经济十六条”等政策落实。高技术制造业增加值增长迅速，“光芯屏端网”、汽车制造与服务、大健康、高端装备制造等产业加速迈向万亿级。

2. 深化重点领域和关键环节改革

湖北着力深化重点领域和关键环节改革，营造了改革浓厚氛围，为全省高质量发展提供了有力支撑。

省属国企开启“革命性重塑”。先后印发《湖北省国企改革三年行动实施方案（2020—2022）》和《关于深化省属国资国企改革的实施意见》等重要文件，形成了任务书、路线表、施工图，构建了湖北国资国企改革政策支撑体系。截至2021年底，全省国有企业三年行动整体目标任务完成70%。拟将37户省属企业整合为15户，其中市场竞争类7户、金融服务类1户、功能保障类7户。计划到2025年末，省属企业资产总额突破3.5万亿元，营业收入突破3500亿元，3家以上进入中国500强企业，控股上市公司20家左右，形成一批具有创新能力和核心竞争力的企业集团。同时，实施国有企业高质量发展五年行动，推动国有资本向创新链关键环节、产业链核心节点和价值链高端领域集中，强化打造全省综合交通物流体系的基础支撑功能、构建现代产业集群的战略引领功能、推动区域协调发展的示范带动功能。2022年上半年，湖北省属企业实现营收1324.17亿元，同比增长35.7%，增速居全国第一；完成固定资产投资332.75亿元，增长26%，增速居全国前五。

纵深推进“放管服”改革。自2019年以来，取消下放省级事项30项、向湖北自贸片区放权35项。推动五级事项标准化、规范化管理，编制公布省市县乡村五级依申请及公共服务事项清单（目录）。出台《湖北省依申请及公共服务事项管理暂行办法》，完善事项管理制度规范。协调推动“证照分离”、企业开办、不动产登记、工程建设等利企便民重点领域改革不断深化，相继推出了“3550＋100”①“210”②等标志性品牌，试点并推广投资项目报建审批区域性统一评价。宜昌市“六多合一”③改革叫响全国。推动“互联网＋政务服

①“3550＋100”：企业开办3个工作日办结，不动产登记5个工作日办结，工业项目审批50个工作日办结，其他工程项目审批100个工作日办结。

②“210”标准：包含企业开办2个环节（一表申请、一窗发放）、1天内办结、零费用（免费赠送一套三枚公章）。

③“六多合一”包括：“多规合一”，一张蓝图统筹实施、平台共享，破解“拿地难”；“多评合一”，一次评估政府买单、成果互用，破解“评估繁”；“多审合一”，一个部门多图联审、数字交付，破解“审图慢”；“多验合一”，一次上门集中验收、化繁为简，破解“验收拖”；“多证合一”，一窗集成信息共享、省时省力，破解“信息堵”；“多管合一”，一支队伍综合监管、联合执法，破解“监管弱”。

务"，实现"一网通办"向"高效办成一件事"拓展升级。网上政务服务主题事项数位列全国第四，进入全国第一方阵。市县两级政务服务中心实现全省全覆盖。全省17个市州与外省市已有超过1000项事项可以跨省办理。"鄂汇办"App上线事项达6719项，在省级政务App中居优秀行列。全省即办事项占比65.9%，"最多跑一次"事项达99.92%，进入全国先进行列。"一事联办"推动流程革命性再造，全省"一事联办"事项上线总数达3467个，平均办理环节压减75%。

3. 打造国内大循环的重要节点和国内国际"双循环"的重要枢纽

湖北东联长三角、西接成渝、南向粤港澳、北望京津冀，位于我国主要经济区的几何中心。在新时代新征程上，湖北奋力续写"九省通衢"新传奇，积极融入全国统一大市场，强化要素资源整合创新和配置能力，打造国内大循环的生产节点、流通节点、消费节点，构建国内国际"双循环"的要素链接、产能链接、市场链接。

努力构建九省通衢的现代综合交通运输体系。湖北是长江黄金水道和南北交通大通道的中心枢纽，是连接中国东西南北铁路、公路、水路、航空大动脉的中心节点，具有良好的"铁水公空"综合交通条件。2019年10月，湖北入选交通强国建设首批试点，积极融入国家综合立体交通骨干网，推进"一主两翼"交通结构由"Y"型升级为"△"型，加快构建现代综合交通运输体系。

完善干线铁路网。党的十八大以来，湖北推动武九高铁，汉十高铁，郑万高铁郑襄段、襄阳东至巴东段，浩吉铁路，黄黄高铁等一批重大项目建成通车，荆荆高铁、沿江高铁湖北段等项目开工建设。湖北"超米字型"高铁枢纽建设加速推进。沿江主要港口（武汉、宜昌、荆州、黄石）均已实现铁路进港。截至2022年4月，全省铁路营业里程5435公里，其中高铁里程1815公里，基本形成"四纵两横"普速铁路网，初步构建"一纵两横"高速铁路网。

完善骨架公路网。截至"十三五"末，武深高速、枣潜高速等通道相继建成，武汉城市圈环线高速和武汉市四环线高速成功"画圆"。在青山、石首等地建成9座世界级长江桥梁，长江大桥建设力度和速度创历史之最。国省道提档升级工程、瓶颈路段畅通工程加速实施，普通公路规模等级不断提升，美丽公路经济带建设持续推进。截至2021年底，全省农村公路总里程达到26万公里，位居全国第三；高速公路通车里程已达7378公里，位居全国第七、中部第一，实现县县通高速公路。交通"硬联通"不断延伸、加密、成网，"九纵五横三环"高速公路骨架网基本形成。

完善内河航运网。2022年3月，武汉至安庆段6米水深航道整治工程全面完工并投入试运行，此举将武汉至安庆段航道最低维护水深提升到6米，吃水6米内的10000吨级江海船舶可常年直达武汉，形成一条"畅行鄂赣皖，通达江浙沪"的水上高速路。汉江武汉至碾盘山段千吨级航道实现贯通，汉江河口至蔡甸段2000吨级航道整治快速推进。

武汉阳逻集装箱港区三期、黄石棋盘洲港区一期、宜昌白洋港一期工程等建成运营。“十三五”时期，全省新增三级及以上航道322公里，高等级航道里程达2090公里。

完善航空运输网。2022年7月，亚洲最大的货运机场鄂州花湖机场正式投运，湖北的民航机场数量已经达到了8座，其中5座机场入围全国民用机场旅客吞吐量百强，4座机场货邮吞吐量入围全国百强。以武汉天河机场、鄂州花湖机场为中心，统筹“两场”货运航线布局，打造国内国际航空客运、货运一体化经营的“双枢纽”，吸引高端要素集聚，促进与航空关联的基础性产业、战略性新兴产业及现代服务业集群发展。

2022年7月17日，亚洲最大的货运机场鄂州花湖机场正式投运（《湖北日报》 供图）

打造现代物流体系。发挥全国统一大市场的重要组成部分和空间枢纽独特优势，做大有形市场，完善物流基础设施网络，健全现代流通体系，提升武汉等中心城市集散功能和中转效率，建设武汉国际消费中心城市，打造全国商贸物流中心和消费中心。“十二五”时期，湖北相继出台一系列相关政策促进全省物流业发展，在支持全省重要的物流园区及信息平台建设、减轻企业负担、促进物流集聚发展等方面发挥了积极作用。“十三五”期间，湖北逐渐由“运输通道”发展为“物流节点”，由“交通立交桥”进阶为“物流大枢纽”，吸引了各种物流业态的集聚融合。国家发改委等部门2016年开始认定国家级示范物流园区，形成可复制、可推广的物流园区建设运营模式。2016年，武汉东西湖综合物流园入选首批国家级示范物流园区；2018年，宜昌三峡物流园入选第二批示范物流园区；2021年，黄石新港（物流）工业园入选第三批示范物流园区。湖北6年间共有3个物流园区进入“国家队”，且每批次评定都有入选园区。打通江海联运新通道，武汉成为江海联运重要中转地，积极融入国家“大循环”“双循环”新发展格局。

4. 持续优化营商环境

湖北对标国际标准和国家要求，对照企业和群众期盼，对标先进地区一流水平，破立并举、标本兼治，努力让营商环境成为湖北疫后重振新标识、高质量发展新动能、区域价值提升新优势。

以优化制度供给持续推进营商环境革命。力推优化营商环境“黄金30条”、“新30条”、企业开办“210标准”，聚焦“高效办成一件事”，推进“一网通办、一窗通办、一事联办、跨省通办”集成改革提质增效。制定出台《弘扬“店小二”精神“十必须十不准”》《湖北省优化营商环境办法》《湖北省营商环境问题投诉联动处理办法》《关于以市场主体需求为导向打造一流营商环境的若干措施》《持续深化一流营商环境建设若干措施》等政策举措，通过简化审批许可、放宽市场准入、规范经营运行、强化监督检查等多措并举，整合优化涉企事项，持续优化营商环境。开展优化营商环境“清减降”专项行动，至2022年3月，湖北企业每百元销售额缴纳税收降至2019年同期的73.7%。着力推进准入准营，在全国率先实现将全省域企业简易注销公告时限由45天压缩至20天。

大力推进营商环境法治化。法治是最好的营商环境，立法优化营商环境能最大程度凝聚社会共识和行动。为进一步激发市场主体活力，维护市场主体合法权益，2020年8月，印发《关于开展法治化营商环境提升行动的方案》，着力提升和完善湖北法治化营商环境。2020年9月，省人大常委会修订《湖北省实施〈中华人民共和国中小企业促进法〉办法》。修订后的实施办法从扶持创新发展和优化营商环境入手，鼓励金融机构创新金融产品和服务，发展普惠金融。《湖北省地方金融条例》《湖北省促进茶产业发展条例》等一系列法规的出台，为湖北持续优化营商环境提供了有效法治供给，构建起优化营商环境的“制度链”。

构建营商环境评价体系。优化营商环境的首要原则就是坚持以市场评价为第一评价、以企业感受为第一感受。湖北在全面对标世行评价和国家评价两套指标体系的基础上，从企业全生命周期、区域投资吸引力、高质量发展水平3个维度制定符合市州、县(市、区)以及开发区发展实际的营商环境评价指标体系。

5. 推进内陆高水平对外开放

发挥“一带一路”和长江经济带重大战略交汇的优势，主动对接西部陆海新通道、新亚欧大陆桥，创新中欧班列(武汉)运营机制，加快建设武汉长江航运中心，畅通长江黄金水道，构建四通八达、外向型的国际大通道。60余条国际(地区)客货运航线可直航全球四大洲，湖北境外投资已遍布全球110多个国家和地区。2012年10月，武汉开通的“汉新欧”班列成为继“渝新欧”之后全国第二个开通的中欧班列。中欧班列(武汉)自2014年实现常态化运营以来，至2021年底，累计发运列数超过2200列，覆盖亚欧大陆30多个国家，70多个城市。武汉、宜昌、襄阳、十堰、荆门、咸宁6个城市开通中欧班列。湖北自贸试验区、武汉跨境电子商务综合试验区和15个进境商品指定口岸、5个国家开放口岸、5个保税物流中心、3个海关特殊监管区域支撑起湖北开放的新格局。成功举办上海合作组织成员国旅游部长会议、世界500强对话湖北、中国—北欧经济贸易合作论坛等一系列重大国际活动。同时,还成功举办第七届世界军人运动会、华创会等重大活动,进一步提升湖北的全球影响力。2021年,湖北对外承包工程新签合同额达198.1亿美元,同比增长10.7%,首次赶超广东,跃居全国第一。来鄂投资的世界500强企业达到324家。湖北自贸试验区累计形成253项制度创新成果,26项经验全国推广。不断推进友城建设,扩大国际朋友圈。截至2021年底,湖北已与世界五大洲44个国家的28个省(州、大区、县)、78个城市建立106对友好城市关系。

(四)按下疫后重振"加速键"

2020年,突如其来的新冠肺炎疫情给湖北经济社会发展造成巨大冲击,当年第一季度全省地区生产总值6379.35亿元,比上年同期下降39.2%。习近平总书记的"三个没有改变",为浴火重生的湖北注入坚定信心。英雄的湖北人民牢记习近平总书记殷殷嘱托,克难奋进、砥砺实干,疫后重振取得决定性成果,经济发展重回"主赛道",向党中央、向全省人民交出了一份浴火重生的"英雄答卷"。

1. 认真落实中央支持湖北发展一揽子政策

中央和国家机关单位、中央企业主动作为,以实际行动落实习近平总书记"搭把手、拉一把"的重要指示。在中央支持湖北一揽子政策的扶持下,政策、资金、项目涌进湖北,为湖北疫后重振和高质量发展提供有力支撑和坚强保证。国务院联防联控机制联络组组织协调有关部门,全力推动政策落地。湖北对标中央6个方面31项支持政策,明确108项重点工作,逐项对接、狠抓落实,切实把政策优势转化为发展优势。截至2020年,中央31项支持政策中28项全部落实,3项政策持续推进、进展良好。

中央财政下达湖北一般公共预算减收综合财力补助合计670.62亿元、疫情防控补助资金380亿元,下达各类债券额度2614亿元,为湖北保基本、保运转、保民生提供强有力支持。科技部"科技助力经济2020"专项重点支持湖北219个科技创新项目,国务院国资委组织34家央企与湖北签约72个项目、总投资3277.25亿元。湖北坚持把中央支持政策落实到具体项目上,出台《湖北省疫后重振补短板强功能"十大工程"三年行动方案(2020—2022年)》,聚焦公共卫生体系、交通、水利、能源、新基建、冷链物流等领域,实施总投资2.3万亿元的疫后重振补短板强功能"十大工程"。梳理优势、新兴、特色产业链36条,谋划重点项目1458个,总投资2.66万亿元,进一步推动湖北产业转型升级。全面对接中央财税、金融支持政策,帮助更多企业特别是中小微企业活下去、留下来、发展好。

2. 大力推进招商引资

在疫后重振关键之时,习近平总书记关于湖北"三个没有改变"的科学论断,为国内外企业继续投资湖北注入了强大信心。湖北全面恢复重启以来,央企、大型民企、外企等各路"大军"接踵而至。2020年4月8日,离汉离鄂通道管控解除、武汉正式重启的第一天，武汉市"云招商"首场活动举行，69个项目签约，总投资额达2451亿元，传递出武汉经济重启铿锵足音。从2020亚布力中国企业家论坛·武汉特别峰会到中国北斗大会，从中国5G+工业互联网大会到全球数字贸易大会、湖北高质量发展资本大会、楚商大会、世界大健康博览会、首届中国(武汉)文化旅游博览会，一场场大型经济活动接连登场，升腾起湖北强烈的发展气场。近3年招商引资签约亿元以上项目15831个、总金额10.9万亿元，湖北经济活跃度、开放度、影响力进一步提升。

招商引资是经济增长的外在动力，2022年以来，湖北创新招商方式，加强招商推介、优化招商服务、加快项目建设，营造亲商、招商、安商、重商的浓厚氛围，全省各地捷报频传、新招频出，招商热度持续升温。襄阳招商部门聚焦产业链招商，创新方式方法，优化服务机制，建立"招、落、服"工作机制。荆门市要求市主要领导带头走出去招商，全年外出招商不少于10次。恩施州成立45个招商办事处、组织230余名招商"尖兵"奔赴长三角、大湾区、京津冀等经济发达地区和产业聚集区，引客商、招项目，奋力实现招商引资新突破。

3. 扎实做好"六稳""六保"工作

习近平总书记明确指出，做好"六稳"工作、落实"六保"任务至关重要。湖北结合实际，以系列活动为抓手助力"六稳""六保"，加速疫后重振。

2021年4月12日，中国外交部举行"英雄的湖北：浴火重生再创辉煌"专场推介会，推介会信息被法新社、韩联社、共同社及朝日新闻、美国广播公司(ABC)、美国全国广播公司(NBC)、哥伦比亚广播公司(CBS)等众多国际知名媒体转载。这是外交部在疫情后举行的首场省区市全球推介活动，为各国与湖北加强交流合作搭建新桥梁。热干面、黄鹤楼、武大樱花……众多的"湖北符号""武汉符号"为世界所熟知，经历抗疫、重振的湖北及武汉成了"世界网红"。

2020年8月8日至12月31日，湖北启动"与爱同行惠游湖北"活动，全省所有A级旅游景区对全国游客免门票开放，4个多月接待7740万人次。随着活动的深入，湖北不断加快旅游产品升级，各地景区纷纷推出高品质的服务项目，推动高质量发展。活动期间，湖北开展的特色夜游项目共35个，国庆黄金周全省监测了特色夜游项目19个，日均接待夜场游客26万余人次，成为假日期间旅游市场新亮点。同时，旅游产业的复苏和重振，带动了相关行业快速回暖，特别是对住宿业、餐饮娱乐业、交通运输业的刺激带动作用明显。

消费是经济增长的第一拉动力，是扩大内需的重点。2021年9月18日起，湖北开始发放消费券，以助推、激活消费，点燃消费之火。活动以"湖北消费、消费湖北"为主题，紧贴商场、超市(便利店)、餐饮三大行业。这场持续3个月的"红包雨"，成为滋润湖北经济持续发展的"及时雨"。截至2021年12月1日，湖北消费券普通券累计面向省内消费者发放4997.35万张，累计核销金额9.78亿元，累计直接拉动商场、超市(便利店)、餐饮三大行业消费51.23亿元。全省累计参加消费券核销的各类商户总数高峰期达到86.95万家。在湖北消费券这只“有形之手”的推动下，2021年全省实现社会消费品零售总额2.16万亿元，同比增长19.9%。

三、全力打赢武汉保卫战、湖北保卫战，巩固拓展疫情防控决定性成果

2020年伊始，一场突如其来的新冠肺炎疫情在湖北武汉暴发。在以习近平同志为核心的党中央坚强领导和亲切关怀下，在举国上下的火线驰援和鼎力相助下，湖北坚持人民至上、生命至上，同时间赛跑，与病魔较量，打响了一场气壮山河、感天动地的疫情防控人民战争、总体战、阻击战，集中体现和生动诠释了“生命至上、举国同心、舍生忘死、尊重科学、命运与共”的伟大抗疫精神。

（一）习近平总书记亲自指挥亲自部署统筹战疫全局

面对疫情，习近平总书记坚持把人民生命安全和身体健康放在第一位，亲自指挥、亲自部署，先后主持召开21次中央政治局常委会会议、中央政治局会议，提出坚定信心、同舟共济、科学防治、精准施策的总要求，明确坚决遏制疫情蔓延势头、坚决打赢疫情防控阻击战的总目标，为打好武汉保卫战、湖北保卫战提供了根本遵循和科学指引。

1. 作出关闭离汉离鄂通道重大决策

习近平总书记统筹战疫全局，时刻心系荆楚大地。在疫情初期，习近平总书记在1月7日就对全面做好防控工作提出重要要求。在疫情扩散蔓延之时，习近平总书记以巨大的政治勇气和果敢的历史担当，以非常之举应对非常之事，在1月22日作出关闭离汉离鄂通道的重大决策，武汉保卫战、湖北保卫战全面打响。实施史无前例的严格管控，阻断了疫情蔓延，为全国抗疫争取了战略主动。

2. 周密部署武汉保卫战、湖北保卫战

1月25日，农历正月初一，习近平总书记在中央政治局常委会上表情凝重地说：“大年三十我夜不能寐。”以习近平同志为核心的党中央第一时间成立中央应对疫情工作领导小组，第一时间向湖北派出中央指导组，第一时间对国务院联防联控机制提出明确要求。在疫情胶着对垒的关键时刻，习近平总书记周密部署武汉保卫战、湖北保卫战，以全国之力支援湖北。虽然关闭离汉离鄂通道，但武汉从来不是“孤城”，湖北从来不是“孤地”。党中央一声号令，军地346支医疗队、4.26万名医务人员、965名公共卫生人员逆行出征，很多人在万家团圆的除夕之夜踏上征程。全国人民把“最硬的鳞”都给了湖北和武汉，充分体现了“岂曰无衣，与子同袍”的血脉深情。2月10日，习近平总书记主持召开视频会议，指出“武汉胜则湖北胜，湖北胜则全国胜”，强调“武汉是英雄的城市，湖北人民、武汉人民是英雄的人民”，“湖北和武汉是疫情防控的重中之重，是打赢疫情防控阻击战的决胜之地”。暖心的话语、殷切的嘱托，极大地增强了湖北抗疫必胜的信心，给予全省

人民巨大的鼓舞。

3. 亲临武汉一线指挥决战

在决战决胜的紧要关头，3月10日，习近平总书记亲临武汉抗疫一线，为湖北、武汉点赞加油，发出坚决打赢武汉保卫战、湖北保卫战的总攻令。在解除离汉通道管控之际，习近平总书记亲自给武汉市东湖新城社区的工作者回信，再次肯定城乡社区工作者在疫情防控中发挥的重要作用，勉励他们为彻底打赢这场阻击战再立新功。5月24日，习近平总书记亲临"两会"湖北代表团审议，高度评价湖北人民、武汉人民作出的重大贡献和巨大牺牲，要求湖北加快疾控体系改革和公共卫生体系建设，作出湖北"三个没有改变"的重要论断。9月8日，习近平总书记在全国抗击新冠肺炎疫情表彰大会上再次肯定湖北、武汉，再次高度褒奖湖北人民、武汉人民。

（二）打赢气壮山河的疫情防控阻击战

面对这场躲不开、输不起的殊死对决，湖北认真贯彻习近平总书记重要讲话、重要指示批示精神和党中央、国务院决策部署，坚决扛起"内防扩散、外防输出"责任。湖北省委、省政府对全省疫情防控作出全面部署，提出"23245"防控策略①。在全省人民共同努力下，逐步扭转疫情扩散的被动局面，用一个多月的时间初步遏制疫情蔓延的势头，用两个月左右的时间把每日新增病例控制在个位数以内，用三个月左右的时间取得武汉保卫战、湖北保卫战的决定性成果，为全国抗疫斗争取得重大战略成果、疫情防控和经济恢复"走在世界前列"作出了湖北贡献。

1. 不惜一切代价救治患者

始终坚持把救治摆在第一位。1月末2月初，武汉市累计确诊和疑似患者过万例，各大医院"一床难求"，医疗资源极度匮乏。湖北提出优化医疗资源配置，分类施策、关口前移，全力救治患者刻不容缓；千方百计建院增床，全力提高收治能力刻不容缓；实现应检尽检，加强隔离场所人员甄别和分类救治刻不容缓；加强医疗资源统筹，兼顾保障好新冠肺炎患者治疗和其他重症病人医疗急需刻不容缓。落实"四应""四早""四集中"，实施规模空前的生命大救援。

争分夺秒建院增床。10天建成火神山医院、12天建成雷神山医院，全省改建使用16家方舱医院，设立定点医院255家、救治床位11.7万张，开辟4079个隔离点、22.5万间隔离房间。黄冈市用48小时将大别山区域医疗中心改造成黄冈版"小汤山"。2月下旬，武汉市实现从"人等床"到"床等人"的根本逆转。

---

①"23245"防控策略：牢牢抓住救治和阻隔"两个关键环节"，推进筛查甄别、小区（村）封闭式管理、公共区域管控"三个全覆盖"，形成数据信息和收治工作"两个闭环"，做到应隔尽隔、应收尽收、应检尽检、应治尽治"四应四尽"，强化医护力量、医用物资、生活物资、公共服务和社会稳定"五个保障"。

集中滚动排查收治。动态拉网式筛查甄别“四类人员”，同步开展流调，武汉市组建1287支转运收治队，即查即报即转，分类隔离收治，不漏一户、不落一人。优化“四类人员”转送通道，建立健全“排查—转运—收治—治疗—康复”工作机制，持续推进社区“干净”、社会面“干净”。

快速提升检测能力。授权251家机构开展核酸检测，应检尽检、愿检尽检。核酸检测周期从2天缩短到3~6小时，日检测量从疫情初期的300人份提高到5月的132.5万人份。2月22日后，武汉市开始实现核酸检测日清日结。

全面提高治疗水平。关口前移，提前介入，从出生30天的婴儿到100多岁的老人，全部免费救治，不遗漏一个感染者，不放弃一位病患者，千方百计降低感染率和病亡率，提高收治率和治愈率。

2. 严防死守阻断疫情传播

只有隔得住，才能控得好。在没有疫苗和有效药物的情况下，防控最有效的手段就是控制传染源、切断传播途径。湖北采取最全面、最严格、最彻底的防控举措，守牢离鄂离汉通道。全省58万名党员下沉社区，在方舱医院等一线建立临时党组织1.9万个，火线发展党员1900多名，党旗在疫情防控第一线高高飘扬。压实属地、主管、主体三方责任，严防养老院、监所等特殊场所“鼓包冒泡”。建立疫情防控大数据平台，构建境外来(返)鄂人员全流程管理闭环，从源头上防止病例输入。

3. 全力以赴加强医疗资源保障

打疫情防控阻击战，实际上也是打后勤保障战。疫情之初，全省N95口罩、医用防护服等物资极其紧缺。湖北应急谋远、扩能增量，全面筹集和科学分配两手抓，中央调拨、生产自救、社会募集三管齐下，实施扩产、转产、新建“三个一批”，医用物资保供实现从“严重短缺”到“紧平衡”、“动态平衡”再到“足额保障”的跃升。从2020年2月初到4月底，全省N95口罩、医用防护服、医用外科口罩日产量从3.6万只、2480套、38万只分别增加到42万只、21万套、460万只。援鄂医务人员为湖北拼过命，是过命的亲人和战友，湖北用心用情做好服务保障工作，建立“一对一”服务机制，所有援鄂医务人员无一人感染。

4. 千方百计保民生供应

物资稳则民生稳，民生稳则社会稳。社会运转按下“暂停键”后，保民生保供应成为突出难题。湖北牢记初心使命，强化责任担当，无论多么困难，决不让群众锅里没米、桌上没菜。在党中央、国务院统筹调配下，省际生活物资运输“绿色通道”始终畅通，九省联保联供协作机制顺畅运转，“南菜北运”“北菜南调”，全省700多家重点商贸流通企业、6000多个商业网点、2000多辆生活必需品运输车辆坚守保供一线。坚决落实习近平总书记“武汉人喜欢吃活鱼，在条件允许的情况下应多组织供应”的重要指示，从2020年3月10日到4月8日“解封”，武汉平均每天供应活鱼600吨。发动下沉干部、社区工作人员、网格员等力量，打通配送分发“最后一公里”“最后一百米”。

5. 全力恢复生产生活秩序

准确把握疫情形势变化，因时因势调整工作着力点和应对举措，推进分区分级、分类分时、有条件的复工复产。动态发布疫情风险等级地图。推行健康码管理，坚持省内人员流动优先、低风险地区人员流动优先、外地滞鄂人员返回优先、本地外出务工返岗人员优先、湖北滞外人员返鄂优先，“点对点”“一站式”推进人员安全有序流动。滞留在鄂人员分时、分批返乡，有序接回在外鄂籍人员。呼吁善待湖北人民、善待湖北农副产品，制定贯彻落实中央支持湖北一揽子政策重点工作清单。

2020年4月8日零时，武汉288个离汉离鄂通道开启，武汉长江二桥上灯光亮出“武汉重启”四个字

（《湖北日报》 供图）

（三）慎终如始抓好常态化疫情防控

习近平总书记强调，“针尖大的窟窿能漏过斗大的风”，“要时刻绷紧疫情防控这根弦”。湖北始终牢记谆谆告诫，坚持“动态清零”政策毫不动摇，完善常态化科学精准防控机制和局部应急处置机制，守住了不出现疫情规模性反弹的底线。武汉、荆门、随州、鄂州、黄冈等地局部疫情均在一个潜伏期内实现社会面清零。2022年6月28日，在听取湖北省常态化疫情防控和疫后社区治理情况介绍后，习近平总书记指出：“2020年武汉保卫战胜利以来，武汉这两年又遇到了多次聚集性疫情，但很快控制住了，没有发生大的反弹。武汉市常态化疫情防控工作做得是好的，经验值得总结。”

1. 筑牢“外防输入、内防反弹”的铜墙铁壁

坚持“人物地同防、常态检测、风险排查、多点触发”的立体型常态化科学精准防控机制，实现全时段、全地域、快响应、快处置的立体型常态化防控。

坚持主动防。时刻紧绷疫情防控这根弦，严格落实“四方责任”，做到守土有责、守土

尽责,以日常工作的主动取得疫情防控的主动。坚持提前防。对外地疫情“由人及己”,作最坏的打算、最充分的准备,不被动反应、等待观望、犹豫不决。坚持应急值守、日报告、零报告等制度,不断优化应急预案。坚持精准防。充分用好人防、物防、技防手段,依托互联网、大数据、人工智能等现代信息技术,不断完善整体感知、实时监测、智能分析的疫情防控大数据信息系统,健全智能化监测预警网络,建立省市级平台快速转码机制,及时封控赋码、解封转码,实现了精准推送、精准定位、精准追踪、精准溯源。坚持协同防控。各级指挥部充分发挥“中枢”作用,常态化运行、扁平化管理、一体化协作,省市县三级指挥部上下联动,急事急办、要事快办、特事特办,形成全省统一高效的指挥和防控系统。坚持针对性防控。盯住“人”,对重点人群应检尽检;管住“物”,以进口冷链物品为重点,对以湖北为第一入境地的进口冷链物品做到“采样全覆盖、样本全检测、包装全消杀、商品全追溯”;防住“地”,按照闭环管理要求,加强机场、口岸、定点医院、隔离场所以及公共场所的常态化防控。坚持机制化防控。对重点场所、重点行业、重要关口、重点人员等进行全方位、全链条、全时段监测,完善网络直报、医疗卫生人员报告等多渠道预警机制。

2. 打好局部突发疫情歼灭战

“防”是无疫情时的最佳策略,“控”是发生疫情后的处置关键。针对局部疫情,湖北坚持“点线面结合、闭环处置、精准管控、有效救治”的局部应急处置机制,突出“快、严、准”要求,坚决堵住外来疫情输入,坚决切断省内疫情传播。

“快”,就是以快制快。对疫情的防控和处置,反应要快、决策要快、行动要快,果断、迅速、有效抓好应急响应、流调排查、隔离管控、信息发布、医疗救治等各项工作,在最短时间内、以最小代价将疫情控制、解决在最小范围。

“严”,就是举措严格。坚持“严”的基调、“狠”的力度和“扩”的手段,果断扩大排查、筛查、管控范围,坚决堵住疫情传播蔓延的一切漏洞,严管守牢“点”、排查穷尽“线”、一体化防控“面”,各个环节严防死守、环环相扣,筑起严密的防火墙。

“准”,就是精准处置。坚持将精准的理念贯穿流调、管控、筛查、检测、救治全过程,实现精细化管理、精准化防控。通过精准溯源实现“点”的锁定,精准流调排查实现“线”的穷尽,精准管控筛查实现“面”的干净,精准检测实现“防”的主动。

3. 强化常态化疫情防控综合保障机制

推动创建国家医用防护物资生产储备基地,依托仙桃无纺布基地,建设国家医用防护物资生产储备基地。推动武汉、宜昌、荆门、黄冈、咸宁等地医用物资生产标准化、平台化和集约化发展,打造集医疗防治、物资储备、产能动员三位一体的医用防护物资生产聚集地。2022年4月,国家级防护物资应急储备湖北基地在仙桃正式投用,成为湖北已建成的最大的智能化防护物资应急储备基地。在储备责任方面,建立了统筹协调、分级负责、属地为主的工作机制,明确财政事权和支出责任;在储备形式方面,建立了以政府实物储备为基础，以协议储备、产能储备等形式为补充的储备模式；在储备品类方面，截至2022年初，共储备25个品种近5000万件的生活保障类应急物资。同时，鼓励居民家庭自行储备，积极引导社会组织参与应急物资储备，接受社会捐赠，完善征用补偿机制，构建“政府主导、社会共建、多元互补”的应急物资储备体系，形成多元互补的储备格局。

初步建成智慧化预警多点触发网络，由430家核酸检测实验室组成的服务网络覆盖全省，实现了每个县(市、区)至少有2家核酸检测实验室的目标。形成全省发热患者随到随检、重点人群“应检尽检”工作机制。全省二级以上综合医院发热门诊、定点医院改造全部完成。建成586个急救站、28个独立指挥型急救中心，为基层配备移动医疗卫生服务车770台、智能健康服务包2万余个。在武汉、宜昌、襄阳、黄冈按平战结合模式打造5个重大疫情救治基地。截至2022年4月，各市州按二级以上综合医院总床位数10%的标准储备可转换床位8万余张，储备可转换ICU床位8000余张。

4. 打造疾控体系改革和公共卫生体系建设“湖北样板”

2020年6月，省委十一届七次全会审议通过了《关于推进疾病预防控制体系和公共卫生体系建设的意见》，提出建立四大体系①、优化八项机制②以及提高八种能力③，打造疾控体系改革、公共卫生体系建设的“湖北样板”。2022年，湖北已初步建成体系健全、分工明确、反应快速、运转高效、指挥有力的公共卫生应急管理体系，基础设施条件明显改善、科技教育和产业支撑作用有力发挥、传染病重大疫情等重大突发公共卫生事件应急处置能力不断提升。

全力织牢织密公共卫生防护网。2020年9月，印发《湖北省疫后重振补短板强功能公共卫生体系补短板工程三年行动实施方案(2020—2022年)》，聚焦公共卫生体系等重点领域，围绕“四体系一平台”④，重点推进“一中心四基地”⑤建设。2020年，统筹安排抗

---

①四大体系：改革完善疾病预防控制体系、建立完善应急医疗救治体系、巩固完善基层医疗卫生服务体系、健全公共卫生应急物资保障体系。

②八项机制：完善应急指挥机制，健全监测预警机制，优化应急响应机制，建立健全分级、分层、分流的重大疫情救治机制，健全科学研究、疾病控制、临床治疗有效协同机制，强化联防联控机制，夯实群防群控机制，创新舆论引导工作机制。

③八种能力：公共卫生法治保障和预案建设能力、基层公共卫生社会治理能力、信息化服务能力、科技支撑能力、健康产业发展能力、公共卫生人才队伍专业能力、综合激励政策保障能力、重大疾病医疗保险和救助能力。

④“四体系一平台”：“四体系”指疾病预防控制体系、医疗救治体系、院前急救体系、基层防控体系，“一平台”指重大疫情信息平台。

⑤“一中心四基地”：“一中心”指同济医院国家突发公共卫生事件医学中心，“四基地”指武汉、襄阳、宜昌、黄冈重大疫情救治基地。

疫特别国债358亿元。谋划项目2247个，规划总投资2545亿元，力度前所未有。截至2022年8月，全省公共卫生补短板工程已开工项目1649个，完成投资1046亿元。开创性拿出1万名事业编制补强基层医疗卫生岗位，让每个村都有1～2名大学生村医。截至2022年初，全省在岗大学生村医4900人。天门、麻城、枣阳、潜江、汉川等9个人口百万以上和经济百强县市拥有了三级甲等综合医院。建成130个县域医共体，让群众在家门口就能看得上病、看得好病，从根本上破解“看病难、看病贵”。

注重创新引领。在人事管理上，省、市、县卫生健康行政部门试行设立公共卫生总师，各级疾病预防控制中心主任由同级卫生健康部门领导班子副职兼任，疾病预防控制机构设立首席公共卫生专家特设岗位；在运行机制上，探索推进基层医疗卫生机构和公共卫生机构实施“公益一类保障和公益二类管理”；在队伍建设上，实施现场流行病学和卫生应急救援高端领军人才培养计划，开展公共卫生医师规范化培训，持续加强全科医生培养；在科技支撑上，优化科研攻关体系和布局，建立重大疫情等紧急状态下的科研攻关指挥、行动、保障体系；在信息化建设上，依托湖北“政务云”，充分运用5G、区块链等技术，建设中部地区健康医疗大数据中心，构建重大疫情信息平台，实现全省医疗资源信息一屏知家底、疫情和特殊病情一网全监测、资源调配一个平台管全省、指挥调度指令一键达基层，织起政府保障人民健康的信息“天网”。

四、建设文化强省，推动荆楚文化繁荣兴盛

习近平总书记指出，文化是民族的精神命脉。湖北是长江文明重要发源地、楚文化发祥地、革命文化富集地，荆楚文化在中华文明发展史上的地位举足轻重。党的十八大以来，湖北始终牢牢把握社会主义先进文化前进方向，坚定文化自信，夯实文化根基，建设文化强省，大力推进文明湖北建设，社会文明程度明显提高，文化事业和文化产业不断发展，荆楚文化影响力明显增强。

（一）着力构筑精神高地

实现中国梦必须弘扬中国精神。全省精神文明建设紧紧围绕举旗帜、聚民心、育新人、兴文化、展形象的使命任务，积极培育和践行社会主义核心价值观，扎实开展群众性精神文明创建，大力实施文明创建工程，公民道德建设稳步推进，文明之行蔚然成风，文明之光照耀荆楚。

1. 培育和践行社会主义核心价值观

深入贯彻落实《中国共产党宣传工作条例》，成立省委宣传思想工作领导小组，全面加强党对宣传思想工作和意识形态工作的领导，牢牢掌握意识形态工作领导权、主导权，马克思主义在意识形态领域的指导地位更加巩固。出台《湖北省党委（党组）意识形态工

作责任制实施细则》，严格落实党委（党组）书记第一责任人责任，建立健全党委统一领导、党政齐抓共管、宣传部门组织协调、有关部门分工负责的工作格局，形成各司其职、各负其责、主动担当、忠诚履责的强大合力。率先探索建立"五纳入"机制，形成"五责"闭环管理，建立和完善省市县三级意识形态联席会议制度，形成意识形态工作大格局。制定实施宣传文化、高校、民族宗教、网络安全等重点领域意识形态管理办法、实施细则，扎实做好中央、省委巡视意识形态专项检查反馈问题整改，完成9轮对全省市县、省直机关、国企、高校意识形态工作的专项巡视全覆盖。切实加强对各类网络平台的监管，过好"网络关"，用好网管好网，推进网络社会组织和网络文化建设。扎实做好网络直播平台、应用商店服务备案以及小程序审核等新平台新业务服务管理，明确网络内容监管要求和监管标准，网络空间进一步清朗。

2013年，中央办公厅印发《关于培育和践行社会主义核心价值观的意见》，对社会主义核心价值观建设工作进行总体部署，提出原则要求。2014年，湖北结合实际制定《关于培育和践行社会主义核心价值观的实施方案》，决定开展"我们的价值观"系列宣传普及、弘扬优秀传统文化等八大方面活动。注重教育引导，贯彻落实"两个纲要"，广泛开展中国特色社会主义和中国梦宣传教育，不断加强未成年人思想道德建设，持续宣传、关爱礼遇道德模范等各类先进典型，以主流价值构建道德规范、强化道德认同、指引道德实践的导向更加鲜明。党的十八大以来，湖北先后涌现出张富清、黄旭华、张定宇等18位全国道德模范，数量位居全国前列。强化实践养成，持续组织开展文明交通、文明旅游、文明餐桌、文明上网、移风易俗等主题活动，文明健康、绿色环保的风尚理念、生活方式更加深入人心。抓实制度保障，推动修订村规民约、市民公约等，推进诚信建设制度化，11个设区的地级市通过《文明行为促进条例》地方立法，法治对社会主义核心价值观的支撑保障作用更加有力。

2.深化文明创建活动

坚持宣传教育群众与引领服务群众相结合，坚持以志愿服务为基本形式，在试点基础上推进110个县（市、区）级新时代文明实践中心（含7个经济开发区）、1336个乡镇（街道）新时代文明实践所、25670个村（社区）新时代文明实践站建设，新时代文明实践的网络和服务体系基本建成。坚持群众主体地位，突出精准、注重实效、形成常态，探索建立群众点单、中心（所站）派单、志愿者接单、群众评单的工作模式和管理闭环，在办实事、解难题中暖民心、聚人心。常态化开展志愿服务，举办全省新时代文明实践志愿服务项目大赛，91个个人、组织、项目、社区被表彰为全国"四个一百"学雷锋志愿服务先进，全省志愿服务制度化社会化专业化水平不断提升。实施《湖北省文明城市创建三年行动计划（2021—2023年）》，持续开展县域文明指数测评，组织模拟测评、拉练交流、结对共建，全力争创全国文明城市，6个城市入选第六届全国文明城市，全国文明城市数量达到10个，

5个地级市、10个县(市)入选第七届全国文明城市提名城市,干部群众对文明城市创建的满意度达到95%以上。发挥文明城市创建"龙头"作用,带动深化文明村镇、文明单位、文明家庭、文明校园等细胞创建,湖北全国文明村镇、文明单位、文明家庭、文明校园分别达到235个、365个、30户、40所。

(二)高质量发展文化事业

湖北立足厚重的历史文化、卓绝的革命斗争历程、火热的改革实践,不断推出展现中国精神、时代气象、荆楚风格的文艺精品,展现荆风楚韵的文化地标、文化现象、文化产品。

1. 巩固壮大主流舆论

围绕马克思诞辰200周年、改革开放40周年、新中国成立70周年、建军90周年、党的十九大和十九届历次全会、建党100周年等重大活动、重大节点,聚焦核心、突出主线,深化拓展广播电视媒体"头条"建设和视听新媒体"首页首屏首条"建设,精心打造《春风习习民心依依》《向总书记汇报》《答好必答题湖北全力以赴》等重要报道,推动党的创新理论入脑入心。推进媒体深度融合,加强新闻报道创新,湖北发布、极目新闻、长江云影响力持续扩大,与蒙古国"羊来茶往"和"相约春天赏樱花"等成为传播热点。14件作品获中国新闻奖,创下纪录。全力以赴抓好疫情防控宣传教育和舆论引导,用心用情讲好湖北抗疫故事和疫后重振故事。

2. 锻造荆楚文艺精品

深刻把握新时代文化工作的新定位新使命,百花齐放、百家争鸣。弘扬伟大抗疫精神,讲述感人抗疫故事。民族歌剧《天使日记》开创"当年事件发生、当年进行创作、当年立上舞台"的中国歌剧新纪录;大型纪录片《金银潭实拍80天》《武汉战疫》全景式记录2020年新冠肺炎疫情期间以武汉、湖北为主战场的惊心动魄的战疫故事;广播剧《英雄的守护》《我的四天三夜》分别以"人民英雄"张定宇、"最美逆行者"甘如意为人物原型,聚焦疫情之下的平凡与伟大。记录脱贫攻坚伟业,唱响乡村振兴幸福曲。电影《青云之梦》讲述大别山区凤山县青云镇脱贫攻坚、乡村振兴波澜壮阔的故事;电视剧《花繁叶茂》、纪录片《2020我们的脱贫故事》、音乐剧《太阳照进山窝窝》、黄梅戏《我的乡村我的亲》等优秀剧目以舞台艺术形式讲述乡村致富故事,生动记录了乡村振兴的探索实践。实施京剧、戏曲振兴计划和美术创作重点扶持工程。花鼓戏《河西村的故事》、京剧《在路上》、话剧《台北新娘》、歌剧《有爱才有家》等剧目赢得广泛认可。"大漆世界:时序——2019湖北国际漆艺三年展"和"壮丽航程——庆祝中国共产党成立100周年湖北优秀美术作品展"两个项目获评全国美术馆优秀展览。《古田军号》《血战湘江》等6部作品获中宣部"五个一工程"奖,《山河袈裟》《高原上的野花》获鲁迅文学奖。

3. 完善公共文化服务

按照"中部领头、全国一流,湖北特色、世界影响"的战略定位和发展目标,湖北深入实施公共文化服务效能提升工程，完善公共文化服务体系，推动文化惠民工程，丰富群众性文化活动，全省公共文化服务建设取得新成效。扎实推进场馆建设四级覆盖，健全基层文化阵地。2017年以来，湖北共建成公共图书馆117个、文化馆125个、博物馆234个，乡镇（街道）文化站1299个、乡村（社区）综合文化服务中心26637个，数字农家书屋22800余个，村级广播系统25720个，全省各类公共文化场馆年服务群众1.2亿多人次。"四馆三场两中心"公共文化设施网络实现城乡全覆盖，全省公共图书馆、文化馆、方志馆、美术馆、综合文化站和超过95%的博物馆实现免费开放。2021年，全省"三馆一站"覆盖率达到1.61，超过文化小康1.3的目标值。通过实施公共数字文化建设工程，已累计建成数字资源近960TB，初步形成以省级设施为龙头、市县设施为骨干、乡村设施为基础、流动设施为补充、覆盖城乡的公共文化设施网络。2020年，克服疫情影响，开展线上活动超120项，线上点击量超1157万人次。2021年，围绕庆祝中国共产党成立100周年组织开展各类文化惠民活动286项，组织各类文化文艺文博公共教育活动近700项，常态化开展荆楚"红色文艺轻骑兵"文化惠民活动。"长江读书节"荣获全国"阅读推广优秀项目"，"文化力量·民间精彩"入选文化部2017年"百姓大舞台"十大品牌项目。2021年，成功举办首届中国（武汉）文化旅游博览会，文旅产业在融合中提速增效。"荆楚乡村文化旅游节"等示范性活动带动各地培育了一批具有浓厚乡土气和地方特色的文化品牌，形成了县县有品牌、乡乡有特色、村村有亮点的基层群众文化活动新格局。群文创作水平多年在全国保持领先地位，被誉为"群文创作的湖北现象"。

4. 加强文化资源保护利用

湖北是革命文物大省，红色文化底蕴深厚，红色资源丰富多样，有各类不可移动革命文物1772处，馆藏革命文物15万多件（套），资源数量和质量位居全国前列。实施"优秀传统文化保护传承工程"，让文物和非遗传承走进人民的生活，让百姓在生产生活中感受到文化的力量，增强文化自信。实施长江中游文明进程研究，8次获得"全国十大考古新发现"，8次获得"中国六大考古新发现"，6项入选"百年百大考古发现"。推进鄂豫皖三省大别山区革命文物保护，多项文物维修、考古发掘项目、博物馆陈列展览荣获国家级大奖。南水北调文物保护整体通过国家验收。全国"海峡两岸考古教学交流基地"、国家智慧文博新融合产业基地暨"互联网＋中华文明"示范基地落户湖北。实施荆楚大遗址传承发展工程，荆州熊家冢、武汉盘龙城国家考古遗址公园建成开放，铜绿山、龙湾、石家河等5个国家考古遗址公园获国家文物局立项。大力发展非物质文化遗产保护与传承，拥有国家级非遗项目145个、国家级文化生态保护实验区1个、国家级非遗代表性传承人102人，基本实现了非遗保护的制度化、体系化与工作常态化，非遗保护理念逐步成为全社会的共识。坚持崇德尚艺，构建结构合理、群英荟萃的人才矩阵。"全国地方戏曲南方会演""中华优秀戏曲文化艺术节"等大型艺术节活动轮番在武汉精彩上演。"戏曲少年"

“大师讲坛”“戏曲进地铁”“百姓大戏台”等活动将专业演出与普及惠民相结合，再现武汉“戏码头”昔日荣光。

（三）打造文化产业增长极

湖北以重大文化产业项目谋划为抓手，精准加大定向招商引资力度，做实做大湖北文化产业增量。以培育新型文化业态为重点，不断健全现代文化产业体系和市场体系，做强“灵秀湖北”文旅品牌，建设世界知名、全国一流的文化旅游目的地和长江国际黄金旅游带核心区。

1. 打造文化产业核心区

武汉发挥国家中心城市优势，打造全国性新兴文化企业聚集区、全球创意城市网络“设计之都”、全国性文化科技融合示范中心，推动文化产业加快成为支柱产业。各地区走特色化、差异化发展之路。襄阳建设古城文化、三国文化和汉水文化，宜昌建设长江中上游区域性文化中心城市，2020年，襄阳和宜昌文化产业增加值均超过250亿元，全省文化产业增加值超过千亿元。推动形成荆楚文化、三国文化展示交流区，大力发展红色旅游、工业旅游和文化休闲旅游，叫响文化旅游融合发展品牌，创建国家旅游改革创新先行区。深化国有文艺院团改革，增强国有文艺院团的发展活力和市场竞争力，支持民营演艺团体发展，各类演出经纪机构健康发展。统筹推进红色文化、荆楚文化、三国文化等文化资源的创造性转化和创新性发展，打造具有荆楚特色的工艺产品。鼓励引导民间艺人、非遗传承人、文化志愿者和文化企业向特色文化小镇、文化名村和特色街区聚集。办好随州市世界华人炎帝故里寻根节、宜昌市屈原故里端午文化节、中国长江三峡国际旅游节等活动，发展特色节庆经济。

2. 健全现代文化产业体系和市场体系

做大做强文化市场主体，培育特色优势文化品牌，形成“统一领导，准确定位，主动作为，配合推动，积极落实，形成合力”的发展思路，开展招商引资工作，扩大市场主体规模，做大增量。使用专项扶持资金，采用奖励、补助和贴息等方式，对优秀文化产业示范园区、基地予以扶持，撬动金融资金助推文化产业发展。成功创建国家级文化产业试验区1个、“国家级公共文化服务体系示范区”4个、“国家级公共文化服务体系示范项目”8个，入驻企业近5000家，实现年营业收入420多亿元，形成了具有湖北特色的先进经验做法。截至2020年末，全省广播节目综合人口覆盖率为99.86%，电视节目综合人口覆盖率为99.82%。全年出版全国性和省级报纸5.7亿份，各类期刊0.7亿册，图书2.8亿册。

3. 打造对外交流传播荆楚名片

荆楚文化是中华文化的重要组成部分，是湖北的“中国形象”和“世界名片”。湖北站在实现中华民族伟大复兴、增强我国文化软实力的高度，站在服务国家外交大局、推进“一带一路”建设的高度，充分发挥荆楚文化优势，着力培育“荆楚韵味、国际水准”的文化品牌，讲述荆楚文化故事，以文化“走进去”带动文化产业“走出去”。习近平总书记出访德国和参加汉堡G20峰会时，湖北组织“感知中国——长江边的非遗故事”创意展和《编钟乐舞》在柏林演出，成为庆祝中德建交45周年系列活动的一大亮点。举办“极目楚天舒”湖北文化图片展、文化企业对外经贸洽谈会等活动，签约项目20多个。着力打造“荆楚文化走世界”“荆楚文化丝路行”等对外文化交流品牌，在20多个国家和地区分别举办“中国湖北文化周”“湖北文化日”“灵秀湖北图片展”等文化交流活动。在文化产业对外贸易领域，通过举办国际文化产业博览会、文化贸易论坛等多种形式引导文化骨干企业到国外拓展发展空间，推动双边和多边国际文化贸易，如落户宜昌的柏斯音乐集团，已成为世界第三、亚洲第一的钢琴制造企业。

五、坚决打赢脱贫攻坚战，全面建成小康社会

坚持以人民为中心，是以习近平同志为核心的党中央治国理政的鲜明品格，是党新时代坚持和发展中国特色社会主义的基本方略。湖北始终打牢人民至上的思想根基，全面把握以人民为中心的根本要求，着力增进人民获得感幸福感安全感，深培厚植对人民的真挚情感，彰显了湖北强烈的人民意识和高度的使命自觉。

（一）书写决胜脱贫攻坚荆楚篇章

党的十八大以来，以习近平同志为核心的党中央把脱贫攻坚摆在治国理政突出位置，全面打响了人类历史上规模最大、力度最强的脱贫攻坚战。湖北省委、省政府认真学习贯彻习近平总书记关于扶贫工作的重要论述，举全省之力向贫困发起总攻，全面完成脱贫目标任务，取得了脱贫攻坚的决定性胜利，全省581万贫困人口全部脱贫，37个贫困县全部摘帽，4821个贫困村全部出列，如期兑现了向党中央立下的“军令状”、向全省人民作出的庄严承诺。

1. 坚持五级书记抓扶贫

坚持党的集中统一领导是打赢脱贫攻坚战的政治保证。湖北坚持把党的领导贯穿脱贫攻坚全过程，严格执行“中央统筹、省负总责、市县抓落实”的工作机制和党政“一把手”负总责的限期脱贫责任制，坚持五级书记抓扶贫，扎实开展五级书记遍访贫困对象行动，着力构建脱贫攻坚责任体系、工作体系、多元化投入体系、精准帮扶体系、社会动员体系、监督体系和考核评估体系，切实把党中央大政方针转化为湖北实施方案。

在全国率先提出精准扶贫“挂图作战”，层层签订责任状，保持贫困县党政正职相对稳定，压紧压实脱贫攻坚的政治责任。成立以各级党委和政府主要负责同志任组长的扶贫攻坚领导小组，建立省领导联系片区和贫困县制度，42位省级领导分别联系37个贫困县，不脱贫不脱钩。

2. 持续推进精准扶贫、精准脱贫

聚焦提高脱贫攻坚成效，扎实推进“五个一批”工程，创新实施健康扶贫、光伏扶贫等新脱贫模式，脱贫地区“造血”功能显著增强。探索形成“政府＋市场主体＋银行＋保险＋贫困户”五位一体产业扶贫模式。脱贫地区特色经济作物新增面积超500万亩，培育扶贫主导产业54个，培育新型农业经营主体超10万家，76.6%以上的贫困户依靠发展产业脱贫。实施搬迁规模中部第一、全国第四的易地扶贫搬迁，31.84万户、88.23万贫困群众“挪穷窝”“换穷业”，彻底改变了世代贫困“宿命”。13.56万户贫困群众享受到生态补偿政策红利，累计选聘生态护林员21.74万人次，帮助26万余贫困人口在家门口实现就业脱贫。落实资助资金326.57亿元，资助家庭经济困难学生2032.49万人次。122.7万建档立卡贫困人口纳入农村低保或特困人员救助供养范围，实现应保尽保、应兜尽兜。

积极落实东西部扶贫协作，杭州市对口协作帮扶恩施州，直接带动23.36万贫困人口脱贫增收。积极推进定点扶贫和省内区域协作，水利部、农业农村部、国家电网等17家中央单位定点帮扶湖北25个国定贫困县，直接投入帮扶资金近40亿元。全省36个经济强市、强县以及412家省直部门、企事业单位结对帮扶37个贫困县，累计投入财政援助资金和帮扶资金54亿元。积极开展“千企帮千村”行动，7000家民营企业签约帮扶6000多个行政村，累计投入帮扶资金72亿元。社会组织、爱心人士倾情相助，积极支持湖北脱贫攻坚。大力实施“616”工程①，破解民族地区发展难题。2022年7月，国家乡村振兴局在鄂举办中央单位定点帮扶工作示范培训班，肯定中央单位定点帮扶湖北省工作扎实有力，成效显著，在多方面创造了特色亮点和成功经验。

坚持把全面从严治党要求贯穿脱贫攻坚全过程和各环节。从2016年开始，每年在全省部署开展扶贫领域大数据监督检查工作，先后将20个部门、75个重点项目的数据汇集起来进行比对核实，基本实现对全省扶贫领域重点项目和政策落实情况监督检查全覆盖。发布《脱贫攻坚作风建设“十不准”规定》，直击扶贫领域“四风”新表现，对有扶贫任务的97个县、1168个乡镇实行暗访全覆盖，研发建设湖北省扶贫领域政策落实信息化监察系统。坚决做好中央脱贫攻坚专项巡视“后半篇文章”，统筹推进省级和市县级扶贫成效考核反馈问题整改。坚持扶贫领域腐败问题和作风问题一起查，领导干部和基层干部一起查，监督责任和主体责任、监管责任一起查，以超常力度从严纠治扶贫领域搞数字脱贫、虚假脱贫以及扶贫工作中“一发了之”“一股了之”“一分了之”等形式主义、官僚主义问题，为打赢打好脱贫攻坚战提供了坚强作风保障。

---

①“616”工程：由1位省委、省政府领导牵头，省直6个单位（4个省直部门、1个大中型企业、1所大专院校或科研单位）参与，负责支持1个民族县，每年至少办成6件较大实事。

十堰市郧阳区易地扶贫搬迁安置点(《湖北日报》 供图)

3. 持续推进巩固脱贫攻坚成果与乡村振兴有效衔接

巩固脱贫攻坚成果是乡村振兴的前提,湖北全面建立防返贫动态监测帮扶机制,7.3万户、21.6万人纳入监测对象,八成以上已经消除风险,因灾返贫致贫风险得到有效化解,牢牢守住了不发生规模性返贫的底线。“两不愁三保障”持续巩固提升,2021年,全省脱贫劳动力实现务工就业215.4万人,同比增长3.4%,全省脱贫人口人均纯收入达到12902元,增长33.5%,高于全国平均水平16.6个百分点。在国家脱贫攻坚考核和巩固脱贫成果后评估中,湖北连续6年荣获“综合评价好”等次。不断完善政策、理顺机制,推动巩固拓展脱贫攻坚成果同乡村振兴有效衔接。2020年,在全国率先出台《乡村振兴促进条例》。2021年,接连出台25个主要衔接政策文件,将37个脱贫县确定为乡村振兴重点帮扶县给予倾斜支持。2022年4月,印发《关于湖北省“十四五”支持革命老区巩固拓展脱贫攻坚成果衔接推进乡村振兴的实施意见》。截至2022年5月,2018年印发实施的《湖北省乡村振兴战略规划》中的26项指标,18项指标已提前完成或达到中期目标。坚持以乡村振兴统揽新发展阶段“三农”工作,新选派1.77万名村第一书记、1.2万支驻村工作队、4.26万名工作队员奔赴乡村振兴第一线。

(二)加快发展社会事业

民生是最大的政治。党的十八大以来,湖北加快发展社会事业,谋利民之事、解民生之难,努力提升公共服务保障水平,扎实推动共同富裕,让经济社会发展成果惠及广大群众,不断增强人民群众获得感幸福感安全感。

1. 坚持稳定和扩大就业

坚持把稳定和扩大就业放在经济社会发展的优先位置,就业规模持续扩大,就业结构不断优化，就业质量大幅提高。倾力支持企业减负稳岗，实施社保“降、返、免、缓、补”等援企政策。深入实施“我兴楚乡、创在湖北”返乡创业行动，创新实施“才聚荆楚”工程，累计吸引26.25万人返乡创业、184万名高校毕业生就业。十年来，筹措就业补助资金527亿元，实现城镇新增就业逐年增长，连续跨越80万人、90万人台阶，累计达到864.7万人。农村劳动力转移就业保持在1000万人以上。“蕲春艾灸师”“监利面点师”劳务品牌叫响全国。全省就业稳定性不断提高，实现就业局势总体稳定。人民群众的就业之路越走越宽、越走越稳。

2. 着力推进教育事业高质量发展

始终把教育事业放在优先位置，把教育发展放在改善民生的首要位置。2017年底，湖北在中西部地区率先整体实现县域义务教育基本均衡发展，2020年控辍保学实现动态清零，2021年义务教育巩固率为98.4%。义务教育实现了由“普及”到“均衡”的飞跃，高中阶段教育迈向优质。2020年，湖北省共有高中536所、在校生89.17万人，高中阶段毛入学率达到92.3%。2021年，高等教育毛入学率达到71.9%，高于全国平均17.5个百分点，高等教育全面进入普及化阶段。全省30万人口以上的市县均建立了特殊教育学校。适龄残疾儿童义务教育入学安置率超过95%。全面建立家庭经济困难学生资助政策体系，五年累计投入学生资助金额达219亿元。实施高职院校乡村振兴专项招生计划，为促进贫困家庭学生稳定就业、打通上升通道奠定坚实基础。拥有130所高校、190万高校在校生，全省人才资源总量达到911.5万人。高校国家重点实验室达18个，居全国第四，由高校牵头组建湖北实验室5个。全省高校主持项目获国家科技奖占全省79.31%，高校科技创新成果获国家三大科技奖位居全国前列。全省教育事业取得了新的历史性成就，教育面貌发生格局性变化。

3. 稳步推进健康湖北建设

健康湖北建设稳步推进。2021年，全省有医疗卫生机构3.65万个，医疗卫生机构床位数43.4万张，每千人口执业（助理）医师数2.94人，每千人口注册护士数3.72人。国家重大突发公共卫生事件医学中心、国家中医药传承创新中心落户湖北。建成核酸检测实验室435家，单样本日最大检测能力达到171.74万人份。三孩生育政策落地实施，出生人口性别比持续改善。深化老年人心理关爱、医养结合、安宁疗护等国家试点，创建48个全国示范性老年友好型社区。全省主要健康指标总体优于全国平均水平。截至2021年，全省人均预期寿命达到78.71岁，共建成国家卫生城市20个、县城15个。

（三）兜实兜牢民生底线

湖北坚持聚焦特殊群体、聚焦群众关切，坚持把保障和改善民生摆在更加突出位置，持续提升基本民生保障水平，不断增进人民群众获得感和幸福感，书写出幸福的民生答卷。

1. 不断完善社会保障体系

基本建立起覆盖全民、统筹城乡的社会保险体系框架，社会保障“安全网”越织越牢。全面建立城乡统一的居民基本医保和大病保险制度，初步形成以基本医保为主、医疗救助托底、补充医保和商业健康险共同发展的多层次医保体系。省第十一次党代会以来，7亿多人次享受医保待遇，医保基金年均支出超720亿元。截至2021年末，全省城镇职工基本养老、城乡居民养老、失业、工伤保险参保人数分别达到1835万人、2613万人、699万人、829万人。十年间，落实养老保险投入资金5364亿元，基本养老保险参保人员达4448万人。安排基本医保补助资金1411亿元，城乡居民医保财政标准由2012年的人均240元，提高到2022年的人均610元。连续18年提高企业退休人员基本养老金，企业养老保险平均待遇水平从2012年的1390元/人·月提高至2021年的2935元/人·月，年均增幅8.6%。失业保险金标准提高至最低工资标准的90%。

2. 不断健全社会救助体系

全省社会救助主体制度基本定型、体系基本健全、救助标准自然增长机制基本形成。低保标准领跑中部，2015年起，在每年安排不少于11亿元补助各地统筹用于各类社会救助的基础上，专项安排22亿元补助资金用于保障建档立卡贫困人口中全省农村低保、五保对象补助水平的提高，有力保障各项社会救助政策有效落实。全省城乡低保保障标准年均增长3.8%、4.3%，分别达到669元/人·月、5743元/人·年，城乡特困供养标准分别达到1339元/人·月、901元/人·月，有效保障166万城乡低保和24.7万城乡特困人员基本生活。临时救助制度有效实施，每年超过30万人次得到临时性生活救助，2021年救助水平达到平均每次1522元。适度普惠型老年人、儿童、残疾人福利体系全面建立，经济困难高龄老人养老服务补贴、经济困难失能老年人护理补贴和高龄津贴制度全面覆盖。困难残疾人生活补贴和重度残疾人补贴制度全面落实。全省集中供养和社会散居孤儿平均养育标准分别达到2129元/月、1325元/月，位居全国前列，事实无人抚养儿童保障政策全面实施。

六、坚决扛起生态大省的政治责任，加快建设美丽湖北、实现绿色崛起

湖北是我国重要水源涵养地和中部地区重要生态屏障，长江干流径流里程最长，是三峡工程库坝区和南水北调中线工程核心水源区所在地，担负着保证“一江清水东流”“一库净水北送”的重大任务。党的十八大以来，湖北坚决扛起生态大省政治责任，聚焦长江大保护，坚决打赢污染防治攻坚战，紧扣生态修复、环境保护和绿色发展推动生态省建设，全省生态文明建设迈上新台阶。

（一）深入推进长江大保护

自新中国成立以来，长江沿岸区域经济快速发展，但长期形成的粗放发展模式也致使长江生态系统不堪重负，警讯频传。2016年1月，习近平总书记在重庆推动长江经济带发展座谈会上强调，当前和今后相当长一个时期，要把修复长江生态环境摆在压倒性位置，共抓大保护，不搞大开发。湖北深刻领会以习近平同志为核心的党中央“铁腕治

江”的坚定决心，正确把握长江经济带发展“五大关系”①，以“共抓大保护、不搞大开发”为规矩和导向，深入实施长江大保护“十大标志性战役”和长江经济带绿色发展“十大战略性举措”，持续改善长江生态环境质量。

1. 着力破解“化工围江”

破解“化工围江”是湖北实施长江大保护十大标志性战役重点抓手之一。2016年最高峰时，仅长江宜昌段200多公里岸线就分布着化工企业130多家、化工管道1020公里以上，最近的化工企业距离长江不足100米，对长江水质、生态环境构成持续威胁。为破解“化工围江”，2018年6月，制定出台《湖北省沿江化工企业关改搬转工作方案》，提出“关改搬转”四剂药方。全省各地对化工企业和化工园区进行全面、真实、准确的调查摸底。对现有化工企业规划、区划及安全、环保条件及所在化工园区合规情况进行科学评估，逐一登记造册，确定“关改搬转”企业名单与方式。统筹制定化工企业“关改搬转”工作方案和“一企一策”任务清单，明确时间表、划定路线图，做到工作目标、推进措施、完成时限、督办领导、责任单位、责任人“六落实”。省委、省政府加大财税政策支持力度，每年统筹安排2亿元省级专项资金支持“关改搬转”工作。省财政在安排地方债券时对沿江有化工企业整治任务的市（县、区）予以倾斜，对实施“关改搬转”的化工企业给予贷款贴息、基建投资补助、职工安置等支持。优先安排搬迁改造项目用地指标，保障搬迁改造项目土地供应。坚持企业主体责任与地方组织、社会保障相结合，积极做好再就业服务，妥善解决因“关改搬转”产生的职工分流安置问题。

湖北“关改搬转”沿江化工企业443家，破解“化工围江”的做法、经验得到了国务院及工信部、国家长江办、中央第四生态环保督察组充分肯定。

2. 整体推进长江生态修复

为实现长江“水清、岸绿、河畅”的美好愿景，除集中火力攻克“化工围江”外，湖北还针对长江水中、岸上、地上一些顽瘴痼疾和群众最关心的重大环境问题对症下药，综合施策，整体推进长江生态修复。取缔各类码头1810个，腾退长江岸线149.8公里。2018年后，湖北继续加大防控力度，全面加强重点码头现场实时动态监控管理。坚持疏堵结合，积极推进砂石集并中心建设，分批采取兼并重组、股份合作等方式，统一规划和建设砂石集并中心，确保沿江各县（市、区）至少有一个砂石集并中心建成运营，有效防止非法码头死灰复燃。整治涉砂船舶和非法采砂行为。以推进“河湖长制”②工作落实为抓手，采取“政府主导、水

①“五大关系”：长江经济带发展要正确把握整体推进和重点突破的关系，正确把握生态环境保护和经济发展的关系，正确把握总体谋划和久久为功的关系，正确把握破除旧动能和培育新动能的关系，正确把握自身发展和协同发展的关系。

②河湖长制：河长制、湖长制的统称，是由各级党政负责同志担任河湖长，负责组织领导相应河湖治理和保护的一项生态文明建设制度创新。

利牵头、部门联动、社会共治”方式，严格落实河道采砂管理地方政府行政首长负责制和部门责任制，清理整治涉砂船舶特别是“三无”采砂船舶；严格实施河道采砂许可与现场监管，强化日常巡查，始终保持对非法采砂高压严打态势。严控船舶污水和沿线入河污水直排长江。加快推进船舶标准化和船舶生活污水设施改造，依法强制报废超过使用年限的船舶，鼓励节能环保船舶建造和船上污染物储存、处理设备改造。积极推广港口岸电建设。按统一规划、统一标准、统一建设的要求，建设港口岸电设施。对全省17个市（州）行政区域内的已设入河排污口开展专项整治，严格监管，优化长江沿线排污口布局，推进建立健全权责明确、制度健全、规划齐备、监控到位的入河排污口监管长效机制，在全国率先完成长江入河排污口航测任务。12480个长江入河排污口实现有口皆查、应查尽查。

磷石膏污染是长江流域生态环境的严重威胁，治理磷石膏污染也是一个世界难题。湖北沿江磷矿资源保有量、年开采量、磷化工产业规模、磷肥产量均居全国第一，以巨量堆存方式处理的磷石膏构成严重污染风险。按照“谁采矿谁治理”“谁排渣谁治理，谁利用谁受益”原则，湖北积极压实企业主体责任，推动磷石膏“减量化、无害化、资源化”综合治理。大力推广生产磷石膏建材、道路水稳层等综合利用产品，支持磷化工企业开展新一轮技改，产业链向价值链高端跃升。推动上下游企业合作成立磷石膏产业园，形成磷化工企业循环经济产业链。鼓励水泥厂探索利用磷石膏代替部分碳酸钙作生料工艺试验，作为碳达峰和碳减排成果示范。支持校企科研院所探索研发新路径。组建湖北三峡实验室，依托三峡公共检验检测中心和重点企业，成立国家磷产品质量检验检测中心和4个省级磷石膏资源综合利用中心，与中国五环等企业合作谋划建设磷石膏无害化处理生产线。建立健全磷石膏制品及应用标准体系，将磷石膏综合利用产品纳入绿色建材产品认证范围；加大财政支持力度，支持磷化工高质量发展、磷石膏资源综合利用和创新平台建设。湖北磷石膏堆积污染问题逐步消解，磷石膏无害化处理、综合利用率基本达到国家规定要求，逐步实现产消动态平衡。

麋鹿大家庭在石首天鹅洲滩涂上悠闲生活，得益于湖北长江生态环境加速好转（《湖北日报》 供图）

3. 有序实施渔民禁捕退捕

湖北是长江禁渔主战场。2014年开始，湖北全面清理网箱养鱼，重点整治清江流域和丹江口库区。经过3年多时间持续努力，到2017年底，丹江口库区仅十堰辖区内16.8万余只养殖网箱就实现“清零”。2020年7月，省人大通过《关于长江汉江湖北段实施禁捕的决定》。全省发动各级干部3.5万人次，深入社区、村组、渔港、码头全面排查，做到每户必核、每证必查、每船必验。搭建省、市、县三级信息化监控管理的长江禁渔“天网工程”，利用无人机、巡逻艇、巡逻车、摄像头等组成全覆盖、全方位、全天候的立体防控体系，让非法捕捞无处遁形。2020年12月31日，长江流域重点水域“十年禁渔”全面启动仪式在湖北武汉举行。统筹公安、农业、市场监管、交通运输等部门力量，常态化开展长江沿线市(州)跨区域联合巡护渔政执法，加强重点水域、重点时段非法捕捞违法犯罪打击力度。通过登记造册、公开公示、省市县乡村五级审核，精准锁定退捕渔船16818艘、退捕渔民32226人，退捕渔船100%回收。

保障渔民生活，让渔民“退得出、稳得住”是保证渔民上岸的关键。出台《湖北省长江流域重点水域禁捕和退捕渔民安置保障工作实施方案》，全省各地统筹使用油价补贴、社会保险、就业帮扶、水资源保护、上岸安居等专项资金，用于退捕渔民临时生活补助、社会保障、职业技能培训等相关工作。通过发展产业安置一批、务工就业安置一批、支持创业安置一批、公益岗位安置一批“四个一批”的方式帮助渔民就业创业。截至2021年7月，全省23712名需转产安置渔民全部安置到位。在全国率先出台退捕渔民社保补贴政策，退捕渔民中30357人享受社保补贴，符合参保条件的31974人全部参保。

4. 大力推进流域综合治理

省第十二次党代会报告强调，治荆楚必先治水，江河湖库水污染问题根源在流域，要坚决守住流域安全底线。强化省级统筹，将全省划分为长江、汉江、清江3个一级流域和16个二级流域片区，确定流域综合治理的“底图单元”。科学谋划建设“荆楚安澜”的现代水网，2022年7月，继南水北调中线工程之后，“引江补汉”工程全面开工建设，进一步打通长江向北输水通道，构建国家水网主骨架和大动脉。加强江河湖库堤防建设，优化调整滞蓄洪区布局，推进病险水库除险加固，补齐城市防洪排涝等短板，守住水安全底线。强化治山理水，严格守住流域水源地，加强长江、汉江、清江流域的上下游统筹、左右岸协同、干支流互动，共抓长江大保护，守住水环境安全底线。编制流域综合治理和统筹发展规划，以流域综合治理为基础，统筹水安全设施建设与农业灌溉水利建设，统筹水资源利用和产业布局、城镇建设，统筹水环境保护和城乡人居环境建设，推动新型工业化、信息化、城镇化、农业现代化同步发展。

(二)打好蓝天碧水净土保卫战

打赢污染防治攻坚战，是党中央重大决策部署，事关满足人民日益增长的美好生活需要，事关经济高质量发展和美丽中国建设。湖北着力实施蓝天碧水净土三大保卫战，全省污染防治攻坚工作有力推进。

1. 实施大气污染防治"组合拳"

伴随快速工业化进程，空气质量成为人们普遍关心问题。自2014年起，省政府政务督查室将大气污染防治工作列为年度重点督办事项。2015年初，在全国率先制定《关于农作物秸秆露天禁烧和综合利用的决定》，引导农民改变露天焚烧秸秆旧习。按"谁改善谁受益，谁污染谁付费"原则，制定环境空气质量生态补偿暂行办法，建立起有效的生态补偿机制。

2018年，全面对标国家蓝天保卫战工作要求，出台《湖北省打赢蓝天保卫战行动计划（2018—2020年）》（以下简称《行动计划》），从源头治理、问题导向、资源整合三个方面部署七大任务，进一步增强大气污染防治措施的广度、深度和力度。搬迁改造重污染企业、淘汰落后产能、综合整治"散乱污"企业，加快产业结构优化升级。实施能源消费总量控制、推广利用清洁能源。对火电机组、重点行业环保设施、工业炉窑、挥发性有机物和工业企业无组织排放开展专项治理。采取提高绿化率、矿山地质修复、扬尘综合管控、禁止露天焚烧、农业污染源排放控制、餐饮油烟整治等举措，切实减少生产生活产生的大气污染物。倡导全民共治，推动联防联控等应对措施，从空气质量监测预报、污染源监测能力、环境执法督察、科技支撑4个方面精准发力、持续推进，为打赢蓝天保卫战提供坚实保障。

《行动计划》实施取得丰硕成果。全省实施重点大气污染治理项目1800余个。2021年，全省17个重点城市中有10个达到空气质量二级标准，细颗粒物（$PM_{2.5}$）浓度累计均值为34微克/立方米，空气质量优良天数比例为86.7%，重污染天数比率为0.5%，全面完成考核目标任务。

2. 推动水污染治理取得实效

强化工业、农业、生活、航运污染"四源齐控"，有效治理水环境污染。全面整治重污染行业，加强"十小"企业治理，至2016年底，全部取缔不符合国家产业政策的小型造纸、制革、印染、染料、炼焦、炼硫、炼砷、炼油、电镀、农药等严重污染水环境的生产项目。至2017年底前，对造纸、钢铁、印染、制药（抗生素、维生素）、制革等主要污染行业致污重要环节完成清洁化技术改造。集中治理工业集聚区水污染，持续强化对现有132家省级及以上工业集聚区（园区）管控力度。以三峡库区、丹江口库区等区域为重点，加强乡镇污水处理设施建设。按强化脱氮除磷的要求，新建一批城镇污水处理设施。实施雨污分流，全面加强配套管网建设。推进污泥处理处置，实行污泥产生到处置全过程监管。推进农业农村污染防治。至2016年底，完成全省禁养区、限养区、适养区划定。至2017年底，依法关闭或搬迁禁养区内的全部畜禽养殖场（小区）和养殖专业户。推广畜禽粪污综合利用技术模式，规范和引导养殖废弃物资源化利用。严格控制湖库养殖面积，有序完成洪湖、长湖等湖泊围网围栏养殖拆围工作。加强船舶管理，淘汰老旧船舶，推广船舶标准化建设，推进燃油油品升级、建设、使用岸电设施，切实减少航运船舶对水质的污染。

2021年，全省326个监测断面（水域）中，水质优良比例88.7%，劣Ⅴ类断面占0.3%（1个），其中190个国控断面（水域）水质优良比例93.7%（178个），劣Ⅴ类断面持续为0，超额完成国家下达年度目标任务。县级及以上集中式饮用水水源水质保持100%达标。

3. 促进土壤质量安全可控

有效突出预防为主、保护优先的原则治理土壤污染，重点监控土壤致污高风险行业企业。2016年，制定出台《湖北省土壤污染防治条例》。省政府根据土壤环境功能区划，分类制定土壤污染防治政策，公布禁止新建、改建、扩建污染土壤环境的生产项目名录以及限期淘汰的工艺和设备名录。限期淘汰排放重金属、持久性有机污染物等污染土壤环境的工艺和设备，关停不符合产业政策的污染企业。对高风险行业企业产生的废水、废气、固体废物等处理情况及其用地和周边土壤环境进行监测、监控、监督检查。推行土壤污染责任保险制度，对土壤污染高风险行业企业强制责任保险。建立从源头到末端污染治理和资源化利用的全过程控制体系。实行城乡垃圾分类，建立健全城乡生活垃圾收集、转运、处理机制。开展农村环境综合整治，提高废弃物回收利用水平，改善村庄人居环境。加强污泥处理处置的监督管理，禁止擅自倾倒、堆放、丢弃、遗撒污泥，对污泥进行资源化利用和无害化处理。

湖北土壤污染综合防治取得突出效果。"十三五"时期，全省重点重金属减排比例为11.1%，超额完成减排目标任务。全省受污染耕地安全利用率达到94%以上，污染地块安全利用率达到100%；规模养殖场粪污处理设施配套率达99.48%。黄石市3个防治项目分别入选全国土壤污染治理与修复项目典型案例、土壤污染综合防治先行区案例。

（三）构建环境友好型产业体系

湖北着力改变高投入、高能耗、高污染的产业发展模式，持续推进产业转型升级。绿色成为荆楚大地产业发展最鲜亮的底色。

1. 大力促进农业绿色转型

全面落实以"一控两减三基本"为核心的国家治理农业面源污染方案，着力控制农业用水总量和农业水环境污染，减量使用化肥、农药，资源化、综合循环再利用和无害化处理畜禽粪污、农膜、农作物秸秆。实施化肥、农药零增长行动。普及推广测土配方施肥，推进精准施肥，改进施肥方式。示范商品有机肥、绿肥、秸秆还田等有机养分替代化肥技术模式，全域推广冬闲田绿肥种植技术措施。实施国家重大病虫防控、绿色防控以及绿色高产高效创建等项目，提高农药利用率和植保作业能力，强力推行高毒农药禁限用和定点经营制度。建设规模养殖场粪污处理设施装备，积极推进农业废弃物无害化处置，有效促进农业绿色发展、清洁生产。

2021年，全省测土配方施肥覆盖率达90%以上，化肥农药施用量连续10年实现负增长。绿色防控覆盖面积超过4800万亩，绿色防控覆盖率达42%以上。“十三五”时期，全省建立农膜回收站点3000余个，农用地膜回收率达80%以上，累计推广示范可降解地膜5万余亩；完成500万亩耕地酸化治理，耕地质量平均等级提升0.19个等级。

2. 初步构建绿色工业体系

以壮士断腕的决心，综合利用能耗、环保、质量、安全法律法规和技术标准，依法依规淘汰不达标或不合规落后生产技术、装备和生产企业。严控过剩行业新增产能。推进沿江化工企业搬迁改造与技术、产品、工艺更新相结合，与智能制造、绿色制造相结合。

整治“十小”企业和“散乱污”企业。“十二五”以来，结合过剩产能控制、落后产能淘汰、环保违法违规项目清理、特色工业园区筹建等工作，全面整治“十小”企业，取缔不符合国家产业政策的小型严重污染生产项目，专项治理造纸、磷化工、印染、制革、农药、电镀等十大重点行业。严格新建项目审批和执法监管，大力整治“散乱污”企业，对污染严重、治理无望的一律依法取缔，为战略新兴产业、环境友好型企业腾出更大发展空间。

实施清洁能源战略。“十二五”期间，加快省内煤炭生产企业关闭退出工作，按期全域退出煤炭生产行业。改造重点用煤领域工艺和装备技术，推进煤炭清洁高效利用。积极发展天然气、可再生能源等清洁能源，提高可再生能源比重。大力发展天然气供热管网等配套设施建设，扩大集中供热覆盖面，加快推进分布式光伏发电应用，因地制宜开发利用风能资源。“十三五”期间，进一步实施清洁能源战略，新能源装机容量从246万千瓦上升到1309万千瓦，占总装机容量的15.8%，年均增长38%。截至2021年底，全省发电总装机容量8816万千瓦，其中，新能源装机容量1672.35万千瓦，占总装机容量的18.97%。

3. 稳步推进绿色交通建设

深化机动车污染防治。积极贯彻落实《湖北省机动车排气污染防治管理办法》。继续加大黄标车淘汰力度，2017年底前基本淘汰全省范围的黄标车。规范报废车辆拆解工作管理，鼓励引入市场机制提高报废回收价格和资源重复利用率。充分利用城市视频监控系统，在有条件的地市实现对排放不达标车辆的实时视频监控。加大新能源汽车推广力度，提倡选用节能环保车型，推广使用天然气、新能源汽车。加大充电桩建设，逐步完善相关基础配套设施，大幅提高新能源和清洁能源车使用比例。引导营运车船向清洁化发展，积极打造环保与新能源车船示范推广工程和G-BOS智慧客车运营系统推广工程，创建丹江口库区和梁子湖绿色航运发展示范区。

整治道路扬尘污染。修订《湖北省城市市容和环境卫生管理条例》，进一步提高渣土车等车辆泄漏、遗撒及污染路面管控水平，加大违规行为处罚力度，从源头防道路扬尘污染和潜在环境风险。加强道路、广场、停车场和其他公共场所的清扫保洁管理，大力推行清洁动力机械化清扫等低尘作业方式。对运输煤炭、垃圾、渣土等散装、流体物料的车辆全部落实密闭运输管理。逐步安装卫星定位系统，建立省内公路铁路扬尘联防联控工作机制。鼓励绿色出行，全面改善步行、自行车出行条件，加快公交车专用道建设，完善城市公共交通服务体系。

推广清洁能源供应使用。全面落实油品配套升级，2017年1月1日起，全面供应符合第五阶段国家标准的车用汽油、车用柴油。加强信息共享和联动协作，及时开展油品质量监督检查。实施“气化长江”战略，积极鼓励和推动企业新建或改建高效节能环保船舶。推动客运和集装箱港口使用岸电，推进船舶油改气试点工作。严格执行机动车排放检验制度，建立公安、环保数据交换机制，联网开展机动车环保定期检验。

截至2021年，湖北已初步建成集约高效的绿色交通运输体系。内河航运船舶标准化率达70%以上，公路货运车型标准化率达到80%，清洁能源及新能源城市公共汽车占比达到75%，大中城市城区中心的绿色出行比例达到70%以上。

4. 努力打造全国碳金融中心

湖北较早提出了“打造全国碳金融中心”的目标，是与北京、上海等六省市一起入列国家第一批碳排放权交易试点的省份。2014年，湖北碳排放权交易市场开市。经过3年试点，全国碳排放权注册登记系统（以下简称“中碳登”）落户湖北，湖北自此拥有了首个具有金融功能的全国性要素平台。

“中碳登”落户后，湖北借助“中碳登”吸引信息流、资金流等快速聚集，加速建设绿色金融高地，在拓展碳配额相关金融工具发展方面走在全国前列。2020年6月，农业银行湖北孝感分行向中广核湖北大悟风力发电有限公司授信“可再生能源补贴确权贷”6300万元，并发放首笔贷款950万元。这是全国金融机构发放的首笔“可再生能源补贴确权贷”。不仅如此，在“中碳登”备案的全国首笔碳排放权质押贷款、森林碳汇收益权质押贷款、新能源汽车积分收益权质押贷款等也在湖北相继发放。创新金融服务平台，疏通线上线下绿色金融通道。2021年6月，由湖北省发改委、人民银行武汉分行等部门共建，湖北碳排放权交易中心承建的湖北绿色金融综合服务平台（以下简称“鄂绿通”）正式启用，为绿色产业项目入库审核、工程咨询、招商引资、银企对接等提供综合服务。围绕国家2030年碳达峰和2060年碳中和愿景目标，启动武汉碳达峰基金和碳中和基金，面向全国优选低碳企业开展投资。

截至2021年末，湖北碳减排支持工具落地合计17.04亿元，“鄂绿通”累计征集入驻金融机构24家，筛选入库绿色低碳项目317个，融资总额765.3亿元。绿色贷款余额7015.33亿元，总量居中部六省首位。

（四）持续推进生态省建设

党的十八大报告把生态文明建设纳入社会主义现代化建设总体布局。2013年8月，湖北成为党的十八大后全国第一个生态省建设试点省份。2014年，省人大常委会会议审议通过《湖北生态省建设规划纲要(2014—2030年)》，湖北生态省建设全面启动。

1. 深入推进“五级联创”

全面落实主体功能区战略，建立“分区管理、分级控制”的空间管控体系。进一步优化以江汉平原为主体的农业发展空间布局，明确“三江四屏千湖一平原”①生态格局，制定“三线一单”生态环境分区管控意见，共划定1076个环境管控单元，对生态保护红线区域实施最严格管控制度，生态环境分区管控更加精细。省生态环境保护委员会制定《湖北生态文明(生态省)建设考核办法》，分年度下达生态省建设重点任务，全面推动省市县乡村五级联创工作。截至2021年10月，全省已成功创建“绿水青山就是金山银山”实践创新基地5个，累计命名国家生态文明建设示范区19个、省级生态文明建设示范县(生态县)32个、省级生态乡镇620个、省级生态村5317个，国家生态文明建设示范市县和“绿水青山就是金山银山”实践创新基地数量进入全国前列。

2. 着力实施“绿满荆楚”行动

2014年，出台《关于加快推进绿满荆楚行动的决定》，提出用3年时间，实现全省宜林地、无立木林地、通道绿化地、村庄绿化地应绿尽绿。截至2017年底，全省累计完成造林面积997.2万亩，相当于以3年时间完成了以往10年的造林任务，建成国家森林城市7个、省级森林城市18个、森林城镇128个、绿色示范乡村4067个。结合长江大保护战略的实施，沿江各市、州对长江岸线“留白”“增绿”，共腾退岸线149.8公里，综合治理长江沿线水土流失面积170多万亩，长江岸滩岸线生态复绿达856万平方米，两岸造林绿化75.4万亩。开展沿江矿山综合治理，完成沿江“三区两线”504个矿山3.6万亩生态复绿。截至2021年，全省森林蓄积量达4.15亿立方米，是1978年的4.2倍，森林覆盖率由1978年的20.3%提高至41.84%，山清水秀的美丽画卷正在荆楚大地徐徐展开。

3. 不断改善城乡人居环境

2017年起，开始实施“四个三重大生态工程”②，全面推进城乡环境变革。经过3年攻坚，改造农村户厕163.6万座，精准灭荒造林80.2万亩，完成131座县城及以上城镇污水处理厂提标改造，新(改、扩)建乡镇污水厂828座，新增处理能力114万吨/日；新增主支管网10260公里，基本实现乡镇污水处理全覆盖。建成生活垃圾末端处理设施155座，生活垃圾处理能力达到4.97万吨/日，医疗废物、医疗废水监管与处置“两个100%”全面落实，乡镇

---

①“三江四屏千湖一平原”：“三江”为长江、汉江、清江；“四屏”为鄂东北大别山区、鄂西北秦巴山区、鄂西南武陵山区、鄂东南幕阜山区4个生态屏障；“千湖”为全省各类湖、库、湿地；“一平原”为江汉平原。

②“四个三重大生态工程”：自2017年起，湖北用3年时间推进“厕所革命”、精准灭荒、乡镇生活污水治理、城乡生活垃圾无害化处理四大工程，持续改善城乡人居环境。

垃圾中转站实现全覆盖,城乡垃圾分类全面推开。建成联网水质自动站167座、城市空气自动站161座,土壤监测点位达6000余个,形成覆盖全省的生态环境监测网络体系。

4. 持续强化环保政策法规建设

逐步完善生态文明建设机制。充分发挥湖北省环委会作用,统筹协调湖北省生态文明建设。将生态文明建设任务纳入各级党委和政府目标责任制,形成省、市、县分级管理,部门相互配合,上下联动、良性互动的推进机制。完成省以下环保机构监测监察执法垂直管理制度改革,建立环保督察长效机制。按照"源头严控、过程严管、后果严惩"的总体要求,推进大气、水、土壤污染防治等单行法的制(修)定。出台《湖北省生态文明建设管理条例》《湖北省生态环境损害责任认定与赔偿实施办法》,修订《湖北省环境保护条例》,严格执行《湖北省水污染防治条例》《湖北省湖泊保护条例》。健全环境行政执法与环境司法衔接配合机制,完善案件移送、受理、立案、通报等标准和程序。严格环境行政执法,强化环境司法,加大惩罚力度,为保护环境和自然资源、促进经济和社会协调可持续发展提供坚强的法治保障。

七、大力发展社会主义民主政治,凝聚同心共进强大合力

社会主义民主政治是中国特色社会主义政治文明的集中体现。党的十八大以来,湖北大力发展社会主义民主政治,形成生动活泼、安定团结的政治局面。

(一)发展全过程人民民主

全省坚持和完善人民代表大会制度,发挥好人民政协专门协商机构作用,充分发挥统一战线组织能力,不断发展全过程人民民主。

1. 加强和改进新时代人大、政协工作

支持人大及其常委会依法履职,地方立法和人大监督等工作全面加强。省人大常委会加强法规制度供给,围绕中心大局开展监督,切实提高履职能力和水平。省第十一次党代会以来,省人大常委会设立19个基层立法联系点,覆盖全省所有市州和直管市、林区,采取立法听证会、选民接待日、专题询问、执法检查等多种形式,确保了党和政府在决策、执行、监督落实各个环节听到来自人民的声音。共制定省本级地方性法规和法规性决定47件,批准设区的市和"一州两县"地方性法规、单行条例、法规性决定73件,集中打包修改70件、废止13件;开展20余部(件)法律法规执法检查,听取和审议73件专项工作报告,组织开展专题调研43次,做出决议24件;实施"能力提升三年行动",打造忠诚干净担当的干部队伍;开展"十大创新工作"评选活动,全省人大工作呈现整体联动、生机蓬勃的良好局面。

支持人民政协发挥职能优势,协商民主广泛、多层、制度化发展。省政协围绕全省经

济发展大局和重大民生问题，组织开展140余次重点协商议政活动，形成报告2000余篇，提交专题报告140余篇，立案提案3700余件，一批成果转化为省委、省政府决策。引导政协各参加单位、广大政协委员和各族各界人士增强政治共同体意识，围绕重大主题开展活动，走访看望少数民族界、宗教界委员和代表，密切同中国台湾地区政团社团和各界人士交往，积极为省内港澳台侨资企业纾困解难。

2. 做好新时代统一战线工作

深入学习贯彻习近平总书记关于加强和改进统一战线工作的重要思想，认真落实中央统战工作会议精神，推动全省统战工作提质增效。出台《湖北省实施〈中国共产党统一战线工作条例〉办法》，修订《湖北省宗教事务条例》，制定落实中央关于加强各领域统战工作文件的具体措施。扎实开展"党派建设巩固年"行动，大力支持各民主党派组织加强自身建设、提升履职水平。创建省委统战部部务会与各民主党派省委会领导班子联合学习制度，2017年以来共开展联合学习21次，设立副厅级的省党外知识分子联谊会（欧美同学会）工作机构。认真落实中央民族工作会议、新疆工作座谈会、西藏工作座谈会精神，深入开展民族团结进步创建"六进"活动，不断增进"五个认同"。建立海外统战工作协作机制，连续多年举办世界华人炎帝故里寻根节活动，组建湖北高校海外校友会联盟。

着力打造"楚商大会""华创会"双子星品牌，2013年以来连续举办五届楚商大会，累计现场签约项目1191个、总金额2万亿元。着力完善体制机制、提升能力水平，多措并举推动基层统战工作高效运转，发现培树了襄阳市老河口这个基层统战工作的全省标杆、全国品牌，大力培育了咸宁市赤壁"茶产业统战"、宜昌市"蜂巢统战"、武汉市昙华林"文化历史统战"、恩施州利川"乡贤统战"、潜江市"小龙虾产业链统战工作"等一批特色亮点。

（二）推进法治湖北、平安湖北建设

湖北坚持立法、执法、司法、守法、普法协调推进，扎实开展扫黑除恶专项斗争和政法队伍教育整顿，坚持和发展新时代"枫桥经验"，社会大局保持安全稳定，法治社会建设取得重要进展，为全省疫后重振和经济社会高质量发展营造了平安稳定环境。

1. 坚持立法、执法、司法、守法、普法协调推进

省人民政府组织实施五年立法规划和年度立法计划，高质量提交地方性法规议案33部、审修政府规章31部。集中清理涉及民法典、产权保护、民营经济发展等事项的政府规章、行政规范性文件1.8万余件，修订、废止规章49部、行政规范性文件204件，取消证明事项1749项。全面推行行政执法"三项制度"。加强行政执法人员和行政执法主体资格管理，核定执法人员17万人，清理行政执法主体7000余个。全省县乡两级公共法律服务中心（站）实现全覆盖，建设村（居）公共法律服务室10715个。一次性将省直司法鉴定机构、省直律师事务所、法律服务所673名鉴定人管理事项移交属地司法行政机关，55项司法行政申请和公共服务事项"承诺时限"综合缩减75%以上。坚持"谁执法谁普法"

普法责任制，深入开展“民法典主题宣传”“宪法宣传周”“司法行政开放日”等活动，惠及人民群众1100万人次。建设各类法治文化阵地8500余个，紧抓乡村“法治带头人”，实行“订单式”普法，满足群众个性化要求。办事依法、遇事找法、解决问题用法、化解矛盾靠法的良好氛围逐步形成。

2. 不断完善基层社会治理体系

省委十一届七次全会审议通过《中共湖北省委关于贯彻落实党的十九届四中全会精神、推进省域治理现代化的决定》，出台“1＋1＋N”①政策体系。将党建引领基层治理工作作为省委“一号课题”，建立“街道吹哨、部门报到”机制，全面构建“街道党工委—社区党组织—小区网格党支部—楼栋党小组—居民党员中心户”五级组织架构，完整构建城乡基层治理新格局。2017年12月，出台《关于加强和完善城乡社区治理的实施意见》，明确了健全完善城乡社区治理体系的重大任务。全省各地城乡基层组织探索出不少基层社会治理新模式，如议事型、对话型、共建型、联动型、开放型等不同类型的形式，先后涌现出武汉市江汉区“居民论坛”、汉阳区“社区对话”，荆州市沙市区“居民说事”等成功典型。率先探索的网格化管理建设水平领跑全国。2012年初，全省全面推广已经在全国叫响的城市社区网格化管理“宜昌经验”，用近一年时间建成覆盖全省城市社区的网格化服务管理平台。全省2.7万个村（社区）共划分网格14.88万个，基本实现网格化服务管理全覆盖。全面推行“双报到、双报告”制度，推动党员干部常态化下沉社区，全省1.1万多家机关企事业单位对口联系4835个社区，104万名党员干部到居住地社区报到。出台《关于深化新时代党建引领基层治理的意见》《关于深入推进党建引领乡村治理促进乡村振兴的实施意见》等系列文件，构建起“四梁八柱”政策体系。推动“一个平台管服务、一张网格管治理、一支队伍管执法”，构建简约高效的街道（乡镇）管理体制。截至2022年5月，湖北共组建333个街道“大工委”、3648个社区“大党委”，3.6万多名社区工作者纳入规范管理。省第十二次党代会以后，全省坚持以城乡社区为基本单元，以改善群众身边、房前屋后人居环境的实事小事为切入点，以建立和完善全覆盖的基层党组织为核心，以构建“纵向到底、横向到边、共建共治共享”的城乡社会治理体系为路径，广泛开展美好环境与幸福生活共同缔造活动，发动群众决策共谋、发展共建、建设共管、效果共评、成果共享，共同建设美好家园。活动推进了党的领导和政府服务纵向到底，促进了各类社区组

①“1＋1＋N”：第一个“1”是《中共湖北省委关于贯彻落实党的十九届四中全会精神、推进省域治理现代化的决定》，统揽各方面制度建设，起管总的作用。第二个“1”是《中共湖北省委　湖北省人民政府关于推进疾病预防控制体系改革和公共卫生体系建设的意见》，对疾病预防控制体系改革和公共卫生体系建设作出了安排部署。“N”是关于公共卫生、应急管理、大健康产业发展和城乡基层社会治理的一系列配套文件。

织有序参与社区治理,激发了广大人民群众的积极性、主动性、创造性,有效推动了基层治理体系和治理能力现代化。

3. 发扬和坚持新时代“枫桥经验”

健全党委领导、政府主导、平安办统筹、部门协同、社会力量参与的矛盾纠纷排查化解体系,基本实现小事不出村、大事不出镇、矛盾基本解决在县域、重大风险控制在市域。把基层社会治理重心放在城乡社区(村)。全省公安机关深化新时代党建引领加强基层社会治理,推动社区民警兼任基层党组织成员、“三级联调”“省际联防”等工作机制,走出一条特色的“枫桥之路”。推行“一居一警”“一村一辅警”,街道(乡镇)、社区(村)法律顾问实现全覆盖。建立人民调解中心,为群众提供“一站式”调解服务。2020年全年排查发现预防矛盾纠纷38.1万件(次),调解涉疫矛盾纠纷29.6万件。面对疫情和汛情的双重考验,6100万荆楚儿女用奋斗和拼搏打破了“大疫大灾之后有大乱”的说法。

4. 扎实开展扫黑除恶专项斗争和政法队伍教育整顿

2018年1月,湖北扫黑除恶专项斗争打响。省委、省政府主要领导直接指挥调度,以上率下推动“五级书记”一起抓,充分发动群众,紧盯重点线索、重点案件和重点问题,坚持“两个一律”“一案三查”,坚持侦查、起诉、审判全链条深挖,彻底铲除滋生土壤。截至2021年,全省共打掉涉黑组织206个、涉恶犯罪集团258个、涉恶犯罪团伙3473个,破获刑事案件14814件;立案查处涉黑涉恶腐败和“保护伞”4876件,给予党纪政务处分4347人,移送司法机关737人;起诉涉黑涉恶案件1541件9755人,全省社会治安形势持续向好,群众安全感持续提升。推动扫黑除恶常态化,持之以恒、坚定不移地打击黑恶势力及其“保护伞”,让城乡更安宁、群众更安乐。2021年,全省群众安全感达到98.64%,创历史新高。“两代表一委员”对扫黑除恶成效肯定率达96.85%,全省人民群众带着满满的安全感迈入全面小康社会。

大力开展政法队伍教育整顿,全面推进从严管党治警常态化制度化,推动新时代湖北政法工作高质量发展。2021年4月9日,第一批政法队伍教育整顿工作推进会议召开。全省公安机关重拳整治顽瘴痼疾,严打精防突出犯罪,武汉百步亭文卉苑“无诈小区”创建经验被国务院联席办全国推广。积极回应群众期盼,推进“一网通办”“一事联办”,以“信息流”代替“群众跑”。省检察院坚持刀刃向内,深入开展“七查”工作,重点整治违反防止干预司法“三个规定”,落实“开门搞整顿”要求,启用检察机关网上重大事项填报系统,用“逢问必录”推动检察人员自我加压、相互监督,向社会各界传达“找关系不行”“找法治可靠”的理念。全省政法队伍教育整顿开展以来,各级政法单位聚焦人民群众急难愁盼问题,深入开展“我为群众办实事”实践活动,体现教育整顿为民宗旨,不断提升人民群众获得感幸福感安全感。2021年8月,全省第二批政法队伍教育整顿工作正式启动。湖北紧盯重点案件,聚焦建章立制,深入整治顽疾等重难点问题取得显著成效,获得群众高度认可。

八、以党的政治建设为统领，推进全面从严治党向纵深发展

党的建设新的伟大工程是引领伟大斗争、伟大事业、最终实现伟大梦想的根本保证。湖北深入学习贯彻习近平总书记关于党的建设重要论述，强化党的创新理论武装，扎实开展党内主题教育，认真贯彻落实新时代党的建设总要求和新时代党的组织路线，坚持全面从严治党，凝聚起荆楚儿女建设先行区、奋进新征程的强大力量。

（一）把党的政治建设摆在首位

以高质量党建引领高质量发展，政治建设是根本。湖北坚持把党的政治建设摆在首位，教育引导全省党员干部坚决捍卫“两个确立”、做到“两个维护”，始终在政治立场、政治方向、政治原则、政治道路上同以习近平同志为核心的党中央保持高度一致，不断提高政治判断力、政治领悟力、政治执行力，统筹推进党的各项建设。

1. 坚持“两个确立”、做到“两个维护”

党的十九届六中全会作出的“两个确立”的重大政治论断，是党的十八大以来最重要的政治成果，是时代呼唤、历史选择、民心所向。坚持“两个确立”、做到“两个维护”是新时代共产党人最重要的政治要求。2021年，省委十一届十次全会审议通过《中共湖北省委关于进一步加强党的政治建设、坚持“两个确立”、做到“两个维护”的决定》，要求全省各级党组织和广大党员干部要充分认识党百年奋斗的重大成就和历史经验，特别是党的十八大以来形成的原创性思想、变革性实践、突破性进展、标志性成果，充分认识风雨来袭时习近平总书记是最可信赖的核心，以习近平同志为核心的党中央是最可靠的主心骨，充分认识习近平新时代中国特色社会主义思想是马克思主义中国化新的飞跃，以更加坚定的思想自觉、政治自觉、行动自觉做到“两个维护”，确保步调一致向前进。坚持“两个确立”、做到“两个维护”成为湖北广大党员干部鲜明的政治品格，成为湖北政治生态鲜明的重要底色。

2. 扎实开展党内主题教育

在党中央统一部署下，湖北扎实开展党的群众路线教育实践活动、“三严三实”专题教育、“两学一做”学习教育、“不忘初心、牢记使命”主题教育和党史学习教育。2021年，在党史学习教育中，坚持示范引领和全面覆盖相结合、教育党员和惠及群众相促进、继承传统和突出创新相统一，深入开展“我为群众办实事”实践活动，全省各级领导班子累计办理实事项目20138项，破解了一大批重难点问题。为推动党史学习教育常态化长效化，走好新时代群众路线，2022年5月，开展党员干部下基层察民情解民忧暖民心实践活动。领导干部示范带头、党员深入下沉，通过“蹲点式、沉浸式”调研、“角色换位”等形式，

在一线收集群众的困难和需求，制定问题、任务、效果"三张清单"，接受社会广泛监督。截至2022年7月，省市县"四大家"和部门领导班子成员累计下基层走访调研24.5万余次，收集问题14.5万余个，推动解决问题5万余个，取得了阶段性成效，获得良好社会反响。持续开展党内主题教育，使湖北广大党员干部群众受到全面深刻的政治教育、思想淬炼、精神洗礼，各级党组织的创造力、凝聚力、战斗力大大提升。

（二）学深悟透新时代党的创新理论

湖北坚持不懈强化党的创新理论武装，持续学懂弄通做实习近平新时代中国特色社会主义思想，教育引导全省广大党员干部做习近平新时代中国特色社会主义思想的坚定信仰者、忠实实践者。

1. 推动理论学习走深走实

坚持把学习贯彻习近平新时代中国特色社会主义思想作为首要政治任务，构建各级党组织日常学习、党校教育培训、全媒体、理论宣讲等平台，分层分类分众推进学习。制定《湖北省委（党组）理论学习中心组学习办法》，建立和完善"思想引领，学习在先"机制。实施"习近平新时代中国特色社会主义思想教育培训计划"，推进习近平新时代中国特色社会主义思想进党校、进课堂、进头脑。坚持把习近平新时代中国特色社会主义思想作为党员干部学习培训的首课、主课、必修课，习近平新时代中国特色社会主义思想课程在各级党校开设的主体班次中比重达到总课时的65%以上。"学习强国"湖北学习平台在全国各省区市中率先上线，实现全省在职在岗党员全覆盖。加强网络推送，用习近平新时代中国特色社会主义思想统领网络首页首屏首条，引导广大党员干部深刻领悟"两个确立"的决定性意义，坚定不移把"两个确立"转化为坚决做到"两个维护"的思想自觉、政治自觉和行动自觉。

2. 大力宣传党的创新理论

坚持把学习宣传习近平新时代中国特色社会主义思想作为最重要的政治责任，组建省委宣讲团、266支市县党委宣讲团、115支青年宣讲团，以及2200多支分众化宣讲队、4800多支基层百姓宣讲队。拓展"百名马克思主义学者宣讲行动""院士讲党史"等特色宣讲活动，用好106个新时代文明实践中心、103个县级融媒体中心、"学习强国"平台、28万支"村村响"大喇叭。广泛开展"两团多队""十讲十进"分众化、互动化宣讲，推进党的创新理论在荆楚大地落地生根，让党的创新理论"飞入寻常百姓家"。2019年，成立湖北党史宣讲团，紧紧围绕庆祝新中国成立70周年、中国共产党成立100周年，深入开展"不忘初心、牢记使命"主题教育和党史学习教育，广泛开展党史宣讲，陆续推出150个以上宣讲课题，宣讲500场以上，累计受众110万人以上。2021年，充分发挥省市县三级完善的"两团多队"宣讲队伍作用，围绕党史学习教育、习近平总书记"七一"重要讲话精神和党的十九届六中全会精神三个主题开展三轮宣讲。2021年以来，涌现出全国基层理论宣讲先进个人王明林等全国先进典型，中央《党史学习教育简报》19次介绍湖北理论宣讲工作，进一步唱响了用党的创新理论统一思想、凝聚力量、促进发展的主旋律。

3. 深入研究阐释党的创新理论

整合理论工作“四大平台”①“五路大军”②资源。在武汉大学、华中科技大学等高校分专题组织多场学习贯彻习近平新时代中国特色社会主义思想系列研讨会。2017—2021年，在《人民日报》《光明日报》《经济日报》《求是》等“三报一刊”发表研究阐释文章140余篇；推出《马克思主义在中国早期传播著作丛编(1920—1927)》等成果，填补了相关领域研究空白，产生了全国性的影响。2018年，出台湖北省中国特色社会主义理论体系研究中心和新型智库管理办法，启动36项省新型智库研究课题。“理论热点面对面”示范点建设范围不断扩大，参与高校由19所增加到24所，示范点由19个扩大到26个。发挥社科理论大省优势，举办24场学习习近平新时代中国特色社会主义思想专题研讨会、“长江高端智库对话”等3场高端论坛。精心制作《是这个理》等理论普及节目，网络总点击量2.5亿人次，相关经验被中宣部推介。

（三）建设高素质专业化干部人才队伍

湖北坚持新时期好干部标准和正确用人导向，持续加强干部人才队伍建设，为建设全国构建新发展格局先行区提供坚强人才支撑。

1. 持续抓好干部队伍建设

始终把政治标准放在第一位，健全完善领导干部政治素质考察评价机制，把贯彻落实习近平总书记重要指示批示精神和党中央决策部署实际成效作为评价干部的第一标尺，落实到干部选育管用考等各个环节。贯彻新时代好干部标准，考准考实干部政治素质，强化重实干、重实绩、重担当的选人用人导向，强化对干部政治忠诚、政治定力、政治担当、政治能力、政治自律等方面的深入考察。以市县乡领导班子集中换届为契机，选拔任用“头脑清、眼界宽、肩膀硬、步子稳、腰板正”的干部，注重选拔优秀年轻干部放在吃劲岗位上砥砺磨炼，圆满完成市县乡领导班子集中换届。强化干部队伍政治历练，深入实施“一把手”政治能力提升计划、新时代年轻干部成长工程，常态化推进干部跨地域、跨领域、跨行业和上下交流锻炼。截至2022年3月，湖北已选派134名干部分两批到上海、浙江等经济发达地区跟班学习，在学习中解放思想、开阔视野、提升能力。健全以绿色发展、高质量发展为导向的政绩考核评价机制，推动各级领导班子和领导干部树立正确政

---

①“四大平台”：马克思主义理论研究和建设工程、中国特色社会主义理论体系研究中心、马克思主义学院、报刊网络理论宣传阵地。

②“五路大军”：高校、党校(行政学院)、部队院校、科研院所、党政部门研究机构在内的哲学社会科学工作者。

绩观，多做打基础、利长远、惠民生的工作。

2. 大力实施新时代人才强省战略

深入学习贯彻习近平总书记关于做好新时代人才工作的重要思想，确立"加快打造全国重要人才中心和创新高地"的战略目标，坚持党管人才原则，坚持省委常委会、"双月座谈会"专题研究人才工作制度，建立省市县各级党委人才工作领导小组，督促"一把手"抓第一资源，把第一资源牢牢抓在手上。树立"大人才观"，坚持高端引领与整体开发两手抓、海外引才与本土培育两手抓、体制内与体制外人才两手抓，紧紧围绕产业引育人才。立足加强和改进新时代湖北人才工作，强化顶层设计，出台70余个影响力大、含金量高的政策文件，如2020年出台"人才流动九条"、自贸区"人才激励六条"，2021年出台"人才十六条"，2022年出台《关于加强和改进新时代人才工作的实施意见》等"1+4"[①]人才政策文件，形成人才综合政策体系，为实施新时代人才强省战略提供了制度保障。为持续改革激发人才队伍活力，在全国率先出台保障和落实用人主体自主权的指导意见。截至2022年5月，已向124所高校、2家科研院所、3个自贸片区下放高级职称评审权；2021年，首次评选表彰20名"湖北省杰出人才"。开展"我为人才办实事"活动，向1659名高层次人才发放"楚才卡"，着力解决人才工作生活后顾之忧，高品质的人才生态日益完善。截至2022年5月，全省人才资源总量达911.5万人，高层次人才总量居全国第一方阵。

（四）加强基层党组织建设

一个基层党组织就是一座坚强战斗堡垒，一名党员就是一面鲜艳的旗帜。截至2021年底，湖北省基层党组织数量为18.87万个，比2012年增加1.44万个，增幅为8.3%，党员人数从2012年的373.93万人升至406.49万人，增幅为8.7%。党组织和党的工作覆盖面进一步扩大，基层党组织建设展现出蓬勃生机和旺盛活力。

1. 深化基层党建制度建设

压紧压实全面从严治党政治责任，不断完善党委（党组）书记抓党建工作机制，要求全省各级党委（党组）书记把抓党建作为第一责任、抓好党建作为最大政绩，以"关键少数"带动责任落实。不断健全党建工作领导小组运行机制，加强综合协调，形成齐抓共管的工作合力。连续开展党委（党组）书记抓基层党建工作述职评议考核，以真述实评严考党建建设。严格落实党的组织生活各项制度，持续深入推进党员分类管理试点。常态化

---

①"1+4"："1"是《关于加强和改进新时代人才工作的实施意见》，"4"是湖北省委组织部联合省委编办、省科技厅、省人社厅起草的《关于支持战略科技后备力量的若干措施》《湖北省高层次人才专项事业编制管理办法》《关于强化科技平台支撑壮大科技创新主力军的若干措施》《关于深化人才流动评价激励机制改革激发人才创新活力的若干措施》。

做好“光荣在党50年”纪念章颁发工作。建立党委(党组)书记开展公开承诺、领办重点党建项目、党建联系点制度,分领域选树党建工作先进典型。建立“全周期”落实链条,实行基层党建任务项目化、项目清单化、清单责任化,推动一抓到底、落地见效。建立健全村(社区)到湾组(楼栋)“党委(党总支)+党支部+党小组+党员中心户”的组织体系,推动基层党组织建设和领导核心作用向辖区单位、企业、群众组织延伸,实现党的组织和工作全覆盖,联系服务群众零距离。

2. 推动基层党组织建设全面进步全面过硬

强化大抓党建、大抓基层鲜明导向,做强街镇、夯实社区,统筹抓好机关、国企、高校、事业单位、“两新”组织等领域党建工作,推进基层党组织建设“有型覆盖”与“有效覆盖”相统一,推动基层党组织全面进步、全面过硬。出台13项具体措施落实基层党组织工作要求,推动机关党建工作,全省机关党建工作质量明显上升。充分发挥党组织的领导核心和政治核心作用,大力推进国企党建与改革发展深度融合、同频共振,使党建工作成为国企改革发展的“红色引擎”。出台《关于进一步明确高校党建工作责任的通知》,制定高校党建工作要点和全面从严治党重点任务清单。持续推动“两新”组织及战线系统党建工作,组建省委“两新”工委,建立健全“两新”党建领导体制运行机制,精准推进党的组织和党的工作覆盖,不断探索新业态、新就业群体党建工作方式方法,统筹推进行业党建工作整体提升,不断扩大党在新兴领域的号召力、凝聚力、影响力。截至2021年6月,全省“两新”组织的党组织覆盖率达80%以上,已选派2.8万名党建指导员,对重点企业加强工作指导,“两新”组织服务高质量发展的质效不断提高。

(五)持之以恒正风肃纪反腐

在以习近平同志为核心的党中央坚强领导下,湖北坚定不移落实全面从严治党战略方针,加强监督执纪问责,反腐败斗争取得压倒性胜利,政治生态和发展环境持续向好,为经济社会发展提供了坚强保障。

1. 切实强化政治监督

突出“两个维护”根本任务,紧紧围绕“国之大者”跟进监督,确保党中央政令畅通、令行禁止。出台政治监督具体化常态化精准化、加强习近平总书记重要指示批示精神贯彻落实情况监督检查“两个指导意见”,探索开展政治生态分析研判,健全政治监督工作机制。围绕贯彻“三新一高”重大决策部署、习近平总书记对湖北工作的重要指示精神贯彻落实情况开展监督检查。紧盯习近平总书记重要批示落实情况,加强专项监督,在全国率先部署开展农村乱占耕地建房整治监督等,持续开展违建别墅、“大棚房”清查整治。2017年以来,查处违反政治纪律和政治规矩案件1387件,查处管党治党失职失责问题10650个,问责党组织680个、党员领导干部12816人,推动各级党组织压紧压实管党治党政治责任。

2. 坚定不移纠“四风”

坚持以抓铁有痕、踏石留印的韧劲和恒心落实中央八项规定及其实施细则精神。2012至2017年，紧盯重要时间节点加强明察暗访，紧盯隐形变异的“四风”问题，部署开展领导干部“带彩”娱乐问题、财务票据突出问题等28项专项治理，共查处违反中央八项规定精神问题19053个，处理24907人；2017至2022年，开展减文减会减考核、查处不作为假作为乱作为等行动，全省查处相关问题22704个，给予党纪政务处分17555人。从严查处享乐主义、奢靡之风，对违规公款吃喝、违规收送礼品礼金、违规发放津贴补贴等顽瘴痼疾露头就打。2019至2021年，连续3年开展集中整治形式主义、官僚主义专项行动，组织开展为基层“减负”、虚假脱贫、数字脱贫、项目投资及统计数据造假、招商引资造假等9个专项治理，对中央巡视和中央环保督察整改中的敷衍整改、虚假整改等问题紧盯不放、严纠严惩，全省查处相关问题22418个，处理31356人。坚持纠树并举，营造良好干事创业环境，建立容错纠错、精准问责、澄清正名、教育帮扶工作机制，严肃查处诬告陷害行为，旗帜鲜明为担当者担当、为负责者负责，保护干部干事创业积极性。

3. 持续推进清廉湖北建设

出台《关于推进清廉湖北建设的意见》，推进机关、企业、学校、医院、村居、家庭、文化七大清廉载体建设，形成“1+7”工作布局，以重点行业领域清廉建设带动“全域廉”，推动党风政风社风民风一体改善。加强党纪国法教育和廉洁文化培育，坚持开展党风廉政建设宣传教育月活动，推进党规党纪和监察法规“十进十建”，教育党员干部不断增强廉政意识和拒腐防变能力，带头做到清正廉洁、干净干事干成事，以自身正带动一方正。坚持有腐必反、有贪必肃，“打虎”“拍蝇”“猎狐”多管齐下。省第十一次党代会以来的五年，全省纪检监察机关共受理信访举报262245件，处置问题线索338412件，立案133203件，党纪政务处分128421人，其中厅局级干部375人，移送检察机关4036人。立案数、党纪政务处分人数、处分厅局级干部人数、移送检察机关人数分别比前五年增长93.9%、100.4%、44.1%和47.3%。严肃查处别必雄、潘启胜、秦军等违纪违法“一把手”，杨德高、文耀清等金融“蛀虫”，李红云、蒋远华等国企“巨蠹”，杨邦国、郭唐寅、汪治怀等黑恶势力“保护伞”，挽回直接经济损失27.68亿元。持续开展“天网行动”，追回外逃人员133人，追回赃款5.79亿元。在纪法震慑和政策感召下，全省有3149人主动投案，29476人主动交代问题。

4. 坚定不移深化政治巡视

全面贯彻中央巡视工作方针，紧盯落实重大决策部署情况、落实全面从严治党“两个责任”情况、落实党建工作责任情况、落实各类监督检查指出问题整改情况，完成对308个地方和单位党组织开展常规巡视，高质量完成十一届省委巡视全覆盖任务，共发现面上问题18456个、领导干部个人问题线索2244件。市县完成对9602个地方和单位党组织、27510个村(社区)党组织的巡察全覆盖,共发现面上问题409221个、问题线索38855件,有力推动全面从严治党向基层延伸。出台《关于加强巡视巡察上下联动的实施意见》,全省各市县和28家省直单位、省管企业、省属高校党委(党组)建立巡察机构和制度机制,形成省委巡视与市县巡察、省直单位巡察"一体两翼"工作格局。出台巡视整改和成果运用办法,压实各级党委(党组)整改主体责任,强化整改日常监督和成果运用。干部群众对2017年以来省委巡视巡察工作成效满意率达96.03%。

奋斗的征程总是在前后相续中迎来新的出发,历史的赶考总是在接续奋斗中书写新的答卷。省第十二次党代会擘画了湖北未来五年乃至更长一个时期的发展蓝图,鼓舞人心、催人奋进,必将引领湖北创造新时代更加辉煌的业绩。面向新征程,湖北将始终牢记习近平总书记殷殷嘱托,高举习近平新时代中国特色社会主义思想伟大旗帜,以永不懈怠的精神状态和一往无前的奋斗姿态,踔厉奋发、笃行不怠,努力建成全国构建新发展格局先行区,为全面建设社会主义现代化国家、实现中华民族伟大复兴的中国梦作出新的更大贡献!

撰稿人:钟文、孙赔君、王梦頔、王婵媛
统稿人:施李国
审定人:何光耀

牢记嘱托担当使命　奋力打造新时代英雄城市

——从党的十八大到二十大武汉发展综述

中共武汉市委党史研究室

武汉位于中国中部，是湖北省省会、国家历史文化名城，是全国重要的工业基地、科教基地和综合交通枢纽，正加快建设国家中心城市和长江经济带核心城市。十年来，习近平总书记4次亲临湖北武汉考察，并参加十三届全国人大三次会议湖北代表团审议，出席第七届世界军人运动会开幕式，对武汉寄予深情厚望。武汉市全面贯彻习近平新时代中国特色社会主义思想，始终牢记殷殷嘱托，在省委、省政府正确领导下，统筹推进“五位一体”总体布局，协调推进“四个全面”战略布局，成功承办第七届世界军人运动会，全力打赢新冠肺炎疫情防控武汉保卫战，全面建成小康社会，正在朝着奋力打造新时代英雄城市、全面开启社会主义现代化建设新征程的目标奋勇前进。

一、牢记嘱托、担当使命，一丝不苟贯彻落实党中央决策部署和省委工作要求

十年来，习近平总书记4次考察湖北武汉，在武汉擘画重大国家战略，以武汉为主场开展大国外交，为武汉经济社会发展指路领航，多次称赞武汉是英雄的城市，深情牵挂着英雄的武汉人民。

（一）习近平总书记对武汉寄予深情厚望

1. 提出“四个着力”重要要求，为湖北武汉改革发展擘画蓝图

2013年7月21日至23日，习近平总书记在湖北调研全面深化改革问题和当前经济运行情况，并在汉主持召开部分省市负责人座谈会，首次提出正确处理改革的“五大关系”，随后党的十八届三中全会绘就了全面深化改革的全新蓝图。在汉期间，习近平总书记冒雨考察武汉新港阳逻集装箱港区，强调长江流域要加强合作，发挥内河航运作用，发展江海联运，把全流域打造成黄金水道。在考察东湖国家自主创新示范区、长飞光纤光缆有限公司、武汉重型机床集团有限公司、市民之家、格林美高新技术公司武汉分公司和

武汉农村综合产权交易所时，充分肯定武汉自主创新、“两型社会”建设、实体经济发展以及深化农村改革取得的成果。在听取湖北省委、省政府工作汇报后，习近平总书记提出“四个着力”重要要求：着力在推进经济发展方式转变和产业结构调整上取得新突破，着力在推进农业现代化上不断取得新成果，着力在保障和改善民生上不断取得新进展，着力在生态文明建设上取得新成效。

2. 作出“四个切实”重要指示，为湖北武汉指引前进航向

2018年4月26日至28日，习近平总书记再次考察湖北武汉，并在汉主持召开深入推动长江经济带发展座谈会，提出推动长江经济带发展，关键是要正确把握整体推进和重点突破、生态环境保护和经济发展、总体谋划和久久为功、破除旧动能和培育新动能、自身发展和协同发展等关系。习近平总书记走进东湖高新区烽火科技集团、武汉新芯集成电路制造有限公司考察企业创新发展情况，强调企业必须在核心技术上不断实现突破，掌握更多具有自主知识产权的关键技术，掌控产业发展主导权；深入青山区工人村街道青和居社区考察棚户区项目建设和居民生活情况时指出，基层党组织担负着领导社区治理的重要职责，要把党的惠民政策宣传好，把社区居民和单位组织好，打造共建共治共享的社区治理格局。在听取湖北省委、省政府工作汇报后，习近平总书记作出“四个切实”重要指示：切实推动高质量发展，切实实施乡村振兴战略，切实做好民生工作，切实加强作风建设。

3. 肯定武汉为第七届世界军人运动会成功举办作出了重要贡献，向世界展示新时代中国形象

2019年10月18日，习近平总书记在武汉出席第七届世界军人运动会（以下简称“军运会”）开幕式并宣布运动会开幕。在汉期间，还会见了出席开幕式的各国防务部门和军队领导人及国际军事体育理事会主要官员。赛事圆满结束后，习近平总书记对军运会的成功举办作出重要指示强调，军运会成功举办，体现了中国气派、军人特色，实现了“办赛水平一流、参赛成绩一流”目标。湖北省及武汉市以高度的政治责任感精心组织、精益求精，广大市民以主人翁姿态热情参与、积极奉献，为军运会圆满成功作出了重要贡献。

4. 称赞武汉是“英雄的城市”，“三个一定能够”为武汉重振注入强大底气

2020年3月10日，在抗击新冠肺炎疫情的关键时刻，习近平总书记专门赴湖北武汉考察疫情防控工作。强调湖北和武汉疫情防控取得阶段性重要成果，初步实现了稳定局势、扭转局面的目标，指出任务依然艰巨繁重，要继续把疫情防控作为头等大事和最重要的工作，毫不放松抓紧抓实抓细各项防控工作，坚决打赢湖北保卫战、武汉保卫战。深情称赞武汉不愧为英雄的城市，武汉人民不愧为英雄的人民，必将通过打赢这次抗击新冠肺炎疫情斗争再次被载入史册！寄望武汉一定能够彻底战胜疫情、一定能够浴火重生、一定能够创造新时代更加辉煌的业绩，为武汉疫后重振、浴火重生注入强大底气。

习近平总书记要求要着力完善城市治理体系和城乡基层治理体系，树立“全周期管理”意识，努力探索超大城市现代化治理新路子。

5. 寄予科技自立自强殷切期望，对常态化疫情防控作出重要部署

2022年6月28日，习近平总书记在湖北武汉考察时强调，科技自立自强是国家强盛之基、安全之要，我们必须完整、准确、全面贯彻新发展理念，深入实施创新驱动发展战略，把科技的命脉牢牢掌握在自己手中，在科技自立自强上取得更大进展，不断提升我国发展独立性、自主性、安全性，催生更多新技术新产业，开辟经济发展的新领域新赛道，形成国际竞争新优势。在武汉华工激光工程有限责任公司考察时指出，湖北武汉东湖新技术开发区在光电子信息产业领域独树一帜。在听取湖北省常态化疫情防控和疫后社区治理情况介绍后，习近平总书记强调，2020年武汉保卫战胜利以来，武汉这两年又遇到了多次聚集性疫情，但很快控制住了，没有发生大的反弹。武汉市常态化疫情防控工作做得是好的，经验值得总结。习近平总书记在武汉东湖高新区左岭街道智苑社区考察时指出，社区是城市治理体系的基本单元，要加强社区党组织建设，强化党组织的政治功能和组织功能。他亲切地对大家说，“我一直牵挂着武汉人民”。习近平总书记对武汉的真挚感情溢于言表，对武汉人民的关心牵挂溢于言表。

习近平总书记高度重视武汉发展，每到武汉经济社会发展的重要时刻和关键节点，都为武汉把脉定向、掌舵领航。2020年5月，习近平总书记在参加十三届全国人大三次会议湖北代表团审议时，再次为英雄的城市、英雄的人民点赞，指出湖北经济长期向好的基本面没有改变，多年积累的综合优势没有改变，在国家和区域发展中的重要地位没有改变；2020年11月，习近平总书记在致2020中国“5G＋”工业互联网大会的贺信中强调，此次大会在湖北武汉召开有着特殊意义，希望湖北省和武汉市以此次大会召开为契机，弘扬伟大抗疫精神，大力推动数字经济发展，为推动经济高质量发展、服务构建新发展格局作出贡献。2022年11月，习近平总书记以视频方式出席在武汉举行的《湿地公约》第十四届缔约方大会开幕式并致辞，指出中国有很多城市像武汉一样，同湿地融为一体，生态宜居，中国将建设人与自然和谐共生的现代化，推进湿地保护事业高质量发展。习近平总书记的殷殷嘱托和悉心指导，为武汉发展提供了根本遵循、注入了强大动力。

（二）省委赋予武汉重大责任

1. 大力支持武汉建设国家中心城市

2012年6月，湖北省第十次党代会提出，要大力支持武汉建设成为立足中部、面向全国、走向世界的国家中心城市和国际化大都市。省委明确要求复兴历史的大武汉，做湖北的大武汉，更做中国的大武汉和世界的大武汉。省委、省政府积极争取国家支持武汉建设国家中心城市。2016年12月26日，经国务院批复同意，国家发改委发布《促进中部地区崛起“十三五”规划》，首次明确支持武汉建设国家中心城市，从国家层面积极推进湖

北武汉全面创新改革试验。2017年6月，湖北省第十一次党代会提出，支持武汉加快建设国家中心城市，加快建设现代化、国际化、生态化大武汉。强化主中心、复兴大武汉，努力打造全国重要的经济中心、科技创新中心、商贸物流中心、文化创意中心、综合交通枢纽。

2. 全力做强武汉龙头地位

湖北省第十次党代会提出，全面实施“两圈一带”总体战略和“一主两副”中心城市带动战略。以武汉为龙头、长江经济带为主轴、武汉城市圈和鄂西生态文化旅游圈为两轮，通过武汉大都市和襄阳、宜昌两个省域副中心城市，带动全省实现区域协调发展。湖北省第十一次党代会提出，深入实施“一主两副多极”区域发展战略①，增强对武汉城市圈、长江中游城市群的龙头带动作用。2020年12月，省委十一届八次全会提出构建“一主引领、两翼驱动、全域协同”②的区域发展布局，旗帜鲜明支持武汉做强龙头地位，发挥“一主引领”作用，带动武汉城市圈升级发展，对武汉发展提出更高要求，赋予更重大责任。

3. 要求武汉在建设全国构建新发展格局先行区中当先锋、打头阵

2022年6月，湖北省第十二次党代会提出，大力发展以武鄂黄黄为核心的武汉都市圈，支持武汉建设国家中心城市和国内国际“双循环”的枢纽，将武汉都市圈打造成为引领湖北、支撑中部、辐射全国、融入世界的重要增长极，到2035年建设成为人口规模超3000万、地区生产总值超6万亿元的世界城市和都市圈。省委主要领导在参加省第十二次党代会武汉市代表团审议时强调，武汉要在党和国家发展大局中找准目标定位，认真落实省第十二次党代会部署，坚持目标导向与问题导向相结合，充分发挥区位、产业、科教等优势，加快建设国家中心城市和国内国际“双循环”的枢纽，努力在湖北建设全国构建新发展格局先行区中当先锋、打头阵。

（三）坚定不移沿着习近平总书记指引的方向奋勇前进

1. 加快建设国家中心城市

建设国家中心城市，是以习近平同志为核心的党中央促进区域协调发展的战略部署。2013年3月，为认真贯彻习近平总书记重要指示精神，围绕落实市第十二次党代会提出的“建设国家中心城市，复兴大武汉”奋斗目标，武汉市委常委会会议审议通过《武汉

---

①“一主两副多极”区域发展战略：支持武汉加快建设国家中心城市，支持襄阳、宜昌建设省域副中心城市；支持黄石、十堰、荆州、荆门、孝感、黄冈六个地方建设区域性增长极。

②“一主引领、两翼驱动、全域协同”：一主引领，充分发挥武汉作为国家中心城市、长江经济带核心城市的龙头引领和辐射带动作用；两翼驱动，推动“襄十随神”“宜荆荆恩”城市群由点轴式向扇面型发展，打造支撑全省高质量发展的南北列阵；全域协同，大力推进以县城为重要载体的城镇化建设，整体推动县域经济发展，做大做强块状经济。

建设国家中心城市规划纲要》，提出建设国家创新中心、先进制造业中心、商贸物流中心和生态宜居武汉、文明武汉、幸福武汉。2018年4月，武汉市委常委会会议审议并原则通过《武汉建设国家中心城市实施方案》，提出武汉将分三步建设国家中心城市，即2021年基本形成框架，2035年初步建成，本世纪中叶建成具有国际影响力、全球竞争力和可持续发展能力的世界亮点城市。2020年12月，武汉市委十三届十次全体会议审议通过《中共武汉市委关于制定全市国民经济和社会发展第十四个五年规划和二〇三五年远景目标的建议》，提出了紧紧围绕国家中心城市、长江经济带核心城市和国际化大都市的总体定位，锚定打造五个中心①、建设现代化大武汉的目标任务。

2. 谱写新时代武汉高质量发展新篇章

2018年5月，武汉市委十三届五次全体（扩大）会议审议通过《中共武汉市委关于学习贯彻习近平总书记视察湖北重要讲话精神　奋力谱写新时代武汉高质量发展新篇章的决定》，强调要大力推进共抓长江大保护，推进经济高质量发展，深入实施乡村振兴战略，切实保障和改善民生，切实加强作风建设。2019年6月，市委十三届七次全体（扩大）会议提出，全力以赴打赢打好三大攻坚战②，将其与推动高质量发展结合起来。2021年7月，市委十三届十一次全体会议审议通过《中共武汉市委、武汉市人民政府关于新时代推动武汉高质量发展　更好发挥建成中部地区崛起重要战略支点引领作用的实施意见》，对新时代推动武汉高质量发展作出了全面部署，提出了明确目标：到2025年，武汉高质量发展取得明显成效，在区域协调发展中引领作用充分发挥，实现发展能级、创新能力、产业实力、枢纽功能、生态品质、治理水平“六个新跃升”；到2035年，基本建成现代化大武汉。

3. 成功承办军运会

第七届世界军人运动会是党的十九大后我国举办的第一场大型国际体育赛事，也是继北京奥运会后我国举办的规模最大的国际体育盛会。武汉坚持“办好一次会，搞活一座城”，把“办赛事”与“建城市”结合起来，推动城市面貌脱胎换骨、功能品质系统提升，在许多方面确立了标准、取得了突破、树立了典范：第一次集中兴建运动员村，建设标准、运行水平不亚于任何一个奥运村；第一次在一个城市举办所有赛事，在同类大型国际赛事中绝无仅有；第一次走出军营实行军民联合办赛，为历届军运会首创。来自109个国家的9308名军体健儿同台竞技，赛事规模、竞技水平、项目设置创历届之最，创造了零失误、零事故、零延误、零纠纷、零投诉的办赛奇迹，实现了“办赛水平一流、参赛成绩一流”目标。军运会把武汉推到了世界舞台的聚光灯下，展示了武汉形象，激扬了城市自信，加速了武汉国际化进程。

---

①五个中心：全国经济中心、国家科技创新中心、国家商贸物流中心、国际交往中心和区域金融中心。

②三大攻坚战：防范化解重大风险、精准脱贫、污染防治三大攻坚战。

4. 答好超大城市现代化治理“时代考题”

努力探索超大城市现代化治理新路子，是习近平总书记交给武汉的一道时代考题。2020年6月，市委十三届九次全体会议审议通过《中共武汉市委关于贯彻落实党的十九届四中全会精神　加快推进超大城市治理现代化的决定》，聚焦制约城市治理的体制机制障碍，在公共卫生体系、城市规划建设、基层社会治理等方面推出一系列改革创新举措，制定配套文件近30份，谋划实施超大城市治理“八大工程”，对超大城市现代化治理作出全面部署。2021年12月，武汉市第十四次党代会召开，会议强调把加快探索超大城市现代化治理新路子作为重点任务推进，明确提出“打造治理高效的新时代英雄城市”奋斗目标。三年多来，武汉市牢记习近平总书记殷殷嘱托，深刻把握超大城市发展和治理规律，深化改革创新，强化“答题”意识，获批成为全国第一期市域社会治理现代化试点城市；在第七次全国市域社会治理现代化试点工作交流会上就“红色物业”经验作交流发言；在全国首创建立社区工作者四岗十八级岗位序列，社区工作者职业化专业化水平不断提高；在全国率先建立社区与社会组织、社会工作者、社区志愿者、社会慈善资源“五社联动”机制，被民政部在全国推广。

5. 奋力打造新时代英雄城市

在抗疫保卫战中，习近平总书记多次称赞武汉不愧为英雄的城市，湖北人民和武汉人民不愧为英雄的人民。2021年12月，武汉市第十四次党代会召开，会议高举中国特色社会主义伟大旗帜，全面贯彻习近平新时代中国特色社会主义思想，对过去五年工作成绩和经验进行全面总结，确立了未来五年武汉的奋斗目标，回答了“为什么打造新时代英雄城市、打造什么样的新时代英雄城市、怎样打造新时代英雄城市”等重大问题，明确提出打造实力雄厚、创新涌动、文化繁荣、民生幸福、生态宜居、治理高效的新时代英雄城市，锚定建设国家中心城市和长江经济带核心城市总体定位，提出了“推动科教人才优势加快转化为创新发展优势、交通区位优势加快转化为国内国际‘双循环’枢纽链接优势”重大战略任务，从加快建设具有全国影响力的科技创新中心、加快打造现代产业高地、加快提升城市功能品质、加快打造区域协调发展“主引擎”、加快打造国内大循环重要节点和国内国际“双循环”战略链接、加快探索超大城市现代化治理新路子、加快建设文化强市、加快打造共同富裕的幸福城市、加快建设美丽武汉9个方面作出部署，吹响了奋力打造新时代英雄城市，全面开启武汉社会主义现代化建设新征程，为湖北“建成支点、走在前列、谱写新篇”，为夺取全面建设社会主义现代化国家新胜利作出新的更大贡献的奋进号角。2022年8月，武汉市委十四届二次全体会议召开，强调全市上下要深入学习贯彻习近平总书记重要讲话精神，认真落实省第十二次党代会部署，牢记嘱托、担当使命，坚持在全国全省大局中谋划推动武汉发展，更好发挥在促进区域协调发展中的作用，努力在湖北建设全国构建新发展格局先行区中当先锋、打头阵，奋力打造新时代英雄城市，切实把习近平总书记的殷殷嘱托转化为武汉发展的生动实践。

二、认真贯彻新发展理念，推动武汉经济高质量发展

完整准确全面贯彻新发展理念，主动服务和融入新发展格局，坚持稳中求进工作总基调，努力推动经济发展质量变革、效率变革、动力变革，武汉经济发展实现了量质齐升。2022年地区生产总值达到18866.43亿元，是2012年（7752.52亿元）的2.4倍，年均增长7.5%，经济总量稳居全国城市前十，人均地区生产总值从7.7万元增至13.77万元以上。城镇常住居民2022年人均可支配收入达到58449元，较2012年增长116%；农民常住居民2022年人均可支配收入达到29304元，较2012年增长162%。

（一）深入实施创新驱动发展战略

始终坚持面向世界科技前沿、面向经济主战场、面向国家重大需求、面向人民生命健康，把创新驱动作为城市发展主导战略，推进全市域、全链条、全社会创新，努力把科技创新"关键变量"转化为高质量发展"最大增量"。

1. 打造科技创新平台

打造重大科技基础设施集群，加快建设精密重力测量、高端生物医学成像等设施，推动脉冲强磁场实验装置优化提升、深部岩土工程扰动模拟设施、作物表型组学研究设施等取得重大进展，有序推进磁约束氘氚聚变中子源、武汉先进光源研究中心、农业微生物、碳捕集利用与封存等设施开展预研预制。构建高水平实验室体系，在优势创新领域组建7家湖北实验室和武汉金银湖实验室，推动汉江国家实验室正式获批，实现国家实验室"零"的突破。"一室一策"有序推进国家重点实验室优化重组，新获批8家全国重点实验室，其中杂交水稻、作物遗传改良2家实验室纳入全国首批标杆国家重点实验室。建设高能级产业创新平台，推动数字建造、智能设计与数控2个国家技术创新中心，国家信息光电子和国家数字化设计与制造2个国家制造业创新中心，国家先进存储产业创新中心获批建设。

2. 推动创新链产业链融合发展

坚持"产业出题、科技答题"，聚焦重点产业领域，组织实施关键核心技术攻关。出台《武汉市攻克制约重点产业发展"卡脖子"技术实施方案》，梳理70项关键核心技术，立项实施科技重大专项15项。加强创新主体梯次培育，制定《武汉市企业技术创新能力提升行动实施方案》，坚持企业科技创新主体地位，加快构建"科技型中小企业—高新技术企业—科技领军企业"梯度成长体系。高标准布局建设产学研用一体化平台，建立健全以用为导向的创新对接体系，支持武汉产业创新发展研究院等新型研发机构做大做强。加快推进武汉国家新一代人工智能创新发展试验区建设，建成国内首家具有公共服务属性

的人工智能算力平台——武汉人工智能计算中心，并实现满载荷运行。打造一批核心、高端、基础领域“国之重器”，助力全球最大口径射电望远镜“天眼”建设、世界规模最大的垂直升船机“三峡升船机”通航，参与国产航母、北斗组网等国家战略。

3. 推进科技成果转化

深化科技成果供需对接服务，成立全国首个科技成果转化局，探索高位推进的组织架构、四位一体的工作格局、线上线下的对接活动、精准施策的支持体系。组建科技成果转化联络员队伍，选派20名专职联络员和200名兼职联络员，截至2022年底，联合高校院所、产业园区、科技企业、服务机构举办高质量成果转化对接活动612场。完善科技成果转化服务体系，积极打造中部技术转移枢纽，联合建设中国高校(华中)科技成果转化中心、中科院科技成果在汉转化服务中心、湖北省技术交易大市场。制订《武汉市科技成果转化中试平台建设规划(2022—2025)》，开展市级中试平台备案，引导中试平台对外开放服务。截至2022年底，全市建成开放中试平台198家。

4. 营造创新创业生态

深化科技体制机制改革，改革科技项目组织管理方式，以“揭榜挂帅”“赛马”等形式实施“卡脖子”技术攻关，推行科研项目经费，使用“负面清单＋包干制”试点，赋予高校、科研机构更大自主权，充分调动科研人员积极性。推进孵化载体量质齐升，打造“众创空间＋孵化器＋加速器”全链条科创企业孵化培育体系，各类创业孵化载体达到427家，其中国家级126家、省级151家、市级150家，成为培育创新团队和科技型企业成长的摇篮。编制完成并发布武汉市创新地图。健全科技金融服务体系，设立科技金融工作站和线下首贷工作站，推出全国首支政策性融资担保贷款产品“科担贷”①，建立“2＋X”②科技信贷服务体系，促进科技贷款增量、扩面、降价。

5. 打造人才集聚高地

深入推进新时代人才强市战略，全力创建国家级吸引和集聚人才平台。完善人才工作机制，发挥武汉人才集团等平台作用，推进“武汉英才”“博士后倍增”“武汉工匠”等计划，累计认定支持1.5万名市级以上高层次人才。深入开展招才引智工作，实施“资智聚汉”“校友回汉”“城市合伙人”等人才工程，大力吸引集聚战略科技人才、产业领军人才和优秀青年人才。十年来，全市人才队伍快速壮大，专业技术人才总量从100万人增长至179万人，技能人才总量从96万人增长至128万人。持续实施“学子留汉”工程，落实好大学毕业生落户、住房、收入系列政策，出台“青桐计划”“创谷计划”等支持大学生创新创业，综合提升各类双

①“科担贷”：人民银行武汉分行营管部联合武汉市科技局、市地方金融工作局创新推出的一款创新型信贷产品。

②“2＋X”：科保贷、科担贷＋个性化科技信贷产品。

创平台功能，努力打造宜居宜业宜创的大学生最友好城市。2017年以来共有206万余名大学生留汉就业创业，切实推动了武汉科教人才优势加快转化为创新发展优势。

6. 加快建设武汉具有全国影响力的科技创新中心

2022年4月，武汉获批建设具有全国影响力的科技创新中心，成立由市委、市政府主要负责同志任组长的市科技创新中心建设领导小组，统筹推进国家层面51项支持事项、地方层面104项重点任务落实落细。围绕打造“前沿领域原始创新策源地、世界级产业创新高地、内陆开放融合创新高地、长江经济带绿色创新高地”，出台“1＋N”政策体系，制发《加快推进武汉具有全国影响力的科技创新中心建设实施方案(2022—2025)》等政策文件，举全市之力推进科技创新中心建设。加快建设核心承载区，高标准建设东湖科学城，瞄准打造全球光电信息科技创新中心、全球生命健康科技创新中心、全球碳中和工程科技创新中心和全球智能制造产业创新中心，加快建设科学特征凸显、创新要素集聚、策源能力突出、科创活力迸发的具有核心竞争力的世界一流科学城。

(二)着力构建现代化产业体系

坚持把发展经济的着力点放在实体经济上，围绕“965”产业集群发展，深入实施产业地图，推动产业强链、补链、延链，突破性发展光电子信息、新能源与智能网联汽车、生命健康、高端装备、北斗五大优势产业，着力构建以战略性新兴产业为引领、先进制造业为支撑、现代服务业为主体、三次产业融合发展的现代化产业体系。

1. 加快传统产业转型升级

加快新旧动能转换，以延伸链条、技术改造、创新转化、淘汰落后等为突破口，不断推动传统产业高端化、智能化、绿色化发展。钢铁产业依托重点企业武汉钢铁有限公司(以下简称“武钢”)，发展高牌号硅钢等高附加值产品，大力强链延链补链，初步构建了“一基五元”[①]产业格局，2022年实现产值893亿元。石化产业依托中韩(武汉)石油化工有限公司(以下简称“中韩石化”)，发展低结晶高冲击强度防水卷材NS20等名牌产品，初步形成了“一核四链多新”[②]的现代石化产业体系，2022年实现产值978亿元。智能家电产业集聚了美的、格力等国内龙头家电企业，2022年实现产值444亿元。纺织服装企业和品牌影响力逐步增强，乔万尼、红人等入选工信部全国80家重点跟踪的终端消费品牌名单，2022年实现产值94亿元。钢铁、石化等传统产业绿色化改造升级与节能减排成效显著，武钢加大直接返生产、加工返生产使用力度，2022年吨钢综合能耗降至537千克标准

---

①“一基五元”：以钢铁产业为基础，新材料产业、资源环境产业、智慧服务业、产业园区业、产业金融业协同发展。

②“一核四链多新”：“一核”即以中韩石化为核心，“四链”即乙烯、丙烯、碳五/碳九、芳烃4条产业链，“多新”即光电子信息、新能源、高端装备、生物医药等多个领域。

煤/吨。中韩石化大力开展增产减污，连续两年被中国石油和化工联合会评为水效“领跑者”标杆企业。

2. 培育战略性新兴产业

形成了存储器、航天、网络安全人才与创新、新能源和智能网联汽车四大国家级产业基地和大健康产业基地，培育了集成电路、新型显示器件、下一代信息网络、生物医药四大国家战略性新兴产业集群，新能源与智能网联汽车、商业航天及北斗应用2个产业集群入选湖北省第一批战略性新兴产业集群，全市战略性新兴产业增加值占地区生产总值比重超过12%。光电子信息产业“独树一帜”，作为全球最大的光纤光缆制造基地、全国最大的光电器件生产基地和光通信技术研发基地，武汉是全国唯一集聚京东方、华星光电、天马微电子三大国产面板巨头的城市。高新技术企业数量从2012年的816家增加到2022年的12654家，在副省级城市排名第三、全国排名第六，总量增长约13倍，高新技术产业增加值占地区生产总值比重超过27%。累计培育3629家创新型中小企业、883家专精特新中小企业、207家国家级专精特新“小巨人”企业。主要产品产量位居前列，光纤光缆产量居全球第一，中小尺寸面板产量居全国第一，手机、计算机整机、显示器等产品产量居全国前十。存储芯片、光通信芯片、红外传感芯片、柔性折叠屏等高附加值产品制造能力全国领先，激光加工设备国内市场占有率十年来稳居第一。

3. 加快发展现代服务业

全力推动服务业规模、结构、生态和竞争力优化提升，加快打造国际消费中心城市、新零售之城、中国特色软件名城、区域金融中心、国家级会展中心、世界“设计之都”、综合物流枢纽。2022年，全市服务业增加值达到11673.99亿元，规模居全国第九，占地区生产总值比重61.9%，增速2.3%，在地区生产总值排名前十的城市中位列第三。加快建设高品质商业街区，新开业武汉武商梦时代、万象城等大型商业综合体，推动汉口北等直播电商集聚区发展，电子商务交易额突破1.5万亿元。成功入选国家综合型信息消费示范城市和区块链发展先导区，引进培育中国赛宝(华中)实验室等一批软件项目。出台实施《武汉市金融工作三年行动方案(2022—2024)》，2022年金融业增加值1928.91亿元，同比增长10.2%。成功举办世界大健康博览会(以下简称“健博会”)、中国国际机电产品博览会、武汉国际电子商务暨“互联网+”产业博览会等重要展会，2022年健博会24个优选项目现场签约，总金额达443.75亿元。大力提升工业设计水平，全市拥有国家级工业设计中心7个、省级工业设计中心39个、市级工业设计中心30个，2022年全市工业设计总收入达301.5亿元。加快建设“五型”①国家物流枢纽承载城市，2022年物流业增加值1727亿元，同比增长6.8%，物流总费用占地区生产总值比率为12.6%，低于全国水平(14.7%)2.1个百分点。

①“五型”：陆港型、港口型、空港型、生产服务型、商贸服务型。

汉口武广商圈（武汉市委宣传部　供图）

4. 做优现代都市农业

深入贯彻落实“藏粮于地、藏粮于技”战略，严格落实“菜篮子”市长负责制，农业稳产保供作用不断彰显，全市农林牧渔业总产值由2012年的476亿元增加到2022年的836.72亿元，10年增幅达到76%，农民人均可支配收入由2012年的11190元增加到2022年的29304元，10年增幅达到162%。全市建成旱涝保收的高标准农田237万亩，粮食产量达到89.88万吨；生猪产业绿色发展基地17个，猪肉产量达到15.09万吨；蔬菜设施化基地达到10万亩，蔬菜产量达到838.78万吨；高效设施渔业养殖体积40万立方米，水产品产量达到45.3万吨，蔬菜及水产品总产量均位居全国大中城市前列，农产品质量安全综合合格率常年稳定在99.9%以上。数字农业建设不断推进，主要农作物耕种收综合机械化水平达到79.26%。锚定建设“武汉·中国种都”战略目标，获批全国第五个国家现代农业产业科技创新中心，集聚11位农业院士、集成12个国字号实验室、集中760余家农业科技企业。种业产业链产值达640亿元，主要农作物良种覆盖率超过98%，位居全国前列。

5. 大力发展数字经济

数字基建加速推进，成为全国首批“千兆城市”、首批智慧城市基础设施与智能网联汽车协同发展试点城市，5G网络建设跻身全国第一方阵，建有人工智能计算中心和超算中心，拥有中部唯一的工业互联网标识解析国家顶级节点。累计建成5G基站3.7万个，建成数据中心机架4.7万个，国家顶级节点（武汉）标识注册量突破110亿个。瞄准数字产业化、产业数字化，出台《武汉市数字经济发展规划（2022—2026年）》等文件，举办中国“5G+”工业互联网大会、全球数字贸易大会系列活动，初步建成国家级数字领航企业、国家智能标杆工厂、82家智能示范项目、国家数字化标准生产线的“未来”体系，创建省内首个国家级“双跨”工业互联网平台，获批中部地区首个软件名城。2021年、2022年连续两年获评全国“建设信息基础设施和推进产业数字化成效明显市（州）”。2022年数字经济核心产业实现增加值1909亿元，增长16.8%，占地区生产总值比重10.1%，位列中部地区第一，数字经济已成为武汉经济高质量发展的重要引擎。

（三）全面深化改革优化营商环境

1. 深化供给侧结构性改革

围绕“三去一降一补”，制发《关于推进供给侧结构性改革的实施意见》。加快淘汰落后产能，实施钢铁行业淘汰落后产能专项行动，和兴金属制品有限公司、闽光金属制品有限公司两家企业淘汰落后和化解过剩产能共计147万吨，武汉钢铁有限公司淘汰135万吨/年生铁产能、105万吨/年粗钢产能。推进企业降本增效，2015年以来9次降低一般工商业电价，累计清退转供电违规加价金额1.23亿元；清理规范涉企政府定价收费，建立动态调整收费目录一张清单机制，实现了省、市级涉企行政事业性收费零收费。深化住房制度改革，培育和发展住房租赁市场，在全国率先出台住房租赁试点“汉版50条”扶持政策。提升金融服务实体经济质效，大力推动企业上市，储备“金种子”“银种子”企业415家。积极开展投贷联动业务试点，支持科创企业199户，投贷联动贷款余额21.89亿元；启动小微企业“万企千亿”行动计划，上线“汉融通”平台，全市银行机构为小微企业提供贷款总金额超3000亿元。

2. 推进重点领域和关键环节改革

积极推进要素市场化配置改革，围绕土地、劳动力、资本、技术、数据等领域，有力促进要素的自由有序流动和高效配置。全面推行新增工业用地“标准地”①出让制度，创新“点状用地”政策，不断提升土地要素利用效能。制定实施加强和改进新时代人才工作的实施意见，成立武汉市人才工作局，加大人才工作力度，探索人才注册制和动态积分制。加快推进区域金融中心建设，积极申报国家绿色金融改革创新试验区，不断增强资本要素服务实体经济功能。扎实推进湖北武汉区域性国资国企综合改革试验，国有企业混改上市、党的建设等改革成果入选国家国企改革三年行动案例。不断深化市属国企整合重组，将31家出资企业整合为9家，进一步优化国有资本布局，促进国有资产保值增值。大力支持民营经济创新发展，出台推动服务民营企业健康发展的“25条举措”等政策措施，10家企业入选中国民营企业500强。民营高新技术企业数量占全市民营企业约九成，民营企业专利授权量占全市的46%。

①“标准地”：在国土空间规划确定的城镇开发边界内具备供地条件的区域，对新建工业项目用地先行完成区域评价、设定控制指标，并实现项目动工开发所必需的通水、通电、通路、土地平整等基本条件的可出让的国有建设用地。

3. 打造市场化、法治化、国际化营商环境

始终坚持将营商环境作为发展的核心竞争力，围绕企业全生命周期，坚持打造审批事项最少、办事效率最高、投资环境最优、企业获得感最强城市，营商环境不断优化，两次获评中国营商环境标杆城市。“一业一证”改革拓展到24个行业，123项高频事项实现“一件事一次办”，办理时限压缩76.70%，申请材料压减38.98%，办理环节压减71.63%，跑动次数减少94.03%。410项政务服务事项实现武汉都市圈“圈内通办”，254项事项实现长江中游城市群省会城市“跨市通办”，353项事项实现大湾区城市“自助通办”。市场准入更加便利，企业开办实现1个环节、0.5天、0费用的“1050”标准，政府采购和招投标全流程电子化，“双随机＋信用分级分类”事中事后监管全市企业全覆盖。全面推行包容审慎执法，728项涉企行政处罚不予处罚、减轻处罚、从轻处罚，加快实施街道综合行政执法，统一行政执法程序规范。持续加大纾困帮扶力度，十年来，累计退税减税缓税1817亿元，发放纾困贷款805亿元。

（四）打造内陆开放新高地

1. 构建对外开放大通道

完善内畅外联中部陆海大通道，打造国际性交通枢纽城市，在原开通部分国际及地区航线基础上，又相继开通武汉至迪拜、伦敦、纽约、悉尼、毛里求斯等30条国际及地区航线，国际及地区航线最高达63条，覆盖亚欧美澳非5个大洲。2012年开通中欧班列（武汉），2014年实行常态化运营，从每年发运42列增长到610列，累计开行约3000列，拥有41条跨境运输线路，辐射亚欧大陆40个国家、107个城市，成为国内外贸企业进出口的重要运输通道之一。武汉港开通直达日韩等国近洋航线，外贸集装箱由2012年的62.3万标箱增长至2022年的115.8万标箱，居全国内河港口之首，全球性江海直达运输网络持续完善，中西部最佳出海口地位持续稳固。

2. 搭建对外开放大平台

获批建设中国（湖北）自由贸易试验区武汉片区，自2017年挂牌以来，累计新增企业7.02万家，是挂牌前原有企业存量的2.6倍，累计形成285项改革成果。全市拥有3个一类口岸、9类13个进境货物指定监管场所，建成东湖、新港空港、经开3个综合保税区，综保区进出口总值由2012年的117.5亿元增长至2022年的652.4亿元，东湖综合保税区跻身全国A类综保区。加快建设中法武汉生态示范城，2022年完成全域社会固定资产投资150亿元，同比增长35.69%。加快发展中德国际产业园，已落户中外企业100余家，其中外资企业40余家（德资企业8家）。

3. 大力发展对外贸易

积极推进跨境电子商务综合试验区、市场采购贸易方式试点、国家服务业扩大开放综合试点和服务贸易创新发展试点建设，不断提升对外贸易能级，累计与全球220多个

国家和地区建立贸易往来，全市进出口总值从2012年的1285亿元增长到2022年的3532.2亿元，增长1.7倍，外贸规模占全省比重近60%，进出口实绩企业从1802家发展到3628家，获批4个国家级外贸转型升级基地，出口产品从“一炉钢”到“一束光”、从“钢筋铁骨”到“光芯屏端网”。实际利用外资(FDI)实现翻番，从2012年的8.6亿美元增至2022年的20.45亿美元，年均增幅8.2%。截至2022年底，在汉投资世界500强企业达到310家，在汉设立外商投资企业7863家。

4. 发挥城市外交主场功能

国际交往中心建设取得新进展，2018年4月，习近平总书记在武汉东湖宾馆同印度总理莫迪举行非正式会晤，共话中印关系未来，武汉成为大国领袖外交主场。英国前首相特雷莎·梅访华首站抵达武汉，德国总理默克尔在武汉长江大桥留影引爆网络，法国总理贝纳尔·卡泽纳夫来汉推动中法生态新城建设，比利时国王菲利普及王后玛蒂尔德、哈萨克斯坦总理马西莫夫、泰国公主诗琳通等国际政要纷纷访汉。军运会、《湿地公约》第十四届缔约方大会、上海合作组织民间友好论坛、中国国际友好城市大会等主场外交活动在汉取得圆满成功，武汉服务国家总体外交展现出更大作为。十年来，新增10个国际友好城市、72个国际友好交流城市，现有29个国际友好城市、91个国际友好交流城市，总量在全国副省级城市中位居前列，形成了以友好城市和友好交流城市为主渠道、民间友好组织为补充的全方位、多元化民间友好交流格局。

三、坚决打赢疫情防控武汉保卫战，巩固拓展疫情防控决定性成果

新冠肺炎疫情是百年来全球发生的最严重的传染病大流行，历史把武汉推到了抗击疫情最前沿。在习近平总书记亲自指挥、亲自部署下，在中央指导组和省委、省政府科学统筹、有力调度下，在全国人民的鼎力支持下，武汉坚持人民至上、生命至上，打响了一场惊心动魄、气壮山河的疫情防控人民战争、总体战、阻击战，用3个月左右的时间取得了武汉保卫战的决定性成果，为阻断疫情蔓延、为全国抗疫争取了战略主动，武汉保卫战写入《中共中央关于党的百年奋斗重大成就和历史经验的决议》，英雄的城市永载史册。

(一)习近平总书记统揽战疫全局

习近平总书记对作为抗疫主战场的武汉时刻牵挂，多次对武汉作出重要指示，每到紧要关头都为武汉指路引航。正如桂小妹同志在全国抗击新冠肺炎疫情表彰大会上发言时说的那样，“英雄的人民身边，有人民的领袖；英雄的城市背后，是伟大的祖国”。

1. 作出关闭离汉离鄂通道重大决策

在得知病毒已出现人传人现象后，2020年1月22日，习近平总书记作出重要指示，要求立即对湖北省、武汉市人员流动和对外通道实行严格封闭的交通管控。习近平总书

记指出:“人民生命重于泰山!只要是为了人民的生命负责,那么什么代价、什么后果都要担当。”武汉坚决贯彻习近平总书记的战略抉择,果断按下城市“暂停键”。1月23日10时,武汉实施最严交通管控,以史无前例的自我隔离改变了病毒传播的危险进程。

2. 发出举全国之力支援武汉号令

在抗击疫情的危急时刻,武汉人民不是在孤军奋战,武汉不是一座孤城。习近平总书记一声号令,人民解放军和全国各地医护人员逆行出征、星夜驰援。全国重症监护力量齐聚武汉,天河机场每3分钟就有一架大型运输机降落,社会各界纷纷捐赠物资。各种医疗物资、生活物资从全国各地源源不断运来,最优秀的人员、最急需的资源、最先进的设备千里驰援武汉,在最短时间内实现了医疗资源和物资供应从紧缺向动态平衡的跨越式提升,为遏制疫情蔓延、挽救更多患者生命发挥了决定性作用。

3. 亲自指挥武汉决战决胜

在抗疫的胶着对垒阶段,习近平总书记2月10日通过视频连线武汉市收治新冠肺炎患者的金银潭医院、协和医院、火神山医院,了解疫情防控一线情况,听取意见和建议。指出“全党全军全国各族人民都同湖北和武汉人民站在一起”“武汉胜则湖北胜,湖北胜则全国胜”,为武汉加油鼓劲。

在决战决胜的紧要关头,习近平总书记3月10日亲临武汉考察疫情防控工作,看望慰问一线医护人员和干部群众,为湖北、武汉点赞加油,发出坚决打赢武汉保卫战、湖北保卫战的总攻令。习近平总书记时刻牵挂武汉人民生活,知道武汉人爱吃活鱼,特地叮嘱要多组织供应,点滴细节彰显大国领袖真挚的为民情怀,深深感动了每个武汉人!

在解除离汉通道管控之际,习近平总书记亲自给武汉市东湖新城社区的工作者回信,肯定城乡社区工作者在疫情防控中发挥的重要作用,勉励他们为彻底打赢这场阻击战再立新功。习近平总书记的回信深深地鼓舞了武汉人民,为全市巩固扩大疫情防控成果、坚决打赢武汉保卫战注入了强大精神动力。

9月8日,习近平总书记在全国抗击新冠肺炎疫情表彰大会上对英雄的城市、英雄的武汉人民再次高度褒奖。时任金银潭医院院长张定宇获授“人民英雄”国家荣誉称号奖章,武汉市有71人获得“全国抗击新冠肺炎疫情先进个人”称号,21个集体获得“全国抗击新冠肺炎疫情先进集体”称号,9人获评“全国优秀共产党员”,5个党组织获评“全国先进基层党组织”。

(二)打赢气壮山河的武汉保卫战

武汉市坚决贯彻习近平总书记重要指示精神和党中央、国务院统一部署,全面落实省委、省政府“23245”防控策略,结合武汉实际,突出“七个强化”[①]、创造性实施“五个百

①“七个强化”:强化思想认识、强化患者救治、强化疫情防控、强化物资保障、强化舆论引导、强化社会稳定、强化组织领导。

分之百”①防控举措，全力以赴打好生命救治战、疫情阻隔战、物资保障战。

1. 全力以赴打好生命救治战

疫情发生之初，医疗资源严重挤兑，一张床就是一个希望。争分夺秒推进建院增床，组织4万余名突击队员和数千台设备，仅用10天建成火神山医院、12天建成雷神山医院，通过大规模改造方舱医院和定点医院，迅速开辟集中隔离点，最短时间内提供治疗床位和隔离床位，实现从“人等床”到“床等人”的根本转变，一举扭转被动局面。坚持关口前移、提前介入，建立“隔离点—方舱—非定点医院—定点医院”梯次转运机制，科学精准救治患者，从出生30多个小时的婴儿到100多岁的老人，全部免费救治。千方百计提高治愈率、降低病亡率，每一例成功救治都是一个生命奇迹，都是践行生命至上理念的生动注脚。

2. 全力以赴打好疫情阻隔战

2020年1月23日10时起，实施最严交通管控，对武汉天河机场、三大火车站、长途汽车站和出城路口实行管制，严防疫情向外蔓延。2月10日起实施最严社区封控，对全市居民小区、村(队)实行24小时封闭管理，建起420公里的“生命长城”。最严管控措施实施半个月后，全市每日新增确诊病例迅速下降。从3月1日开始，开展无疫情小区创建，社会面病例逐步“清零”。

3. 全力以赴打好物资保障战

实施全面管控后，后勤保障压力空前，尤其是医疗物资极度紧缺。在中央指导组的强力支持下，坚持中央调拨、生产自救、社会募集三管齐下，武汉市共筹集大批防护物资，实现从“严重短缺”到“紧平衡”、“动态平衡”再到“足额保障”的跃升。千方百计保障民生供应，发挥国有商超托底作用，投入900多辆公交车、200余辆军车参与运输，组织5万多名下沉干部和2万多名志愿者深入社区网格，累计配送团购物资4715万份，基本实现生活物资不缺、水电气网不停、社会秩序不乱。

（三）取得疫后重振决定性成果

作为封控时间最长、重启时间最晚、疫情影响最大的城市，武汉市努力克服疫情冲击影响，经受了艰苦卓绝的疫后大考，着力做好“六稳”“六保”工作，全力推动经济复苏重振，统筹疫情防控和经济社会发展取得显著成效，武汉经济以强大韧性和蓬勃生机，被誉为疫后重振“全球风向标”。

1. 稳妥有序恢复生产生活秩序

根据疫情变化适时调整防控策略，稳步推进复工复产、复商复市、复学复课，武汉从按下“重启键”逐步进入“快进键”。2020年4月8日零时起，武汉市解除离汉离鄂通道管

①“五个百分之百”：确诊患者100%应收尽收、疑似患者100%核酸检测、发热病人100%进行检测、密切接触者100%隔离、小区村庄100%实行24小时封闭管理。

控措施。1个多月时间，全市1万多家“四上”企业实现“应复尽复”，1326个亿元以上重大项目全面复工。集中开展千万人次核酸大检测，检测结果表明“五个没有”①，实现从“物理解封”到“心理解封”的巨大跨越。社会秩序全面恢复，高考、中考顺利进行，全市260万大中小学校、幼儿园学生全面复学。

2. 对接落实中央一揽子支持政策

切实把习近平总书记的深切关怀转化为疫后重振的强大动力，全面对接、全力落实中央31条一揽子支持政策和湖北省108条落实举措，制定97条重点工作细化清单，真正把政策优势转化为发展优势。在中央和国家机关各部委的支持下，争取光谷长江大桥、双柳长江大桥、轨道交通12号线纳入新一轮长江干线过江通道布局规划，港口型国家物流枢纽等一批争取事项获批。聚焦“两新一重”、产业发展等重点领域，精准谋划国家存储器基地二期及三维相变存储器研发，建设武汉国家现代农业产业科技创新中心等一批重大项目，用高质量项目承接一揽子政策落地。

3. 重回经济发展主赛道

全力推进招商引资，武汉于解除管控当天举办“云招商”首场活动，此后又陆续举办2020亚布力中国企业家论坛·武汉特别峰会、世界500强“云招商”、首届中国(武汉)文化旅游博览会等大型招商活动，400多家国内外500强企业来汉考察洽谈，2020年招商引资实际到位资金突破9300亿元，疫后的武汉成为投资的新风口。全力优化营商环境，先后出台服务中小企业21条政策、服务个体工商户12条政策、改进营商环境27条措施，2020年减税降费513.7亿元，直达38万家市场主体，为企业提供纾困贷款1018亿元，市场信心逐步增强。武汉市经济总量在2020年一季度断崖式下跌40.5%的情况下，开始逐月逆势反弹，2020年经济总量位居全国城市第九，2021年地区生产总值同比增长12.2%，2022年重返全国城市第八位、副省级城市第四位。

(四)毫不放松抓好常态化疫情防控

2020年4月底开始，疫情防控进入常态化。时刻绷紧疫情防控这根弦，坚持常态化精准防控和局部应急处置有机结合，紧紧围绕“早发现、主动防、快处置”等环节，持续优化调整防控措施，武汉保卫战决定性成果不断巩固拓展。

1. 坚持常态化精准防控和局部应急处置有机结合

毫不动摇坚持“外防输入、内防反弹”总策略和“动态清零”总方针，实现立体型常态化科学精准防控和局部应急处置有机统一，为经济社会发展赢得时间和空间。武汉市各级疫情防控指挥体系始终保持激活状态，做到随时待命、反应灵敏、执行有力。坚持“人

①“五个没有”：没有发现一例确诊病例，没有一例无症状感染者转确诊，没有一例密切接触者呈阳性，没有一例病毒培养呈现活病毒，没有一例环境样本呈阳性。

物地”同防，对境外和国内重点地区来汉人员严格执行隔离管理。压实“四方责任”，毫不放松重要节点和重点场所防控。坚持以快制快，打好局部突发疫情歼灭战。扩大核酸检测范围，建成市级核酸检测平台。实行分区分级、分类分时区域管控，最大限度减少疫情不利影响。强化数字赋能，完善流调排查机制，在全国首创“灰码”管理，开展智慧防控。有序推进新冠疫苗接种工作。加强宣传引导，构筑专群结合、群防群控防线。

2. 推动疾控体系改革和公共卫生体系建设

加快健全公共卫生服务体系，公共卫生应急能力持续增强。实施125个公共卫生补短板项目建设，推进国家医学中心、国家华中区域应急救援中心、武汉健康医疗大数据中心等项目建设，建成4家平急结合医院。建立市、区、社区三级疾病预防控制网络，全覆盖推进市级和15个区级疾控中心改扩建，完成63家二级以上医院发热门诊、34家定点医疗机构标准化改造升级工作，设置可转换隔离救治病床1.6万张，207家社区卫生服务中心、乡镇卫生院设立发热预检分诊点。急救站点总数增至110个，加快打造中心城区10分钟、新城区12分钟医疗急救圈。

3. 顺利实现疫情防控平稳转段

2022年11月以来，根据病毒变异株致病力下降、居民疫苗接种率不断提升等新形势，因时因势动态优化调整防控措施，较短时间实现了疫情防控平稳转段。武汉市继续认真做好疫情防控工作，将工作重心从“防感染”向“防重症、防死亡、防恐慌”转变。突出抓好医疗救治，强化救治床位、医护力量、药品等资源储备，落实分级诊疗制度，大力推进线上诊疗，畅通转诊绿色通道。着力加强物资保障，千方百计加强紧缺药品生产调度供应，做好生活物资保供工作。强化农村地区防疫指导，突出重点人群服务管理。武汉市平稳度过感染和重症高峰，确保了疫情防控平稳转段和社会秩序稳定。

四、精心打造宜居韧性智慧城市，全面提升城市整体发展水平

坚持人民城市人民建、人民城市为人民，尊重城市发展规律，牢牢把握城市生命体、有机体特征，立足做强市域、引领省域、带动区域，不断增强武汉的引领力、承载力、吸引力，彰显新时代英雄城市能级、品质、形象。

（一）提升城市引领辐射带动能级

1. 推动市域协调发展

提升中心城区集聚承载能力，有序疏解主城非核心功能，实施“两降两保三增”①，建

①“两降两保三增”：“两降”指降低建筑密度，降低人口密度；“两保”指保护历史文化街区及周边环境风貌；“三增”指增加绿地及开放空间，增补基本公共服务设施，增强文创、科创等高端服务功能。

设现代服务业中轴带和城市主中心。加快推进新城“人产城”融合发展，打造面向区域发展的重大战略功能节点。东湖高新区勇担科技自立自强国家使命，打造具有全球影响力的世界光谷，高标准高水平推进武汉新城建设，培育世界级产业集群，打造都市圈高质量发展主引擎；武汉经开区加快建设军山新城，承载产业总部、科研创新、高端服务等核心职能，打造车谷产业创新大走廊；临空港开发区提升网安基地综合实力，打造中国网谷；武汉长江新区注重未来产业培育和未来城市建设，谋划都市圈未来重要增长极。2022年，武汉市7个区入选全国百强区，均实现名次进位，总数居中部城市第一。常住人口城镇化率由2012年的78.98%提高到2022年的84.66%，城镇化水平稳步提升。

2. 推进武汉都市圈同城化发展

大力发展以武鄂黄黄为核心的武汉都市圈，深入实施规划同编、交通同网、产业同链、科技同兴、民生同保，全力打造最具活力、最具竞争力、最具影响力的省域都市圈。《武汉都市圈发展规划》获国家发改委批复，扎实推进244项重大项目和十大重点工程建设。高标准启动武汉新城建设，亚洲第一个、全球第四个专业货运机场鄂州花湖机场全面投运，打造武汉都市圈高质量发展“双引擎”。加快交通同网，武汉都市圈大通道开工建设，武汉至咸宁、黄石、黄冈、孝感、仙桃的5条城际铁路相继建成。推动科技同兴，协同推进光谷科技创新大走廊建设。强化产业同链，深入实施十大示范工程，探索飞地模式，建设8个合作园区，“主链在武汉、配套在周边”格局加快形成，鄂州葛店开发区四分之一以上企业直接为武汉配套。推进公共服务“九同工程”和便民服务“五卡通用”[①]，410项高频服务事项实现“一圈通办”。2022年，武汉都市圈地区生产总值达到3.22万亿元，位居全国省域都市圈前列。

3. 主动融入国家区域发展战略

强化长江中游城市群省会城市合作联动，健全市际协商合作机制，举办长江中游城市群省会城市会商会、长江中游城市群国际友城合作论坛等，推动区域产业链、供应链、创新链、人才链联动发展，长江沿岸铁路集团总部落户武汉，引领长江中游城市群协调发展作用进一步增强。参与长江经济带全流域联动发展，加强与长三角城市群、成渝地区双城经济圈对接，深化综合交通运输体系建设、商贸流通、产业发展、港口岸线开发、生态环境保护、长江文化传承等领域交流协作，推动构建沿江绿色发展轴，加快打造长江黄金水道，共同推动长江经济带高质量发展。深化与京津冀、粤港澳大湾区等区域合作，积极承接新兴产业布局和产业转移。扎实开展省内协作和对口帮扶，深入做好对口援疆援藏工作。

---

①“五卡通用”：武汉公交卡通刷、社保卡无障碍转移接续、医疗保险异地即时报销结算服务、旅游卡景区通用、公积金互认互贷。

（二）提升城市功能品质承载力

1. 强化规划引领

协调山水城关系，锚固“北峰、南泽、中都会”国土空间总体格局，统筹区域农业、生态空间保护与城市空间发展，构建“多中心、组团式”城镇空间布局，强化“两江交汇、三镇鼎立”格局特色，布局武汉新城、武昌、汉口、汉阳、汤逊湖五大城市组团，促进山水城融合共生。结合生态廊道、城市风道建设，细分形成32个次级组团，在组团内集中布局公共服务设施、基础设施等，实现城市集中发展，支撑常住人口1660万、实际管理服务人口2000万的城市规模，从布局上破解“圈层式”空间结构带来的“摊大饼”问题。科学管控建筑高度和密度，构建错落有致、疏密有度、高低起伏的城市天际线，打造“极目楚天舒”的城市意境。

2. 提升交通枢纽功能

打造交通强国建设示范城市，全国铁路路网中心、长江中游航运中心、中部门户枢纽机场和国家多式联运枢纽基本建成。沪渝蓉高铁武汉段全面启动，武汉东站投用，全力建设“超米字型”高铁网络，高铁直达能力居全国前列。提升武汉天河机场国际门户枢纽地位，武汉天河机场三期建成运营，建设第三跑道、谋划第四跑道，即将成为全国第七个拥有三跑道的机场，与鄂州花湖机场实现航线互补、联动发展，航空客货“双枢纽”加快布局。着力打造以阳逻港为核心的中部地区枢纽港，2022年阳逻港集装箱吞吐量突破200万标箱，迈入世界内河港口第一方阵。打造“轨道上的武汉”，地铁运营里程达463公里，十年间增长近9倍，进入全球前十，跻身“世界级地铁城市”。“六环二十四射多联”高快速路网加速形成，过江通道由14座增至23座，形成“长江11桥2隧、汉江10桥”的新格局。公交城乡一体化实现全覆盖，建成国家公交都市示范城市。

长江武汉段（武汉市委宣传部　供图）

3. 大力实施城市更新

坚持在保护中更新、在更新中保护，实施城市更新行动，制定《武汉市城市更新行动方案》，全面推进中心城区城中村改造，推动景中村、绿中村改造升级，完成城市更新8734万平方米。以军运会举办为契机，对221条道路沿线进行综合环境整治提升，累计整治道路1002公里。充分发挥创意设计在城市转型中的驱动作用，通过打造12个“设计之都”示范园区、100个创意社区，以点及面推进武汉“老城新生”，使“设计之都”融入城市更新。系统性保护利用传承历史文化风貌，以汉口历史文化风貌区、武昌古城、汉阳古城为核心，推进古城新生，加大老建筑、老里弄保护修缮力度，让城市更有历史感、文化味，留住武汉特有城市“基因”。

江汉路步行街（武汉市委宣传部　供图）

4. 完善市政基础设施

加快市政基础设施建设，打造韧性城市。建设梁子湖应急水厂，打造“双水源”城市。推进世界一流城市电网建设，加快充电桩、换电站、加氢站等基础设施建设，提升供电保障能力。2015年获批国家首批海绵城市建设试点城市，2022年底累计完成52个建设分区295.8平方公里海绵城市建设，占建成区面积32%，海绵城市国家试点任务顺利完成。大力推进地下综合管廊建设，建成综合管廊129公里、运行64公里，推动空中管线入廊入地。推进供水、供气“一张网”规划建设，加大燃气、污水等老旧管网改造力度，改造老旧燃气管网1100余公里。完善城市防洪排涝设施，江堤防洪能力全面达标，成功应对新中国成立以来第三次长江流域性大洪水。

（三）提升城市治理现代化水平

1. 加强城市精细化管理

推进大城细管，完善城市精建细管、常态长效机制，提高精细化管理标准，全面制订城市管理各领域技术导则，持续开展示范创建和达标整治“双百”行动，创建100个精细化管理示范片区。全面推行“精致环卫”，打造洁净城市，主干道机械化清扫率达到98%以上，环卫设施达标率95%以上。实施“厕所革命”，新改建城镇公厕1587座，城市公厕洁净达标率98%。持续推进生活垃圾减量化、资源化、无害化，全市生活垃圾处理能力达15400吨/日，建成“六焚烧、四生化、一协同”格局，构建超大城市垃圾分类治理体系，集中改造分类投放点超过2.5万个。精心扮靓城市“颜值”，开展精致园林、花漾街区等绿化改造，公园从335个增至860个，人均公园绿地面积达15平方米。从“城管革命”摘掉“大县城”的帽子到城市精细化管理推动城市面貌提档升级，从全国文明城市、国家卫生城市建设再到备战军运会的市容升级。十年间，武汉发扬“绣花精神”“工匠精神”，持续提升城市管理精细化水平，市容市貌实现了脱胎换骨的深刻变化。

2. 完善社会共治体系

推进大城众管，构建全民共治共享的城市治理新格局。升级新型城市网格化管理体系，进一步落实“门前三包”责任制，深化推行以“路长制”为抓手的基层治理机制，建立完善“1+2+N”①互动共治管理模式，让市民成为城市治理的主角。发动市民利用城管“随手拍”举报城市管理问题，开展“百万市民接力城管、百万粉丝参与城管、百万大学生走近城管”“城管大篷车”等系列活动，畅通市民参与城市治理渠道。广泛发动市民参与志愿服务，激发多方参与城市治理活力，全市共培育发展各类社会组织2.7万个，社工专业人才超1.5万人；注册志愿者达289.4万人，占常住人口比例21.2%。推动城市管理重心向基层社区下移，扎实开展“幸福社区”、国际化社区等主题创建活动，获评全国和谐社区建设示范城市。以“五共”②为路径，深入推进美好环境与幸福生活共同缔造，常态化开展“清洁家园”等活动，打造人人有责、人人尽责、人人享有的社会治理共同体。

3. 建设新型智慧城市

推进大城智管，出台武汉市数字政府和智慧城市建设行动方案，积极探索城市数智化转型。围绕“数治城管，智慧江城”理念，完成智慧城管信息化项目一期、二期建设，武汉智慧城管系统全面运行，公共管理效率大幅提升。强化城市运行“一网统管”，优化综管服平台，打造民意云、智慧燃气、智慧桥隧、智慧环卫、建筑垃圾监管等信息系统，全市785座桥梁建立“一桥一档”电子化户籍式管理，全市150万只燃气钢瓶安装二维码可实现全天候在线监管。打造城市大脑总平台，通过统筹集约建设，积极推动数字化治理在城市环境、市容秩序、交通出行、公共服务等领域应用，荣获世界智慧城市复苏创新大奖。用好数字经济基础设施建设，建成移动网、固网“双千兆城市”，全国首个城市云“武汉云”启用，武汉人工智

①“1+2+N”：路长+（店长、楼长）+共治力量。

②“五共”：决策共谋、发展共建、建设共管、效果共评、成果共享。

能计算中心和武汉超算中心建成投运。持续打造数字孪生城市，拓展应用场景，建设城市运行管理中心，构建多层级的城市调度治理平台，探索城市全生命周期的管理路径。

五、坚定文化自信，扎实推进文化体育事业繁荣发展

文化是城市的灵魂。党的十八大以来，武汉市深入学习贯彻习近平总书记对宣传思想文化工作作出的重要指示精神，紧紧围绕举旗帜、聚民心、育新人、兴文化、展形象的使命任务，扎实推动文化强市建设，为武汉现代化建设提供了强大的价值引导力、文化凝聚力、精神推动力，奋力打造文化繁荣的新时代英雄城市。

（一）大力弘扬城市精神和城市品格

1. 积极践行社会主义核心价值观

围绕党的十八大、十九大、二十大以及新中国成立70周年、建党百年等重大主题，在全市广泛开展“我和我的祖国”“永远跟党走”“强国复兴有我·奋进英雄城市”等群众性主题宣传教育活动。以全市145处革命遗存、138家各级爱国主义教育基地、7家全国爱国主义教育示范基地为依托，在全社会开展党史、新中国史、改革开放史、社会主义发展史宣传教育。成立辛亥革命博物院，建成开放汉口中华全国总工会旧址纪念馆，打造社会主义核心价值观主题公园。“英雄城市、道德高地”的美誉度持续提升，黄旭华被授予“共和国勋章”，张定宇获“人民英雄”荣誉称号，累计18人获评全国道德模范、17人获得全国道德模范提名奖，122人（组）获评“中国好人”，2人（组）获得“时代楷模”称号，7人当选“全国最美奋斗者”，128人（组）荣膺“荆楚楷模”，406人（组）获评“武汉楷模”。

2. 深入实施文明创建工程

2015年2月28日，武汉市荣获第四届全国文明城市称号，此后连续三届蝉联该荣誉称号。始终把文明城市创建作为“一把手工程”，坚持常态长效，出台《武汉市文明行为促进条例》，精心开展“四个百万”[①]迎军运、“武汉以我为荣”等品牌活动，全市获评全国文明村镇14个、全国文明单位50家、全国文明家庭5户、全国文明校园6所。深化拓展新时代文明实践中心建设，全市共建成15个新时代文明实践中心、175个新时代文明实践所、3173个新时代文明实践站，实现市域全覆盖。深化志愿服务，在全国率先出台《武汉市志愿服务条例》，创新开展“志愿服务关爱行动”，共有34个集体和个人荣获全国学雷锋志愿服务“四个100”[②]先进典型，9人获评全国疫情防控最美志愿者。

---

①“四个百万”：百万市民讲礼仪、百万家庭洁家园、百万志愿者展风采、百万职工作贡献。

②“四个100”：由中央宣传部、中央文明办等部门和单位共同组织开展的全国学雷锋志愿服务“四个100”先进典型宣传推选活动，宣传推选出100个最美志愿者、100个最佳志愿服务组织、100个最佳志愿服务项目和100个最美志愿服务社区。

3.讲好新时代英雄武汉故事

大力弘扬伟大抗疫精神，组建全市抗疫先进事迹报告团，推出《英雄战疫——抗击新冠肺炎疫情武汉保卫战专题展陈》，迎来社会各界参观热潮。精心打造“同上一堂思政课”品牌，连续推出“红色故事进校园”“战疫青年说”等主题活动，出版《大武汉红色故事》《中共中央在武汉》等系列图书，让红色基因、革命薪火代代相传。开展“武汉这十年”系列形势政策报告会和“光辉照耀英雄城市”“新时代英雄城市·武汉十年赶考之路”等大型系列报道，全面展示党的十八大以来武汉经济社会发展取得的巨大成就。积极承办第29届中国电影金鸡奖、第36届大众电影百花奖等重大节会。大力弘扬“敢为人先、追求卓越”的城市精神，精心打造城市形象视觉名片，先后推出《大城崛起》《东湖》《遇见武汉》等城市形象宣传片，《大城崛起》入选全国对外传播年度十大案例。加强国际传播能力建设，打造良好海外形象，荣获“中国国际传播综合影响力先锋城市”“国际表达力领军城市”称号。

（二）努力推动文化事业健康发展

1.打造汉派文艺精品力作

持续振兴武汉“戏码头”，拥有武汉京剧院、武汉汉剧院、武汉楚剧院等8家专业文艺院团，数量居副省级城市第1位。武汉京剧院凭借“汉口女人三部曲”和现代京剧《母亲》勇夺中国京剧艺术节金奖、文华表演奖等顶级奖项。武汉汉剧院举办首届中国（武汉）汉剧艺术节、全国汉剧艺术研讨会，不断夯实武汉在汉剧届的扛旗者地位，新编汉剧《宇宙锋》获中宣部“五个一工程”奖和文旅部文华奖。武汉楚剧院推出的楚剧《万里茶道》得到国家艺术基金资助，沿着茶道在全国巡演近百场。散文集《山河袈裟》、动漫《冲破天际》、杂技剧《英雄之城》等137部汉派优秀文艺作品荣获国际、国家级奖项64个，琴台音乐节、武汉国际杂技艺术节逐步成为全国一流、有国际影响的艺术盛会。名家辈出、绽艺江城，拥有著名艺术家27位，获得中国戏剧“梅花奖”4人次，获得文华表演奖和中国曲艺牡丹表演奖3人，数量居副省级城市第1位。“顶碗皇后”夏菊花被党中央授予“最美奋斗者”荣誉称号。成功承办第17届中国戏剧节，连续举办10届武汉“戏码头”中华戏曲艺术节，101位中国戏剧“梅花奖”获得者、50家名团齐聚武汉，全国戏曲演出交流中心地位不断凸显。

2.加强文化遗产保护传承

考古工作实现新突破，盘龙城遗址入选中国“百年百大考古发现”，盘龙城国家考古遗址公园建成开放，黄陂区郭元咀遗址入选2020年中国考古新发现，武汉作为牵头城市的“万里茶道”入选“中国世界文化遗产预备名单”。文物保护利用水平不断提升，全市不可移动文物900余处，其中全国重点文物保护单位33处，省级文物保护单位106处，较2012年分别增长76%和37%。江汉关大楼、巴公房子、平和打包厂旧址等文物保护单位重获新生。博物馆之城建设取得新成就，新增江汉关博物馆、长江文明馆、武汉中共中央机关旧址纪念馆等博物馆65家，现有各类博物馆124家，其中国家一、二、三级博物馆18家。博物馆展览和社会教育活动先后荣获国家级奖项12项，3家革命类博物馆获评全国首批“大思政课”实践教学基地。非物质文化遗产保护传承达到新高度，在全国副省级城市中率先颁布实施《武汉市非物质文化遗产保护条例》，拥有市级以上非遗代表性项目815项、非遗代表性传承人830人，古琴艺术国家级非遗传承人丁承运等3人被授予“中国非遗年度人物”称号，成功举办长江非物质文化遗产大展、汉绣嘉年华等非遗品牌活动。

3. 提高公共文化服务水平

加快形成普惠型、全覆盖的公共文化服务体系，“12分钟文化圈”①不断完善，市民在家门口触手可及“诗与远方”。全市有15个公共图书馆，14个群众艺术馆（文化馆），其中各有11个为国家一级馆。拥有以琴台大剧院、琴台音乐厅为代表的剧院、剧场144个。推进建设琴台美术馆、武汉图书馆新馆、武汉中心书城等一批市级重大文化设施，建成投用洪山区文化馆图书馆、硚口区文化馆等一批区级公共文化场馆，建成开放江城书房、光谷书房等一批新型公共文化空间。市、区、街道（乡镇）和社区（村）四级公共文化服务设施网络体系基本形成，基层综合文化服务中心覆盖率达到100%。推动公共文化数字化建设，连续获评全国“十佳数字阅读城市”称号。群众文化生活更加丰富多彩，“武汉之夏”“迎春舞龙大赛”“名家论坛”等品牌文化活动广泛开展，“惠民文化演出”“送戏下乡”等惠民项目深入实施，每年举办各类惠民文化活动超1500场次，举办各类阅读活动近万场次，参与群众达800万人次。

（三）创新推动文旅产业高质量发展

1. 推动文旅深度融合化

坚持以文塑旅、以旅彰文，推动文化和旅游融合发展，文旅产业已经成为经济增长的新动力、新引擎。全市规模以上文化企业929家，实现营业收入2928.8亿元。旅行社企业数量由288家增加到497家；A级旅游景区数量从23家增至52家，其中，5A级旅游景区从1家增至3家，4A级旅游景区从15家增至21家。先后获评国家旅游标准化示范城市、首批全国扩大文化消费试点城市、首批中国旅游休闲示范城市、首批国家文化和旅游消费示范城市。成功举办首届中国（武汉）文化旅游博览会、首届武汉双年展，创办“大河对话”“武汉国际戏剧演出季”等具有国际影响力的文旅品牌。2022年，全市接待游客人数达2.05亿人次，实现旅游总收入2223.88亿元。

2. 推动文化产业数字化

深入实施“文化+”战略，坚持数字赋能，涌现出微派、传神语联、天喻信息等一批快速成长的数字文化领军企业，创意设计、数字直播、互联网教育等领域全国领先，新业态

---

①“12分钟文化圈”：在12分钟步行路径内，市民就能享受到图书馆、博物馆、文化馆、文化广场、公园、剧院、电影、书屋等场馆服务，让城市文化融入市民生活，让“诗与远方”在家门口就触手可及。

领域文化企业占规模以上文化企业数比重超四分之一，加快打造“动漫之都”“游戏之都”“电竞之都”。全市国家级文化产业园区基地12家，文化创意业态特征和集聚程度较为明显的产业园区82个，规模以上文化企业929家，实现营业收入2928.8亿元。推进文化创意和设计服务与相关产业融合发展。2017年11月1日，武汉市被联合国教科文组织授予“设计之都”①称号。从2019年起将每年11月1日确定为“武汉设计日”，大力开展武汉设计日、设计双年展等国内外交流活动。“设计之都”国际名片激发武汉设计产业飞跃式发展，设计从业人员达17.79万人，比2017年增加近10万人。相继建成红T时尚创意街区、武汉创意天地、长江传媒大厦等一批有影响力的重大文化产业项目。

3. 推动文旅消费多样化

顺应人民群众日益增长的品质化、多样化、个性化消费需求，推动大众旅游、智慧旅游持续发展，自驾游、露营旅游、康养旅游等引领新潮，旅游演艺、红色旅游、乡村旅游等蓬勃兴起。“英雄之城”“花漾江城”“夜游名城”3张城市文旅新名片不断擦亮。全市红色旅游蓬勃发展，“英雄之城”更加深入人心。武汉革命博物馆、八七会议会址纪念馆等一批红色景点修葺一新，“红色武汉·英雄城市”精品线路入选全国“建党百年红色旅游百条精品线路”；黄陂区深耕“巾帼英雄木兰”品牌，获评首批国家全域旅游示范区。“春赏樱、夏看荷、秋品桂、冬观梅”，“新花城”武汉蜚声海内外。全市较为集中的赏花点超过100个，直接以花为名的景区有13家。“夜游武汉”已成为一个响亮的招牌，全市30余个夜游区域和项目整体联动，初步形成了“夜秀”“夜演”“夜宴”等十大夜游产品体系，长江灯光秀、知音号、夜上黄鹤楼成为都市旅游的核心品牌。2019年获评中国十大夜游城市，“武汉缤纷夜”夜游品牌成功入围2021年度中国旅游产业影响力典型案例集。

（四）积极推进体育强市建设

1. 构建全民健身公共服务体系

加快体育公共设施建设，不断提升全民健身公共服务质量，推进全民健身中心、体育公园建设，共有体育场地近4万个，体育公园52个，人均体育场地面积达2.45平方米，市民身边的健身设施覆盖率达100%。以“两江四岸”和“东湖绿心”为着力点，发展和完善沿江、环湖、绕山、穿林城市健身休闲运动带，形成具有武汉特色的全民健身设施空间体系。广泛开展全民健身运动，群众体育赛事体系逐步成型，持续举办武汉市运动会、全民健身运动会、社区运动会、武汉市青少年运动会、学校综合性运动会等规模化全民健身赛事，平均每年开展全民健身活动上千场，参与人数超百万人次。加强科学健身指导，市级体育单项运动协会达到56家，各级各类社会体育指导员超4万人。建成全市智慧体育综合平台和大数据中

①武汉成为继深圳、上海、北京之后的中国第四个“设计之都”，也是全球唯一以工程设计申报成功的世界设计之都城市。

心，精心打造“武汉体育电子地图”，助力城市“12分钟健身圈”服务更加完善。

2. 打造高水平体育赛事活动

重点谋划体育赛事中长期发展规划，高起点、高质量构建武汉市W（世界级）、C（国家级）、Han（市级）赛事体系，打造武汉马拉松、武汉网球公开赛、7·16渡江节、武汉赛马节等国际国内品牌赛事。武汉马拉松于2016年首次亮相就广受美誉，2019年被授予国际田联铜标赛事，成为国内晋级铜标速度最快的赛事之一。持续做大有地域特色的“长江杯”球类系列赛、“一区一品”等体育赛事活动。提升竞技体育综合实力，为“奥运争光计划”贡献武汉力量，武汉运动员李娜获得2011年法国网球公开赛、2014年澳大利亚网球公开赛女子单打冠军，成为亚洲首位网球大满贯得主，被英国《金融时报》评选为2014年度女性人物。郑钦文、王霜、艾衍含、陈洁等武汉运动员在国际大赛中频频争金夺银，为国争光。

六、牢固树立以人民为中心的发展思想，持续增进民生福祉

践行以人民为中心的发展思想，扎实推进各项民生事业发展，着力解决群众急难愁盼问题，下大力气补齐民生短板，不断实现人民对美好生活的向往。

（一）坚决打赢脱贫攻坚战

1. 如期完成脱贫攻坚任务

围绕“两不愁三保障”[①]目标，坚持“六个精准”[②]，全面推进“五个一批”[③]“八大工程”[④]脱贫措施，武汉交出脱贫攻坚高质量答卷。2015年，武汉市全面打响精准扶贫、精准脱贫攻坚战。截至2020年底，全市共选派1059个驻村工作队、3200多名驻村干部开展驻村帮扶，全市3.4万多名党员干部奋战在脱贫一线。充分发挥超大城市在资金、技术、人才、管理、市场等方面的优势，坚持开发式扶贫与保障式扶贫相结合。经过5年奋斗，全市8.85万名贫困人口全部脱贫、271个贫困村全部出列，结束了武汉市农村存在绝

①“两不愁三保障”：“两不愁”指不愁吃、不愁穿，“三保障”指义务教育有保障、基本医疗有保障、住房安全有保障。

②“六个精准”：扶贫对象精准、措施到户精准、项目安排精准、资金使用精准、因村派人（第一书记）精准、脱贫成效精准。

③“五个一批”：发展生产脱贫一批、易地搬迁脱贫一批、生态补偿脱贫一批、发展教育脱贫一批、社会保障兜底一批。

④“八大工程”：产业扶贫、健康扶贫、就业扶贫、教育扶贫、危房改造、保障扶贫、金融扶贫、基础设施提升。

对贫困人口的历史。在全国脱贫攻坚总结表彰大会上，武汉共有7名先进个人、2个先进集体受到表彰。持续巩固拓展脱贫攻坚成果，在全省率先建成使用防返贫监测预警信息平台，将全市七类人群[①]共计13.09万人，作为防返贫监测的重点关注对象。继续强化欠发达街道（乡镇）倾斜政策落实和产业就业帮扶，实现了巩固拓展脱贫攻坚成果同乡村振兴的有效衔接。

2. 全面实施乡村振兴战略

激发农村改革新动能，现代都市农业向纵深发展。武汉“三乡工程”[②]获评“中国三农十大创新榜样”，“土地三权分置”“农股贷”等武汉模式在全国推广。先后获评全国第四个“现代都市农业国际试点示范城市”、全国农村产权制度改革试验区、全国首家农民创业师资培训基地、国家现代农业示范区等称号。全市共培育新型农业经营主体14000余个，其中国家级龙头企业16家、省级龙头企业118家。逐步形成种业、“菜篮子”、农科创、“农业+”等四大都市型优势产业链，总产值达4200亿元。累计认证“二品一标”[③]农产品总数达958个。共同缔造绘就和美乡村新图景，全市建成6条一线串珠、集中连片的美丽乡村发展带和4条乡村振兴示范带，建成美丽乡村示范村湾617个。

（二）全力稳就业强保障

1. 确保就业形势总体稳定

始终坚持就业优先战略，实施积极的就业政策。深入实施职业技能提升行动，累计培训307万人次。加快推动人力资源服务业高质量发展，国家级人力资源服务产业园“一园多区”发展格局逐步形成，全市人力资源服务机构由700余家增长至2400余家，2022年营业收入达800多亿元，平均每年帮助260万人次实现就业择业。不断完善就业援助机制，着力为困难群体筑牢就业屏障。开展“乐业无忧”专项帮扶活动，对大龄失业人员、残疾人、脱贫劳动力等困难群体精准帮扶，累计帮助33万就业困难人员和53万失业人员实现再就业。十年来，就业规模由506万人增长至634万人，就业容量不断扩大，年度城镇新增就业由16万人增长至30万人，吸纳能力不断增强，城镇登记失业率始终控制在4%以下，规模性失业风险总体可控。

2. 织密织牢社会保障安全网

不断健全覆盖全民的社会保障体系，大力实施全民参保计划，全市基本养老保险、失业保险、工伤保险参保人员达1548万人次，十年增长了173%。持续提升保障能力和待

---

①七类人群：脱贫户、监测户、低保户、特困供养户、农村低收入人口、医保自费支出较大农户、重度残疾人等。

②“三乡工程”：市民下乡、能人回乡、企业兴乡。

③“二品一标”：绿色食品、有机农产品和地理标志农产品。

遇水平，企业职工养老保险实现了由市级统筹到省级统筹再到全国统筹的跨越式发展，企业退休人员基本养老金实现“十连增”，城乡居民基础养老金从每月100元增长至317元。兜底救助更加有力，十年九次提高城乡低保标准，率先在全国探索建立支出型贫困救助模式。积极帮助市场主体减负稳岗，大力实施社保“降、缓、返、补”等助企纾困政策，扎实推进中央稳经济一揽子政策措施应享尽享、直达快享，十年来累计减免社保缴费、返还失业保险等558亿元。

（三）高标准建设教育强市

1. 统筹推进各级各类教育协调发展

十年来，武汉深入贯彻落实习近平总书记关于教育的重要论述，加快推进教育现代化，奋力从“学有所教”向“学有优教”迈进，从“基本均衡”向“优质均衡”迈进，从“教育大市”向“教育强市”迈进。教育已经成为武汉城市核心竞争力，发展总体水平居全国同类城市前列。推进学前教育普及普惠发展，十年来完成新改扩建公办幼儿园556所，学前三年教育毛入园率达到93.94%，比“十一五”末提高15.31个百分点。推进义务教育优质均衡发展，探索创新学区化集团化办学新路径，采取名校多点化办学、打造优质教育集团等方式，推动了优质教育资源共享。落实立德树人根本任务，大力发展素质教育，全市创建素质教育特色学校498所，占全市义务教育学校的比例达58%。推进普通高中优质多样化发展，推进17所市级领航学校和25所特色学校创建，普通高中优质资源在校生占比达84.32%。推进职业教育产教融合发展，健全和完善职业教育体系，职教毕业生就业稳定在95%以上，职教生已成为武汉市产业大军的主要来源和实体经济的中坚力量。推进高等教育内涵发展，支持在汉高校“双一流”建设，全市“双一流”学科达32个，位居全国第四。拥有高等院校92所、两院院士81人次，2022年在校大学生数量达154.13万人，居全国城市前列。市属高校综合实力不断增强，江汉大学进入国内一流学科建设高校行列，实现博士学位授予单位零的突破。

2. 深化教育改革创新

始终把改革创新作为教育事业发展的引擎，一批国家级改革项目形成可复制可推广的“武汉经验”走向全国。“智慧教育示范区”建设驶入“快车道”。新冠肺炎疫情期间，坚持“停课不停教、停课不停学”。“全国青少年校园足球改革试验区”建设全国领先，国家级校园足球特色学校达189所。扎实推进“双减”工作，义务段学科类培训机构由1425个压减至120个，压减率91.58%。加强骨干教师队伍建设，先后涌现出全国道德模范杨小玲、全国教书育人楷模禹诚、全国最美教师华雨辰等“国字号”先进模范教师，获奖数量居全国城市前列。打造中部地区国际教育中心，实施两轮教育国际化三年行动计划，推动各级各类教育与国际接轨，海外友好学校突破500所。推进学习型城市建设，连续举办10届全民终身学习活动周，4家单位成为联合国教科文组织城区、农村社区学习中心项目建设试点单位。

3. 着力促进教育公平

始终坚持教育优先发展，全力提供教育发展保障，全市教育经费总投入从2012年158.71亿元增加到2022年455.68亿元，年均增长11.13%。着力构建以普惠性资源为主体的办园体系，公益普惠性幼儿园在园幼儿覆盖率达到85.76%。全市新改扩建中小学248所，新增入学学位29.98万个。随迁子女与户籍子女享受同等待遇，随迁子女在汉接受义务教育人数近14万，其中在公办学校就读的比例多年稳定在96%以上。实现教育资助体系从学前教育到高等教育全覆盖，落实23.18亿元资助资金，惠及191.13万人次，做到不让一个孩子因贫困失学。

（四）加快推进健康武汉建设

1. 提升医疗卫生服务能力

这十年全市医疗资源增长迅速，截至2022年底，全市共有医疗卫生机构6818个，三级医院从30家增加到76家，床位数从6.22万张增加到9.86万张，每千人口执业（助理）医师从2.61人增加到3.47人，每千人口注册护士从2.93人增加到4.61人，进入全国医疗卫生资源强市行列。名院名科名医众多，华中科技大学附属同济医院、华中科技大学附属协和医院稳居全国十强，5家医院上榜全国百强，医疗卫生服务水平持续保持全国第一方阵。基层医疗卫生机构服务水平稳步提升，建成29家社区医院、136个基层特色科室，180家基层医疗机构达到国家优质服务标准，建成“城市15分钟社区卫生服务圈”和“农村30分钟医疗卫生服务圈”。医药卫生体制改革持续深化，“看病难、看病贵”问题加速破解。探索实施药品、高值医用耗材集中带量采购，医保DRG付费[①]从国家“试点”到“示范”，全市医保参保患者住院医疗均次费用下降6.32%。中医药传承创新发展深入推进，获评“全国基层中医药工作先进市”。

2. 健全卫生健康服务体系

经过多年坚持不懈的社会健康治理，武汉从“卫生城市”迈向“健康城市”，2014年首获“国家卫生城市”荣誉称号，2022年获评“2021年度全国健康城市建设样板市”。深入开展爱国卫生运动，实施15项健康武汉专项行动，建成4个国家级健康区、2个全国健康促进与教育示范基地，居民健康素养水平达35.8%，城市健康指数位居全国前列。卫生健康服务信息化水平不断提升，建成互联网医院20余家，率先在全国推广使用电子健康卡。完善全生命周期服务模式，不断提升妇幼健康服务能力，孕产妇死亡率从10.63/10万下降至6.69/10万，婴儿死亡率从3.77‰下降至1.54‰。3岁以下婴幼儿托育服务从无到有、加快推进，全市可提供3.6万余个托位。

---

①DRG付费：按疾病诊断相关分组付费。

3. 完善老年健康支撑体系

着力构建居家社区机构相协调、医养康养相结合的养老服务体系，全市建成养老设施3321处，养老服务床位总数超过10万张，每千名老人养老床位超过50张，位居全国第一方阵。深入推进养老服务质量和医养结合能力提升，养老机构服务安全基本规范达标率达到100%、护理型床位占比65.3%。全市养老机构医养结合服务实现全覆盖，95.5%的二级以上公立综合医院开设老年医学科，建成全国示范性城乡老年友好型社区16个。率先颁布实施社区养老设施等级评定地方标准，三级以上养老机构在全省占比超过30%。养老服务创新模式成效显著，"虚实互通、家院互融"的"互联网+居家养老"新模式得到国务院领导充分肯定，全市已建成市、区养老服务平台16个、签约各类服务商5800余家，累计响应并提供以"三助一护"①为主的服务需求900余万人次。医养结合、"互联网+居家养老"、人工智能养老等武汉养老模式被全国推介。

七、加快建设美丽武汉，努力打造世界滨水生态名城

深入学习贯彻习近平生态文明思想，牢固树立和践行绿水青山就是金山银山的理念，锚定打造世界滨水生态名城、长江大保护典范城市、生态文明建设示范城市、绿色低碳转型先行城市的目标，加快建设人与自然和谐共生的美丽武汉，以高品质生态环境支撑高质量发展。

（一）共抓长江大保护

1. 加强长江生态保护修复

始终把修复长江生态环境摆在压倒性位置，坚决扛起确保"一江清水东流"的政治责任，坚持"共抓大保护、不搞大开发"，深入贯彻实施《中华人民共和国长江保护法》，接续实施"双十"工程②和"新双十"行动③，长江生态大保护发生转折性变化。十年累计完成88家沿江化工企业"关改搬转"，有力破解"化工围江"。长江汉江沿线码头由原来的580余个缩减为188个（减少约67.4%），364个沿江堆沙场全部取缔，腾退岸线47公里，复绿岸线788万平方米，"两江四岸"造林2.14万亩，长江两岸绿意盎然、生机勃发。全面落实长江"十年禁渔"，武汉江面再现江豚逐浪的美景。

2. 加强督察整改和共保联治

坚持常态化开展督查督办工作，定期开展环保督察交办信访事项交叉检查和环保督

---

①"三助一护"：助餐、助洁、助医及远程照护。

②"双十"工程：长江大保护十大标志性战役、长江经济带绿色发展十大战略性举措。

③"新双十"行动：长江高水平保护十大攻坚提升行动及长江经济带降碳减污扩绿增长十大行动。

察整改任务现场抽查专项行动，强力推进整改。张之洞体育公园整改工作入选中央生态环境保护督察首批正面典型。加速推进武汉都市圈生态环境共保联治工作，积极打造长江经济带绿色发展示范区。在全国首创长江跨区断面水质考核奖惩和生态补偿机制，在全省率先探索建立跨市流域生态补偿机制，先后与孝感、随州、仙桃等地签订流域生态补偿协议。长江入河排污口溯源整治任务完成91.5%，整治完成情况位于全省前列；长江武汉段水质持续稳定保持在Ⅱ类，达到近十年最优水平。

3. 加强生态品质提升

高水平规划建设总长284公里的百里长江生态廊道，打造世界级“城市会客厅”。加快推进长江国家文化公园武汉段建设，建成总面积740余万平方米的全国最大江滩公园，年接待市民游客逾5000万人次，彰显了“三生融合”[①]更加舒适的滨江公共空间。加强湿地保护与修复，制定《武汉市湿地花城建设实施方案》，开展沉湖、杜公湖等湿地修复，累计实施退渔还湿9.5万亩，退耕还湿1万亩，修复退化湿地1500公顷。成功举办《湿地公约》第十四届缔约方大会，获评全球首个人口过千万的国际湿地城市。

（二）强化环境污染防治攻坚

1. 打好蓝天保卫战

着力调整优化产业、能源、交通运输三大结构，实施压煤、治企、控车等综合减排措施。全市原煤消费减少近1100万吨，淘汰燃煤锅炉1500余台，实施燃煤火电机组和钢铁企业超低排放改造。持续推进机动车新能源化，常态化开展柴油货车路检联合执法，淘汰黄标车12.5万辆、老旧车5万余辆。2022年，全市空气质量优良天数为294天，较2013年增加134天；重度污染天数较2013年减少62天。$PM_{2.5}$和可吸入颗粒物质（PM_{10}）平均浓度分别大幅下降62.8%和55.6%，$PM_{2.5}$平均浓度首次达到国家二级标准，“武汉蓝”成为江城四季的“常态蓝”。

2. 打好碧水保卫战

深化实施城乡生活污水治理、国控省控断面水质提升、河湖排污口溯源整治三大攻坚行动。出台全国首部湖泊保护和基本生态控制线保护的地方法规，在副省级城市中率先出台禁止使用含磷洗涤用品污染江河湖泊的地方性法规。截至2022年底，完成全市165条河流、166个湖泊的排口排查工作，整治完成1686个长江入河排污口。城镇生活污水处理厂全面提标至一级A排放标准，全市城镇生活污水日处理能力达到491万吨。全市国控、省控断面水质优良率分别达到90.9%、72%，基本消除建成区黑臭水体，水质优良湖泊数量从“十二五”末的7个增加到48个，实现劣Ⅴ类湖泊“清零”，县级及以上水源地水质达标率稳定保持100%，东湖入选国家首批示范河湖，“百湖之市”绿色名片更加亮丽。

---

①“三生融合”：生产、生活、生态融合发展。

3. 打好净土保卫战

持续推进农用地分类管理，狠抓工业用地土壤污染修复治理，稳步实施建设用地土壤污染风险管控和修复。累计完成29个重点污染地块治理修复工程，污染地块再开发利用42.7万平方米，完成1003件农用地土壤、211件农产品和257家重点行业企业土壤环境深度“体检”。土壤环境质量保持稳定，工业危险废物、医疗废物安全处置率达到100%，入选国家“无废城市”建设试点。持续增绿提质，武汉园博园、戴家湖公园园林绿化与生态修复项目荣获中国人居环境范例奖，已建成绿道2217公里，全市建成区绿化覆盖率达43.09%，青山、硚口等一批昔日“工业锈带”正蝶变成“生活秀带”，“绿色”日益成为江城最靓丽的“底色”。

武汉东湖绿道（武汉市委宣传部　供图）

（三）促进绿色低碳转型发展

1. 持续实施节能降碳增效

加快调整产业结构、能源结构、交通运输结构、用地结构，将节能目标任务纳入全市国民经济和社会发展年度计划，定期召开节能目标调度会议，着力提升产业结构“含绿量”，降低能源结构“含碳量”。严格落实生态环境保护“三线一单”①，对高耗能高排放项目的审批核准备案一律从严。引导支持企业积极参与循环经济、污染治理和节能减碳工作，加快实施钢铁、电力、石化、建材等行业绿色化改造。推广使用清洁能源，变“高耗低效”为“高产低碳”。“十三五”期间，煤炭消费总量减少近千万吨，占比由50%下降到35%；单位地区生产总值能耗下降20.93%，二氧化碳排放下降超过20.5%。2016—2018

①“三线一单”：以生态保护红线、环境质量底线、资源利用上线为基础，编制生态环境准入清单。

年连续3年能耗双控目标被湖北省政府评定为“超额完成”等次，以显著降低的能耗强度支撑了经济高质量发展。

2. 积极倡导绿色生产生活方式

地铁、公交、共享单车等绿色出行比例达到76%，新能源交通工具使用比例不断提高，中心城区新增（更新）公交车全部采用新能源车，全市营运公交新能源车占比77%，新能源出租车、网约车占比分别为29%和83%。获评全国智能建造试点城市，全市新建民用建筑100%实现绿色设计，竣工建筑基本实现绿色化，累计新增绿色建筑约1.88亿平方米，近零碳建筑试点启动建设。制订全国首个绿色低碳机关创建指南，成立全国首家专业运营碳普惠的国有企业，着力构建碳普惠体系。生活垃圾分类覆盖5万余家单位、1446个社区、1832个行政村，绿色生活在武汉蔚然成风。

3. 加快打造全国“碳中心”

开展国家低碳城市试点、绿色金融、生态产品价值实现等制度创新，推进碳金融中心建设，加快优化碳市场服务，带动碳产业发展，努力为服务全国“双碳”战略实施作出更大贡献。2021年，“中碳登”[①]正式落户武汉并顺利运行，助力全国统一碳市场启动上线交易，国检集团、中碳科技等头部企业和机构陆续入驻中碳登大厦。2022年，武昌区入选国家首批气候投融资试点，成为全国唯一具备碳交易、碳结算、碳登记和碳普惠功能的城区。在全国率先探索生态系统价值评估核算，推出全国首单绿色信贷产品“绿保贷”，全国第一单“环保装备产品质量安全责任保险”落户武汉，争创全国绿色金融改革创新试验区。组建武汉双碳产业研究院，在全国首创发布建设全国碳金融集聚区的实施意见，设立100亿元的武汉“碳达峰基金”和100亿元的“碳中和基金”，加快打造全国碳市场核心枢纽。加快推进长江国际低碳产业园建设，精心打造“世界碳谷”新名片。

八、凝心聚力团结奋进，民主法治建设全面加强

坚定不移推进社会主义民主政治建设，加强和改进新时代人大、政协工作，积极发展全过程人民民主，充分发挥统一战线的重要法宝作用，最广泛地凝聚人心、汇聚力量，形成生动活泼、安定团结的政治局面。

（一）践行全过程人民民主的武汉实践

1. 加强和改进新时代人大工作

坚持科学立法、民主立法、依法立法，不断提高立法质量和效率，以良法促进发展、保障善治。围绕产业转型发展、生态文明建设等领域，先后制定地方性法规26件，修改地

①“中碳登”：全国碳排放权注册登记结算系统。

方性法规86件次，现行有效地方性法规88件。城市综合管理、生态控制线管理、地质灾害防治和地质环境保护等方面10多件地方性法规在全国、全省具有首创性。坚持依法、正确、有效监督，听取审议“一府一委两院”工作报告186个，对85件法律法规实施情况开展执法检查和执法调研，对25件大会议案进行督办。坚持抓大事、议大事，对全市经济社会发展中的重大问题、人民群众关注的热点难点问题，依法作出决议决定32项。坚持党管干部原则与依法选举任免相统一，选举和任免武汉市国家机关工作人员1900余人次，并组织开展宪法宣誓。坚持人大代表主体地位，开展代表“三进”活动，成为具有全国知名度的工作品牌；搭建代表联系群众平台，全市建立代表接待室、联络站1173个；提升代表建议办理实效，代表提出的4200余件建议全部办复。在2019年全国人大常委会召开的加强和改进代表工作会议上，武汉作为副省级城市唯一代表作了大会交流发言。

2. 充分发挥专门协商机构作用

坚持党的领导、统一战线、协商民主有机结合，坚持发扬民主和增进团结相互贯通、建言资政和凝聚共识双向发力。探索丰富协商形式，形成以全体会议为龙头，以专题议政性常委会会议和常委专题协商会为重点，以界别协商、对口协商、提案建议案办理协商、网络议政和远程协商、“一线协商·共同缔造”等为常态的协商议政格局。围绕全市经济发展大局和重大民生问题，组织开展150余次重点协商议政活动，立案提案6896件，提出加快自贸区改革试验、推进武汉都市圈高质量发展、建设具有全国影响力科技创新中心等28件全会建议案，为市委、市政府开展重大决策提供了重要参考。深入开展民主监督工作，在全国副省级城市率先制定《专项监督工作办法》，探索开展长江大保护等系列民主监督活动，形成了一批具有政协特色的监督品牌。创新推进“一线协商”工作，搭建一线协商平台400余个，开展一线协商活动1300余场(次)，有效发挥了人民政协在基层社会治理中的重要作用。

3. 丰富拓展基层民主实践

依法依规组织实施社区(村)“两委”换届选举，一大批政治素质高、协调能力强、热心为群众服务的优秀人员进入社区(村)“两委”班子，社区(村)“两委”主职“一肩挑”比例达到100%。大力完善以村务公开、民主管理为核心的村民自治机制，贯彻共同缔造理念，着力提升议事协商实效，新洲区巴徐村入选“全国村级议事协商创新实验试点单位”。系统全面推进城乡社区治理创新，出台关于改进社区治理方式提升管理服务水平的意见、创新社会治理加强基层建设“1+10”系列文件等。实施社区治理创新项目705个，“五民工作法”①“五社联动”②等武汉模式在全国推广。百步亭、江欣苑、东亭、中央花园4个社

①“五民工作法”：民事民提法、民事民议法、民事民决法、民事民办法、民事民评法。

②“五社联动”：社区联动、社会组织联动、社会工作者联动、社区志愿者联动、社会慈善资源联动。

区的创新工作入选全国优秀社区工作法，江岸区、武昌区获评“全国社区治理创新实验区”。

4. 坚持和完善大统战工作格局

坚持和完善大统战工作格局，加强统战成员思想政治引领，广泛开展“同心·大讲堂”、武汉市多党合作历史展、统一战线同心抗疫故事宣讲等活动1500余场次。服务中心大局，大力实施服务民营企业创新发展“两项计划”，持续擦亮华创会、湖北·武汉台湾周等品牌，第19届至22届华创会武汉市签约项目达196个、签约金额约670亿元人民币。组织政党协商90余次，大力支持党外人士围绕中心工作建言献策。持续开展民族团结进步创建，全市2个集体、5名个人分别受到国务院表彰，被授予全国民族团结进步模范集体和个人荣誉称号。健全民营经济统战工作协调机制，连续7年发布“武汉民营企业100强”、连续6年发布“武汉民营制造业企业50强”。成立武汉海外联谊会青年委员会和市侨商投资企业协会青年委员会，打造汉港澳青年交流驿站暨国情教育基地21个，为画出最大同心圆凝心聚力。

（二）建设更高水平的法治武汉、平安武汉

1. 打造全国一流法治城市

在全国大城市中率先制定法治建设总体规划，统筹推进科学立法、严格执法、公正司法、全民守法工作。把法治政府建设作为全面依法治市的重点任务和主体工程，获评全国法治政府建设示范市。深入推进五大领域[①]综合行政执法体制改革，作为全国副省级城市唯一代表，完成行政执法协调监督体系建设试点任务，整合升级武汉行政执法管理与监督云平台，归集执法案件数据600余万件，实现全流程智能化监管和可回溯管理。不断提高司法公信力，圆满完成全国司法体制改革试点任务，深化司法体制综合配套改革。在全国率先开展民事诉讼程序繁简分流改革，工作做法多次受到最高法院推介。深化全民法治宣传教育，“六五”“七五”普法工作圆满完成，全社会法治观念不断提高。

2. 确保社会安全和谐稳定

自2013年起，连续3次获得全国平安建设最高奖“长安杯”，连续5次获评“平安中国建设示范市”，作为全国唯一城市代表在平安中国建设表彰大会上交流经验。构建立体化、智能化社会治安防控体系，打造66个“1、3、5”分钟快速反应圈，开展重点部位联巡联控。推进市、区、街等平安建设组织体系规范化建设、实体化运行，建设智慧平安小区1022个，联网摄像头20.2万个，深化星级平安单位（企业）、平安社区（村）创建。加强武汉政法云大数据中心建设，推进“雪亮工程”、政法协同办案、“微邻里”等6个智能化平台建设。纵深推进扫黑除恶专项斗争，严厉打击涉枪涉爆和电信诈骗、养老诈骗等群众反

①五大领域：市场监管领域、生态环境保护领域、文化市场领域、交通运输领域、农业领域。

映强烈的违法犯罪。全市刑事警情连续8年稳中有降,命案每十万人发案率0.349起,低于全国同类城市平均水平,群众安全感、执法满意度、纠纷调解率持续提升。全市交通事故死亡人数实现十连降,没有发生群死群伤的公共安全事故。

3. 深入推进市域社会治理现代化

将市域社会治理现代化纳入全市"十四五"规划和2035年远景目标。加强四级综治中心规范化建设实体化运行,将综治中心与矛盾调处、网格服务、公共法律服务中心整合,自上而下建成1个市级、15个区级、173个街道、3239个社区(村)级综治中心,形成全域覆盖、上下贯通的工作体系。建立社会矛盾多元化解机制,坚持和发展新时代"枫桥经验",出台《武汉市多元化解矛盾纠纷条例》,开展"双百"①创建活动,扩大调解组织覆盖面,整合政法、信访、律师、群团等力量入驻综治中心,全市3114名村(社区)法律顾问入驻线上平台"法指针"。构建多部门、多行业协调联动的"大调解"格局,年均化解纠纷3.3万件,推动矛盾纠纷一站式接收、一揽子调处、全链条解决,努力实现群众反映诉求、解决矛盾纠纷"只进一门、只跑一地"。

九、坚定不移推进全面从严治党,为武汉现代化建设提供坚强政治保障

武汉市深入学习领会习近平总书记关于党的建设的重要思想,全面贯彻落实新时代党的建设总要求和新时代党的组织路线,紧紧围绕中心大局,推动理论武装、强基固本、选贤任能、正风肃纪等各项工作不断取得新进展新成效,推动全面从严治党向纵深发展。

(一)政治引领,用党的创新理论武装头脑

1. 坚持不懈用习近平新时代中国特色社会主义思想凝心铸魂

深入实施习近平新时代中国特色社会主义思想教育培训计划,把习近平新时代中国特色社会主义思想作为理论武装的中心内容,作为党员干部培训的首课、主课、必修课,以理论武装助推思想破冰、凝聚奋进力量。把党的十八大、十九大、二十大以及历次全会精神和习近平总书记考察湖北武汉重要讲话精神作为党员干部教育培训必学内容,组织开展集中轮训,切实用以武装头脑、指导实践、推动工作。党的十九大以来,连续举办习近平新时代中国特色社会主义思想理论研修班等党校主体班46期,培训局处级领导干部1800余人。

2. 始终坚持把党的政治建设摆在首位

制定贯彻落实关于加强党的政治建设的意见的具体措施,制定领导班子、领导干部和基层党组织政治管理清单,实施"一把手"政治能力提升计划,推动政治督查具体化精

①"双百":选树百个"品牌调解室"及百名"金牌调解员"。

准化常态化。严格落实"三会一课"、民主生活会、组织生活会等基本制度，出台《武汉市市管领导班子党员领导干部民主生活会实施细则》《武汉市基层党组织组织生活会实施细则》等制度，以政治统领铸牢对党忠诚，确保党员干部始终在思想上政治上行动上同以习近平同志为核心的党中央保持高度一致，自觉在党的旗帜下团结成"一块坚硬的钢铁"。

3. 高标准组织党内集中学习教育

采取集中轮训、中心组学习、举办读书班、专题党课等多种形式，深入开展党的群众路线教育实践活动、"三严三实"专题教育、"两学一做"学习教育、"不忘初心、牢记使命"主题教育、党史学习教育和学习贯彻习近平新时代中国特色社会主义思想主题教育，成功举办庆祝改革开放40周年、新中国成立70周年和中国共产党成立100周年等活动。坚持理论和实践相结合，以美好环境与幸福生活共同缔造为载体，深入开展党员干部下基层察民情解民忧暖民心实践活动，推动各级各部门各单位和广大党员干部深入一线，为企业纾困、为群众解难、为基层赋能，解决了一批现实问题，办成了一批好事实事，化解了一批矛盾纠纷，取得了积极成效，受到了广泛好评，在2022年度省委组织的实践活动考核评估中得分位列全省第一。

4. 全覆盖全周期开展教育培训

坚持把干部能力提升作为推动高质量发展的重要支撑，发挥党校主阵地作用，聚焦"一把手"、新任职干部、年轻干部等重点对象，持续举办专题培训班、干部大讲堂、新视野学堂等，创新采取"党校理论教育＋市内现场教学＋沿海思想破冰"模式，广大干部的工作本领和实战能力持续提升。2018—2022年，共举办各类培训班次216期，调训干部线下培训1.2万人次、线上学习89.7万人次。创新建立党员教育培训全周期管理体系，对农村、街道社区、"两新组织"等不同领域全覆盖开展专题培训，建立健全党员教育阵地、师资、课程、学习资料"四库"资源，推动全市党员教育培训提档升级。2019年以来，全市共举办各级各类党员培训班50125期，共培训党员77.9万人。

（二）强基固本，扎实推进基层党组织建设

1. 不断建强基层党组织战斗堡垒

陆续出台《党支部标准化规范化建设指导手册》《党支部标准化规范化建设指导标准（试行）》，深入开展党支部和党员队伍建设质量"双提升"行动，常态化开展党支部设置、未按期换届、党员组织关系等专项排查、基层党组织和党员"星级争创"等活动，常态化开展软弱涣散村（社区）党组织整顿，有效推动基层党组织领导地位立起来、党员队伍强起来、基础保障实起来。截至2022年底，全市共有党员80.3万名，基层党组织3.7万个。2018年以来共授予7000余个党支部"五星级基层党组织"称号，选树200个市级示范党支部，形成具有武汉特色的党支部建设品牌。

2. 党建引领推动乡村振兴

大力实施“红色三乡工程”①，探索“能人第一书记＋书记”“能人书记＋专职副书记”模式，实施“一村一名大学生计划”“乡村合伙人计划”，出台下乡创业“黄金20条”“钻石10条”等，引回4000多名在外能人返乡创办实业，其中307人担任村党组织书记。积极探索并持续深化“五化兴乡”②举措，健全“行政村党组织—村湾或网格党小组—党员联系户”组织体系，扎实推进村级集体经济“强筋壮骨”5年行动计划，深入实施国企联村、村社共建等行动，带动一大批民营企业、超过千亿元资金参与乡村振兴，村集体经济收入持续增长，农民可支配收入持续稳步提升。

3. 探索加强“两新组织”党建工作

健全领导体制和运行机制，相继成立律师、互联网等15个市级行业（综合）党委和103个区级行业（综合）党委，“两个覆盖”③质量持续提升。创新产业集聚区党建工作，成立30个集聚区综合党委，打造30个“江城红领驿站”主阵地，巩固深化“七助四进”④服务，成立50个楼宇商圈理事会。以党建引领社会组织健康有序发展，成立武汉市社会组织综合党委，加强市级社会组织党建服务中心建设，积极开展“党建入章”⑤和“三纳入三同步”⑥，全面提升社会组织党建工作水平。探索加强新业态新就业群体党建工作，承担中组部全国快递物流业党建试点任务，分类推进快递物流、网约车、外卖配送、直播电商行业党建工作，建立543个党组织，建成800余个“江城蜂巢”，深化“两医两险两援”⑦等关爱措施，党在新兴领域的号召力凝聚力影响力不断扩大。

4. 持续强化党建引领基层治理

建立和完善全覆盖的基层党组织体系，着力构建“纵向到底、横向到边、共建共治共享”的城乡社会治理体系。深化街道管理体制改革，健全完善街道“大工委”、社区“大党委”工作机制，探索建立社区书记事业岗位管理制度。出台《武汉市社区工作者管理办法》，建立社区工作者岗位与等级相结合的职业发展体系，进一步激励关爱社区工作者，

---

①“红色三乡工程”：党建引领下的市民下乡、能人回乡、企业兴乡。

②“五化兴乡”：以支部标准化、农民组织化、人才集聚化、发展融合化、治理精细化振兴乡村发展。

③“两个覆盖”：组织覆盖和工作覆盖。

④“七助四进”：“七助”指助餐、助居、助行、助医、助学、助岗、助娱7项服务项目，“四进”指专业服务进社区、特色产品进社区、治理力量进社区、先进文化进社区。

⑤“党建入章”：社会组织将党建专章内容写入章程。

⑥“三纳入三同步”：“三纳入”即把社会组织党建工作纳入社会组织注册登记、年度检查、等级评估中，“三同步”指实行同步审批、同步检查、同步考核。

⑦“两医两险两援”：“两医”指新就业群体重大疾病医疗互助补助、医疗急救绿色通道，“两险”指新就业群体工伤险和意外伤害险，“两援”指法律援助、心理援助。

建强基层治理骨干队伍。落实完善机关和企事业单位对口联系社区、党员干部下沉社区制度，在全国率先启动在职党员下沉社区工作。探索"微网格"治理新模式，遴选1.2万余名优秀社区工作者担任社区网格员，引导全市15万名下沉党员干部、289万名志愿者等力量"进网入格"，共同开展基层治理。大力实施"红色引擎工程"，推进社区党群服务中心"红色阵地"建设，打造"红色物业"品牌，构建社区党组织领导下居委会、业委会、物业企业、党员群众联动机制。

（三）选贤任能，着力锻造高素质干部队伍

1. 树立鲜明选人用人导向

坚持把政治标准放在首位，制定《武汉市领导干部政治素质考察实施办法》，优化干部政治素质考察评价指标体系，让干部政治素质考察具体起来、鲜明起来。认真落实新时代好干部标准，突出事业为上、依事择人，制定《服务武汉高质量发展加快高素质专业化干部队伍建设若干措施》，深入开展市管领导班子和干部队伍日常建设管理调研，注重在防疫防汛等重大斗争一线考察识别干部，大力选拔使用"狮子型"干部[①]、"五型"干部[②]。加强专业化能力建设，紧盯市委对各区各单位提出的目标定位，有针对性地改善班子结构，常态化推进干部跨地域跨领域交流，把能拼、能冲、能干的干部充实到改革发展一线，让专业型干部在专业部门专业岗位发挥作用。

2. 强化年轻干部培养使用

坚持把后继有人当作根本大计来抓，实施新时代优秀年轻干部培育工程，健全完善优秀年轻干部日常发现、跟踪培养、大胆使用、从严管理机制，为年轻干部队伍建设勾勒路线图、明确时间表、下达任务书。聚焦武汉高质量发展和现代化建设需要，深入实施领导干部治理能力提升计划和新时代基层干部主题培训行动计划，有组织有计划地安排干部到中央和省直机关、武汉都市圈以及街道（乡镇）、社区挂职锻炼，到粤港澳大湾区、长三角等沿海地区跟班学习，提高干部推动高质量发展、服务群众和防范化解风险的本领。

3. 严管厚爱激励担当作为

始终把"严"的主基调贯穿干部队伍管理监督全过程，持续抓好换届风气监督、领导干部个人有关事项报告、选人用人专项检查以及"一报告两评议"工作，严格执行"凡提四必"和全程纪实等制度规定，全市领导干部个人事项查核一致率从2017年的56.3%大幅提升并保持在90%以上。落实激励干部担当作为各项举措，出台关于进一步激励干部新时代新担当新作为实施意见，全面落实公务员职务与职级并行、区以下事业单位管理岗位职员等级晋升等制度，创新开展聘任制公务员公开招聘、公务员回归专业、竞争性转任等工作，

①"狮子型"干部：忠诚干净、思想解放、思路开阔、敢打敢拼、敢于担当的干部。

②"五型"干部：实干型、攻坚型、创新型、团结型、廉洁型的干部。

连续8年开展“百佳公务员”评选，广大党员干部干事创业、担当作为的精气神得到有效提振。十年来武汉市累计获选全国“人民满意的公务员”5人、全国“人民满意的公务员集体”2个，全省“人民满意的公务员”21人、全省“人民满意的公务员集体”21个。

（四）正风肃纪，持续巩固风清气正的政治生态

1. 围绕“两个维护”强化政治监督

始终把保障习近平总书记重要讲话和指示批示精神和党中央重大决策部署贯彻落实摆在首位，对党的十八大以来习近平总书记重要讲话和指示批示事项的贯彻落实情况开展“回头看”。紧盯“三新一高”①“三大攻坚战”“统筹疫情防控和经济社会发展”等党中央重大决策部署跟进监督，围绕人防系统、供销系统、粮食购销领域、工程建设和房地产领域、开发区建设腐败和“大棚房”、违建别墅、农村乱占耕地建房等开展专项治理，确保党中央政令畅通、令行禁止。紧紧扭住管党治党政治责任，出台加强对“一把手”和领导班子监督的实施意见、“一把手”述责述廉实施办法等，十九大以来严肃问责“两个责任”落实不力问题1543人。深化政治巡察，共组织12轮市委常规巡察，开展脱贫攻坚、扫黑除恶、优化营商环境、涉粮问题、工程建设和房地产领域5轮专项巡察，有力发挥巡察利剑作用。把维护党的政治纪律和政治规矩放在首位，坚持处置问题线索从政治纪律严起，开展审查调查从政治纪律查起，共查处违反政治纪律案件268件，用铁的纪律维护党的团结统一。

2. 系统施治一体推进“三不腐”

坚持无禁区、全覆盖、零容忍，坚持重遏制、强高压、长震慑，坚持受贿行贿一起查，一体推进不敢腐、不能腐、不想腐。不敢腐的高压震慑力量常在。全市纪检监察机关共处置问题线索86035件、立案26192件，给予党纪政务处分24870人，移送司法机关处理1175人，追回外逃人员41人，有力回应人民群众对反腐败的期盼。不能腐的制度笼子越扎越紧。把查办案件与堵塞漏洞、深化治理贯通起来，深入剖析腐败案件暴露出的权力监管、制度规范、体制机制等问题，持续深化以案促改促治，十九大以来全市制发纪检监察建议书6850份，实现查处一案、警示一片、治理一域的综合效应。不想腐的思想自觉持续增强。以领导干部为重点常态化加强政德法纪教育，连续十年开展党风廉政建设宣教月活动，办好用好“中国共产党纪律建设历史陈列展”，组织拍摄警示教育片《罪与悔》《多思贪欲害，常破心中贼》等警示教育片，引导党员干部筑牢廉洁思想防线。深入开展清廉武汉建设，制定推进清廉武汉建设的实施意见，着力营造崇廉尚廉社会氛围。

3. 锲而不舍纠“四风”树新风

始终把中央八项规定精神作为长期有效的铁规矩、硬杠杠，健全完善改进作风长效

①“三新一高”：新发展阶段、新发展理念、新发展格局及高质量发展。

机制。坚决防止享乐主义、奢靡之风反弹，组织开展公车私用、违规发放津补贴或福利、楼堂馆所建设等专项检查，扎实推进违规吃喝问题专项整治，共查处享乐奢靡问题4739个，批评教育帮助和处理7405人，其中给予党纪政务处分4824人。持之以恒纠治形式主义、官僚主义顽疾，开展"新衙门作风""正风除弊""六项治理"①等专项整治，共查处形式主义、官僚主义问题3496个，批评、教育、帮助和处理4880人，其中给予党纪政务处分2602人。持续为基层松绑减负，作为党中央试点城市出台了首部党内法规《武汉市委加强基层党员干部作风建设若干规定（试行）》，创新开展基层作风巡查，持续推进"双评议"②，派出6批"108将"开展专项巡查和驻区巡查，发现督促整改问题6.7万个，追责问责9696人。把纠治问题与激励干事创业结合起来，认真落实"三个区分开来"要求，制定贯彻落实容错纠错工作意见，规范精准运用"四种形态"，2017年以来为3096名干部澄清正名，推动全市形成干事创业、担当作为的生动局面。

奋进新征程、建功新时代，英雄的人民豪情满怀，英雄的城市阔步向前。今天，武汉更加紧密地团结在以习近平同志为核心的党中央周围，高举中国特色社会主义伟大旗帜，在省委、省政府坚强领导下，踔厉奋发、勇毅前行，奋力打造新时代英雄城市，努力在湖北建设全国构建新发展格局先行区中当先锋、打头阵，担当主力军，为全面建设社会主义现代化国家贡献武汉力量。

撰稿人：邓军、郑巍宁、熊俊潇
统稿人：王怀卓
审定人：张学锋

①"六项治理"：治理庸、懒、散、慢、乱、浮6项问题。

②"双评议"：在全市机关中层处（科）室和基层站所组织开展评议"十优满意单位""十差不满意单位"。

非凡十年 “襄”当精彩

——从党的十八大到二十大襄阳发展综述

襄阳市史志研究中心

党的十八大以来的十年，是襄阳极不平凡、极其难忘、极其精彩的十年。在以习近平同志为核心的党中央坚强领导下，襄阳市深入学习贯彻党的十八大、十九大及历次全会精神，全面落实党中央、国务院决策部署和省委、省政府工作要求，完整准确全面贯彻新发展理念，主动融入和服务新发展格局，砥砺奋进、攻坚克难，经济社会发展取得历史性成就。襄阳成为国家确定的中部地区重点城市、汉江流域中心城市和省域副中心城市，加快襄阳都市圈高质量发展成为省级战略，打造汉江流域高质量发展标杆城市迈出坚实步伐，襄阳“辐射、引领、联结、带动”作用更加凸显，综合实力稳居中西部非省会城市前列。

一、产业能级显著提升，经济总量连过三关，昂首跨越5000亿元大关

襄阳市紧紧围绕推进供给侧结构性改革这一主线，加快发展动能转换，积极适应新一轮科技革命和产业变革，落实湖北推进“一主两副多极”战略，积极引领汉江生态经济带国家战略，围绕长江经济带重要绿色增长极、“一带一路”重要支点城市等定位，加快建设全国产业转型升级示范区，以供给侧结构性改革推进转型升级，发展质效明显提高，经济总量持续做大。2012年全市地区生产总值突破2500亿元；2014年突破3000亿元；2018年突破4000亿元大关；2021年，克服新冠肺炎疫情影响，地区生产总值突破5000亿元大关；2022年达到5827.81亿元，居湖北第二、汉江流域城市首位，自2018年以来连续5年位居全国城市50强。产业结构由2012年的13.5:53.8:32.7优化调整为2022年的10.4:46.9:42.7。襄阳先后成为国家确定的中部地区重点城市、汉江流域中心城市、省域副中心城市，在全国的战略地位更加凸显。

(一)工业经济增势强劲

坚持工业强市、产业兴市不动摇,实施"中国制造2025"襄阳行动方案,加快建设万亿工业强市,推动转型升级走在全省和汉江流域前列。十年来,先后引进5亿元以上工业项目673个,规上工业企业增加到1925家。上市企业总数达到14家,位居全省第二。襄阳相继成为新能源汽车、军民融合、再生资源利用等国家新型工业化产业示范基地,在2021年国家新型工业化产业示范基地发展质量评价中首次上榜五星级名单,在全省17家国家新型工业化产业示范基地中排名第二。

1. 重点产业持续壮大升级。全市工业积极融入全球新一轮科技革命和产业变革发展趋势,积极推动汽车产业转型升级,积极培育智能制造装备、通用航空、轨道交通、节能环保装备、农机装备、电力装备六大产业集群,打造中西部地区高端装备制造业基地,产业结构逐渐从"一个龙头、六大支柱"①向"144"现代产业体系②迭代升级。2022年,汽车产业全年实现产值2412.58亿元,成为襄阳唯一一个产值过2000亿元的产业,龙头支撑作用进一步巩固;农产品加工业实现产值1943.83亿元;装备制造业实现产值867.84亿元;医药化工(含现代化工和生物医药)产业实现产值159.41亿元;新能源新材料和电子信息两大产业产值分别为511.01亿元和521.79亿元。全市高新技术产业增加值突破1359.5亿元,占全市地区生产总值的比重达到23.32%。全市新增规模以上工业企业289家,总数达1925家,新增长源东谷、博亚精工、共同药业、金鹰重工、超卓航科5家制造业上市企业,骆驼集团2013年入围中国民营企业500强,美亚达、回天新材等11家企业入围湖北民营企业制造业百强。

2. 重大项目投资支撑更加有力。十年来,全市共实施省市重点项目1413个,完成投资6891.8亿元,省市重点项目连续十年超额完成年度投资计划,2022年争取各类资金402.7亿元,发行新增政府债券183.9亿元。注册发行企业债35只,规模达379亿元。2021年2月,汉江国投48亿优质企业债获批注册发行,成为襄阳有史以来单只获批规模最大的企业债,同时也是中部六省第一只、全国第四一般地级市城投企业优质企业债。襄阳金鹰重工轨道交通设备制造、东风汽车公司襄阳汽车试验场、襄阳长源朗弘科技有限公司汽车发动机核心零部件加工、三环(谷城)高端汽车车桥精密生产、三环(谷城)精密锻造中心、神龙汽车零部件有限公司扩能项目等建成投产;比亚迪襄阳产业园、谷城吉利硅谷等一批百亿级项目加快推进。

---

①"一个龙头、六大支柱":"一个龙头"即汽车产业,"六大支柱"分别是现代装备制造、新能源新汽车、新能源新材料、电子信息、医药化工和农产品深加工。

②"144"现代产业体系:力争到2025年,1个汽车产业产值突破4000亿元,新能源新材料、食品饮料、装备制造、纺织服装4个产业产值均突破1000亿元,电子信息、节能环保、医药健康、现代化工4个产业产值均突破500亿元。

工人在风神襄阳汽车总装生产线上安装车门(王虎　摄)

3.汽车工业加速迈向高端。积极推动汽车产业转型升级,汽车产业规模不断壮大、档次不断提升,汽车产业产值突破2000亿元,全市整车产量从2012年的26.4万辆增加到2022年的33.2万辆,国家汽车零部件检测重点实验室基地落户襄阳。打造中国新能源汽车之都,推动新能源汽车城市公交和中短途客运全域普及、充电设施全域覆盖。比亚迪、吉利等一大批新能源汽车龙头企业和东风新能源乘用车整车项目相继落户,截至2022年12月底,全市新能源汽车产值达348.04亿元。新能源汽车产量2.27万辆。氢燃料电池客车在襄阳成功下线,国内首个具备氢燃料电池汽车测试能力的试车场顺利建成。国家智能网联汽车质量监督检验中心(达安汽车检测中心)落地襄阳,东风L4级无人驾驶物流车辆装配下线,9号线路智慧公交正式启用。襄阳获评国家新能源汽车推广应用示范城市,高新区新能源汽车产业集群获评国家级创新型产业集群。

(二)农业发展由大转强

始终把“三农”工作放在重中之重的位置,认真落实“藏粮于地、藏粮于技”战略,建设高水平国家现代农业示范区。抓好生猪、粮食、茶叶等重点农业产业链建设,2022年,襄阳市农产品加工业产值达到1943.83亿元,襄阳市被农业部确定为整市推进的现代农业示范区。全面完成农村承包地确权登记颁证工作,全市实测耕地面积近913.47万亩,其中家庭承包地面积771.37万亩。2022年,农村居民人均可支配收入达到22497元,比2012年翻了一番多。

1.百亿斤粮食大市产能持续巩固。2012年,襄阳粮食生产克服严重灾情影响,总产量首次突破百亿斤大关,达到100.28亿斤,总产占全省20%,占全国近1%,成为湖北省乃至长江流域第一个百亿斤粮食大市。2012年度全国农业工作会议上,襄阳市被评为“全国粮食生产先进市”。“百亿斤粮食大市”的成功创建,奠定了襄阳在全省乃至全国粮食生产版图中的重要地位。2012年以来，襄阳以巩固百亿斤粮食产能为目标，促进农业转型升级和高质量发展。2019年3月，全国春季农业生产暨农业机械化转型升级工作会议在襄阳成功召开。2022年，全市粮食种植面积达1188.41万亩，粮食总产量达到93.86亿斤，连续多年位居全省第一，为保障国家粮食安全作出了襄阳贡献。

襄州区龙王镇万亩“稻虾共作”示范基地（杨东　摄）

2. 农业产业化发展持续推进。坚持深化农业供给侧结构性改革，加快实施农产品加工业倍增计划，推进农产品加工转型升级，首次获评“全国食品安全示范城市”。先后引进正大、盼盼、牧原等农业龙头企业，规模以上农产品加工企业达661家，国家级农业产业化龙头企业7家。截至2022年，农产品加工产业产值达1943.83亿元，农产品精深加工率升至38%。全市备案生猪规模养殖场达到2031家，创建生猪部级标准化示范场9个。全市农机总动力达到765万千瓦，整建制率先基本实现主要农作物全程机械化。发展多种形式的适度规模经营，壮大产业化龙头企业和现代农业示范园，打造农业标准化生产基地和农产品知名品牌，构建襄阳特色现代农业产业体系。截至2022年，全市家庭农场总数达到10496家，农民合作社总数达到8540家，创建全国供销系统农民合作社示范社34个。2014—2020年，连续举办5届汉江流域农博会，被评为中国“AAA”综合展会。“襄”字号农产品品牌持续擦亮，全国一村一品示范村镇达13个，中国有机谷、襄阳牛肉面集体商标在国家商标局注册成功。以“中国有机谷”为引领，打造覆盖南漳、保康、谷城、老河口等区域的有机产业基地。2014年，襄阳“中国有机谷”建设总体规划通过省级评审，成功上升为省级战略。2019年11月，有机谷核心区南漳县被农业农村部授予“国家农产品质量安全示范县”称号。

3. 农田水利建设提档升级。加强农业基础设施建设和气象灾害防治，充分发挥鄂北水资源配置工程效益，推进高标准农田建设。截至2022年，全市建成高标准农田615万亩，完成“两区”划定589万亩，共完成水利投资近409.18亿元。鄂北地区水资源配置工程建成通水,成为襄阳水利建设史上工程规模最大、覆盖面积最广、受益人口最多的"一号工程"。1200座大中小型水库全部除险加固,率先在全省建成了全市水库水雨情自动测报系统,完成汉江堤防加固重点工程襄阳段建设任务,二期工程于2022年9月28日开工。引江补汉、鄂北地区水资源配置二期、引丹灌区续建配套与现代化改造工程等列入国家150项重大水利工程并开工建设。城区"一江五河"①重要流域水系连通及水环境综合整治修复相继建成,综合效益显著。

(三)第三产业发展迅猛,招商引资规模不断扩大

加速推进现代服务业优质化发展,加快建设区域性市场枢纽和消费中心,2022年底,服务业增加值2487.64亿元,社会消费品零售总额达2032.2亿元,全市城镇消费品市场实现零售额1873.02亿元,乡村消费品市场实现零售额159.18亿元。

1. 商贸和电子商务产业持续发展。推进商业发展模式转型升级,有序推进东津新区商圈建设,优化人民广场商圈功能区布局,稳步建设、有序发展11个城市副商圈。截至2022年,全市有各类大型商场、购物中心16家,市区大型超市27家,已入驻国内知名品牌969个、国际知名品牌155个。2022年,襄阳在库限额以上商贸单位2860家,在库年销售额1亿元以上限上单位(含10亿元以上)304家,10亿元以上商贸单位11家。本土重点商贸企业"好邻居超市"实现跨区域发展,在十堰、武汉、荆门、随州等周边城市广泛布局;"樊西八大市场"②相继开业,现代新型专业市场群逐步形成。创建高新区电子商务基地、中国有机谷电商产业园2个国家电子商务示范基地,中国邮政襄阳邮件处理中心、大龙网襄阳龙工场、敦煌网、菜鸟中心仓等跨境电商平台项目相继落地。枣阳市、保康县、谷城县、老河口市先后获批国家电子商务进农村综合示范县。

2. 质量建设和品牌影响力持续增强。深入实施质量品牌提升工程,着重培育更多中国驰名商标、地理标志商标,创建全国质量强市示范市、国家知识产权强市建设试点城市。十年来,全市万人发明专利拥有量达7.26件,拥有中国驰名商标57件,地理标志商标总量达90件。强化先进标准引领工程,先后争取全国物流标准化技术委员会仓储技术与管理分技术委员会、全国电力电子系统和设备标准化技术委员会电机软起动分技术委员会、全国微束分析标准化技术委员会新材料微束分析分技术委员会落户襄阳,实现国家级标准化组织零的突破。新建成国家动力电池产品质量检验检测中心、国家燃料电池汽车质量监督检验中心、国家智能网联汽车质量监督检验中心3个国家级质检中心和8个省级质检中心,襄阳市检测认证产业园顺利建成,成功获批国家检验检测认证公共

①"一江五河":"一江"指汉江,"五河"指唐白河、小清河、浩然河、襄水、护城河。

②"樊西八大市场":樊城西部的中豪国际商贸城、新合作食品城、侨丰国际机电产业园、竹叶山农产品交易中心、中南建材家居公园、珠宝产业园、卉丰源花鸟古玩博览中心和金富利批发城。

服务平台示范区。

3. 招商引资规模持续壮大。不断优化营商环境,全链条、全过程、全要素推进优质招商项目落地见效,持续擦亮襄阳营商环境的金字招牌。招商引资实际到位资金从2012年的806.57亿元增长至2022年的5069.74亿元,共引进5亿元以上工业项目1664个,10亿元以上重大项目1155个,合同投资额达35270.74亿元。投资100亿元的襄阳华侨城奇幻度假区、投资100亿元的比亚迪动力电池及零部件产业园项目、投资228亿元的吉利科技硅谷项目等重大招商引资项目相继落户。截至2022年,全市已落地世界500强企业32家。龙蟠科技车用环保处理液项目,100天完成5.6万平方米的标准化厂房建设。比亚迪襄阳产业园项目从对接到签约用时96天,签约后33天实现五证同发①。2022年4月27日,二季度全省重大项目集中开工活动主会场设在比亚迪襄阳产业园,"湖北效率""襄阳速度"得到盛赞。

二、城市品质蝶变升级,城乡面貌焕然一新,阔步迈向Ⅰ型大城市

以"四个襄阳"②建设为起点,高标准做好襄阳都市圈发展规划,持续推进中心城区"一心四城"③功能布局更加优化,城镇化进程持续加快,县城发展品质不断提升,美丽乡村建设走在全国前列。按照中心城区300平方公里、300万人口规模,稳妥有序实施城市更新。十年来,市区建成区面积由120平方公里扩大到206平方公里,常住人口城镇化率由53.68%提高到62.46%。

(一)城市品质能级大幅提升

1. "一心四城"城市空间布局不断优化。启动新一轮城市总体规划编制工作,优化"一心四城"空间形态,襄阳城区由"双城两岸"到"双城连心",再到"沿水拓展",城市空间布局不断优化。"一轴三环九放射"④骨架路网全面推进,东津大桥、卧龙大桥、鹿门大桥、胜利街立交桥等控制性工程全面建成,全长50.4公里的内环线全线贯通。新建改造凤雏大桥、六两河大桥、长征东路桥、清河一桥、鱼梁洲大桥,城区间联系更加密切。东西轴

①五证同发:比亚迪襄阳产业园项目《不动产权证书》《建设用地规划许可证》《建设工程规划许可证》《设计方案批复》《建筑工程施工许可证》同时发放。

②"四个襄阳":产业襄阳、都市襄阳、文化襄阳、绿色襄阳。

③"一心四城":"一心"指鱼梁洲生态绿心,"四城"指襄城区、樊城区、襄州区、东津新区四个城区环绕的襄阳中心城区空间布局。

④"一轴三环九放射":"一轴"指东西轴线,正式名称为襄江大道;"三环"指内环、中环、外环3条环线;"九放射"指至枣阳方向3条,老河口、谷城方向2条,至南漳、宜城、南阳、新野方向各1条,共9条国、省道。

线、南北轴线全线建成通车，内环提速改造全面推进，襄阳迈入快速路时代。东津新城中心、庞公EBD、樊城滨江商务带建设稳步推进，襄阳东站、规划展览馆、新图书馆、新科技馆等成为城市新名片。

东津新区新建成的民发世纪广场（叶强　摄）

2. 城市基础设施不断完善。扎实推进以人为核心的新型城镇化，塑造要素有序自由流动、主体功能约束有效、基本公共服务均等、资源环境可承载的城乡统筹发展新格局。抢抓PPP政策机遇，实施襄江大道、内环提速改造、凤雏大桥等9个市政基础设施PPP项目，总投资达到200亿元。加快建设宜居、绿色、韧性、智慧、人文城市，累计完成棚户区改造12万套，城区完成411个老旧小区，公共交通、标准化菜市场、公共厕所等设施不断完善，城乡生活垃圾无害化处理率达到100%。实施"绿满襄阳"系列行动，完成紫贞公园、月亮湾公园、樊城江滩公园等大型公园游园和口袋公园建设，完成"拆墙透绿和美化庭院"三年行动，成功创建全省海绵城市建设示范城市。截至2022年，城市绿地总面积增加到8169.96公顷，绿化覆盖率达44.4%，获评国家森林城市。

3. 开发区建设持续推进。全力推进襄阳高新区3个园办和镇(办)"区镇合一"管理体制改革，支持高新区打造国内一流创新型特色示范园区和战略性新兴产业高地。2017年，高新区地区生产总值首次突破千亿元，达1008.2亿元。2020年，高新区综合实力排名首次跻身全国第29名，在汉江流域8个国家级高新区中独占鳌头。推进襄阳东津新区国家产城融合示范区建设。在襄阳经济技术开发区被国务院批准为国家级经济技术开发区基础上，2012年5月，省委、省政府批准设立东津新区，成为全省第一个城市新区。东津新区建区以来，建设资金投入达1100亿元，其中社会投入600亿元，市、区两级政府投入500亿元。2016年，经国家发展和改革委员会批复，东津新区成为国家级产城融合示范区。2022年，东津新区地区生产总值达77.06亿元，为打造省域副中心城市新中心、襄阳都市圈核心区打下了坚实的基础。推进鱼梁洲开发区打造城市生态“绿心”，建设汉水文化展示区。2013年12月，按照“生态优先、绿色发展”要求，明确城市生态“绿心”的功能定位，正式启动鱼梁洲开发利用保护工作。2021年，总投资8.9亿元的环岛景观带建成，当年接待市民游客356万人次。2021年6月17日，经国务院批准，湖北枣阳经济开发区等13个省级开发区升级为国家级经济技术开发区，襄阳地区国家级经济开发区增至2个，与武汉持平。

4. 县域综合实力全面壮大。加快县城经济转型升级，打造工业强县、农业强县、商贸强县、生态名县和旅游文化名县，促进各区域板块拓展优势、特色发展、竞相发展。枣阳市积极推进县域经济争先进位，连续7年位列全国县域经济百强，连续4年获评全省县域经济工作成绩突出单位。宜城市成功创建国家园林城市，获评全国新型城镇化质量百强县市，国家新型城镇化综合试点经验在全国推广，获评全国“四好农村路”示范县。南漳县以“有机谷”建设为依托，推动农村电商蓬勃发展，被纳入全国“互联网＋”农产品出村进城工程试点县，获评全国休闲农业和乡村旅游示范县、国家卫生县城。保康县变生态优势为发展优势，变绿色资源为绿色产业，成功创建国家生态文明建设示范县，获评全国文明县城、全国绿化模范县、国家卫生县城、国家生态文明建设示范县、平安中国建设示范县。谷城县引进吉利集团、兴发集团、中广核集团等行业龙头企业，获评国家循环经济示范县、全国休闲农业与乡村旅游示范县、全国电子商务进农村综合示范县、全国双拥模范县、国家卫生县城、中国创新百强县。老河口市新型城镇化建设加速推进，城乡面貌全面改善，“一带多节点”滨江景观带全线建成。襄州区先后跻身全省综合考核排名前十强、前五强，获评全国综合实力百强区、全国粮食生产大县、全国主要农作物全程机械化示范县、全国平安农机示范区等。

（二）交通枢纽地位持续巩固

成功迈入高铁时代，全国性综合交通枢纽功能显著增强，“铁水公空”多式联运集疏运交通物流体系基本形成，客运服务品质大幅提升，现代物流发展突飞猛进，获评全国性综合交通枢纽城市。

1. “米”字型高铁、铁路枢纽基本形成。加快推进襄阳高铁客运站建设，全力支持境内国家高铁、铁路网络建设，放大“七省通衢”枢纽优势。浩吉铁路、汉十高铁、郑万高铁3条国家干线铁路建成通车，襄阳迈入高铁时代的同时，实现了由高铁局域网向互联网的跨越，彻底结束了南漳、保康不通铁路的历史，形成“三纵三横”铁路客货运输网络，截至2022年，铁路总通车里程达到808公里。呼南高铁襄荆段全面动工，合襄高铁纳入国家规划，襄阳成为全国为数不多拥有“米”字型高铁网络的地级市。新增火车站4个，总数8个，其中襄阳东站汇聚西武、郑万、呼南3条高铁线路，设有9台20线，站场站房“双高架”，是集多种交通功能于一体的“零换乘综合交通枢纽”，是一次建成的全国地级市最大高铁站。

2. 高速、国道、省道网络不断织密。主动融入国家高速路网建设，先后建成谷竹高速、麻竹高速、保宜高速、保神高速、老谷高速、绕城高速襄阳东段、枣潜高速襄阳段，绕城高速襄阳南段。截至2022年，全市总通车里程达到816公里，是2012年的3倍，实现了所有县市通2条以上高速公路，形成了“三纵两横一环一支”高速公路网。国道增加至7条，总里程达797公里，形成“三纵两横两出口”的国道网和“十纵九横九联络”的省道网，获评全国首批“四好农村路”①建设市域突出单位，实现县县通国道、镇镇通省道、村村通水泥路。城市周边乡镇公交线路总量达90条，获评国家公交都市建设示范城市。

3. 航空、航运发展步伐加快。加速推进襄阳机场改扩建和通用机场建设，打造区域性航空中心。2017年10月29日，襄阳机场新航站楼建成启用，通航城市达到34个，是2012年的4.2倍，基本覆盖国内直辖市、省会城市和副省级城市。小河港区2021年底正式开港运营，新增4个千吨级泊位，先后开通直达长江航线、江海联运航线、近洋跨国航线，两个月完成“三级跳”。实施汉江丹江口以下段千吨级航道提升工程，雅口枢纽工程完工，新集枢纽按期完成大江截流唐白河(唐河)航运开发全面开工，汉江千吨级航道实现通江达海。襄阳港被省政府定位为汉江航运中心，被交通运输部提升为全国内河主要港口，位列湖北省五大港口之一。

4. 现代物流快递产业规模稳步提升。截至2022年，全市A级物流企业总量达123家、货运量2.88亿吨，2个一级物流园区、4个二级配送中心建成投入使用。吉顺永通物流、风神物流、骆驼物流等骨干物流企业持续涌现，浙江传化、浩吉铁路、深圳盐田港、省港口集团、厦门象屿等知名货运企业落户襄阳，成功创建全国绿色货运配送示范城市。围绕打造汉江流域邮政业中心城市目标，积极引进区域性快递分拨中心，推动襄阳邮件处理中心项目落户自贸区襄阳综合保税区，邮政、快递网络实现开放共享。邮政快递行业迅猛发展，截至2022年，全市有邮政营业网点167处，国家二级邮件处理中心1个，市级农村邮政物流配送仓储中心1个，县(市、区)级分拨中心7个，年快递业务量从516万件增长到9637.7万件，增长18.68倍，快递行业从业人员从700余人增长到4100余人，增长5.86倍。11个快递品牌进驻襄阳，发展快递许可企业54家、分支机构206家、末端网点945家，邮快合作网点2269个，实现“镇镇有网点，村村通快递”。2022年，全市货运量达2.89亿吨，获评国家物流枢纽承载城市、国家公路运输枢纽城市、全国铁路物流节点城市、全国城市绿色货运配送示范城市。

(三)绿色崛起步伐持续加快

深入贯彻“绿水青山就是金山银山”的发展理念，按照生产空间集约高效、生活空间宜居舒适、生态空间山清水秀，打造全省重要的生态屏障，作出“加快建设美丽襄阳、率先

---

①“四好农村路”：交通运输部制定的《关于推进“四好农村路”建设的意见》中指出，要在全国组织开展以建好、管好、护好、运营好农村公路为主要内容的“四好农村路”建设。

实现绿色崛起”的决策部署，积极迎接中央生态环保督察，成功创建国家生态园林城市、环境保护模范城市，为全省和汉江流域提供示范样本。

1. 绿色转型升级持续推进。强化生态保护修复，全面推行企业循环化、生产园区循环化改造，促进生产流通消费全过程减量化、再利用、资源化，“绿盾行动”、“清废行动”、长江“三磷”专项排查整治行动①取得阶段性成效。2022年，受污染耕地安全利用率、污染地块安全利用率均达到100%。十年来，共创建国家级生态乡镇3个、省级生态乡镇67个，保康县成功创建国家级生态文明建设示范县，尧治河村成为国家第三批“两山”实践创新基地。完成工业清洁生产技术改造项目850个，石灰土窑关停整改78座，工业用水重复利用率由53%提高到80%。湖北新金洋、中再生襄阳循环资源利用、骆蓄集团等12家企业获得国家级资源综合利用行业准入，获评国家工业资源综合利用基地。截至2022年，襄阳市拥有国家级绿色工厂19家、国家级绿色设计产品10个、国家级绿色供应链1个。国家储备林、精准灭荒、鄂北生态防护林、汉江两岸造林、乡土苗木繁育等重大林业生态建设项目相继实施，岘山、鹿门山、鱼梁洲等重点生态功能区得到立法保护，中心城区及“三北”地区生态短板逐步改善。2019年5月在全省率先出台《襄阳市领导干部自然资源资产离任审计实施意见(试行)》，落实自然资源资产管理和保护责任。

2. “碧水保卫战”成效明显。以汉江一级流域综合治理为重点，严格落实“十年禁渔”要求，全力打造长江经济带重要绿色增长极，推进“绿满襄阳”，实现绿色崛起。汉江襄阳段15个国考水质断面优良率达100%，汉江干流水质保持在Ⅱ类水平，主要支流水质明显改善，全市万元地区生产总值用水量降到70立方米。率先在全省建立河湖长制，全面推行“河湖长+检察长+警长”治河新模式，深入开展碧水保卫战，汉江王甫洲库区违建整治等一大批违法违规问题得到清理整治。率先在全省开展汉江流域襄阳段水环境保护审计，推动区域内污染防治、生态修复。与河南省南阳市建立流域联防联控机制，上下游协同改善唐白河水质和水生态环境，先进经验在长江委召开的省级河湖长专题联席会议交流推广。成功获评全国第三批城市黑臭水体治理示范城市、全国水生态文明试点考核优秀城市，谷城、枣阳、襄州获评全国节水型社会建设达标县，枣阳入选全国再生水利用配置试点城市。长渠(白起渠)、引丹渠成为国家水情教育基地；三道河水库成为全国第一家水库型水土保持科技示范园；崔家营航电枢纽成为生产建设项目国家水土保持生态文明工程。保康县成为国家水土保持生态文明综合治理工程示范县。

3. “蓝天保卫战”取得历史性突破。实施产业、能源、交通、用地结构调整三年攻坚，运行38年的安能热电厂关停，鲁花燃煤锅炉拆除，华润能源“煤改气”工程首台35蒸吨燃

①长江“三磷”专项排查整治行动：开展磷矿、磷肥和含磷农药制造等磷化工企业、磷石膏库的专项排查整治行动。

气锅炉启动建设。提前完成“十三五”规划目标,2022年,市区优良天数达到256天,全市纳入湖北省碳交易市场的企业达25家,已顺利完成2022年度碳排放量核查工作。总投资107.5亿元的汉江绿心两岸协同EOD项目成功入选国家试点。鱼梁洲纳入湖北省近零碳商业试点,谷城经开区纳入湖北省近零碳园区试点。

三、改革创新全面推进,内陆开放高地正在形成,高质量发展内生动能焕发崭新活力

聚焦重点领域和关键环节的改革,切实转变政府职能,深化行政审批制度改革,坚持创新第一动力,激发市场开放活力,支持“大众创业、万众创新”,吸引人才、科技、资源等要素加速聚集,为襄阳高质量发展积蓄创新动能。

(一)全面深化改革不断深入

1. 行政审批制度改革走在前列。持续深化“放管服”改革,2014年起,在襄阳高新区探索推进“一枚印章管审批、一个部门管市场、一支队伍管执法”的“三个一”先行先试改革。在全国率先成立市县两级行政审批局,90%以上的审批事项实现当天交件当天办结,是全国首个全域推行“一枚印章管审批”改革的城市。2018年,国家发改委第二批营商环境试点城市试评价排名第三。全面推进涉企经营许可“便利化”改革,工业项目“先建后验”“先照后证”“拿地即开工”“容缺审批”“全域推进相对集中行政许可权改革”“不动产登记便民服务改革”“47证合一、87证联办”等改革经验得到国务院肯定并在全国推广,获评全国营商环境评价50强。持续深化“一网通办”改革,全市“一事联办”主题事项达189项,数量位居全省第一。“襄十随神”四地市县两级356项政务服务事项实现网上异地通办,与河南省南阳市市场主体登记注册实现“跨省通办”,跨市跨省“同城化”审批全面落地。

2. 国有企业改革引向深入。实施国企改革三年行动,全面剥离国有企业办社会职能,国企改革“1+N”政策体系全面形成,完成58家国有企业7.7万户职工家属区“三供一业”①分离移交,88家国有企业6.4万名退休人员实现社会化管理。市县两级国资国企全面完成公司制改革,积极稳妥推进混合所有制改革,进一步激发企业活力,公司治理新、经营机制新、布局结构新的现代新国企逐步建成。

3. 党政机关机构改革全面实施。全面深化党政机构改革,2015年,以转变政府职能为重点,在全省率先探索组建市行政审批局,相对集中市直部门行政许可权。2019年,围绕建立健全党对重大工作的领导体制,新组建或调整优化全面依法治市、网信、财经、审计等

---

①“三供一业”:企业的供水、供电、供热和物业管理。

12个市委议事协调机构。在全省率先启动公共资源交易平台整合，重新组建襄阳市公共资源交易中心，加挂襄阳市政府采购中心牌子。综合执法体制改革纳入全国综合执法体制改革试点，推进市场监管、生态环境、交通运输、文化旅游、农业5个领域执法队伍整合，机构由23个减少到5个。在全省率先完成市直事业单位分类工作，如期完成生产经营类事业单位改革，将改革收回的事业编制投入教育、卫生等重点民生领域，中小学校教职工编制全面达到国家标准。深化基层治理体制改革，推进经济发达镇行政管理体制改革，参照国家级经济发达镇标准推进吴店镇、石花镇、尹集乡、双沟镇4个试点乡镇"软硬件"建设，顺利通过第三方中期评估。全面完成街道管理体制改革，清理规范开发区管理机构，各开发区管理机构内设机构、直属事业单位、领导职数设置等进一步优化。

（二）对外开放水平不断提高

增强外向型经济发展韧性，加速融入"一带一路"，2022年，实际利用外资109953万美元。高新区自贸片区创新指数位居内陆地级市片区第一，综合保税区正式运营，跨境电商综合试验区成功获批。襄阳机场国际区完成改造，开放项目列入国家"十四五"口岸发展规划，一类航空口岸申建工作取得突破性进展，汉江流域开放高地加快形成。

1. 对外贸易蓬勃发展。健全"互联网+综合口岸"服务机制，推进国际贸易单一窗口建设，融入全国海关区域通关一体化大格局，构建与国际惯例接轨的服务系统和营商环境。将主体引育作为外贸发展的关键，中国WTO/TBT国家通报咨询中心襄阳评议基地落户。2022年，全市进出口贸易总额达371.5亿美元，外贸进出口企业主体数增长到599家，其中，过5000万美元企业18家，过1亿美元企业3家。2021年，获批国家跨境电商零售进口试点城市。2021年12月，襄阳自贸片区跨境电商产业园成功创建首批省级跨境电商产业园，已集聚跨境电商要素企业83家。2022年，获批国家跨境电商综合试验区。2022年，全市对外承包工程完成营业额达48797.4万美元。

2. 口岸建设和"襄欧班列"步入快车道。深入推进湖北襄阳自贸区建设，加快建成湖北融入"一带一路"重要支点，打造高水准的内陆开放新高地。口岸建设水平持续提升，襄阳机场纳入《国家"十四五"口岸发展规划》。襄阳保税物流中心（B型）封关运营，2020年一线进出口货值累计达到6.22亿元，总量位居全省第一，全国排名第29位，受到省政府100万元的奖励。2021年1月15日，国务院批复同意设立襄阳综合保税区。2022年5月27日，襄阳综合保税区正式通过海关总署等七部委联合视频验收；9月5日正式封关运营。襄汉欧、襄渝欧、襄西欧3条"襄欧班列"，襄阳至宁波、上海、盐田、钦州4条铁海联运班列，襄阳至阳逻港铁水联运班列，襄阳至越南铁铁联运班列共9条国际物流通道通车，为外贸企业提供多元化物流解决方案，服务企业走出去。

3. 对外交往范围持续拓展。进一步加强对外交流，重点在与共建"一带一路"国家和地区建立友好城市，做好外事侨务工作。接待时任莫桑比克总统格布扎等访问襄阳；

在日本大阪举行“中国襄阳·日本关西地区经贸合作推介会”，举办“襄阳·犬山青少年友好画展”，组织日本关西地区对话湖北代表团110多人参访襄阳。十年来，举办或参加“华创会”7次，累计签约合作项目122个，签约资金近600亿元。正大集团投资40亿元，在襄阳建立完整的“种养加”农业循环产业链，被正大集团誉为“襄阳模式”。骆驼集团与克罗地亚瑞马克公司开展技术合作；湖北文理学院与俄罗斯圣彼得堡国立交通大学、俄罗斯国立师范大学开展学术交流和人才联合培养合作。中德产教融合交流中心在襄阳职业技术学院成立。国侨办授予襄阳“侨梦苑襄阳分苑”和全国为侨公共服务示范单位称号，襄阳成为全国第17家、地级市第5家“侨梦苑”落户地。

（三）科技创新能力不断提升

深入实施创新驱动发展战略，推动“大众创业、万众创新”，促进新动能发展壮大、传统动能焕发生机。全面推进区域性科技创新中心建设，高新技术产业增加值由2012年的400.7亿元提高到2022年的1359.5亿元，稳居全省第2位，占地区生产总值比重23.32%，先后获评全国科技进步示范市、国家创新型城市、国家可持续发展实验区、国家智慧城市，入选“科创中国”试点城市和“‘科创筑梦’助力‘双减’科普行动”全国试点城市。

1. 科技创新突飞猛进。依托襄阳科技城、院士专家创新创业园、国家“海智计划”基地，构建多元众创空间，完善梯级孵化体系。印发《襄阳区域科技创新中心建设方案》，以襄阳高新区为创新驱动核，建设涵盖襄阳（高新）科技城、襄阳（东津）科学城、襄阳（尹集）大学城的“一核三城”创新高地。武汉理工大学襄阳示范区开园，湖北隆中实验室挂牌运营，襄阳华中大研究院、襄阳航空研究院、华中农业大学襄阳现代农业研究院等相继落地，国家农业科技园区获得科技部批准，襄阳荣获全国2021政务服务科技成果奖。截至2022年，全市高新技术企业达1250家，国家科技型中小企业入库1745家，国家级专精特新“小巨人”企业46家，国家级创新平台14家，国家级企业技术中心达到13家。引进珠海横琴国际知识产权交易中心有限公司、武汉中部知光技术转移有限公司等国家级知识产权服务机构，在重点产业园区、孵化园、企业建立30家知识产权保护工作站。回天新材粘胶剂独家中标港珠澳大桥项目，打破该领域的欧美垄断。

2. 数字经济发展迅猛。加快新一代信息技术与制造业深度融合，建设一批数字化生产线、网络化车间、智能化工厂，数字技术加速赋能。十年来，全市新增国家级两化融合试点3个，“上云上平台”标杆企业1家，省级两化融合试点148个，省级“上云上平台”标杆企业12家，高新软件产业园、谷城电商产业园、东津大数据产业园等10个产业园建成。累计建成5G基站超7000个，实现中心城区和县（市、区）主城区5G信号网络全覆盖，5G基站建设规模位居全省第二位。完成国家电信普遍服务试点建设，拥有较大规模数据中心10个，机柜总量突破6000个，成为全国骨干互联网32个一级节点城市之一。

3. 科研平台和人才建设提档升级。围绕建设国家技术创新中心、新型技术研究院、产业技术创新联盟，深入推进“隆中人才支持计划”，提高科研人员成果转化收益分享比例。截至2022年，累计引进近400个高层次人才团队，其中院士团队4个，在襄申报入选国家重大人才工程10人、省级重大人才工程14人，拥有省级以上创新平台246个，其中国家级企业技术中心14家，院士专家工作站120家，博士后科研工作站12家，博士后创新实验基地18家。襄阳三沃航天薄膜材料有限公司通过石墨烯长效船舶水下防护涂料研制项目，建立华中地区首条石墨烯中试生产线。刘嘉麒院士与汇尔杰新材料公司合作建成全国最大的玄武岩纤维生产基地。襄阳市科协被中组部、中宣部、中国科协等九部门联合授予“全国《全民科学素质行动计划纲要》实施工作先进集体”称号，被中国科协表彰为全民科学素质工作先进集体和全国“智慧科协2.0”平台首批试点示范单位，被省科协评为“湖北省科协系统先进集体”，并在中国科协提升基层科协组织力“3+1”试点工作座谈会上进行交流发言。

四、决战决胜脱贫攻坚，民生福祉持续改善，小康社会全面建成

始终坚持以人民为中心的发展理念，不断加大民生投入，持续增进民生福祉，坚决打赢脱贫攻坚战，如期实现全面建成小康社会目标，人民群众的获得感幸福感安全感更加充实、更有保障、更可持续。

（一）脱贫攻坚取得全面胜利

襄阳是湖北省插花贫困地区，承担着下辖南漳、保康、谷城3个贫困县摘帽和襄州、枣阳、宜城、老河口4个插花地区脱贫出列的脱贫攻坚任务。

1. 集中连片地区扶贫开发。2011年12月，《中国农村扶贫开发纲要（2011—2020）》明确将保康县纳入秦巴山区连片特困地区。2012年，襄阳市以南河流域的南漳、保康、谷城为扶贫攻坚的主战场，自定片区、自主开发，深入开展“五帮”活动[①]，积极争取把南河流域纳入国家秦巴山片区和省级幕阜山片区扶贫攻坚政策，率先在全省打响首个地市级片区扶贫“三年攻坚战”。2014年11月14日，南漳县和谷城县被批准比照幕阜山片区区域发展与扶贫攻坚的同等政策，为襄阳扶贫开发提供了重大机遇。南漳、谷城作为全省第一批比照幕阜山片区29个县（市、区）扶贫政策的域外县，起到很好的示范带动作用，此后，宜昌、十堰等地纷纷效仿。襄阳市在全省率先制定实施集中连片特困地区扶贫攻坚三年行动计划，为全省扶贫攻坚探索经验。

2. 决战决胜脱贫攻坚。2015年7月，襄阳市自我加压、先行探索，打响扶贫攻坚战，明确到2018年建档立卡扶贫对象、贫困村全部稳定脱贫，片区贫困县摘帽。紧跟中央部

---

①“五帮”活动：襄阳市“四大家”领导每人联系一个贫困乡镇，帮助出思路、解民忧、壮产业、惠民生、夯基础，协调扶贫攻坚难题。

署,打响决战决胜精准扶贫、精准脱贫"三年攻坚战",聚焦解决"两不愁三保障"突出问题,克服新冠肺炎疫情影响,圆满完成脱贫攻坚各项任务。脱贫攻坚战打响以来,全市培植特色产业集群12个,培育带贫新型农业经营主体1.1万家,带动贫困户7.1万户,户均增收7000余元;完成农村公路新改建12000公里,改造县乡道1047.5公里,20人以上自然村实现硬化公路全覆盖;13245个自然村全部通动力电,固定宽带和移动网络实现"村村通";累计排查"两不愁三保障"和安全饮水有保障风险591户1327人,制定帮扶措施611项,全部整改落实。选派驻村工作队2804支,驻村干部9433名,实现346个贫困村全覆盖。截至2020年底,3个贫困县全部摘帽,346个贫困村全部出列,37.5万贫困人口全部脱贫,消除了绝对贫困和区域性整体贫困。2021年2月25日,全国脱贫攻坚总结表彰大会在北京隆重召开,襄阳市有5人获全国脱贫攻坚先进个人表彰,4个集体获全国脱贫攻坚先进集体表彰。全市有69名脱贫攻坚先进个人、35个脱贫攻坚先进集体获全省脱贫攻坚先进表彰。

谷城县南河镇易地扶贫搬迁小区(童光辉　摄)

3. 乡村振兴战略良好开局。严格落实"四个不摘"[①]要求,保持主要帮扶政策总体稳定,坚决守住不发生规模性返贫底线,实现巩固拓展脱贫攻坚成果同乡村振兴有效衔接。2018年起,以乡村振兴为总抓手,实施"百村示范、千村推进"三年行动,全面推进美丽乡村建设,涌现出保康尧治河村、格栏坪村和谷城堰河村3个中国最美休闲乡村。2019年,狠抓农村公共基础设施和基本公共服务"两基"建设,全域推进美丽乡村补短板强弱项。农村"厕所革命"三年行动圆满收官,完成户厕建改49.11万户、公厕3218座。中央农办、农业农村部通报表扬枣阳市为全国村庄清洁行动先进县。

①"四个不摘":摘帽不摘责任、摘帽不摘政策、摘帽不摘帮扶、摘帽不摘监管。

（二）社会事业取得长足发展

更加注重在共建共享中增进民生福祉，着力补齐民生短板，教育、医疗、养老等社会事业不断取得新进展，人民群众的获得感幸福感安全感显著增强。

1. 社会保障水平稳步提升。健全覆盖城乡居民的社会保障体系，稳步提高社会保险统筹层次和覆盖范围，积极应对人口老龄化，全面提高民生保障水平。在全国率先实施政务服务管理权、经办权、监督权“三权重构”改革，构建15分钟便民服务圈，成为全国人社基本公共服务标准化试点城市。截至2022年，全市社会养老保险参保人数达380.39万人，参保率达93.86％，基本医疗保险参保人数达509.53万人，参保率稳定在95％以上，居民医保人均财政补助标准提高到610元。职工医保住院报销比例保持在78％以上，城乡居民医保住院报销比例保持在68％以上。药品和医用耗材“集中带量采购”全面实施，药品最高降价98.6％，高值医用耗材最高降幅96％。市区累计筹集政府投资公租房（含原廉租房）27678套，已建成21834套。2020年，全市建成117个具有示范功能的社区居家养老服务设施，社会化运营为老人开展多元服务。2021年，全市共完成30个社区居家养老服务设施社会化运营，建设7个社区嵌入式养老机构，12个老年人幸福食堂，新增护理型床位1200张，完成适老化改造978户。2022年，全市建成35个为老服务中心，完成适老化改造1402户。成功争取全国第五批居家和社区养老服务改革试点城市和2022年国家居家和社区基本养老服务提升行动项目试点城市，不断提升居家和社区基本养老服务供给能力。积极争取亚行贷款建设襄阳市养老示范项目，争取1.5亿美金、地方配套资金10.8亿元用于示范性养老服务项目建设。截至2022年，全市共有各类养老机构238家，社区居家养老服务中心510个，覆盖98％城市社区，成功申报第五批全国居家和社区养老服务改革试点城市。新建、改建城市社区应急避难场所12个，成功创建全国综合减灾示范社区54个。

2. 教育事业全面提质，基础教育享誉全国。坚持教育优先发展战略，持续增加教育投入，优化城乡中小学布局，加强教师队伍建设，促进教育公平。全市义务教育阶段教师“县管校聘”改革全面启动。十年来，全市新建改扩建义务教育学校15所，增加学位2900个，100余所试点学校实现“互联网＋明厨亮灶”。高中阶段办学水平持续提升，襄阳五中、四中、三中等新校区先后建成投入使用，襄阳四中、五中“中国名校”地位持续巩固。发展高等教育和职业教育，湖北文理学院获批硕士学位授予单位。加快教育园区建设，推进湖北文理学院迁建升级，启动襄阳职业技术学院和襄阳汽车职业技术学院二期工程建设。加强普惠性幼儿园建设，全市新建改扩建公益普惠性幼儿园13所，增加学位10995个。筹措资金4300余万元，启动“教育云”工程，成为全省唯一“国家教育信息化试点省”区域试点城市。

3. 就业保障全面加强。坚持就业创业并举，以创业带动就业，健全政府引导、社会共建相结合的创业就业服务体系，构建和谐稳定的劳动关系。十年来，全市城镇新增就业114.8

万人,各类失业人员实现就业35.87万人。2017—2022年,共吸纳高校毕业生在襄就业创业13.59万人。2013—2022年,引进紧缺高层次人才2460人。建成各级高技能人才培训基地8家,各级技能大师工作室42家。成立襄阳人力资源产业园,累计入驻企业80家,服务企业2200家以上。襄阳市劳动保障监察局荣获全国根治拖欠农民工工资工作先进集体。

(三)精神文明建设和文化旅游事业蓬勃发展

深入践行社会主义核心价值观,持续开展全国文明城市创建工作。立足历史文化名城基础,创新文旅文创产业业态,依托襄阳文源深、文脉广、文气足的优势,更加注重在文化引领中彰显城市魅力,打响襄阳文化品牌,提升文化旅游的市场竞争力和国际影响力。

1. 精神文明再上新台阶。实施公民道德建设工程,深入推进"文化小康"建设,深化群众性精神文明创建,培育和践行社会主义核心价值观,进一步提高国家公共文化服务体系示范区建设水平。推广"时间存折"志愿服务品牌,组建500多支志愿服务队。培育选树时代楷模、道德模范等各类先进典型,3人获得全国道德模范提名奖,6人(组)入选全国"最美人物",34人入选"中国好人"。弘扬劳模精神、劳动精神、工匠精神,深化"中国梦·劳动美"主题教育,涌现出"大国工匠"1名、"荆楚工匠"30名、全国劳动模范和先进工作者15名、省部级劳模142名(含全国五一劳动奖章获得者17名)。开展寻找"最美家庭"活动,孝老爱亲赵福兰家庭、节粮爱粮蔡学岭家庭等25户入选全国"最美家庭"。十年来,共选树全国、省、市三级"巾帼建功标兵"206名、"巾帼建功集体"103个、"巾帼文明岗"126个。选树全国三八红旗手(标兵)11个、全国三八红旗集体9个、省三八红旗手(标兵)72个、省三八红旗集体37个。襄阳社会主义核心价值观进家庭和留守儿童工作案例入选全国妇联优秀案例。襄阳连续4次荣获"全国双拥模范城"称号,"三安行动"[①]被评为全国退役军人工作十大经验做法,建成市县乡村四级退役军人服务中心(站)2914个,选树103名中央、省、市级先进模范退役军人,成立2153支"张富清老兵志愿服务队",悬挂光荣牌近20万户,申领优待证18.7万人,签约"老兵襄惠"优待项目300多个。

2. 文旅文创产业实现腾飞。坚持市场导向、企业主体,促进文化与科技、信息、旅游等融合发展,培育和支持骨干文化旅游企业发展壮大,把文旅产业打造成为国民经济的新支柱。古隆中景区成功创建国家5A级旅游景区,华侨城奇幻度假区、唐城、汉城等一批重点文旅项目建成运营。2022年,接待游客5772.31万人次,旅游收入增长到445.95亿元,全市A级景区增长至46家,旅行社增长至89家。全市文化产业增加值从2012年的63亿元增长到2022年的272.99亿元,占同期地区生产总值的比重从2.52%增长到5.09%。获评全国旅游标准化示范单位、国家文化和旅游消费试点城市。盛世唐城景区、襄阳古城景区获评国家级夜间文化和旅游消费集聚区,襄城北街获评首批国家级旅

①"三安行动":襄阳市在退役军人安置工作中开展的"组织安家、岗位安业、思想安心"行动。

游休闲街区。三道河水库入选全国红色基因水利风景区、国家水利风景区高质量发展典型案例，引丹渠获评国家水利风景区。打造“知味襄阳”美食文化系列活动，“襄阳好风日”品牌影响力持续增强。2021年9月2日，航天英雄聂海胜在太空中提到襄阳美食，微博话题阅读量过亿，襄阳文化品牌全国影响力进一步突显。

3. 文化体育事业实现新突破。持续推进文化体制改革，实施形象提升工程，推动文化跨界融合，发展新型文化业态，促进文化交流合作，讲好襄阳故事，唱响襄阳声音。文化经营性事业单位“事转企”改制以及10家文艺院团改革全部完成。十年来，档案馆新馆、图书馆新馆、全民健身中心及9座城市书房建成开放，体育场地增加到14525个，全民健身站点增加到48530个。获评国家公共文化服务体系示范区、全国文化体制改革先进地区、国家知识产权强市建设试点城市、“东亚文化之都”候选城市。“群星音乐厅”荣获文化部“科技创新奖”，襄阳市作家协会被中国作协授予“基层组织先进集体”，襄阳市档案系统1名同志被授予“国家级档案专家”称号。《襄阳市志》按期出版，《襄阳年鉴》连续10年实现一年一鉴、当年出版，《尧治河村志》入选全国名村志。襄阳籍导演、演员贾玲在襄阳取景拍摄的电影《你好，李焕英》引爆全国，散文集《黄昏里的山冈》《遇见最美的本草》《送你一瓣月光》获冰心散文奖，襄河道坠子《买药记》入围中国曲艺牡丹花奖，《襄阳民间文化》丛书、长篇小说《希望》、河南坠子《祖孙仨》、湖北越调《良知作证》、襄阳花鼓戏《情醉清凉河》等作品获湖北省屈原文艺奖，短篇小说《乳香》、儿童文学作品《一天一个好故事》等作品获湖北省文学奖，林晨阳、马飞、李紫维获第十届湖北音乐“金编钟奖”。举办襄阳马拉松赛、F1摩托艇世界锦标赛、“智圣杯”全国桥牌公开赛、中国大学生方程式汽车大赛等体育赛事。襄阳籍运动员荣获世界冠军7个、亚洲冠军13个、全国冠军66个，在东京奥运会斩获1金2银1铜，实现襄阳奥运金牌零突破。

4. 文化遗产保护利用深入推进。高度重视历史文化元素开发利用，加大文化遗产的保护、研究和普及，推动城市充满文化韵味、绽放文化光彩。颁布《襄阳古城保护条例》，实施襄阳古城保护与发展三年行动计划、三年提升计划，修缮加固古城墙，完成襄阳北街升级改造，逐步恢复古城历史风貌。2014年，襄阳古城携手江苏周庄、山西平遥、山东周村等地，成立中国十大古城镇联盟。与7个城市联合开展“明清城墙”申报世界文化遗产项目，“中国明清城墙”“万里茶道”成功列入中国世界文化遗产预备名单，襄阳成为汉江流域唯一的“双申遗”城市。襄阳长渠被国际灌排委员会列入世界灌溉工程遗产名录，郭家庙曾国古墓群被列为2014年全国十大考古新发现，全市国家级非遗项目增长至9个，省级增长至35个。

（四）医疗卫生和疫情防控体系建设实现新突破

加强公共卫生服务体系建设，推进以“三医联动”①为重点的医疗卫生体制改革，坚

①“三医联动”：医保体制改革、卫生体制改革与药品流通体制改革联动，又叫医疗、医保、医药改革联动。

持“人民至上、生命至上”，坚决打赢疫情防控人民战争、总体战、阻击战，强化重大疾病疫情防控体系建设，打造健康襄阳。

1. 打好打赢疫情防控阻击战。坚持“人民至上、生命至上”，坚决快速处置疫情，2020年1月24日首例病例确诊，2月25日实现确诊病例清零，3月12日全域进入低风险地区，3月底基本恢复正常生产生活秩序。从1月27日开始，全市9.3万名党员、618名驻村第一书记、2844名驻村干部，就地就近下沉到社区和村组开展疫情防控，分级成立小区临时党支部和楼栋党小组2152个，组建各类志愿服务队伍4100余支，构筑了疫情防控的严密组织体系。抗疫期间，全市对接497家超市、菜场、批发商、个体户，实施农产品和生活物资配送上门服务，4天实现城区全覆盖。创新推出“特价蔬菜包”，实现从农民“菜园子”到市民“菜篮子”的直接连通。慎终如始抓好常态化疫情防控，快速处置2020年8月中旬发生的“三源头四战场”复杂疫情。坚持“动态清零”总方针不动摇，开发运行常态化疫情监测预警系统，全力做好发热门诊、隔离病房、方舱医院、核酸检测、疫苗接种等各环节工作，有力保证了新冠肺炎疫情阻击战取得决定性胜利，为全市经济社会实现疫后重振奠定了坚实基础。襄阳疫情防控措施和做法得到国务院联防联控机制工作组高度肯定。在全国抗击新冠肺炎疫情表彰大会上，全市11名先进个人、3个先进集体被表彰。2022年，以快制快，快速扑灭南漳、枣阳、宜城等地局部疫情。2022年12月，及时优化落实新冠肺炎疫情防控措施，迅速将疫情防控重点由“防感染”转移到“保健康、防重症”目标上来，确保了平稳转段和社会秩序稳定。

2. 医药卫生体制改革持续深化。推进公立医疗机构补偿机制改革，公立医疗机构全部实行药品和医用耗材零加成销售，公立医疗机构补偿由“财政投入＋医疗服务收入＋药品耗材加成收入”，改革为“财政投入＋医疗服务收入”，同步建立体现医务人员技术劳务价值的医疗服务价格动态调整机制。推进编制备案制管理试点改革，在三甲医院开展职称自主评审、备案制招聘试点，推进5家医院开展国家、省、市级建立健全现代医院管理制度试点，在全省率先实现城市公立医院改革全覆盖。全市30家二级以上公立医院全部实行党委领导下的院长负责制，市直三级医院党支部建在科室实现全覆盖。大力实施“双带头人”和“双培养”工程，临床科室“双带头人”比例达71%。疾控体系改革扎实推进，初步建立以疾控机构和各类专科疾病防治机构为骨干，二级以上医疗机构和乡镇卫生院、村卫生室为补充的疾病预防控制体系。襄阳“三医联动”改革项目荣获第二届湖北改革奖，枣阳市被国务院表彰为公立医院综合改革成效明显城市。

3. 医疗服务能力显著提升。加强公共卫生服务体系建设，建立健全含急救、口腔、传染病防治、职业病防治、结核病防治等卫生资源门类齐全的医疗卫生服务体系。鄂西北重大疫情救治基地、市疾控中心迁建项目和市中心医院新院区、市一医院新院区、市儿童医院等重大项目建设快速推进，市康复医院建成并投入使用，卫生资源总量持续增长。截至2022年，全市每千人医院床位数、医生人数、注册护士人数分别增加到8.01张、2.63

人、3.23人，人均预期寿命上升到78.77岁。全市卫生健康系统现有博士165人，硕士2483人，享受国务院特殊津贴专家11人。成功创建国家级重点专科8个，市中心医院、市一医院入围全国三级综合医院300强。枣阳市一医院在全省县级市中率先成功创建三甲医院，老河口、宜城、谷城、襄州等人民医院顺利通过三级医院评审。全市100张床位以上乡镇卫生院达39家，“四化”乡镇卫生院①实现全覆盖。加强中医药传承保护，推进道地药材产业链建设，推进中药材种植基地和医药产业园区建设，建设国家级中医传承工作室4个，市中医院综合实力位居全省中医院第3位。

五、全面从严治党引向深入，党风政风持续向好，党的领导全面加强

全面贯彻落实新时代党的建设总要求，坚持和加强党的全面领导，以党的政治建设为统领，全面推进党的政治、思想、组织、作风、纪律建设，深入推进党风廉政建设和反腐败斗争，党内政治生活更加严格规范，党组织凝聚力、战斗力、创造力显著增强，党员先锋模范作用充分发挥，政治生态更加清朗。

（一）党的政治、思想、组织建设全面加强

坚持以党章为根本遵循，认真贯彻执行民主集中制，完善党委（党组）议事规则和决策程序。严格党的组织生活，坚持“三会一课”、民主生活会和组织生活会、谈心谈话民主评议党员、请示报告等制度，用好批评和自我批评武器，着力增强党内政治生活的政治性、时代性、原则性、战斗性。

1. 党的政治建设全面加强。坚持以习近平新时代中国特色社会主义思想为指导，认真开展党的群众路线教育实践活动、“三严三实”和“忠诚干净担当”专题教育、“两学一做”学习教育、“不忘初心、牢记使命”主题教育、党史学习教育等，隆重庆祝中国共产党成立100周年，全市上下坚定捍卫“两个确立”，坚决做到“两个维护”。创新开展“假如我是服务对象”、“我从战疫看党建”大讨论和“百日解难题、攻坚砺初心”等活动，抓好全省“三万”活动、“下基层、察民情、解民忧、暖民心”实践活动指导考核、巡回指导工作，确保党的创新理论武装头脑、指导实践，取得扎实成效。《中国共产党襄阳历史（第二卷）》《建党百年襄阳英模人物》《建党百年襄阳大事纪实》相继出版，在全省率先以市委名义命名15个襄阳市中共党史教育基地，成为开展党史教育、宣传红色文化的主阵地。十年来，中央和省级媒体报道襄阳主题教育经验做法390多篇次，中央级简报编印襄阳经验做法5次。

2. 理论宣讲入脑入心。开发“汉江创客”微信公众号、视频号、网站、电视栏目等综合平台，先后举办4届汉江流域创客英雄汇活动，邀请汉江流域13个城市共同参与，成为

①“四化”乡镇卫生院：建设标准化、业务规范化、管理科学化、运行信息化的乡镇卫生院。

党建引领区域协同高质量发展的重要品牌，“汉江创客”微信公众号影响力位居全国前列。发挥党校(行政学院)主阵地作用，市委党校新校区2021年8月投入使用，项目总投资4.87亿元，占地115亩，可同时满足1000人在校培训。探索推出领导干部讲形势课、专家教授讲专业课、一线同志讲实践课、外出考察上经验课的“四维”教学模式，打造枣阳新集、谷城堰河、保康尧治河等一批现场教学点。全面履行意识形态工作责任制，将意识形态工作纳入市委政治巡察一并开展，共开展6轮意识形态工作责任制落实专项检查。组建市县两级“两团多队”①宣讲队伍1100多支，其中谷城县茨河镇金牛寺村宣讲团荣获中宣部“基层理论宣讲先进集体”。

3. 基层党建全面进步、全面过硬。认真落实基层党建工作责任制，完善党组织书记抓基层党建工作述职评议考核机制，创新制定市县两级党委书记抓基层党建“三个一”清单，先后实施“五强创示范”②和“夯基行动”，推动基层党组织全面进步、全面过硬。圆满完成两轮市县乡村换届工作，推动党建引领基层社会治理，常态化推进党员“双报到”，建设“红色驿站”1260个。实施新型村级集体经济扶持计划，截至2022年，全市2451个村(社区)经营性总收入达到13.67亿元，其中集体经营性收入10万元以上的村(社区)2119个。推进党建引领社区治理“1+8”改革③，建立街道“大工委”、社区“大党委”，城区街道统筹协调、综合管理能力持续提升。推进党建引领物业管理全覆盖，推行党建引领“三方联动④、多元共治”，引导1089家社会组织、5700多个志愿服务团队参与社区治理。统筹推进传统领域、新兴领域、两新组织集聚区、协会商会党建工作，成立非公有制经济组织1665个、社会组织党组织901个。截至2022年，全市共有党的基层组织14931个，其中党委1114个、党总支599个、党支部13218个，党员35.5380万名，累计颁发“光荣在党50年”纪念章37227枚，唐玉敏、熊会萍和襄阳市中心医院党委、襄城区闸口社区党委等先进典型获评全国“两优一先”表彰对象。

(二)作风建设和反腐败斗争持续深入

严格落实中央“八项规定”精神，持之以恒整治“四风”，压实“两个责任”，积极推进监察体制改革，健全完善纪委派出派驻体制机制，着力构建不敢腐、不能腐、不想腐的长效机制。

---

①“两团多队”：党委宣讲团、青年宣讲团及多样化宣讲队。

②“五强创示范”：强责任、强班子、强功能、强实力、强规范，争创全省基层组织建设示范市、示范县(市、区)、示范乡镇(街道)。

③党建引领社区治理“1+8”改革：“1”指党建工作，“8”指经济发展、民生保障、社会治理、生态文明、安全稳定、文化体育、党建引领、基层组织建设。

④三方联动：社区居委会、业委会、物业三方联动。

1. 作风建设取得显著成效。认真执行中央“八项规定”及其实施细则精神，先后开展作风建设年、落实年、担当年、攻坚年、服务年和奋进年活动，持续整治“四风”问题，2017—2022年，共查处“四风”问题4060个，党纪政务处分3111人。连续5年开展“严明政治纪律和严守政治规矩”专项检查，持续整治形式主义、官僚主义，坚决纠正“文山会海”反弹回潮、督查检查考核过多过滥等问题。纠治享乐主义、奢靡之风，严查违规公款吃喝、收送礼品礼金、公款旅游等问题，深入整治“精致走账”、餐饮浪费、“带彩”娱乐、利用名贵特产类特殊资源谋取私利等问题。深入贯彻“三个区分开来”[①]要求，认真落实“鄂纪励十二条”，出台“容错纠错暂行办法”，2022年为党员干部澄清正名1541人次，查处诬告陷害行为50起。

2. 反腐败斗争取得压倒性胜利。全面完成市县派驻机构调整，实现对同级党政机关派驻监督全覆盖。以党内监督为主导，持续推动纪检监察与人大监督、民主监督、行政监督、司法监督、审计监督、财会监督等各类监督贯通协同。坚持党中央重大决策部署到哪里，监督检查就跟进到哪里，聚焦习近平总书记重要指示批示精神，深入开展粮食安全、安全生产、停车收费、违建别墅等系列专项整治行动，聚焦打好三大攻坚战等重大决策部署，严肃查处环保领域问题和金融乱象，开展11轮常规巡察、12次专项巡察，有效防范化解重大风险，推动重大决策部署落地生根。2013—2022年，全市纪检监察机关共立案22232件，党纪政务处分21211人。2018—2022年共留置391人，移送司法机关360人。加大反腐追逃追赃力度，2018—2022年成功追回外逃人员8名。

3. 党风廉政建设成效明显。加强党风党纪教育和廉洁文化建设，用好监督执纪“四种形态”[②]，做到无禁区、全覆盖、零容忍。加强对主体责任落实情况监督检查，健全完善全面从严治党综合管理系统，开办《主体责任·书记谈》电视栏目，推动“两个责任”[③]贯通联动、一体落实。做实案件查办“后半篇”文章，探索开展“查防一体化”“一案一教育”等工作机制。每年明确一个主题，集中时间开展“党风廉政建设宣教月”活动，探索开展分层分类精准化警示教育，引导党员干部增强不想腐的自觉。大力推进“清廉襄阳”建设，打造诸葛亮勤政廉政教育基地、黄火青廉政教育基地等平台，挖掘诸葛亮、羊祜等襄阳历

①“三个区分开来”：要把干部在推进改革中因缺乏经验、先行先试出现的失误和错误，同明知故犯的违纪违法行为区分开来；把上级尚无明确限制的探索性试验中的失误和错误，同上级明令禁止后依然我行我素的违纪违法行为区分开来；把为推动发展的无意过失，同为谋取私利的违纪违法行为区分开来。

②监督执纪“四种形态”：第一种形态，经常开展批评和自我批评、约谈函询，让“红红脸、出出汗”成为常态；第二种形态，党纪轻处分、组织调整成为违纪处理的大多数；第三种形态，党纪重处分、重大职务调整的成为少数；第四种形态，严重违纪涉嫌违法立案审查的成为极少数。

③“两个责任”：落实党风廉政建设责任制，党委负主体责任，纪委负监督责任。

史名人勤廉文化，廉政文化宣教片《千古智都文化廉城》《千古堕泪碑襄阳勤廉石》《悠悠襄江民不能忘》被中纪委网站、学习强国等媒体转发，“廉润襄阳”的社会影响持续释放。

（三）党的领导全面加强

支持人大及其常委会依法履行职能，保障人大代表依法行使职权，推动地方人大工作创新。坚持中国共产党领导的多党合作和政治协商制度，发挥人民政协作为协商民主重要渠道和专门协商机构的作用。巩固和发展最广泛的爱国统一战线，引导民主党派、工商联、无党派人士更好参政议政。加强工青妇等人民团体工作增强群团组织的政治性、先进性、群众性。

1. 社会主义民主持续巩固。认真践行全过程人民民主，市人大认真落实“首要议题”制度，学思践悟习近平新时代中国特色社会主义思想。圆满完成2次市县乡人大换届选举，共选举产生市县乡三级人大代表17743名。按照“内容高质量、办理高质量”的要求，办理人大代表议案17件、建议2230件。制定《襄阳市非物质文化遗产保护条例》《襄阳市电动自行车管理条例》等11部地方性法规，协同十堰、随州、神农架人大同步通过“襄十随神”城市群生态绿色一体化发展和旅游一体化发展2个决定。襄阳市地方立法成果作为全国设区的市立法的代表，入选中宣部“奋进新时代”主题成就展。擦亮“国字号”基层立法联系点品牌，拓展19个市级立法联系点，为国家、省立法贡献“襄阳智慧”。制定宪法宣誓实施办法，创新“国家宪法日”活动方式，受到全国人大常委会充分肯定。构建以全体会议协商为龙头、以议政性常委会议和专题协商会议为支撑的双月协商工作格局。组织驻鄂豫陕三省全国政协委员通过社情民意信息、提案等形式，促成“汉江生态经济带建设”上升为国家战略。襄阳市政协作为地级市政协唯一代表，在全国政协“推动大众创业、万众创新”常委专题协商会上协商建言，关于夏收的一线协商工作得到国务院督导组的高度评价。工会、共青团、妇联等群团组织作用得到更好发挥。首届湖北省家庭文化节在襄阳成功举办。承办“创青春”全国大学生创业大赛MBA专项赛，庆祝建团100周年主题宣传片《请回答1922——燃亮红烛的光》在团中央五四网上主题活动、中央电视台《百年正青春》等栏目播出。

2. 爱国统一战线持续巩固。搭建华人华侨文化交流平台，成功将古隆中、张自忠将军纪念馆、米公祠创建为中国华侨国际文化交流基地，在圣彼得堡建立华人华侨文化交流基地，与30多个海外华侨华人社团组织建立经常性联系。向巴塞罗那驰援防疫物资，制作纪录片《襄阳侨界战疫实录》，更紧密地团结广大海内外侨胞。襄阳市发挥资源特色与我国台湾地区各界开展交流活动，十年来共接待我国台湾各界团组240多批4300人次。宜城市张自忠将军纪念馆（园）被中央台办批准为海峡两岸交流基地，填补了全市“国字号”对台交流平台的空白。襄阳市依托海峡两岸交流基地宜城市张自忠将军纪念馆（园）平台，围绕弘扬抗战精神，以“共缅先烈共谋复兴”为主题，先后举办了“张自忠将军抗战精神传承研讨会”、“鄂台师生中华文史线上教学交流”、“张自忠将军抗战精神奖”、两岸抗战文化创意竞赛等一系列两岸抗战文化交流活动。中央电视台《海峡两岸》栏目予以报道。

3. 社会治理法治化水平不断提高。实施法治襄阳建设行动计划，打造依法行政示范区、公正司法满意区、社会治理创新区、全民守法和谐区。加强法治政府建设，深化司法体制改革，加强普法教育，健全公共法律服务体系，荣获"全国法治政府建设示范市"。依法惩治各类危害国家政治安全、经济安全和社会稳定的刑事犯罪，批捕各类犯罪嫌疑人3.0973万人，起诉4.9131万人。扎实开展为期三年的扫黑除恶专项斗争，坚决"打伞破网"，在法治轨道上推动扫黑除恶常态化，共批捕涉黑恶犯罪175件753人，起诉131件894人。2018—2022年，共查处涉黑涉恶腐败和"保护伞"876人，立案637人，留置79人，党纪政务处分623人，移送司法机关76人。襄阳获得全国综治最高奖"长安杯"，被列为全国市域社会治理现代化试点市，市公安局扫黑办荣获公安部集体一等功。深入开展政法队伍教育整顿，持续开展督查巡查、整治顽瘴痼疾，3次开展政治督察、纪律作风巡查、执法监督暨扫黑除恶督导检查，发现并整改问题908个，通报单位55家，办结中央、省交办问题线索2644件，办结率达96.96%。出台《全市政法机关打造一流法治化营商环境二十条措施》，化解涉企矛盾1037件，帮助解决法律问题436个。夯实基层政法力量，全市配备乡镇(街道)政法委员109人、城乡网格员15431人、社区民警551人、辅警2345人，律师504人、法律顾问275人。2019年成立市委网信办，成功争创国家数字乡村试点(宜城)和网信应急指挥中心国家级试点，荣立"迎大庆、保军运"集体二等功。市纪委监委获评全省扫黑除恶先进集体，市"扫黄打非"办荣获全国"扫黄打非"工作先进集体，市版权局连续两年获评全国查处重大侵权盗版案件有功单位。枣阳市获评全国法治县市创建活动先进单位、全国"七五"普法中期先进县市。

时代是出卷人，我们是答卷人，人民是阅卷人。党的二十大开启了中国特色社会主义建设的新征程，省第十二次党代会吹响了大力发展襄阳都市圈的前进号角，鼓舞人心，催人奋进。新时代新征程上，襄阳将始终高举习近平新时代中国特色社会主义思想伟大旗帜，以永不懈怠的精神状态和一往无前的奋斗姿态，砥砺打造引领汉江流域发展、辐射南襄盆地的省域副中心城市，建设联结中西部新通道的核心枢纽节点，辐射带动"襄十随神"城市群发展，在推动襄阳都市圈高质量发展中，展现新气象新作为，为湖北建成全国构建新发展格局先行区，为全面建设社会主义现代化国家、实现中华民族伟大复兴的中国梦作出新的更大贡献！

撰稿人：赵刚、张廉
统稿人：郑承东
审定人：李晓波

加快建设长江大保护典范城市
奋力谱写宜昌高质量发展新篇章

——从党的十八大到二十大宜昌发展综述

宜昌市史志研究中心

宜昌地处长江中上游分界处，是长江黄金水道的核心枢纽、“八纵八横”通道的重要节点，素有“三峡门户、川鄂咽喉”之称。党的十八大以来，宜昌始终坚持以习近平新时代中国特色社会主义思想为指导，牢记习近平总书记考察长江、视察湖北时首站到宜昌的殷殷嘱托，勇担共抓长江大保护历史使命，持续做好生态修复、环境保护、绿色发展“三篇文章”，生态竞争力、产业引领力、枢纽辐射力、城市影响力大幅跃升，高质量发展和高水平保护实现互促共进、相得益彰。2022年，全市地区生产总值5502.69亿元，是2012年的2.4倍，人均地区生产总值14.06万元，是2012年的2.5倍，城乡居民人均可支配收入分别为43943元、22571元，是2012年的2.3倍和2.8倍。在全省率先获得全国文明城市称号，获评国家生态文明建设示范区，综合实力居全国百强城市第54位。进入新时代，宜昌接续奋斗、勇毅前行，在新的伟大征程中彰显宜昌担当，在山川大地和人民心中书写宜昌答卷。

一、 深入学习贯彻习近平新时代中国特色社会主义思想，科学制定宜昌奋斗目标和发展战略

十年来，习近平总书记先后4次到湖北考察调研，并参加十三届全国人大三次会议湖北代表团审议，出席第七届世界军人运动会开幕式。其中，2018年4月考察长江、视察湖北时首站到宜昌，为宜昌发展指明了方向、提供了根本遵循。宜昌坚持以习近平新时代中国特色社会主义思想为指导，深入学习贯彻习近平总书记关于推动长江经济带发展的重要论述和考察湖北重要讲话精神，牢记嘱托，感恩奋进，深入谋划新时代高质量发展总体思路，推动习近平新时代中国特色社会主义思想落地生根。

（一）习近平总书记关心指导宜昌工作

2018年4月24日，习近平总书记考察长江、视察湖北时首站到宜昌，对宜昌破解“化

工围江”、推进新旧动能转换等做法给予充分肯定，对宜昌发展寄予殷切期望。

24日中午，习近平总书记来到位于宜昌长江岸边的兴发集团新材料产业园考察，了解这家化工企业保护生态、转型发展情况，在推动长江经济带发展座谈会上强调，长江经济带建设要抓大保护、不搞大开发，不是说不要大的发展，而是首先立个规矩，把长江生态修复放在首位，保护好中华民族的母亲河，不能搞破坏性开发。通过立规矩，倒逼产业转型升级，在坚持生态保护的前提下，发展适合的产业，实现科学发展、有序发展，高质量发展。

24日下午，习近平总书记来到宜昌市夷陵区太平溪镇许家冲村，实地察看三峡移民新村建设和生产生活情况。正在村里洗衣服的几位村民告诉总书记，过去是在江边洗衣服，现在村里建起了便民洗衣池，用上了自来水，污水集中处理，既尊重了生活习惯又很环保。随后，习近平总书记走进村便民服务室，详细了解许家冲村党组织建设和便民服务情况，饶有兴趣聆听村干部们齐声高唱用渔鼓调填词创作的《村党员公约》，夸奖内容写得好、朗朗上口。他还到村电子商务服务站察看库区特色产品展示，了解村民依托沿江依坝优势发展特色民俗产业、以特色产业带动创业就业等情况。他强调，乡村振兴不是坐享其成，等不来、也送不来，要靠广大农民奋斗。村党支部要成为帮助农民致富、维护农村稳定、推进乡村振兴的坚强战斗堡垒。①

24日下午，习近平总书记来到三峡大坝，登上坝顶，极目远眺长江上下游，详细了解三峡工程建设、发电、水利、通航、生态保护等方面的情况。随后，前往通航船闸、升船机和左岸发电厂实地调研。他强调，中华民族的伟大复兴，不会是欢欢喜喜、热热闹闹、敲锣打鼓那么轻而易举就实现的。我们要靠自己的努力，大国重器必须掌握在自己手里。要通过自力更生，倒逼自主创新能力的提升。试想当年建设三峡工程，如果都是靠引进，靠别人给予，我们哪会有今天的引领能力呢。我们自己迎难克坚，不仅取得了三峡工程这样的成就，而且培养出一批人才，我为你们感到骄傲，为我们国家有这样的能力感到自豪。

习近平总书记视察湖北首站宜昌，把脉长江经济带建设，为宜昌改革发展指明前进方向、赋予新的使命、注入强大动力，提供了战略指引和行动指南，具有重大现实意义和深远历史意义，是新时代宜昌改革发展进程中的重要里程碑。

（二）不断完善宜昌发展目标思路

宜昌市委始终把学懂弄通做实习近平新时代中国特色社会主义思想作为首要政治任务抓实抓好，并以之为指导不断科学谋划、优化完善宜昌发展思路。

---

①《习近平在湖北考察时强调　坚持新发展理念打好“三大攻坚战”　奋力谱写新时代湖北发展新篇章》，《人民日报》2018年4月29日。

1. 部署现代化特大城市建设

2012年6月，省第十次党代会召开，明确提出“支持宜昌加快建设省域副中心城市、长江中上游区域性中心城市和世界水电旅游名城，成为现代化特大城市”。

12月2日至3日，市委、市政府召开“解放思想、激情跨越，加快建设现代化特大城市”座谈会。会议强调，建设现代化特大城市，要把握其既大又强、特优特美的深刻内涵；要牢固树立后现代理念、产城共荣理念和共建共享的理念；要坚定不移地走开放先导之路、创新驱动之路、市场主导之路、人才引领之路。12月28日，市委五届三次全体（扩大）会议举行。全会审议通过《关于加快现代化特大城市建设的决议》以及7个重大专题规范性文件，就事关现代化特大城市建设重大事项进行顶层设计，并形成制度框架。

2. 形成以人为本、生态优先、绿色发展思路

2015年11月16日，省委、省政府在宜昌召开全省推进城市绿色发展现场会。会议认为，宜昌走出了一条城市绿色发展的路子，是全省推进城市绿色发展的样本和典范，充分彰显了争创一流的实干担当精神。大会高度肯定并总结推广宜昌坚持以人为本，走生态优先、产城融合、城乡一体、人城共进、智慧个性、包容共享的绿色发展之路的经验。

3. 确立“两个率先、两个进位”和“135”战略体系

2015年12月31日，市委五届六次全体（扩大）会议举行。全会审议通过《中共宜昌市委关于制定全市国民经济和社会发展第十三个五年规划的建议》《中共宜昌市委宜昌市人民政府关于打赢精准扶贫精准脱贫攻坚战的决定》等。

全会指出，“十三五”时期宜昌要在全省率先全面建成小康社会、率先实现精准脱贫，综合实力进入中西部和长江沿线同等城市前列、进入全国城市50强（即“两个率先、两个进位”）。全会提出“十三五”时期宜昌发展战略定位，即“135”战略体系：1个总体定位，即建设“既大又强、特优特美”现代化特大城市；3个功能定位，即建设湖北省域副中心城市、三峡城市群中心城市、长江中上游区域性中心城市；5个特色定位，即建设国家创新创业示范城市、国家生态文明建设先行示范城市、国家产业转型升级示范城市、长江流域区域开放合作示范城市、世界水电旅游名城。

2016年12月，国家发改委发布《促进中部地区崛起“十三五”规划》，宜昌作为区域性中心城市，被纳入国家发展战略。

4. 明确新时代宜昌高质量发展方向

2018年5月28日，市委六届七次全体（扩大）会议举行。全会审议通过《中共宜昌市委关于学习贯彻习近平总书记视察湖北重要讲话精神　奋力谱写新时代宜昌高质量发展新篇章的决定》。全会强调，要全面落实习近平总书记关于推动长江经济带发展需要正确把握的“五个关系”和湖北改革发展“四个着力”“四个切实”重要要求，突出保护修复长江生态环境和高质量发展两大重点，做好生态修复、环境保护、绿色发展“三篇文章”，

加快推进质量变革、效率变革、动力变革“三大变革”,在保护修复长江生态环境上走在全省前列,在推动高质量发展上走在全省前列。

5. 谋划市域治理现代化

2020年7月15日,市委六届十三次全会举行。全会审议通过《中共宜昌市委关于贯彻落实党的十九届四中全会精神推进市域治理现代化的决定》《中共宜昌市委宜昌市人民政府关于推进疾病预防控制体系改革和公共卫生体系建设的实施意见》。全会要求,要突出坚持和完善支撑中国特色社会主义制度的根本制度、基本制度、重要制度,切实把制度优势转化为治理效能。要坚持和完善党的领导制度体系,坚持和完善人民当家作主、法治宜昌建设制度体系,坚持和完善经济高质量发展制度体系,坚持和完善思想文化引领机制,坚持和完善城乡基层社会治理制度体系,坚持和完善生态文明制度体系,坚持和完善民生保障制度体系,坚持和完善监督制度体系,坚持和完善市域治理现代化保障体系,要把宜昌打造成为全国疾病预防控制体系改革和公共卫生体系建设示范市。全会强调,要立足于“三个没有改变”,扎实做好“六稳”工作、全面落实“六保”任务,放大中央一揽子支持政策的催化效应、杠杆效应、乘数效应,畅通产业循环、市场循环和经济社会循环,打好疫后重振的经济发展战、民生保卫战、社会稳定战。

6. 系统架构“六城五中心”发展蓝图

2021年6月26日,市委六届十五次全会举行,提出“六城五中心”①目标定位。2021年12月5日至9日,市第七次党代会召开。大会强调,要构建现代产业体系,打造高质量发展强力支撑。要全面提升城市功能,拓展高质量发展空间骨架。要全面深化改革扩大开放,增强高质量发展内生动力。要加快乡村全面振兴,抬升高质量发展全域底板。要加快全面绿色转型,守牢高质量发展生态底色。要创建全国文明典范城市,打造高质量发展精神高地。要改善人民生活品质,增进高质量发展民生福祉。要加强党的全面领导,为实现奋斗目标提供坚强保证。

7. 建设长江大保护典范城市

2022年9月16日,市委七届三次全会举行。全会审议通过《中共宜昌市委宜昌市人民政府关于建设长江大保护典范城市的意见》。全会指出,宜昌是习近平总书记对长江大保护的立规之地。建设长江大保护典范城市,是践行习近平总书记殷殷嘱托的政治责任,是省委对宜昌的厚望期待,是宜昌发挥独特优势的勇毅探路之举,是对“六城五中心”发展目标的聚焦深化,是在大保护的前提下追求绿色可持续的高质量发展。全会提出了

---

①“六城五中心”:“六城”指世界旅游名城、清洁能源之都、长江咽喉枢纽、精细磷化中心、三峡生态屏障、文明典范城市;“五中心”指区域科创中心、金融中心、物流中心、消费中心、活力中心。

建设长江大保护典范城市的总体要求和建设目标，明确“做优主城、做美滨江、做绿产业”发展路径。全会强调，要全面贯彻落实长江保护法，打造长江生态保护修复新样板。要尊崇自然基底，绘就城与山水和谐相融新画卷。要深入落实“双碳”战略，激发产业绿色发展新动能。要践行以人民为中心的发展思想，建设美好环境与幸福生活共同缔造新家园。要建立完善推进长江大保护典范城市建设工作机制。要牢固树立正确政绩观，创造出经得起实践、人民、历史检验的实绩。

二、认真贯彻新发展理念，大力推动城镇和产业集中高质量发展

抢抓国家加快推进长江经济带、长江中游城市群、中部崛起、“一带一路”等重大战略机遇，落实全省区域发展布局，坚持创新、协调、绿色、开放、共享发展理念，推进“4＋3”[①]使命任务，发展的含金量、含新量、含绿量不断提升。

（一）推进区域协调发展

坚持在全国全省大局中谋划发展，坚持城乡融合、区域联动、协同发展，着力打造“两翼驱动”重要引擎。

1. 突显宜昌在长江经济带建设和湖北区域发展布局的地位和作用

持续推进省域副中心城市和长江中上游区域性中心城市建设，引领带动宜荆荆都市圈一体化发展。2012年宜昌地区生产总值2296.76亿元，之后每3年跨越一个千亿级台阶，2015年综合实力跃居中部地区同等城市第二位，2022年地区生产总值5502.69亿元，是2012年的2.4倍，人均地区生产总值14.06万元，是2012年的2.5倍，地方财政公共预算收入218.21亿元，是2012年的1.4倍。发挥联结武汉都市圈和成渝地区双城经济圈的重要纽带作用，推动宜荆荆都市圈产业共兴、生态共保、服务共享，打造湖北和长江中上游的重要增长极。2022年，宜荆荆都市圈经济总量突破万亿元，宜昌在全省全国发展格局中的地位和作用进一步突显。

2. 优化市域发展布局

坚持“西部生态、中部生活、东部生产”功能侧重，深入实施“双核驱动、多点支撑、协同发展”战略。以西陵、伍家岗、点军、猇亭、夷陵五区为一核，发挥宜昌自贸片区和宜昌高新区、宜昌新区、三峡枢纽港区、三峡旅游新区、三峡临空经济区五大平台优势，加快提升产业实力、城市品质和综合承载能力，强化城区经济龙头作用；以宜都、枝江、当阳三市为一核，发挥区位、产业和先发优势，在全国县域经济中争先进位。远安、兴山、秭归、长

---

①“4＋3”：“4”指流域综合治理和统筹发展、长江大保护典范城市、宜荆荆都市圈、三峡地区绿色低碳发展示范区“四大战略”，“3”指城市数字公共基础设施建设、老旧小区改造、共同缔造“三个试点”。

阳、五峰五县重点发展现代农业、生态文化旅游和“飞地经济”，构建生态经济体系，在全省争先进位。支持“老少山穷库”地区完善基础设施和公共服务，加快补齐民生和发展短板，积极培育后发优势。通过双核驱动，多点支撑，各县(市、区)和五大平台立足优势、竞相发展，切实解决发展不平衡不充分问题，推进全市协同发展。

3. 加快县域城镇化进程

加快推进以县城为重要载体的就地城镇化和以县域为单元的城乡统筹发展，实施优化功能强县、绿色产业富民、共同缔造兴村三项行动，形成繁华都市、秀美县城、特色小镇、美丽乡村相得益彰的城乡融合新格局。“一轴两区五带多线”①建设取得初步成果，当阳、枝江、松滋、宜都携手创建全省首个百强县市聚集区。2022年，全市城镇化率64%，比2012年提高10.41个百分点，宜都、枝江居全国县域经济百强第68、89位。

(二) 厚植产业发展基础

坚持“工业强市、产业立市”，谋划发展十大千亿级产业②，经济发展实现速度、质量、效益有机统一，产业转型、结构转变、动能转换协调推进，新兴产业发展提速，产业结构明显优化，企业实力不断提升。

1. 工业经济提质增效

深入实施“双千引领、产业倍增”工程，产业布局逐具规模。2015年，精细化工、食品生物医药、先进装备制造、现代物流四大产业产值分别突破千亿元。2021年，生物医药、装备制造、新材料、电子信息等产业快速发展，12个产业集群跻身全省重点成长型产业集群。2022年，全市规模以上工业企业1544家，是2012年的1.4倍，实现营业收入4102.38亿元，是2012年的1.1倍。产业裂变全新赛道，宁德时代、广州天赐、山东海科、楚能新能源等行业巨头以及本土的兴发集团、东阳光集团、三宁化工、安琪酵母、人福药业等纷纷投资宜昌，推动传统化工绿色化转型、高端化发展，向新能源、动力总成和高端装备制造持续攀升，推动生物医药向大健康产业发展，突破性发展数字经济，宜昌大数据产业园一期汇聚阿里等20家知名企业，三峡集团计划投资300亿元在宜昌建设4个数据中心，东岳庙、田秋渔数据中心一期已经建成。

---

①“一轴两区五带多线”：“一轴”指沿长江城乡一体发展轴；“两区”指东部现代农业引领区、西部特色农业优势区；“五带”指五条跨县(市、区)三产融合示范带，即兴山—秭归沿香溪河流域农文旅融合示范带、枝江—当阳—远安沿沮漳河流域现代农业示范带、夷陵—当阳—远安环百里荒农旅融合示范带、长阳清江流域牧旅融合示范带、宜都—五峰沿渔洋河流域茶旅融合示范带；“多线”指县级乡村振兴示范片带建设。

②十大千亿级产业：精细化工、食品饮料、先进装备制造、新材料、节能环保及新能源、生物医药、新一代信息技术、现代物流、文化创意、旅游产业。

2.特色农业提速进位

持续推动农业八大产业①链全链条发展，建成1个国家现代农业产业园、2个国家农村产业融合示范园、8个国家级龙头企业。粮油播种面积总体稳定。建成全国最大的宽皮柑橘优势区，湖北三峡蜜橘产业集群入选全国“优势特色产业集群”，宜昌蜜桔列入全国第二批100个中欧互认产品，宜昌蜜桔、宜昌红茶成功创建全国特色农产品优势区，柑橘总产量由2012年263.07万吨增长到2022年404.53万吨，茶叶综合效益位居全省前列，宜昌蜜桔、宜昌宜红、宜昌猕猴桃、清江椪柑、秭归脐橙等区域公用品牌影响力进一步提升。蔬菜总产量由2012年365.91万吨增长到2022年537.18万吨，水产养殖转型发展成效显著，畜牧业产值稳居全省前三，肉羊出栏量稳居全省第一，生猪出栏量稳居全省第二，夷陵牛、清平猪、双莲鸡、宜昌白山羊被列入《国家畜禽遗传资源品种名录》。2022年，农林牧渔业总产值1043.74亿元，是2012年的2.1倍。

3.服务业发展提档升级

突破性发展以文化旅游、现代物流、健康养生、数字经济、金融服务等为龙头的现代服务业，促进现代服务业比重提高、结构优化、竞争力提升。2020年，宜昌第三产业增加值占地区生产总值的比重首次超过第二产业，成为国民经济第一大产业。2022年，服务业增加值2487.85亿元，是2012年的3.3倍。聚焦“一核三带八区”②打造，促进文旅产业转型升级，2022年，全市有规上文化企业497家，数量居全省同类市州第一，有A级旅游景区63家，其中5A级4家，5A级景区数居全省首位。放大宜昌作为全国首批港口型国家物流枢纽的城市优势，打造现代化多式联运枢纽，社会物流总额继2021年破万亿元之后，2022年达到1.4万亿元。打造长江三峡、清江康养产业带，加快三峡（宜昌）康养产业试验区、三峡（宜昌）大数据产业园等项目建设，大力促进健康养生、数字经济发展。加强金融调控监管，提升金融服务实体经济功能，2022年金融机构存、贷款余额分别是2012年的2.8倍、3.5倍。

（三）提升城市品质魅力

坚守“三做三控”③城建铁律，坚持空间拓展优化与品质提升并重，构建综合立体交通，提升城市治理效能，不断提升城市品质魅力。

---

①农业八大产业：优质粮油、柑橘、茶叶、水产、蔬菜、畜牧、现代种业、道地药材产业。

②“一核三带八区”：“一核”指宜昌主城，“三带”指长江三峡黄金带、清江风情带、楚韵沮漳带，“八区”指两坝一峡、三峡香溪、清江康养、武陵画廊、环百里荒、嫘祖故里、关公圣地、田园水乡。

③“三做三控”：“三做”指做优主城、做美滨江、做绿产业，“三控”指北岸控密度、南岸控高度、滨江控宽度。

宜昌城区(宜昌史志馆　供图)

1. 拓展优化城市空间

坚持“优化、集约、聚集、融合”发展思路,持续推进城市东进、北拓、中优,西陵、伍家岗、点军、龙泉、小溪塔五个组团重点布局生命健康、大数据及算力经济、文化旅游等产业,东部产业新区与猇亭、鸦鹊岭工业片区重点集聚现代化工新材料、新能源及高端装备等产业,大力建设“三城两岛一湾区”①等重点功能区。峡州大道、江城大道、点军大道、西陵二路、至喜长江大桥、港窑路、伍家岗长江大桥等城市快速路和主次干路投入使用,快速路网内环和外环闭合,中环骨架形成,2022年快速路通车总里程165公里,居中部地区同等城市首位,三峡高速收费站东迁,三峡机场、宜昌东站、高铁北站等实现便捷转换。中心城区建成区面积由2012年的130平方公里拓展到2022年的200平方公里,人口由2012年的130万人增长到2022年的160万人。

2. 提升城市品质

尊崇自然基底和山形水势,在全省率先探索建设花园城市,滨江公园岸线修复和生态保护延伸到猇亭古战场,“六大水系、八大公园”②城市生态体系基本形成,“城在林中、人在景中”的山水城市景观初步显现,城市绿色发展经验在全国全省推广,获得“中国十

①“三城两岛一湾区”:“三城”指东部未来城、高铁新城、宜昌科教城,“两岛”指西坝岛、平湖半岛,“一湾区”指平湖港湾。

②“六大水系、八大公园”:“六大水系”指运河、柏临河、黄柏河、卷桥河、五龙河、沙河,“八大公园”指磨基山公园、东山公园、城东公园、柏临河湿地公园、求雨台公园、卷桥河湿地公园、半岛公园、小溪塔森林公园。

大秀美之城”、“十四五”第二批国家系统化全域推进海绵城市建设示范城市等荣誉。建成宜昌史志馆、规划展览馆、博物馆新馆、奥体中心等大型公共建筑，入选全国城镇老旧小区改造试点城市，开工改造城镇老旧小区1128个、14.56万户，约60万人出棚进楼，城市夜景灯光改善等工作成效明显。

3. 建设智慧城市

以创建国家智慧城市试点城市为契机，大力推进智慧城市建设。全网光纤智能化、无线网络、WiFi热点基本实现全覆盖，主城区、县市城区、产业园区实现5G网络全覆盖，在全省率先实现农村光纤“村村通”。在全国同等城市中率先建设城市级云计算中心三峡云计算中心，全市统一的数据共享交换平台三峡云平台实现部门业务数据在线实时交换，建成城市大脑数字底座，有序推进长江大保护典范城市数字化综合平台建设。党政机关实现一网协同，政务服务实现一网通办，城市治理实现一网统管，电子政务实现市、县、乡、村四级普及。宜昌获得“互联网＋”公共服务领先城市、中国智慧城市示范城市、中国城市治理智慧化优秀奖等荣誉。

4. 构建综合交通枢纽

加快“水、公、铁、空、管”立体交通运输体系建设，打造全国性综合交通枢纽。全市公路总里程由2012年的26443公里增长至2022年的38181公里，十线三环①高速公路网初现雏形，五纵七横②干线公路提等提质。宜昌港纳入国家港口功能布局，全市港口吞吐能力和港口吞吐量双过亿，整体实力进入长江内河港口第一方阵。郑渝高铁兴山段建成通车，宜昌至北京直达高铁开通，郑渝高铁宜昌联络线、沿江高铁武汉至宜昌段开工，两纵两横六方向③铁路枢纽格局初现雏形，紫云地方铁路投产运营，茅坪港疏港铁路、白洋港疏港铁路、三峡成品油翻坝项目等开工建设。三峡机场扩容增能，三峡临空经济区集疏运体系加快建设，无缝对接的多式联运体系加快形成。宜昌成为全国首批港口型国家物流枢纽城市，长江三峡枢纽大分流、小转运水铁公多式联运项目纳入国家第三批多式

---

①十线三环：“十线”指以城区为中心的10条高速放射线，包括沪蓉高速武汉荆门宜昌段、沪渝高速汉宜段、岳宜高速、沪渝高速宜长段、沪蓉高速宜巴段、呼北高速保宜段、呼北高速鄂湘界段、宜来高速、襄宜高速、十宜高速。“三环”，一环为中心城区快速通道，即以三峡高速、伍家岗长江大桥、江南翻坝高速、至喜长江大桥构建的中心城区快速通道；二环为半小时经济圈，即以城区高速环线西段、宜巴高速、荆宜高速、宜昌长江公路大桥、沪渝高速构建的城区外围快速通道；三环为1小时快速经济圈，即以十宜、宜来、宜张、岳宜、宜常、沪渝、沪蓉构建的市域大外环。

②五纵七横：“五纵”指S255、S252，S278、S287，G241全线，S225、S216、S224，S253；“七横”指G347全线，S312、S276、S311，S363、S276，G348全线，G318全线，S324、S459、S254，G351全线。

③两纵两横六方向：“两纵”指西安、襄阳—常德、张家界，“两横”指南北沿江，“六方向”指武汉、襄阳、西安、成都、重庆、常德。

联运示范工程。

5. 打造区域性消费中心

聚焦打造新场景，激活大流通，提振大消费，促进经济高质量发展。新国贸、吾悦广场、夷陵万达、兴发广场等大型商业综合体相继开业，环城南路历史文化街等特色商业街(区)建设提速，汽车专业市场、家居建材市场、茶叶市场、日用百货商品批发市场、综合类商品市场错位发展，三峡物流园入选国家示范物流园区。2022年在全省率先发放"宜昌惠民消费券"2000万元，随后又发放各类消费券1.21亿元，促进消费提振。大力培育会展经济、夜间经济、首店经济、赛事经济、直播带货等消费新业态，西坝不夜城、中南路商圈入选省级繁荣夜间经济集聚区。构筑起覆盖市、县、乡、村四级的电商物流网络服务体系，2022年，宜昌网络零售线上繁荣度首次入围全国百强。全市社会消费品零售总额从2012年779.84亿元增长到2022年1866.64亿元，在库限上市场主体累计达到2700家，私人汽车拥有量从2012年的21.56万辆增长到2022年的81.25万辆，消费对经济循环牵引带动作用进一步增强。2022年，宜昌获批全国城市一刻钟便民生活圈试点城市。

(四) 全面深化改革开放

坚定不移吃改革饭、走开放路、打创新牌，着力破除深层次体制机制藩篱，面向全国全球聚合创新资源，推进创新链产业链深度融合，积极培育发展新动能。

1. 深入实施创新驱动发展战略

坚持把科技创新摆在发展全局的核心位置，全面推进国家创新型城市建设，推出"1+2"①科创新政，加快构建"一室一区一圈一城一体一廊"②区域科技创新中心建设体系。2022年全社会研究与试验发展经费投入总量143.21亿元，专利授权数10648件，较2012年增加8111件；建成全国重点实验室1家，湖北实验室1家，省级重点实验室6家，省级临床医学研究中心4家，省级新型研发机构60家，国家级孵化器8家、省级孵化器11家，国家级众创空间10家、省级众创空间10家；1人获评"湖北工匠"。创新驱动产业发展成效明显，2022年全市国家高新技术企业数1141家，较2012年增加1025家；实现高新技术产业增加值1253.7亿元，是2012年的4.75倍。宜昌创新能力居2022年全国103个国家创新型城市第56位。

---

①"1+2"：《区域科技创新中心建设方案》和《关于加快推进区域科技创新中心建设的若干措施》《关于进一步优化人才生态加快人才集聚、打造区域性活力中心的实施意见》。

②"一室一区一圈一城一体一廊"：湖北三峡实验室、宜昌高新区、环三峡大学创新圈、科教城、市域创新联合体、"宜荆荆恩"科创走廊。

2. 推进供给侧结构性改革

聚焦“三去一降一补”①专项行动，在全省率先主动全面退出煤炭生产，关闭拆除砖瓦等一批高污染高能耗落后产能，商品房库存面积和去化周期减少，企业债务风险化解经验被树立为全国典型，非法金融活动得到有效遏制，获评全省金融信用市州，持续降低制度性交易成本、物流成本、税费成本、融资成本、用能成本、用工成本等，全方位推进补短板工作，着力打造高质量发展、高品质生活、高价值生态的宜昌范式。

3. 深化重点领域和关键环节改革

持续深化“放管服”改革。不断完善市县乡三级权力清单、责任清单和负面清单，大力推进“互联网＋政务服务”，政务服务实现一网通办、一窗通办、一事联办、跨域通办。在全省率先推行“先照后证”市场准入改革，跨省通办改革入选省自贸区实践案例，高效办成一件事工作经验得到省委办公厅推介，商事登记“三证合一”②改革、工程建设项目审批制度改革、劳动力市场监管改革等改革经验在全国推广，“六多合一”改革获国务院通报表扬，在全国推广，“多评合一＋区域综合评估”改革经验获国务院批示肯定。

深入推进国企改革。坚持和加强党对国有企业的领导，坚持分类改革，优化国有经济布局结构，完善中国特色国有企业现代公司治理，促进国企民企协同发展，健全以管资本为主的国资监管体制，做强做优做大国有资本和国有企业。出资企业投向前瞻性战略性新兴产业及创新研发额度成倍增长，混合所有制改革进一步深化，国有资产集中统一监管体系形成。2022年，全市国有企业资产总额5686.61亿元，是2012年的4.37倍，利润总额居全省首位，实现工业总产值占全省国资系统的72%。

4. 优化营商环境

着眼审批事项最少、办事效率最高、政务服务最优、综合成本最低、企业获得感最强，建设亲商惠民的一流营商环境。宜昌金融营商环境指标测评排名全省首位，商事环境评估、社会信用综合指数居全省首位，成为财政支持深化民营和小微企业金融服务综合改革国家试点、全国首批产融合作示范城市。在2020年中国营商环境评价中，宜昌水气指标评为全国优秀等级，写入《中国营商环境报告2021》。2020、2021、2022年连续3年获评全省优化营商环境标杆城市。持续优化的营商环境，激发了发展活力，全市市场主体总数由2012年的213946户增至2022年的605278户，市场主体千人占比全省最高。

5. 持续招大引强

积极对接沿海和经济发达地区产业转移，坚持以重大项目为牵引，招大引强、招精引尖、招链引群。华润集团、招商局集团、中国建材集团、中国船舶集团、航天科工集团、中

---

①“三去一降一补”：去产能、去库存、去杠杆，降成本，补短板。

②“三证合一”：将工商营业执照、组织机构代码证和税务登记证合并。

国电建集团、中国化学工程集团、中国供销集团、上港集团、北京能源集团等一批国企与宜昌达成战略合作，在宜加大投资。百事可乐、惠科电子、东土科技、贝因美、麦德龙、以色列贝迪克航空等一批头部企业扎根宜昌。引进广汽传祺宜昌智能工厂项目，与中国燃气视频连线签署投资战略合作协议，宁德时代邦普一体化电池材料产业园项目实现“当年签约、当年开工”。宜昌获得中国最具投资吸引力城市等称号。

6. 打造内陆开放桥头堡

加快对外开放融合，构建全方位、多层次、多元化开放格局。湖北自贸试验区宜昌片区、三峡机场航空口岸、宜昌三峡保税物流中心(B型)、宜昌港海关监管点、宜昌综合保税区、中国(宜昌)跨境电子商务综合试验区、三峡物流园市场采购贸易方式试点、贝迪克(凌云)飞机区外保税维修8个开放平台或试点相继获批，形成了开放平台功能叠加、监管服务高效便利、市场主体集聚发展的对外开放体系，宜昌开放平台数量居全省同等市州之首。开通宜昌—新疆—欧洲国际班列，打通中部地区始发的首条南向通道宜昌—钦州—巴西古当，三峡机场航空口岸扩大开放获国务院批复，宜昌成为中西部同等城市中开通境外直航点最多的城市，宜昌港—重庆港、宜昌港—武汉港—上海港始发班轮常态化运行。2022年，宜昌在全省率先实现省级外贸综合服务中心县域全覆盖，外贸进出口总额414.7亿元，居全省第二。

三、坚决扛起长江大保护政治责任，筑牢三峡生态屏障

宜昌作为习近平总书记长江大保护的立规之地、国之重器三峡大坝的所在之地，肩负“保证一库清水、保障三峡工程、保护万里长江”的政治责任。党的十八大以来，宜昌大力践行习近平生态文明思想，推动长江生态环境发生转折性变化。宜昌市、五峰土家族自治县、远安县、秭归县荣膺“国家生态文明建设示范区”。

(一) 全力推进长江大保护

长江是中华民族的母亲河，保护好长江，不是宜昌的“选择题”，而是宜昌的“必答题”，宜昌坚决扛起长江大保护政治责任，走出了一条独具特色的新时代“赶考之路”。2018至2020年，宜昌长江大保护十大标志性战役实现全省考核“三连冠”；2022年，长江高水平保护十大攻坚提升行动，宜昌以全省第一的成绩获评优秀等次。

1. 开展长江生态治理“宜昌试验”

2016年5月，全国首个生态治理试验区三峡生态经济合作区生态治理“宜昌试验”正式启动，宜昌开始积极探索区域生态保护和绿色发展合作共赢的新模式、新路径。宜昌在全省首创流域综合执法管理体制，制定并实施全省首部流域保护地方性法规《宜昌市黄柏河流域保护条例》，在全省率先构建“河湖长＋检察长”协同机制，黄柏河流域综合治

理获“湖北改革奖”，创新流域水生态保护综合执法改革入选全国法治政府创建示范项目。出台黄柏河、玛瑙河、柏临河生态补偿方案，出台《长江(恩施—宜昌段)和清江流域生态保护补偿方案》，在全省率先建立长江、清江流域跨市州横向生态补偿机制，被列为全省水权市场化交易唯一试点，稳步推进碳汇交易试点。五峰土家族自治县、环百里荒乡村振兴试验区成功创建国家“两山”实践创新基地。“三峡蚁工”“长江哨兵”等一批有影响的公益组织投身长江大保护，“生态小公民”教育得到习近平总书记点赞。

2. 着力破解“化工围江”

宜昌有长江流域最大的磷矿基地，依托丰富的磷矿资源和长江优势，化工产业成为宜昌第一个产值超过千亿元的产业。在化工产业助力宜昌经济高速发展的同时，随之而来的生态危害愈演愈烈。2017年，宜昌在长江沿线率先启动134家化工企业“关改搬转”，同时高标准规划建设宜都、枝江两个专业绿色化工园区，2022年，长江干流云池断面总磷浓度0.045毫克/升，较2016年下降66.7%。2018年4月，习近平总书记在武汉主持召开深入推动长江经济带发展座谈会，对宜昌化工产业转型升级给予高度评价。宜昌破解“化工围江”典型经验被国务院通报表彰并在沿江11个省市推广。省政府连续3年在宜昌召开长江大保护现场推进会，对宜昌化工企业专项整治及产业转型升级给予充分肯定。

3. 统筹推进流域综合治理

将全市细分为12个三级流域单元、27个四级流域水体、183个五级溪流，建立“流域片区河湖长＋水体单元河湖长”相结合的河湖长设置模式。制定安全管控负面清单和经济社会发展正面清单，一体推进“治水、治岸、治绿”，拆除、取缔沿江码头216个，扎实推进1973个长江、清江入河排污口整治工作，深入实施三峡地区山水林田湖草生态保护修复工程国家试点，投资103亿元的湖北省长江三峡地区山水林田湖草生态保护修复项目全部完成，长江“十年禁渔”全面落实，江河湖库网箱养殖全面取缔。经过综合治理，长江干流国考断面水质优良比率从2016年的88.9%提高到2017年的100%，并稳定保持地表水环境质量Ⅱ类标准，“水中大熊猫”中华鲟、长江流域生态环境“指标生物”江豚安居宜昌。宜昌入河排污口整治工作经验在全国推广，山水林田湖草系统治理和五峰绿色脱贫案例入选2020年联合国生物多样性大会国际论坛“中国馆”，“施创新之举，护自然本真”后河保护区案例获选2022年中国生物多样性保护优秀案例。

(二)打好污染防治攻坚战

以实现减污降碳协同增效为总抓手，以改善生态环境质量为核心，统筹推进蓝天碧水净土保卫战等标志性战役，2020至2022年，宜昌连续3年在全省污染防治攻坚战成效考核中被评定为优秀等次。

1. 实施大气污染防治“组合拳”

出台《宜昌市蓝天保卫战预警提示和履责约谈暂行办法》《宜昌市扬尘污染防治条例》等法规制度，强化工业源、移动源、扬尘源、生活源等重点行业领域污染源治理，积极实施恶臭和有毒有害大气污染物管控，从空气质量监测预报、污染源监测能力、环境执法督察、科技支撑4个方面精准发力，推动大气环境质量持续改善，城区空气质量优良天数比例由2016年的67.5%提升到2022年的85.2%，改善幅度居全省前列。

2. 推动水污染治理取得实效

11条城市黑臭水体全部消除，13家省级以上工业园区及73个建制乡镇实现污水处理设施全覆盖，与三峡集团合作实施污水管网、生态水网“两网共建”项目，城镇生活污水处理能力显著提升。统筹推进农村黑臭水体治理与农村生活污水、粪污、种植业面源污染等治理工作，农业面源污染得到有效防控。建立健全饮用水水源地保护区制度，县级及乡镇水源地保护区问题整治率100%，县级以上集中式饮用水源地水质达标率100%。建成12个船舶污染物接收转运码头，“净小宜”智慧港口应用成果投入运行，推动船舶污染物全链条闭环管理。宜昌市纳入国家、湖北省考核的断面水质达标率均为100%。

3. 促进土壤质量安全可控

施行宜昌首部实体性地方性法规《宜昌市城区重点绿地保护条例》，城区绿地率由2012年的35.78%增长到2022年的40.8%，绿化覆盖率由2012年的41.08%增长到2022年的45.31%。在全省率先完成农用地质量类别划定，完成农用地土壤污染状况详查和重点行业企业用地土壤污染状况调查，污染地块安全利用率100%，持续推进化肥农药减量增效、农药包装废弃物和农膜回收等工作，秸秆综合利用工作经验在全国推介。制定涉重金属污染防控工作方案，建立全口径清单和“一企一策”防控措施。宜昌入围全国第一批生活垃圾分类示范城市，推动垃圾填埋向资源化利用转型，加快建设无废城市。

（三）深入推进重点行业领域绿色低碳发展

积极稳妥推进碳达峰碳中和引领生态优先、节约集约、绿色低碳发展，科学布局生产、生活、生态空间，2020年，宜昌获评“中国最具生态竞争力城市”，2021年获评“中国绿都20强”。

1. 工业绿色化发展

统筹产业发展和绿色低碳转型的关系，以实施重点行业和重点企业碳达峰行动为抓手，推动工业经济发展建立在资源高效利用和绿色低碳发展的基础之上。依托磷矿资源，构建“磷矿—绿色化工—新能源材料—动力总成和高端装备制造”迭代路径，坚定不移发展食品级、医药级、电子级化学品，建设全国第二个电子化学品专区。兴发集团研发的微电子新材料打破国外技术封锁，产能位居全国行业首位，开发的高科技黑磷制品实现从“论吨卖”向“论克卖”转变。宁德邦普一期、天赐材料等多个新能源项目建成投产，动力电池产业集群正在形成。着力攻克磷石膏综合利用面临的一系列技术问题，全市磷石膏综合利用率超过80%。深化与三峡集团合作，携手共建高端装备产业园、生态环保产业园等。依托生物医药，大力发展大健康产业，生物医药入选全省首批9个战略性新兴产业集群。依托绿电资源，大力发展数字经济，吸引中科曙光等一批全国头部企业落户，三峡集团在宜昌建设数据中心，三峡东岳庙数据中心获国家最新、最高标准的数据中心等级认证。

兴发集团宜昌新材料产业园(李阳　摄)

2. 建设绿色交通

在全省率先建成快捷低碳的BRT快速公交系统，大力调整公交车辆能源结构，截至2022年底，宜昌公交集团新能源公交车占营运公交车车辆总数的48.54%。抢先布局“电化长江”“氢化长江”“气化长江”新领域，三峡坝区岸电试验区成功投运，率先在长江流域实现经营性港口岸电全覆盖，宜昌岸电建设标准成为行业标准，在长江沿线11个省市复制推广，建成投运全球动力电池容量最大、智能化最先进的新能源纯电动观光旅游船“长江三峡1号”，“电化长江”迈出关键步伐。

3. 推广清洁能源

积极稳妥发展水电，加快推进抽水蓄能电站建设，积极实施集中式、分布式光伏电站建设和村级光伏扶贫电站建设，构建布局合理、清洁高效、保障有力的火电系统，2022年，全市发电装机容量3063.32万千瓦(含三峡电站)，水电装机、火电装机、风电装机、光伏装机分别占全市发电装机总容量的90.7%、5.9%、2.2%、1.2%。有效推动各类生物质能资源市场化和规模化利用，2022年，生物质发电0.78亿千瓦时，占全市总发电量的0.07%。深入推进页岩气勘探开发和商业化利用，超前布局氢能产业，国内首个内河码头型制氢加氢一体站中国三峡绿电绿氢示范站建成投产。

四、建设文化强市，打造具有独特魅力的世界文化旅游名城

宜昌紧紧围绕举旗帜、聚民心、育新人、兴文化、展形象使命任务，坚定文化自信，建设文化强市，推动文旅融合，文明城市创建取得丰硕成果，文化事业蓬勃发展，人民精神面貌更加奋发昂扬，世界文化旅游名城知名度进一步提升。

（一）着力构筑精神高地

坚持培根、铸魂、育人、惠民、塑城，大力培育和践行社会主义核心价值观，全力打造全国文明城市升级版，在全省率先实现全国文明城市“四连冠”。

1. 培育和践行社会主义核心价值观

注重全民践行，将培育和践行社会主义核心价值观的各项工作纳入综合目标考核、各级党委理论学习中心组学习、媒体宣传、国民教育、经济发展实践和社会治理中。注重实践养成，“推进‘六进网格’①活动，推动社会主义核心价值观融入群众日常生活”入选中宣部“培育和践行社会主义核心价值观百家经验”。注重典型引领，十年选树全国道德模范及提名奖11人（组）②等一大批全国、省、市先进典型，全国道德模范罗长姐在北京受到习近平总书记亲切会见。建成宜昌好人馆，崇德向善、见贤思齐的社会氛围更加浓厚。注重培育时代新人，“一校一特”工作经验受到中央精神文明建设指导委员会推介，未成年人思想道德工作经验《社区“德育加油站”建设》入选2021年中宣部宣传思想文化工作创新案例。

2. 深化文明创建

建立党委统一领导、党政齐抓共管、文明办组织协调、相关部门各负其责、全社会共同参与的工作机制和日巡查、周调度、月通报、季测评、年考核的运行机制。将文明创建与老旧小区、农贸市场、公共停车场、城市公厕改造等惠民行动紧密结合，《湖北省宜昌市：“六联六化”③文明创建长效惠民》入选全国宣传思想文化工作案例选编。大力推进全国全省文明城市（县城）、文明村镇创建，《精神文明报》以《宜昌市力创全国文明城市

---

①“六进网格”：公益广告宣传、道德实践、心理疏导、文体活动、文明劝导、志愿服务进网格。

②全国道德模范及提名奖11人（组）：全国道德模范罗长姐（2013年，第四届）；全国道德模范提名奖获得者，李元成、吕俊峰（2013年，第四届），李广佳、罗必炎（2015年，第五届），李广佳、罗官章、刘发英（2017年，第六届），易从梅（2019年，第七届），刘发英、易从梅（2021年，第八届）。

③“六联六化”：“六联”指市级领导包联街道、区级领导包联片区、文明单位包联社区、街道（社区）干部包联小区、网格员包联楼栋、志愿者包联路段路口，“六化”指目标责任清晰化、惠民项目模板化、基层创建自治化、督导考评常态化、媒体监督动态化、问责追究制度化。

群》向全国推广。出台并落实《宜昌市文明行为促进条例》，着力倡导“十文明”①，强力推进“十不见”②，新时代文明实践中心（所、站）实现全覆盖。持续推进志愿之城、好人之城、诚信之城建设，宜昌被纳入全国志愿之城试点城市，志愿之城经验被中宣部专题推介，在全省率先实现全国文明城市“四连冠”，宜都、枝江荣获“全国文明城市”称号。

（二）高质量发展文化事业

立足厚重的历史文化、光辉的革命历程、生动的改革实践，宜昌不断推出文艺精品，大力实施文化惠民工程，宜昌成为国家公共文化服务体系示范区。

1. 巩固壮大主流舆论

围绕习近平总书记视察湖北首站到宜昌、改革开放40周年、新中国成立70周年、建党百年等重要大主题，推出“牢记殷殷嘱托　奋力谱写新时代宜昌发展新篇章”“壮丽70年　奋斗新时代”“百年奋斗路　启航新征程”等重要报道，打造《百年辉煌》《峥嵘岁月》《慧“话”党史》等党史精品力作，编纂《见证宜昌脱贫攻坚》《护江答卷——长江大保护的“宜昌范式”》等文史资料。聚焦“决胜全面小康　决战脱贫攻坚”“建设长江大保护典范城市”等主题开展宣传，充分展现宜昌经济社会各领域取得的新成就。宜昌被中宣部确定为市级融媒体中心试点，建成由报纸、广播、电视、网络以及“两微一端”等组成的传播主流舆论矩阵，组建国际传播工作室，开设“Gorgeous Yichang”英文网站和海外媒体账号，打造“1+N”国际传播网络，礼赞新时代、奋进新征程的昂扬主旋律更加响亮。

2. 完善公共文化服务体系

建成全省首家党史方志馆宜昌史志馆，建设宜昌红色故事馆等一批党史教育基地，宜昌博物馆被核定为国家一级博物馆，全市14家公共图书馆、14家文化馆均达到国家二级馆以上建设标准，乡镇（街道）综合文化站独立设置，村（社区）建有综合文化服务中心，文体广场，农家书屋、电视“户户通”、广播“村村响”、无线WiFi和数字资源实现全覆盖。推出文化e家、掌上史志馆、移动图书馆等服务平台，组建专兼职文化服务队伍，实现文化服务社会化、文化队伍多元化、管理机制长效化。2019年3月，宜昌获评国家公共文化服务体系示范区。

3. 注重文艺精品创作生产和文化资源保护利用

坚持守正创新，宜昌文艺创作十年共摘取省级以上各类文艺奖项3000多项，其中国家级重大奖项100余项。《江河恋》获得第十三届全国精神文明建设“五个一工程”奖。《五峰板凳龙》等6部作品获得全国群星奖，《宜昌保卫战》等7部作品获得湖北省精神文明建

①“十文明”：文明出行、文明驾驶、文明旅游、文明用餐、文明上网、文明服务、文明排队、文明观演、文明经营、文明养犬。

②“十不见”：不见白色垃圾、不见烟头、不见积存垃圾、不见出店（线）经营、不见乱停乱放、不见乱贴乱画、不见乱牵乱挂、不见空中“蜘蛛网”、不见阳台和楼道乱堆乱放、不见遛狗不牵绳和流浪狗。

设“五个一工程”奖。全面实施文物保护一处一策制度，截至2022年底，全市有全国重点、省级文物保护单位18处、75处，省级历史文化名城1座、历史文化街区7处，入选联合国、国家级、省级非物质文化遗产名录分别为2项、21项、52项，入选联合国人类非物质文化遗产名录数量居全省第一。

（三）建设世界文化旅游名城

坚持以文塑旅、以旅彰文，持续打好三峡牌、文化牌、生态牌，做好文旅融合、区域联动、拳头产品、旅游服务4篇文章，打造具有独特魅力的世界文化旅游名城。

1. 塑造城市品牌

举办中国诗歌节、屈原故里端午文化节、中国长江三峡国际旅游节、长江钢琴音乐节、湖北省第十六届运动会、宜昌艺术节、新春灯会、元宵焰火晚会等系列节赛活动，“中国诗歌之城”“中国钢琴之城”称号花落宜昌。与中国社会科学院文学研究所共建屈原文化研究院，把宜昌打造成屈原文化的权威阐释地、标准制定地、活动聚集推广地。举办城市品牌推广周，发布“屈原昭君故里，三峡生态名城”宜昌城市口号、城市LOGO和城市文旅IP形象，开展“书记（局长）带您游”“县（市、区）长（局长）数家珍”“宜昌品牌青年说”“长江夜游”等活动，打造具有宜昌特点、时代特征、全国知名、世界影响的城市品牌。2022年，宜昌晋升全国地级市传播百强榜第15名。

2019年端午文化节（周星亮　摄）

2. 建设世界级旅游目的地

持续擦亮世界级山水旅游、世界级文化旅游、世界级工程旅游、世界级康养旅游4张名片，加快推进文旅产业高质量发展。两岛一湾区、宜昌屈原文化产业园、“两坝一峡”[①]

①“两坝一峡”：“两坝”指三峡大坝、葛洲坝，“一峡”指西陵峡。

世界级旅游度假区、宜昌百里荒国家级旅游度假区、宜昌大剧院、宜昌美术馆、宋城·三峡千古情项目、柏斯音乐集团夷陵新工厂等项目建设加快推进，文旅产业发展后劲增强。2017年2月，宜昌入选第一批国家文化和旅游消费试点城市。2022年，全市规(限)上文化企业营收突破500亿元，游客接待规模由2012年的2639万人次增长到7905万人次，旅游收入由2012年的200亿元增长到767亿元。

五、聚焦聚力战贫战疫惠民生，推动民生幸福更有温度质感

坚持以人民为中心，尽锐出战，推动脱贫攻坚取得全面胜利，坚持人民至上、生命至上，疫情防控取得决定性成果，民生投入稳步增加，社会事业全面进步，基础性、普惠性、兜底性民生保障持续加强，人民福祉持续增进。

（一）脱贫攻坚取得全面胜利

举全市之力决战脱贫攻坚，5个贫困县全部摘帽，243个贫困村全部出列，44.25万农村贫困人口稳定脱贫，历史性地消除了绝对贫困，贫困地区生产生活条件明显改善。宜昌连续4年在扶贫成效考核中居全省前列。光伏扶贫、教育扶贫、健康扶贫、危房改造等工作经验在全省全国推介。

1. 构建合力攻坚体系

组建由市委主要领导任第一组长、市政府主要领导任组长的扶贫攻坚领导小组，坚持市、县、乡、村四级书记抓扶贫。建立健全联席会议制度，会商、约谈和问题督查通报机制，将精准扶贫专项纳入地方党政领导班子政绩考评和市直部门履职尽责考核体系。编制《宜昌市精准扶贫精准脱贫规划(2016—2020年)》及3个武陵山片区县、2个比照享受秦巴山片区政策县区域发展与扶贫攻坚实施规划，制定《宜昌市精准脱贫攻坚战实施方案》等指导性文件近10个，构建脱贫攻坚组织动员、政策支撑综合体系。培育多元社会扶贫主体，开展百企帮百村、万企兴万村、光彩事业县市行、慈善一日捐等活动，构建起政府、市场、社会三位一体，专项扶贫、行业扶贫、社会扶贫有机结合的大扶贫格局。

2. 扎实推进精准扶贫、精准脱贫

“领导小组＋指挥部”推动机制高位运行。市委常委会22次专题研究脱贫攻坚，召开领导小组会、指挥部会议37次，全市累计整合资金180亿元投入脱贫攻坚，1379支驻村工作队3687人奔赴攻坚一线，扎根基层。

“五个一批”、“六个精准”落地落细。落实“八个一批”①就业帮扶措施。全市特色产业

---

①“八个一批”：产业发展带动一批、政策帮扶稳定一批、企业车间吸纳一批、岗位开发安置一批、引导创业支持一批、技能培训提升一批、平台服务介绍一批、机关招聘录用一批。

带动贫困户比率98.8%。易地扶贫搬迁总规模18217户47475人，664个集中安置点10429户中，有劳动能力的8752户配套1个以上产业项目，2016年、2019—2022年宜昌在全省易地扶贫搬迁工作综合考评中均位列第一。累计聘请生态护林员18120人次，按时兑付资金6034.94万元；完成11.76万亩造林任务，其中涉及贫困户14317户、3.88万亩，兑付补助资金4822.05万元；落实生态补偿政策，实际兑付贫困户7203.04万元，平均每年惠及45000余户。截至2020年底，全市建档立卡贫困户中8.1万户享受农村低保，1.1万户享受农村特困对象兜底，3.4万名困难残疾人和4.8万名重度残疾人享受生活补贴和护理补贴。

“两不愁三保障”稳定实现。资助家庭经济困难学生20.56亿元，惠及学生226.82万人次，落实雨露计划补助资金9744.4万元、55966人次，全市未发生因贫失学辍学问题。完善“基本医保＋大病保险＋医疗救助＋补充保险”四位一体政策，政策范围内贫困人口个人医疗费用报销比例92.8%，全市未发生一例因病返贫。统筹资金13.7亿元，改造危房120583户，330963人受益。累计投入12亿元建成农村供水工程5万多处，农村人口饮水全部达标。

3. 巩固拓展脱贫攻坚成果同乡村振兴有效衔接

明确脱贫攻坚有效衔接乡村振兴过渡期（2021—2025年），严格落实“四个不摘”，保持脱贫攻坚领导体制、工作制度机制及主要帮扶政策不变。出台《宜昌市巩固拓展脱贫攻坚成果同乡村振兴有效衔接重点工作三年行动方案》等指导性文件，建立防止返贫动态监测帮扶机制，坚决守牢不发生规模性返贫底线。截至2022年底，全市有监测对象9478户23350人。发挥驻村干部作用守牢防返贫底线、防返贫监测帮扶经验得到国家乡村振兴局推介。印发《宜昌市乡村建设三年行动方案》，以试点示范为抓手有序推进宜居宜业和美乡村建设。2021—2022年，宜昌连续两年在全省巩固脱贫成果后评估考核中获得“好”等次。

（二）疫情防控取得决定性成果

2020年初，面对突如其来的新冠肺炎疫情，全市人民风雨同舟、守望相助，同病魔展开殊死搏斗，在全省率先实现全域低风险。宜昌的抗疫斗争实现了“六个未发生”①，使“五个关系”②更加和谐融洽，有力维护了人民群众身体健康和生命安全。在疫情防控最为胶着的时候，宜昌主动承担国家赋予的光荣使命，为医疗物品、化肥保供作出重要贡献。

1. 全力以赴打赢疫情防控人民战争、总体战、阻击战

迅速启动疫情防控战时机制。自新冠肺炎疫情暴发以来，宜昌一直密切跟踪关注疫情动态。市委抓早抓小、果断决策，2020年1月21日组建由市委主要负责人任第一指挥长的宜昌市新冠肺炎疫情防控指挥部，1月24日下达指挥部令第1号，迅速建立统一指

①“六个未发生”：未发生一起特殊人群感染、重大负面舆情、群体性事件、冲击道德底线的恶性事件、较大及以上安全生产事故、生态环保事故。

②“五个关系”：干群关系、医患关系、邻里关系、警民关系、政商关系。

挥、统一协调、统一调度的疫情防控战时机制。

不惜代价救治患者。设置23家发热门诊定点医疗机构、13家定点救治医疗机构,组建市级医疗救治专家组,在全省率先开通“云医院”,统筹新冠肺炎病患救治和其他患者就医需求。福建分3批抽调274名援宜医务人员,支援宜昌抗疫,谱写了“宜建钟情·福运昌盛”的大爱篇章。严格遵循国家卫健委发布的新冠肺炎诊疗方案,搭建联通国家卫健委专家网和宜昌市所有定点收治医院的远程会诊平台,坚持中西医结合,一人一策精准施治。全国第一例90岁以上高龄老人和全省第一例1岁以下婴儿在宜昌治愈出院,全市用29天成功遏制疫情蔓延势头,35天新增病例清零,81天确诊病例清零。

精准有效防控。发挥多年来网格化服务管理优势,在全省最早对城市小区和农村村组采取最小单元阻隔、最严措施管理,创新“1+1+N”①防控模式,在全省率先组织4.75万名机关干部下沉村居参与疫情防控,全面开展无接触配送、全域卫生大消杀,织牢全民体温监测网、追踪密接流调网、核酸检测筛查网、境外输入防控网、风险人群摸排网,毫不放松抓好防输出、防输入、防扩散,为疫情防控赢得了主动。抗疫期间,组建临时党支部1153个,党旗在抗疫一线高高飘扬。

千方百计保障供应。全力支持抗疫保供,企业克服招工难、工费高、运输难、原材料供应紧缺等难题,扩能增产,有力服务全省抗疫大局,奥美医疗、和远气体、人福药业、东阳光、恒安芙林等企业为全省全国医疗物品保供作出重要贡献。兴发、宜化、三宁、楚星、鄂中、新洋丰6家磷铵企业纳入工信部调度,为服务全国保春耕作出重要贡献。全市17家重点商贸流通企业、相关职能部门等坚守生活物资保供一线,确保群众“米袋子”“菜篮子”不出丝毫问题。通信、电力、供水、供气等部门对欠费用户不停机、不停水电气。财政、医保、税务、银行等将各类保障资金发放到位,帮助群众渡过难关。

安全有序恢复经济社会秩序。实现全域低风险后,分区分级分类分时有序推进企业复工复产工作全面开启。离宜通道管控解除,三峡机场在全省首个复航。开发“宜安行”、重大疫情联防联控网格化系统,推行健康码管理,确保人员安全有序流动。梳理制定稳企稳产稳岗政策“一表清”,出台文化旅游、交通物流、餐饮住宿、外贸外资等系列纾困措施,采取云端采购、直播带货、消费扶贫、夜间经济等方式促进消费回补,市应对疫情金融服务应急中心企业方舱被确定为全国5家信用创新试点平台之一,疫后全省首场重大项目、招商引资暨长江大保护现场推进会在宜昌召开。

2. 慎终如始抓好常态化疫情防控

保持疫情防控领导体制、战时机制、指挥体系不变,以严防输入为重点严防反弹,坚

---

①“1+1+N”:每个社区都按照1名医生,1名警察或协警,多名网格员、下沉干部、志愿者的“1+1+N”模式配齐配强防疫力量,实施最小单元作战。

持人物地同防，压紧压实属地辖区、行业部门、单位、个人家庭四方责任，建强用好检测、流调、管控、救治、科研等常态化防控队伍，强化对海关检疫、车站机场、港口码头等闭环管理，强化对境外和国内重点地区返宜来宜人员全覆盖识别管控，强化隔离点和医疗机构院感防控，强化发热门诊、药店、门岗等哨卡作用，完善常态监测、多点触发、闭环处置、精准管控、有效救治工作机制，筑牢“外防输入、内防反弹”防线。

3. 推进疾病预防控制体系改革和公共卫生体系建设

组建由党委或政府主要负责人牵头的各级公共卫生应急委员会，建成智慧化预警多点触发平台，新冠病毒核酸检测能力全省领先。核增公共卫生人员编制，在全省率先实现县域医共体建设全覆盖，成立一体化流调排查中心，卫生城镇创建数量和质量居全省首位。大力实施公共卫生体系补短板工程三年行动，加快推进鄂西南（宜昌）重大疫情救治基地、市公共卫生中心、市重大疫情救治基地等项目建设，建设鄂西南医疗应急物资生产基地。全面完成发热门诊和定点医院改造，切实强化应急物资保障。疾控机构实现县（市、区）全覆盖，卫生健康行政部门与疾控中心一体化管理。

（三）切实保障和改善民生

持续增加民生投入，加快发展社会事业，城乡就业持续扩大，“宜学之城”建设稳步推进，医药卫生体制改革、健康宜昌建设取得显著成效，社会保障体系不断健全，民生幸福更有温度质感。

1. 坚持稳定和扩大就业

建立完善就业有路径、创业有支持、培训有补贴、困难有帮扶的政策体系和统一、开放、便捷、高效的公共就业服务体系，城镇登记失业率保持低位运行，零就业家庭动态清零。实施学子留宜工程，创建国家级创业孵化基地1家、省级大学生创业孵化示范基地9家、省级创业学院5家，2017年以来18.36万名大学生来宜留宜就业创业。

2. 着力办好人民满意的教育

学前教育三年毛入园率、九年义务教育巩固率、高中阶段教育毛入学率分别增至95%、100.3%、100%。普通高考质量连续10年增长，技能高考本科上线人数连续7年居全省第一。完成城区教育管理体制调整，原市级管理的初级中学调整到区管理，夷陵中学、市一中、市特殊教育学校搬迁新校址，职教园建成，湖北航空学院落户宜昌科教城，三峡大学被省政府列入国内一流大学建设高校。宜昌在中西部地区率先实现义务教育均衡发展合格县（市、区）全覆盖，被教育部确定为全国基础教育综合改革实验区、教育质量综合评价改革实验区、职业教育现代学徒制整体试点市等实验试点区（市）。

3. 推进卫生健康事业高质量发展

全市居民人均期望寿命从2012年的75.41岁增长到2022年的80.29岁，卫生机构床位数从2012年的19852张增长到2022年的31010张，截至2022年底，全市有三级医院17

家、二级医院48家，基层院前急救服务网络建成，初步构建“五大中心”①宜昌模式，全市大专以上学历村医占比上升到43.22%，生育政策优化，托育服务、医养结合事业有新发展。“互联网+分级诊疗”服务模式被国务院大督查通报表扬，宜昌连续8届获得全国无偿献血先进市，实现国家卫生城市“四连冠”，2016年被确定为全国首批全省唯一健康城市试点市，2020—2022年连续3年获评全国健康城市样板市。

4. 不断完善住房供应体系

坚持房住不炒总体定位，建立多主体供给、多渠道保障、租购并举的住房制度，房地产市场平稳健康发展，住房保障有力有效，实现从住有所居向住有宜居转变。十年商品房累计销售5317万平方米，建设公租房5.85万套，保障10.91万户(含租赁补贴3.97万户)，筹集保障性租赁住房1.3万套。宜昌市本级、远安县2018年被列入政府购买公租房运营管理服务国家级试点，宜昌市2021年被省政府确定为发展保障性租赁住房重点城市。

（四）兜实兜牢民生底线

聚焦群众关切，不断完善社会保障体系，健全社会救助体系，持续提升基本民生保障水平。

1. 完善社会保障体系

社会保险实现制度全覆盖、法定人员基本全覆盖，截至2022年底，全市城镇职工基本养老保险、失业保险、工伤保险参保287.5万人次，比2012年的189.6万人次增长51.6%，城镇职工基本养老保险和城乡居民养老保险参保人数共计316.47万人，基本医疗保险参保人数362.21万人。宜昌在全省率先实现跨省异地就医结算，全民参保登记工作经验在全国推介，被人力资源和社会保障部确定为工伤预防试点城市，被国家医保局纳入国家区域点数法总额预算和按病种分值付费(DIP)支付方式改革示范点。

2. 健全社会救助体系

构建起以基本生活救助、专项社会救助、急难社会救助为主体，社会力量参与为补充，覆盖全面、分层分类、综合高效的社会救助格局。城市低保标准由2012年的280—380元/月提高到2022年的700—730元/月，农村低保标准由2012年的108—150元/月提高到2022年的530—580元/月，特困供养人员救助标准由2012年单人每年一两千元提高到2022年的最低12720元，临时救助标准一般不超过城市低保标准的12倍，全域实施社会救助居住地申享。

六、促民主、强法治，凝聚同心共进强大合力

宜昌坚持和完善人民代表大会制度，坚持和完善中国共产党领导的多党合作和政治

①“五大中心”：胸痛中心、卒中中心、创伤中心、危重孕产妇救治中心、危重儿童和新生儿救治中心。

协商制度，巩固和壮大最广泛的爱国统一战线，更好发挥群团组织作用，深化全国双拥模范城创建，全面推进依法治市，政治文明不断进步。

（一）积极发展社会主义民主政治

加强和改进新时代人大、政协工作，加强统战工作，凝聚强大发展合力。

1. 加强和改进新时代人大、政协工作

积极发展和完善全过程人民民主，加强和改进党对人大工作的领导，支持人大及其常委会依法行使立法、监督、决定、任免等各项职权，积极办理代表议案建议，加强各级人大建设。市人大及其常委会紧跟党中央决策部署和省委工作要求、市委具体安排，紧贴人民群众美好生活需要，认真履行宪法法律赋予的各项职责，为宜昌高质量发展作出重要贡献。2022年6月30日，全国人大常委会执法检查组来宜开展长江保护法执法检查，对宜昌推进长江大保护工作给予充分肯定，对做好新时代人大工作提出明确要求。

加强党对政协工作的领导，支持政协履行政治协商、民主监督、参政议政职能。政协提出的将宜昌纳入长江中游城市群的建议等得到中央领导肯定，推动社会管理创新等进入国家和省重要协商，一批意见建议被及时转化为推动宜昌高质量发展的举措。携手长江沿线8省（直辖市）的19个市区政协举办的“建设典范城市　共护长江生态——长江流域市（区）政协联谊书画展”展示了宜昌良好形象。协商民主工作经验在全国交流，进入全国政协培训中心课堂。

2. 做好新时代统一战线工作

加强党对统一战线工作的集中统一领导，强化思想共识教育，健全完善市、县两级党委统一战线工作领导小组运行机制及六大领域联席会议制度，建立基层统战工作“四级网络”，推动新型政党制度效能持续提升、非公经济健康稳步发展、民族宗教领域和谐和顺、党外知识分子和新的社会阶层人士作用有效发挥、党外代表人士队伍建设进一步加强、港澳台及海外工作持续深化，爱国统一战线不断发展壮大。宜昌市被中央统战部确定为全国新的社会阶层人士统战工作创新推广城市，入选全国少数民族流动人口服务管理示范城市。宜昌市基层统战工作实践创新、以亲清公约构建新型政商关系等经验在全国推介。

（二）加快建设法治宜昌

坚持党对法治建设的集中统一领导，协调推进科学立法、依法执政、依法行政、公正司法、法治社会建设等工作，全面推进依法治市，2017—2022年度宜昌法治建设绩效考核连续6年居全省第一。

1. 健全完善制度体系

自2016年宜昌行使地方立法权以来，共组织制定10部地方性法规、1部法规性决定和6部市政府规章。组织开展新中国成立以来市委党内规范性文件的集中清理，废止

691件、宣布失效635件、修改12件，强化行政规范性文件管理，清理1208件，严格维护法制统一和政令畅通。

2. 深入推进依法执政、依法行政

健全各级党委工作规则和议事决策机制，在全省率先推广使用合法性审核专用章。深入推进部门、流域、县域、城区综合行政执法改革，在全省率先成立流域水生态保护综合执法局和行政执法监督局，宜昌成为全国综合执法体制改革和行政执法协调监督工作体系试点城市。"聚法治之力推进流域综合治理"等获评全省法治政府建设示范项目，"创新流域水生态综合执法改革"获评全国法治政府建设示范项目。2020年8月，宜昌市获评首批"全国法治政府建设示范市"。

3. 着力保证公正司法

全面落实司法责任制及综合配套改革，市县公安机关大部门大警种改革、主城区公安派出所"一室两队"①警务机制改革有序推进，"密防快反"②警务模式不断完善。民事诉讼制度改革、以审判为中心的刑事诉讼制度改革持续深化，行政诉讼集中管辖，分调裁审机制改革步伐加快，司法为民能力显著增强。

4. 全面推进法治社会建设

大力开展普法工作，"12·4"国家宪法日活动亮相中央电视台《新闻联播》。深化法治文化建设，命名市级法治文化建设示范点45个，建成2090个法治文化阵地，12个村(社区)获评全国民主法治示范村。组织开展矛盾纠纷排查调处"百千万"③专项行动，完善"诉调对接""访调对接""警司联调"等联动机制，健全完善市县乡村四级矛盾纠纷化解体系。

(三)深入推进市域社会治理

贯彻落实总体国家安全观，扎实开展扫黑除恶专项斗争和政法队伍教育整顿，打造共建共治共享的社会治理格局，全国市域社会治理现代化试点城市建设取得阶段性成效，社会大局安全稳定。

1. 扎实开展扫黑除恶专项斗争和政法队伍教育整顿

2018年1月，扫黑除恶专项斗争打响，宜昌按照一年治标、两年治根、三年治本总要求，强力开展"六清"④行动。2018—2019年连续两年被省扫黑除恶专项斗争领导小组通报表扬为先进市州。截至2020年12月，全市共打掉涉黑组织15个、涉恶犯罪集团32个、

---

①"一室两队"："一室"指综合指挥室，"两队"指社区警务队、执法办案队。

②"密防快反"：对案件密集防控、快速反应。

③"百千万"：百家司法所、千名人民调解员、集中排查化解万件矛盾纠纷。

④"六清"：线索清仓、逃犯清零、案件清结、伞网清除、黑财清底、行业清源。

涉恶犯罪团伙161个，破获刑事案件1046件、刑拘犯罪嫌疑人1348人，查封扣押冻结违法资产5.384亿元，起诉涉黑案件21件303人、涉恶案件148件919人，一审判决134件846人，二审判决38件280人。2021年，宜昌在全省率先设立扫黑除恶常设工作机构，形成常态化运行体系和机制，有力促进了社会大局和谐稳定。

宜昌市政法队伍教育整顿从2021年2月底开始，累计查找“六大顽瘴痼疾”[①]6371个，推动解决群众急难愁盼的困难和问题1.03万个，出台便民和优化法治化营商环境措施894条，推出政法英模和群众身边典型440人，制定完善各类制度机制561项，形成抓源治本制度体系。通过教育整顿，全市政法系统政治生态得到净化，社会公平正义进一步彰显。

2. 探索基层善治宜昌方案

宜昌市作为全国社会管理创新综合试点城市之一，通过实践探索，建立了“一本三化”[②]社会管理体系，相关经验走向全国。在“一本三化”总体思路的指导下，宜昌深化完善“网格化＋大数据”社会治理体系，加快建立健全统筹城乡的网格化管理体系、广泛多层的社会化服务体系、协商共治的规范化自治体系和联通共享的信息化支撑体系，为构建共建共治共享的社会治理体系打下坚实基础。2017年9月，网格化管理经验被中央政法委推荐录入“砥砺奋进的五年”大型成就展。

3. 推进全国市域社会治理现代化试点城市建设

2020年，宜昌被确定为第一批全国市域社会治理现代化试点城市，探索建立了党领导下的“1151”[③]市域社会治理组织推进体系。构建“1＋1＋13”[④]组织领导和工作推进格局，构建“党建主导型业委会”横向自治平台＋“群团组织带动型社会组织”纵向纽带，建成“宜格服务”“宜接就办”等平台，构建市县乡村综治（网格）中心服务管理体系，市县乡村四级1774个综治（网格）中心实现规范化运行全覆盖，全市建成市县乡村四级社会心理服务阵地1774个、县乡两级社会组织服务中心（站）126个、社区（村）社会组织服务室1288个，家庭文明诚信档案建设制度机制进一步优化。党领导下的“1151”市域社会治

---

①“六大顽瘴痼疾”：违反防止干预司法“三个规定”，违规经商办企业和配偶、子女及其配偶违规从事经营活动，违规参股借贷，违规违法减刑、假释、暂予监外执行，有案不立、压案不查、有罪不究，法官、检察官离任后违规从事律师职业、充当司法掮客。

②“一本三化”：以人为本，网格化管理、信息化支撑、社会化服务。

③“1151”：市域统筹＋筑堡强基＋五大支持体系［综治（网格）中心服务管理、社会心理健康支持、引领社会组织发展、家庭文明诚信档案管理、公共法律服务］＋大安全格局。

④“1＋1＋13”：成立市委平安宜昌建设暨市域社会治理现代化建设领导小组，建立深化新时代党建引领加强基层社会治理工作领导小组，分领域设立政治安全、维护社会稳定、法治建设、德治建设指导暨宣传、自治建设指导、社会治安、公共安全、重点人群服务管理、维护妇女儿童权益暨“平安家庭”建设、铁路护路工作、政法智能化建设、狱所安全联防联控、社会心理健康支持体系建设13个专项工作组。

理组织推进体系被中国社会治理研究院评选为2022年全国社会治理创新案例。

4. 全力维护社会大局安全稳定

统筹推进着力防范化解重大安全风险、科技赋能安全生产、安全文化培育等工作,全市生产安全事故总量由2012年858起、直接经济损失5002.37万元下降到2022年112起、直接经济损失3710.4万元。宜昌是全国18个城市安全风险综合监测预警平台建设试点城市之一。通过建立健全常态化信访维稳安保工作体制机制,大力打击各类违法犯罪行为,坚持和发展新时代"枫桥经验",宜昌确保了重大节会活动和重要敏感节点期间全市政治社会大局持续平安稳定,群众安全感和满意度测评始终保持全省前列,获得"雪亮工程"全国示范城市等荣誉,实现全国综治最高奖"长安杯"三连冠,被评为"2017—2020年度平安中国建设示范市"。

七、以党的政治建设为统领,推进全面从严治党向纵深发展

新时代十年是宜昌经济社会发展取得全方位、历史性成就的十年,也是全面从严治党取得非凡成就的十年。党的十八大以来,宜昌深入学习贯彻习近平总书记关于党的建设重要论述,深入落实新时代党的建设总要求,坚持全面从严治党,推动政治生态更加风清气正,为加快建设长江大保护典范城市提供坚强保证。

(一)把党的政治建设摆在首位

坚持把党的政治建设摆在首位,教育引导全市党员干部坚持"两个确立",做到"两个维护",不断提升政治判断力、政治领悟力、政治执行力。

1. 坚持"两个确立",做到"两个维护"

始终坚持将学习贯彻习近平总书记重要讲话和重要指示批示精神作为党委常委会会议、政府常务会议第一议题,不折不扣推动党中央决策部署在宜昌落地见效。严格执行重大事项请示报告制度。全力做好巡视整改,持续深化政治巡察。出台《中共宜昌市委关于深入学习贯彻党的十九届六中全会精神坚持"两个确立"做到"两个维护"的决定》,要求全市各级党组织和广大党员干部要全面、具体、坚定地坚持"两个确立",做到"两个维护"。

2. 扎实开展党内主题教育

按照党中央部署,扎实开展党的群众路线教育实践活动、"三严三实"专题教育、"两学一做"学习教育、"不忘初心、牢记使命"主题教育和党史学习教育。党代表联系服务群众制度、"我为群众办件事"活动、英雄民警胡钦春在党的群众路线教育实践活动中成为全国典型,践行"三严三实"在全省专题交流座谈会上作经验交流,"两学一做"学习教育得到中组部高度评价,涌现出"扶贫县官"罗官章、"峡江红烛"陈人海、"宜昌海迪"李玉洁等先进典型,"不忘初心、牢记使命"主题教育得到中央第一巡回督导组"很实、很细、很

新”评价，党史学习教育得到中央指导组充分肯定。坚持问需于民、问计于民，推动全市党员干部扎实开展下基层察民情解民忧暖民心实践活动，走好新时代党的群众路线。持续开展的党内主题教育，使宜昌广大党员干部受到全面深刻的政治教育，各级党组织的创造力、凝聚力、战斗力大大提升。

（二）学深悟透新时代党的创新理论

坚持把学习宣传贯彻习近平新时代中国特色社会主义思想作为首要政治任务，教育引导全市广大党员干部做习近平新时代中国特色社会主义思想的坚定信仰者、忠实实践者。

1. 推动理论学习走深走实

坚持不懈用习近平新时代中国特色社会主义思想凝心铸魂，着力建设模范学习宣传贯彻习近平新时代中国特色社会主义思想的信仰之城，推动党的创新理论武装不断走深走实。出台《宜昌市党委（党组）理论学习中心组学习办法》，不断提高各级党委（党组）中心组学习的规范性和实效性。深入实施党员干部大规模培训轮训，党校党的理论教育和党性教育课时占总课时70%以上。将学习融入三会一课、主题党日、道德讲堂等，促进全体党员干部学思践悟。全体党员干部切实在学懂弄通做实上下功夫，自觉把党的创新理论转化为推进宜昌高质量发展的实践力量。

2. 大力宣传党的创新理论

建强“两团多队”“五路大军”①宣讲队伍，完善市县乡村四级宣讲体系，开展“十讲十进”②大宣讲，创办同心大讲堂，打造“微微道来”“局长讲坛”等理论宣讲品牌，通过“讲习所”“青年夜校”“屋场会”“火塘夜话”“微课堂”等多种形式，全域全覆盖开展理论宣讲和百姓宣讲，推动党的创新理论家喻户晓。宜昌乡土宣讲队被中宣部评为全国基层理论宣讲先进集体，“微微道来”理论宣讲工作入选中宣部2022年宣传思想文化工作创新案例。

3. 深入研究阐释党的创新理论

整合高校、党校、科研院所、党政部门研究机构力量，建立研究阐释党的创新理论智库。承办治国理政论坛新发展理念系列理论研讨会第三场研讨会、中国长江论坛2016分论坛生态三峡·宜昌试验国际研讨会、中国新型政党制度回顾与展望高端论坛、第四届

---

①“五路大军”：驻村干部下沉党员面向农村社区基层党员群众开展宣讲、青年骨干面向青年群体开展宣讲、专家学者深入一线开展宣讲、文艺工作者依托“红色文艺轻骑兵”开展文艺宣讲、先进典型进基层宣讲。

②“十讲十进”：领导干部带头讲、专家学者专题讲、先进典型示范讲、青年骨干交流讲、驻村第一书记就地讲、百业能人分层讲、文艺队伍巡回讲、志愿队伍入户讲、网络名人线上讲、媒体平台互动讲，进机关、进企事业单位、进城乡社区、进校园、进各类新经济组织和新社会组织、进文明实践所（站）、进工业园区、进商圈、进景区、进网站。

国家统一与民族复兴研讨会、第六届中国社区治理论坛等研讨会(论坛),举办深入学习习近平生态文明思想等理论研讨会,用好《三峡日报》(理论版)等阵地,围绕长江大保护典范城市建设等工作,推出一批有深度、有价值、可转化的研究成果。

(三)建设高素质专业化干部人才队伍

坚持新时代好干部标准,落实党管干部原则,统筹推进干部选育管用,坚持和加强党对人才工作的全面领导,实施新时代人才强市战略,为宜昌高质量发展提供人才支撑。

1.持续抓好干部队伍建设

坚持党管干部原则,坚持正确用人导向,从严管理监督干部。创新开展“察担当促有为”实绩专项考核和履职尽责管理,大力推进领导干部能上能下,在全省率先出台激励干部干事创业“九条意见”和激励关爱基层干部若干措施,制定落实“三个区分开来”实施办法,有力锻造“工匠+猛将”型干部队伍。点名调训制度被中央组织部编入《干部教育培训改革创新100例》,绿色政绩考核经验、加强干部日常监督五项措施经验得到《中国组织人事报》推介,推进公务员职务与职级并行全国试点工作提出的11条职务职级并行建议进入全省、全国性制度。

2.大力实施新时代人才强市战略

坚持和加强党对人才工作的全面领导,聚焦打造区域性科技创新中心,深入实施宜昌英才工程、我选湖北·爱上宜昌、人才招引计划、宜才宜用人才回归工程等人才工程,在全国50所高校建立人才工作联络站,设立宜昌城市大脑研究院、三峡人才集团、宜昌创新人才学院招才引智平台,建成一批院士工作站、博士后科研工作站、博士后实践基地以及湖北三峡实验室等人才支撑平台,深化人才发展体制机制改革,出台“1+4”①人才政策等政策体系,在全国首创就业住房储备金政策,举办宜昌“330”三峡国际人才日活动,推出人才一站式服务平台“宜才码”,宜昌市人才发展经验获评全国基层人才工作创新最佳案例。截至2022年底,全市人才总量85万人,人才的战略支撑作用显著增强。

(四)加强基层党组织建设

党的基层组织是党的全部工作和战斗力的基础,宜昌大力夯实基层基础,严密党的组织体系,党的组织优势、组织力量在大战大考中得到充分体现。

1.深化基层党建制度机制建设

构建党组织书记抓基层党建口袋书明责、承诺制履责和相关部门滚动式考责三位一体

①“1+4”:“1”指《关于进一步优化人才生态、加快人才集聚、打造区域性活力中心的实施意见》;“4”指《宜昌市产业领军人才“双百”计划实施办法》《宜昌市人才安居暂行办法》《宜昌市人才分类服务保障暂行办法》《城市场景营城工作实施方案》。

责任链条，推动党建工作责任制落实。出台《宜昌市党支部建设规范》等文件，分领域制定《支部主题党日活动指南》，实行党支部分类定级、晋位升级工作机制和基层党建责任、业务双线考评机制，推进基层党组织标准化规范化建设。深化新时代党建引领基层社会治理，坚持共同缔造理念，持续完善“一线五化”①实施路径，成功打造基层治理宜昌范式。《支部主题党日活动指南》经验做法在全省推广，落实基层党建工作责任制得到中组部肯定。

2. 打造坚强有力的战斗堡垒

以组织体系建设为重点，统筹推进各层级各领域党组织建设，2022年底，全市有基层党组织11717个，党员271214人。推行社区党组织书记事业岗位管理，建立“双报到、双报告”长效机制，制定社区大党委、社区吹哨党员报到等办法措施，深化村（社区）党组织书记县级党委备案管理，全面推行党员分类管理、积分管理，推动智慧党建云平台功能与基层党建工作全面融合。大力实施头雁工程、“三在”②工程、筑堡工程③，接续实施基层党建聚力计划，持续整顿软弱涣散基层党组织，在脱贫攻坚、乡村振兴、疫情防控等一线，基层党组织战斗堡垒作用和党员先锋模范作用得到充分发挥。许家冲村《村党员公约》得到习近平总书记肯定，基层政务公开和便民服务融合发展改革经验被国务院办公厅推介，阳光家园等案例被评选为全国基层党建创新最佳案例，“三在”工程经验在《中国组织人事报》等宣传推介。

许家冲村（宜昌史志馆　供图，望作信　摄）

①“一线五化”：以党建引领基层治理为主线，加快组织聚合化、队伍专业化、响应高效化、服务场景化、应用数字化的基层治理体系和治理能力现代化建设。

②“三在”：党员干部生活在群众中、群众生活在集体中、基层阵地筑牢在百姓心中。

③筑堡工程：以社区、村为基本单元，对各社区、村进行分期分类管理，推进基层治理体系建设、城市大脑建设、文明典范城市创建等工作深度融合、协同推进，把基层党组织建设成为宣传党的主张、贯彻党的决定、领导基层治理、团结动员群众、推动改革发展的坚强战斗堡垒。

（五）持之以恒正风肃纪反腐

严格落实党中央关于全面从严治党战略部署，坚持严的基调不动摇，深化纪检监察体制改革，加强监督执纪问责，反腐败斗争取得压倒性胜利并全面巩固，全市政治生态持续向好。

1. 切实加强政治监督

聚焦贯彻落实习近平总书记重要讲话重要指示批示精神和党中央决策部署，强化跟进监督，确保党中央政令畅通，坚决扛牢“两个维护”根本政治责任。2021年在全省率先开展政治生态分析研判试点，出台《宜昌市政治生态分析研判工作办法》，健全完善工作机制，不断推进政治监督具体化、常态化、精准化。围绕三新一高、三大攻坚战、长江大保护、农村乱占耕地建房等开展监督检查，持续开展违建别墅、大棚房清查整治。2017年以来，针对党的政治建设抓得不实、党的组织建设薄弱等问题，追责问责781人。

2. 持续用力纠治“四风”

坚决贯彻落实中央八项规定及其实施细则精神，持续用力纠“四风”树新风。2012—2022年，围绕隐形变异的“四风”问题，深入开展领导干部“带彩”娱乐问题、财务票据突出问题等28项专项治理，对违规公款吃喝、违规收送礼品礼金、违规发放津贴补贴等顽瘴痼疾露头就打，全市共查处违反中央八项规定精神问题3677个，处理4789人。2019—2021年，连续3年开展集中整治形式主义、官僚主义专项行动，组织开展为基层“减负”、虚假脱贫、数字脱贫、项目投资及统计数据造假、招商引资造假等9个专项治理，对中央、省委巡视和中央环保督察整改中的敷衍整改、虚假整改等问题紧盯不放、严纠严惩，全市查处相关问题1062个，处理1409人。坚持纠树并举，营造良好干事创业环境，建立容错纠错、精准问责、澄清正名、教育帮扶工作机制，严肃查处诬告陷害行为。

3. 一体推进“三不腐”

始终保持惩治腐败高压态势，一体推进不敢腐、不能腐、不想腐。坚持有案必查、有腐必惩。2012—2022年，全市各级纪检监察机关共立案15130件，处分14499人，留置272人，移送检察机关534人，严肃查处了一批严重违纪违法案件。精准运用“四种形态”，对苗头性、倾向性问题早提醒、早纠正，运用第一、第二种形态处理29350人，占比91.4%。持续加强党纪国法教育和廉洁文化培育，把“1+7”①清廉载体建设作为深化源头预防腐败的重要载体和抓手，坚持每年开展党风廉政宣传教育月活动，扎实推进党规党纪和监察法规“十进十建”，推进纪律教育工作抓在经常、融入日常，教育引导广大党员

①“1+7”：“1”指《关于推进清廉湖北建设的意见》；“7”指《推进清廉机关建设实施意见》《推进清廉企业建设实施意见》《推进清廉学校建设实施意见》《推进清廉医院建设实施意见》《推进清廉村居建设实施意见》《推进清廉家庭建设实施意见》《加强清廉文化建设实施意见》。

干部形成遵规守纪的高度自觉。

4. 推动巡察工作向纵深发展

坚持板块轮动、上下联动、常专结合，推动巡察监督、整改、治理有机贯通，持续发挥政治巡察利剑作用。2015年，宜昌在全省率先开展党风廉政建设巡察试点工作。六届市委开展10轮常规巡察、6个重点领域专项巡察，实现任期内巡察全覆盖，发现面上问题5106个，移送问题线索268个，追责问责1698人。七届市委开展2轮常规巡察，发现面上问题755个，移交问题线索94件，推动查处党员干部119人，给予党纪政务处分5人。截至2022年底，六届市委巡察反馈面上问题整改完成率99.94%，七届市委第一轮巡察反馈问题整改完成率95.41%，推动一批系统性、领域性共性问题和反复性、普遍性突出问题得到解决。市级领导领衔巡视巡察整改、纪巡审贯通协同工作经验被中央巡视办、省委巡视办等推介。

大道至简，实干为要。总书记的殷殷嘱托，是宜昌人民奋进新时代的根本方向和不竭动力。宜昌将牢记嘱托、不负使命，在省委、省政府的坚强领导下，踔厉奋发、勇担重任，加快建设长江大保护典范城市，以实际行动为湖北建设全国构建新发展格局先行区作出更大贡献！

撰稿人：崔锐、向连华、朱红、黄火
统稿人：胡松
审定人：孙志中

深入贯彻新发展理念　加快十堰绿色转型发展

——从党的十八大到二十大十堰发展综述

十堰市史志研究中心

十堰地处鄂豫陕渝毗邻地区、秦巴山区腹地、汉江中上游，是国家重要生态功能区，南水北调中线工程核心水源区、纯调水区，在全国、全省发展格局中具有特殊地位。十堰始终坚持以习近平新时代中国特色社会主义思想为指导，全面贯彻落实习近平总书记重要讲话和指示批示精神，坚决扛起服务国家重大战略、“守好这一库碧水”政治责任，全力推进十堰由建设区域性中心城市向建设绿色低碳发展示范区更高目标迈进，在湖北“建成支点、走在前列、谱写新篇”、加快建设全国构建新发展格局先行区中，展现十堰担当、做出十堰贡献。

十年间，全市基层党组织数量增加936个，党员数量增加2.72万名，党的建设全面加强，党建引领乡村振兴、引领基层治理能力全面提升，政治社会大局平安稳定，人民群众获得感幸福感安全感不断提升。习近平新时代中国特色社会主义思想在十堰落地生根，开花结果，形成生动实践。

一、坚决做到“两个维护”，坚定不移推进党中央决策部署在十堰落实落地

十年来，习近平总书记先后4次考察湖北，并参加全国人大湖北代表团审议，出席第七届世界军人运动会开幕式，还深入丹江口库区及周边考察调研，多次发表重要讲话、作出指示批示，叮嘱“守好这一库碧水”，强调“要把水源区的生态环境保护工作作为重中之重，划出硬杠杠”，为库区水质安全保障立下规矩、划定红线。省委、省政府对十堰发展高度重视，省第十二次党代会赋予十堰建设“绿色低碳发展示范区”的目标定位，为十堰发展提供了根本遵循和行动指南。

（一）深入贯彻落实习近平总书记重要讲话和指示批示精神

十堰把学习贯彻习近平总书记重要讲话和指示批示精神作为首要政治任务，建立工

作台账，实施清单管理，市委常委会第一时间传达学习，研究贯彻落实意见。

2013年10月30日，市委召开四届七次全体(扩大)会议，学习贯彻习近平总书记2013年7月考察湖北重要指示精神，审议通过《中共十堰市委、十堰市人民政府关于以学习贯彻习近平总书记重要讲话精神为动力，进一步加快区域性中心城市建设的实施意见》，不断开创区域性中心城市建设新局面。

2018年7月17日，市委召开五届五次全体(扩大)会议，学习贯彻习近平总书记2018年4月考察湖北重要指示精神，审议通过《中共十堰市委关于学习贯彻习近平总书记视察湖北重要讲话精神，大力推动十堰高质量发展的决定》，奋力谱写新时代十堰高质量发展新篇章。

2019年10月14日，市委召开五届八次全体(扩大)会议，学习贯彻习近平总书记在推动中部地区崛起工作座谈会上的重要讲话精神，审议通过《中共十堰市委关于落实促进中部地区崛起战略打造湖北高质量发展重要增长极的实施意见》，致力把十堰打造成为湖北高质量发展重要增长极。

2020年6月24日，市委召开五届九次全会，学习贯彻习近平总书记2020年3月考察湖北、5月参加全国人大会议湖北代表团审议时的重要讲话精神，审议通过《中共十堰市委关于贯彻落实党的十九届四中全会精神、推进市域治理现代化的决定》《中共十堰市委、十堰市人民政府关于推进疾病预防控制体系改革和公共卫生体系建设的实施意见》，答好习近平总书记和党中央交给的“必答题”。

为深入学习贯彻习近平总书记关于南水北调中线生态建设、水质保护一系列重要指示批示精神，坚决扛起“守井人”政治责任。四届市委坚持“外修生态、内修人文”，五届市委“努力在生态文明建设和转型跨越发展上走在全省前列”，六届市委加快建设“山水车城、宜居十堰”，编制流域综合治理和统筹发展规划，制定《十堰市建设绿色低碳发展示范区实施方案》，为确保一库碧水永续北送构建了“四梁八柱”。

十年来，市委持续压茬跟进学习贯彻和督办落实党的十八大以来习近平总书记重要指示批示100多件。2022年12月28日，市委六届四次全会专题听取并审议《传达学习贯彻落实习近平总书记重要讲话和指示批示精神情况报告》，确保十堰各项工作始终沿着正确方向前进。

(二)不折不扣落实党中央决策部署

市委及时召开全会、常委会会议、市委专题会议，深入学习贯彻党的十八大、十九大、二十大和历次全会精神，制定《关于认真学习宣传贯彻党的十八大精神的通知》《关于学习贯彻落实党的十九大精神、奋力打造区域性增长极全面建设社会主义现代化强市的决定》《关于认真学习宣传贯彻党的二十大精神的决定》，科学编制国民经济和社会发展规划，出台全面深化改革、全面推进法治十堰建设、深入推进全面从严治党、打好三大攻坚战重点战役、实施人才强市战略、推动高质量发展等重大决定，印发关于加强新时代人大、政协、统战、群团工作，加强基层社会治理、招商引资、优化营商环境、促进民营经济发展等工作的意见，连续多年制定实施“三农”工作一号文件，确保党中央有部署有要求，十堰有行动见成效。

二、深入贯彻新发展理念，经济发展行稳致远

完整准确全面贯彻新发展理念，推动经济发展不断迈上新台阶。2022年，全市实现地区生产总值2304.7亿元、社会消费品零售总额1294.5亿元、城镇常住居民人均可支配收入37827元、农村常住居民人均可支配收入14190元，分别是2012年的2.41、2.62、2.07、2.61倍。

（一）不断完善发展思路

始终坚持生态立市、绿色发展，自觉把各项工作放在全国、全省大局中去把握、谋划、推进，锚定国家战略水源地定位，围绕“武当山”“丹江水”“汽车城”三张名片，不断廓清思路、优化布局，实施“一城两带”发展战略，探索构建“一核多支点”“一心两翼三高地”“一核带动、两翼驱动、多点联动”“繁荣在主城、实力在经开、倍增在县域、亮点在武当、未来在新城”等发展格局，推动十堰由“建设区域性中心城市”“湖北高质量发展重要增长极”向“建设绿色低碳发展示范区”转变，打造“山水车城、宜居十堰”，奋力谱写中国式现代化十堰篇章，目标更加具体，思路更加清晰。

推进“一城两带”战略，构建“一核多支点”发展格局。“十二五”时期，十堰提出“一城两带”战略，围绕区域性中心城市建设目标，加快十堰城区建设，加快竹房城镇带城乡一体化试验区、十堰汉江生态经济带建设，探索形成以中心城市为核心、以各县（市、区）为发力点“一核多支点”发展格局。

构建“一心两翼三高地”区域和产业布局。2019年1月，市委五届六次全体（扩大）会议暨全市经济工作会议上提出“一心两翼三高地”的区域和产业发展布局。以中心城区（含郧阳区）为主，着力建设鄂渝陕豫毗邻地区中心城市，打造汽车制造业中心、交通物流中心、商贸金融中心、科教人才中心、文化医疗中心。以环丹江口库区为主要区域，大力推进新型工业化和城镇化，在生态文明建设和转型跨越发展上形成优势。以南三县为主要区域，大力实施乡村振兴战略，在发展现代农业和特色农业上形成优势。把丹江口市、郧阳区打造成县域经济发展高地，把房县、竹山县、竹溪县、郧西县打造成绿色发展高地，以武当山为龙头，打造全域文化旅游康养高地。

构建“一核带动、两翼驱动、多点联动”区域发展布局。2020年12月，市委五届十次全会提出“一核带动、两翼驱动、多点联动”区域发展布局。做大做强做优中心城区，打造

汽车“智造”中心、交通物流中心、商贸服务中心、科教人才中心、文化医疗中心。推进“两带”建设提档升级，以丹江口、郧阳、郧西为重点，建设国家战略水资源保障区和产业带、文化带、旅游带；支持房县、竹山、竹溪大力发展现代农业和特色产业，探索具有山区特色的城乡协同和乡村振兴之路，打造支撑全市高质量发展的南北“双翼”。坚持点面支撑、全域发力、多点联动，推动县域经济大突破。

构建“繁荣在主城、实力在经开、倍增在县域、亮点在武当、未来在新城”区域发展新格局。2021年12月，市第六次党代会对区域发展布局细化，提出加快推动“繁荣在主城、实力在经开、倍增在县域、亮点在武当、未来在新城”成势见效。

（二）加快产业转型升级

从2013年1月市委四届六次全会提出构建“一主多元”产业体系（汽车主导产业，全域旅游、特色农业、现代服务业、生物医药、电力能源等产业）到2022年11月市委六届三次全会提出构建“一主四优多支撑”[①]现代产业体系，十堰始终坚持新发展理念，立足资源禀赋、产业优势，不断调整优化产业结构。三次产业结构由2012年的11.5∶49.4∶39.2优化为2022年的9.8∶40.1∶50.2，第三产业占比提高11个百分点。2021年服务业增加值突破千亿元，2022年服务业增加值达1156亿元，是2012年的3.1倍。2022年，规上工业企业1183家，较2012年增加566家；规上工业增加值年均增长6.3%，主导产业汽车制造业增加值年均增长5.2%。2022年，全市旅游接待总人数10001.1万人次，是2012年的4.3倍，旅游总收入1023.5亿元，是2012年的6.3倍。

做大做强新能源和智能网联汽车主导产业。以轻量化、电动化、智能化、网联化、共享化“五化”为方向，围绕搭建供应链、重构产业链、提升价值链，加快新能源与智能网联汽车产业链布局，着力构建零部件全配套、电动车强链条、商用车全系列、专用车多品种下一代汽车产业生态圈。到2022年底，全市整车企业12家、零部件企业2200多家，汽车产值突破1600亿元。新能源汽车产业已形成东风商用车、东风华神、东风小康、易捷特、三环汽车等8家整车企业。“武襄十随”汽车集群入选国家先进制造业集群名单。2022年全市生产新能源汽车10.6万辆，出口5.5万辆。

突破性发展文旅康养、新型电池、绿色食品饮料、生物医药健康四大优势产业。生态文旅康养产业主要是充分发挥武当山龙头作用，叫响“武当道乐”“武当太极”“武当养生”“武当建筑”品牌，打造世界重要旅游目的地，2022年全市A级景区达到94家。新型电池产业逐步形成以正负极材料、五金材料、电芯、电解液和电池制造为主的产业集群，

①“一主四优多支撑”：做大做强新能源和智能网联汽车“一主”产业，突破性发展文旅康养、新型电池、绿色食品饮料、生物医药健康“四优”产业，培育壮大循环经济、卫浴、清洁能源、数字经济、供应链物流等多点支撑产业，构建“一主四优多支撑”现代产业体系。

2022年全市有远景动力、万润新能源等新型电池规上企业20家,实现年产值110亿元。绿色食品饮料产业主要是做足水文章,做大做强绿色食品饮料精深加工,建设全省乃至全国重要的绿色食品饮料生产加工基地。生物医药健康产业主要是加快生物医药健康产业补链强链延链,打造全省领先的生物医药健康产业发展集聚区和健康消费区域性中心。

培育壮大循环经济、纺织、卫浴、清洁能源、数字经济、供应链物流等多点支撑产业。各县(市、区)立足自身优势、产业基础,强龙头、补链条、聚集群,加快建设全国循环经济创新基地、全省清洁能源产业基地、"东数西算"①省内重要节点城市、生产服务型国家物流枢纽,推动县域经济实现重大突破。

东风商用车八万辆基地(李军　摄)

(三)统筹城乡协调发展

坚持以城带乡、城乡融合,不断做优中心城区、做强县城、振兴乡村,形成城乡统筹协调发展新格局。

打造"山水车城、宜居十堰"。优化国土空间规划,编制十堰市城镇体系规划、汉江生态城规划等,全面打造宜居、韧性、智慧城市。加快城市更新,实施"补短板、消隐患"工程,改造老旧小区,上线城市大脑,快速推进中央商务区、空港经济区、东部新经济产业园等片区综合开发,百二河生态修复工程等一批市政项目建成投用,十堰入选全国第二批一刻钟便民生活圈试点城市。完善中心城区功能,完成紫霄大道、林荫大道、北京路综合

①"东数西算":通过构建数据中心、云计算、大数据一体化的新型算力网络体系,将东部算力需求有序引导到西部,优化数据中心建设布局,促进东西部协同联动。

改造等一批重大工程,获批国家首批管廊试点城市,推进生态滨江新区与中心城区融合发展,实现山城向山水宜居城市转变。汉十高铁竣工通车,武当山机场跻身百万级机场行列,县县通高速,十堰全面迈进"高速、航空、高铁"时代。

推进强县工程。制定《县域经济发展"十四五"规划》《县域经济高质量发展三年行动计划实施方案》,加快推进以人为核心的新型城镇化,县域城镇化率48.27%。2022年县域地区生产总值占全市地区生产总值的49.6%,丹江口市、郧阳区、房县获评"2022年度全省县域经济发展先进县(市、区)",分别位列全省三类县(市、区)第一、第二、第四位。

实施乡村建设和"擦亮小城镇"行动。坚持农业农村优先发展,编制《十堰市美丽乡村建设五年推进规划(2019—2023年)》和分年度实施计划,建设宜居宜业和美乡村,让农业更强、农村更美、农民更富。聚焦农村安幼、养老、垃圾、污水、厕所、道路"六件事",实施宜居住房、清洁生产、饮水安全、通畅路网、环境治理和乡村绿化等工程,建成土城康养小镇、茶店樱桃沟村、柳陂龙韵村等一批功能完善的中心镇、特色小镇和美丽乡村,创建"生态宜居家园示范村"318个、美丽乡村示范乡镇19个。到2022年底,全市完成农村"厕所革命"整村推进1553个行政村;全市行政村生活垃圾治理覆盖率达95%以上,建成乡镇污水处理厂97座,日处理规模12万吨;农村水、电、路、气、网等基础设施全面改善,村村通客车率100%,快递覆盖率81.9%,乡镇主要场所基本实现通5G网络。

(四)深化改革开放创新

改革释放新动能。推进行政管理体制改革,郧县撤县设区获国务院批准,2014年12月17日,郧阳区正式挂牌运行。推进党政机构改革,如期完成党政机构改革任务,事业单位分类改革有序实施。推进农村土地制度、农村产权制度改革,郧阳区整合涉农资金经验在全省推广。推进生态文明体制机制创新,在全省率先实施环境保护"一票否决"制度和生态环境损害责任终身追究制度。十堰全力推进绿色低碳发展、国资国企改革、经开区扩容及管理体制改革等重点领域改革,入选全国改革开放40周年40个重大典型城市,老工业基地改造、"林长制"和易地扶贫搬迁后续扶持工作获国务院通报表彰,河湖长制提档升级入选全国"地方全面深化改革典型案例",茅箭区被定为国家知识产权强县建设示范县(区)。持续深化"放管服"改革,政府网办率实现100%,203项高频事项实现"市域通办",在全省首创企业开办"2半0"①服务,市级行政审批事项减少75.5%,"六个一"②审批服务、"一网通办"改革成为全国典型。

开放构建新格局。主动融入"一带一路",深化京堰对口协作,加强与广西的战略合作,外贸综合服务平台建设实现国家级、省级开发区全覆盖,积极参加进博会、世界大健康博览

①"2半0":2个环节(一表申请、一窗发放)、半天内办结、零费用(免费赠送一套三枚公章)。

②"六个一":一窗受理、一表申报、一章审批、一网覆盖、一网通办、一次办好。

会、“荆楚云展”、广交会等线上展会，2022年全市进出口实绩企业数量超过300家，出口过亿元企业达28家。积极融入“双循环”发展格局，抢抓“一带一路”、长江经济带、汉江生态经济带等战略机遇，深化京堰对口协作和襄阳都市圈建设，推动区域协调发展。

创新激发新活力。制定实施“武当人才卡”等一系列引才留才育才政策，开展“十百千”行动①、“双百”行动②，中国工程院十堰产业技术研究院挂牌运营，入驻团队12个，湖北汽车工业学院“汽车零部件轻量化技术转化中试研究基地”入选首批湖北省科技成果转化中试研究基地，成功举办湖北首届汽车产业走廊“根技术”创新大赛，市县科技创新综合考评全省优秀。2022年全市建成国家级众创空间4家，省级及以上众创空间28家，在孵企业及创业团队达2000余家(个)。全市入库科技型中小企业1675家，高新技术企业总数达到549家。十堰高新区获全省省级高新区驱动发展综合评价第二名，在全省开发区高质量发展考评中居三类开发区第一。

环境催生新主体。出台《关于更大力度优化营商环境激发市场活力的工作措施》，致力把十堰打造为全省办事效率高、投资环境优、综合成本低、企业获得感强的示范城市。扎实推进全省“优化营商环境先行区”创建，成功创建70个先行试点，“创优信用承诺制提升市场主体准入便利度”改革经验被国家推广，“创新知识产权创造保护运用机制”等6项经验在全省推广，连续3年获评“湖北省优化营商环境标杆城市”。截至2022年底，全市各类市场主体达到43.8万户，比2014年增长1.9倍。

三、决战决胜脱贫攻坚，全力推进乡村振兴

十堰集老、少、山、边、穷、库于一体，是国家秦巴山集中连片贫困地区、湖北省脱贫攻坚主战场。2014年全市建档立卡贫困户26.6万户、83.4万人，贫困发生率36.7%，高于全国24.9个百分点、全省19.2个百分点，贫困村456个，易地扶贫搬迁对象35.5万人。所辖8个县(市、区)被纳入秦巴山片区扶持范围，6个县(市、区)属国家级贫困县，其中5个县(市、区)是深度贫困县。

(一)全面打赢脱贫攻坚战

十堰深入贯彻落实习近平总书记关于扶贫工作重要论述精神，以脱贫攻坚统揽经济社会发展大局，紧盯“两不愁三保障”，聚焦“三率一度”③，坚持“六个精准”，持续开展“四

①“十百千”行动：培育引进30家创新型领军企业，扶持100家成长型企业，培育1000家科技型中小微企业。

②“双百”行动：中国工程院与十堰市合作，打造百强企业和百优产品。

③“三率一度”：漏评率、错退率、综合贫困发生率和群众满意度。

双”[①]帮扶，扎实开展“户户走到、扶贫作坊(车间)、安幼养老、强基固本”四项重点工作，市县乡村“四级书记”抓扶贫，开启了精准扶贫精准脱贫新征程。十堰市各地各部门统筹谋划，先后开展精准扶贫、“两不愁三保障”补短板及脱贫攻坚“春季攻势”“秋季攻势”等系列活动，确保了脱贫攻坚工作过程扎实、效果明显。

2014年8月，十堰市委、市政府召开全市扶贫攻坚暨秦巴山片区扶贫推进会，实施“四双”帮扶、生态扶贫搬迁、“雨露计划·金蓝领”助学、金融支持扶贫四大精准扶贫行动，解决精准扶贫“扶持谁、谁来扶、扶什么、怎么扶”的问题。全市组派1236支驻村帮扶工作队，3.5万名领导干部“结穷亲、帮穷户、拔穷根”，结对帮扶贫困村1232个、贫困户4.2万户。

2015年，积极响应中央和省委号召，确定市级精准扶贫“123456”攻坚作战目标：围绕3年全部脱贫目标，实施片区开发与精准扶贫“两轮驱动”，构建政府、市场、社会“三位一体”合力攻坚格局，开展“四双”驻村帮扶，推进“五个一批”精准扶贫，建立精准扶贫“六大机制”，坚决打赢脱贫攻坚战。

十堰市张湾区方滩乡(方戎　摄)

实施产业开发带动脱贫。制定出台“61”产业强农计划[②]、《十堰市产业脱贫攻坚三年行动方案(2018—2020年)》，辐射贫困人口72万人。

实施易地搬迁促进脱贫。把易地扶贫搬迁作为脱贫攻坚“头号工程”，全市累计投资近200亿元，建成集中安置区4022个，完成搬迁35.5万人，实现搬迁与脱贫同步。

---

①“四双”：双包(单位包村、干部包户)，双建(建强基层堡垒、建强合作组织)，双带(龙头企业带产业、能人大户带穷户)，双促(促干部作风转变、促群众脱贫致富)。

②“61”产业强农计划：发展茶叶、林果、中药材、草牧业、蔬菜、水产(饮)品6个特色产业，综合产值达到100亿元以上，农产品加工产值达到1000亿元。

实施教育扶智拉动脱贫。全面落实资助政策,实现从学前到研究生各阶段资助政策全覆盖、贫困家庭子女享受雨露计划补助政策等三项全覆盖。2014—2022年,全市累计资助学生192万人次,资助总额21.2亿元。

实施创业就业推动脱贫。建立贫困人口技能培训、劳务输出、维权保障“三位一体”工作机制,加强与广东等发达地区劳务对接。全市外出贫困劳动力务工就业稳定在25万人以上。

实施医疗救助稳定脱贫。全面落实“基本医疗+大病保险+医疗救助+补充保险”四位一体的健康扶贫模式,贫困人口县域内住院及门诊慢病报销比例达到90%以上。

实施政策兜底保障脱贫。实行应保尽保、应兜尽兜,全市纳入农村低保对象16.92万人、农村特困供养对象3.14万人。

截至2020年,全市现行标准下贫困人口全部实现“两不愁三保障”,全市83.4万贫困人口全部脱贫、456个贫困村全部出列、35.5万人易地扶贫搬迁任务全部完成、8个贫困县(市、区)全部摘帽,历史性消除了绝对贫困,奔向幸福小康。农民收入稳步增长,2020年全市农村常住居民人均可支配收入11731元,是2014年7046元的1.66倍,年均增长8.3%。县域经济快速发展,2020年县域经济总量达到853.9亿元,是2014年541.7亿元的1.58倍。农村面貌大为改变,2020年全市农村公路超过2.6万公里,行政村通水泥路、通客车率达100%,农村安全饮水、行政村光纤宽带、4G网络和县乡农村物流实现全覆盖,累计改善26.2万户农村住房条件,建成集中安置区4022个、安置住房12.28万套,35.5万人搬入新家园。

十堰市资金整合和易地扶贫搬迁的做法得到中央领导同志充分肯定,全国金融扶贫、电商扶贫和全省易地扶贫搬迁、健康扶贫等现场会先后在十堰召开。十堰市连续7年全省扶贫开发工作成效考核优秀。2022年6月,被国务院评为10个易地扶贫搬迁后续扶持工作成效明显的地方之一,也是湖北省唯一通报表彰地区。

(二)推进巩固脱贫攻坚成果与实施乡村振兴有效衔接

脱贫摘帽不是终点,而是新生活、新奋斗的起点。2021年,市、县扶贫办全部更名为乡村振兴局。落实“四个不摘”要求,出台巩固拓展脱贫成果同乡村振兴有效衔接、易迁后扶等11个具体落实方案,强化动态监测和帮扶,消除返贫致贫风险1.28万户、4万人。全面推进乡村产业、人才、文化、生态、组织“五个振兴”,同步启动新一轮乡村振兴驻村帮扶工作,选派3371名干部帮联1809个行政村。其中,中央单位选派第一书记7人驻7个村、省级派驻工作队69支207人驻69个村。开展岗位大练兵活动,采取专题培训、以会代训、现场观摩等形式,累计培训驻村干部1.68万人次。各级驻村干部常态化开展动态监测与帮扶,积极参与村级事务,办理一批民生实事,累计引进项目2648个,建设产业基地1236个,总投资1.5亿元。全市8个县(市、区)与省内区域对口协作帮扶市(区)签订协议书,开展互访交流20余次,帮扶市、县累计在十堰投入协作项目帮扶资金5000万元。

（三）深化党建引领脱贫攻坚和乡村振兴

创新实施“双建双培”①活动，大力实施“双育”②工程，推进“整县推进”“整乡提升”工程，选准用好“第一书记”。先后制定出台《关于在脱贫攻坚中充分发挥基层党组织作用的实施意见》《市直驻村第一书记考核管理办法》等文件，为打赢脱贫攻坚战提供坚强组织保障。推动脱贫攻坚有效衔接乡村振兴，深化“红色头雁”工程、“能人回归”工程。坚持区域一体布局党建工作，以丹江口库区核心水源区187个村为重点，打造“共抓大保护、当好守井人”党建示范区。

四、坚持绿水青山就是金山银山，生态优势更加凸显

党的十八大以来，十堰认真贯彻落实习近平生态文明思想，牢固树立“绿水青山就是金山银山”理念，聚焦水源区环境保护，坚决打赢污染防治攻坚战，推动生态修复、环境保护和“两山”实践创新，全市生态文明建设迈上新台阶。

丹江口水利枢纽工程（李军　摄）

（一）守好这一库碧水

南水北调中线工程成功调水。2014年12月12日，历时10余年建设、全长1432公里的南水北调中线工程正式通水。截至2022年底，累计向北方调水超530亿立方米，惠及

①“双建双培”：建强农村基层党组织，建好农村经济合作组织；把基层党组织负责人培养成经济合作组织带头人，把经济合作组织带头人培养成基层党组织负责人。

②“双育”：农村党员党性教育和实用技能培育。

沿线24座大中城市、200多个县(市、区),直接受益人口达8500万人,极大缓解了华北地区水资源严重短缺局面,取得了巨大的政治、经济、社会和生态效益。

水生态环境持续改善。成立长江大保护十大标志性战役指挥部和15个专项战役指挥部,推进长江、汉江流域生态保护修复。系统开展“五河治理”①,自筹资金30亿元,实施截污、清污、减污、控污、治污、管污系统工程,推动官山河、犟河、剑河水质持续稳定达到地表水Ⅲ类以上标准,神定河、泗河水质达到Ⅳ类标准。全面消除黑臭水体,将黑臭水体治理作为一把手工程,坚持“三水分治”②,历时3年,投资近2亿元,全市根治城区范围内黑臭水体。建立长效管护机制,落实市县乡村四级河湖长制,市委书记和市长担任“总河长”,明确各级河长2811名,确保全市14条主流域、489条小流域有人管、管得住、管得好。开展农村人居环境综合整治,实现109个乡镇、1641个村垃圾污水收集处理全覆盖。建设生态河道130公里,建成清污分流管网1600多公里。强力推进汉江“十年禁捕”,清理网箱18.2万只,6400多艘三无船舶全部分类处置,1578个村庄完成环境综合整治。强化考核实效,委托第三方考核机构,建立以绿色地区生产总值为导向的生态文明考核体系,每季度对各县(市、区)和市直相关单位进行考核。丹江口水库水质长期稳定保持在Ⅱ类及以上标准,109项水质监测指标中,106项达国家Ⅰ类水质标准,入选首批“中国好水”。

京堰对口协作取得新成就。2013年3月5日,国务院正式批准实施《丹江口库区及上游地区对口协作工作方案》。对口协作工作启动以来,京堰两地加强合作对接,积极推动双方在产业、科技、人才、经贸等全领域、层次的交流协作。北京市10个区与十堰市10个县(市、区)建立了结对关系,120余家党政机关、企事业单位、大专院校积极参与协作共建,累计支持对口协作资金20.25亿元,实施项目557个,帮助引进京能集团、一轻集团、北排集团、首创集团等企业投资项目52个,为十堰市生态环境保护和经济社会发展注入了强劲动力。

(二)抓好生态环境保护治理

强化组织领导和制度支撑。成立市委书记为第一主任、市长为主任的环境保护委员会、生态文明建设指导委员会。2013年出台《中共十堰市委、市政府关于加强环境保护重点工作创建国家环保模范城市的意见》,市财政每年安排2500万元环保专项资金支持环境监管能力建设;2014年出台《十堰市环境保护“一票否决”制度实施办法》;2016年出台《十堰市环境保护党政同责、一岗双责责任规定和考核办法》《十堰市中心城区山体保护条例》;2017年颁布《十堰市生态文明建设条例》。

①“五河治理”:神定河、泗河、剑河、犟河、官山河5条河流的水环境综合整治。

②“三水分治”:让清水、污水、混排水各行其道、各得其所。

打好污染防治攻坚战。狠抓大气污染防治，全面落实“大气十条”，集中整治工业废气、燃煤排放、秸秆焚烧、机动车尾气排放、建筑工地和道路扬尘治理。2019年11月成功举办中国生态文明论坛十堰年会。近年来十堰环境空气质量优良天数每年达330余天，达标率92%以上，位居全省前列。加强土壤污染治理，制定《十堰市土壤污染防治行动计划实施方案》，实施农用地土壤重金属污染源头防治行动，排查12家涉重金属企业，落实农用地分类管理。全域创建国土资源节约集约示范省，茅箭区、张湾区先后被评为国土资源节约集约模范县。推进生活垃圾处置资源化，全方位开展水泥窑协同处置城市生活垃圾业务，采用“预处理＋厌氧发酵＋沼气发电”工艺处理餐厨垃圾，日处理餐厨垃圾150吨。加强危险废物处置，首创危险废物运输票据管理，全面推行电子联单制度。与东风公司联手历时6年，投资1.18亿元，将填埋在库区的1725.5吨含多氯联苯危险废物，“零事故、零污染”安全转移至天津处理。

加强生态修复。实施百二河生态修复、中心城区水资源配置等重大工程，建立自然保护地41个，占域内面积16.3%。打造全域“绿色屏障”，开展“绿满十堰”行动，植树造林113万亩，划定市域生态红线7721.26平方公里，持续开展退耕还林、裸露山体生态修复治理等造林绿化工程，全市森林覆盖率达65.62%。严格落实“十年禁渔”，拆除丹江口库区网箱18.2万只、围网23万平方米、库汊围栏近22万亩，处置渔船8300余只。截至2022年底，累计建成海绵城市35.93平方公里，水源涵养能力大幅提升。组织开展自然区监管“绿盾”行动和全域小水电清理整顿，31座水电站停止发电，6座被拆除，98座完成整改。竹溪县创成国家生态文明建设示范县，8个县（市、区）获评省级生态文明建设示范县。加强耕地保护，划定永久基本农田，大力实施移土培肥项目，连续20年实现耕地占补平衡和总量动态平衡，守住了303万亩的耕地“红线”。

（三）深化“两山”实践创新

创建国家生态文明建设示范市。2013年，湖北省委、省政府提出“生态省”创建目标后，十堰率先在全省提出创建“生态市”目标。2014年，组织编制《湖北省十堰市创建国家生态文明建设示范区（生态市）规划》，同年11月4日通过原国家环保部专家组评审。2015年，市委、市政府正式将生态文明建设示范市创建列入“五城联创”，由市五城联创指挥部统一调度、协调。2017年2月，市第五次党代会指出，统筹推进国家环保模范城市和生态文明示范区（生态市）创建。2018年3月，市委、市政府召开创建第六届全国文明城市、国家生态文明建设示范市动员大会，拉开了新一轮创建序幕。2018年3月，印发《创建国家生态文明建设示范市三年行动计划（2018—2020年）》。2019年，市委、市政府将创建国家和湖北省生态文明建设示范市作为年度目标。2019年11月，历经10多年持续努力，十堰成功摘取生态环境部第三批“国家生态文明建设示范市”桂冠。

建设绿色低碳发展示范区。省第十二次党代会立足构建全国新发展格局先行区，赋予十堰绿色低碳发展示范区目标定位。十堰市委认真落实省委部署，紧扣“绿色”底色、“低碳”路径、“发展”目标、“示范”要求，对标国家碳达峰碳中和“1+10”[①]政策文件，深入调查研究，摸清优势短板，明确思路举措，召开市委全会，制定十堰《流域综合治理和统筹发展规划》及《三年行动方案》，着力做好山、水、车、城、农5篇文章，加快构建“一主四优多支撑”产业体系，努力当好示范、走在前列，示范区建设实现良好开局。

五、推进文化自信自强，文明程度全面提升

党的十八大以来，十堰始终把文化建设摆在重要位置，把培育和践行社会主义核心价值观作为凝神聚气、强基固本的基础工程，不断满足人民群众精神文化需求，促进全社会文明程度不断提升。

（一）大力弘扬社会主义核心价值观

加强宣传思想和意识形态工作。深入贯彻落实《中国共产党宣传工作条例》，成立市委宣传思想工作领导小组。把学习习近平新时代中国特色社会主义思想作为首要政治任务，坚持“思想引领，学习在先”，高标准开展理论中心组学习，成立市（县）党委宣讲团、青年宣讲团和多样化宣讲队，推动全市党员持续强化党的创新理论武装。扎实开展党的群众路线教育实践活动、“三严三实”专题教育、“两学一做”学习教育、“不忘初心、牢记使命”主题教育和党史学习教育。制定《十堰市党委（党组）意识形态工作责任制实施细则》《十堰市意识形态工作联席会议议事规则》等文件，压实意识形态责任。

深化理想信念教育。出台《十堰市贯彻新时代爱国主义教育实施纲要方案》，组织习近平新时代中国特色社会主义思想和中国梦教育2000余场次，18万名党员干部、20万名群众接受形势政策教育；开展“我们的节日”、入党入团入队仪式等活动，设置庆祝中国共产党成立100周年标识1万余处，刊载宣传标语10万余条；开展“四德”[②]教育等活动400余场次。

宣传普及社会主义核心价值观。深入贯彻《湖北省培育和践行社会主义核心价值观行动方案》等，制定实施《十堰市贯彻新时代公民道德建设实施纲要方案》。开展多种形式的宣传宣讲，全域开设专题专栏，刊播公益广告、视频等，建设核心价值观主题公园30多个，创作文艺作品280多部，增进群众认知认同。修订完善市民公约、22类窗口行业规范、1807个村规民约。

强化典型引领。扎实抓好各行业道德讲堂建设，广泛开展“荆楚楷模”、道德模范和身

---

①“1+10”：“1”是碳达峰碳中和指导意见，“10”包括2030年前碳达峰行动方案以及重点领域和行业政策措施和行动十个方面。

②“四德”：社会公德、家庭美德、职业道德、个人品德。

边好人评选，组织开展"最美"系列评选、"十星级"文明系列创建等活动。截至2022年底，先后出台帮扶礼遇先进模范举措20条，创建全国文明单位12个、全国文明乡镇6个、全国文明村7个、全国文明校园1个，获评全国道德模范1人、省级道德模范5人，"中国好人"39人。

（二）矢志不渝创成全国文明城市

深化精神文明建设。持续深化拓展文明创建和新时代文明实践活动，创建全国文明单位、村镇、校园、家庭40个，建成"荆楚楷模"（十堰）主题文化长廊，新时代文明实践中心建设综合评估全省第一，"十星级""人情新风"等成为群众性精神文明创建品牌，"十星"创建助力乡村振兴得到中央文明办充分肯定。成功举办第四届国际道教论坛、第九届海峡两岸中华武术论坛等重大活动。

创建全国文明城市。2011年十堰首次获得创建全国文明城市提名城市资格。2015年3月启动第五届全国文明城市创建工作，市第五次党代会将其列为工作目标之一。2017年11月全国精神文明建设表彰大会上，十堰荣获第五届全国未成年人思想道德建设工作先进城市（区）。2017年12月，荣获2014—2016年度省级文明城市。2020年11月以全国地级以上城市第一名成绩荣获"全国文明城市"桂冠，竹山县、丹江口市分别获得县和县级市"全国文明城市"称号。

参与《魅力中国城》竞演。2017年4月，十堰应邀参加中央电视台《魅力中国城》节目第一季并最终入选全国十佳魅力城市，荣获《魅力中国城》2017年度最受观众喜爱魅力城市奖牌。2018年4月，《魅力中国城》第二季启动仪式在十堰开幕。2019年5月，十堰应邀参加在广东茂名举行的《魅力中国城》第三季活动，城市知名度、美誉度和游客向往度得到极大提升。

（三）持续打造地域特色文化品牌

发展民俗文化。扎实开展"一县一品"文化品牌创建工作，先后推出"武当文化"、"郧西天河七夕民俗"、"房县尹吉甫诗经源流"、竹山"女娲文化"等一批有特色、有影响的重点文化品牌。伍家沟民间故事、武当山宫观道乐、吕家河民歌、汉调二黄（山二黄）、武当神戏、武当山庙会、武当武术、尹吉甫传说、郧阳凤凰灯舞、七夕节、女娲传说11项非遗项目先后被列入国家级非物质文化遗产名录。

拓展考古文化。持续开展考古发掘，加强"青龙山国家地质公园""郧县人"等国字号文化品牌宣传推介。2022年5月，"郧县人3号头骨化石"面世，"郧县人"考古事件入选2022年度国际十大考古新闻、2022年度文博行业十大热点事件，有力提升了十堰考古文化知名度。

弘扬红色文化。深入挖掘红色资源，讲好红三军、红四方面军、红二十五军转战郧阳、郧西、房县的故事，讲好红二十五军长征途中建立鄂豫陕根据地的故事、中原突围血战南化塘的故事等，赓续精神血脉。积极提升改造革命旧址，建成茅箭东沟均郧房县委县政府旧址等一批爱国主义教育基地。大力发展红色旅游，精心打造以长征文化公园

(郧西段)、房县苏维埃政府旧址、丹江口烈士陵园等为主的10余条精品红色旅游线路。

创新饮食文化。常态化举办美食文化节,竹溪蒸盆、郧阳三合汤等美食在中央电视台《舌尖上的中国》节目播出。"丹江口翘嘴鲌""房县小花菇""郧阳橄榄油"等一批国家地理标志保护产品闻名全国。

(四)推进文化事业繁荣进步

建设文化载体。深入实施"文化惠民""双活化"①工程,加快推进文化场馆建设,建成艺术机构10个、文物机构26个、县级图书馆8个、体育馆21个,乡镇(街道)图书馆和文化馆覆盖率达到88%以上,乡镇(街道)、村(社区)综合文化服务中心建成率、达标率100%。"十堰市图书馆总分馆体系+"项目被文化和旅游部命名为国家级公共文化示范项目。

丰富文化生活。组建文艺宣讲小分队,举办荆楚"红色文艺轻骑兵"、"灵秀湖北·四季村晚"、戏曲"四进"等公益演出活动,开展群众文艺展演、少儿艺术节、优秀摄影和美术作品年度展等活动,支持建设"城市博物馆""文化大院""农家书屋",群众文化生活获得感幸福感满意度显著提高。

十堰奥体中心(李军　摄)

发展文化事业。繁荣文艺创作,印发《关于繁荣十堰文艺的实施办法》,制定《十堰市文艺精品创作生产实施意见》,推出了一批书画、影视、歌舞、曲艺等文艺精品。山二黄剧《山茶花》、歌曲《有一条江叫海》获湖北省第十一届屈原文艺奖,《秦巴老艺》等3部作品荣获湖北省第十四届屈原文艺奖,《黄连花开》入选全国优秀现实题材舞台艺术展演剧目,电视剧《绿松石》、广播剧《汉水人家》等作品被纳入年度全省文艺精品创作指导性目录,长篇小说《使命》等27项文艺作品和活动被纳入"喜迎二十大礼赞新时代"湖北省"六

①"双活化":历史名人活化工程和历史文化活化工程。

个一百"文艺文化活动。十堰籍网球运动员郑钦文2019年夺得全国网球锦标赛冠军；2020年8月29日，郑钦文在国际网联巡回赛科尔德农斯站夺得成人赛首个冠军。加强文化市场执法，严厉打击各类非法出版、侵权盗版出版物制售行为，守好"文化安全"底线。郧阳区创成2022年度湖北省"扫黄打非"示范区(县)。

壮大文化产业。加快推进重点文化产业项目建设，十堰市奥林匹克体育中心(十堰青少年户外培训基地)建成运营，方特中华传统文化园建设加快推进，市主城区山体综合开发建设、十堰大剧院等重大项目持续推进。截至2022年底，全市规上文化企业总数230家、文化市场主体1.3万余家。郧西"七夕文化"列入全国非遗与旅游融合十大优秀案例。十堰先后被授予"惠游湖北"活动先进市、全国工业旅游创新单位、全国旅游厕所建设先进市、中国最具潜力旅游投资目的地等称号，连续多次荣获"全省旅游发展先进市"称号。截至2022年底，全市拥有国家级森林康养试点城市1个、试点基地10个；市级森林康养旅游试点县镇村23个、基地18个。全市各类乡村民宿、农家乐、客栈等3500家，郧阳区茶店镇樱桃沟村等10余个村成为全国旅游样板村。

六、践行以人民为中心的发展思想，民生福祉持续改善

党的十八大以来，十堰深入践行以人民为中心的发展思想，各级财政民生投入超过80%，城乡居民人均可支配收入年均分别增长7.7%和10.3%，城镇登记失业率控制在5%以内，群众安全感满意度达到98%以上。

(一)全力做好移民后扶工作，确保搬得出、稳得住、能致富

十堰是移民大市，仅南水北调中线工程就先后两次移民46.9万人，其中，大坝加高移民18.2万人，新建移民集中安置点4000多个，6位移民干部牺牲在工作一线，2012年9月顺利实现"四年任务、两年基本完成，三年彻底扫尾"目标，创造了世界水利工程移民史的奇迹。市委、市政府始终把做好移民后扶作为头等大事，着力改善移民群众生产生活条件，确保移民"稳得住、能发展、可致富"。2012—2022年，落实原迁移民直补政策，累计发放移民直补资金175万余人次、10.2亿元，发放率100%；实施移民后扶项目5000余个，投入项目资金32亿元；组织各类技能培训1258期、培训移民59581人次，实现转移就业移民劳动力16265人；实施移民避险解困试点工程，共计完成5970户、27362人的建房搬迁任务，投入项目资金5.8亿元，有效解决了库区移民住房安全问题，建成郧阳区柳陂卧龙岗社区等一批移民安置美丽乡村示范点。18.2万移民建起了新家园、开启了新生活，移民人均居住面积由搬迁前的18.8平方米提高到38.7平方米，移民人均可支配收入由2011年的4044元提高到2021年的11606元，生活水平得到大幅度提高。

（二）打好疫情防控人民战争，守护群众生命健康

坚决贯彻落实习近平总书记“疫情要防住、经济要稳住、发展要安全”要求，坚持统筹疫情防控和经济社会发展，因时因势不断优化调整防控策略，群策群力、群防群治，坚决打赢疫情防控阻击战、歼灭战。

2020年初，面对突如其来的新冠肺炎疫情，市委、市政府坚决落实省委“23245”防控策略，一个月实现本地新增病例清零，三个月取得十堰保卫战决定性胜利。疫情进入常态化防控阶段后，坚持“外防输入、内防反弹”，“人物地”同防，持续织牢织密“四张网”，探索建立医防结合长效机制，稳步推进紧密型城市医联体、县域医共体建设，投入资金52.9亿元，实施补短板项目76个，公共卫生和应急管理服务体系进一步完善，基层医疗卫生服务能力全面提升，未发生新的疫情。2021年，根据疫情发展新形势，严格分区分级差异化精准防控，最短时间最小代价有力有效控制了几起输入型疫情，确保了群众生命健康。2022年12月，国务院联防联控机制宣布新冠病毒感染实施“乙类乙管”措施，十堰持续深化爱国卫生运动，以党建引领基层治理，培养文明健康生活方式，筑牢了全民健康防线。

（三）大力发展社会事业，不断满足群众美好生活向往

教育事业全面发展。坚持把教育放在优先位置，2012—2022年，累计投入各类教育资金近95亿元。推进义务教育薄弱学校改造工程和优化高中阶段学校布局，学校由1123所增至1323所。到2022年，全市学前三年毛入园率由65%增长至90.6%，普惠性幼儿园覆盖率达81%，义务教育巩固率达99.04%，高中阶段毛入学率达93%。统筹城乡教育一体化发展，学区化、集团化学校覆盖率达83.49%。大力推进信息化建设，教学点数字教育资源实现全覆盖，信息化水平居全省第一方阵。深化教育教学改革，职业教育发展水平稳居全省第一方阵。建立全覆盖、全学段、全过程资助政策体系，十年来资助学生253万人次，控辍保学实现动态清零。

卫生健康水平全面提升。加强公共卫生服务体系建设，2022年底，全市医疗卫生健康机构2795个，其中医院71个，基层医疗卫生机构2675个；在岗职工38291人，其中卫生技术人员32033人；全市开放病床38500张，每千人口床位达到12.16张。不断加大医保投入，城乡居民医保财政标准由2012年的人均240元提高到2022年的610元。推进慢性病医疗、医用耗材、医药价格和招采制度等改革，出台《十堰市城镇基本医疗保险门诊特殊慢性病规范管理实施办法》等，将高血压、糖尿病等32种常规慢性病门诊用药纳入居民医保保障范围，药品价格平均降幅达60%以上，极大减轻重病患者经济负担。

社会保障更加有力。积极推进社会保险制度改革，全市各类社会保险机构37家，社会保险保障水平显著提高。社会福利稳步提高，居民养老等标准多次调整。社会救助全面实施，有效保障了20.7万城乡低保和特困人员基本生活。扎实开展临时救助工作，每

年超过2万人次得到临时性生活救助。扎实开展兜底脱贫“回头看”，及时将1.28万名脱贫不稳定户、边缘易致贫户和突发严重困难户及时纳入救助范围，做到“应保尽保、应兜尽兜”。全面落实困难残疾人生活补贴和重度残疾人补贴制度。

应急体系不断健全完善。深化应急体系改革，抗洪抢险扎实推进。加强防汛抗洪抢险工作组织领导，严格开展防汛预案编制管理，常态化开展抗洪抢险实战演练，切实提升应急救援能力。积极应对2012年“8•5”特大洪涝灾害、2019年“8•6”山洪灾害等各类灾害，确保了社会大局持续安全稳定。全市应急体系建设持续加强，应急救援能力全面提升，群众生命财产安全得到有效保障。

（四）办好民生实事，努力增强群众获得感幸福感

推进“三万”活动。2012—2013年，根据省委统一部署，十堰在全市开展以“万名干部进万村洁万家”为主题的新“三万”活动，全市共组派工作组1282个、工作队员5655人，共走访农户53.03万户，捐助物资1435.5万元，筹集资金2.01亿元，全面完成以“两清两建两化两创”①为重点的农村环境整治，有力推进了农村生态文明建设。竹山县、郧县、竹溪县、张湾区等被评为全省“三万”活动先进县（市、区）。2013年12月，十堰启动“万名干部进万村惠万民”活动，将新一轮“三万”活动与宣传贯彻十八届三中全会精神、深入开展党的群众路线教育实践活动、强化“三农”工作等紧密结合，活动取得较好成效。

开展“下基层、察民情、解民忧、暖民心”实践活动。深化党史学习教育“我为群众办实事”实践活动，按照省委统一安排部署，从2022年5月中旬开始到年底，在全市开展党员干部“下基层、察民情、解民忧、暖民心”实践活动。经过动员部署、全面开展、持续深化、巩固提升4个阶段，到2022年底，市县领导领办完成实事2000余件，带动各级党员干部办理实事5.4万件，受到群众欢迎。

开展美好环境与幸福生活共同缔造活动。2022年8月以来，市委坚持试点先行，出台《关于开展美好环境与幸福生活共同缔造活动试点工作的实施方案》，确定阳光社区等72个村（社区）作为共同缔造活动试点，围绕乡村振兴、城市更新、基层社会治理、产业发展等，探索决策共谋、发展共建、建设共管、效果共评、成果共享的方法和机制，推进基层治理现代化，形成一批可复制可推广的典型经验，郧阳区青龙泉社区、郧西沙沟村等一批共同缔造成功经验在全省、全市宣传推介。

解决米袋子菜篮子、就业再就业、安居养老等急难愁盼问题。守住“粮袋子”，全力保障粮食生产，2022年十堰市粮食作物面积318.6万亩，总产量82.56万吨。护好“菜篮子”，“十三五”时期，全市蔬菜基地面积增加到40万亩，食用菌超过1亿袋，常年生产的蔬菜品种达

---

①“两清两建两化两创”：清垃圾、清沟渠，建垃圾池（房）、建村庄道路，美化、绿化，创建文明村、创建文明户。

11大类100多个，全市蔬菜自给率超过60%。2022年全市蔬菜产量182.02万吨。大力实施就业优先战略，就业形势总体保持稳定。“十三五”时期，全市城镇累计新增就业22万人，城镇失业人员再就业9.09万人，困难人员再就业3.41万人；发放创业担保贷款17.11亿元，扶持2.44万人成功创业，带动就业9.17万人。大力推动居家和社区养老服务建设，探索医养康养融合发展新模式，构建全周期、多层次、广覆盖的养老服务体系，十年来累计投入14亿元新建和改扩建各类型养老机构32家，建成农村福利院128所，城市社区居家养老服务中心178个、农村老年人互助照料活动中心1143个，养老服务硬件设施日益完善。

七、发展社会主义民主政治，社会大局和谐稳定

党的十八大以来，十堰积极发展社会主义民主政治，广泛汇聚各方面智慧力量，推进市域治理体系和治理能力现代化，为改革发展稳定营造了良好环境、凝聚了强大合力。

（一）深入推进全过程人民民主

加强新时代人大工作。2016年获批地方立法权以来，先后制定了中心城区山体保护条例、生态文明建设条例、扬尘污染防治条例等9部地方性法规，为推动十堰经济社会高质量发展提供了有力法治保障。聚焦脱贫攻坚、疫情防控、营商环境改善和乡村振兴等工作，加大监督工作力度，改进监督工作方式，2017—2022年，连续6年组织开展“人大代表在行动”活动，全市8700多名各级人大代表深入基层听民情、汇民智，做到民有所呼、我有所应。

发展社会主义协商民主。2015年11月，市委召开政协工作会议，安排部署新时代加强和改进政协各项工作。印发《关于进一步加强人民政协工作的意见》，对完善协商民主制度和工作机制作出具体安排。2019年6月，市委印发《关于在全市政协开展“协商在一线”工作的实施意见》，指出建立一线协商制度，促进群众问题有效解决。2020年6月，市委召开政协工作会议，印发《关于新时代加强和改进人民政协工作的实施意见》，推动新时代政协工作提质增效、创新发展。市政协积极开展“协商在一线”，各地政协开设“协商在一线·民意恳谈站”，工作经验在全国交流。

巩固发展最广泛的爱国统一战线。加强同各民主党派、工商联和无党派人士合作共事，做好民族、宗教、侨务和港澳台等工作，形成了大统战工作格局。2012年12月市委印发《关于进一步加强全市民族宗教工作的意见》，2014年武当山玄天上帝神尊首次巡境中国台湾地区。2015年6月李光富当选中国道教协会第九届理事会会长、2020年当选第十届理事会会长，2017年5月十堰举办第四届国际道教论坛，2021年7月武当山道协换届（第六届），2022年2月市委召开民族工作会议暨全市宗教工作会议，开创了十堰民族宗教工作新局面。

深化群团改革，充分发挥工会、共青团、妇联、侨联、文联、科协、残联等人民团体的桥

梁纽带作用。市总工会加强“中国梦·劳动美”学习教育，持续推进“聚心之家”建设，连续多年举办全市职工演讲比赛、“我的职业我代言”等活动，吸引700余万人次职工参与。团市委以“聚思想、聚智慧、聚资源、聚人心”为举措，努力促进十堰各族各界青年大团结大联合，提出的《关于推进初中生规范汉字书写能力的提案》获评团中央2022年全国青少年模拟政协提案征集活动“最佳模拟政协提案作品”。市妇联竭力为妇女儿童提供困难帮扶、就业扶助、普法维权等惠民服务，在办好民生实事中引导妇女群众听党话、跟党走。双拥工作扎实有效，军民融合深度发展，连续8届获得“全国双拥模范城”称号。

（二）努力建设法治十堰、平安十堰

建设法治十堰，市域治理体系不断完善。成立由市委书记任组长的市域社会治理现代化领导小组，协调推进“全国市域社会治理现代化试点城市”“基层社会治理改革创新示范区”“高水平平安建设试验区”建设，多措并举打造市域治理“十堰样本”。市委五届九次全会作出《关于贯彻落实党的十九届四中全会精神推进市域治理现代化的决定》。市第六次党代会提出建设“市域治理样板城市”奋斗目标。全市“六五”“七五”普法顺利实施完成，全民法治素养明显提升。坚持党建引领基层社会治理，全面推行党员干部“双报到”①“双报告”②，积极构建社会治理“24365”工作体系，1200家单位结对包联152个社区，7.8万名党员干部下沉一线，建成430个“党建＋邻里中心”，解决群众急难愁盼问题13.22万个。截至2022年底，全市建成命名全国民主法治示范村（社区）17个、全省法治建设示范村（社区）7个、全市民主法治示范村（社区）188个。被评为全国法治城市创建活动先进单位、全国法治宣传教育先进城市。

建设平安十堰，群众安全感不断提升。全面贯彻落实总体国家安全观，严密防范、严厉打击境内外敌对势力渗透、破坏、颠覆活动，全力做好重大活动维稳安保工作，确保全市政治社会大局持续安全稳定。发扬和坚持新时代“枫桥经验”，健全党委领导、政府主导、平安办统筹、部门协同、社会力量参与的矛盾纠纷排查化解体系，基本实现小事不出村、大事不出镇、矛盾不上交。坚持预防为主、打防结合，建立“一村（区、企）一警（辅、员）”，延伸公安机关“打、防、管、服”触角，严厉打击各类违法犯罪，社会大局平安稳定。“一村（居、企）一辅警”工作机制获评“全国社会治理创新优秀案例”。

深入开展扫黑除恶专项斗争和政法队伍教育整顿。2018年开始，开展为期3年的扫黑除恶专项斗争，全市公安机关完成中央督导组、省扫黑办交办线索办结率100%，打掉涉黑涉恶犯罪团伙261个，破获涉黑涉恶刑事案件910起、刑事打击处理2103人，查封、冻结、扣押涉案资产9.24亿余元。市扫黑除恶专项斗争领导小组荣获2018年度和2019

①“双报到”：驻区单位党组织到所在地基层党组织报到，在职党员到基层党组织报到。

②“双报告”：驻区单位社会责任报告和在职党员参与社区活动报告。

年度“湖北省扫黑除恶专项斗争先进单位”称号。大力开展政法队伍教育整顿，2021年3月召开动员大会，全市政法单位坚持全员受教育、全程学先进、全体共参与、全面抓整改、全方位统筹，在筑牢政治忠诚、弘扬英模精神、优化营商环境等方面取得实效。十堰连续12年获评“平安湖北建设优胜单位”。

八、全面从严管党治党，政治生态风清气正

深入学习贯彻习近平总书记关于党的建设重要论述，认真贯彻落实新时代党的建设总要求和新时代党的组织路线，坚持全面从严治党，为加快建设绿色低碳发展示范区提供了坚强保障。

（一）把政治建设摆在首位

坚定执行党的政治路线，严守政治纪律和政治规矩。2019年10月，出台《贯彻落实〈中共中央关于加强党的政治建设的意见〉的责任分工》。2022年2月，市委六届二次全会审议通过《中共十堰市委关于进一步加强党的政治建设坚持“两个确立”做到“两个维护”的决定》。持续深化政治巡察，开展政治形势分析，严肃党内政治生活，严格落实党务公开、重大事项报告、领导干部双重组织生活等制度，不折不扣完成中央脱贫攻坚专项巡视、生态环保督察和省委巡视等反馈问题整改，发展积极健康的党内政治文化，政治生态持续向好。

（二）推进基层组织全面进步全面过硬

推进基层服务型党组织建设。探索实施“三级联述联评联考”制度①，加大非公党建指导员、党员群众服务中心管理员、党建工作督导员选派和管理力度。为确保思想政治建设取得成效，全市建立“思想引领，学习在先”机制，积极推进党员干部教育阵地建设，指导规范开展支部主题党日活动，建成70个红色驿站（政治生活馆）、20个党性教育基地，推动全市党员持续强化党的创新理论武装。2022年，全市共有8800个基层党组织，18万名党员。开展新经济组织和新社会组织党建工作全覆盖，在“两新”组织建立党组织1359个。推动修订高校院（系）党组织会议和党政联席会议议事规则，3个高校党支部获评首批“全国党建工作样板支部”。

创新基层党建品牌。实施社区党建提升计划，构建“街道党工委、社区大党委、小区党

①“三级联述联评联考”制度：县区、乡镇（街道）、村（社区）党组织书记每年就抓基层党建工作情况分别向上一级党（工）委进行专项述职，基层党组织、党员和群众代表对县区、乡镇（街道）、村（社区）党组织抓党建工作情况进行评议，并将抓基层党建工作情况作为县区、乡镇（街道）党（工）委和部门党委（党组）领导班子、领导干部年度考核的重要内容，切实做到述职述党建、评议评党建、考核考党建，任用干部看党建。

支部、楼栋党小组”组织体系，成立134个社区大党委、1553个小区党支部、7041个楼栋党小组，推选党员中心户3.2万户，建强“1+2+N”社区队伍，推进党员干部“双报到”，发动组织5.7万名在职党员干部职工下沉社区，扎实开展“党员志愿进社区”“微心愿”活动。探索开展以机关党建“工作目标化、任务项目化、责任清单化、管理制度化、基础规范化、督导常态化”为主要内容的机关党建“六化”管理。开展“双十星”[①]争创，推动党员立足岗位干事创业。十堰市“十星级党员”争创经验多次在国家、省级平台进行经验交流。组织党员干部下沉社区“认岗认事认亲”，落实“户户走到、人人见面”要求，7.5万名机关党员干部与2436名社区工作者、2.68万名小区工作人员等见面，结对认亲3.52万人，认领民生实事3.2万件。

（三）强化干部人才队伍建设

认真落实新时期好干部标准，圆满完成市县乡领导班子集中换届，换届后县（市、区）党政正职平均年龄45岁，党政班子平均年龄42.8岁，研究生以上学历占40.6%，班子结构明显优化。强化干部队伍政治历练，创新实施“六个一批”工程，常态化推进干部跨地域、跨领域、跨行业和上下交流锻炼，选派8批干部到北京对口协作挂职，选派干部到浙江、上海跟班学习。加强能力作风建设，开展“弘扬工匠精神岗位大练兵”活动，连续举办“年轻干部成长工程”、“流动党校”、领导干部大讲堂、干部上讲台等各类专题培训班，成立湖北十堰干部学院，在全市打造7个市直机关党员干部教育基地。

创新人才政策体系，在全省率先出台《十堰市招才引智奖励办法》，制定《十堰市“武当人才卡”实施办法（试行）》《十堰市引进博士、硕士研究生若干措施》等人才政策文件，进一步优化人才薪酬待遇、人才津贴、住房保障等引才措施。从2013年起，持续开展“3331人才工程”[②]“北京院士专家十堰行”活动，实施“民营企业引才计划”“一村多名大学生计划”“武当人才支持计划”，为高质量发展提供人才支撑。“3331人才工程”“一村多名大学生计划”等连续4年获全省人才工作创新项目一等奖。

（四）坚持严的主基调

压实管党治党主体责任。严格落实党委（党组）主体责任、书记第一责任人责任、其他成员“一岗双责”。2014年，市委出台《关于落实党风廉政建设党委主体责任纪委监督

---

①“双十星”：从2014年开始，在全市开展以“一诺三评创十星”为主要内容的“十星级党员”“十星级党组织”争创活动。

②“3331人才工程”：为深入实施人才强市战略，充分发挥各类人才在鄂豫陕渝毗邻地区中心城市建设中的引领、助推和支撑作用，市委、市政府决定用3年左右时间，重点实施党政人才活力工程、人力资源优化工程和市场主体人才培育工程三大工程，采取加强组织领导、建立多元化投入机制和加强人力资源基础性建设三项保障措施，用人才构筑发展新优势，努力将十堰建成区域性人才高地。

责任的实施细则》,严格实行党风廉政建设“一票否决”。2015年,在全省率先成立市委落实党风廉政建设主体责任办公室。2019年,研发公务员实绩考核评价系统,连续两年被省公务员主管部门评为创新项目一等奖。驰而不息加强作风建设。坚持纠“四风”树新风,先后出台《十堰市作风建设常态化监督检查办法》《关于贯彻落实〈关于改进作风、密切联系群众的八项规定〉的实施意见》等制度,推进中央八项规定精神落实。坚持日常监督和专项检查相结合,开展滥发津补贴福利、公款吃喝送礼等突出问题专项检查,深挖细查顶风违纪、隐形变异问题。大力整治形式主义、官僚主义问题,深入治理贯彻落实中央和省市决策部署只表态不落实、不担当不作为等突出问题。开展政风行风评议,先后开设百姓问政《周五面对面》《纠风在行动》《党风政风监督热线》等栏目,建强电视、网络、广播、群众“四位一体”督促检查平台。

坚定不移开展反腐败斗争。2013年,成立反腐败协调小组和查办大案要案协调组,健全案件线索集中管理等工作运行机制。2017年11月,开展全市扶贫领域不正之风和腐败问题专项整治,推进扶贫领域监督执纪问责工作落细落实。2020年8月,围绕中央支持湖北一揽子政策落实等方面开展专项检查。深化党规党纪和监察法规宣传教育“十进十建”,开展宣教月活动,让党员受警醒、明法纪、提觉悟。开展清廉十堰建设,推动清廉建设融入经济社会发展各领域全过程。

大力推进监督执纪问责。2016年,十堰成立巡察机构,建立120余人的巡察人才库。制定出台《中共十堰市委巡察工作办法》《十堰市巡察成果运用暂行办法》等,不断完善巡察工作机制。2016年7月,完成派驻机构改革工作,全市设置23个派驻(出)机构,实现对95个市级机关监督全覆盖。2018年1月,十堰市监察委员会正式挂牌,实现监察委员会和纪委合署办公。深化地方高校纪检监察体制改革,成立市监委驻湖北工业职业技术学院监察专员办公室。2018年,在全省率先探索实施重点乡镇(街道)“提级巡察”①,充分发挥巡察利剑作用。

建功新时代,奋进新征程。十堰将始终坚持以习近平新时代中国特色社会主义思想为引领,认真贯彻落实党的二十大精神,牢记嘱托、不负使命,坚决扛起“守井人”政治责任,按照省第十二次党代会要求,加快推进绿色低碳发展示范区成势见效,奋力谱写中国式现代化湖北实践十堰篇章。

撰稿人:左芳、王一村、章建新
统稿人:陶维平
审定人:丁清华、章光斌

①“提级巡察”:根据工作需要,向本属于下一级组织开展巡察的三级单位直接巡察。

朝着武汉都市圈重要节点城市奋进

——从党的十八大到二十大孝感发展综述

孝感市史志研究中心

干在实处，走在前列。党的十八大以来，在省委、省政府的正确领导下，孝感市委、市政府团结带领全市人民，牢记嘱托、感恩奋进，一任接着一任干、一锤接着一锤敲，高质量发展的路子越走越宽、城乡居民的日子越过越好，一个传统农业地区在汗水挥洒间、在奔跑追梦中跃然蝶变为现代新兴城市，以每年经济总量稳居全省第四至六位的体量，见证着习近平新时代中国特色社会主义思想在澴川大地的生动实践，助推着湖北加快建设全国构建新发展格局先行区的战略目标。

一、牢记嘱托使命，一丝不苟贯彻落实党中央决策部署和省委工作要求

十年来，习近平总书记先后4次考察湖北，并在2020年5月十三届全国人大三次会议上亲自提出参加湖北代表团审议，出席第七届世界军人运动会开幕式。习近平总书记视察湖北和参加湖北代表团审议赋予了湖北“建成支点、走在前列、谱写新篇”的历史使命，为湖北做好新时代各项工作提供了根本遵循。孝感市委、市政府牢记嘱托使命，结合工作实际，一丝不苟贯彻落实。

（一）牢记殷切嘱托，砥砺思想引领之责

1. 深入学习领会习近平总书记视察湖北和参加全国人大湖北代表团审议时的重要讲话精神。紧跟习近平总书记步履湖北的足迹和指引的方向，2013—2022年，市委通过多次召开市委常委会议或市委常委会（扩大）会议，第一时间传达学习习近平总书记的重要讲话精神，深入领会总书记关于全面深化改革、转变经济发展方式、生态环境保护、疫情防控、科技创新、保障和改善民生、全面从严治党等方面的系列重要论述，做到全面系统学、深入思考学、联系实际学、带着问题学，切实把习近平总书记关于湖北工作的“四个着力”“四个切实”重要要求，“三个一定能够”热切期望，“三个没有改变”重大判断，转化为做好孝感工作

的路线图、指南针和原动力，在重要节点、关键时刻、危急关头指引孝感克服一个又一个困难，取得一个又一个新的胜利，带给孝感人民持续的获得感幸福感安全感。

2. 加强党的创新理论学习。坚持“思想引领、学习在先”，市委始终把学习习近平总书记关于湖北工作的重要讲话和指示批示精神，与学习贯彻习近平新时代中国特色社会主义思想紧密结合起来，与学习宣传贯彻党的十八大、十九大、二十大精神紧密结合起来，与深入开展党的群众路线教育实践活动、“三严三实”专题教育、“两学一做”学习教育、“不忘初心、牢记使命”主题教育、党史学习教育等系列主题教育紧密结合起来，与学习贯彻省第十次、十一次、十二次党代会精神紧密结合起来，与谋划孝感发展路径、持续推进改革发展稳定事业紧密结合起来，及时出台学习宣传贯彻的通知、决定、意见、方案等，通过党委(党组)理论学习中心组、支部主题党日、周四学习日及党校课堂、“新时代·槐荫讲堂”等多种方式开展学习活动，通过孝感日报、广电台、网站、“两微一端”、宣讲团以及乡村大舞台、屋场会、院子会、小喇叭、条幅、灯箱等多种载体开展宣传宣讲活动，推动理论学习、宣传宣讲、研究阐释制度化、常态化，推进党的创新理论在澴川大地家喻户晓、入脑入心、见行见效。

(二) 牢记殷切嘱托，澎湃干事创业之能

1. 持续开展解放思想大讨论。孝感处于中部内陆地区，经济外向度相对较低，小农意识及小进即满、稍富即安思想比较浓厚，“拼、闯、创”的企业家精神不足。2013年7月，习近平总书记视察湖北，强调要把握全面深化改革的内在规律，特别是要把握全面深化改革的重大关系。其中，第一位的就是解放思想和实事求是的关系。为了激发全市干部群众建设家园、发展孝感的热情和活力，从2012年开始，市委连续5年组织开展解放思想大讨论活动，开展“中国梦·我的梦”百姓讲孝感故事、“十佳金点子”征集评选、支持市直“三区”跨越发展研讨、“市民建言论坛”等丰富多彩的活动，思想解放的潮流冲击着旧的思想观念、思维习惯，孕育着新观念、新视野、新活力。

2. 思想破冰引领发展突围。思想观念的转变非一朝一夕能完成，是一项长期的工作。他山之石，可以攻玉。2021年、2022年，根据省委统一安排，选派11名干部分三批赴上海和浙江跟班学习，并选派18名干部到省直单位、武汉市挂职。跟班学习、挂职干部回到原单位后，促进了系统干部打破思想“围城”，激活了干事创业“一池春水”，带来了发展观念的转变，促进了效率效能的提高。一个直接体现是，2022年，孝感工业项目“五证同发”①的数量和面积均跃居全省前列，打破了原来一些干部身上存在的不敢为、慢作为、不善为的局面。

---

①“五证同发”：不动产权证、建设用地规划许可证、建设工程规划许可证、设计方案批复、建筑工程施工许可证同步发放。

（三）牢记殷切嘱托，谋划孝感发展之策

1. 坚定依托武汉发展孝感。孝感毗邻武汉，距武汉中心城区仅50公里，东去天河机场不足20公里。在贯彻落实党中央决策部署和省委工作安排过程中，如何依托武汉、服务武汉、发展孝感，是孝感1993年撤地建市以来历届市委、市政府不断探索思考的一个发展课题。孝感市第一次党代会即明确提出，“在发展思路上，以武汉为依托，以孝感市区为龙头”，“工农结合，城乡一体”。此后，历经第二次、三次、四次党代会，孝感的发展思路不断变化完善，但依托武汉始终是重要一环。2011年，市第五次党代会鲜明提出“为加快建设武汉城市圈副中心城市而努力奋斗”。为贯彻落实党的十八大精神，省第十次党代会和省委、省政府2012年召开的孝感现场办公会精神，2013年12月，市委、市政府出台《关于大力推进“五个跨越”、加快建设“五个城市”的意见》，以“五跨五城”[①]为路径和目标，加快实施建设武汉城市圈副中心、打造“湖北的苏州”省级战略，推动孝感科学发展、跨越式发展。2016年，市第六次党代会报告分析发展机遇：“孝感毗邻武汉，得‘中’独厚。”“地缘红利将进一步释放。”为贯彻落实党的十九大和省第十一次党代会精神，2017年12月，市委出台《关于贯彻落实党的十九大精神加快建设全省区域性增长极的实施意见》，并作出加快推进汉孝一体化的战略决策，把对接武汉、融入武汉作为主攻方向，将孝汉一体化发展作为孝感打造区域性增长极的关键支撑。2019年10月，市“两办”印发《〈孝感市“一芯驱动、两带支撑、三区协同”区域和产业发展布局推进落实工作方案〉的通知》，明确推进汉孝深度融合发展，主动融入（武汉）“一芯”。2021年，市第七次党代会进一步提出全力打造武汉城市圈副中心，作出“主城崛起、两带协同、‘孝汉’同城、多元支撑”的区域发展布局，争当全省高质量发展第二方阵排头兵。

2. 打造武汉都市圈重要节点城市。2022年，省第十二次党代会赋予孝感打造武汉都市圈重要节点城市的光荣使命。市委、市政府全面贯彻落实省第十二次党代会精神，科学擘画了孝感奋进蓝图：以落实全省流域综合治理和统筹发展规划纲要为总抓手，推动城市和产业集中高质量发展，构建人口集中、产业集聚、功能集成、要素集约的发展格局，加快建设中华孝文化名城、华中地区商贸物流和供应链基地，武汉都市圈先进制造业基地、农产品加工基地、休闲旅游康养基地。

习近平总书记多次强调，干部干事创业要树立正确政绩观，有功成不必在我的精神境界、功成必定有我的历史担当。市委、市政府带领全市人民殚精竭虑的探索、一丝不苟的落实体现了发展为了人民、发展依靠人民、发展成果由人民共享的发展观、现代化观。

---

①“五跨五城”：推进产业跨越、建设经济强市，推进城镇跨越、建设鄂豫省际区域性中心城市，推进文化跨越、建设中华孝文化名城，推进动力跨越、建设创新城市，推进民生跨越、建设人民幸福城市。

二、坚持新发展理念，走稳走实高质量发展之路

党的十八大以来，市委、市政府完整、准确、全面贯彻新发展理念，推动动力持续蓄积、经济创新发展、产业转型升级、区域更加协调。十年来，全市地区生产总值总量由2012年的1151.03亿元跃升至2022年的2776.97亿元，增长了2.4倍。工业增加值由510.95亿元增长到1055.3亿元、财政收入由102.14亿元增长到227.37亿元，分别增长2.1倍和2.2倍，三次产业结构由20.4∶47.8∶31.8优化为14.3∶41.5∶44.2，孝感发展迎来能级之变、位势之变。

（一）改革开放不断深化

1.全面推进重点领域改革。印发《中共孝感市委关于贯彻落实十八届三中全会精神推进全面深化改革的实施意见》，成立高规格的市全面深化改革领导小组及其办公室，设立20个改革专项领导小组，建立县（市、区）改革机构，做到全市上下“一盘棋”。制定出台《孝感市全面深化改革领导小组成员领衔推进重大改革项目暂行办法》《孝感市全面深化改革督察实施办法（试行）》和《孝感市全面深化改革工作分类考核评估办法（试行）》，加强改革统筹协调和考核督办，建立健全全面深化改革领导体系、项目体系、制度体系、督查体系、考评体系，全面深化改革工作进展顺利。供给侧结构性改革、投融资体制改革、扩权赋能强县改革、“放管服”改革等一些重点改革项目取得突破，一批改革经验在全省乃至全国产生影响。孝感新型城镇化综合试点、国家知识产权试点城市通过国家验收，全国农田水利设施产权制度改革和创新运行管护机制试点工作经验被水利部在全国推广，荣获全国、全省文化体制改革工作先进地区称号，足球改革受到中改办、中足协肯定；党政机构、生产经营类事业单位、国有企业改革平稳有序；“一网通办”实现五级联通，“双随机、一公开”监管全面推行，“信用孝感”上线运行；农村基本经营制度进一步巩固，农村土地承包经营权确权登记颁证试点工作在全省作典型交流，在全省率先启动乡镇综合执法改革。

2.不断提高开放水平。充分发挥孝感地缘优势，融入武汉，“借船出海”，坚持立足中部全方位开放，坚持“引”“走”结合内外联动开放，不断扩大开放发展新格局。2013年9月，出台《关于促进外贸持续稳定发展的意见》，大力实施推进骨干企业和产业集群龙头工程、加速成长企业壮大工程、实施开口企业实绩工程3项工程，一批出口大户迅速成长；2021年5月，出台《孝感市全面扩大对外开放三年行动实施方案（2021—2023年）》，不断拓展开放内涵，扩大开放领域，主动融入国家“一带一路”、长江经济带建设，打造汉川童车、云梦皮草、安陆禽蛋等转型升级出口基地，孝感红贡茶搭乘中欧班列远销俄罗斯和阿联酋，建成全省首家日商产业园，麦当劳、马瑞利、雀巢等50多家世界500强企业抢

滩布局，孝感在新发展格局中成为内陆开放的新前沿。2022年，全市外贸进出口总额达25.8亿美元，是2012年的3.3倍，出口市场覆盖169个国家和地区。2022年，全省招商引资暨利用外资工作现场会在孝感召开。

3. 全方位优化营商环境。坚持把优化营商环境作为发展的“生命线”，把招商引资作为赶超发展的“一号工程”，深入推进“放管服”改革，大力弘扬服务市场主体的“店小二”精神，全面营造市场化、法治化、国际化的一流营商环境。十年来，先后出台《关于进一步加快优化营商环境的实施意见》《关于全面落实省委、省政府更大力度优化营商环境激发市场活力若干措施的实施方案》《关于以市场主体需求为导向打造一流营商环境的实施方案》《孝感市优化营商环境“清、减、降”专项行动工作实施方案》《孝感市贯彻落实以控制成本为核心优化营商环境若干措施工作方案》，一系列政策“组合拳”持续推动全市营商环境的改善和优化，营商环境的“孝感品牌”越来越响。2017年1月，省商务厅批准设立省内首个日商产业园——“湖北（孝感）日商产业园”。

（二）创新动能有效激发

1. 持续推动传统产业转型升级。充分挖掘农业大市的资源优势，抢抓国家实施四化同步发展机遇，以信息化引领农业现代化，采用农业新技术，发展新产业，培育新业态和新模式，助推农业发展方式转变，提高农业的含“新”量、含“金”量。推动打造“一袋米”“一枚蛋”“一杯茶”“一头猪”“一篮菜”5个过百亿农业产业链，培育市级及以上农业产业化龙头企业420家。全市规上农产品加工业产值常年居全省前三强。2018年，三次产业结构调整为13.7∶42.7∶43.6，第三产业占比首次超过第二产业，实现由“二三一”到“三二一”的历史性转变。大力实施“机器换人、设备换芯、生产换线”行动，全要素、全流程、全产业链推动孝感纺织服装、纸塑包装、盐磷化工、食品加工等四大传统产业高端化、智能化、绿色化发展，孝南区被中国轻工业联合会授予“中国生活卫生用纸（品）产业之都”。2021年，规上工业企业已实现技术改造全覆盖，技术改造投资占工业投资比重达到48.2%，高于全省平均水平。大力推进高标准农田建设，7个县（市、区）全部列为“全国粮食大县”，粮食产量连续8年稳定在46亿斤以上，2022年被省政府表彰为粮食增产5000万斤以上的市州。同年，孝感国家农业科技园区通过科技部考核验收，“全省优质粮食工程”示范县（市）建设推进在安陆召开。

2. 加快培育战略性新兴产业。2016年9月，出台实施《中国制造2025孝感行动方案》，着力构建现代产业新体系，建立了“孝感制造2025”项目库，瞄准新一代信息技术、智能装备、新能源汽车及专用车、生物医药及高端医疗器械、新材料、节能环保装备和资源循环利用等重点产业领域，引领制造业向中高端迈进。2018年以来，孝感连续5年跻身全国先进制造业百强市，“孝感制造”和“孝感智造”声名远播。抢抓“汉孝随襄十”万亿元级汽车产业走廊机遇，积极布局汽车及零部件产业，加快研发生产纯电动客车、物流车、中重型货车及氢燃料电池重型货车等新车型，打造千亿级新能源锂电池产业集群。2022年初，引进楚能新能源锂电池产业园项目，落户市临空经济区，总投资约675亿元，设计产能150吉瓦时。这也是截至2022年底孝感市投资总量投资强度最大、科技含量最高、预期税收贡献最大的工业智造项目。孝感新旧动能转换平稳有序、动力强劲。

3. 全面优化科技创新生态。作为传统农业地区，孝感对科技创新有着矢志不渝的追求。2012年，孝感高新区晋级国家队，成为全省继“一主两副”外第四家国家高新区，以此为标志，孝感按下加快科技创新的“快进键”，创新平台打造工程、关键技术攻关工程、创新主体培育工程、创新成果转化工程、创新人才聚集工程等重点措施不断深化实施。2016年，孝感被评为国家知识产权试点城市建设工作先进集体；同年，第三届“创青春”中国青年创新创业大赛全国赛总决赛在孝感成功举办，“重点产业创新团队”项目获全国基层人才创新优秀案例。2018年，启动孝感“国家军民融合创新示范区”创建，设立军民融合产业发展基金，成立省级机器人产业技术创新战略联盟，军民融合产业规模居全省前列。2021年，出台《进一步激发全市科技创新活力的若干措施》（即“黄金十五条”），明确对新获批并在孝感注册落户的产业技术研究院、产业创新联合体、专业型研究所（公司）、企校联合创新中心等新型研发机构；对市场主体在孝感投资建设各类创新创业孵化载体，被认定为国家级、省级、市级孵化器、加速器、众创空间、“星创天地”；对新认定、重新认定的国家高新技术企业，对新纳入国家库的科技型中小企业；对企业院士专家工作站、在孝产业技术创新联盟给予补助。2022年，市高新区在科技部考核的全国177个国家级高新区中排名第70位，孝感入选国家知识产权强市建设试点城市。2022年，全市高新技术企业总数达到603家，高新技术产业实现增加值491.56亿元，分别是2012年的8.5倍、4.2倍，科技创新之路越走越宽，创新驱动引领作用越来越强。

（三）城乡区域发展更加协调

1. 全面推动主城崛起。孝感建市较晚，在市区建设发展上，主城综合实力不强、城市能级不够、龙头地位不高、首位度偏低，曾经是突出的短板。推动主城崛起，增强主城区的集聚力和带动力一直是历届市委、市政府的重要议题。2013年5月，出台《关于全力支持市直“三区”跨越式发展的意见》，下放市直部门113项行政审批权，着力把“三区”打造成“责权利”结合的实战单位和全市经济社会发展的龙头。2015年，城区槐荫公园建成全省最大的人工城中湿地，截至2022年，中心城区已建成和改造32个口袋公园，绿色满城区。2022年，进一步完善坚持孝汉同城，把主城区建设（包括孝南区、市高新区、市临空区）成为“两湖镶嵌、六水相依、双城相拥”的Ⅱ型大城市的发展思路，聚焦聚力打造精明紧凑主城区，推动主城“三区”协同发展、“四大片区”扩速提面，开工城区基础设施补短板项目81个，实施老旧小区改造240个，建设停车场（楼）20个，海绵城市试点建设通过国家三部委绩效评价。成功引进并建设首衡城·华中国际食品产业新城项目，项目落户主城区毛陈片区，建有水果、蔬菜、水产、冻品等功能区，将实现日交易量逾万吨、年交易额500亿元，成为华中最大果蔬交易基地。2022年，主城区经济占全市比重提高到19.14%，主城区经济首位度、融合力和城市凝聚力、吸引力全面提升。经过多年建设，武孝城际铁路、京广高铁建成通车，武大、硚孝等高速通车，107和316国道外迁、长兴三路延伸工程建成，孝汉大道、复兴大道等主干道提档升级，主城区"内环外圆、融圈成环"，主城面貌日新月异。

2021年2月1日，武汉城市圈环线高速大随至汉十段（孝感北段）正式通车（孝感市交通运输局　供图）

2. 深入实施强县工程。高质量发展基础在县域，潜力和优势也在县域。结合各县（市、区）的资源禀赋和特色优势，市委、市政府指导县（市、区）科学确定发展目标和定位，推动县（市、区）差异化、特色化发展。支持汉川打造中国纺织工业名城、中国食品工业名城、全省智能装备重要生产基地；支持应城打造千亿元级现代化工产业集群、华中地区绿色建材重要生产基地；支持云梦打造国内重要的新型盐化工产业基地、全国具有重要影响力的新材料产业基地；支持安陆打造中国禽蛋加工基地、全国厨具生产基地、中国粮油机械之都；支持大悟打造华中新能源产业基地、武汉都市圈茶旅融合基地；支持孝昌打造全国微特电机制造名城、全省重要印制线路板生产基地；支持市双峰山旅游度假区打造国家级旅游度假区。2022年，强县工程全面推进，115项扩权赋能强县改革权限下放；汉川在全国县域经济百强进6位，位居第91位；应城在中部百强县进3位，位居第65位；云梦获批国家农业现代化示范区、全省"两业"融合试点县，安陆入选国家农业绿色发展先行区，大悟"风光水储"一体化新能源产业初具雏形，孝昌获批省级全域旅游示范区。

3. 全力促进乡村振兴。坚持把解决好"三农"问题作为市委、市政府工作的重中之重，实施乡村振兴战略。积极探索规划建设城市、城镇和农村三类新社区，推动人口向社区集中，服务向社区集聚，功能向社区延伸。2015年，全省新农村建设和城乡一体化发展现场会在孝感召开。2018年5月，市委、市政府出台《关于推进乡村振兴战略实施的意见》，对经济比较发达的城乡便利村、民俗文化村、自然生态良好村、传统农耕村、老少边穷村5类村提出个性化的解决方案；同年，全省“四项补短板”工程①建设现场推进会在孝感召开，大悟、孝昌获评全国电子商务进农村综合示范县。2021年，出台《关于开展“功能镇区、和美乡村、实力产业”三项行动　全面推进乡村振兴加快农业农村现代化的实施意见》，推动乡镇服务功能齐全、基础设施完善、镇区建设管理有序、辐射带动能力强，推动乡村自治组织健全、便民服务中心齐全、生产生活功能良好、社会平安和谐、村容村貌干净整洁，推动农村一二三产业融合发展、经营主体多层次培育、乡村经济业态多样丰富。2021—2022年，全市累计建设提升功能镇区44个、和美乡村744个，2022年农村常住居民人均纯收入20913元，增速连续两年超出全省平均水平。2022年，省委办公厅《工作简报》向全省推广孝感市推进乡村振兴“三项行动”的经验做法。全市创建全国“一村一品”示范村镇14个，建成10个省级美丽城镇示范乡镇、272个省级美丽乡村、2个中国美丽休闲乡村。

三、坚持保障和改善民生，如期全面建成小康社会

党的十八大以来，市委、市政府坚持以人民为中心的发展思想，决战决胜脱贫攻坚，全力以赴战胜疫情，大力发展社会事业，努力在发展中保障和改善民生，不断满足人民群众对美好生活的向往，不断增强人民群众的获得感幸福感安全感，让经济发展更有情怀、更有温度。

（一）脱贫攻坚全面胜利

1. 健全脱贫攻坚责任体系。2013年底，孝感建档立卡贫困村503个，贫困人口33.95万人，贫困发生率8.13%。面对艰巨任务，市委、市政府把脱贫攻坚作为“压倒一切”的“头等大事”牢牢抓在手里，聚焦“两不愁三保障”目标，采取一系列超常规举措，尽锐出战、精细“绣花”。成立市委书记、市长“双挂帅”的脱贫攻坚指挥部，建立健全市级领导联系包保制度，市委书记、市长带头包保大悟、孝昌两个贫困县。压实从市级领导、县（市、区）党政“一把手”到村支部书记、结对帮扶干部9个层面干部的脱贫攻坚责任，确保责任落实到边到角到底。实行行业部门责任清单管理，建立述职点评、会商、通报约谈三大机制，切实压实行业扶贫责任，形成攻坚合力。全国贫困县整合涉农资金现场会、全国驻村帮扶工作座谈会、全国“互联网＋”社会扶贫工作现场观摩暨培训班先后在孝感市召开。

2. 建强脱贫攻坚干部队伍。建立扶贫指挥体系。以扶贫办为主体，抽调干部组建

①“四项补短板”工程：水利基础设施、高标准农田、乡镇生活污水治理和农村公路及公路安防设施四大补短板工程。

指挥部办公室，构建调度顺畅、运转高效的市县指挥体系，统筹推进全市脱贫攻坚工作，市县两级指挥部办公室工作人员达494人。派强驻村帮扶队伍。2018年初，市委、市政府举全市之力选派驻村工作队伍，大悟、孝昌实现有贫困人口的村驻村工作队全覆盖，非贫困县凡是有20户以上贫困户的村，实现派驻工作队全覆盖，全市共有1278支驻村工作队、队员5902人，其中市本级工作队201支，队员650人。夯实结对帮扶力量。突出“连心用情、真帮实扶”，全市3.06万名党员干部共结对帮扶贫困户11.38万户，实现包保全覆盖。开展“小班额、多轮次、常态化”培训，实现脱贫攻坚干部培训全覆盖。

3. 全面落实精准脱贫政策。市委、市政府先后研究制定《关于全力推进精准扶贫精准脱贫实施意见》《孝感市“十三五”脱贫攻坚规划》《打赢脱贫攻坚战三年行动实施方案》，出台健康扶贫、产业扶贫、易地扶贫搬迁、金融扶贫等系列政策文件。2018—2020年，连续3年以指挥部1号令出台《脱贫攻坚战工作方案》。严格对标对表目标标准，坚持以中央巡视及“回头看”反馈问题整改为重点，一体化统筹推进国家、省考核反馈问题、省委精准脱贫专项巡视、脱贫攻坚大排查等各类整改，全面排查补短板，推动各项政策措施落实到村到户到人。加大教育扶贫补助，贫困家庭就读学生实现教育扶贫资助“全覆盖”；完善“四位一体”（基本医疗、大病保险、医疗救助、补充医疗保险）健康扶贫政策，建档立卡贫困人口实现医疗保险全覆盖，全市169家医疗机构开通“一站式、一票制”结算服务，有效化解了因病致贫返贫风险；全面完成“四类对象”危房改造2.29万户，累计实施易地扶贫搬迁12931户、27199人，实施饮水安全提升工程142.6万人，“两不愁三保障”全面实现。大力推进产业就业扶贫，贫困村产业扶贫全覆盖，建设扶贫车间153家，开发乡村公益性岗位1.6万余个，吸纳贫困劳动力就地就近就业。将7.65万名贫困对象纳入农村低保保障，1.93万人纳入农村特困保障，实现应保尽保、应兜尽兜。

大悟县新城镇金岭村脱贫蝶变（孝感市摄影家协会　供图）

4. 推动脱贫攻坚与乡村振兴有效衔接。2020年脱贫攻坚战收官之年，疫情、汛情“双考”加试，市委、市政府主动作为、担当善为，整合中央、省级一揽子政策，制定出台25条政策措施，建立闭环落实机制，全力克服疫情、灾情影响。2020年累计帮助13.2万名贫困劳动力外出务工就业，全年实施扶贫项目2515个，财政专项扶贫投入资金14.67亿元，为巩固脱贫攻坚成果打下坚实的产业基础。2021年，“三农”工作重心由脱贫攻坚延展至乡村振兴后，市委、市政府严格落实“四摘四不摘”工作要求，克服疫情影响不松劲，把稳就业、稳产业作为重中之重，加强防返贫监测和帮扶不松劲，聚焦特殊群体，织密基本民生兜底保障网，守住“稳稳的幸福”。创造性地开展“功能镇区、和美乡村、实力产业”3项行动，着力探索乡村振兴“孝感答案”。同时坚持学习借鉴浙江“千万工程”经验，提出和美乡村创建构想，2021以来，投入20多亿元，因地制宜、连片打造和美乡村示范村337个，创建国家级“宜居宜业和美乡村建设示范村”3个。累计新改建“四好农村路”5855公里，累计改造农村户厕近40万户，农村无害化厕所普及率达到68.79%，高于全省平均水平3.76个百分点。

（二）疫情防控保卫战坚决打赢

1. 坚决落实疫情部署命令。2020年新年伊始，新冠肺炎疫情突如其来，面对严峻形势，市委、市政府坚决贯彻落实习近平总书记关于疫情防控的系列重要讲话、指示批示精神和党中央决策部署，坚决贯彻落实省委、省政府关于疫情防控的命令，全面统筹疫情防控和经济社会发展，坚持人民至上、生命至上，因时因势优化调整疫情防控政策措施，聚焦“防、断、检、治、统、稳”，突出“防”“治”主线，接连发布17道命令和100多个文件，采取超常举措，全力推动阻断、救治、保障“三线”合围，牢牢把握疫情防控主动权，用26天遏制住疫情蔓延势头，38天实现新增确诊病例归零，65天实现在院确诊病例清零，全力以赴打好打赢疫情防控的人民战争、总体战、阻击战，经受了一场艰苦卓绝的历史大考。

2. 筑牢“阻断线”“救治线”“保障线”。疫情暴发初期，全市上下严防死守阻断疫情传播，全天候值守“邻汉环孝”通道26个检测站（点），对所有小区、村湾和公共区域全天候封闭管理。率先在全省组织动员党员干部取消异地休假，投入疫情战斗，全市2450支农村（社区）工作队、14168名队员和6261名党员干部进村入户、下沉社区，公安民警、城管人员、消防队员、基层干部不惧风雨、坚守岗位，社区工作者、志愿工作者、快递小哥、环卫工人不辞辛苦、无私奉献；全市发热病人、密切接触者、疑似病人隔离留观房间，高峰时分别达6223间、17967间和2068间，动态超出实际需求，做到应收尽收、应隔尽隔；抽调1681人组成245支流调小分队，累计追踪密接者28928人。不惜一切代价救治病人。第一时间公布9家定点医院，相继启用31家定点救治医院，全市1.2万名医务工作者义无反顾奔赴战疫最前线，全市确诊病例床位最高峰达到4681张，检测机构由1家增至18家，日检测能力由240份提高到1.6万份；建立轻型、普通型、重型、危重型四级预警机制，充分发挥重庆、黑龙江援孝医疗队作用，把重症患者集中救治，在全省率先出台中医药防治新冠肺炎工作方案，建立中西医结合临床会诊机制，全力以赴保障医疗和生活物资。建立物资需求日报制，落实医护关爱政策，加强院感防控和医务人员健康防护，重庆、黑龙江2支援孝医疗队1362名队员“零感染”；构建战时供应链，统筹内供外调、线上线下、捐赠采购等途径，打通群众“宅”家服务“最后一米”，各项生活物资供应充足，价格总体平稳，社会平安稳定。

3. 常态化开展疫情防控。坚持“带伞作业”，坚定不移落实“外防输入、内防反弹”总策略，坚定不移落实“疫情要防住、经济要稳住、发展要安全”总要求，坚定不移贯彻“动态清零”总方针，有序恢复生产生活秩序，在全省较早出台《联防联控常态化管理意见》，因时应势调整工作着力点和应对措施，持续兑现惠企稳企政策，推行“96120咨询热线＋千名干部进千企”服务模式，让减税降费和财税金融支持政策直达企业，千方百计稳实体经济、保市场主体。2020年7月，“四上”企业复工率达到99.8％。积极对接省委、省政府疫后重振补短板强功能三年行动方案，2020年，全市入库项目538个、总投资1463.8亿元，以项目之进夯实发展底盘。2022年12月，“国十条”及省“十二条”出台后，及时调整优化防控措施，迅速将工作重心从“防感染”转到“保健康、防重症”，完成各级各类医院平急转换，推动社会生产生活秩序加快恢复，经济活力加速释放，取得疫后重振和高质量发展“双胜利”。

（三）社会事业加快发展

1. 实施就业优先战略。实施更加积极的就业政策，全面落实“稳就业”系列政策，开展“春风行动”、“就业援助月”、专场招聘会、下乡赶集招聘、网络直播招聘等活动，充分发挥市场引导作用，促进高质量充分就业。实施“才聚荆楚·立业澴川”工程，2021年以来，促进高校毕业生就业创业2.68万人；实施“我兴楚乡·创在澴川”返乡创业行动，全市发放创业担保贷款20.35亿元，新增返乡创业1.4万人，就业创业服务更具活力。2022年，城镇登记失业率控制在3％以下。大力培育技能人才，全市技能劳动者总量增至46万人，其中高技能人才14.6万人，培育国家技术能手、湖北工匠、首席技师34人，劳动者实现“技有所长”，产业发展支撑力不断增强。打造就业“孝感品牌”，“孝感米酒师”入选全省十大劳务品牌，相关行业带动就业超过40万人；积极开展“充分就业社区”示范创建活动，成功打造孝感“零工驿站”湖北样板，全市建成驿站24家。十年来，城乡居民收入较快增长，全市城镇常住居民人均可支配收入由2012年的19570元增加到2022年的41596元，年均增长7.8％；农村常住居民人均可支配收入由2012年的9172元增加到2022年的20913元，年均增长8.4％。

2. 推动教育事业蓬勃发展。全面落实立德树人根本任务，深入推进教育综合改革，建立政府投入为主的义务教育投入机制，实施中小学（幼儿园）新改扩建、“全面改薄”、标准化学校建设、教师周转房建设等工程，澴川学校、黄香路小学等一批校区先后建设。创新实施学校体育艺术“一校一品”、留守儿童关爱工程等工作，探索“3+2”“五年一贯制”中高职一体化培养改革试点，被教育部评为“国家中小学教育质量综合评价改革实验区”“全国唯一地级市留守儿童关爱工作联系点”。2013年，全市县域内农村义务教育学校布局专项规划一次性通过省级验收(全省市州中唯一)。2021年，市、区义务教育学校管理体制依法调整到位，14所学校划转至孝南区及市直“三区”。通过积极调整城乡学校布局，合理配置资源，推动学前教育普及普惠、义务教育迈向优质均衡、高中教育多样化特色发展、职业教育融合发展、高等教育服务经济社会能力不断增强，公共教育服务体系不断健全。2022年，全市九年义务教育巩固率为99.2%，高中阶段毛入学率为98.3%。

3. 大力推进健康孝感建设。全面实施健康中国行动，持续开展爱国卫生运动，全力建设健康孝感，编制和实施“健康孝感2030”规划纲要，坚持把深化医改工作作为全面深化改革和改善民生的重要内容，全面推进医药卫生体制改革，全民医保制度全面建立，国家基本药物制度实现全覆盖，公立医院综合改革持续深化，分级诊疗制度逐步完善，医联体建设取得积极成效，医疗服务能力不断提升。积极深化农村卫生改革，建立健全农村卫生服务体系，健全完善农村突发公共卫生事件应急处理、新型农村合作医疗等制度机制，切实解决农民“看病难、看病贵”的实际问题。全面推进疾控体系改革和公共卫生体系建设，院前急救体系、基层医疗卫生服务体系、公共卫生应急管理体系全面优化完善，实现市域内紧急医疗救援指挥调度一张网，构建了中心城区“10分钟急救圈”、非中心城区“15分钟急救圈”、县(市)“30分钟急救圈”。居民健康素养水平稳步提升到31.4%，人均预期寿命增长到79.23岁。

4. 不断完善社会保障体系。大力实施全民参保计划，基本实现法定人员参保全覆盖，进一步健全完善养老、医疗、失业、工伤、生育社会保险制度，全市社会保障卡(“一卡通”)持卡人数455.81万人，常住人口覆盖率108.75%，电子社保卡覆盖率66.28%。在全省率先出台《推进“幸福食堂”建设三年行动方案》，破解城乡高龄、失能、独居等特殊困难老年人“就餐难”问题，全市共有142家“幸福食堂”投入运营。孝感市被列为“全国第四批居家和社区养老服务改革试点地区”。织密儿童关爱保护网，全市共配备乡镇(街道)儿童督导员163名、村(居)儿童主任2093名，覆盖率达100%。加强残疾人两项补贴同其他福利补贴政策的衔接，有效缓解残疾人特殊生活困难和长期照护困难，2015年，全省志愿者助残工作经验交流会在孝感召开。着力破解社会救助不平衡不充分问题，形成以基本生活救助为基础、以专项救助为支撑、以关爱帮扶为延伸、社会力量有效参与，更加统筹有效、梯度有序的城乡社会救助体系，截至2022年，保障困难群体近32万人，年发放社会救助资金12亿余元，全面保障了困难群体的基本生活，有力兜住兜牢社会底线。全面推进退役军人及其他优抚对象优待证申领发放工作，建档立卡率100%，优待证申领完成率96%,在全省作经验交流。

四、坚定文化自信自强,持续建设中华孝文化名城

党的十八大以来,市委、市政府深入贯彻习近平总书记关于社会主义文化建设的重要论述,着力构建大宣传工作格局,全市宣传文化战线自觉承担起举旗帜、聚民心、育新人、兴文化、展形象的使命任务,坚定历史自信、文化自信,推动文化体制改革不断向纵深拓展,全市文化创新创造活力大大激发,人民群众文化获得感和幸福感显著增强,人民群众精神面貌更加奋发昂扬。

(一)意识形态工作更有成效

1. 严格落实意识形态工作责任制。坚决贯彻落实习近平总书记关于"意识形态工作是党的一项极端重要的工作"重要论述,严格落实意识形态工作主体责任,建立联席会议制度,党委统一领导、党政齐抓共管、宣传部门组织协调、有关部门分工负责的工作格局初步形成。制定出台《中共孝感市委关于贯彻落实党委(党组)意识形态工作责任制的实施意见》《贯彻落实(党委〈党组〉网络意识形态工作责任制实施细则)若干措施的分工方案》《孝感市思想文化类论坛管理办法》《孝感市网络舆情分级处置办法(试行)》等文件,把落实意识形态工作责任制情况纳入市委巡察内容,建立完善意识形态风险点排查和形势分析研判机制,建立市县一体舆情监测平台,坚持周汇总、月分析,常态化开展风险研判,坚决将意识形态风险化解在萌芽状态,意识形态领域的主导权进一步增强,马克思主义在意识形态领域的指导地位得到进一步巩固,全市意识形态领域总体保持安全稳定,孝感处置网络舆情的经验做法被中央网信办推介宣传。

2. 大力弘扬和践行社会主义核心价值观。深入开展习近平新时代中国特色社会主义思想、中国梦和"五位一体"总体布局、"四个全面"战略布局的学习宣传教育,坚持从娃娃抓起,坚持抓早抓小抓细,不断拓展丰富"双读"活动,加强青少年政治引领和思想引导,扣好孩子人生第一粒扣子,"八字教育法"[①]在全省推广。针对劳务大市市情,加强留守儿童关爱教育,"留守儿童阶梯责任制"经验做法为《人民日报》宣传推介。以孝文化涵养社会主义核心价值观,从2013年起,连续10届开展暑期"孝行月"活动,强化青少年行为习惯养成。在全市机关企事业单位,着力打造孝廉机关、孝德校园、孝亲社区、孝诚企业、孝勇部队"五

---

① "八字教育法":从2014年起,孝感市财贸幼儿园创新教育方式,自编保教大纲,编写了3套《幼儿园起点阅读课程》教材,将24字核心词贯穿于幼儿一日活动中,并开发了"起点阅读教学课程"——赏、读、讲、演、画、享、悟、行"八字教育法"。2019年2月20日,《中国教师报》以《湖北孝感:"八字教育法"擦亮幼儿人生底色》为题进行了专题报道推介。

孝”品牌，2018年，这一经验做法被中宣部作为培育践行社会主义核心价值观典型推广。如春风化雨、润物无声，社会主义核心价值观已普遍融入社会发展的各方面，转化为全市人民的情感认同和行为习惯，十年来，全市涌现了蒋志刚、周小贺、涂红刚、程然、吴和平等一批在全国全省有重要影响的先进典型，“孝感道德群星”闪耀荆楚大地。

3. 齐心协力推进文明创建。积极探索创建全国文明城市、国家卫生城市、国家园林城市、国家环保模范城市“四城同创”工作机制，2016年成功创建国家园林城市。坚持久久为功、加大培育，2021年5月，以创建全国文明城市为统筹，启动国家卫生城市、国家生态文明示范市、国家园林城市、国家森林城市创建工作，组织开展思想文化铸魂、政务服务提质、社会秩序保障、生态环境保护、森林覆盖扩面、市容美貌美化、市场秩序整治、交通秩序整治、全民健康卫生、市民素质提升等十大行动，配合开展百日整治、迎新春整治、达标创建等专项行动，孝感城市环境和面貌持续改善，市民文明素质持续提升。文明村镇创建提质拓面，全市2245个村建立了红白理事会。文明单位创建持续深化，767家市级以上文明单位结对共建新时代文明实践站，创优美环境、优良秩序、优质服务活动蔚然成风。文明校园创建参与率达到100%，在全省率先建立市县两级未成年人保护工作协调机制。文明实践成风化人，2022年，全市建立新时代文明实践所127个、站2324个，完成率100%；78万名注册志愿者活跃在文明实践活动一线，开展志愿服务2.6万多次，服务群众近20万人次。

4. 大力弘扬和挖掘孝文化时代内涵。“中华二十四孝”故事中，董永“卖身葬父”、黄香“扇枕温衾”、孟宗“哭竹生笋”都发生在孝感，孝文化在孝感源远流长。市委、市政府大力挖掘和弘扬孝文化，推动孝文化创造性转化、创新性发展。相继出台《大力推进文化跨越 加快建设中华孝文化名城纲要》《中华孝文化名城建设三年行动方案》《关于加快推进中华孝文化名城建设的实施意见》等，把软实力建设写进“硬约束”文件制度中。先后投资兴建槐荫公园、黄香公园、孟宗公园、中华敬老园和全国爱心护理院，改建董永公园等孝文化基础设施。建立中华孝文化研究中心、中华孝文化研究会、黄香文化研究会等省市级孝文化研究机构10余家，推出了《中华孝文化读本》《中华孝文化研究》等一批学术性、应用性理论成果和孝文化知识读物，成功打造中华孝文化学术研究和交流核心基地、“中华孝文化高峰论坛”永久会址。持续举办中华孝文化旅游节、“十大孝子”评选、孝感楷模及“好媳妇”“好邻居”评选等活动，持续打造“五孝”品牌，全面营造尊老、敬老、爱老的良好社会环境，中华孝文化名城“金名片”熠熠生辉。

（二）文化事业繁荣发展

1. 不断优化公共文化供给。深入实施文化惠民工程，大力推进公共文化服务设施多元化供给、推进公共文化资源均衡配置，孝感市文化中心全面建成开放，全市共建有公共图书馆8个、文化（群艺）馆8个，公共博物馆14个，城市书房30座以上，建有119个乡镇综合文化服务中心。成功举办第16届孝文化旅游节，组织开展“慈孝中华·善行天下”文化惠民全国公益巡演走进孝感暨孝文化旅游节开幕式和中部六省曲艺展演活动，为孝感市民呈上文化盛宴。打造市图书馆“澴川大讲堂”、市博物馆“孝礼雅塾”等一批在全省有影响力的活动品牌，营造了“全民阅读”的浓厚氛围。2022年6月，总投资30亿元的孝感市奥体中心项目正式动工，面积约6000亩的槐荫体育公园项目建成。打造孝文化、雕花剪纸等“一县一品”文化品牌，建成以市、县(区)“三馆”为龙头，以乡镇(街道)综合文化服务中心为主体，以村(社区)综合文化服务中心、农家书屋为依托的公共文化服务网络；常态化开展“红色文艺轻骑兵”进基层、送欢乐活动，全市剧团送戏下乡每年近2000场，孝感楚剧展演活动获批国家公共文化服务体系示范项目。

2018年9月20日，第七届湖北楚剧艺术节在孝感举办(孝感市文化和旅游局　供图)

2. 持续深化文化体制改革。牢牢把握好文化事业、文化产业的意识形态属性和产业属性、社会效益和经济效益的关系，坚持正确的前进方向，坚持把社会效益放在首位，加强互联网内容建设，深入开展习近平新时代中国特色社会主义思想和党的十八大、十九大精神宣传，深入开展新闻宣传、网上宣传、理论宣传、社会宣传，唱响主旋律、传递正能量。不断创新文化管理体制，进一步解放和发展文化生产力。2014年，组建孝感日报传媒集团、孝感广电传媒集团，推动硬件设施提档升级，采编队伍优化建强，改革活力持续释放，主阵地、主渠道功能得到充分彰显。加快推进7个县(市、区)融媒体中心建设，初步形成“策、采、编、发”一体化融合传播格局，基本实现重大新闻、突发事件、重点报道移动端、新媒体、传统媒体多端齐发的宣传格局，新闻报道数量较融媒体中心成立前增长约2倍。“孝感新闻网”“云上孝感”“孝感广电”“微孝天下”等微信微博公众号、广电云等组成的多元传播新媒体矩阵逐渐形成。通过“两微一端一抖”等新媒体，在2020年疫情期间，全市在中央及省级主流媒体上稿近2万条，全方位、多角度、立体化传递了孝感战

“疫”最强音，从而经受住了当时普遍无法集中办公、无纸化的考验。强力推进楚天视讯孝感分公司转企改制，在全省率先完成。

3. 努力打造孝感文艺精品。组织全市广大文艺工作者深入开展“深入生活、扎根人民”主题实践活动，坚持思想精深、艺术精湛、制作精良相统一，强化现实题材创作，倡导讲品位、讲格调、讲责任，组织开展“槐荫文艺奖”评选，加大对重点文艺创作扶持力度，不断推出具有孝感地域特色的文化精品，不断满足全市人民群众的精神需求和新期待。楚剧《黄香》和音乐剧《孝·感天地》获得国家艺术基金资助；楚剧《龚华铭》入选湖北省舞台艺术重点题材创作扶持工程；《大将军吴禄贞》获得湖北省屈原文艺奖；《大悟烽火》获得楚天文华奖；楚剧《淬火》被评为第五届湖北地方戏曲艺术节优秀剧目；舞蹈作品《打起跳鼓乐开怀》获湖北省群众舞蹈展演一等奖；舞蹈作品《采茶仙子孝乡情》和《又见天仙配》获全省广场舞金奖。大力培养文化人才，努力造就一批德艺双馨、具有文艺原创力的高水平创作人才，2013年、2022年两次开展“孝感文化名家”评选，共评出29人，大大激发了文化界创新创造的动力和活力。

（三）文化产业支柱地位凸显

1. 促进农文旅融合发展。加强文化产业发展的顶层设计和统筹力度，出台《孝感市文化旅游产业发展总体规划》《孝感市农旅融合发展总体规划及三年行动计划》《关于加快推进全市文化产业高质量发展的实施意见》《市本级文化产业发展专项资金管理办法》等一系列含金量高的措施，优化文化产业区布局，完善文化经济政策，支持重点文化企业品牌化发展，积极培育中小微文创企业和新媒体文化产业，助力文化产业转型升级。同时，根据县（市、区）文化资源禀赋，立足“一县一特”，打造汉江文化旅游带、矿山文化旅游带、红色文化旅游带、李白文化旅游带等，形成全市文化旅游联动发展新格局。着眼“节庆＋文化＋旅游”融合发展，打造了孝感孝文化旅游节、安陆银杏文化旅游节、大悟红叶文化旅游节等一批在全省全国有影响的节庆旅游品牌。为净化文化发展环境，在全省市州率先建成文旅市场信息化视频监控平台，深入开展文化市场专项整治，强化文旅市场监督管理。2022年，全市实现旅游综合收入181.05亿元，相较于2012年旅游收入70.57亿元，增长了2.6倍。

2. 积极发展红色文化产业。孝感革命历史悠久，红色底蕴深厚，全市共有不可移动革命文物129处，总数位列全省第三。其中，大悟县宣化店谈判旧址、新四军五师旧址作为湖北省首批推荐的25个国家级爱国主义教育示范基地，成功入选全国100个“红色旅游经典景区”，孝感荣获全国双拥模范城“八连冠”。传承红色基因，赓续红色血脉，孝感积极发展红色文化旅游产业。2015年，省政府推荐4条红色旅游线路，其中包括“孝感—黄冈线”，市委、市政府借此契机，重点推动了大悟县鄂豫边区革命烈士陵园、宣化店中原军区旧址、白果树湾新四军第五师司令部旧址等项目建设，努力打造内联成线、外通鄂豫皖三省的红色经典旅游线路。2016年，《全国红色旅游经典景区名录》发布，大悟县宣化店美蒋谈判旧址、新四军五师旧址榜上有名。市委、市政府指导大悟县抓好保护、积极开发红色资源，大力支持宣化店镇建设“鄂北红色旅游第一镇”序幕，孝感红色资源的知名度和影响力不断提升。

3. 培育发展孝文化产业。实施“回归创业”工程，孝义与乡情深深融入了孝感的文化基因，是最天然的招商纽带。2013年起，市委、市政府主要负责人连续4年向孝感老乡联名发“家书”喊话，诚邀老乡们返乡创业就业，力促孝感“打工经济”向“老板经济”转变，全市累计引进回归企业过万家，投资总额超千亿元，“归雁经济”引领孝感项目建设规模和质量持续提升。制定《老龄产业招商引资专项政策》，成功举办第二届中国·孝感国际老年健康产业暨康复辅具博览会，建设永久性老年用品博览场馆，设立孝文化工业园区，带动形成康养、用品、辅具研发制造基地。持续开发孝文化产品，鼓励和扶持更多企业以“孝”冠名，引导支持以“孝”为核心和特色的文化产业形成集群，孝感雕花剪纸画、孝感麻糖等艺术装饰品和赋有孝文化符号的地方美食远销并驰名海内外。荣获“中华老字号”称号的孝感麻糖米酒有限责任公司是湖北省首批食文化知名企业，公司建有孝感麻糖米酒博物馆，是青少年学习孝文化、食文化的教育基地。“至诚至孝、图强图新”的城市精神和气质风貌已融入孝感经济社会的方方面面。

五、坚持生态优先，建设宜居宜业美丽孝感

党的十八大以来，市委、市政府全面贯彻习近平生态文明思想，牢固树立“绿水青山就是金山银山”理念，尊重自然、顺应自然、保护自然，大力推进绿色低碳发展，全面加强生态环境保护，深入打好污染防治攻坚战，“美丽孝感”建设取得显著进展。

（一）生态环境全面修复

1. 坚定不移推进长江大保护。坚持共抓大保护、不搞大开发，认真贯彻落实《中华人民共和国长江保护法》，接续落实长江大保护十大标志性战役、高水平保护十大攻坚提升行动，为修复长江生态环境作出了孝感贡献。河流“减负”，十年来累计投入38亿元，系统治理汉江、府澴河、汉北河等重要支流岸线，高标准推进754个长江（汉江）入河排污口整治。湖泊“复苏”，先后投入19亿元，对15个重点湖泊实施“三退”，累计还湖11.88万亩，汈汊湖湖面比“三退”前扩大20倍。禁渔“休养”，认真落实“十年禁渔”，捕捞渔船禁捕退捕率100%，1200名渔民悉数上岸，水生生物多样性逐步恢复，流域生态环境明显改善。

2. 集中攻坚打好三大战役。坚持问题导向，集中力量打好蓝天碧水净土保卫战。2022年，孝感空气质量改善情况、水环境质量达标率均居全省前列。空气更清新，2022年全市优良天数比例达80.8%，较2015年提高15.7个百分点。可吸入颗粒物、细颗粒

物、二氧化氮、二氧化硫4项污染物浓度较2015年平均降低28个百分点。水质更清洁，国、省考断面和县级及以上集中饮用水源地水质达标率均为100%，劣Ⅴ类断面全面消除，农村生活污水治理率达39.8%。土壤更干净，受污染耕地安全利用率稳定在90%以上，重点建设用地安全利用得到有效保障，粮食稳产优产能力不断提升。

3. 全面开展老澴河综合治理。老澴河①是孝感的母亲河，东起府河东大堤，西至三军台汇入槐荫河，全长8.6公里。长期以来，由于两岸生产生活污水无序排放，部分河段基本丧失水体自净功能，严重影响人居环境。治理老澴河，改善水环境，是沿河居民多年来的热切期盼。2017年11月，市委、市政府召开老澴河综合治理动员大会，出台《老澴河综合治理总体规划调整设计》，按拆迁安置、截污清淤、园林景观、基础配套设施、公共服务设施等环节推进，历经3年艰苦奋战，项目规划范围4.5平方公里，征迁涉及人口近4万，共拆迁房屋126万平方米，建设安置房226万平方米，河道清淤68万立方米、岸线整治16.8公里、绿化景观0.74平方公里、沿河道路配套15公里等，完成投资额近150亿元，提前2年完成综合治理任务，创造了"老澴河建设速度"。老澴河综合治理工程，让昔日的"龙须沟"变成了广大人民群众休闲的"亲水带"，被市民誉为"治理一条河，改变一座城"，同时让孝感东部直接与武汉东西湖联通，南部与武汉天河机场连接，交通的便利为"汉孝"同城化发展打下了坚实基础。

治理后的老澴河(《孝感日报》 供图)

---

①老澴河发源于河南省灵山，干流全长150.8公里，流域面积3618平方公里。澴河孝昌花园水文站以上共分3支，东支大悟河，中支广水河，西支应山河。原老澴河流经大悟、广水、孝感，在北泾咀流入揵径河，在湛家矶出长江。新中国成立至今，孝感对老澴河综合治理的大工程共有4次：第一次是1959年府澴河改道，第二次是1996年澴河堤防除险加固，第三次是2008年实施"三河连通"暨澴东水生态系统保护与修复，第四次是2017年11月开始的老澴河综合治理。

（二）绿色低碳发展持续推进

1. 推动传统产业绿色改造。坚持绿色发展，大力构建科技含量高、资源消耗低、环境污染少的现代产业体系，运用高新技术和先进适用技术对传统产业的生产设施、装备、工艺进行改造，淘汰落后产能，推进新技术、新模式、新业态集成应用，加快发展新材料、新能源、节能环保等绿色产业，推动生产方式绿色化、清洁化。全市累计培育绿色工厂国家级13家、省级11家、市级11家，绿色供应链管理企业国家级1家、省级2家，绿色设计产品国家级1家，以纺织服装、纸塑包装、盐磷化工等传统产业企业为主，以点带面促进传统产业高端化、智能化、绿色化发展。单位地区生产总值能耗“十三五”末较“十二五”末下降16.6%，2021年、2022年累计下降3.08%，碳排放强度两年累计下降4.1%，孝感“双控”目标连续多年全面达标，可再生能源装机规模位居全省第三，装备制造业列入科技部国家创新型产业集群试点，市高新区获批国家循环化改造示范试点园区、国家低碳工业试点园区。

2. 倡导绿色低碳生活方式。持续加强生态文明宣传教育，提高城乡居民生态文明意识，发布“倡导绿色生活、反对铺张浪费”、节约用电、节水护水、移风易俗、“五城同创”、马拉松文明参赛等系列倡议书，积极建设节约型机关，广泛宣传“光盘行动”，培育“舌尖上的美德”，杜绝“舌尖上的浪费”，大力培育绿色文化，倡导文明、绿色、低碳的生活方式和消费模式，坚决反对和抵制各种形式的奢侈和浪费。积极发展城市公共交通，大力推广新能源汽车，鼓励自行车等绿色出行。2022年，首次获批中央节能减排补助资金（充电基础设施奖励）602万元。在全省率先编制《孝感建设绿色建筑设计指南》，深化绿色建筑设计，引领绿色建筑发展。用共同缔造理念探索垃圾分类新格局，推动居民将垃圾分类意识转化为自觉行动，绿色低碳、文明健康的生活方式和环保型消费逐渐成为新风尚。

3. 加快环保基础设施提级扩能。党的十八大以来，全市环境保护投入进一步加大，并逐年增长。全市共建成城市生活污水处理厂9座，全部完成提标改造；新改建污水处理项目96个，2022年度获得省级乡镇生活污水治理以奖代补资金5226万元，资金总额位列全省第三。建成27座空气环境质量自动监测站、45座水环境质量自动监测站。累计建成市政污水收集管网77.7公里、改造污水管113.4公里，建成生活垃圾无害化处理设施8座，垃圾中转站120座，覆盖所有乡镇。为了补齐环卫设施短板，2018年3月启动建设孝感市静脉产业园项目，占地约0.87平方公里，投资约18亿元，一期、二期已建成投产，生活垃圾焚烧发电厂顺利通过生活垃圾焚烧发电厂无害化AAA等级评定。

（三）美丽孝感建设全面实施

1. 持续实施“绿满澴川”行动。坚持植绿护绿爱绿，全民参与，美化家园，共建美丽孝感。2014年，为落实“绿满荆楚”行动，广泛动员全市各地各部门和城乡居民开展“绿满澴川”行动，基地建绿、荒山造绿、通道植绿、村庄布绿、全民兴绿，3年完成植树造林56.62万亩，超额完成“三年实现绿色全覆盖”造林任务，森林覆盖率达20.1%，城区人均绿地面积10.05平方米，2018年，孝感荣膺“湖北省森林城市”称号。2017年9月，省政府提出，用3年时间消灭全省剩余荒林荒山。孝感迅即行动，科学确定精准灭荒任务，积极与产业发展相结合，注重兼顾生态效益和经济效益，优先发展木本油料、苗木花卉等各类产业基地，开展招标造林、招商造林，昔日满目荒山披上绿装，3年精准灭荒11.3万亩。2022年，全市森林覆盖率达36.28%，绿色成为澴川大地的主色调。

2. 全域推进生态文明示范创建。坚持把生态文明示范创建活动贯穿于经济建设、政治建设、文化建设、社会建设全过程和各方面，印发《孝感市创建国家级生态文明建设示范市规划(2016—2025)》，着力构建市、县、乡、村四级联创的工作格局，同步加大生态文明示范村、乡镇、县、市各个层级的创建，探索城乡居民参与人居环境建设的新模式，推进美好环境与幸福生活共同缔造。同时，出重拳解决黑臭水体治理、河湖保护等方面存在的突出问题，2022年，成功入选全国农村黑臭水体治理试点城市，农村黑臭水体治理初见成效；出台《孝感市建立市级“河湖长＋法院院长＋检察长＋警长”联动协作工作机制的实施方案》，在全省率先建立协调有序、监管严格、保护有力的河湖新型管理机制。孝感市及7个县(市、区)先后获得省级生态示范区命名，全市共有63个乡镇获得“省级生态乡镇”，441个村获得“省级生态村”，孝感生态文明示范创建挺进全省第一方阵。

3. 完善建设美丽孝感机制保障。坚持以改革为动力、以制度为保障，实行最严格的环境保护制度，探索形成了一批符合孝感实际的生态环保新模式、新路径。制定《中共孝感市委、孝感市人民政府关于推进全域绿化建设美丽孝感的意见》，出台全省首个地市级地方性涉水法规《孝感市府澴河流域保护条例》，在全省率先建立府河、澴河跨县流域生态补偿机制、农村生活污水和黑臭水体治理长效机制，在全省率先开展排污权交易改革。实施环保督察问题整改市“四大家”领导齐抓共管、划片包保、领衔督办。“孝感市环境资源要素保障与高效配置”的实践经验被《中国环境报》宣传推广，水生态环境保护工作做法作为2022年度生态环境领域真抓实干成效明显的地方典型经验，被生态环境部通报表扬。

六、坚持同心共进，全面加强民主法治建设

党的十八大以来，市委、市政府深入贯彻习近平总书记关于全过程人民民主的重要论述，坚持党的领导、人民当家作主和依法治国有机统一，大力发展更加广泛、更加充分、更加健全的人民民主，不断推进市域治理体系和治理能力现代化，生动活泼、安定团结的政治局面得到巩固和发展。

（一）全过程人民民主深入践行

1. 加强和改进新时代人大工作。全面贯彻落实党中央决策部署和省委工作要求，支持和保证人大及其常委会依法行使职权，充分发挥人大及其常委会在立法工作中的主导作用。2016年，孝感被正式批准行使地方立法权，遵循科学立法、民主立法、依法立法原则，贯彻人民至上理念，先后出台《孝感市城乡规划条例》《孝感市城市综合管理条例》《孝感中心城区既有住宅增设电梯实施办法》等多部地方性法规，为解决人民群众最急最忧最盼的热点难点问题提供了法治保障，党委领导、人大主导、政府依托、各方参与的立法工作格局在实践中得到完善。支持人大加强监督工作创新，围绕经济运行、脱贫攻坚、“三资一促”、“主城崛起”、孝汉同城、服务企业、疫情防控、五城同创、防汛抗灾、生态文明、民生保障等全面开展监督，实施正确监督、有效监督、依法监督，切实增强监督刚性和实效，促进依法行政和公正司法。完善代表建议督办机制，开展代表建议办理情况满意度测评，举办代表建议督办月活动，落实人大常委会主任会议成员领衔督办、市长和副市长领办、专（工）委上门督办、新闻媒体联合督办机制，代表建议全部办结并答复代表，提升代表建议办理质效。提高重大事项决定水平，支持人大认真行使重大事项决定权，作出关于着力构建孝感区域发展布局、全市打击治理电信网络诈骗犯罪、加强对司法工作监督、保障和促进老澴河综合治理等决议决定，不断推进地方治理体系和治理能力现代化。

2. 推动协商民主广泛多层制度化发展。制定《市委关于加强社会主义协商民主建设的实施意见》《关于完善政协民主监督工作机制的意见》，持续深化协商民主建设，重点加强政党协商、政府协商、政协协商，积极开展人大协商、基层协商、人民团体协商，逐步探索社会组织协商，积极探索“网络议政”“远程协商”等新形式，推动协商民主向基层延伸。坚持协商于决策之前和决策实施全过程，紧紧围绕全市经济社会发展重大问题和群众最关心最现实的急难愁盼问题开展民主协商，不断提升建言资政的针对性、精准性、时效性，有力助推了孝感脱贫攻坚、临空经济发展、老澴河综合治理、孝文化名城建设、“五城同创”、重大项目建设、“三资一促”、抗击疫情、民生改善等工作。支持政协充分发挥协商监督的优势，每年精选专题开展市县联动监督，选派政协委员担任特约监督员、民主监督员，发挥协商民主的监督功能。坚持发扬民主和增进团结相互贯通、建言资政和凝聚共识双向发力，支持政协加强与民主党派、工商联、各社会团体的联系交流，积极组织社会各界代表参加调研、走访、视察、座谈活动，更好地把市委、市政府的决策部署传达下去、把各族各界的智慧力量凝聚起来，努力营造了心齐气顺、政通人和的良好态势。

3. 完善大统战工作格局。深入学习宣传贯彻《中国共产党统一战线工作条例》，全面谋划推进各领域统战工作，市、县、乡、村统战工作四级网格基本构成，各乡镇统战办公室和统战联络室高标建成。市、县两级均成立了以党委书记任组长的统战工作领导小组，明确了统战成员单位职责，建立了相关制度。统战系统机构改革顺利推进，民族、宗教、对台、侨务等职能全面整合，组建新的党委统战部。建立完善“三大数据库”（党外干部人才库、优秀党外人士数据库、优秀党外代表人士数据库），实时更新、动态管理，基本掌握全市统战人士情况。印发《市委统一战线工作领导小组成员单位共性、职能责任清单》，出台孝感市贯彻落实省实施《办法》的主要措施及分工方案，全市党委统一领导、统战部牵头协调、有关方面各负其责的大统战工作格局初步形成。其中，多党合作暨参政党建设、基层统战组织网络建设、党外知识分子、新的社会阶层人士等工作在全省性会议上交流或在孝感召开现场推进会。统一战线在优化营商环境、招商引资、抗击疫情、脱贫攻坚、维护社会和谐稳定等方面，服务中心大局的法宝作用进一步彰显。2016年，开展民企联村、助力精准扶贫做法在全国统战部长培训班上作经验交流。

（二）平安法治孝感建设全面推进

1. 深化平安孝感建设。把平安孝感建设作为一项重要的政治任务来抓，市委常委会每季度听取平安稳定形势汇报，专题部署平安建设和社会稳定工作。每年初由市委书记、市长与各地各单位“一把手”签订《孝感市平安建设目标管理责任书》，深化“四级联动”和维稳会商研判机制，形成横向到边、纵向到底的平安建设责任体系。坚持源头治理，以乡镇（街道）和行业部门为基本单位，以村（社区）为基本单元，对社情民意、矛盾纠纷进行“过筛”式摸排，集中开展矛盾纠纷大走访大排查大化解行动。2016年，在全省率先实现城乡网格化管理全覆盖。突出防范化解重大矛盾风险，深化反渗透反颠覆、反恐怖反分裂、反邪教斗争，抓实抓细动态管控措施，确保了重点人不脱管不失控；加强教育、医疗、金融放贷、市场流通等行业领域专项整治，从严从快打击“刀爆枪、盗抢骗、黄赌毒、食药环”等影响群众安全感满意度的突出违法犯罪，全市刑事、治安警情持续下降，社会治安环境明显好转。推动平安共建共创，将每年5月、11月确定为平安建设宣传月，不断提升平安孝感建设知晓率、参与率，不断深化“平安学校”“平安医院”“平安家庭”等10类微平安创建。全市社区（村）全部落实“一社区（村）一警（辅警）”、“一社区（村）一法律顾问”，累计建成“五户联勤、十户联防”联防共治队伍350支，参与联防巡逻队员4000余人，建设平安孝感的基层基础力量进一步增强。

2. 大力推进法治孝感建设。制定《中共孝感市委关于贯彻落实党的十八届四中全会精神全面推进法治孝感建设的实施意见》《孝感市法治建设年度绩效考核及结果运用办法（试行）》，法治统筹、法治考核的作用得到加强。坚持运用法治思维和法治方式提升政府依法决策能力，出台《孝感市人民政府规章制定程序规定》《孝感市人民政府重大行政决策程序规定》等法规性文件，政府重大行政决策五大法定程序全面落实。市县两级政府“法律顾问”全覆盖，做到“顾而有问、问而有效”。严格落实“谁执法谁普法”责任制，全面实施“七五”“八五”普法规划，出台《关于进一步加强全市社会主义法治文化建设的指导意见》等指导性文件，创编《民法典普法宣传漫画集》，全面推进“法治示范机关（单位）”“法治示范镇区”等系列创建，普法效果明显提升。坚持和发展新时代“枫桥经验”，强化人民调解效能，着力调处和化解各类矛盾纠纷，有效防止了因矛盾调解不及时而引发不良事件的发生。2013年，法制宣传工作经验在全国交流，形成了农民工维权“阿玲热线”等普法品牌。2016年，成为全国矛盾纠纷多元化解工作创新试点城市。孝感市被全国普法办表彰为“七五”普法中期工作“全国先进城市”，“孝感信访123”经验全国交流。

3. 扎实开展扫黑除恶专项斗争。2018年2月，成立扫黑除恶专项斗争领导小组，制定《关于开展扫黑除恶专项斗争的通告》，构建了“党委总揽、五级书记负责、政法牵头、公检法三家主战、成员单位协同配合、动员全民广泛参与”的工作格局。坚持以建设项目、建材供应、交通运输、征地拆迁、集贸商业等领域为重点，以乡镇、街道为单位，对黑恶线索实行滚动排查，抓实线索清零、大案攻坚、“打伞破网”、“打财断血”等重点工作，深挖彻查黑恶势力。专项斗争期间，全市共侦办黑社会性质组织案件15件，恶势力犯罪集团案件30件，涉恶犯罪团伙案269件。2018年，孝感扫黑除恶工作在全省作经验交流，工作进入全省第一方阵。2021年，印发《关于常态化开展扫黑除恶斗争的实施意见》，健全扫黑除恶斗争组织领导机构，健全完善防范整治、举报奖励、依法惩处、督导督办、考核评价、组织领导“六项机制”，扎实推进电信网络、自然资源、交通运输、工程建设四大行业领域整治，构建行业常态长效的黑恶防治格局，孝感扫黑除恶专项斗争领导小组被授予全省扫黑除恶专项斗争先进单位一等奖。

（三）共同缔造深入人心

1. 扎实开展共同缔造试点工作。把共同缔造试点工作作为加强基层治理体系和治理能力现代化的一个重要抓手，坚持党建引领、群众主体、分类施策，扎实开展共同缔造试点，市、县党委书记带头领办试点，全市81个试点实现“一个试点一名县级领导挂帅、一个部门包保、一个专班主抓、一套实施方案推进”全覆盖。运用共谋、共建、共管、共评、共享“五共”方法，聚焦解决群众急难愁盼问题，实施幸福食堂推广、快递物流村村通、村道路灯湾湾亮、城区集贸市场改造提升、老旧小区加装电梯、城区公共停车场建设、城区小型消防站建设、农村生活污水处理、村湾“断头路”打通等民生实事，通过解决“关键小事”撬动“民生大事”，共同缔造不断绘就美好生活新画卷。形成党群工作合力，完善湾组（网格）的群众自我管理、自我服务、互帮互助等功能，优化8332个城乡网格、12388个湾组，健全16337个小区（楼栋）党组织，推选31236名党员中心户，充分发挥基层党组织战斗堡垒作用和党员先锋模范带头作用，带动广大群众以主人翁精神建设美好家园。

2. 创新开展基层民主实践。村看村，户看户，群众看干部。突出加强村干部源头建设，深入推进基层服务型党组织建设，2014年，基层三个“1+X”综合服务体系建设①被评为全省创新“十佳案例”。着眼后继人才培育，2018年，在全省率先开展“一村多名大学生计划”试点。2020年，“一村多名大学生”实现贫困村全覆盖，储备乡土人才、后备干部7109名，招录农民大(中)专生1005人，居全省前列。大力实施“整县推进”计划和党支部提升三年行动，对标开展支部“巡整”，推动全市软弱涣散村党组织整顿提升。出台激励关爱乡村干部的若干措施，提高村副职干部待遇，激发乡村干部队伍活力。2022年，积极探索以共同缔造理念推进党建引领基层治理，进一步健全组织体系，完善村级民主管理等机制，不断强化党的基层组织建设和群团组织建设，引导群众“进队”“入会”，组建小组理事会、文明新风协会、志愿服务队、环境卫生协会、矛盾调解协会村湾理事会等群众自治组织，拓宽群众民主参与渠道。广泛开展十佳“好媳妇、好婆婆、最美庭院、环境整治优秀家庭、最美志愿者”评选，激发群众参与热情。健全乡镇(街道)党群服务中心、村级党群服务站、便民服务点等“三级服务体系”，实现服务体系与群众需求精准对接，强化基础和阵地保障。

七、坚持从严从实，全面加强党的建设

党的十八大以来，市委全面贯彻新时代党的建设总要求，从党的百年奋斗重大成就和历史经验中汲取奋进力量，以永远在路上的韧劲，持续锻造一支忠诚、干净、有担当的党员干部队伍，风清气正的政治生态不断形成和发展，党的建设实现了大提升。

(一) 政治建设持续加强

1. 坚决做到“两个维护”。制定并实施《贯彻落实〈中共湖北省委关于进一步加强党的政治建设坚持“两个确立”做到“两个维护”的决定〉责任分解方案》，对党的十八大以来习近平总书记重要指示批示件建立台账跟踪督办，坚持不懈用习近平新时代中国特色社会主义思想凝心铸魂、强基固本，树牢“四个意识”，坚定“四个自信”，坚决捍卫“两个确立”，忠诚践行“两个维护”，始终同以习近平同志为核心的党中央保持高度一致。将“两个维护”纳入市委巡察工作重点，把巡察整改落实情况纳入领导班子和领导干部年度考

① 三个“1+X”综合服务体系建设：2013年，孝感市围绕城市新社区、城镇新社区、农村新社区建设，推行三个“1+X”社区党建工作模式，推进社区建设。三个“1+X”指：建立“1+X”的综合服务平台，“1”指党员服务中心，“X”指党员服务中心的党群议事、便民利民、宣传教育等各项服务功能；完善“1+X”的组织网络体系，“1”即村、社区党组织和居民委员会，“X”指基层群团组织、群众自治组织、民间社团组织等；强化“1+X”的社区工作者队伍，“1”即社区党组织书记，“X”即党员干部队伍、网格管理员、志愿者服务人员等。

核重要内容，实现市县和村级巡察监督全覆盖。

2. 严肃党内政治生活。严格执行党章、党的组织生活制度和《关于新形势下党内政治生活的若干准则》，严明政治纪律和政治规矩，市委常委会严格按照规定动作开好年度民主生活会、专题民主生活会，带头健全民主生活会列席指导、整改通报等制度，用好民主生活会成果，加强市委常委会班子建设。制定《关于进一步严肃规范党内政治生活的意见》等文件，对"三会一课"、支部主题党日制度进行规范，督促各级领导班子成员以普通党员身份参加所在支部组织生活。严格执行民主集中制，修订完善《中共孝感市委常委会议事和决策规则》，推动各地各单位党委(党组)完善落实工作规则、议事规则和决策程序，把严格执行民主集中制作为加强领导班子建设和干部提拔任用的重要内容。涵养健康的党内政治文化，充分利用孝感红色资源富集、孝文化悠久等优势，常态化开展爱国主义教育、党性教育、弘扬优秀传统文化教育，"孝廉文化"品牌被省纪委列为全省六大特色廉政文化品牌之一。

3. 突出"关键少数"。严格落实管党治党政治责任，坚持抓"关键少数"和管"绝大多数"相结合，突出抓好各级党委(党组)书记和领导班子成员，通过中心组学习、专题培训、述职述廉、民主评议、年度考核等多种方式，教育引导各级领导班子和领导干部做到头脑清醒、政治坚定、绝对忠诚，做到党中央提倡的坚决响应、党中央决定的坚决执行、党中央禁止的坚决不做。组织制定全面从严治党主体责任清单、党风廉政建设主体责任履责纪实手册，坚持量化、条目化，确保主体责任、"一岗双责"可落实、可核查。常态化组织开展市委常委、党员副市长到地方、部门开展调研督导活动，确保压力传导到基层、责任"四级递进"。省委办公厅工作简报以《孝感市委扎实开展主体责任调研督导活动推动全面从严治党落地见效》为题，推介孝感经验做法。

(二) 干部队伍建设坚强有力

1. 牢固树立选人用人正确导向。坚持党管干部原则，坚持德才兼备、以德为先，注重把干部放到急难险重岗位、经济发展主战场、三大攻坚战、基层一线培养历练。注重实干实绩导向，建立覆盖全体干部的实绩考核体系，实行无实绩考核不动议、实绩考核排名靠后不动议，做到以实干论实绩、从实绩辩德才、凭德才用干部。实行重大专项工作揭榜挂帅，为有本事、想干事、敢干事、能成事的干部搭建平台、创造条件，让优秀人才源源不断涌现出来。积极推动落实及时奖励政策，坚持中心工作推进到哪里，及时奖励跟进到哪里，做到"奖一劝百"。先后对在重大项目建设、优化营商环境、三大攻坚战等工作中表现突出的161个集体、852名个人给予奖励。对年轻干部、新提拔重用干部，探索实行导师帮带，推动县处级领导干部与科级干部结对，科级干部与一般干部结对，跟踪帮带一段时间，做到"扶上马、送一程"；对"佛系""躺平"干部免除职务，推动能者上、平者让、庸者下、劣者汰。通过多措并举，切实把新时代好干部标准落到实处，为培养高素质专业化干部队伍打下坚实基础。

2. 加强干部教育管理监督。出台《关于加强新时代干部教育培训工作的实施意见》，把学习贯彻习近平新时代中国特色社会主义思想摆在干部教育培训最突出的位置，对党的十八大、十九大、二十大及历次全会精神，习近平总书记考察湖北重要讲话精神开展分级分类集中轮训。把学习贯彻习近平新时代中国特色社会主义思想情况作为考核评价领导班子和领导干部思想政治素质的重要内容，纳入个人年度考核，未完成规定学习任务的不参与评优评先。把红色固本、绿色赋能、本色强基“三色”教育融入各类培训，提升学习教育的针对性、有效性。以县处级以上领导干部为重点，深入开展党的群众路线教育实践活动、“三严三实”专题教育、“两学一做”学习教育、“不忘初心、牢记使命”主题教育、党史学习教育等系列主题教育活动，及时总结主题教育活动中好的经验做法，推动主题教育常态化、制度化、日常化。深入开展党员干部“下基层、察民情、解民忧、暖民心”实践活动，建立“三张清单”定期调度机制。坚持严管与厚爱相结合，出台《关于进一步激励广大干部在推动高质量发展中担当作为的若干措施》，激励干部勇于斗争、善于斗争，敢于担当、积极作为。实行领导干部经济责任、干部人事责任、编制管理责任“三责联审联交联报”制度，受到中组部肯定。

3. 实施人才强市战略。坚持需求导向和以用为本，出台《关于实施“澴川创新创业人才计划”的若干措施》，推行“揭榜制”“委托制”“赛马制”等科技攻关模式，鼓励支持具有原始创新能力的基础研究人才脱颖而出。2021年、2022年共吸纳400余名在汉专家人才与孝感科技型企业结成“帮扶对子”，推动300家企业与武汉47个高校院所建立产学研合作关系，转化重大科技成果150项。针对事业单位人才，大力实施专项引才计划，面向全国重点高校采取定向引进或公开考试等方式，引进1200名研究生及“双一流”本科生到全市紧缺急需事业单位工作。针对农村实用人才，大力实施乡村振兴人才培养工程，持续推进“一村多名大学生（中职生）计划”，2020—2022年，共有974名科技特派员等常态化开展服务。坚持党委联系服务专家人才制度，市委常委、党员副市长带头经常联系走访慰问专家，积极推行精准化、个性化服务，努力让人才安心工作、舒心生活，形成礼敬人才、厚待人才、激励人才的良好氛围。

4. 巩固基层组织体系。牢固树立大抓基层的鲜明导向，坚持强化基层党组织政治功能，以提升组织力为抓手，着力深化基层党建工作，织密组织体系，建强骨干队伍，强化党建引领。聚焦基层党建“五问”（问覆盖面、问运行态、问战斗力、问认同度、问责任网）开展支部巡整，村“两委”成员平均年龄43.6岁，村党组织书记中专及高中以上、大专以上学历要求分别达到89%、49.9%，村干部队伍实现整体提升。推进党建引领城市基层治理，13个街道“大工委”、209个城市社区“大党委”全覆盖，2686个小区组建了党支部、1.2万余个楼栋组建了党小组，城市住宅小区业委会组建率、物业服务覆盖率分别达到

77.85%、100%，全市物业服务企业党组织覆盖率提升到83.9%。加强基础保障，累计投入5.15亿元，建设周转房4053套、“五小”场所285处，重点推动乡镇“五小”[①]和周转房建设全覆盖，其中周转房按照“十有”[②]标准配备，让乡镇干部拎包入住。

（三）正风肃纪反腐持续深化

1. 切实强化政治监督。市委把做细做实政治监督作为捍卫“两个确立”、践行“两个维护”的重要检验，充分发挥监督保障执行、促进完善发展作用，持续推动政治监督具体化精准化常态化。突出围绕贯彻习近平总书记重要指示批示精神强化政治监督，全面梳理党的十八大以来习近平总书记关于湖北工作的重要指示批示精神147项，责成市纪委监委联合市委督查室聚焦贯彻落实情况开展“回头看”，加强跟进监督，保证习近平总书记各项重要指示批示精神和党中央决策部署在孝感得到不打折扣的贯彻落实。突出重点监督对象，每年召开述责述廉会议、约谈党风廉政建设责任制考核排名靠后单位党委（党组）主要负责人，出台《关于加强对“一把手”和领导班子监督的若干措施》，推动各地各级“一把手”和领导班子严于律己、严负其责、严管所辖。创新政治监督方式，开展常规巡察、专项巡察和机动巡察，充分发挥巡察利剑作用。健全市委政治生态分析研判联席会议机制，实行“一地区（部门）一报告一领导班子一分析”，实现全市政治生态分析研判全覆盖。

2. 持之以恒转变作风。严格落实中央八项规定及其实施细则精神和省委具体意见，出台改进学风、会风、文风、话风、事风具体规定，驰而不息整治作风。每年元旦春节、中秋国庆等重大节假日前向全市党员干部和公职人员发送手机短信，连续10年春节后上班第一天向市、县、乡、村四级党员干部和公职人员发送一封信，提醒严守廉洁纪律。把力戒形式主义、官僚主义作为纠“四风”重要内容，聚焦脱贫攻坚、惠民惠企政策落实、防汛救灾、疫情防控、复工复产、基层“减负”、巡视巡察整改等重点领域、重点问题开展专项整治。紧盯违规吃喝问题重拳惩治，严肃查处并通报违规吃喝典型案例。出台《孝感市作风建设常态化监督检查工作制度》，不定期开展违规购买烟、酒、茶、购物卡、使用公车等数据搜集、研判，从中查找“四风”隐形变异的问题线索，坚持露头就打、反复敲打。倡导务实重行作风，深入落实“三个区分开来”，践行“敢、快、干，清、慎、勤”六字要诀，努力营造敢闯敢试敢干的良好环境。

3. 大力推进“清廉孝感”建设。统筹制定清廉孝感建设实施方案，督促各地各级制

---

①“五小”：小食堂、小澡堂、小图书室、小文体室、小厕所。2022年1月，孝感市在全省率先启动乡镇“五小”场所和周转房建设，改善乡镇干部们的工作生活条件，营造安心扎根基层的工作生活环境。

②“十有”：周转房设立独立卫生间和浴室，配有空调、电视机、衣柜、窗帘、单人床、床头柜、床垫、办公桌椅、宽带网络、洗浴设施。

定清廉建设五年规划和年度计划，分类编制《清廉载体建设工作手册》，每类载体重点培育2至4个示范联系点，示范引领清廉建设向基层延伸，2022年，全市共打造各类清廉建设示范联系点148个。强化党风廉政教育，出台《贯彻落实〈关于深化党员干部纪律教育工作的意见〉的实施方案》，将纪律教育融入监督执纪执法全过程，贯穿于日常监督、信访举报、线索处置、审查调查、处理处分、以案促改各环节。每年举办党风廉政建设宣教月活动，组织开展纪法宣讲、知识竞赛、谈心提醒、专题辅导等活动，对领导干部及其家属、年轻干部和重点岗位人员分层分类开展纪律教育。先后拍摄制作《理想丢弃　贪噬人生》《权力的异变》等警示教育片，每年编写一本《警示录》，用孝感查处的系列贪腐典型案例教育警示党员干部强化纪法意识、筑牢思想防线。组织各地创作一批人民群众喜闻乐见的廉政新媒体作品，开展"清风正气润澴川"清廉微视频大赛，其中《清风伴明月　廉洁过中秋》《青年话清廉》等作品先后在中央纪委国家监委网站、人民网播出，以清为美、以廉为荣在澴川大地蔚然成风。

4. 保持反腐败高压态势。坚守严的基调，突出惩治重点，每年紧盯同级党委管理的领导干部、"一把手"等重点对象，紧盯政治问题和经济问题交织、党的十八大以来不收敛不收手、问题线索反映集中、群众反映强烈、领导干部亲属和身边工作人员利用影响力谋私贪腐等重点问题，以及金融、国企、政法、高校、体育、粮食购销、乡村振兴、统计造假、工程建设等重点领域和其他行业性、系统性、地域性系列腐败问题，持续加大办案力度，严肃查处了一批腐败窝案、串案。健全办案机制，研究出台《关于加强查办案件工作的若干措施》，全面建立市县"室组地巡"协作办案、乡镇办案协作区制度，深化线索、措施、力量等资源双向整合。强化系统办案，全面推行案件主办人制度，着力提升查办案件工作质效。其中，省纪委监委指定管辖的"1·31专案"，探索出军地企纪检监察机构联合办案新路子，受到中央军委纪委、省纪委的充分肯定。持续整治群众身边的腐败，聚焦惠民政策落实、乱占耕地违规建房、挪用扶贫资金、医疗食品安全、殡葬服务等民生领域问题开展专项整治，坚决惩治"蝇贪""蚁腐"，持续释放越往后越严的强烈信号。

逐潮追梦正当时，只争朝夕夜继日。以十年为时段，在新长征新征程的路上，孝感市委、市政府将以习近平新时代中国特色社会主义思想为指导，在省委、省政府的坚强领导下，全面深入贯彻落实习近平总书记关于湖北工作的重要讲话和指示批示精神，把嘱托牢记心底，把责任扛在肩上，实干苦干"敢、快、干"，落实落细落到位，全力以赴朝着武汉都市圈重要节点城市奔跑，不断满足全市人民对美好生活的向往！

撰稿人：张可杰、胡昊
统稿人：胡雪城
审定人：林成儒

“要把革命老区建设得更好，让老区人民过上更好生活”

——从党的十八大到二十大黄冈发展综述

黄冈市史志研究中心

历史是奋斗者的坐标系，时间是最伟大的书写者。在黄冈这块红色热土上，中共黄冈市委、市政府始终牢记习近平总书记“要把革命老区建设得更好，让老区人民过上更好生活”的殷殷嘱托，全面贯彻习近平新时代中国特色社会主义思想，深入贯彻习近平总书记关于湖北工作的重要讲话、重要指示批示精神，认真贯彻落实党中央决策部署和省委工作要求，充分发挥黄冈“好山好水、好文化、好物产、好区位”比较优势，求真务实精准分析市情，解放思想科学谋划思维，锐意进取擘画发展蓝图，以强县工程和乡村振兴为主攻方向，改革创新、攻坚克难、雷厉风行、砥砺前行，探索黄冈现代化路径，努力把黄冈建设得大而美、强而富，老区显现出更加光明的前景，老区群众过上更加火热的生活。

一、牢记殷殷嘱托，深学笃行习近平新时代中国特色社会主义思想

2010年1月23日，习近平同志视察红安县，为革命老区黄冈的发展指明前进方向，激发老区振兴发展动能，点燃老区群众发展激情。十年来，习近平总书记先后4次到湖北考察，参加全国人大湖北代表团审议，为新时代湖北改革发展指引前进方向，并出席第七届世界军人运动会开幕式。湖北省委、省政府主要负责人每年都要多次深入黄冈调研指导，为黄冈经济社会发展把脉、出题、开方。十年来，市委带领全市人民牢记殷殷嘱托，担当实干，更加深刻领悟“两个确立”的决定性意义，更加自觉增强“四个意识”、坚定“四个自信”、做到“两个维护”，在深学笃行习近平新时代中国特色社会主义思想的生动实践中，奋力推动老区各项事业全面进步。

（一）牢记“要把革命老区建设得更好”的殷殷嘱托，绘就新时代黄冈革命老区宏伟蓝图

这十年，是牢记嘱托、感恩奋进，绘就新时代黄冈革命老区发展宏伟蓝图的十年。十

年来,黄冈市科学把握新发展阶段,深入践行新发展理念,积极融入新发展格局,对标对表国家、省级发展战略,在全国、全省发展大局中找准坐标,明确定位,推动黄冈高质量发展取得新成效。

2011年12月13日,中国共产党黄冈市第四次代表大会在黄州召开,四届市委不断深化市情认识,立足黄冈经济社会发展阶段性特征,创新工作思路,市委四届七次全会通过《中共黄冈市委关于突出发展重点　加强分类指导　促进科学发展跨越发展的若干意见》,逐步形成以“四个大别山”①为旗帜、以“开创战略”为统领、以“双强双兴”②为重点、以“四大行动”③为载体的科学发展思路体系,成为引领全市砥砺奋进、跨越赶超的行动纲领。成功推动大别山革命老区振兴发展规划上升为国家战略,争取京九客专阜九段和武杭高铁黄冈至黄梅段分别列入国家铁路网中长期和“十三五”发展规划,黄冈大别山试验区实现“三年明显变化、五年大变化”,向“十年跨越式发展”目标迈进,全国高校实践育人暨创新创业现场会、中国光彩事业老区行现场会、全国“万企帮万村”精准扶贫行动现场会、全省县域经济工作会等重要会议在黄冈市召开。

2016年12月25日,中国共产党黄冈市第五次代表大会在黄州召开,五届市委提出认真贯彻落实新发展理念,坚持“绿色决定生死、市场决定取舍、民生决定目的”三维纲要,坚持“竞进提质、升级增效,以质为帅、量质兼取”工作方针,高举“四个大别山”旗帜,突出“双强双兴”重点,深入开展“四大行动”,努力把黄冈建设成为大别山革命老区核心增长极、大武汉功能疏解承载区、长江经济带区域合作发展先行区、全国生态文明建设示范区,加快振兴崛起、决胜全面小康,为实现第一个百年奋斗目标谱写黄冈发展新篇章,在全省“一主引领、两翼驱动、全域协同”区域发展布局中找准黄冈定位,在湖北“建成支点、走在前列、谱写新篇”目标定位中体现黄冈作为。多项重大国家战略在黄冈实施,多重政策利好在黄冈叠加,多种要素资源在黄冈聚集,新一轮开放开发的浪潮激活黄冈,新一轮区域经济格局的调整提升黄冈,全民向往的小康梦、振兴崛起的老区梦,汇聚成黄冈发展的强大气场,如期打好三大攻坚战,全力打赢疫情防控黄冈保卫战,如期在黄冈大地上全面建成小康社会,历史性地解决绝对贫困问题,意气风发地为实现第二个百年奋斗目标彰显黄冈担当。

2021年12月6日,中国共产党黄冈市第六次代表大会在黄州召开,六届市委充分发挥黄冈比较优势,准确识变、科学应变、主动求变,努力在危机中育先机、于变局中开新局,提出以建设现代化区域性中心城市为引领,深入实施“主城崛起、两带协同、多点支撑”市域发展布局,干在实处、加快振兴、谱写新篇,为湖北加快建成中部地区崛起重要战

①“四个大别山”:红色大别山、绿色大别山、发展大别山、富裕大别山。

②“双强双兴”:强工兴城,强农兴文。

③“四大行动”:“双百”项目行动、招商引资行动、服务企业行动、创新创业行动。

略支点作出黄冈贡献。黄冈市先后获评国家卫生城市、全国双拥模范城、全国首批“四好农村路”建设市域突出单位、全国无偿献血先进市和湖北省生态文明示范市、平安湖北建设示范市、湖北省服务业发展贡献市、湖北省投资和项目建设贡献奖、湖北省河湖长履职担当成绩突出地区，先后被列为全国政府采购支持绿色建材促进建筑品质提升政策实施范围城市、全国“科创筑梦”助力“双减”科普行动试点城市、湖北省自然资源资产编制平衡表试点市、湖北省公共应急决策指挥系统试点市，全国乡村振兴对口帮扶工作示范培训班在黄冈市举办。

新一届市委牢记习近平总书记“要把革命老区建设得更好，让老区人民过上更好生活”的谆谆教导，弘扬“万众一心、紧跟党走，朴诚勇毅、不胜不休”的黄冈革命老区精神，全面对标对表党中央决策部署和省委工作要求，勇于向改革创新要动力、要活力、要红利，认真梳理优势和短板，对内整合，对外开放，坚持在该干什么的地方干什么，聚焦强县工程和乡村振兴主攻方向，以流域综合治理为基础统筹推进高水平保护和高质量发展，以供应链体系建设为抓手构建现代化产业体系，以城镇和产业“双集中”发展为切入点推动新型城镇化，以信息化赋能推进四化同步发展，以美好环境与幸福生活共同缔造为载体推进社会治理体系和治理能力现代化，探索建立市级发展调控机制，努力在推进中国式现代化湖北实践中当先锋、打头阵。在县城，积极推进城市产业“双集中”和就地城镇化，促进人产城融合发展；在县域，大力开展农业社会化服务和土地规模流转，以供应链思维改造产业链，系统解决农产品“三品一标”、精深加工、物流仓储、销售渠道、金融服务等问题，促进一二三产业融合发展，协同推进统筹城乡的公共服务体系和共建共治共享的治理体系，全面推进乡村振兴。黄冈市融合型教联体改革走在全省前列，紧密型医共体和城市医疗集团改革、城乡养老服务体系建设稳步推进。蕲春蕲艾、浠水鸡蛋等特色农业“三品一标”和供应链平台建设取得阶段性进展。“不以黄冈为世界、而以世界谋黄冈”，改革成为新时代新一届市委最鲜明、最鲜亮的底色，推动黄冈发展战略更加精准有效、发展蓝图更加务实高效。百舸争流，奋楫者先；千帆竞发，勇进者胜。黄冈这一片充满红色记忆的红土地点燃了高质量发展的新引擎，满目是生机勃发的风景，老区干部群众正意气风发，以强县工程和乡村振兴为主攻方向，向着现代化大踏步前进。

（二）牢记“让老区人民过上更好生活”的殷殷嘱托，厚植新时代黄冈革命老区民生福祉

这十年，是牢记嘱托、感恩奋进，厚植新时代黄冈革命老区民生福祉的十年。民生是人民幸福之基，是社会和谐之本。十年来，黄冈市坚持以人民为中心的发展思想，围绕广大人民群众的所思所想、所忧所盼，努力办成一批过去想办而没有办成的群众急难愁盼的实事好事，老区人民群众的获得感、幸福感更有温度、更有质感。

黄冈市始终把民生摆在优先位置，公共财政支出保持八成以上投向民生领域，社会

关。2012年，全市地区生产总值为1192.88亿元；2015年，跨越1500亿元大关；2018年，成功步入2000亿元数量级；2021年，迈上2500亿元大关；2022年，达到2747.9亿元。全市人均地区生产总值十年实现“三级跳”，由2012年的19220元，到2013年的21314元、2017年的30356元、2022年的47492元。全市三次产业结构由2012年的27.9∶38.9∶33.1调整为2022年的19.9∶34.4∶45.7，实现由“二三一”到“三二一”的重大转变。全市形成医药化工、建筑建材、机械制造等特色产业集群32个，省级重点成长型产业集群由2012年的5个增至2022年的9个，聚集规上企业471家，年销售收入715.2亿元，创造税收25.9亿元。建成省级开发区和工业园区14个，规划面积420.2平方公里，园区内各类企业近2500家，大产业、大园区格局基本形成，挺起全市高质量发展脊梁。

经济运行向好。2022年，深化“千人进千企”，推动市场主体降本增效，全市减税降费59.9亿元，贷款降息8.3亿元。坚定不移推进专业招商，新签约项目个数增长42.1%，成功引进5个百亿元项目。能源投资成为生力军，在建新能源项目总投资415亿元，位居全省第一位。麻城百万千瓦新能源基地一期投产，平坦原、紫云山、魏家冲抽水蓄能开工，华电武穴、大别山电厂三期纳入全省新增煤电规划。新增“四上”企业1000家，新入库项目1783个，增量拉动效应明显。大别山电厂、李时珍医药集团产值过50亿元，祥云集团产值超百亿元，全市首次实现百亿级工业企业零的突破。科技型企业迅猛发展，专精特新企业达到163家，数量位居全省第四位。全市规上企业1451家，高新技术企业净增200家以上、总数突破700家，实施技改项目402个，发展动能明显增强。工业、社零、投资等主要指标保持快速增长、全面进位，信贷、用电、收入等关联指标协调增长，经济运行稳健向好。

（二）优化区域协同，发展动力持续增强

主城崛起加快推进。推动主城区与光谷紧密协同、与花湖机场全面对接、与鄂州同城发展，建设科技城、空港城、文旅城。以与光谷产业同链和协同创新为主要动力，打造光谷产业创新发展重要承载地。以共建武鄂黄黄国际综合交通枢纽和一体化发展为契机，加大枢纽、通道、网络建设力度，大力发展以供应链管理为核心的生产性服务业。以资源整合和城市更新为抓手，大力推进东坡文化旅游区建设，推进文化、旅游、教育和医疗康养资源融合发展、创新发展，加大旧城改造力度，提升城市风貌和品质，提高城市综合承载力和美誉度。与东湖高新区共建的光谷黄冈科技产业园启动二期项目，与省联投共建的智能科技产业园开工建设。引进三利谱偏光片、TCL智能制造产业园等产业同链项目。人福药业试产。临港新城综合码头开港运营，智慧农博城、顺丰冷运中心等开工建设。东坡赤壁片区起步区建设启动。

市域空间格局优化。十年来，黄冈市抢抓长江经济带发展、新时代革命老区振兴发展、“中三角”协同发展和大别山试验区建设、大别山革命老区振兴发展、武汉城市圈

“两型”社会建设、以武鄂黄黄为核心的武汉都市圈建设等系列重大战略叠加机遇，坚持纲举目张，更加注重全地域、全要素、全产业链发展，以沿江、沿山协调联动促进市域发展连线成片、整体跃升，老区发展动力持续增强。推动县域特色化、差异化发展，支持团风县打造华中地区临港型绿色建造基地、红安县打造全国红色旅游融合发展示范区、麻城市打造全国石材绿色发展先行区、罗田县打造全国乡村振兴样板区、英山县争创华中全域旅游排头兵、浠水县打造长江中游四港联动功能区、蕲春县打造中国艾都、武穴市打造港产城融合发展示范区、黄梅县争创农文旅融合开放先导区。以流域综合治理统筹发展和安全，按照从源头到入江口全流域、干支流共治模式，将全市划分为7个三级流域单元和26个四级流域治理单元，分区分类制定安全管控负面清单，以底线控制指引国土空间布局优化，推动发展战略与空间布局相结合、相统一，引导特色发展，走出“绿色增长、集约高效”的四化同步发展路径。公路密度位居全省第一位，在全省率先实现县县通高速。武冈城际铁路、黄黄高铁、安九高铁、黄冈长江大桥、武穴长江大桥、棋盘洲长江大桥、麻竹高速黄冈段、蕲太高速西段等建成通车，江北铁路完成铺轨等。

县城综合承载能力提高。强化县城对人口和产业的聚集功能、对县域的服务功能，以就地城镇化为导向，实施城市更新，推动基本公共服务扩容提质。健全政策体系，推行租购并举，推动解决从事基本公共服务人员住房困难试点向新市民、青年人延伸，积极探索房地产业新发展模式。推行以国有平台为主体的城市物业经营模式，创新“国企主导投资、资源特许经营”的旧改市场化参与和运营机制，实现城市更新可持续发展。因地制宜建设特色农产品加工中心、物流配送中心和游客集散中心，健全供销社、邮政、农村金融服务体系，提升县城对周边农村地区的服务功能和带动能力。城镇化水平显著提高，2022年，全市城镇化率49.43%，比2012年提高11.09个百分点。

（三）深化改革创新，发展活力竞相迸发

全方位开放。十年来，黄冈市坚持推动全方位开放，不断激发发展活力，夯实发展底盘，黄冈发展转换新动能、步入新赛道、取得新成效。系统推进与武汉东湖高新区对接，更好承接转移产业和人口，深度参与花湖机场和阳逻港功能分工，在更大的供应链体系中找准定位，推动深层次改革，落实重点产业“双链长”制。推动大别山内陆开放，小池与九江、散花与黄石、红安经济开发区与长江新城深度合作、相互赋能。实现唐家渡一类水运口岸开关运行，建成市进出口服务中心。2022年，湖北强大包装实业有限公司成功上市，打破23年来黄冈没有企业上市的局面。组建大别山网红学院，成功举办首届燕儿谷乡村振兴助农大直播、黄冈优品直播带货大赛。承办农民丰收节湖北主会场活动。麻城开通中韩铁海联运石材专列，英山茶叶中欧班列首发。外贸进出口额突破百亿元。

黄冈市唐家渡码头（黄冈市交通运输局　供图）

深层次改革。十年来，黄冈市谋划推进改革项目1566项，市级领导领衔推进重大改革项目168项，承接实施中央和省级改革试点项目109项，取得了一批重大改革成果，5家单位和个人获评湖北改革奖。“先照后证”改革等十多个案例入选全国基层改革创新优秀案例，能人回乡创业“千人计划”入选中央党校教学案例，300多项改革经验在省级以上会议交流。在全省率先实现企业开办“智慧办”，率先推行“一业一照、一事联办”改革，率先建成不动产登记网上办事大厅。深化国资国企改革，推动国有平台公司专业化、市场化发展，加快县级平台公司战略性重组。深化“放管服”改革，聚焦办事创业痛点堵点，对标最高水平，向最难处动刀，以控制成本为核心优化营商环境。推进资源要素市场化配置、行政执法体制、公物仓制度等领域改革，加强国有资产监管。深化信贷风险补偿金和“白名单”制度，强化政银担合作。健全企业家参与涉企政策制定机制。2022年，黄冈市800个高频事项实现最多跑一次，98%的政务服务事项一网通办。实行经营性资产集中管理，推进市属国有企业改革，组建黄冈国投公司。以黄冈高新区为主体，改革整合市区园区。5个省级开发区完成扩区调区，4个化工园通过全省合规认定核查。

全领域创新。2013年6月，市委、市政府把市校合作作为实施创新驱动发展战略和推动大众创业、万众创新的新引擎，以“千企联百校”为依托，以“一园八基地”为载体，掀起了聚集人才、创新科技的热潮。市“四大家”领导挂帅，77家市直单位组建52个高校联络工作站，形成“一位副市长＋一个部门＋一个工作专班＋联系一至两个高校”的对接机制，出台一揽子新政，引导科技资源和创新要素加速向黄冈聚集，凝聚全域抓创新的强大气场。2018年以来，全市实施“万企万亿”技改工程，技改赋能、制造焕新专项行动，落实“7755”战略，实施新一轮技改行动，争取省级技改专项资金2.1亿元，带动885家企业实施技改，完成技改投资755.9亿元。高新技术企业突飞猛进，由2012年的48家增加到

2022年的777家，总数位居全省第四位。在全省率先出台供给侧结构性改革“1+3+N”实施方案，在全省率先组建武汉科技成果转化平台黄冈分平台，在全省率先开展“千企联百校”、科技副总工作，主动融入武汉光谷科创大走廊，中船重工黄冈贵金属公司、伯远生物、小驴机器人等一批光谷项目入驻黄冈市区园区，实现研发在武汉、制造在黄冈。

三、建设文化强市，生动讲好新时代黄冈故事

党的十八大以来，黄冈市积极推动文化强市建设，深入开展社会主义核心价值观教育，深化爱国主义、集体主义、社会主义教育，发展社会主义先进文化，弘扬革命文化，传承中华优秀传统文化，推动黄冈红色文化、东坡文化、名人文化、医药文化、教育文化、戏曲文化、禅宗文化、生态文化创造性转化、创新性发展，不断繁荣兴盛黄冈文化事业，汇聚磅礴力量，生动讲好黄冈故事，传播好黄冈声音。

（一）着力构筑精神高地

凝心铸魂，干群精神踔厉奋发。十年来，黄冈市持续用习近平新时代中国特色社会主义思想凝心铸魂，把理论学习纳入党建工作责任制、意识形态工作责任制，把述学列入领导干部年度考核内容，把“两学”内容纳入各级党校、行政学院、干部学院主体班次。统筹理论与舆论、网上与网下、内宣与外宣，开展重大主题宣传系列报道，大力推进党的创新理论、优秀文化产品、社会主义核心价值观网络传播，形成网上正面宣传强势，推动主流思想舆论主导网络空间。全面加强党对互联网工作的领导，创办黄冈市自媒体之家，加强网络舆情应急中心建设，落实网络安全工作责任制，加强网络内容建设，培育积极健康、向上向善的网络文化。正面发声、正面引导，团结、稳定、鼓劲，涓涓细流，润物无声，让党的创新理论“飞入寻常百姓家”。

诚实守信，干群力量众志成城。坚持以群众性精神文明创建活动为引领，推动社会主义核心价值观建设同行业管理、社会治理等有机结合。开辟黄冈讲坛，持续开展文化讲座，传播黄冈历史文化。建立司法“诚信榜”定期发布制度，在全社会营造守信光荣、失信可耻的良好氛围。广泛开展诗颂、楹联、传唱等系列活动，发布“讲文明树新风”公益广告20多万幅，爱国主义教育基地遍地开花。志愿服务队伍如雨后春笋，在机关、学校、企业和社会团体中不断涌现。截至2022年底，组建志愿服务队伍8524支，登记在册志愿者92.13万余名，占居住人口的15.6%，志愿服务时长达660万余小时，惠及群众560万余人次。一个个理论阵地、一次次暖心服务、一件件惠民实事，增强了群众获得感幸福感安全感。

以文化人，干群动力扬清厉俗。黄冈市走好新时代群众路线，打通宣传群众、教育群众、关心群众、服务群众的“最后一公里”，聚焦群众所思所需所盼，让新时代文明实践阵地成为老百姓家门口的“广播台”和“加油站”。2019年以来，全市以新时代文明实践活

动为载体，组建各类宣讲团队3920余支2.2万余人，通过网络宣讲、垸子宣讲、公交车微宣讲等多种形式，开展宣讲活动1.6万余场次，线上线下受众500万余人次。通俗易懂的宣传宣讲、触及灵魂的红色教育，让党的好声音传遍千家万户，广泛凝聚了民心共识。至2022年，全市建成新时代文明实践中心10个、实践所143个、实践站3931个。广泛开展“感动黄冈十大人物”“黄冈道德模范”“黄冈好人”等评选活动，一批先进典型人物获评“中国好人”、道德模范、荆楚楷模等，在全市营造出向上向善的清新之风。

（二）大力发展文化事业

文化公共服务不断完善。2018—2022年，全市投入资金近300亿元，新增市级公共文化设施面积16.4万平方米，县级图书馆、文化馆、博物馆面积9.9万平方米，乡镇综合文化服务中心面积5.8万平方米，村级文体广场面积99.6万平方米。新建旅游厕所582座，游客中心52个，新修和改造旅游公路480公里，县级融媒体中心实现全覆盖。东坡文化主题公园黄冈遗爱湖公园、黄冈艺术学校新校区等建成投入运行；遗爱湖美术台、苏东坡纪念馆、对面墩汉墓遗址博物馆建成开放；市群艺馆全面提档升级，市图书馆、群艺馆新馆建成运行。2020年，黄冈市成功创建国家公共文化服务体系示范区。

文化小康建设稳步推进。推进文化和融媒体改革，出台“1＋4”改革配套方案，革命性地重塑媒体的内容生产、产业经营管理、人事管理和薪酬分配方式，极大激发了媒体人的活力。构建以市区为龙头，县市为支撑，乡镇、村（社区）信息资源共享服务点为延伸的现代公共文化设施网络，文化场所遍布城乡，形成了老百姓共享文化权益的“10分钟文化圈”。截至2022年，全市各级公共文化机构全部实行免费开放，接待观众1亿人次。通过流动服务完成送戏下乡8000余场次、戏曲进校园5000余场次、公益电影放映30万余场次，举办东坡文化节、黄梅戏艺术节、民间文化艺术节等各类群众文化活动等3000余场次。

文化遗产保护全面加强。出台《黄冈市革命遗址遗迹保护条例》，10个县（市、区）被纳入国家革命文物保护鄂豫皖片区名单，655处革命遗址遗迹列入《大别山区革命文物保护利用战略规划》。加强纪念馆、展览馆等红色遗址遗迹扩建和提档升级改造，加强非遗保护利用，新建7个非遗传承基地，出版《黄冈记忆——黄冈市国家级省级非物质文化遗产代表性项目》《黄梅挑花》等非遗专著。截至2022年，有国家级非遗代表性项目10项、省级46项、市级129项，市级非遗代表性传承人261人。

（三）用力做强文化产业

文旅融合蓬勃发展。全域发展红色旅游、生态旅游、康养旅游、乡村旅游，文旅产业呈现蓬勃发展态势。2012年，全市接待游客1362万人次，旅游综合收入75亿元；2022年，全市接待游客4149.78万人次，旅游综合收入303.16亿元，国家4A级旅游景区21家。

红安县入选全国红色旅游融合发展试点单位，为全国10个试点之一。英山县获评国家全域旅游示范区，红安县、麻城市、罗田县被列入国家全域旅游示范区创建单位。历时13年，投资29亿元建成国内最大东坡文化主题公园——黄冈遗爱湖公园，被评选为国家4A级旅游景区、全省十大最美湖泊。截至2022年，获评湖北旅游强县4个、旅游名镇7个、旅游名村19个，省级旅游度假区4家。拥有国家AA级及以上旅游景区87家，数量位居全省第二位。

国内最大东坡文化主题公园——黄冈遗爱湖公园（黄冈市文旅局　供图）

文化产业提质增效。2017年，黄冈市文化部门出台《关于推进黄冈市文化产业突破性发展的实施意见》，完善支持文化产业发展政策体系。2019年，市政府办公室印发《黄冈市文旅产业高质量发展三年实施方案（2020—2022年）》，推动文旅产业融合发展。2022年，市政府印发《黄冈市服务业主导产业链链长制工作要点》，打造“一心四链”，即中心城区、红色旅游产业链、生态旅游产业链、康养旅游产业链和乡村旅游产业链。麻城孝感乡移民文化公园、罗田余三胜京剧文化产业园、黄梅非遗文化产业园等项目建成投入运营。全市规上文化企业229家，位居全省第四位，文化及相关产业增加值增幅位居全省首位。

文艺精品成果丰硕。十年来，创作上演黄梅戏等精品剧目40余部，其中黄梅戏《传灯》、文曲戏《渔鼓声声》获评湖北省第九届屈原文艺奖；黄梅戏《李四光》获评湖北省第八届精神文明建设“五个一工程”奖；黄梅戏《东坡》获评湖北省第八届黄梅戏艺术节优秀剧目奖；黄梅戏《李时珍》《余三胜轶事》获评湖北省第九届精神文明建设“五个一工程”奖；东路花鼓戏《麻乡约》获评湖北省第十届屈原文艺奖和第十五届中国人口文化奖舞台艺术类优秀剧目奖。出版文学作品300余部，拍摄电影20余部，其中电影《青云之梦》，黄梅戏《我的乡村我的亲》《霜天红烛》，篆刻集《红色印记》获评湖北省第十一届屈原文艺奖艺术奖。

黄梅戏《东坡》（湖北省黄梅戏剧院　供图）

四、决胜大战大考，用担当作为回答新时代考卷

时代是出卷人，我们是答卷人，人民是阅卷人。面对脱贫攻坚和疫情防控大战大考，纵然时间紧迫，亦步履从容、不忘初心，纵然任务艰巨，更步伐坚定、铿锵前行，一串串勇毅奋进的坚实脚印、一个个攻坚克难的决战时刻，见证了黄冈市委带领全市人民用担当作为回答着新时代的考卷，绘就了百姓生活的“幸福底色”。

（一）尽锐出战，打赢脱贫攻坚战

有效推进扶贫开发。2012年，全市编制完成区域发展与扶贫攻坚县市规划和片区产业扶贫规划。2013年，市委、市政府出台进一步加强新阶段扶贫开发等文件，加快推进大别山片区区域发展与扶贫攻坚。开展市级领导驻点帮扶，推进“千企帮千村”工作，组成4184个工作组，对口帮扶4320个村，其中32名市级领导带领129个市直部门组成27个工作队，帮扶28个重点村。持续开展整村推进工程。截至2014年底，全市148个贫困村实施整村推进扶贫，扶持特色种植8500公顷，发展牲畜养殖8.42万头，修建公路172.17公里，改造农田水利13.2万公顷。

精准推进扶贫脱贫。作为大别山连片特困地区脱贫攻坚的主战场，黄冈市有红安县、麻城市、罗田县、英山县、蕲春县、团风县6个国家级贫困县，有建档立卡贫困人口102.8万人，贫困村892个。2015年，黄冈市积极探索“政府＋市场主体＋银行＋保险＋贫困户”五位一体产业扶贫模式，大力推进茶叶、中药材、油茶等十大扶贫特色产业，构建“一村一品、一乡一业、一县市一两个支柱产业”的产业格局。培育新型农业经营主体12934家，带动贫困人口18.13万户、55.23万人，产业扶贫、健康扶贫、驻村工作等经验在全国全省推广。大力实施能人回乡“千人计划”，推动2479名在外黄冈籍人才回乡、2369个项目回迁、560亿元资金回流农村农业，回乡能人成为一支引领黄冈脱贫攻坚和乡村振兴的主力军。建成集中安置点1526个，建成易迁房36790套，实际入住69563人，搬迁入住率100%。资助贫困家庭学生资金18.68亿元，资助贫困家庭学生141万人次。保障农村低保对象8.9万户、17.56万人，特困供养对象5.53万人。选派扶贫工作队3930个，驻村干部17118人，参与帮扶干部91958人。截至2020年底，全市6个重点贫困县全部摘帽，102.8万贫困人口全部脱贫，892个贫困村全部出列，贫困发生率由16.83%下降至零，区域性整体贫困得到解决，如期顺利完成脱贫攻坚目标任务。

扎实推进有效衔接。在巩固拓展脱贫攻坚成果的基础上，黄冈市积极做好乡村振兴这篇大文章，持续推进巩固脱贫攻坚成果同乡村振兴有效衔接，接续推进脱贫地区发展和群众生活改善。2021年以来，先后出台巩固拓展脱贫攻坚成果同乡村振兴有效衔接工作实施方案等政策措施，形成较为完善的有效衔接政策体系。出台建立健全常态化乡村振兴驻村帮扶工作机制意见，选派驻村干部8084人，其中第一书记3153人，帮扶行政村3249个，覆盖率85.6%。全市紧盯“三类”（脱贫不稳定户、边缘易致贫户、突发严重困难户）重点群体，建立民政、医保等13个部门每月定期数据信息集中比对机制，组织开展巩固脱贫质量“回头看”等3轮拉网式入户摸排，新识别监测户1997户、6100人。实施“一户一策”精准帮扶，消除“三类”对象风险11301户，占比83.9%。严格落实“四个不摘”要求，推动教育、医疗、住房、饮水等民生保障普惠性政策落实，持续巩固“两不愁三保障”成果。

（二）披坚执锐，打赢疫情保卫战

打好疫情防控阻击战。越是重要关头，越能映照初心；越在关键时刻，越显担当本色。面对新冠肺炎疫情严峻形势，市委全面落实党中央、国务院决策部署和省委、省政府工作要求，打响了疫情防控的人民战争、总体战、阻击战，取得黄冈保卫战胜利。2020年1月20日，黄冈市报告首批确诊病例。1月21日，市委发出“全市总动员、全面抓防控、全力抗疫情，坚决遏制疫情蔓延势头”的总动员令。1月23日，市疫情防控指挥部发布1号令，全面启动突发公共卫生事件Ⅱ级响应。黄冈市争分夺秒进行建院增床，用3天时间将大别山区域医疗中心改造成黄冈“小汤山”医院。医护人员主动投身疫情防控，基层党组织、党员挺身而出、奋勇当先，冲锋在急难险重任务最前面，鲜艳的党旗在疫情防控第一线高高飘扬。57768名党员下沉社区，在小区建立临时党组织1540个，火线发展党员166人。山东省、湖南省派出医疗队员支援黄冈，山东省累计捐赠资金9.57亿元，成为打赢黄冈保卫战的关键力量。截至2020年4月，全市接收捐赠资金22.4亿元，物资1401批次、1246.55万件次。

做好常态化疫情防控。全面落实常态化疫情防控措施，坚持“人物地”同防，加强国内中高风险地区来黄返黄人员落地排查，加强流调溯源、核酸检测、疫苗接种等防控措施。落实常态监测、风险排查、多点触发早发现机制，建立完善监测哨点，提高监测敏感性和灵敏度。做好常态化疫情防控各项医疗救治准备，组建各类医疗救治队，储备呼吸机、体外生命支持系统（ECMO）、救护车等设备。全面加强常态化疫情防控，取得红安县遭遇战、团风县歼灭战胜利，做到防控不松懈、疫情不反弹、发展不停步，老区人民生命健康得到守护。

抓好疫后经济重振。面对疫后重振，黄冈市统筹兼顾、精准施策，有序推进复工复产、复商复市、复学复课。2020年，全市落实惠企纾困政策，减税降费33.18亿元，新增贷款308.75亿元。开展劳务协作、点对点包车，输送务工人员75.49万人。深入对接中央支持湖北一揽子政策，争取各类资金830亿元，谋划疫后重振项目1652个、总投资5700亿元。深入推进项目攻坚，新开工重大项目410个、总投资1475亿元，举办网络招商、云上“一节一会”，签约亿元以上项目211个，协议投资1008亿元。深入推进消费复苏，出台促进消费“16条”，开展“乐游黄冈”“惠购优品”系列活动。2021年，持续开展项目攻坚，围绕“两新一重”，对接国家战略，融入省级布局，新增储备库项目3000余个。积极申报政府债券，争取中央预算内投资项目250余个、投资额150余亿元。滚动实施疫后重振补短板强功能“十大工程”，启动晨鸣二期、人福药业、志高智能家电、五洲特纸浆纸一体化等重大项目建设，推动政府债券项目落地见效，全年新开工亿元项目300余个、在建亿元项目800余个、总投资4000余亿元。扩大汽车、家电家具家装等大宗消费，促进房地产市场健康平稳发展，发展首店经济、夜间经济。

五、增进民生福祉，不断提升人民群众生活品质

民为邦本，本固邦宁。十年来，黄冈市始终坚持以人民为中心的发展思想，在发展中保障和改善民生，多渠道支持就业创业，完善多层次社会保障体系；不断促进教育公平，提升教育质量，加快推进教育现代化，建设教育强市，办好人民满意教育；加快建设健康黄冈，健全医疗保障制度，人人享有基本医疗保障的目标初步实现，老区人民生活更加幸福安康。

（一）加快完善多层次社会保障

就业更充分更高质量。十年来，就业规模不断扩大。全市城镇新增就业年均超过7.5万人，失业人员再就业年均超过2.8万人，帮助就业困难人员就业年均超过1.5万人，城镇登记失业率连续多年保持低位。高校毕业生就业保持总体平稳，脱贫劳动力外出务工规模保持在40万人以上。十年来，就业质量稳步提升。大规模开展职业技能培训，组织城乡劳动者职业技能培训47.03万人次，劳动者技能素质明显提高。建成大学生创业

孵化器19家，建成返乡创业示范园区30个，吸引1.6万名返乡人员入驻创业，直接带动10万余贫困户发展产业，吸纳15万贫困人员就业。蕲春艾灸师、浠水窑炉工、麻城菊艺师等7个劳务品牌被认定为湖北省重点劳务品牌，从业人员规模46.71万人，人均劳务年收入逾8万元。十年来，就业渠道不断拓宽。实施困难群体就业援助，推进就业精准扶贫，"零就业"家庭动态清零，就业脱贫攻坚战如期圆满收官。十年来，就业服务不断深化。推进"互联网＋智慧就业"，开展"春风行动""就业援助月"等各类招聘活动，大力推广"云上春风""直播带岗"线上招聘，网上就业服务24小时"不打烊"。

保障更充足更高水平。社会保障制度改革进入快车道，一个覆盖全民、统筹城乡、公平统一、可持续的多层次社会保障体系逐步形成。各项社会保险制度不断完善，全面覆盖保障参保职工。通过合并新型农村社会养老保险和城镇居民社会养老保险，实现城乡居民养老保险制度的统一；通过实施机关事业单位养老保险制度改革，实现与企业养老保险制度并轨；通过形成城镇职工和城乡居民两大基本养老保险制度平台，填补部分群体缺乏保障的制度空白。2012—2022年，黄冈市城镇企业职工养老保险参保人数由54.47万人增加到113.60万人，城乡居民养老保险参保人数由334.04万人增加到552.25万人；2017—2022年，机关事业养老保险参保人数由14.06万人增加到21.07万人。2022年，基本养老保险参保率99.96％，失业保险参保29.79万人。社保保障能力持续增加，民生保障网更牢更密。连续十年调整企业和机关事业单位退休人员基本养老金，建立健全基本养老金待遇确定和合理调整机制，确保养老金按时足额发放。十年来，企业退休人员基本养老金由月人均1272元增加到2169元，增幅70.51％；城乡居民基础养老金由每月55元增加到115元，增幅109.09％。一些改革率先突破，其他改革循序渐进，社会保险统筹层次逐渐提高。企业职工基本养老保险制度逐步实现县级、市级、省级统筹，2022年正式进入全国统筹。工伤保险2020年开始市级统筹，2021年进入省级统筹。社保管理服务水平显著提升，线上线下服务齐头并进。

（二）大力发展教育医疗卫生事业

人民满意教育更有质感。不断促进教育公平、提升教育质量，加快推进教育现代化、建设教育强市、办好人民满意的教育，教育面貌发生格局性变化。教育经费投入大幅提高，全市教育经费总投入由2012年的64.5亿元增长到2022年的128亿元，提高98.45％，2021年财政性教育经费首次突破百亿元大关。教育经费保障长效机制逐步建立，学前教育、普通高中生均公用经费和普惠性幼儿园生均财政拨款补助实现从无到有。家庭经济困难学生资助体系日益完善，十年来，提供资助金约44.85亿元，资助学生约505万人次。学校办学条件明显改善。争取中央和省级资金70亿元，带动地方投资60亿元，公办幼儿园数量由63所增加到323所；新建义务教育学校60余所，普通高中向县城聚集，职业教育布局持续优化。十年来，市区投入13.5亿元新建学校11所，投入2.2亿元改扩建学校13所。教学装备水平整体提升。2021年，全市生均仪器设备值达到2300元，比2012年增加1480元，提高1.8倍；音体美器械和理科实验仪器设备配备标准达标学校97%以上。信息化水平进一步提高。2022年，全市学校联网率100%，多媒体教室占教室总数98%。教师队伍建设持续发力。全市招聘补充教师1.8万余人，本科及以上教师占比由2012年的46%提高到2021年的63%。教育教学质量稳步提升。深入推进基础教育新课程改革，大文大理一本上线率由2012年的8.3%上升到2021年的25.5%，本科上线率由2012年的47.1%上升到2021年的63.5%。十年来，黄冈中学等学校学生奥赛成绩一直稳居全省前列，共有35人次进入国家集训队，81人次进入省集训队，3857人次在全国奥林匹克竞赛中获奖，其中获国家一等奖300人次。

健康黄冈建设更有温度。十年来，围绕健康中国、健康湖北建设的方向、路径和目标，黄冈上下凝聚共识，在普及健康生活、优化健康服务、完善健康保障、建设健康环境、发展健康产业等方面持续发力，为健康湖北贡献黄冈力量，为健康中国探索黄冈路径。以黄州区、团风县紧密型县域医共体为示范，全市组建11个县域医共体，三甲医院数量由2家增至4家，乡镇卫生院、村卫生室均完成改造升级，形成基层“30分钟就医圈”。截至2022年，全市有各级各类医疗卫生机构4180个，实有床位4.69万张，卫生技术人员3.85万人。全市广泛开展健康教育与健康促进活动，创建省级健康县7个，市区建有健康主题公园4个、健康广场4个，所有社区建有体育健身设施。全市医疗保障制度日益健全，“基本医保＋大病医保＋医疗救助”的医疗保障体系基本形成，基本医疗保险参保人数由2012年的120万人增至2022年的552.25万人，参保率102.34%，实现常住人口应保尽保。全市执行国家、省集采药品278种、医用耗材12种，价格平均降幅60%，人民群众的安全感体验感持续提升。深化医疗保障制度改革，启动“黄惠保”普惠型补充商业健康保险，黄冈市参保人员可在全国近5万家医疗机构直接结算，老区人民获得高水平的医保服务。2022年，全市异地就医住院直接结算12.4万人次，统筹基金支付11.59亿元，门诊异地就医直接结算1556.4万元。主动回应民声、靶向发力，深入推进影响群众健康突出问题“323”攻坚行动①。2022年，全市人均预期寿命81.59岁。

（三）全面推进基础设施建设

服务设施优化。全面加强江河湖水系联通、绿色建筑、公共交通、水电气网等基础设施项目建设，全面实行城市更新行动，城乡面貌日新月异。2012年，黄冈市区新、扩、改建市政工程20项，投资2.02亿元。2022年，市区城市更新及片区综合开发工程项目启动，市政建设投资增幅335.14%。持续打通城市交通“堵点”，用高品质的交通支撑高品

①“323”攻坚行动：心脑血管病、癌症、慢性呼吸系统疾病三类重大疾病，高血压、糖尿病两种基础疾病，新生儿出生缺陷、儿童青少年近视、精神卫生三类突出公共卫生问题的攻坚行动。

质城市建设。2012年，黄冈市普通国省道里程为2977.4公里，普通公路建设投资为25.32亿元，公路客运量1235.42万人次，客运周转量每公里8.67亿人次，公路货运量3098万吨，货运周转量每公里43.88亿吨。2022年，市域内公路通车总里程3.42万公里，其中高速公路771公里、一级公路944.74公里，公路客运量1828.42万人次，旅客周转量每公里9.46亿人次，公路货运9845.68万吨，货运周转量每公里109.92亿吨。次干路网进一步加密，畅通片区局部路网微循环，形成功能清晰、级配合理、满足需求的道路网络。

人居环境美化。2016年，首次将老旧小区改造写进政府工作报告，截至2022年，纳入城镇老旧小区改造计划的561个小区、3.52万户、1661栋全部完工，争取中央资金2.78亿元，争取省级财政奖补资金1451万元，占比14.51%，位列全省第一位。2022年，完成园林绿化投资3.57亿元，新增绿化面积157.91万平方米，建设长河公园、白潭湖郊野公园、枫杨园、栖霞园、杜鹃园等口袋公园20处，基本实现居民“300米见绿、500米见园”。加快补齐全民休闲设施短板、着力整治城市环境、增加园林绿化，把巩固提升与生态建设相结合，突出文化特色和亮点，着力打造健康舒适、生态宜居、景观优美的管廊城市、海绵城市。截至2022年，建有文化馆12个、总建筑面积10.3万平方米，公共图书馆12个，总建筑面积7.94万平方米，县级以上新华书店29个，标准农家书屋3926个。

六、加强生态文明，建设人与自然和谐共生的美丽黄冈

绿水青山就是金山银山。党的十八大以来，黄冈深入贯彻习近平生态文明思想，积极探索绿水青山就是金山银山的实践路径，实现生态美、产业强、百姓富。自2016年以来，接受5次环保督察，办理环境信访件1264件，办结1223件，总体办结率96.76%。截至2022年，黄冈生态环境状况指数(EI)70.89，生态环境状况良好，创建国家生态文明建设示范区1个，省级生态文明建设示范区9个、省级生态乡镇81个，省级生态村592个。

（一）深入推进长江大保护

一江清水向东流。黄冈是长江流经湖北的“最后一站”，全长215.2公里。为确保一江清水向东流，黄冈扎实推进长江保护专项治理，持续改善长江流域生态环境。2016年5月，黄冈在全省率先吹响长江大保护环境整治的号角——“雷霆行动”，以壮士断腕的勇气、雷厉风行的作风、雷霆万钧的力度，扛鼎“共抓大保护”之责。从2016年至2020年五年间，先后实施50个专项整治，从重点整治水环境，到新增治理大气环境，再到对接中央和省环保要求，统筹山水林田湖草系统治理。2018—2020年，同步推进长江大保护十大标志性战役，实施十五个专项整治行动，投入资金66.96亿元，专项行动取得明显成效，长江流域生态环境质量总体好转。2022年，实施长江高水平保护十大攻坚提升行动，至年底，地表水省控(国控)考核断面水质达标率92.9%，县级以上集中式饮用水水源

地水质达标率100%，长江干流水质稳定在Ⅱ类优质水平。

岸线留白复绿。黄冈有全省最长的长江岸线。2018年，开展长江岸线综合整治，按照拆除取缔、整改规范、提升管理要求，分类开展全面清理整治，打造生活岸线、生态岸线、景观岸线。截至2020年底，完成拆除取缔项目92个，完成整改项目17个，规范提升管理项目68个，清理拆除房屋、工棚、养殖场等建筑物135处，清理农作物及砂石堆物44处，拆除阻水建筑物20个，清理违规砂场16个，清理取缔垃圾堆放点、河道排污口39个。对全市长江段疑似非法矮围进行全面排查，腾退水面9.98万平方米，拆除违章建筑物近800平方米。在还岸于江后，开始复绿工作，复绿面积55.5万平方米，长江岸线净了，江滩绿了，环境美了。黄州滨江公园成为一道亮丽的风景线，长江码头泊位吞吐量首次突破1亿吨，黄金水道释放出黄金效益。

又见江豚嬉戏。严格实行长江十年禁渔，强力推进长江禁捕和退捕渔民安置保障工作，全方位落实长江“禁渔令”。2020年6月，蕲春县蕲州镇城内村集中拆解146艘捕捞渔船，率先在全省打响了渔船拆解“第一枪”。截至2020年底，长江流域重点水域建档立卡的1583艘退捕渔船和532艘无证兼业渔船均全部上岸拆解，处置率100%，在全省率先“清零”。2020年7月，市政府发布长江黄冈段实施全面禁捕的通告，自2020年7月5日0时起，长江黄冈段正式实行为期十年的全面禁捕。十年禁渔，让长江休养生息。2022年，又见几乎绝迹的长江江豚在黄冈段嬉戏，曾经一度让人忧心的长江，迎来了生态复苏，那些久违的江豚身影，在波光粼粼的江面上频繁闪现，宣告着长江生态的新生。

（二）打好污染防治攻坚战

打好蓝天保卫战，黄冈的天更蓝了。2013年，黄冈将大气污染防治纳入全市突发环境事件应急预案。2014年，制定大气污染防治行动计划。2015年，出台大气污染防治工作考核评价办法。2018年，开展大气污染防治“百日攻坚战”，持续改善空气质量，强化细颗粒物和臭氧污染协同防控，加强区域协作和污染天气应对，推动氮氧化物等污染物深度治理，加强挥发性有机化合物（VOCs）全过程综合治理，全面推进移动源污染防治。2021年，成立由市长任组长的市应对气候变化及节能减排工作领导小组，建成各类空气监测点位15座。环境空气质量呈现稳中向好趋势。2022年，黄冈市区优良天数比例79.2%。

打好碧水保卫战，黄冈的水更清了。2013年，黄冈出台市区集中式饮用水源地整治方案和全市饮用水源地保护标准，开展市区二、三水厂饮用水源保护区专项治理行动。2015年，制定集中式饮用水水源地保护工作方案，建立健全饮用水水源保护长效机制。2016年，率先在全省出台饮用水水源地保护的首部专门地方性法规《黄冈市饮用水水源地保护条例》，开启推进以治污水、防洪水、通下水、排涝水、保供水、抓节水“六水同治”及河湖连通为主要内容的“治水革命”。2021年，全市每个县级以上集中式饮用水水源地安装水质在线监控装置，初步建成黄冈市水环境综合管理大数据平台。全面推进河湖库长制。2009年3月，在全省率先建立“河湖库长制”。2017年，出台全面推行河湖库长制工作实施方案，将全市5公里以上的625条河流(段)、列入省政府保护名录的114个湖泊、登记在册的1237座水库，全部纳入河湖库长制范围，明确市级河湖库长14人，县级河湖库长264人、乡级河湖库长1261人、村级河湖库长4818人。“三湖”①地区各支流入湖口筹建水环境自动监测站15个，巴河流域建成水质自动监测站6个，形成区域水环境自动监测体系。持续开展遗爱湖、长河流域、巴河流域、白莲河库区水环境综合整治，成功应对巴河“水华”事件。截至2022年，地表水省控断面达到或好于Ⅲ类水体比例92.3%，国控断面达到或好于Ⅲ类水体比例92.9%，无劣Ⅴ类水体，均达到省定考核目标要求。白莲河库区、遗爱湖成为水环境治理样板。

打好净土保卫战，黄冈的土更净了。十年来，黄冈先后制订农业面源污染整治、污染耕地治理、土壤污染行动计划工作方案，深入开展学习浙江“千万工程”经验，打好农村人居环境整治硬仗，建设宜居宜业和美乡村，全面推进乡村振兴，广泛开展以“三清、两治、两改”②为重点的村庄清洁行动。截至2020年底，全市安全利用类耕地实施面积2241.67公顷，安全利用面积任务完成率100.53%。全市44家污染地块中涉及规划许可利用地块3家，土地面积10.37万平方米，污染地块安全利用率100%。持续推进“清废行动”，建立危险废物动态管理数据库，督促产生危险废物企业制订应急预案和危险废物管理计划，规范危险废物收集、转运、暂存、物联网系统。2022年，黄冈完成51个污染地块土壤环境质量调查，实现重点建设用地、受污染耕地、“一住两公”重点建设用地安全利用率100%。

（三）强化生态安全屏障

“绿满黄冈”，黄冈绿意盎然。2013年9月，启动“绿满黄冈”行动。2017年，首部地方行政规章《黄冈市天然林保护办法》施行，这是《中华人民共和国立法法》修订以来，全国第一部聚焦天然林保护的地方行政规章。2018年，开展精准灭荒工程三年行动。截至2020年，完成造林2.43万公顷，省级计划任务完成率达159%，造林合格面积位居全省市州首位。2021年，全面推行林长制，发布第1号林长令——《加快落实林长制重点工作的命令》。截至2022年底，全市林地总面积77.05万公顷，完成造林绿化面积2.57万公顷，区划天然林保护面积36.12万公顷，生态公益林保护面积10.53万公顷，森林蓄积量4530万立方米，森林覆盖率43.74%。

湿地保护，黄冈水乡神韵。坚持把湿地保护管理作为生态文明建设的重要内容，初

---

①“三湖”：武山湖、太白湖、龙感湖。

②“三清、两治、两改”：清垃圾、塘沟、生产废弃物，治畜禽粪污、镇村污水，改农村厕所、改农民不良习惯。

步形成以湿地类型自然保护区为主体、湿地自然公园为补充的保护体系。截至2022年底,有湿地类型自然保护区1个、国家和省级湿地公园22个,数量位居全省首位。2021年,开展智慧湿地建设,9个国家湿地公园搭建全域视频监控系统并连接省级试运行平台,远程实时监控。加强野生动植物保护,做好湿地生态系统外来入侵物种普查、防控工作,维护生态平衡、保护生物多样性。加大湿地保护宣传力度,开展“爱鸟周”、湿地保护日等活动,增强群众保护自然、关爱湿地的意识。截至2022年底,全市有湿地面积6772.964公顷,其中国有湿地5597.516公顷,集体湿地1175.448公顷。

自然保护,黄冈多姿多彩。2012年12月,黄冈大别山地质公园被批准为国家级地质公园;2018年4月,黄冈大别山地质公园被批准为世界地质公园,这是中国第37个、湖北省继神农架之后第二个世界地质公园。2018年,组建大别山保护区管理局和大崎山省级自然保护区管委会。2019年8月,白莲河生态保护和绿色发展示范区挂牌运行。同时,持续开展大别山五针松、罗田玉兰、黄梅秤锤树极小种群保护工作,取得良好成效。截至2022年底,全市有各类自然保护地65个,其中省级以上自然保护地44个、自然保护小区21个。全市有陆生脊椎野生动物650种,其中国家一级保护动物有安徽麝、白头鹤等16种。全市有植被型组4个,植被型10个,群系29个,其中国家珍稀濒危保护植物35种。

七、发展全过程人民民主,全面推进市域治理体系和治理能力现代化

治国有常,利民为本。党的十八大以来,黄冈认真贯彻习近平法治思想,坚持法治黄冈、法治政府、法治社会一体建设,统筹推进科学立法、严格执法、公正司法、全民守法,发展全过程人民民主,全面推进市域治理体系和治理能力现代化。全过程人民民主这一最广泛、最真实、最管用的民主,凝聚起老区群众的奋进力量,焕发出老区群众强烈的历史自觉和主动精神,推动着中国式现代化黄冈实践行稳致远。

(一)社会大局更加有序有度

人大工作全面加强。2015年、2020年,黄冈两次召开市委人大工作会议,分别出台《中共黄冈市委关于进一步加强人大工作和建设的决定》《中共黄冈市委关于加强新时代人大工作和建设的实施意见》《中共黄冈市委关于加强党的领导做好人大、政协向“一府两院”交办协商事项办理工作的规程》。市人大常委会先后制定《黄冈市畜禽养殖污染防治条例》等多部地方性法规,开展《中华人民共和国乡村振兴促进法》等执法监督,作出《关于加快推进黄冈融入武汉城市圈同城化发展的决定》等重大事项决定,依法选举和任免地方国家机关工作人员。健全完善“双联”机制,组织各级人大代表“五进五访”,1.2万名五级人大代表统筹编入831个代表小组,先后聚焦打好疫后重振的民生保卫战、经济

发展战、社会稳定战,推动教育、文化、医疗、农村环境卫生等民生问题及时得到解决。推进"家站点"等代表履职平台建设,市人大代表之家投入使用,建成代表履职平台990个。省人大连续推介黄冈工作经验。

协商民主全面发展。2014年、2020年,黄冈两次召开市委政协工作会议,在全省率先出台《中共黄冈市委关于加强人民政协协商民主工作的意见》《中共黄冈市委关于加强和改进新时代政协工作的实施意见》。市政协常委会充分发挥专门协商机构作用,围绕中心、服务大局,先后两次作为全省市州唯一代表参加全国政协"习近平总书记关于加强和改进人民政协工作的重要思想"理论研讨会、全国政协系统党的建设工作经验交流会,并分别围绕"六式"协商议政方法和发挥党建示范引领作用、推动政协工作效能提升作经验交流,提案工作、"协商在一线"工作在全国政协其他会议上作交流发言,多项工作在全省政协会议上交流经验,多项议题在省政协平台建言。市政协出台《关于进一步加强与市各民主党派、工商联和无党派人士联系的意见》等系列文件,开展"团结汇力量,奋斗正当时"委员读书进企业、委员助力乡村振兴、美好环境与幸福生活共同缔造"协商在一线"等系列活动,广泛凝聚共识,画出最大同心圆。提升"14627+2+N"协商议政新格局,紧扣市委、市政府中心工作,围绕高质量发展聚共识、建真言,围绕深化改革聚共识、献良策,围绕民生改善聚共识、出实招,一批意见建议被及时转化为推动黄冈高质量发展的实际举措。

统一战线全面夯实。市委、市政府主要领导带头参加统战工作会议,与党外代表人士联谊交友,调研重点统战服务对象,参加重大统战工作活动。开展"矢志不渝跟党走携手奋进新时代"政治交接等主题教育,坚定拥护"两个确立"、坚决做到"两个维护"成为黄冈市统一战线最鲜明的政治底色。市委先后制定出台《黄冈市加强中国特色社会主义参政党建设的具体措施》《黄冈市民主党派代表人士队伍建设规划(2018—2027)》等文件,明确民主党派机关为正县级行政机构、3个行政编制,配齐专职副主委,财政全额保障工作经费。围绕长江生态环境保护等主题开展政党协商、立法协商,党外人士提出建设性意见建议热情高涨。创建同心统战实践创新基地94个,打造党外知识分子及新的社会阶层人士"同心·黄冈行"、民族团结进步等活动品牌。推进"万企兴万村"产业项目。截至2022年,1624家民营企业及商会组织与889个村结对。

群团改革全面深化。深化群团组织改革和建设。2019年,全市群团改革任务全面完成,群团组织活力持续释放,群团工作蓬勃开展。市总工会推进"忠诚之家、筑梦之家、温暖之家、活动之家、清廉之家"建设,"饿了么"户外职工爱心驿站获评全国总工会最美工会户外劳动者服务站点。产业工人队伍建设改革工作、新就业形态劳动者建会入会工作、法院+工会劳动争议诉调对接工作被省总工会评为优胜。截至2022年底,全市有团组织1.1万个,其中团委438个、团总支227个、团支部1.03万个、团员21.19万人、团干部

5796人。市妇联开展巾帼志愿服务十大暖心故事、十大感动人物“双十”先进典型推荐展示、“爱心妈妈”结对帮扶、“把爱带回家”、“彩虹行动”等，设立服务站点28个，组建志愿服务队18支，服务妇女儿童1万余名。

（二）市域治理更加有力有效

平安黄冈建设实现新突破。统筹推进平安黄冈建设，将平安黄冈建设作为“一把手”工程，纳入全市经济社会发展总体布局，形成党委领导、政府主导、平安办协调、单位协同、社会参与的平安建设新格局。统筹抓好金融风险、企业债务风险、政府债务风险化解，守住不发生区域性、系统性风险的底线。加强公共安全、安全生产、消防安全、食品药品安全、网络安全，推动政法专业力量向一线倾斜。截至2022年，实现乡镇（街道）政法委员全覆盖，“一（居）村一（辅）警、一村（社区）一法律顾问”全覆盖，派出所警力达到总警力的45%以上，社区警力达到派出所总警力的50%以上，法官、检察官一线办案力量增加33%，万人律师比由1.6提升到3.0。“平安细胞”创建深入推进，建成乡镇巡逻队815个、治保会2236个、专兼职治安巡防队员1.45万人，活动覆盖率90%，创建达标率超过50%。2022年，市委出台建设更高水平的平安黄冈实施方案，调整优化平安黄冈建设领导小组，设专项工作组14个。出台县、乡、村三级综治中心规范化建设指引，推动全市10个县（市、区）、131个乡镇（街道）、3881个村（社区）综治中心建成运行。

法治黄冈建设迈出新步伐。积极推进法治黄冈建设，形成党委领导、政府主导、部门协同、社会参与工作格局，全面推行党政主要负责人履行推进法治建设第一责任人职责清单管理，开展全市首届“十大法治人物”“十大法治事件”选树和法治惠民生活动，推动落实重大行政决策目录公开，选聘法治督察员，建立黄冈市法治督察员人才库。全面优化法治化营商环境，出台政法机关依法履职持续打造法治化营商环境的意见、政法机关治理趋利性执法九条禁令等，集中整治一批趋利性执法问题，政法机关执法司法公信力不断提升。制定出台法治县（市、区）、村（社区）、学校、医院、企业的创建标准，创建全国法治先进县2个、全国民主法治示范村9个、全国法治宣传教育基地2个、全省法治创建示范单位26个。“市长审案”以案释法项目成功入围中央全面依法治国办首届法治政府建设创建候选项目。

基层社会治理探索新路子。深入开展美好环境与幸福生活共同缔造，红安县柏林寺村、麻城市石桥垸村列入住建部全国共同缔造试点，完善基层群众自治制度，突出群众共谋共建，实现共建共治共享，提高基层社会治理能力。健全各级信访工作联席会议机制，组织开展信访矛盾纠纷摸底排查、重复信访治理、信访积案化解、进京上访专项治理、领导干部“百日接访”等行动。积极整合司法、公安、信访、法院等部门资源，建立矛盾纠纷多元化解组织体系。科学调整网格电子地图，推进社会治理各类资源在综治网格化系统“一网汇集”，全市网格化电子地图应用成为全国地图应用典型案例。打造“好邻居”工作法、“智慧应急”“互联网5G+明厨亮灶”等品牌。成功创建全国首批市域社会治理现代化试点合格城市，红安县、武穴市成为全省市域社会治理现代化示范单位。

（三）群众生活更加有质有感

违法犯罪行为有效遏制。刑事案件破案率、抓获网上逃犯数逐年上升，打击枪爆、毒品、跨境赌博、制售假药劣药、命案攻坚、长江大保护、团圆行动等战果位列全省前列，公安部和省公安厅多次发贺电表彰。“黄毒枪赌”四类犯罪破案率大幅提高，“盗抢骗”案件发案数大幅下降，破案数、抓获嫌疑人数大幅上升，电信诈骗案件发案数、损失量大幅下降，破案数、抓获量大幅上升。2021年，出台命案防范“双十条”等措施，可防性案件比2020年下降45%。严格散装汽油、管制刀具销售实名登记，加强物流寄递业“三个100%”、校园安全“四个100%”等管理，守牢治安、交通、消防、校园、监所安全底线。开展交通事故预防“减量控大”，全市交通亡人事故起数、交通事故亡人数下降50.92%和50.6%。开展预防和减少严重精神障碍患者肇事肇祸专项行动，各项管理指标稳定增长，位列全省第一位。2012—2021年，取得黄冈历史上第一次连续10年命案全破的可喜战绩。

扫黑除恶专项斗争圆满收官。2018—2020年，扫黑除恶专项斗争圆满收官，侦办涉黑组织案27起、涉恶犯罪集团案28起、涉恶团伙案368起，破获刑事案件2239件，刑拘犯罪嫌疑人3013人，提起公诉168件1289人，一审判决194件1779人，查封、冻结、扣押资产18.3亿元，立案查处涉黑涉恶腐败党员干部和“保护伞”485件531人，整治行业突出问题1.8万件，出台行业监管长效机制340个，侦办案件、打伞破网、打财断血等各项战果全省领先，一大批先进集体和个人获全国、全省表彰。2018—2020年，连续3年被评为全省扫黑除恶专项斗争先进市，扫黑除恶专项斗争成果位列全省第一位。黄冈成为全国扫黑除恶专项斗争重点培育市、全国“雪亮工程”重点支持市。

八、弘扬大别山精神，全面提升党的建设质量和水平

蓝图绘就千般景，唯有实干赢未来。党的十八大以来，黄冈弘扬伟大建党精神、大别山精神、黄冈革命老区精神，发扬革命老区光荣传统，切实加强党的政治建设、思想建设、组织建设、纪律建设、作风建设，把制度建设贯穿其中，深入推进反腐败斗争。全市党的建设质量和水平全面提升，持续营造风清气正、干事创业的良好政治生态。

（一）一以贯之强化政治统领

旗帜鲜明讲政治。始终坚持以政治建设为统领，坚持“思想引领、学习在先”机制，坚持第一时间、首要议题传达学习习近平总书记重要讲话、重要指示批示精神，不断提高政

治判断力、政治领悟力、政治执行力，增强“四个意识”，坚定“四个自信”，坚定不移把“两个确立”转化为做到“两个维护”的思想自觉、政治自觉、行动自觉，自觉做习近平新时代中国特色社会主义思想的坚定信仰者、忠实实践者。严明政治纪律和政治规矩，严格落实党内法规制度。坚持以习近平新时代中国特色社会主义思想武装头脑、指导实践、推动工作，完善贯彻习近平总书记重要讲话、重要指示批示和党中央决策部署工作机制，确保党中央决策部署和省委工作要求在黄冈落地生根。全市举办党政领导干部等各类培训班近180期，培训1.7万余人次。

政治担当强责任。压紧压实各级党委（党组）全面从严治党主体责任、监督责任，突出对“关键少数”和领导班子的监督，加强对主体责任落实情况监督检查，把党的领导贯穿到工作全过程、各方面，发挥党总揽全局、协调各方作用，凝聚起一心一意谋发展、聚精会神抓建设的强大动力。深入开展党的群众路线教育实践活动，在全省树立“红安标准”。全面推进“三严三实”专题教育，黄冈市、红安县从严治党工作经验获省委推介。持续推进“两学一做”学习教育常态化制度化，脱贫攻坚践行“两学一做”学习教育做法，被中组部推介在中央电视台《新闻联播》节目播出。巩固拓展“不忘初心、牢记使命”主题教育、党史学习教育成果，传承红色基因，赓续精神血脉。

（二）一张一弛建强干部队伍

选优配强干部队伍。加强干部队伍宏观管理，坚持好干部标准，先后出台市管干部选拔任用工作实施办法和工作规程，提拔重用一批能力强、表现好、实绩突出、群众公认的好干部。以市县乡领导班子换届为契机，系统谋划，统筹推进，进一步优化县级领导班子结构。深入推进干部能力素质提升工程和新时代年轻干部成长工程。健全规范事业单位人事综合管理，研究制定市直事业单位公开遴选工作人员办法、辞聘解聘程序等规范性文件，全面推行县以下事业单位管理岗位职员等级晋升，实现制度入轨，全市职员等级晋升占符合条件人数84%。完善和落实容错纠错机制，旗帜鲜明保护担当作为、支持干事创业、宽容偏差失误，为担当者担当，为负责者负责。十年来，招录选调生、公务员3200余名，充实到市直部门和县（市、区）。

用心打造人才队伍。树立大人才理念，深化人才发展体制机制改革，打造全要素人才服务体系。2012年，实施事业单位引进高层次、急需紧缺人才“绿色通道”。2013年，出台鼓励支持大学生到黄冈实习实训和创业就业意见，吸引近千名大学生到黄冈实习实训。2015年底，按照“拎包入住”标准，建成人才公寓1200套，累计入住2600余人次。2018年，实施“大学生实训就业选黄冈、人才资智回归助黄冈、大学生扎根乡村建黄冈”人才引进三年行动计划，举办“我选湖北·梦圆黄冈”人才引进招聘会，出台“人才新政22条”。2020年，实施“百万年薪招博”计划、能人回乡创业“千人计划”、教授回乡“千人计划”，组织开展“黄冈籍院士专家行”活动。实施乡村人才振兴行动，推进院士工作站建设，推行“揭榜挂帅”、政聘企用等用才模式，组织开展黄冈杰出人才、民营企业优秀青年人才等评选活动。

（三）一丝不苟筑牢基层基础

优化党组织体系。十年来，黄冈市基层党组织从“五个基本”建设到“一派两聘”工作，从“3536”基层党建工作体系建设到基层党建“整县推进”，始终坚定不移抓基层、强基础、固基本，不断深化、拓展、提升，基层党建工作实现全面进步、全面过硬、全域提升。2013年，全市推进“一派两聘”工作全覆盖，当年向农村选派第一书记3845人、名誉书记5567人、发展顾问9927人。2015年，全市积极推进“3536”基层党建工作体系建设，党的组织和工作覆盖更加广泛，活动场所综合功能更加完善，带头人队伍整体素质更加优化。截至2022年底，全市党员人数36.15万人，党的基层组织1.58万个。

强化党组织功能。2016年开始，黄冈市承担全省基层党建“整县推进”试点探索、重点突破的任务。自2017年开始，用3年左右时间，补齐工作短板，形成支部工作规范；自2020年起，用2年左右时间，巩固成果，形成长效机制。创新实施红色引领、绿色振兴、全域提升基层党建三年行动计划，建立“市级部署、县级主责、乡镇主抓、社区（村）动员、群众参与”工作机制，推动资源服务平台下沉。推进中央和省级14个红色美丽村庄建设，创新开展农村塆组党建，红色美丽村庄建设、党建引领高质量发展、党建引领共同缔造等工作经验在全省交流。基层党组织战斗堡垒和党员先锋模范作用有效发挥。2022年，组织基层党组织1.5万个、“党员突击队”371支、下沉一线党员32万名直接服务群众，2102支驻村工作队就地转化为抗旱救灾先锋队，704个驻企服务专班下沉包保重点企业976家、重点项目592个。开展党员干部下基层察民情解民忧暖民心实践活动，市县领导班子下基层4500余次，解决问题1968个。

深化各领域党建。健全“街道党工委＋社区大党委＋小区综合党支部＋楼栋党小组＋党员中心户”和“乡镇党委＋村级党组织＋塆组党小组＋党员中心户”架构，从群众房前屋后的小事做起，发动群众投工投劳、共建共管，整合资金3亿余元。2022年，党建引领乡村治理促进乡村振兴，整顿转化软弱涣散党组织201个，推动党建引领乡村治理进塆入户，建立塆组党支部（党小组）1.7万个，建设塆组“红星之家”1.23万个。城市基层党建引领基层社会治理，全覆盖组建12个街道“大工委”和193个社区“大党委”，深化小区党组织建设，组建小区综合党组织3076个、楼栋党小组1.1万个。实现14个省级以上园区和556家有党员的园区非公企业实现综合党委和党组织应建尽建。17家国有企业完成党建入章和党委书记、董事长“一肩挑”。推进公立医院党建入章、医院党组织会议和院长办公会议事项决策规则修订，完成率100％，51家二级以上公立医院均落实党委领导下的院长负责制。调整在黄4所高校党组织隶属关系和党建工作归口。开展中小学党组织领导的校长负责制试点工作，确定试点学校120所。

（四）一尘不染净化政治生态

切实强化政治监督。聚焦疫情防控、防汛抗旱等重点工作，持续强化政治监督。组织开展以“五个一批”为重点的扶贫领域监督执纪问责“百日会战”，清理查处扶贫领域不正之风和腐败问题。围绕贯彻落实习近平总书记重要指示批示精神以及“三新一高”要求、中央支持湖北一揽子政策、统筹疫情防控和经济社会发展等加强监督检查。对习近平总书记关于安全生产、农村乱占耕地建房、违建别墅、供销社系统和粮食购销领域腐败问题专项整治等10项重要指示批示精神落实情况，全程监督、精准问责，发现和纠正落实不力问题4536个。围绕打造“五最”营商环境，出台深化“护航行动”9条措施，跟进护航全市“千人进千企”行动、集中签约项目落地、成品油市场专项整治等重点工作。突出重点问题，督促开展中介服务机构、涉企趋利性执法、土地违法违规、招投标领域突出问题专项整治和“清减降”专项行动，推动整改问题420个。突出关键环节，强力整治“中梗阻”，组织约谈职能部门科（股）长1550人。

全面深化政治巡察。坚持政治巡察职能定位，突出“三个聚焦”监督重点，建立健全上下联动巡察工作格局，不断深化政治巡察规律性认识，持续推动市县巡察向深拓展、向专发力、向下延伸。2016年9月，市委巡察机构成立，综合运用常规、专项、机动、交叉、提级等方式，先后组织开展22轮巡察，全覆盖巡察233个单位党组织，5个村（社区），发现面上问题5051个。根据巡察移交问题线索，立案查处110件，党纪政务处分91人，涉及市管干部35人。推进巡视巡察反馈问题一体整改，健全整改日常监督机制，强化党委（党组）整改主体责任，用好用足巡视巡察成果。先后完成省委巡视黄冈及县（市、区）反馈问题整改，推动整改市本级巡察反馈问题4597个，助推黄冈经济社会高质量发展。

持续开展反腐败斗争。坚持无禁区、全覆盖、零容忍，坚持紧盯重点领域腐败问题，强化“不敢腐”的震慑。深入开展“十个全覆盖”源头治腐工程和“十个全覆盖”工作示范点创建活动。针对源头治腐15个方面、26个单项，确定40个示范点，形成一个地方一个特色、一项工作一批亮点的良好局面。严肃查处政治问题和经济问题交织、损害营商环境等突出问题，仅2021年就立案3029件，处分3139人，依法留置48人，移送司法机关84人。全市群众信访举报总量大幅下降，由2018年的6233件降至2021年的2480件，年均降幅31%。人民群众对全市党风廉政建设和反腐败工作满意度从2017年起连续大幅上升，2021年满意度97.84%，比2017年提高11.27个百分点。

驰而不息纠治“四风”。严格落实中央八项规定及其实施细则精神，紧盯重要节点、重要时段、重点对象，严明“十个严禁”纪律。针对涉农资金管理使用中损害群众利益，县乡政务服务“四风”，农村基层“小官巨腐”问题，推进“三项专项治理”，查处问题1053个，党纪政纪处分257人。在全省率先开展惠民政策落实情况大数据监督检查，查实线索4.68万条，问责单位85个、1769人，取消资格3.5万余人，退缴追缴资金1763万余元，整改纠正发放到位资金985万余元。扎实开展市级领导干部和县级干部单列经费情况专项治理，清缴违纪违规资金736.3万元，立案查处县级干部8人，诫勉谈话20人，批评教育13人，督促完善领导干部经费预算管理制度。开展机关内部食堂、培训中心违规公款消费，违规发放津贴补贴或福利，违规使用财务票据及党员干部带彩娱乐问题等“四项专项整治”，查处问题1403个，党纪政纪处分211人。开展公务用车违规支出专项清理，收缴违规支出1193万元。2021年，开展党员和公职人员酒驾专项整治，排查问题线索158条，处分78人。

纵深推进清廉黄冈建设。出台推进清廉黄冈建设的实施意见，形成“1+7”工作布局，纳入市委常委落实“两个责任”工作提示内容，实施全面从严治党主体责任清单制度，探索完善党委（党组）落实主体责任的组织体系，加强市委主责办建设，引领推动清廉黄冈建设融入日常、抓在经常。组织开展谈心谈话和约谈提醒，把党风廉政建设和全面从严治党有关要求传达到神经末梢。深化纪法宣传教育，持续开展党风廉政宣教月活动，通过观看廉政纪录片、讲廉政党课、办廉政知识竞赛、编廉政节目、观廉政展览、作廉政承诺、参与“5·10我要廉”活动等方式，增强纪律观念。

大江流日夜，慷慨歌未央。一路风雨兼程，一路砥砺奋进，新时代黄冈市一切成就的取得，根本在于习近平总书记作为党中央的核心、全党的核心掌舵领航，根本在于习近平新时代中国特色社会主义思想的科学指引。

“要把革命老区建设得更好，让老区人民过上更好生活”响彻黄冈大地，深入干群心田，成为奋进动力。让我们时刻牢记习近平总书记“两个更好”殷殷嘱托，在中共湖北省委正确领导下，初心如磐，使命如炬，一张蓝图绘到底！让我们更加紧密地团结在以习近平同志为核心的党中央周围，继续沿着习近平总书记指引的方向笃定前行，把实干、责任、担当书写在中国式现代化黄冈实践上，向着更加壮阔的新征程出发。

撰稿人：江明、刘慧、黄荣、叶永清、田传泽

统稿人：江明

审定人：余友斌

加快绿色崛起的新黄石

——从党的十八大到二十大黄石发展综述

黄石市史志研究中心

黄石是一座拥有3000多年冶炼史、1700多年开埠史、100多年工业发展史、70多年建市史的特色城市，是近现代重工业名城、新中国首批沿江开放城市，在湖北发展格局中占有重要地位。

党的十八大以来，在以习近平同志为核心的党中央坚强领导下，在湖北省委、省政府的关心指导下，黄石市委、市政府团结带领全市各级党组织和广大党员干部群众，坚持以习近平新时代中国特色社会主义思想为指导，全面贯彻党的十八大、十九大精神，深入贯彻落实习近平总书记视察湖北重要讲话精神及省委、省政府一系列工作部署，面对高质量发展的目标要求和"资源型城市"转型的新挑战，以强烈的政治担当和历史主动，紧紧围绕"五位一体"建设，坚持新发展理念，以转型升级、绿色生态发展为己任，锐意进取、攻坚克难、行稳致远。从2013年确立"生态立市""产业强市"的发展方略，到2018年"五城筑梦"①的精准发力，再到2021年"奋进全省第一方阵，加快实现绿色崛起，扎实促进共同富裕"和2022年强调深度融圈入群、加快建设"两个城市五个示范区"②的最新谋划，发展思路一脉相承，历届市委、市政府接续奋斗，脚踏实地，驰而不息。

十年来，党的领导坚强有力，经济发展量质齐升，新旧动能加速转换，开放功能显著增强，发展格局全面拉开，生态环境持续改善，民生保障更加有力，政治生态风清气正，经

---

①"五城筑梦"：2018年7月，黄石提出"筑梦五城"战略，以推进产业转型、功能转型、空间转型、生态转型、动能转型为五大突破口，努力打造创新活力之城、先进制造之城、现代港口城市、山水宜居之城、历史文化名城。

②"两个城市五个示范区"："两个城市"指武汉都市圈核心城市、长江中游城市群区域性中心城市；"五个示范区"指武汉都市圈高质量发展示范、绿色转型示范、县域经济发展示范、市域社会治理现代化示范、促进共同富裕示范。

济社会发展实现历史性跨越，在加快建设社会主义现代化新黄石的道路上奋勇前行。

一、凝心聚力的“黄石智慧”

科学谋划，凝心聚力，坚定前行。党的十八大以来，习近平总书记到湖北考察调研时所作的一系列重要指示为湖北发展指明方向。黄石深入贯彻落实习近平总书记重要指示精神及湖北省委、省政府一系列工作部署，举旗定向、谋篇布局、踔厉奋发，全面推进依法治市，以民主凝聚力量、用法治护航发展，充分展现了凝心聚力的“黄石智慧”。

（一）科学谋划砥砺前行

大势如潮，使命在肩。黄石坚持以习近平总书记关于湖北工作的重要讲话和指示批示精神为根本遵循，全面深入贯彻落实省委一系列工作部署，牢记嘱托，不负厚望，立足市情科学谋划，目标明晰坚定前行。

2013年7月，习近平总书记来到湖北，调研全面深化改革问题和经济运行情况，强调“四个着力”：着力在推进经济发展方式转变和产业结构调整上取得新突破，着力在推进农业现代化上不断取得新成果，着力在保障和改善民生上不断取得新进展，着力在生态文明建设上取得新成效。当年10月，湖北省委十届三次全体（扩大）会议作出《中共湖北省委关于贯彻落实习近平总书记重要讲话精神，加快推进“建成支点、走在前列”的决定》，要求以解放思想开创各项工作新局面，突出科技创新、体制机制创新、方式方法创新，准确把握科学发展大方向，突出绿色地区生产总值、民生地区生产总值。强调继续实施“两圈一带”区域发展战略，推动形成“两圈两带”区域发展格局。黄石闻令而动，趁势而为。2014年前后，市委十二届七次、八次、九次全会先后召开，高举“生态立市、产业强市”大旗，全面实施开山塘口治理、内湖生态修复、大气污染防治及水资源管理等“生态发展”举措。2015年12月，市委十二届十四次全会召开，将“生态建设”列入“十三五”规划。2016年8月，市委十二届十七次全会通过了《中共黄石市委、黄石市人民政府关于落实“五长”责任制推进“五水共治”的决定》，建立江、河、湖、库、塘“五长”责任制，推进治污水、防洪水、排渍水、保供水、抓节水“五水共治”。2018年8月，《黄石市关于加强长江大保护的实施意见》出台，全面部署长江大保护“碧水、绿岸、洁产、畅流”四大行动。

2018年5月，湖北省委十一届三次全会作出《中共湖北省委关于学习贯彻习近平总书记视察湖北重要讲话精神，奋力谱写新时代湖北高质量发展新篇章的决定》，黄石市委于当年7月召开十三届六次全会，强调坚持创新驱动、坚持全域一体发展、坚持走质量内涵之路、坚持提升城市综合实力、坚持发展为民、坚持保持定力久久为功，把调结构、换动能、转方式作为黄石高质量发展的现实路径，突出打造创新活力之城、先进制造之城、现代港口城市、山水宜居之城、历史文化名城。2021年12月，市第十四次党代会明确提出，立足新发展阶段，完整、准确、全面贯彻新发展理念，服务和融入新发展格局，坚持稳中求进工作总基调，以推动高质量发展为主题，奋进第一方阵、实现绿色崛起、促进共同富裕，加快建设综合实力更强、生态环境更美、生活品质更高的现代化新黄石，着力提升创新能级、产业能级、生态能级、开放能级、都市能级、服务能级，奋力打造“一个中心、五个示范区”，努力建成长江中游城市群区域性中心城市、打造武汉城市圈同城化发展示范区、绿色转型示范区、县域经济发展示范区、市域社会治理现代化示范区、促进共同富裕示范区。

2022年6月，湖北省第十二次党代会提出了努力建设全国构建新发展格局先行区的目标定位。会议强调，大力发展以武鄂黄黄为核心的武汉都市圈，将武汉都市圈打造成为引领湖北、支撑中部、辐射全国、融入世界的重要增长极。黄石市委、市政府抢抓历史性机遇，加快融圈对接步伐，积极抢占先机。2022年8月，黄石市委出台《黄石市打造“五个示范区”三年行动方案（2022—2024年）》，以加快建成武汉城市圈同城化发展示范区为引领，在创新协同上作示范，打造光谷科创大走廊黄石功能区；在产业协作上作示范，打造全国先进制造业基地；在交通互联上作示范，打造全国性综合交通枢纽；在开放流通上作示范，打造湖北对外开放新高地；在市场融合上作示范，打造鄂东区域性消费中心。

（二）人大政协积极履职

党的十八大以来，黄石市人大常委会坚持围绕中心大局、依法履行职责，在推进经济社会高质量发展和民主法治建设等方面主动担当作为。自2016年1月1日行使地方立法权以来，先后制定11部地方性法规，为全市绿色转型、文化传承、市域治理提供了法治保障。聚焦打好三大攻坚战、优化营商环境、文明创建等中心工作和公共卫生、居家养老、教育公平等民生热点，持续开展法律监督和工作监督。落实宪法和监察法规定，首次听取和审议市监委专项工作报告，对人大监督监察委工作进行初步探索。坚持观全局、议大事，作出加强老城区基础设施建设、统筹疫情防控和经济社会发展等重大决议决定，确保市委主张通过法定程序成为全市人民的共同意志。坚持党管干部和人大依法任免有机统一，严格实行任前法律知识考试、拟任职发言、宪法宣誓等制度，确保党组织推荐的人选通过法定程序。围绕聚力脱贫攻坚、优化营商环境、深化共同缔造等不同主题开展“代表行动”，建立人大代表之家90个、人大代表联络站225个。

2020年9月，黄石市委召开政协工作会议，先后制定出台加强和改进人民政协民主监督工作的实施意见、新时代加强和改进人民政协工作的实施意见、加强和改进新时代市县政协工作的实施方案等文件，支持人民政协发挥职能优势，推动协商民主广泛、多层、制度化发展。市政协及其常委会紧扣新中国成立70周年、建党百年等重要时点加强思想政治引领，深化文史书画联谊，建立各党派参加政协工作共同性事务的情况交流机制。

服务中心大局，聚焦转型升级、高质量发展协商议政，围绕民生问题务实监督，积极反映社情民意，十三届市政协共收到提案1830件，经审查立案并交由有关单位办理的1149件，并案310件，所有交办的提案件件有答复，一批意见建议转化为具体政策措施。深入开展委员进村组、委员进企业、一线协商等实践活动，在全省率先启动“委员助力乡村振兴行动”。大兴调查研究，组织四级政协委员下基层察民情解民忧暖民心。创新开展委员读书活动，以书香政协引领书香社会建设。

全市统一战线工作为推动黄石高质量发展广泛凝心聚力。各民主党派聚焦教育、养老、法律维权、乡村振兴等民生民情和重点领域，集中力量“办好一件事”，打造出“博爱·牵手”“科教强国·乡村振兴”“同心·律师服务团”等一批社会服务特色品牌。民营企业“双传双推”工程[①]的实践做法获全国工商联系统实践创新奖；创新实施“组团式市场化就业援藏”模式，开创全国就业援藏的新路子；深化建立健全组织参与、引导统战对象参与、强化引资引智参与、搭建统战平台参与、整合各方资源参与“五个参与”措施，打造出75个“同心聚力·共同缔造”示范点。持续深化对外经贸合作交流，推动港澳台海外统战工作和侨务工作取得新成效，对台工作获中央台办、国台办表彰。

（三）群团力量竞相迸发

高度重视群团工作，注重加强群团组织建设，推动群团工作创新发展。市总工会围绕中心大局，在强化思想政治引领上扛牢责任，在服务大局上体现作为，在履行维权服务职责上下足功夫，在激发基层工会活力上提质增效，在建功立业中唱响“劳动美”，在帮扶服务中架起“连心桥”。持续打造“潘兰英热线”[②]，在维权维稳中当好职工“贴心人”。摩尔城爱心驿站被评为“全国最美爱心驿站”。推进新就业形态劳动者建会入会，形成“党工共建大格局”，2022年，组建新就业形态领域工会组织146家，发展会员26247人，在全省专项考核中排名第四，在全省“职工说了算”的工会工作综合考核中排名第四。

市共青团持续强化青少年思想政治引领，服务党政工作大局，服务青少年成长发展，团的引领力、组织力、服务力和大局贡献度稳步提升。《黄石市中小学生心理健康状况调研报告》获评团中央2022年“面对面”活动全省唯一的“地市级优秀调研报告”；大冶市高质量完成共青团改革终期评估，被团中央评定为“优秀”，同步被选为青年发展型城市省级试点。扎实开展下基层察民情解民忧暖民心实践活动，以“青年驿站”“移动团支部”建设为切入点，建成“青年之家”60个。立足为青少年办实事办好事，完善创业青年服务链条，培育创建省级“青创园”4家，是武汉市以外试点园区最多的市州。

市妇联围绕中心，团结引领全市广大妇女聚焦政治引领、高质量发展、家庭建设和维权关爱，在改革发展具体实践中彰显巾帼担当、展现巾帼风采。用心用情解决群众急难

---

①“双传双推”工程：推动民营企业政治传承、事业传承，推进上市融资、进规进限。

②“潘兰英热线”：黄石市职工维权服务热线，全国首个由全国劳模命名的职工维权服务热线。

愁盼问题,“一下三民”实践挂点的铜花社区2022年先后获评全国家庭工作先进集体、全省百佳社区、全省最美志愿服务社区等称号。办实办好妇女儿童实事项目,积极链接社会资源开展“99公益日”活动,2022年共筹款213.48万元,在全省市州排名第一。

(四)平安法治深入推进

坚持党委统筹,确保政治站位高度,牢牢掌握工作主动,确保敏感节点及重大活动的安保维稳。坚持疏堵结合,加强沟通疏导的教育稳控工作,强化预测预警和应急处置能力,确保一批利益群体总体稳定。社会矛盾纠纷综合调处学习推广大冶经验,人民调解、行政调解、司法调解“三调对接”的大调解网格在实践中不断健全完善,全市政治社会大局持续稳定。

平安建设深入开展扫黑除恶、平安荆楚、“雷火行动”、“百日行动”等专项整治行动,依法打击各类违法犯罪,社会治安、公共安全环境持续好转,“一感一度一率一评价”①多次位居全省前列,全市平安建设考核连续多年位列全省第一方阵。“十三五”期间,打掉涉黑涉恶团伙206个5266人,“黄某刚涉黑案”列为全国扫黑除恶典型案例。践行新时代“枫桥经验”,完善立体化信息化社会治安防控体系,构建大安全格局,推进共同缔造。2017年,西塞山区荣获全国社会治安综合治理最高奖“长安杯”,2021年和2022年,西塞山区和大冶市分别获评“平安湖北建设示范县(市、区)”。开展政法队伍教育整顿,处理处分干警531人。

“法治黄石”着力强化领导、统筹推进、建设平台、落实责任、加强保障。“大法治”格局不断完善,优化法治建设领导机制和工作机制,聚集重点项目建设,为经济社会发展保驾护航。建设法治文化试点,涌现出一批法治医院、法治学校、法治企业和法治社区建设典型。加强执法专项检查及涉企、涉民生等重大疑难案件协调处理,积极回应社会关切,化解一批“钉子案”“骨头案”。深化律师参与涉法涉诉工作,全市112个城市社区、870个基层乡村实现法律服务全覆盖。统筹推进司法责任制、以审判为中心的刑事诉讼制度改革及全面深化政法改革工作。公安系统“放管服”改革,148项高频业务网上办理,城区落户“零门槛”,户口办理“全城通办”,居民身份证“全国通办”。在深化“双千活动”②中,市公安局与市工商联联动合作机制成为全省唯一市州获评全国优化营商环境的典型案例。

二、高质量发展的“黄石路径”

转型升级,黄金十年。党的十八大以来,黄石坚定不移贯彻新发展理念,以深化供给

①“一感一度一率一评价”:群众安全感、公正执法满意度、矛盾纠纷调解有效率、扫黑除恶行动评价。
②“双千活动”:“千名干部进千企”的服务企业活动。

侧结构性改革为主线，坚持质量第一、效益优先，切实转变发展方式，推动质量变革、效率变革、动力变革，综合实力实现历史性跃升，为区域高质量发展奉献了务实清晰的“黄石路径”。

（一）综合实力全面跃升

高质量发展是转型发展的必由之路。党的十八大以来，黄石始终锚定转型升级，勇立改革开放潮头，既自强筋骨，又内聚外联，以底蕴深厚的工业文明之精神支撑和改革不止之经验定力，立足城市区位和清晰定位，攻克一道道难关，综合实力全面跃升：2022年，全市地区生产总值、人均地区生产总值分别增长5.6%和7%；地方公共财政预算收入、金融机构贷款余额分别增长17.8%和15.8%；地区生产总值增速全省第一，规上工业增加值增速全省第五，主要经济指标增速保持在全省第一方阵，实现了由量的积累到质的飞跃；184个工业产品达到国内先进水平，20个产品竞争力全国第一。成为全球最大的保健酒生产基地、全国第二大特钢生产基地、全国第三大印刷线路板产业聚集区、全国铜冶炼及精深加工基地、中部地区最大的新型铝型材生产基地，城市影响力持续提升。

2020年，黄石首次名列国内竞争力百强城市，排名在省内仅次于武汉等少数城市；大冶市“全国县域百强”十年十进位，2022年，进入赛迪百强县榜单第67位，位列全省县域经济综合评价一类县（市、区）第8名；阳新县位列中部县域经济百强91位，全省县域经济综合评价二类县（市、区）第13名。

（二）融圈发展先行成势

湖北省第十二次党代会提出，努力建设全国构建新发展格局先行区，加快推动“三高地两基地”①建设。黄石因多年的工业积累具有鲜明的比较优势，重新进入全省新发展战略的核心区。

黄石加快打造武汉都市圈核心城市和长江中游城市群区域性中心城市，以奋进全省第一方阵为目标，深度融圈入群。2022年12月，中共黄石市委第十四届二次全会谋定融圈高质量发展的“聚焦战略”：聚焦聚力产业转型升级，推动提质、扩量、增效，主动对接武汉“光芯屏端网”，加快构建现代产业体系，着力打造全国先进制造业基地和全国工业互联网创新发展先行区；聚焦聚力恢复扩大消费，推动传统消费复苏回暖，培育壮大新型消费；聚焦聚力交通互联互通，坚持“西融武汉鄂州、北接花湖机场、东连黄冈九江”，着力打造武鄂黄黄国际综合交通枢纽重要节点；聚焦聚力临空经济发展，立足临空经济发展规律和自身发展基础，重点突破、落实项目，形成“多点开花”的良好态势；聚焦聚力流域综

①“三高地两基地”：“三高地”指全国科技创新高地、制造强国高地、数字经济发展高地，“两基地”指现代农业基地和现代服务业基地。

合治理，守住安全底线、优化空间布局，加快打造武汉都市圈转型升级和高质量发展示范区；聚焦聚力扩大对外开放，提升开放能级，优化营商环境，壮大民营经济，让企业预期更稳、信心更足；聚焦聚力推进乡村振兴，巩固拓展脱贫攻坚成果，推进强县工程，抓好县城、乡镇、乡村三级体系建设。2022年，时速350公里过境高铁、市域铁路延伸至黄石，纳入省级规划，大泉路快速化改造等对接花湖机场路网加快建设；黄石与武汉实现公交卡、医保政策等互联互通；成功获批建设国家创新型城市，100多家企业与武汉头部企业配套，共建湖北"光芯屏端网"万亿产业链，"研发在武汉、制造在黄石""光谷科创大走廊、向东直达黄石港"的格局形成。

（三）技术改造固本培元

以工业产业为支柱，坚持不懈推进转型升级，由"十二五"时期"稳增长、调结构、促融合、提质效"，到"十三五"时期推进绿色发展，全市工业经济实现"止跌企稳、奋力赶超、逆势上扬"三大跨越。

2022年，黄石完成规上工业总产值2571.95亿元，同比增长9.5%，是2012年规上工业总产值1758.1亿元的1.46倍。截至2022年，全市规上工业企业799家，比2012年净增297家。共有省级单项冠军示范企业61家，工业经济底盘更加稳固。

技术改造让一批传统工业企业焕发出全新活力。大冶特钢、华新水泥、大冶有色、劲牌公司、新兴管业、宝钢黄石公司等龙头企业斥巨资异地技改、二次创业，百年老企焕发新的生机；华中铜业、东贝集团、新冶特钢、奥莱斯轮胎等一批骨干企业迸发新的能量。"十三五"期间，黄石累计完成工业技改投资超900亿元，年均增长15%。

（四）绿色转型创造"模式"

着力绿色转型，创造了理念、产业、创新、节约、机制"五位一体"的转型发展"黄石模式"。黄石曾以原材料工业闻名，党的十八大以来，果断摒弃"高能耗、高污染、高排放"工业产业，大力倡导清洁生产，全力发展循环经济。"十二五"期间，全市关闭小采石、小化工、小洗（选）矿、小矿山、小冶炼"五小"企业367家，淘汰落后产能204.65万吨。一批老牌工业企业主动思变，以绿色转型枯木逢春。湖北新冶钢投入7500万元建成污水处理系统，处理后的污水可以养黑天鹅，投入7000万元建成脱硫装置，年均投入运行费用多达2000万元，确保达标排放；大冶有色公司投入30多亿元建成30万吨铜加工清洁生产示范项目，对转炉节能系统进行改造，初步建成"花园式工厂"；华新水泥城区工厂整体搬迁改造，成为重点工业企业转型升级的标杆。以这些重点企业为表率，全市60多家企业自愿开展清洁生产，水泥、冶炼等行业全部实施余热回收利用。黄石由此被列为国家循环经济示范城市。

借力全国首批工业绿色转型发展试点城市机遇，以环保整治倒逼转型升级：淘汰落后钢铁产能129万吨,煤炭产能135万吨,"三年任务一年完成",率先成为全省实现全域无煤矿的市州。劲牌公司、东贝集团等5家企业获批"湖北省清洁生产示范企业";大冶特钢、东贝、劲牌、娲石水泥、华新水泥、定颖电子、大江环科7家企业获批国家级绿色工厂,高能鹏富等8家企业获评省级绿色工厂;东贝制冷的商用小型制冷设备、华鑫钢铁的钢筋混凝土用热轧带肋钢筋等4个产品获国家级绿色设计产品,新兴管业等3家企业的4种产品获评省级绿色设计产品。作为老工业基地调整改造真抓实干的典型,黄石获国务院通报表扬。

(五)新兴产业强链赋能

伴随着转型升级的不断深化,黄石一批新兴产业迅速崛起。光电子信息产业从无到有、从小到大。2012年,黄石经济技术开发区(开发区·铁山区)与沪士电子结缘牵手,黄石开启印刷电路板产业大幕。光电子信息企业迅猛发展,引进集聚效应逐步显现,由零发展至200余家,其中规上企业91家,产值以年均60%的速度递增,11个产品市场占有率全国第一,是全市增长最快的行业,成为黄石支柱产业之一。2022年,光电子信息、高端装备制造等战略性新兴产业产值贡献率达55%,高技术制造业增加值增长56%。

着力强链赋能,围绕产业链部署创新链、提升价值链,建成电子元器件国家创新型产业集群和有色金属、特钢两个国家火炬特色产业基地。建成1个国家新型工业化产业示范基地、5个省级重点成长型产业集群,智能运输机器人占全国三分之一份额。大力发展块状经济,扎实推进产业园区建设,按照整体统筹、错位发展、协同联动的原则,初步形成区域协调发展的"四区N园"①产业空间发展新格局。

(六)数字引领优化结构

着力数字引领,新兴产业培育壮大,产业结构深度优化。从2018年起连续5年成功举办中国(黄石)工业互联网创新发展大会。以工业互联网为数字转型的新引擎,在全省率先出台《黄石市工业互联网创新发展三年行动计划(2021—2023年)》,加速推进"黄石制造"向"黄石智造"迈进。截至2022年底,全市5G基站超过3500个,建成全省地市首个工业互联网标识解析二级(综合)节点,标识解析量过1.2亿条,累计为300多家企业开展智能化改造入户诊断,推动220个智能化改造项目落地实施。建成模具、铝型材两个行

①"四区N园":"四区"指黄石经济技术开发区·铁山区、黄石大冶湖国家高新区、黄石新港(物流)工业园区、黄石临空经济区;"N园"指黄石港区临空商务产业园、下陆区临空跨境电商产业园、大冶市乡镇工业园、河口临港产业园、黄石港(江北)工业园、西塞山工业园、下陆区长乐山循环经济产业园、下陆区城市更新文创产业园、铁山工模具产业园、阳新城北工业园、黄石国家农业科技园区阳新核心区、太子生命健康产业园。

业级工业互联网平台，开发运用工业App超过100个，全市“上云上平台”标杆企业超过2600家。各类国家级新一代信息技术与制造业融合发展、工业互联网试点示范、工业互联网平台、智能制造等试点示范项目和典型案例8个，省级两化融合试点示范企业90家。其中，华新水泥为全国首批“数字领航”企业，大冶特殊钢完成国家两化融合3A级贯标，东贝机电入选全国智能制造标准应用试点。湖北三丰小松自动化仓储物流系统工业设计中心被评为第五批国家级工业设计中心，三丰小松和大江环科被列为省级技术创新示范企业。

在数字化浪潮中，一大批中小企业专注细分领域，表现抢眼。2022年，全市新增国家级专精特新“小巨人”企业11家，总数达到19家；新增省级以上专精特新“小巨人”企业57家，总数达到117家，省级以上专精特新“小巨人”企业占规上工业企业比重排全省第二位。融通高科获评省级“独角兽”企业，全省仅2家，是武汉市外的唯一一家。连续8年开展“千名干部进千企”服务活动，解决企业困难问题3500多个，成为服务企业“金字招牌”。

（七）科技创新激发活力

着力技术创新，高新技术产业蓬勃发展，科技强市的发展足音越来越响，科技赋能高质量发展的动力越来越强。科技体制机制改革不断深化，率先在全省探索“科创飞地”机制，先后在武汉、上海、深圳建成离岸科创园。

黄石经济技术开发区·铁山区科创中心（周巍　摄）

创新能力持续增强，成功获批国家创新型城市建设，国家创新型城市创新能力指数、全国城市创新能力均进入全国百强，分别居全国第80位、第95位。连续2年科技创新生态指数进入全国百强，连续13年被省委、省政府评为“科技创新综合考评先进市”。入库科技型中小企业1572家、高新技术企业586家，省级百强高新技术企业4家、科创“新物种”企业37家，数量位居全省前列。

创新生态不断优化，先后出台“加快推进科技创新增强高质量发展新动能的实施意见”“创新活力之城黄金十条”“高层次人才校企共享计划”等创新政策，“1+N”创新政策体系不断完善。在全省率先设立10亿元的高新技术产业发展引导基金、1亿元的产业人才创新创业基金、5000万元的科技信贷风险补偿资金池，每年设有科技创新专项资金。

（八）招商引资内聚外联

作为全国首批产业转型升级示范区，率先在全省进行“先建后验”改革试点，为企业提供“一站式服务”，企业投资项目审批时间由平均78天减少至6天，平均缩短90%以上。改革“三十七证合一”“一个号码管服务”等体制机制，出台《黄石市关于打造“创新活力之城”十条支持政策的意见》等一系列政策，优化营商环境。2019年，黄石被列入全省首批营商环境评价试点城市。2022年，营商环境综合评价进入全国50强，位列全省第二，成功创建全省营商环境标杆城市。

党的十八大以来，黄石外贸进出口增长2.42倍，总额稳居全省前三名，连续12年入围中国外贸百强城市，与全球152个国家建立贸易往来，外贸依存度17.2%，排名全省第二位。外贸进出口总额由2012年的20.71亿美元增长到2022年的62.95亿美元。

外贸进口和出口齐头并进。制造业是黄石外贸出口的压舱石，黄石的钢材、服装、电子产品等源源不断出口欧盟、日本、美国，东贝压缩机、劲酒、智能显示终端、印制电路板销往全球。2022年6月，中欧班列“长江号”黄石首发，开通又一条黄石与欧盟经贸合作的快捷通道。外贸企业繁荣发展，带来黄石外贸出口的长足增长。“十三五”期间，黄石外贸企业累计参加各类展会300余次，与全球152个国家建立贸易往来，进出口业务遍布六大洲。2022年，全市有外贸实绩企业309家、出口超过5000万美元企业9家。一批企业“走”出国门，从事境外经济技术合作步伐显著加快，承包国际工程项目类别多规模大。黄石现有外经企业11家，对外承包工程完成营业额处于全省第一方阵。2012—2022年，利用外资累计27.7亿美元，新设立外商投资企业累计141家，实际利用外资进入全省第一方阵。

开放的黄石，外贸结构更加优化，机电产品、医药化工等行业出口占比逐步上升，以印制电路板（PCB）为主的光电子信息类产品出口占比从2018的1%增加到2021年的12%，医药化工行业由2016年的4.3%上升至2021年的7%，机电行业出口占比从2016年的15.8%上升到2021年的25.9%。

（九）“四港联动”无缝对接

2021年10月，装载着1.2万吨玉米的“江海直达17”号船顺利抵达黄石新港，在完成“水铁转换”后，再由铁路运往目的地四川达州。这是全国首次服务长江中游特定航线江海直达散货船的“首航之旅”，也是自黄石新港开港以来靠泊黄石最大吨位的江海直达船。

沿着79公里的优质长江沿岸，黄石港口的城区老港、棋盘洲港、阳新港等三大港区57个货运泊位依次而建。2015年，长江中游最大单体港——黄石新港开港运行，一年一跨越，初步构建“通江达海”的物流大通道、多式联运的“无缝衔接”，出口外贸货物到达80多个国家和地区。2021年，黄石港口货物吞吐能力达6000万吨，集装箱吞吐能力达30万标箱，实现了从“内河”走向“大洋”，由“终点港”向“枢纽港”的转型蝶变。黄石新港口岸扩大开放、进境粮食指定口岸、跨境电商综试区成功获批，综保区建成通过验收，率先在全省实现铁水通关一体化。港城联动，以港兴市，黄石紧抓舟山港谋划在长江内河流域建立铁矿石、粮食中转储运基地的机遇，经由舟山港发来的粮食和矿石通过多式联运通道发往西南西北地区，黄石相关企业的优质产品通过江海直达五湖四海，加速了黄石与世界链接的进程。

气势磅礴的新港码头（黄石市档案馆　供图）

三、城市建设的“黄石新篇”

城市再造，大城崛起。黄石永葆开放视野和复兴梦想，以强烈的使命感和锲而不舍的进取心，为城市强基扩容、提质增速，大城格局拉开，交通四通八达，城市形象日新月异，“最美工业市，山水园林城”声名鹊起，书写出城市建设的“黄石新篇”。

（一）规划引领大城崛起

党的十八大以来，随着全国工矿废弃地复垦利用试点城市、全国资源节约集约示范城市、全国产业转型升级示范区等一批城市机遇的接踵而至，黄石形成了大城格局。

规划引领大城崛起。国土空间规划体系建设实现历史性突破。坚持底线思维，按照耕地和永久基本农田、生态保护红线、城镇开发边界的优先顺序，完成全市“三区三线”① 划定，确定市域整体国土空间布局骨架和基础。全市国土空间规划体系初步形成，真正实现“多规合一”。

团城山组团、大冶湖组团、黄金山组团等主体功能区建设稳步推进，城市发展中心由“环磁湖”向“环大冶湖”推进，实现跨山(黄荆山)发展，逐步构建“环两湖、跨两山”② 的空间格局，拉开了城市空间拓展的框架。现代化都市区格局加快形成，大冶湖新区与大冶城区基本融为一体，城市实际建成区面积达到130.4平方公里、人口125万，常住人口城镇化率由2012年的60.1%上升到66.7%，居全省第三，城市能级和辐射能力稳居鄂东首位。大城骨架的形成为黄石对接武汉都市圈、科创大走廊、临空经济区等跨区域规划打下了基础。

(二)交通畅达五湖四海

空中俯瞰黄石高速互通(黄石市档案馆　供图)

2012年，大广高速黄石段建成通车，黄石高速公路里程150公里；2021年，棋盘洲长江公路大桥、武穴长江公路大桥正式通车，环绕黄石全域的220公里高速公路环线“画圆”，黄石高速公路里程241公里，比十年前增长60%。黄石已拥有长江公路大桥、鄂东长江大桥等4座跨越长江的大桥。

十年前，黄石航空仍是空白，水运发展滞后；十年后，黄石抢搭鄂州花湖机场顺风车，

---

①“三区三线”：“三区”指城镇空间、农业空间、生态空间三种类型的国土空间；“三线”指在城镇空间、农业空间、生态空间划定的城镇开发边界、永久基本农田、生态保护红线三条控制线。

②“环两湖、跨两山”：“环西湖”指环磁湖、环大冶湖，“跨两山”指跨黄荆山、跨父子山。

“亿吨大港、百万标箱”的黄石新港横空出世，全域迈入临空临港发展快车道。2014年，黄石迎来高铁时代，武石城际和武九客运专线先后建成通车，开启武汉、鄂州、黄石一体化融合之路，与昌九城铁共同组成中部地区首条跨越省际的城际铁路线，为深度融入武汉都市圈打通了交通瓶颈。

大手笔投资交通建设。2012年完成交通投资52.7亿元，2021年是130.5亿元，翻了2.5倍。交通的飞速发展促进了区域一体化，山南、阳新、大冶等地通过隧道、公路大桥和快速路的连接，与主城区浑然一体。以高速路网为主骨架，以国省干线路网为支撑，以农村公路网为延伸——三网相连，网网相通。黄石境内高速公路进出口增加至18个，实现全市所有乡镇(街办)半小时可以进入高速公路，构建了“二横二纵一联二环四桥”布局合理、内畅外联的高速公路骨架网，“水铁公空”全面发力。以2022年底黄石现代有轨电车一期正式营运为标志，形成了以轨道交通为骨架，智能公交系统为基础，城乡公交和城区微公交循环系统为补充的多层次、高效、快捷、舒适、绿色的全域一体化的智能公共交通体系。

(三)物流运输形成体系

得物流者得天下，得枢纽者得未来。十年前，黄石没有一家真正意义的现代物流企业和一个物流园区。如今，黄石引进、培育出了传化物流、润信物流、捷利物流、新港现代物流等一批具有一定规模和竞争力的现代物流企业，初步形成以新港为核心，以大冶海虹公铁联运、下陆传化公路港、阳新富水流域水水中转、黄石港公空联运和网络货运物流运输等为重要节点的“一核四区、四港[①]联动”的现代物流布局。拥有功能不同的物流园区17个，如粮食物流园、医药物流园、电商物流园、农产品物流园、快消品物流园等，4A级物流企业达14家，3A级物流企业达27家，物流业种类和数量排全省第二，仅次于省会武汉。先后荣获“改革开放四十年物流发展引领城市”“全国物流投资环境先进单位”等荣誉。围绕大交通、大港口、大物流，建成了由公路、铁路、水路、管道等多种运输方式共同组成的综合运输网络，综合交通运输体系基本形成，为构建“双港驱动、四港联动”现代物流体系奠定了良好基础。

(四)城市管理“匠心营造”

城市共管，人人共享。黄石坚持围绕民生难题、群众需求推进精细城管、责任城管、智慧城管、文明城管、创新城管建设，“匠心城管”深入人心。

城市管理基础设施不断完善，数字城管中心、黄金山垃圾发电厂、建筑垃圾资源化利用项目、黄金山餐厨废弃物处理项目相继建成投入使用。2017年创建国家卫生城市并顺利通过复审，全面实施“一路一策”“三车联动”精细化作业管理，道路机械化清扫率达

①“四港”：航空港、铁路港、公路港、水运港。

到90%以上,城乡生活垃圾无害化处理率达到100%。2018年成功创建国家园林城市并顺利通过复查,举办湖北省首届(黄石)园林博览会。2013—2022年,污水处理设施规模稳步提升,新增污水处理能力7.5万吨/日,达到31万吨/日,城镇生活污水厂污水排放全面达到一级A标准。燃气基础设施建设不断加强,城区天然气普及率达到90%以上。供水保障能力日益增长,花湖二期扩建,新增公共供水能力15万立方米/日,建设完成全市应急水源工程。

(五)城市品质提档升级

2021年底,黄石入选全国首批、全省唯一的城市更新试点城市。以绣花功夫推进城市更新行动,全面提升城市颜值、品质和价值,探索出一条建设宜居、绿色、韧性、智慧、人文城市的新路径。

2013—2022年,累计完成城市基础设施建设投资781.88亿元。大冶湖生态新区核心区地下综合管廊、团城山综合客运枢纽、城市综合馆、园博园、矿博园、城市规划馆、奥体中心等一批城市配套设施和科技城、教育城、文旅体育城、卫生健康城等城市新地标拔地而起;园博大道、奥体大道、胜阳港过街天桥、月亮山隧道等道路桥隧连接四方;改造湖滨大道、花湖大道等30条城市主干道,打通59条瓶颈路、断头路,形成城市“三环七射”交通骨干路网;柯尔山·白马山公园、磁湖湿地公园、人防主题公园、消防主题公园等一批海绵城市设施建成开放。2022年4月,黄石入选省级海绵城市示范城市。

为持续推进老城区有机更新、城市空间重新梳理有机整合,将15分钟社区生活圈、市政设施、交通路网改造、招商引资等政策与老旧小区改造无缝对接,通过拆违拆临、重建雨污分流系统、改造刷黑道路、新增小区停车位、新建小区配套幼儿园、改造(新增)农贸市场等举措,推进老旧小区高质量建设、高颜值改造。城市历史文化得到传承与活化利用,建成华新1907公园,修缮了铁山光明里、矿山二路历史文化街区,探索出老旧厂区、历史文化街区保护和再利用的新路子。黄石国家矿山公园通过建设大冶铁矿博物馆,整合“天坑”等景点,引进当时新奇的滑草、飞索等娱乐项目,建成全国第一家正式开园的国家矿山公园。一批网红街区惊艳亮相,武汉路成为“时尚潮流商圈+老旧小区综合改造”样板,黄石老街区成为最有时尚范儿、最有人文风、最有烟火气、最有科技感的消费引领区,上窑小商品市场、老四门美食街、铜花南北路、团城山三味坊均成功改造为人气沸腾的特色街区。老城区在城市更新中焕发活力,城市更新完善土地政策、优化审批流程两项改革创新做法在全国推广。

四、社会建设的“黄石成果”

为民利民,暖心十年。党的十八大以来,黄石始终坚持以人民为中心的发展思想,以不断实现人民对美好生活的向往为出发点和落脚点，各项民生事业扎实推进，使人民获得感幸福感安全感更加充实、更有保障、更可持续，兑现了社会建设的“黄石成果”。

（一）精准扶贫不落一人

“扶贫路上，绝不落下一户一人。”黄石在这场人类减贫史上的伟大奇迹中，书写了激荡人心的励志华章，人民群众幸福感普遍增强，一幅幅“产业兴旺、生态宜居、乡风文明、治理有效、生活富裕”的乡村振兴图景目不暇接，一大批省级乃至国家级“最美乡村”争相绽放。

2015年起，黄石选派766支驻村扶贫工作队、2300余名驻村干部下乡开展驻村帮扶，实现贫困村、有脱贫任务的行政村全覆盖。截至2020年底，现行标准下13万多贫困人口全部脱贫、153个贫困村全部出列，阳新县脱贫摘帽，消除了绝对贫困和区域性整体贫困。脱贫人口人均年可支配收入由2013年的2543元增加到2021年的12819元，增幅达400%。脱贫村年集体经济收入由不足5万元增加到15万元，实现收入翻番。2020年，在全省市州党委、政府扶贫开发成效考核中实现五年四进位，连续3年进入全省第一方阵。

“两不愁三保障”问题全面解决，贫困人口全部纳入“基本医疗、大病保险、医疗救助”三重保障，实现县域内住院“先诊疗后付费”和“一站式”直接结算；累计实施危房改造6182户，贫困户实现住房安全有保障。易地扶贫搬迁累计建设199个集中安置点、160个分散安置点，3674户10632人实现搬得出、稳得住、能致富；金融扶贫重点支持贫困户发展产业，综合保障性扶贫将3.76万建档立卡贫困人口纳入农村低保或特困人员救助供养范围。

扶贫先扶志，扶贫必扶智。以抓党建促脱贫成效明显，从2013年起，每年组织开展扶贫干部轮训和贫困户技能培训，一大批干部在攻坚一线得到培养锻炼，一大批土专家、技术能手相继涌现，一大批自主脱贫励志故事在基层发生，人心思干、人心思富逐渐成为共识，村容村貌焕然一新，基层治理能力和管理能力显著提高，基层党组织凝聚力和战斗力明显增强。

为巩固拓展脱贫攻坚成果，2021年，黄石向脱贫村和易地扶贫搬迁安置村、集体经济薄弱和年经营收入较低的村、乡村振兴任务重的村、党组织软弱涣散村及其他类型村选派驻村第一书记和乡村振兴工作队655支，由精准扶贫转向巩固拓展脱贫攻坚成果，全面推进乡村振兴；不摘责任，工作力度不减；不摘政策，脱贫政策不断；不摘帮扶，工作队伍不撤；不摘监管，返贫监测不松。继续巩固保障成果、拓宽增收渠道、严防返贫致贫。

（二）就业工程普惠民生

就业是最大的民生，也是头号民心工程。良好就业是社会和谐稳定的“压舱石”。党的十八大以来，黄石始终坚持以人民为中心，将就业摆在“六稳”“六保”工作首位，就业规模显著扩大、就业结构不断优化、就业质量稳步提升。

以获批“全国创业先进城市”为契机，推动创业创新，广辟就业渠道，增加劳动收入。十年来，黄石新增城镇就业68.5万人次，扶持创业8.64万人次，带动就业29.68万人次。2012年，黄石城镇单位在岗职工年平均工资30082元，月平均工资2507元。2021年，黄石城镇单位在岗职工年平均工资67286元，月平均工资5607元，翻了一番。

就业政策和服务体系日益丰富，逐步建立起覆盖市、县、街道(乡镇)、社区(村)的四级公共就业服务网络，确立了免费提供政策咨询、信息发布、职业指导、职业介绍、创业服务等基本公共就业服务制度，覆盖城乡的公共就业服务体系基本形成。劳动力市场制度建设加快推进，劳动者就业和社会保险各项权益得到有效保障。在湖北率先试点非全日制从业人员参加工伤保险，保障从业人员工伤保险权益。

(三)住房保障尽显福祉

“十三五”期间，累计完成政府投资公租房配租14995套，为9169户住房困难家庭发放住房租赁补贴1967.99万元；“十三五”以来，实施老旧小区改造428个，惠及居民19.21万户。完成各类棚改共14.25万户(套)，连续4年提前完成省定目标，连续多年在省政府考核中位居全省前列。“十三五”中期，黄石市城镇居民人均住房面积由2011年的25.93平方米增加至35.05平方米。

在棚户区改造、老旧小区及城中村改造等项目中，探索实施老旧小区加装电梯、物业服务全覆盖等工作，创造了住房保障与棚改的“黄石经验”。西塞山区完成全市最大范围的工矿棚户区改造工程，全区20%的居民喜迁新居。2021年，牧羊湖小区成为湖北省老旧小区改造典型范例。

从棚改超额完成目标任务，到公租房实现低保低收入住房困难家庭基本应保尽保。十年来，保障性住房建设稳步推进，住房保障体系不断完善，住房保障能力持续增强，基本构建起“新黄石人”(新市民)①“三个一”保障体系②。一些与老百姓利益密切相关的便民服务纷纷出台。2016年7月，将分散在各部门的土地、房产、林地等登记职能统一整合

①“新黄石人”(新市民)：在黄石市就业或自主创业不满5年，指其首次在黄石市就业或自主创业(不包括机关事业单位在编人员)，并参加企业职工养老保险(含以灵活就业人员身份参加企业职工养老保险)的时间至政策申请之日不满5年，且参加企业职工养老保险满3个月。对于招商引资项目(企业)法定代表人或主要负责人，未在黄石市参保或参保不满3个月，来黄石市注册登记企业时间至政策申请之日不满5年的，由各项政策经办机构放宽认定为“新黄石人”。

②“三个一”保障体系：黄石为吸引外来人口落户的新政策。在住房保障方面，探索打造“一张床、一间屋、一套房”“三个一住”房保障体系，分级分类精准解决“新黄石人”阶段性住房需求。

到不动产登记机构，市、县两级不动产登记中心正式揭牌成立，结束了“九龙治水”的局面。从第一本不动产登记证书发放到推广“交房即交证”，共办理不动产登记证书43.52万本，化解历史遗留不动产登记问题楼盘（小区）100余个10万余户，解决了群众一批急难愁盼住房登记难题。实施不动产登记、交易、纳税、水、电、气、有线电视、宽带过户、户籍迁移、寄证10项申请事项“一表审核、一窗受理、一站服务”，创建了“黄云登·时速达”不动产登记服务品牌。

（四）社会事业协调发展

1. 社会保障彰显情怀。开展“阳光社保·情暖万家”精准扩面专项行动，被评为全国“最具执行力”社保经办管理服务创新举措。截至2022年，全市基本养老、失业、工伤保险参保人数分别达到192.3万人、29.98万人、30.8万人。工伤保险“同舟计划”参保率达到95%，1.8万名被征地农民、4.2万名退役士兵等群体纳入社保保障范围。截至2021年，医疗保险参保人数95.9万人，养老医保实现全覆盖，社保基本实现常住人口全覆盖。严格执行社会保险费“减免缓”政策，“十三五”期间，累计为市场主体减负24.6亿元，率先实现“武鄂黄黄”都市圈社保服务协同经办一体化。

城乡低保居民实现应保尽保，低保对象全面取消病种限制，参加城镇职工基本医疗保险的退休人员取消医保缴费终身制，同时惠及所有参保单位和灵活就业人员。以“医养融合”模式建设老年康复中心，新（改、扩）建60个社区居家养老服务中心项目。

2. 全民健康体现担当。基本建立起完善的公共卫生服务体系和医疗服务体系、健全的医疗保障体系、安全的药品供应保障体系、科学的医疗卫生机构管理体制与运行机制，基本形成四位一体、覆盖城乡全体居民的基本医疗卫生制度，已成为鄂东南区域卫生服务中心城市。以市中心医院、市中医院、市妇幼保健院等医院为龙头，以县级医疗机构为骨干，以基层医疗卫生机构为基础，构建“鄂东区域医疗中心”。以市二医院、市四医院、市五医院为基础，打造鄂东医疗养老融合体系服务中心。疫情三年，常态化疫情防控精准有力，坚决不搞“一刀切”和层层加码，守住了疫情防控的底线，最大限度减少疫情对经济社会发展的影响。全力保障药品、物资供应，为重点人群免费发放“健康爱心包”，平稳推进疫情防控转段。疾病预防控制和公共卫生体系稳步构建，城区15分钟医疗圈基本形成，入选全国医联体建设、居家和社区养老服务改革试点城市。

3. 城乡一体展现格局。黄石城乡实现供水一体化，农村集中供水率达94.1%，自来水覆盖率达92%。以入万户、挖万塘、洁万家、惠万民、通万村为主题，升级农村基础设施，提升农村公共服务水平。大力实施房屋改造、基础设施建设、村庄环境整治、保护传统文化、发展乡村旅游、产业扶贫等六大工程，从面到质全面扮靓乡村。

4. 教育优先凸显作为。义务教育持续均衡优化，职业教育持续做大做强，产教融合持续务实深化，打造区域性高等教育中心。拥有院士工作站9家，博后科研工作站5家，博后产业基地10家，校企产业技术联盟3家，普通高校4所，成人高校1所，科教资源在湖北仅次于武汉。创建15所省级示范幼儿园、100所市级示范幼儿园，新建10所义务教育学校，黄石二中滨江校区、湖师大附属磁湖中学、墨斗山学校等65个新改扩建学校投入使用。2022年，新增学位3.4万个。建设鄂东职业教育园区，构建现代职业教育体系。

5. 体育强市尽显活力。黄石是湖北省传统体育强市、“中国乒乓名城”，体育成绩一直位于全省第一方阵，输送过程菲、李珊珊、刘蕙瑕等奥运会冠军。作为东道主，承办了2018年省十五届运动会，斩金夺银，位列全省第二。十年来还先后成功举办了国际乒乓节、乒乓球女子世界杯赛、全国乒乓球锦标赛、国际公路自行车赛、国际半程马拉松赛、国际轮滑赛等重大体育赛事。黄石籍运动员在全国、洲际及世界赛场表现不俗，成绩在全省名列前茅。群众体育基础良好，健身运动成风，全市经常参加体育活动的人口达75万，占全市人口的30%。

五、生态建设的“黄石画卷”

生态发展，绿色十年。党的十八大以来的十年，被公认为黄石城市发展空间拓展力度最大的十年，承载绿色转型发展要素保障基础最好的十年，提升人民群众自然生态生活品质获得感最强的十年。黄石全面贯彻“绿水青山就是金山银山”的发展理念，以不破不立的魄力和久久为功的决心，描绘了生态建设的“黄石画卷”。

（一）“长江大保护”示范推进

“共抓大保护、不搞大开发。”党的十八大以来，黄石全力推进长江大保护“碧水、绿岸、洁产、畅流”四大行动，发起治污水、防洪水、排渍水、保供水、抓节水“五水共治”，全力守护一江碧水向东流。严格落实长江保护法、长江“十年禁渔”、河湖长制、林长制，关停“五小企业”1000余家，沿江123个非法码头泊位全部整治到位，沿江22家重化工企业得到全面整治，河湖长制全面推行。湖北省政府评价：在全省非法码头整治工作中，黄石“态度最坚决、行动最迅速、工作力度最大、整治效果最好”。

长江黄石段水质改善，江豚腾跃。2012年，长江黄石段水质为Ⅲ类。2021年，长江黄石段风波港断面、上巢村断面水质均达到Ⅱ类，磁湖南半湖心、理工、鲇鱼墩3个考核点位，首次同时达到Ⅲ类水质。统筹推进“江湖山城路村”系统治理，整体推进长江排口溯源整治、岸线修复治理、道路景观提升、村庄环境整治，完成沿江可视范围内开山塘口修复治理，打造最美长江生态廊道。先后沿江建成黄石港江滩公园、上窑滨江公园、西塞滨江公园等，长江黄石段获评长江经济带绿色发展示范区。2021年，磁湖湿地入选湖北省“美丽河湖”筛选案例，长江大保护十大标志性战役完成情况在全省市州综合排名第四位，获评优秀等次。2022年，黄石在全省长江经济带降碳减污扩绿增长十大行动考核评估排名第五,获评优秀等次。

(二)生态修复全国试点

作为湖北省首个全国工矿废弃地复垦利用试点城市,黄石累计实施工矿废弃地复垦项目68个,复垦面积4万亩,最大限度解决了资源枯竭型城市转型生态欠账"包袱"。坚决从"恋矿情节"中走出,全力推进国土造林绿化、绿色矿山建设、矿山生态修复、全域国土综合整治。全市累计完成历史遗留露天矿山生态修复治理444处,完成治理率95%。先后组织三大国字号矿山地质治理工程,对黄荆山、铜绿山、长乐山、七约山、赤马山、铁山、还地桥7个矿区实施修复,恢复生态面积3.762万亩,改善人居环境40平方公里。完成237处矿山生态修复治理,修复治理面积6.3万亩。实施全省首部保护矿山生态环境的地方法规《黄石市矿山生态修复条例》,全市矿山生态修复迈入法治化轨道。通过规范治理,全市矿山数量从400余家降至100余家,按照100分标准,将全市生产和基建矿山纳入绿色矿山创建监督管理,实现绿色矿山提档升级管理常态化。

(三)生态宜居名副其实

持续综合整治,黄石先后捧得中国人居环境范例奖、水环境治理优秀范例城市、国家园林城市、国家森林城市、全国无废城市试点城市等荣誉。半城山色半城湖,碧水蓝天入画图,黄石成为名副其实的生态宜居之城。

五一湖、七一湖、新闸港等10个城市黑臭水体基本消除黑臭,磁湖3个县域经济考核点位(南半湖心、理工、鲇鱼墩)达到Ⅳ类水质。2021年,在水质考核断面数量增加近一倍的情况下,5个国控考核断面全部达到Ⅱ类,优良率达到100%;省控考核断面实现Ⅰ、Ⅱ、Ⅲ类全覆盖,王英水库达到Ⅰ类、富水达到Ⅱ类、大冶湖首次提升改善至Ⅲ类;全市省控跨界考核断面连续6年实现全达标;建成以柯尔山白马山公园、磁湖人工湿地公园、奥体中心公园等为代表的城市综合性公园9个,各类小型特色公园和城市口袋公园50个。截至2021年底,建成区绿地率、绿化覆盖率分别达到37.74%和41%。人均公园绿地面积近17平方米。

创新制定"治山、治地、治路、治车、治店、治厂"的"六治"工作方针,关闭131家露天采石场,治理尾矿库114座。截至2022年,20家矿山按照国家1000分标准达到绿色矿山标准后入库,10家矿山获得国家级绿色矿山称号。形成大气重点污染源点长责任制,城市空气质量优良天数比率从2012年的73%提升至85.2%,$PM_{2.5}$、PM_{10}、二氧化硫等6项指标均达到国家空气质量二级标准。

抢抓被列入全国土壤污染综合防治先行区机遇,建立国家环境保护工业污染场地及地下水修复工程技术中心黄石基地,形成13个示范项目。按照"查、防、管、治、建"工作主线,完成21个地块土壤及地下水采样、分析检测工作,共采集土壤样1912个,水样435

个，形成全市土壤质量状况“一张图”，成功争取中央土壤污染防治专项资金62983万元。建立“预防—治理—管控—成效评估”的土壤污染防治管理体系，治土“黄石模式”在全国推广。

网湖湿地万鸟腾飞（黄石市档案馆　供图）

（四）自然保护和谐共生

初步建成自然保护地保护体系。建成大冶保安湖和阳新莲花湖2个国家湿地公园，大众山、黄荆山、东方山、七峰山、大王山、小雷山6个省级森林公园，磁湖和雷山2个省级风景名胜区，黄坪山、大王山、白水汤、朱婆湖4个省级自然保护小区。网湖省级湿地自然保护区成功入选国际重要湿地名录。全市自然保护地面积累计达45329公顷（未整合优化），占市域国土总面积的9.89%。古树名木得到有效保护，全市登记在册古树名木5665株，均实行了挂牌保护。野生动植物物种资源丰富，全市纳入国家保护名录的陆生野生动物200种（兽类37种、鸟类125种、爬行类22种、两栖类13种、昆虫类3种），占全国陆生野生动物保护名录的29%。共有维管束植物165科606属1217种，占全国维管束植物301科的54.18%。

（五）“绿满黄石”蔚然大观

林业资源开发与保护形成新格局。全面推行“林长制”，构建起市、县、乡、村四级“林长制”体系。完成造林绿化面积91.96万亩，种植各类树木1900余万株；打好“绿满黄石”攻坚战，完成精准灭荒18.39万亩，沿江造林0.55万亩，提档升级省界门户沿线造林绿化0.8万亩；创建省级森林城镇14个、国家森林乡村8个、湖北省森林乡村12个、绿色乡村327个，大冶市被列为全省首批七家创建“两山”示范县试点；培育农耕年华生态风情园等23家企业成为省级林业产业化龙头企业，龙凤山成功创建全省青少年自然教育绿色基地，康之堂荣获第五批国家林下经济示范基地称号。截至2022年，全市森林面积达到11.1万公顷，森林覆盖率达到24.32%，森林蓄积量达到734.9101万立方米。

六、文化强市的“黄石气场”

文化厚植，积聚气场。党的十八大以来，黄石始终坚持自信自强、守正创新的精神引领，充分保护好、传承好、利用好丰厚的文化底蕴、红色资源和精神富矿，着力打造历史文化名城，以丰富人民精神文化生活为己任，弘扬主旋律，传播正能量，提升软实力，积聚了文化强市的“黄石气场”。

（一）精神高地持续构筑

着力构筑精神高地，党的创新理论在黄石家喻户晓，成风化人。发挥各级理论学习中心组学习的示范引领作用，制定《黄石市党委（党组）理论学习中心组学习巡听督导办法（试行）》，严格落实党委（党组）理论学习中心组学习“一学一报”、半年通报、督查、考核等制度，推动了理论学习中心组学习由“软任务”变成“硬约束”。围绕习近平新时代中国特色社会主义思想，广泛开展对象化、分众化、互动化宣讲，形成市县乡村四级联动宣讲模式，2人获得“全国基层理论宣讲先进个人”称号。深入开展主题教育、党史学习教育，形成“一人一事”黄石特色，成功选推“党史爷爷”王明林为全国全省重大典型。以优秀人物激励人，凸显榜样力量，各行各业涌现了一批“楷模好人”，如清廉为民的基层支书刘伦堂、优秀基层组工干部肖明、“拉绳撑起师魂”的朱幼芳、“感动一座城”的特教老师欧平琴、“最美警察”石锐、“职工的贴心人”潘兰英等。围绕中心大局，新闻宣传工作创新不止、亮点纷呈，精心打造主题宣传创新品牌，主流舆论影响更加强大强劲，媒体融合纵深推进，市直媒体构建起全媒体矩阵，大冶市、阳新县县级融媒体中心作为全国首批试点顺利验收。

（二）文明创建全面提振

深入推进全国文明城市创建，社会主义核心价值观更加有力有效。坚持创建为民、创建惠民、创建靠民，黄石城市形象、市民文明素质、城市综合竞争力均大幅提升，全国文明城市创建工作取得突破性进展。黄石获评全国未成年人思想道德建设工作先进城，连续7届获评湖北省文明城市，2021年国测成绩位列全国第二十，全省第二，创造历史最好成绩。2022年9月，在全省提名城市创文暗访中，黄石成绩位居全省前列。

2013年，黄石成为全省首批国家级公共文化服务体系示范区。2022年，成功通过首批国家公共文化服务体系示范区复核，获评良好等次。下陆区新星社区获评国家文旅部2021年文化和旅游领域学雷锋志愿服务先进典型。广泛开展“我爱我楼共同缔造”实践活动，百余社区7000余楼栋居民积极参与，群众广泛参与新时代文明实践和志愿服务活动，协同政府共同解决了大量基层民生实事，居民满意率持续攀升并稳定在98%以上。全面推进新时代文明实践中心建设，按照“五有”标准全覆盖建设6个县（市、区）新时代文明实践中心、56个乡镇（街道）新时代文明实践所、1015个村（社区）新时代文明实践站。乡镇（街道）文化站和村（社区）综合文化服务中心实现全覆盖。着力打造“扫黄打非”进基层示范点集群，破获国家级挂牌（备案）案件11起，入选全国经典案例4起。全面推进“书香黄石”建设，建成全民阅读品牌28个、全民阅读基地3个。积极打造数字化农家书屋示范带，实现863个行政村农家书屋点位数、数字化两项全覆盖，农家书屋数字化建设进入全省第一方阵。

（三）文脉传承厚植内涵

充分挖掘人文历史资源，将文化铸魂理念融入高质量发展全过程，加强历史文脉保护与传承，提升城市形象，厚植城市内涵。实现事业发展、产业规模、品牌效应、文化综合实力位居全省市州前列，在全省率先实现文化小康。

以“中国科普胜地、世界地矿名城”为引领，从2017年起连续5年成功举办中国（黄石）地矿科普大会，奠定了黄石在地矿科普行业的影响力和号召力。工业遗产保护全面提速，2017年1月起实施《黄石市工业遗产保护条例》，这是全国第一部实体性地方工业遗产保护法规。一批历史文化街区提质升级，一批文化遗址及非物质文化遗产得到活化利用。全市拥有华新水泥厂旧址、白沙镇大路铺遗址等8处全国重点文物保护单位，黄石北伐军二十军军部旧址、大冶钢厂职工俱乐部旧址、大冶铁矿东露天采场旧址、排市镇阚家塘古民居等54处省级文物保护单位，以及黄石电厂二宿舍、挹江亭、和平街民居、水南湾古民居等184处市（县）级文保单位。拥有非物质文化遗产国家级5项（西塞神舟会、王贵武龙灯、阳新布贴、阳新采茶戏、大冶石雕），省级12项（大冶刺绣、陈贵舞龙运动、大冶佛像雕塑工艺、阳新折子粉制作工艺、大冶孔门拳、阳新传统榨油技艺、栗林端午赛等），以及市级黄石松花皮蛋制作技艺、印子粑制作技艺、纯谷酒酿制技艺等24项。2016年10月，大冶刺绣传承人刘小红主绣的刺绣作品《星云之梦》，伴随着神舟十一号载人飞船飞上太空。黄石入选国家历史文化名镇名村的数量居全省前列。先后有阳新浮屠玉堍村、大冶金湖街办上冯村等13个古村落入选“中国传统村落”名录，阳新县龙港镇、大冶市大箕铺镇柯大兴村等五村入选“中国历史文化名镇名村”。

（四）文旅产业百花齐放

文艺事业和文化产业更加繁荣兴盛。采茶戏《龙港秋夜》、歌曲《丝潮》获第十届屈原文艺奖，长篇小说《钢的城》、版画《西气东输》获第十一届屈原文艺奖。惠民活动精彩纷呈，打造“美好新时代·周末百姓大舞台”群众文化活动品牌，满足了群众精神文化生活需求。文旅融合加快推进,大冶铁山矿业遗址——铜绿山古采坑遗址及矿业遗迹地质旅游线路入选全省首批地质旅游精品线路,华新1907文化遗址公园获评国家工业旅游示范基地。“工业旅游”方兴未艾,2022年,全市旅游总收入较2020年增长75%,恢复到2019年的96.8%。东昌阁沉浸式文旅新业态、华侨城·卡乐星球等一批重点项目投入使用,新增东方山风景区、大冶龙凤山生态园休闲度假村、阳新石田古驿生态旅游区等17家国家3A级景区,大冶、阳新入围省级全域旅游示范区创建单位,打造出国家级和省级旅游重点村(名村)17个。2022年,全市规模以上文化企业突破100家,达到101家(居全省第11位),营业收入突破50亿元,完成52.5亿元(居全省第10位),同比增长27.2%,增速居全省第五位。

七、从严治党的“黄石魄力”

思想引领,磅礴十年。只有坚持思想建党、理论强党,不忘初心才能更加自觉,担当使命才能更加坚定。党的十八大以来,黄石深入贯彻习近平总书记关于党的建设的重要思想,全面贯彻新时代党的建设总要求,以党的政治建设统领党的建设各项工作,坚持不懈用习近平新时代中国特色社会主义思想凝心铸魂,坚定践行新时代党的组织路线,持之以恒正风肃纪反腐,坚定不移推动全面从严治党向纵深发展,展现了从严治党的“黄石魄力”。

(一)思想引领凝心铸魂

坚持把党的政治建设摆在首位,教育引导全市党员干部坚决捍卫“两个确立”、做到“两个维护”,始终在政治立场、政治方向、政治原则、政治道路上同以习近平同志为核心的党中央保持高度一致,不断提高政治判断力、政治领悟力、政治执行力,统筹推进党的各项建设。

以集中研学、理论宣讲、社科研究、督察指导等多种方式,扎实开展党的群众路线教育实践活动、“三严三实”专题教育、“两学一做”学习教育、“不忘初心、牢记使命”主题教育和党史学习教育,坚持政治引领,统一思想、统一意志、统一行动,做到学思用贯通、知信行统一,坚持好、运用好贯穿其中的立场观点方法,自觉转化为坚定理想、锤炼党性、指导实践和推动工作的强大力量。

在党史学习教育中,坚持示范引领和全面覆盖相结合、教育党员和惠及群众相促进、继承传统和突出创新相统一,坚持把党史学习教育作为坚定理想信念、增强党性修养的重要动力,坚持学以致用,以党史学习教育成果加快推动黄石转型升级、高质量发展,各级党组织的创造力、凝聚力、战斗力大大提升。

坚持把学习贯彻习近平新时代中国特色社会主义思想作为首要政治任务,构建各级党组织日常学习、党校教育培训、全媒体、理论宣讲等平台，分层分类分众推进学习，让学习教育走实走深，引导广大党员干部深刻领悟“两个确立”的决定性意义，坚定不移把“两个确立”转化为坚决做到“两个维护”的思想自觉、政治自觉和行动自觉。

坚持把学习宣传习近平新时代中国特色社会主义思想作为最重要的政治责任，组建市委宣讲团、县（市、区）党委宣讲团、青年宣讲团，以及分众化宣讲队、基层百姓宣讲队，全面推进党的创新理论在黄石城乡落地生根，让党的创新理论“飞入寻常百姓家”。

（二）队伍建设硕果累累

始终把政治标准放在第一位，持续抓好干部队伍建设。把贯彻落实习近平总书记重要指示批示精神和党中央决策部署实际成效作为评价干部的第一标尺，落实到干部选育管用各个环节。在选人用人上，实行干部选拔任用任前综合审查制度、个人有关事项报告制度，建立健全干部选拔任用、履职考核、管理监督、容错免责、激励担当等制度体系。实施“年轻干部成长工程”，动态储备各层级、各年龄段优秀干部，常态化开展市直单位之间、市直单位与乡镇、街道之间科级干部横向、纵向交流任职，一大批优秀年轻干部在实践和斗争磨炼中“淬火成钢”。在大战大考常态下，精准识别考察使用干部，选派110名社区第一书记常态化下沉社区，2.9万名党员干部常态化到社区报到，在社区治理、疫情防控、创文创卫等方面发挥至关重要的作用。

坚持党管人才原则，大力实施“人才强市”战略。着眼打造区域性人才中心和创新创业高地，在全省率先实施探索“高层次人才校企共享计划”“服务产业专才支持计划”，人才吸引力、承载力持续增强。率先建立“引才在高校、用才在企业”的聚才用才新机制。2018年，首次实施“新黄石人”计划，当年帮扶企业招工4.2万人，其中“新黄石人”2.1万人，解决了多年来企业用工短缺的难题。截至2022年，累计引进“新黄石人”17万人。推进实施“东楚英才计划”“才聚荆楚·智汇黄石”工程等，不断健全人才政策体系，持续改善人才发展环境，黄石人才总量持续增长，人才结构更趋优化，人才素质不断提高。截至2022年，全市人才总量达到54.42万人，人才密度达39.55%，居全省第一方阵。第七次全国人口普查结果显示，黄石常住人口增加了4万人，成为全省5个常住人口正增长的城市之一。

（三）基层堡垒空前坚固

不断健全上下贯通、执行有力的组织体系，谋划搭建党建引领“活力村庄”“幸福城区”“模范机关”“责任国企”“红色两新”“先锋校园”系列载体，推动基层党组织全面进步全面过硬。制定实施党建引领城市治理和乡村治理的政策体系，出台加强商圈（楼宇）党建工作的意见和产业链党建赋能高质量发展实施意见，不断构筑党建引领基层治理的“四梁八柱”。在城市，聚焦做强街道、做实社区、做优网格、做活治理，答好党建引领城市基层治理"必答题"，19个街道管理体制改革任务基本完成，城市社区工作者"四岗十八级"薪酬体系初步建立，城市社区党组织书记事业岗位管理机制基本理顺，"六民工作法"[①]"全科社工"服务模式得到有效推广，564个城区住宅小区基本实现物业服务全覆盖，新就业群体有效融入治理；在农村，向153个重点贫困村全覆盖选派驻村工作队，确保黄石全域按期脱贫。继续选派655支乡村振兴工作队，在巩固拓展脱贫攻坚成果同乡村振兴有效衔接中发挥了"领头雁"作用。深化"党建引领·活力村庄"改革，大冶市创建"全国农村社区治理实验区"。实施"红色头雁"工程，选优配强788名村党组织书记。整顿软弱涣散党组织491个，建设6个红色美丽村庄试点村和110个新型村级集体经济扶持村。以城乡社区为基本单元，以改善群众身边、房前屋后人居环境的实事小事为切入点，以建立和完善全覆盖的基层党组织为核心，以构建"纵向到底、横向到边、共建共治共享"的城乡社会治理体系为路径，广泛开展美好环境与幸福生活共同缔造活动，发动群众决策共谋、发展共建、建设共管、效果共评、成果共享，共同建设美好家园，有效推动了基层治理体系和治理能力现代化。

（四）正风肃纪常抓不懈

聚焦习近平总书记重要讲话、重要指示批示精神，紧盯完整准确全面贯彻新发展理念、加快构建新发展格局、着力推动高质量发展等重大战略，把政治监督融入日常、抓在经常、点到要害。履行协助职责，坚持内容上全涵盖、对象上全覆盖、责任上全链条、制度上全贯通，推动完善全面从严治党责任体系。出台《关于加强政治生态建设的意见》及配套性文件，为全省全面推开政治生态分析研判工作贡献"黄石智慧"。

严肃惩贪治腐，坚持无禁区、全覆盖、零容忍，坚持重遏制、强高压、常震慑，聚焦人防、教育、医疗等领域，查处了一批严重违纪违法案件。持续纠治"四风"，开展党员领导干部违规占用政策性住房、利用名贵特产类特殊资源谋取私利、违规使用公务加油卡、违规吃喝等专项整治，部署开展党员干部和公职人员违规参与民间借贷专项教育整顿，持续打好作风建设攻坚战持久战。高悬巡察利剑，统筹实施常规巡察、专项巡察、机动式巡察、巡察"回头看"，穿插安排提级巡察、交叉巡察、系统巡察，十三届市委实现一届党委任期内巡察全覆盖。维护群众利益，近5年共查处群众身边腐败和作风问题2574个，处理处分3460人。强势推进扫黑除恶专项斗争，严查涉黑涉恶腐败和"保护伞"问题，处理处分462人，采取留置措施82人。加强纪律教育，组建"纪法宣讲团"，创新运用"湾组夜话""屋场会""清风板凳会"，深入基层一线开展纪法宣讲。全力全域推进清廉黄石建设，打造清廉建设研学精品一条线、"好戏廉台"一出戏、清廉建设一条街，形成"一城山水画、四季清廉风"的共建共享氛围。纪检监察体制改革不断深化，完成市县两级监察委员会组

①"六民工作法"：民事民提、民事民议、民事民决、民事民办、民事民评、民事民享。

建和挂牌工作，实现对所有行使公权力公职人员监察全覆盖、对市一级党和国家机关派驻监督全覆盖。坚持系统集成、协同协调，推动纪律监督、监察监督、派驻监督、巡察监督贯通融合。完善监察机关与公检法机关的沟通衔接机制，制定《关于进一步完善协作配合工作机制的意见》，提升工作规范化、法治化、正规化水平。

历史画卷，总在砥砺前行中展开；时代华章，总在不懈奋斗中书写。党的二十大如春风化雨，擘画了全面建设社会主义现代化国家、以中国式现代化全面推进中华民族伟大复兴的宏伟蓝图。湖北省第十二次党代会确定了“努力建设全国构建新发展格局先行区”的奋斗目标，大力发展以武鄂黄黄为核心的武汉都市圈。黄石迎来前所未有的发展机遇，“十四五”时期，黄石将持续以转型升级高质量发展为主题，以依托长江经济带、立足长江中游都市圈、深度融入武汉都市圈、主动对接长三角为支撑，以供给侧结构性改革为主线，加快建设“五基地一先行区”①，全力打造全国先进制造之城，为奋进全省第一方阵，加快建设武汉都市圈重要增长极，全力打造武汉都市圈转型升级和高质量发展示范区，全面建设社会主义现代化新黄石续写新的壮丽篇章。

撰稿人：周宾、张丽、卢圣虎
统稿人：邓瑰
审定人：陆柱国

---

①“五基地一先行区”：“五基地”指全国新材料产业基地、全国电子信息基础产业基地、全国智能装备产业基地、全国生命健康产业基地、全国节能环保产业基地，“一先行区”指全国工业互联网产业创新发展先行区。

砥砺奋进　攻坚克难
奋力绘就“万里长江、美在荆江”新画卷
——从党的十八大到二十大荆州发展综述

荆州市史志研究中心

党的十八大以来的十年，是荆州极不容易、极不平凡、极富成效的十年，也是荆州战略地位更加重要、目标方向更加明确、发展成果更加凸显的十年。在省委、省政府的正确领导下，荆州始终坚持以习近平新时代中国特色社会主义思想为指导，深入学习贯彻习近平总书记关于湖北工作的重要讲话和指示批示精神，特别是2018年4月25日，习近平总书记从荆州港乘船视察荆江，对长江大保护作出的重要指示精神，锚定省委赋予荆州的历史使命，牢记嘱托、感恩奋进，以“五区五中心”①为支撑引领，凝聚“三命共识”②，打好“四大会战”③，经济实力跃上新台阶，绿色发展迸发新动能，综合交通形成新格局，对外开放取得新突破，城乡面貌呈现新气象，流域综合治理迈出新步伐，交出了一份厚重提气的精彩答卷。

一、坚持稳中求进，综合实力实现历史性跨越

工业活则百业旺。荆州加快构建城区领跑、县域崛起、镇域经济、乡村振兴“四轮驱动”发展格局，市县乡村同频共振、同轴共转推动工业优先的四化同步发展，推动经济实现质的有效提升和量的较快增长，全市地区生产总值由2012年的1196.02亿元增长到2022年的3008.61亿元，在宜昌、襄阳之后率先补位全省3000亿元～5000亿元体量的市州。

---

①“五区五中心”：“五区”指国家承接产业转移示范区、长江经济带绿色发展示范区、江汉平原乡村振兴示范区、区域协调发展示范区、市域社会治理现代化示范区，“五中心”指区域先进制造中心、区域性科教中心、区域性交通物流中心、区域性消费中心、荆楚文化传承发展中心。

②“三命共识”：坚持以工业振兴崛起为使命，抓招商引资和项目建设像拼命，视营商环境为生命。

③“四大会战”：工业突围战、招商阵地战、投资立体战、“双优化”攻坚战。

（一）新型工业化进程加快

着力构建现代产业体系。荆州紧紧围绕引进培育新企业、研究发展新技术、壮大聚集新产业，统筹实施产业链协同发展、技改提能强基、优质企业梯度培育、绿色智能引领“四大工程”，持续推动产业转型升级、结构优化。2022年，全市规模以上工业企业达到1414家，规上工业总产值突破3000亿元大关、达到3108.21亿元，较2012年的1519.9亿元增长一倍。截至2022年底，产值过亿企业551家，其中10亿元～50亿元的48家，50亿元～100亿元的5家，过百亿元的1家。产业结构不断优化，2022年，三次产业结构调整为19.0∶35.7∶45.3。以装备制造、医药化工、轻工建材、农产品加工4个千亿元级产业，电子信息、新能源新材料、纺织服装、文化旅游、现代物流、现代服务业6个过500亿元的产业，智能家电、汽车零部件、石油石化装备、生物医药、光伏新材料、新型电子元器件、现代煤化工、现代造纸、食品加工、婴童装、节能环保11个优势产业链为重点的“4611”现代产业体系加快构建。

狠抓招商引资“一号工程”。坚定不移用“第一力度”抓“一号工程”，用好依托优势抓策划、依托资源抓转化、依托存量抓做大、依托产业抓延伸、依托园区抓落地、依托人脉抓信息、依托创新抓统筹、依托服务抓环境“八个依托”工作法，实施产业链技术结构图、应用领域图、产业布局图、发展路线图、招商目标图“五图”作业，十年来累计引进亿元以上招商引资项目4263个，年均增长达到15.98%，其中工业项目3615个，年均增长达到15.49%。美的空冰洗、华鲁恒升现代煤化工、玖龙纸业、云图控股、史丹利等科技含量高、市场前景好、带动能力强的“链主”“龙头”纷至沓来、落地开花，为推动经济稳增长、调结构、促转型撑起了“跳杆”，注入了“活水”。坚持大员上阵、专员出击、全员参与，2021年以来，市县两级选派超千名招商干部、组建282支驻外招商队伍（市级15个、县级267个）在长三角、珠三角、京津冀等区域56个城市驻点招商，招商“这把火”持续烧旺。

营造一流营商环境。持续优化营商环境，积极营造重商、敬商、安商、亲商的浓厚氛围，吸引八方客商来荆投资兴业。围绕“四减四保四降”①，推进“1+2+N”②流程再造和系统优化，企业制度性交易成本和生产经营成本显著下降。全力做实“高效办成一件事”，即办件达到81.4%，零跑动事项达到95.7%，140个主题服务实现“一件事一次办”。深入推进工程建设领域“六多合一”改革，全流程审批时限最优压缩到3.5天。29个行业

①“四减四保四降”：“四减”指减环节、减时限、减材料、减跑动；“四保”指保供地、保供电、保供水、保供气；“四降”指降物流成本、通关成本、融资成本、用工成本。

②“1+2+N”：“1”指荆州市持续深化一流营商环境建设实施方案；“2”指荆州市工程建设领域“六多合一”工作推进方案、“高效办成一件事”攻坚专项行动实施方案；“N”指N个工作机制及配套实施细则。

实行“一业一证”①,数量全省最多。推行证明事项承诺制1162项。荆州财政惠企直达服务平台235项政策实现“免申即享”,兑现时间压缩至一个星期内。开通“楚税通”,“非接触式”办税清单达到228项。全面整合市域“12345”政务服务便民热线,公众诉求更加便捷、畅通和高效。时空云平台、城市运行管理中心等项目加快建设,荆州e家超级App汇集用户超70万人,数字荆州建设取得实质性进展。2022年,营商环境第三方评估从全省第十四名跃升至第七名,全省进位最快。32项营商环境改革试点获省通报表扬,数量居全省第四。

湖北美的电冰箱荆州工厂美冰分厂生产线(潘路 张梦瑶 张灵杉 摄)

(二)构建多点发力、多极支撑发展体系

建设现代综合交通体系。十年来,全市高速公路建成通车里程由214公里增加到714公里,二级以上公路里程由1344公里增加到3593公里,至2022年底,全市公路总里程25033.363公里,建成江北高速、洪监高速、沙公高速观音垱至杨家厂段、沙公高速杨家厂至孟家溪段、监利至江陵高速东延段,荆州长江公铁大桥、石首长江大桥、洪湖嘉鱼长江大桥、洪湖赤壁长江大桥等“五路四桥”,初步形成“承东启西、接南纳北、内畅外联”的公路运输体系。充分释放“黄金水道”黄金效益,全市内河航道总里程1745.11公里,生产性码头76个、渡口266个,货物吞吐量由2147.88万吨提升到14657.06万吨,集装箱吞吐量由6.52万标箱提升到17.73万标箱。2012年荆州站正式投入使用,2019年浩吉铁路通车运营,浩吉铁路、焦柳铁路、荆沙铁路与汉宜铁路在荆州境内形成了“三纵一横”铁

①“一业一证”:优化行业准入业务流程,将一个行业准入涉及的多张许可证整合为一张“行业综合许可证”。

路骨架。2021年,荆州沙市机场正式通航,已经开通14条航线,可通达20个城市。

提升城区承载能力。"复兴大道"建成通车,让荆州告别无快速路的时代。建成荆州大道(刘家台路—江汉运河)、高阳大道(荆州大道—天谷大道)、武王大道(荆沙大道—新G318)、武德路(景明观路—澎湖桥)、荆江大道(太岳路—白云路)等主要骨架道路。中心城区建成区路网密度达8.4公里/平方公里。公用设施水平显著提升。2022年,中心城区城市供水普及率达99.87%,中心城区燃气普及率达99.86%。2020年成功创建国家节水型城市。全面推进海绵城市建设,中心城区累计建成海绵城市达标面积22平方公里、占比23%。推动城市219座公厕改造升级,使"方便"之处更加方便。新建口袋公园120个,推进中心城区绿道、碧道联通工程,让市民开窗见绿、推门见景。新图书馆、疾控中心、殡仪馆、市委党校、市档案馆和市民之家投入使用。

增强县域综合实力。制定《关于加快全市县域经济高质量发展的意见》,指导各县(市、区)各走各的优势道、特色路,培育壮大县域"1+2"产业体系。支持荆州区建设三产融合发展示范区、沙市区建设城乡一体化示范区、江陵县建设绿色低碳高效发展示范区、松滋市建设四化同步发展示范区、公安县建设新型城镇化示范区、石首市建设产业转型升级示范区、监利市建设国家农业现代化示范区、洪湖市建设流域综合治理示范区。沙市区入围全国综合实力百强区,松滋市、公安县上榜中部县域经济百强,石首市入选国家农业绿色发展先行区。

加快发展现代服务业。消费保持旺盛活力,十年来全市社会消费品零售总额实现1.13万亿元,年均增长11.6%,"十三五"期间比"十二五"期间总额增长63.8%。流通新业态、新模式不断涌现,电子商务尤其是网络零售异军突起,"快递+电商""快递+制造业"和"快递+农业"等产业实现创新发展,全市网络零售交易额年均增长35%,洪湖莲藕等水产品年快递业务量最高达300万件,被评为湖北省快递服务农业银牌项目,流通节点城市建设取得显著进展。商贸服务体系加快完善,万达广场、吾悦广场、绿地集团、竹叶山车世界、海洋世界等一批国内外知名企业入驻荆州,两湖绿谷农产品交易市场、国家级荆州淡水产品交易中心、江陵县中航粮棉油加工产业园、松滋市长江物流园、公安县楚丰农产品大市场、石首市江南绿园农副产品物流园、监利县香港国际家具产业园和洪湖市闽洪水产大市场区域影响不断增强。

促进城乡区域协调发展。城镇居民人均可支配收入由2012年的19154元提高到2022年的406781元,农村居民人均可支配收入由2012年的9915元提高到2022年的22904元,城乡收入差距逐年缩小。城市建成区面积由2012年的203平方公里提高到2022年的229平方公里。实施以"七补齐"为主要内容的"擦亮小城镇"建设美丽城镇行动,完成各类建设项目176个,完成投资85.2亿元,16个乡镇先后被评为省级"擦亮小城镇"建设美丽城镇试点乡镇。

荆荆铁路荆州区川店段3标段江汉运河特大桥251号桥墩处施工现场(梅闻　冷朝乾　王海军　摄)

(三)全面推进乡村振兴,加快农业农村现代化

扛牢粮食安全责任。高标准农田建设稳步推进,截至2022年底,全市有常用耕地面积1028万亩,其中永久基本农田872万亩。全市已建(含在建)高标准农田683.14万亩,占常用耕地面积的66.5%。自2014年起,全市粮食产量连续8年稳定在90亿斤以上。2022年,全市粮食产量达90.67亿斤,比2012年增加17.42亿斤。2022年全市人均粮食产量725.27公斤,是全国人均粮食产量483.5公斤的1.5倍,比2012年增加175公斤,2013—2022年年均增长2.8%,为“饭碗主要装中国粮”作出了荆州贡献。

稳步推进农业产业化。对接省十条重点产业链,紧紧围绕粮食、淡水产品、油菜籽、畜禽4条市级产业链,深化产业链招商和龙头企业培育,2022年,全市有市级以上农业产业化龙头企业380家,其中国家级农业产业化龙头企业8家、省级120家。公安县成功申报创建全国乡村振兴示范县,石首市入选全国农业科技现代化先行县、全国农产品产地冷藏保鲜整县推进试点县,松滋市入选国家电子商务进农村综合示范县。江陵县三湖农场、松滋市卸甲坪土家族乡成功入选全国农业产业强镇,小港管理区(小龙虾)获评第十一批全国“一村一品”示范镇。黄歇口镇、紫荆村入选2021年全国乡村特色产业十亿元镇、亿元村。

实施乡村建设行动。积极推进美丽宜居乡村建设,常态化抓好农村厕所革命、生活污水和生活垃圾治理、农业面源污染治理等工作,完成40条黑臭水体治理,农村人居环境显著改善。2022年末,全市96.3%的村生活垃圾得到集中处理或部分集中处理,累计建改农村户厕34.56万户、公厕1851座,农村卫生户厕普及率达77.5%,104个乡镇生活污水处理厂稳定运行,47.6%的村生活污水得到集中处理或部分集中处理,松滋市“三链三化”农村改厕模式入选2021年全国典型案例。开展农药化肥“双减”行动,强化畜禽养殖污染治理和水产养殖尾水治理，发展稻渔综合种养，改善农村生态环境，推进农业绿色转型升级，畜禽规模养殖场粪污处理设施装备配套率达98.73%。全市农村公路通车里程22411公里，先后获评全国“四好农村路”建设市域突出单位和全省“四好农村路”示范市。2012年以来，全市共获评省级及以上生态乡镇78个、生态村463个，建设农业生态园区、生态小区、生态家园521个，生态乡镇占比66%，生态村占比24%。洪湖市乌林镇乌林村入选2021年度全国生态文化村，松滋市曲尺河村获评2021年中国美丽休闲乡村。江陵县秦市乡永和村、洪湖市老湾回族乡珂里村、公安县斑竹垱镇伍家场村等村被评为全省“美好环境与幸福生活共同缔造活动”示范村。松滋市《洛溪河畔　和美新星》、公安县《践行文明实践　明净乡风文明》、洪湖市《荆楚名村　水乡珂里》入选2022年全省乡村建设优秀典型案例。荆州区荣获全省农村人居环境整治三年行动优秀县(区)。

(四)深化改革开放，加快发展动能转换

推动重点领域改革。国企改革三年行动基本完成，26家市属企业重组整合为2家，城发集团资产超过800亿元，产投集团资产超过60亿元。高考综合改革全面推进，2022年改革两所市直高中学校招生范围，实施县域一中教育质量提升计划，合理引导优质生源就读优质高中。推进医疗服务体系重构，完善市、区、社区三级联动体系，将8家市级公立医院整合为6家，建成医联体5个、医共体14个，市公共卫生临床救治中心、中心城区10个社区卫生服务中心投入使用。推进医保经办服务一体化建设，“同城通办”变为现实。实施“3+N”财政体制调整方案，强力推进市区财政事权与支出责任改革，激励增长、责权清晰、共建共享的财政分配格局基本形成。推进物流港、产业港、贸易港、服务港、功能港“五港并建”，改革重组后的荆州港区货物吞吐量增长61.3%，增速排名全省第一。

实施创新驱动发展。围绕打造江汉平原科教创新中心，强力推进荆州科创大走廊(大学城)和荆州(武汉)离岸科创中心两个创新策源中心建设，加快推动创新链、产业链、资金链、政策链、人才链“五链”深度融合，深入实施高新技术企业倍增、创新平台提升、成果转化畅通、创新投入强化、科技人才头雁、创新环境优化“六大工程”，持续释放创新主体活力，在优势领域取得一大批原创性、引领性创新成果。2022年，全市高价值发明专利拥有量540件，万人高价值发明专利1.03件，同比增长22.4%。截至2022年底，全市登记技术合同交易额140.59亿元，同比增长51.79%，较2012年的3.4亿元增长超过41倍。推动高水平创新平台布局和提质，推进产学研用一体化新型研发机构建设，建成国家级创新平台25个、省级创新平台166个、市级创新平台212个。

提升对外开放水平。对外贸易提质增效，“十三五”期间全市外贸进出口总额525亿元，“十三五”期间比“十二五”期间总量增长36.7%，新增外贸进出口备案企业489家，加工贸易总量63.71亿元，进出口过亿美元企业5家，过千万美元企业36家，产品出口国家和地区达182个。开放平台持续构筑，获批首批国家加工贸易产业园。湖北自贸试验区

荆州协同区建设项目成为全国第二个、湖北唯一的自由贸易协同区，推出的“出境蛋品源头共管、全程追溯监管模式”和“全省率先推行税务注销管销分离”两条创新经验作为第六批实践案例向全省复制推广。松滋车阳河海关监管场所顺利通过验收。荆州综合保税区申报取得显著进展，荆州港水运口岸运营范围进一步扩大。

荆州大学城项目建设现场（张梦瑶　摄）

二、加强民主法治建设，推进治理体系和治理能力现代化

人民民主是社会主义的生命。荆州市坚持党的领导、人民当家作主和依法治国有机统一，不断发展全过程人民民主，推动制度优势转化为治理效能，加快建设市域社会治理现代化示范区。

（一）加强民主政治建设

坚持和完善人民代表大会制度。获批行使立法权以来，市人大常委会先后制定了《荆州古城保护条例》《荆州市文明行为促进条例》等地方性法规，助力新时代荆州高质量发展的法规体系更加完善。打好人大监督“组合拳”。2017—2019年，全市五级人大代表积极投身脱贫攻坚一线，联系选民超20万人次，走访贫困户近10万户，提出意见建议5060件，均得到办理落实。指导推动全市各级人大建成代表之家128个、代表联络站（室）626个、代表小组720个，实现五级人大代表活动阵地全线贯通。

充分发挥人民政协专门协商机构作用。市政协聚焦重大发展战略开展例会协商，委员提交大会发言材料830篇，市委、市政府主要领导批示119篇。聚焦重点工作部署开展咨政协商，十年来，召开双月协商座谈会47次、界别专题协商座谈会54次，形成协商成果

90余项。在政协委员中选聘50名特邀民主监督员，在民主党派人士中选聘30名民主咨政员，在群众代表中选聘60名民情观察员，形成“三位一体”监督机制。聚焦基层社会治理开展“协商在一线”，2019年以来，在全市乡镇（街道）、社区、村组、企事业单位及各界别搭建协商平台409个，开展协商380余场次。

完善“大统战”工作格局。连续开展统战工作“基层建设年”“基层提升年”“基层组织建设年”活动，基层统战工作平台阵地建设基本实现应建尽建、能建必建。中央统战部先后13次宣传介绍荆州市抓基层统战工作的相关做法。建立健全多党合作制度体系。十年来，常态化召开政党协商会议40余次，部门办理满意率超过95%。用好用活非公有制企业投诉服务平台，平台注册市场主体达4.2万家，有效解决民营企业各类困难诉求。高水平举办“云归故里　情满荆江”等活动，架起海内外荆州籍人士连心桥；连续举办3届“相逢荆州·结义桃园”——台湾桃园市基层民众荆州行活动，促进荆台深入交往交流。

（二）推进法治荆州、平安荆州建设

法治荆州建设取得新成效。组建市委全面依法治市委员会，制定出台法治建设“一规划两方案”，举办首届“十大法治人物、优秀法治案例”评选活动，开展全市法治政府建设示范创建，推进法治荆州、法治政府、法治社会一体建设。组织开展法治文化阵地建设，55个集体分别被评为全国、全省法治示范点，连续多年举办“荆江法治论坛”“法治荆州讲堂”。完成第二届、第三届市法学会换届选举。深入开展“七五”“八五”普法，建立普法新媒体平台800余个，开展各类法治宣传230万余次，以案释法21万余次，常态化开展党政主要负责人述法工作，在全社会营造办事依法、遇事找法、解决问题用法、化解矛盾靠法的良好法治环境。

平安荆州建设迈出新步伐。开展平安荆州建设十大专项行动及“百日行动”等一系列严打整治行动，创新发布月度“平安指数”，建立双月督导工作机制，严格落实命案防范工作机制，八类严重暴力犯罪7年连降。出台建设更高水平平安荆州八项措施，深入推进平安乡镇创建，平安根基更加巩固。以“六清行动”为牵引，扎实开展扫黑除恶专项斗争，侦办涉黑组织16个、涉恶犯罪集团26个、涉恶犯罪团伙207个，执行立案标的6.75亿元，实际执行到位金额6.73亿元，实际执行到位率99.7%；所有涉黑案件均完成“见黑见伞”工作，立案涉黑涉恶腐败、失职失责和“保护伞”问题公职人员336人，留置54人，移送司法机关54人。深入开展“六护行动”，打响“长江生态保卫战”，全国打击长江流域黑恶势力非法采砂专项行动推进会在荆州召开，全国扫黑办大型政论专题片专题报道荆州成功侦破郑某某非法采砂涉黑案。

（三）提升市域治理效能

创新推动社会治理。坚持和完善新时代“枫桥经验”，推动社会治理重心向基层下

移。推进网格化服务管理“多网合一”,“一社区一民警”“一村一辅警”“一村居一法律顾问”全部落实到位,推进市县乡村四级综治中心规范化建设,动员发展21万余人的群众治安员队伍。构建具有荆州特色的“3356”社会治安防控体系,加强重点区域治安防控,大力推行“五警联动”,不断提高街面见警率、管事率。实施“1+3+N”矛盾纠纷多元化解工程,市社会矛盾纠纷调处中心挂牌运行,用好解决问题、解释政策和解困帮扶“三把钥匙”,最大程度将矛盾纠纷化解在基层、化解在萌芽状态。群众安全感测评连续6年位居全省前列,连续4届荣膺“平安中国建设示范市”,2017年首捧全国平安建设最高奖“长安杯”,2021年蝉联“长安杯”。扎实做好政法队伍专项整治,全市3个集体、3名个人被省委表彰为2018—2020年全省政法队伍先进集体和先进个人,涌现出“全国模范法官”杨军等典型。

严格落实安全生产责任制。认真贯彻落实“安全第一、预防为主、综合治理”的安全生产工作方针,全面推行“一责双卡”“四知卡”安全管理制度,实现三、四级重大危险源和烟花爆竹企业监测预警系统全部接入,“两重点一重大”化工企业安全仪表系统装备和使用率达到100%,全市煤矿与非煤矿山整顿关闭攻坚战和危险化学品、道路交通、水上交通、建筑施工等重点行业领域安全专项整治工作取得明显成效,安全生产形势持续稳定。

三、坚持守正创新,推进荆楚文化创造性转化、创新性发展

习近平总书记指出,荆楚文化是悠久的中华文明的重要组成部分,在中华文明发展史上地位举足轻重。党的十八大以来,荆州围绕举旗帜、聚民心、育新人、兴文化、展形象的使命任务,推动文化事业和文旅产业高质量发展,加快建设文化强市。

(一)加强精神文明建设

培育践行社会主义核心价值观。深入实施公民道德建设工程,加强社会公德、职业道德、家庭美德、个人品德建设。广泛开展“荆州楷模”“荆州好人”“感动荆州年度人物”等先进典型选树活动,在全市形成学习道德模范、崇尚道德模范、关爱道德模范、争当道德模范的良好风尚,涌现出全国道德模范1名、“中国好人”22人、湖北省道德模范4名、“荆楚楷模”31名。

广泛开展新时代文明实践活动。全覆盖建成2006个新时代文明实践中心(所、站),组建4132个志愿服务组织,不断完善文明实践项目库和点单派单模式,培育志愿服务特色品牌项目156个,志愿服务工作实现常态化。荆州区通会桥社区、监利市“万家无暴”反家暴志愿服务项目等一批志愿服务先进典型受到中央和省级表彰。松滋市文明实践指导中心入选新时代实践中心建设第二批国家试点。

全域全民推进文明城市创建。出台《荆州市文明行为促进条例》,在全国地级市中率

先以立法形式规范提升市民文明行为，全面提升城市软实力。在2021年的创文国家测评中，排名全国第十九、全省第一。大力推进农村精神文明建设，修订完善563个村规民约，建立治理高价彩礼、深化移风易俗长效机制，实施一所一队、一创一评、一街一榜、一场一规"八个一"工程，乡风民风和人居环境明显改善。

（二）大力发展文化事业

主流宣传唱响正能量。开展重大选题策划，推出《小城大爱》《绘就"万里长江美在荆江"新画卷》等重大主题宣传，凝聚"知荆州、爱荆州、兴荆州"的强大正能量。荆州新闻网"荆江评论"栏目获评全省十佳基层网评基地，电视直播节目《好人开讲》荣获"全国年度最具创新影响力城市台节目"奖和湖北广播电视一等奖，"荆州骄傲"获全国优秀栏目奖。《e线民生》《二万五千里》列入省创新创优扶持项目，手机应用平台"无线荆州"获中国媒体融合创新最佳品牌奖，新闻纪录片《一级响应》被评为全国优秀广播电视新闻作品。在湖北新闻奖、湖北广播电视节目奖的评选中，荆州获奖数量稳居第一方阵。

文艺作品迈向新高峰。创作生产了舞台剧《优孟衣冠》《沧浪水清》，荆楚文化系列丛书《楚韵之魂》，歌曲《我的古城》等一批精品力作，歌舞剧《击壤歌》荣获中国文化艺术政府最高奖——群星奖，表演唱《五虾闹鲇》入围第十九届"群星奖"决赛，以"中国好人""全国孝亲敬老之星"刘德芬事迹为原型创作的民族歌剧《有爱才有家》，入选国家文化和旅游部"中国民族歌剧传承发展工程"重点扶持剧目、"百年百部"优秀舞台艺术精品创作工程，并在全国巡演。广播剧《湖之恋》选送参评全国广播电视节目大奖，歌曲《车马阵》"唱进"湖北省第二届艺术节展演现场，歌曲《油菜花儿开》获得湖北省"五个一工程"优秀作品奖。

公共文化服务迈上新台阶。公益免费开放文化事业单位阵地，面向社会公布开放时间、服务事项，仅市直图、文、博三馆年均免费开放接待群众就超过100万人(次)。持续开展"送戏下乡""戏曲进校园"，年均600场以上。全市各县(市、区)创办公共文化服务活动品牌多达50余个，沙市章台梅文化艺术节、公安"三袁"文化艺术节、松滋乐乡大舞台、石首"快乐广场大家跳"等特色品牌活动深受广大群众喜爱。"一馆一品""一馆多品"公共服务理念初见成效，全市各级创立并坚持7年以上的活动品牌已超过50个，其中荆州市图书馆小太阳读书节暨全民阅读活动荣获国家公共文化服务体系示范项目称号。

文博事业迈向新高度。荆州市有不可移动文物4081处，其中全国重点文物保护单位15处，省级文物保护单位61处；国有单位收藏文物藏品20余万件/套，文物资源总量位居全国第一方阵。重大考古成果不断涌现，荆州胡家草场12号汉墓出土简牍4642枚，为"历年来我国单座墓葬出土简牍数量之最"。荆州龙会河北岸墓地出土楚简、胡家草场墓地出土简牍被国家文物局评为"考古中国"重大成果。国家文物局重点科研基地荆州市文物保护中心承担了全国半数以上饱水简牍和木漆器、纺织品等修复任务，多项科研成果荣获国家、省级奖项。以楚纪南故城为核心的大遗址保护荆州片区保护建设成效明显，荆州城墙已列入中国世界文化遗产预备名单，熊家冢为湖北省首家国家考古遗址公园。

（三）高质量发展文化产业

深化文旅产业融合发展。深入挖掘楚文化、三国文化、长江文化、红色文化资源，推出一批沉浸式体验项目，打造一批特色精品旅游线路。“十三五”期间，累计接待国内外游客2.06亿人次，实现旅游综合收入1393亿元，比“十二五”期间分别增长132.45%和129.22%。2019年，荆州方特园、园博园惊艳亮相，宾阳楼光影秀、护城河画舫游、方特烟花秀等夜游项目推动“过境游”转向“过夜游”。2021年，荆州市入选第二批国家文化和旅游消费试点城市。2022年，纪南文化和旅游集聚区入围第二批国家级夜间文化和旅游消费集聚区名单。

加强文化遗产保护传承利用。荆州现有国家级非物质文化遗产代表性项目11项、省级非物质文化遗产代表性项目45项、市级非物质文化遗产代表性项目108项。探索形成“非遗＋职教＋公司”传承模式，扩建荆楚非遗传承院，建成荆州传统工艺工作站、全国漆艺传承发展联盟2个部级传承平台。参加“感知中国·哈萨克斯坦行”中国非遗展、新西兰“楚汉神韵”中国湖北非遗展、“楚韵荆风”泰国文化交流等活动，荆州非遗文化享誉国际。

中秋佳节，荆州方特推出“千灯明月宴”主题活动（张梦瑶　摄）

四、树牢以人民为中心的发展思想，切实保障和改善民生

民生连着发展，抓民生也是发展。党的十八大以来，荆州坚持尽力而为、量力而行，久久为功把好事做好、实事做实，兜住、兜准、兜牢民生底线，不断增强人民群众的获得感幸福感安全感。

（一）打赢脱贫攻坚战

截至2020年底，全市建档立卡贫困人口131494户、400524人全部脱贫，绝对贫困全面消除，371个建档立卡贫困村全部出列，建档立卡贫困人口人均纯收入从2015年的3000多元增加到2020年的11543元。

严格执行脱贫攻坚工作责任制。2015年10月，中共荆州市委、荆州市人民政府出台《关于实施精准扶贫加快推进“三年扶贫攻坚行动”的决定》，全面打响脱贫攻坚战。5年来共召开市委常委会48次、市政府常务会33次、扶贫攻坚领导小组会议10次，研究部署脱贫攻坚工作。全市共选派1613个工作队、4109名干部投入脱贫攻坚一线开展驻村帮扶，安排66647名干部职工结对帮扶贫困户，市委书记遍访全市扶贫任务重的乡镇，县（市、区）委书记遍访贫困村，乡镇党委书记和村党组织书记遍访贫困户，实现包保责任全覆盖。

完善落实贫困退出机制。实行市、县两级党委常委联系深度贫困村制度，市直15家职能较强的部门对口联系2个深度贫困乡的贫困村，按每个深度贫困村投入不低于600万元的标准，44个深度贫困村共投入资金4.56亿元；2个深度贫困乡共投入2.97亿元。通过3年攻坚拔寨，全市44个深度贫困村全部实现脱贫出列，2个深度贫困乡发生了翻天覆地的变化。

推动脱贫攻坚与乡村振兴有机衔接。延续脱贫攻坚领导体系，实行“五级书记”抓乡村振兴，重点乡村持续选派驻村工作队577支、2336人（含单独选派第一书记）。坚守不发生规模性返贫底线，全面建立市、县、乡、村四级防返贫监测帮扶机制，并实现工作常态化。优化衔接资金项目支持，加大产业扶持力度，2022年中央衔接资金用于产业发展的比例达到60.37%。建立脱贫人口就业调度机制，2022年全市脱贫人口实现就业15.23万人，完成全年目标计划的107%。开展扶贫项目资产清理、规范管理，持续放大带贫效益。全市共梳理排查历年扶贫投入134.48亿元，形成扶贫项目资产规模共74.57亿元。

（二）健全社会保障体系

落实就业优惠政策。城镇就业规模持续巩固扩大，城镇新增就业92.34万人，城镇登记失业率控制在4.5%以内。疫情期间，拿出1.2亿元实施积极的援企稳岗对冲政策，“点对点”专列输送工作被评为2020年中国就业十件大事、地方就业创新事件和2020年湖北就业十件大事。实施“我选湖北·凤鸣荆州”计划，促进荆才荆用，大学毕业生留荆率稳步提升。统筹推进农村劳动力、就业困难人员、长江退捕渔民等重点群体就业，帮助41.21万名失业人员、就业困难人员实现就业，零就业家庭实现动态清零。全市建设创业孵化示范基地36家，在孵创业实体451家，累计孵化企业超2500家，成功孵化企业1200余家。

健全社会保险制度体系。健全多层次社会保障体系，覆盖企业职工、城镇灵活就业人员、城乡居民等所有符合法定参保要求的人群，并建立养老保险各险种间的衔接制度。全面放开以个人身份参加企业职工养老保险，全面推广电子社保卡，方便人员流动参保，截至2022年底，全市城镇职工基本养老和城乡居民基本养老、失业、工伤保险参保人数分别达到146.99万人、35.02万人、36.39万人。连续18年提高企业退休人员养老金水平，建立城乡居民基本养老保险待遇确定和基础养老金正常调整机制，连续8年提高因工致残人员伤残津贴等定期待遇。

推动"医康养"一体化发展。2022年，全市累计投资3000余万元，新增城市街道综合性养老服务设施8个，提档升级老年互助照料中心15个，新增养老床位1602张。累计投入改造经费714.2万元，全面完成2320户特殊困难老年人居家适老化改造工作。推进老年人助餐服务点建设，公安县、松滋市的老年人助餐点建设工作情况和经验被《人民日报》《中国社会报》宣传推广。十年来，全市养老机构由122家增加到185家，机构床位由15849张增加到27621张，城市社区居家养老服务中心由82个发展到417个，农村互助照料中心由28个发展到1357个，居家养老服务城乡覆盖率分别达到100%、91.81%，养老服务机构医疗卫生服务覆盖率达到100%，护理型养老床位占养老机构床位数的比例达到72.46%。高龄津贴发放资金持续增长，2022年，全市享受高龄津贴人数达16.36万人，发放金额10591万元，享受经济困难的高龄、失能服务补贴的老年群体5227人，服务金额达752.48万元。

社会救助标准稳步提高。落实社会救助标准动态调整机制。中心城区城市低保标准从2012年每人每月340元提高到2022年的755元，各县(市、区)从每人每月306元提高到735元，年增长率达到15%。农村低保标准从2012年的每人每年1680元提高到2022年的6480元，年增长率达到25%。农村特困供养标准从2012年的每人每年1680元提高到2022年的8424元，对丧失生活自理能力的集中供养对象增加了照料护理经费。推动兜底保障与脱贫攻坚有效衔接。累计投入4亿元对全市110所乡镇福利院进行升级改造，完善农村福利院的基础设施，提高集中供养对象的生活质量。全市17家同时供养有城市和农村特困人员的供养机构全部实行供养标准城乡统一，惠及集中供养农村特困人员741人，城乡社会救助差距逐年缩小。

(三)大力发展社会事业

推进教育高质量发展。连续实施3期学前教育行动计划，截至2022年，全市现有公办幼儿园168所，117个乡镇(街办)均建设了公办中心园。实施"万个公办幼儿园学位扩充"实事项目，2021—2022年，全市新建改扩建43所公办幼儿园，增加学位10195个。改善义务教育阶段学校办学条件，累计投入资金近27亿元新建或改扩建校舍面积150余万平方米。优化教育布局，14所市直义务教育学校移交区级政府办学，荆州中学、沙市中学、江陵一中、石首一中、松滋一中、经开区高级中学等一批新建高中投入使用。2017年荆州市各县(市、区)全部通过义务教育发展基本均衡县国家认定。

医疗保障稳步提升。全市现有二级及以上公立医院机构总数36家,其中三级医院15家,二级医院21家。全市医疗卫生机构床位数3.52万张,执业(助理)医师数1.45万人,注册护士数1.47万人。改革医保支付方式,试点医院全市平均结算率较改革前提高4.56个百分点,参保群众(职工和居民)就医负担降低,试点医疗机构住院均次费用平均降幅397.41元,住院综合报销比例比改革前提高2.6个百分点,基本实现"基金得安全、医院得发展、患者得实惠"三赢局面,2021年在全国试点城市考评验收工作中获得优秀等次评级。覆盖城乡的医疗卫生服务网络不断优化,分级诊疗制度初步建立,县域内就诊率最高达92.7%。

住房需求得到改善。累计建设筹集各类保障性住房和棚户区改造安置房12.3万套、1170.4万平方米,对低保、低收入城镇家庭实现应保尽保,解决了新市民、青年人、从事基本公共服务人员等群体的住房困难。聚焦"老、破、小、旧"等民生难题,投入资金31.73亿元,完成老旧小区改造662个,涉及群众119592户,改造面积超1081.79万平方米。

(四)打赢新冠疫情防控阻击战

奋力取得疫情防控决定性成果。坚持科学精准防控,2020年用一个多月的时间遏制疫情蔓延的势头,用两个月左右的时间把每日新增病例控制在个位数,用三个月左右的时间取得疫情防控决定性成果。

持续推进常态化疫情防控。常态化疫情防控时期,坚持定期分析研判疫情防控形势,重点开展常态化预警监测,严格落实"外防输入、内防反弹"各项常态化防控措施。坚持以最快的速度、最短的时间、最小的代价处理输入性疫情,实现了疫情"零外溢"、患者"零病亡"、医务人员"零感染"目标。在守护荆州健康平安的同时,三年来,多次派出医疗队伍驰援天津、上海、海南、西藏等地。

整体推进公共卫生补短板工程。全市公共卫生补短板项目开工建设176个,竣工126个。荆州市公共卫生中心建成并投入使用。全市1481个村、419个社区启动村(居)民公共卫生委员会建设,原计生专干全部转为卫生健康专干。

五、坚决扛牢长江大保护政治责任,建设人与自然和谐共生的美丽荆州

2018年4月25日,习近平总书记视察湖北,从荆州港乘船考察荆江,对长江大保护作出了重要指示。荆州市牢记习近平总书记考察荆江时的殷殷嘱托,深入践行习近平生态文明思想,牢牢把握共抓大保护、不搞大开发战略导向,坚持生态优先、绿色发展,累计投入400多亿元实施流域治理和生态修复,百姓富和生态美有机统一、山水人城和谐共

处的美丽荆州画卷徐徐铺展。

（一）聚力打好长江高水平保护阵地战

持续开展“四水同治”。建立全市水环境质量考核体系，对全市114个国省市控断面（水域）、11个县级以上集中式饮用水源地、20个重要河湖功能区开展水质考核，并纳入全市绩效考核范围。对洪湖和长湖汇入口、河湖长制负责的31条河湖渠，分别设立65个和75个监测断面，定期监测、通报。改善集中饮用水源地环境，拆除县级以上饮用水源地保护区内码头27个、水上加油站6家，关闭柳林洲油库，完成乡镇饮用水源保护区划定，50个“万人千吨”乡镇饮用水源保护区问题全部完成整改。开展四湖流域生态补偿试点工作，每年设立7000万元生态补偿奖励专项资金，实行差异化考核，累计发放四湖流域生态补偿资金2.1亿元。截至2022年，全市36个省控断面（水域）优良率达到80.6%，较2016年上升了16.3%，饮用水源地达标率稳定保持100%，劣Ⅴ类水体消除。

（二）深入打好污染防治攻坚战

严格减排降低工业源污染。采取“一企一策”形式分类整治“散乱污”企业，233家企业关停、查封、自行搬迁或升级改造。实施挥发性有机物综合治理项目159个，对107家企业进行无组织排放整治。

闭环管控移动源污染。划定中心城区禁止使用高排放非道路移动机械区域，制定荆州市汽车排放检验与维护制度，安装机动车遥感监测系统5套、大宗物料运输企业门禁系统40套、机动车黑烟抓拍系统10套、柴油货车OBD1500辆、非道路移动机械GPS3500台、非道路移动机械OBD100台，建立起“天地车人”一体化综合管理平台。实现机动车“检验—维修—复检”闭环管理，淘汰25000余辆黄标车和老旧车辆。

精准防治城市面源污染。建成中心城区餐饮油烟在线监测平台，完成575家餐饮单位油烟在线监测装置安装，逐步实现餐饮油烟由“事后”到“事前”监管。持续开展燃煤锅炉综合整治，在全省率先淘汰20蒸吨以下高污染燃料锅炉。建成荆州市大气污染防治与管控气象决策支持系统，整合气象监测数据与大气污染源数据。建成秸秆收储加工利用企业126个，秸秆综合利用率稳步达到96%以上，秸秆禁烧及综合利用连续7年稳居全省前列。

系统完善土壤监管机制。建立土壤污染防治联席会议制度和土壤污染详查工作机制，加强污染地块土壤环境监管，严格建设用地准入管理。“十三五”期间完成1438个农用地土壤、418个农产品样品采样。抓实企业用地风险筛查，完成247家企业用地调查信息采集，对29个重点行业企业用地实施风险筛查，开展重点重金属企业排放量调查，建立全口径清单，坚决打赢净土保卫战。

（三）坚决打赢绿色发展主动战

优化市域国土绿化空间布局。支持各县（市、区）推进乡镇总规（镇域规划）全覆盖，开展“生态红线”制定、基本农田划定工作，保障生态安全。全面落实林长制，建立市县乡村“四级书记抓造林”工作机制，将国土绿化指标纳入绩效目标管理。“十三五”时期，全市累计完成人工造林230万亩，市域森林覆盖率由22.87%增加到36.69%，增加森林覆盖率13.28个百分点，年均增加2.76个百分点，创成国家森林城市。

倡导绿色生产生活方式。深入开展环保基础设施建设、化工园区整治、工业企业达标排放、“散乱污”企业整治和淘汰落后产能等专项行动，扎实推进工业领域生态环境保护工作。全市需要“关改搬转”的沿江化工企业76家，截至2022年底累计完成“关改搬转”69家。实施工业绿色制造工程，积极争创绿色产品、绿色工厂、绿色供应链、绿色园区成效明显。2022年，全市10家企业接受省工业节能专项监察能耗指标考核全部合格。创建国家绿色工厂示范企业3家，省级绿色工厂8家、省级绿色设计产品3家、省级工业节水型企业10家。

六、坚定不移全面从严治党，营造风清气正的政治生态和真抓实干的发展气场

党的十八大以来，荆州全面贯彻新时代党的建设总要求，坚持以党的政治建设为统领，把政治标准和政治要求贯穿党的思想建设、组织建设、作风建设、纪律建设以及制度建设、反腐败斗争始终，2022年，政绩目标考核排名全省第四、进位7名，党风廉政建设和反腐败斗争群众满意度居全省第二，均创历史最佳成绩。

（一）强化政治建设，筑牢思想之魂

坚持不懈用习近平新时代中国特色社会主义思想凝心铸魂。落实“思想引领、学习在先”机制，市委常委会会议、市政府常务会议坚持第一时间学习习近平总书记重要讲话精神、重要指示批示精神，确保方向不偏、精准落实。广泛运用中心组学习、专题培训、举办读书班等形式，市委理论学习中心组共开展学习近200次，带动各级党组织集中学习近万次。开办学习贯彻党的十八大、十九大、二十大精神专题研讨班，实现县处级以上干部全覆盖，并将乡镇（街道）党政正职纳入培训范围，党校主体班共培训干部6000余人次，社会培训班轮训干部7.2万余人次。设立市委讲师团，建立专家宣讲、干部宣讲、大众宣讲、百姓宣讲、文艺宣讲等齐头并进的“宣讲大联盟”，累计开展宣讲活动9万余场，推动党的创新理论成果“飞入寻常百姓家”。

高标准抓好党内集中教育。党的十八大以来，通过开展党的群众路线教育实践活动、“三严三实”专题教育、“两学一做”学习教育、“不忘初心、牢记使命”主题教育和党史学习教育，全市党员干部思想受到洗礼和锤炼，信仰之基更加牢固、精神之钙更加充足。2021年，在党史学习教育中，荆州市谋划实施“1总讲+4分讲”课程体系，举办全市党史知识竞赛和红色故事大会、高标准建设100家政治生活体验馆。全省首家“红色院线”亮相长江大学校

园，46.52万人次通过红诗会、青年大学习、党史知识问答等创新形式参加“四史”学习。80万师生齐诵经典纪念红军长征胜利80周年，被上海大世界基尼斯认证为规模最大的红色经典诗文朗诵活动。深入开展“我为群众办实事”实践活动，实施“双百”工程，组织市县两级“四大家”成员领办重点项目100个，市县乡三级党员干部领办实事项目6543个，办结项目6543个，完成率100％。深入开展“下基层、察民情、解民忧、暖民心”实践活动，真情实意解决群众急难愁盼的现实问题，办理实事3.29万件，办结3.01万件。

全面落实意识形态工作责任制。建立完善意识形态工作联席会议制度，明确工作责任清单，将意识形态工作纳入市委常态化督查内容。在全省率先出台《荆州市党委（党组）意识形态工作责任制检查考核及追责问责措施》，分多轮对市直单位、在荆高校和市属企业党组织开展意识形态工作专项检查。成立荆州市网信中心，推动市县两级网信机构改革，建立“7×24小时”网上舆情监测、监测研判、分析督办、核实回应、引导管控的闭环管理运行机制，形成市县联动、部门协同的大网信工作格局。持续开展“清朗”系列专项行动，集中整治网络谣言、网络直播和短视频乱象等突出问题。保持“扫黄打非”高压态势，全市各级“扫黄打非”成员单位办理行政案件147件、刑事案件7件，检查市场主体2300余家。

（二）强化队伍建设，担当发展之责

持续优化干部队伍。圆满完成2016年、2021年市县领导班子换届。严格按照时间节点全面完成市县两级机构改革。坚持把落实“双职”并行制度作为加强基层公务员队伍建设，提高基层干部待遇的重要举措，切实把党中央对基层公务员的关心关爱落到实处。持续推进新时代年轻干部成长工程，推动“墩苗育苗”常态化制度化，构建“优秀干部从基层来、年轻干部到基层去”的良性循环。坚持好干部标准，突出实干实绩、群众公认、基层一线导向，广泛开展“铁牛型”干部评选活动，打造忠诚干净担当的干部队伍。

深入实施人才强市战略。持续实施“招硕引博”计划，截至2022年底，全市引进高层次人才2168人；实施“一村多名大学生计划”，全市累计招录学员998人。大幅提高“招硕引博”待遇，5年内博士研究生和硕士研究生人才津（补）贴分别达到16万元和5万元。助力长江大学“双一流”建设，累计兑现人才津（补）贴1178.4万元。2022年，新增人才住房649套，人才来荆实现“拎包入住”“一元租房”。为引进人才提供5万～10万元不等的购房补贴，协调解决人才子女入学、配偶就业问题。

（三）强化基层基础，夯实执政之基

全要素扩展农村“红色阵地”功能。全市投入18亿元，新建高标准农村党员群众服务中心907个，改扩建561个。2022年，累计达标农村党员群众服务中心1468个，总达标率98.2％。高标准推进“红色美丽村庄”建设，打造3个国家级（监利市周老嘴镇周老社

区、汴河镇项河村和洪湖市燕窝镇燕子窝村)、3个省级(石首市桃花山镇李花山村、松滋市街河市镇苦竹寺村、洪湖市瞿家湾镇瞿家湾社区)和20个市级红色美丽乡村示范点。

深化党建引领基层治理。建立“街道‘大工委’—社区‘大党委’—网格小区党(总)支部—楼栋党小组—党员中心户”五级组织架构,新成立小区网格党支部2988个,楼栋党小组6941个,7044名党员担任小区党员中心户。探索实施“一楼两长”工作机制,9827名党员干部担任楼栋党小组长、楼栋长,实现党组织的“神经末梢”延伸到群众家门口。向18个街道下放权力事项1376项,各街道机关机构设置统一为4~6个,直属事业单位统一设置3个,统筹调剂行政编制107名、事业编制547名,调剂后全市街道共核定行政编制450名、事业编制893名,较调整前分别增加31.2%、158%。在全省率先进行“街长制”试点,由区级领导担任街长,建立“街长+街道+协同部门”组织体系,办结群众诉求1839件。健全落实党员干部下沉“平战结合”机制,新冠肺炎疫情期间,调集市、县两级机关企事业单位6.99万名党员干部下沉社区,协助完成全员核酸检测、卡口值守、楼栋封控、物资配送。

(四)强化党风廉政建设和反腐败斗争,恪守清廉之本

做实做细政治监督。聚焦“国之大者”、突出“省之要事”、紧盯“荆州重点”,细化政治监督融入日常、抓在经常措施,构建政治监督闭环,推动政治监督具体化、精准化、常态化。党的十八大以来,安排部署开展巡察18轮(其中常规巡察12轮、专项巡察6轮)、累计巡察党组织196个,直接点人、点事、点问题35个,先后发现面上问题28616个,移交问题线索4035件,推动相关部门追责问责7007人,挽回和避免经济损失约3.67亿元,1871个村(社区)巡察覆盖率达到100%。强力推进“三新一高”、政法队伍教育整顿、安全生产领域、人防系统、供销领域、开发区建设领域、粮食购销领域腐败问题等专项整治,仅粮食购销领域和开发区建设领域腐败问题专项整治便立案292件,处理处分党员干部和公职人员503人,采取留置措施11人,移送检察机关23人。

驰而不息纠治“四风”。持续开展“公车私用”“酒杯中的奢靡之风”“党员干部酒驾背后的‘四风’问题”“舌尖上的浪费”“人情风”“庸懒症”等专项整治,全面加固中央八项规定的堤坝。强化大数据监督,通过税务票检、公车监管、财务监管平台,精准发现和查处享乐奢靡隐形变异问题。推行重点工作“红黄牌”管理、“十优十差”科室评议,开设“正风肃纪看荆州”常态化电视问政专栏,倒逼干部理念思路作风深刻转变。持续巩固“六大专项治理”成果,解决优化干部作风、优化发展环境“双优化”反映问题4300个。十年来,荆州市纪检监察机关共查处“四风”问题3108个,处理处分4940人。

固本培元厚植清廉底色。积极推进清廉荆州建设,围绕机关、企业、村居、学校、医院、家庭六大清廉单元开展试点,推动清廉元素向各个领域和层面渗透。清廉载体建设如火如荼、氛围浓厚,沙市区“清廉家风”、监利市“清廉学校”建设等经验在学习强国、《人

民日报》、《中国妇女报》等媒体推介，荆州政治生态持续净化、正气充盈。

十年砥砺前行，不负殷殷嘱托；十年非凡成就，彰显思想伟力。回首十年，我们深刻感悟到：荆江巨变、荆州崛起，根本在于习近平总书记的掌舵领航，根本在于习近平新时代中国特色社会主义思想的科学指引。三千年楚郢钟灵毓秀，九百里荆江流光溢彩。地处中部之中、长江之中的荆州，迎来了战略位势之升、流域治理之机、区位交通之变、产业项目之进、发展环境之优。荆州将坚定扛牢省委、省政府赋予荆州建设江汉平原高质量发展示范区的历史使命，扎实推进以流域综合治理为基础的四化同步发展，聚力主攻农产品交易与集散基地、大宗商品铁水联运枢纽、荆楚文化保护传承示范区、江汉平原生态宜居城市"四大功能目标"，打好工业突围战、招商阵地战、投资立体战和优化干部作风、优化发展环境"双优化"攻坚战"四大会战"，加快推进发展层级新突破、城市能级新提升、经济量级新跨越，奋力绘就新时代"万里长江、美在荆江"新画卷！

撰稿人：冉芸
统稿人：章贤武
审定人：王刚

非凡十年 “荆”彩答卷

——从党的十八大到二十大荆门发展综述

荆门市史志研究中心

十年砥砺前行,十年春华秋实。党的十八大以来,在习近平新时代中国特色社会主义思想指引下,荆门市委、市政府团结带领全市人民,深入贯彻落实习近平总书记考察湖北、参加湖北代表团审议时的重要讲话精神,全面落实党中央决策部署和省委工作要求,踔厉奋发,勇毅前行,奋力推动荆门高质量发展。全市经济建设成就斐然,改革开放深入推进,思想文化建设富有成效,人民生活水平不断提高,生态环境明显改善,党的建设全面加强,谱写了非凡十年的“荆”彩答卷。荆门在全省率先实现全国文明城市“首创首成”,成功创获全国科技进步先进市、国家现代农业示范区、国家卫生城市、国家通用航空产业综合示范区等20多项国家级荣誉称号。

一、坚定不移贯彻落实党中央、省委决策部署,推动经济发展行稳致远

十年来,荆门始终聚焦发展第一要务,完整、准确、全面贯彻新发展理念,真抓实干、久久为功,全市经济体量大幅提升,产业转型升级不断加快,综合实力显著增强,如期全面建成小康社会。截至2022年,全市地区生产总值达2200.96亿元,是2012年的2.03倍;一般公共预算收入103.17亿元,是2012年的2.04倍;社会消费品零售总额969.12亿元,是2012年的2.79倍。

(一)准确把握战略定位

这十年,荆门认真贯彻落实国家、省重大战略部署,在服务和融入新发展格局中把握战略定位、找准发展坐标,在“建成支点、走在前列、谱写新篇”中展现了荆门担当。

1. 实施“中国农谷”省级战略

荆门地处汉江中下游,江汉平原与鄂西山地的过渡地带,孕育了长江中游最古老的文明“屈家岭文化”,是农耕文明摇篮,农业生产条件得天独厚。建设“中国农谷”的构想,

最早由华中科技大学几名教授提出。荆门是一个能够代表湖北农业自然条件、气候条件、农作物类别的典型区，在此打造"中国农谷"基础条件好，对引领全省农业发展具有示范意义。2012年2月11日，省委、省政府在荆门召开支持"中国农谷"建设现场办公会，支持荆门全域建设"中国农谷"，勇当全省跨越发展的排头兵。会议提出，"中国农谷"为省级战略、荆门实施。

为推进"中国农谷"建设，荆门市加强组织领导，采取得力措施，扎实有效地推进"中国农谷"建设，形成了上下合力共为、统筹推进"中国农谷"建设的良好格局。出台了《关于加快推进"中国农谷"建设的实施意见》等文件；探索和建立政府主导、公司主体、农民入股、社会参与的多元化投入机制；与省发改委、省经信委、省农业厅等20多个省直部门签订了关于加快推进"中国农谷"建设战略合作协议，积极争取政策支持；实施科技项目和引才计划，引进多名院士，共建院士工作站。

"中国农谷"成为引领荆门现代农业发展的旗帜。全市以中国农谷核心区、"荆三角"现代农业发展先行区和杨竹流域新农村示范区等片区为重点，大打农谷牌、科技牌、特色牌，着力打造"三农"特区。全面推进"一袋米、一壶油、一头猪、一只虾、一棵菜、一枝花"的农业产业化"六个一"工程，打造了农产品区域公用品牌"荆品名门"。截至2022年，全市农林牧渔业总产值达532.83亿元。粮食生产连续8年稳定在57亿斤以上，产量居全省第三位。油菜种植面积200万亩以上，油菜籽加工年产能达200万吨，居全省第一位。畜禽、水产、蔬菜等生产稳定、供给充足。建成了京山桥米、沙洋洪森、钟祥食用菌、大柴湖花卉等9个省级现代农业产业园，创建了小龙虾、香菇、禽蛋、油菜4个国家级优势特色产业集群。

2. 推动柴湖振兴发展

钟祥市柴湖镇是全国最大的移民集中安置区，也是湖北省最为特殊的插花贫困乡镇，这里的移民曾为支援南水北调中线工程水源地丹江口水库建设作出过巨大贡献。由于历史、自然等原因，移民生活较为贫困。柴湖的情况，引起了各级政府的高度关注。

为加快柴湖振兴发展和脱贫步伐，2013年7月，省委、省政府在柴湖镇召开现场办公会，决定把支持柴湖振兴发展作为省级战略予以大力推进，将柴湖建设成为产业转型创业区、城乡统筹示范区、移民发展样板区、民生改善先行区。同年11月，大柴湖经济开发区经省委、省政府批准成立，拉开了柴湖开放开发的大幕。2015年，柴湖被纳入全国第二批移民避险脱困工作试点。按照产城融合发展、移民安稳致富的思路，将移民安置区及配套基础设施项目与工业园区产业建设紧密结合，使移民搬迁后有事做、可致富。

经过近十年努力，柴湖振兴发展取得显著成效。在柴湖这块土地上，先后引进武住电装、紫丹包装、台湾食品产业园等重大项目，形成了以智能制造、包装包材、食品加工为主的产业链。与此同时，以农青园艺等高档花卉企业为龙头，形成集组培、育苗、生产、销售、观光于一体的完整产业链，形成了万亩花卉苗木、千亩精品蔬菜等产业。凤梨、白掌、红掌、蝴蝶兰等产品国内市场占有率达40%，每亩盆花年产值达30万元，柴湖"中国花城"初见雏形。至2020年底，柴湖脱贫攻坚取得全面胜利，所有贫困户如期脱贫，20个贫困村全部出列。2022年4月，柴湖入选全国农业产业强镇。如今，柴湖面貌焕然一新，产业兴旺，生态宜居，百姓安居乐业，走上了富裕之路。

3. 倾力打造湖北中部中心城市

2020年12月，省委十一届八次全会提出围绕"建成支点、走在前列、谱写新篇"发展定位，构建"一主引领、两翼驱动、全域协同"区域发展布局。为全面贯彻落实省委重大决策部署，2021年1月16日，中共荆门市委八届八次全会提出，"十四五"时期全力打造湖北中部中心城市和全省高质量发展先行区。同年7月28日，市委八届九次全会审议通过《中共荆门市委、荆门市人民政府关于落实"一主引领、两翼驱动、全域协同"区域发展布局，加快推动荆门高质量发展的实施意见》，提出大力实施"一区两点三元四化五个荆门"①发展计划，奋力谱写新时代荆门高质量发展新篇章。2021年12月7日，中国共产党荆门市第九次代表大会召开，明确了打造全省高质量发展先行区、建设湖北中部中心城市的奋斗目标。重点是创建"四个中心、三个示范区"，即综合实力较强的区域经济中心、竞争优势明显的区域科创中心、得"中"独厚的区域交通物流中心、特色鲜明的区域文旅消费中心和全省区域协调发展示范区、长江经济带绿色发展示范区、全省市域治理现代化示范区。

4. 坚定扛起打造产业转型升级示范区新使命

2022年6月，省第十二次党代会赋予荆门"打造产业转型升级示范区"的新定位、新目标，为荆门奋进现代化新征程指明了发展方向和科学路径。荆门作为全省唯一以"产业转型升级示范区"为城市发展定位的市州，承担起为全省产业转型升级当先锋、蹚新路的重任。

为贯彻落实省第十二次党代会精神，加快荆门产业转型升级，2022年12月，荆门市出台《打造产业转型升级示范区实施方案》，提出以深化供给侧结构性改革为主线，以高质量发展为首要任务，以改革创新为根本动力，以高端化、智能化、绿色化、数字化、集群化发展为主攻方向，统筹发展和安全，着力构建以先进制造业为主导，传统优势产业提质增效、新兴产业发展壮大、现代服务业提速升级的现代化产业体系，加快建设全国动力储能电池产业示范基地、国家绿色化工示范园区、国家农业现代化示范区、国家循环经济示范城市，奋力实现转型升级、跨越发展，在贯彻落实国家、省重大战略中展现更大作为，在深度融入全省"三高地两基地"建设中构建现代产业体系。力争通过3年努力，地区生产总值达到3000亿元以上，工业总产值突破6000亿元，"4211"产业体系②初具规模。

---

①"一区两点三元四化五个荆门"："一区"，即打造湖北中部中心城市和全省高质量发展先行区；"二点"，即构筑国内国际"双循环"新发展格局的重要节点和促进湖北"建成支点、走在前列、谱写新篇"的重要支点；"三元"，即实现市级领跑、县域突破、乡村振兴；"四化"，即推进新型工业化、信息化、城镇化、农业现代化同步发展；"五个荆门"，即建设创新荆门、富强荆门、美丽荆门、法治荆门、幸福荆门。

②"4211"产业体系：4个两千亿级产业、2个千亿级产业、1个千亿级企业、10个以上百亿级企业。

（二）持续不断推动产业转型升级

这十年，荆门产业转型升级步伐明显加快，化工、农产品加工等传统产业加速转型，战略性新兴产业迅猛发展，数字经济加快培育。全市工业经济总量连续11年位居全省第4位，2022年达3576亿元，13个产业进入全省重点产业集群，高质量发展的内生动能进一步增强。

1. 优存量，加快传统产业转型升级

传统产业占比较大、结构不优，是荆门面临的最大现实和挑战。化工和农产品加工产业产值占全市工业总产值比重超过60%，主导产业链条不长，集约集群发展不够。对此，荆门市制定传统产业倍增计划，实施"千企千亿"技改工程，大力发展智能制造、绿色制造，促进传统产业向高端化、集群化、智能化、绿色化转型。

在化工产业方面，以推动荆门石化炼化特一体化转型为主轴，以打造百万吨级特种油品生产基地、百万吨级化工产品生产基地为依托，加快推进石化产业向"专精特新"方向发展，向新能源电池材料、可降解材料、生物医药、丙烯以及电子气体为主的前沿新材料等产业链延伸。2022年，荆门石化首套高温合成导热油项目投产，打破国外技术垄断；产能再创新高，年产值达330亿元。同时，推动磷化工向工业级、食品级、医药级、电子级转型升级，发展磷系新材料产业。2022年，全市绿色磷化工产业链实现产值512.89亿元。

在农产品加工业方面，重点打造优质稻米、高油酸油菜、花卉园艺3条产业链。以京山桥米为重点，打造百亿级优质稻米产业链，擦亮湖北大米"第一品牌"。以高油酸油菜为重点，打造百亿级高端油料产业链，争创全国菜籽油"第一品牌"，荆门成为全国最大的高油酸油菜制种和种植基地。以高端盆花和对节白蜡为重点，打造百亿级花卉园艺产业链，建设区域花卉园艺集散基地。全市国家级、省级农业产业化龙头企业分别达8家、110家，数量均列全省第2位。

2. 扩增量，加快培育壮大新兴产业

2015年，荆门市出台《关于推动工业经济跨越式发展的意见》，提出重点推动工业机器人、特种飞行器、智能制造成套设备、新能源汽车等产品创新突破，形成2～3个战略性新兴产业集群。近年来，荆门新兴产业增势强劲，成为拉动全市工业增长的主要力量。

千亿锂电产业成势见效。抢抓新能源电池发展风口，支持国内排行第三的亿纬锂能在荆门快速增资扩产，先后引进核心配套企业30多家。2021年11月4日，亿纬锂能联合格林美、恩捷股份、科达利、新宙邦等锂电产业链上头部企业，与市政府签订总投资达463亿元的荆门动力储能电池产业园项目投资协议。2022年，荆门动力储能电池产能达152GWh，打造了华中地区规模最大的全生命周期产业链。为更好支撑锂电产业发展，推进产城融合，荆门市谋划建设总投资255亿元、一期占地20多平方公里的国际能谷·锂电小镇项目。规划到2025年，全市锂电产业规模突破2000亿元，建成"华中锂电之都"。

湖北亿纬动力有限公司厂区(周宗国　摄)

千亿汽车产业聚势成链。引进长城汽车重组盘活猎豹汽车资产,以长城汽车为龙头的汽车产业园加快成型,汇聚玲珑轮胎、福耀玻璃等产业链配套企业50余家,已实现坦克500、金刚炮等车型量产,还将导入多款新能源车型,计划2023年年产整车12万辆。积极引进电机、电控、空气悬挂、热泵空调等新能源汽车关键零部件企业,抢占新能源汽车新赛道,打造千亿汽车产业城。

长城汽车公司(钱修海　摄)

通用航空产业顺势起飞。围绕打造500亿级通用航空产业,依托中航工业605所等龙头,大力发展通用航空研发、制造、运营、培训、文旅产业。引进通飞华中飞行器公司、中航通用机场公司、晨龙通勤飞机制造公司、泊鹭水陆两栖飞机制造公司、龙浩航校等20多家市场主体,形成较完善的通用航空产业链。A2C系列飞机交付140多架,泊鹭两栖飞机获批生产许可证,集飞行、跳伞、研学于一体的爱飞客小镇建成运营。荆门获评湖北唯一的国家通用航空产业综合示范区。

3. 抓变量,加快发展数字经济

2021年,市第九次党代会提出"创建全省数字经济发展示范区"。全市编制《荆门市数字经济发展"十四五"规划》,明确了数字经济发展方向和路径。

推进城市数字化治理。出台《关于加快推进智慧荆门建设的意见》《荆门市新型智慧城市总体规划》等文件。统筹市县两级城市数字公共基础设施建设,加快5G高质量连续覆盖,加快实现政务服务"一网通办"、城市运行"一网统管"、市域管理"一码通服"。2022年,荆门市获批国家"千兆"城市(全省仅武汉、宜昌、荆门)。

促进产业数字化升级。推进荆门高新区工业互联网、物联网、数据中心建设,建设数字化服务平台。建立重点产业链"智改数转"数据库,推动工业企业"上云用数赋智"。以荆门石化、凯龙化工等传统企业为重点,打造智能工厂、数字化车间;以亿纬动力、长城汽车等高新技术企业为重点,建设"灯塔工厂"。截至2022年底,共创建国家级两化融合贯标企业23家,省级两化融合试点示范企业101家,省级"上云上平台"标杆企业6家,湖北省基于互联网的制造业"双创"平台试点示范企业7家,省级工业互联网平台3个,国家级新一代信息技术与制造业融合发展试点示范企业1家。长城汽车公司获批2022年国家级"数字领航"试点示范企业。

加快数字产业化发展。印发《关于加快信息化发展的意见》等文件,明确全市信息化发展路径。加快建设荆门电子信息产业园,推动电子信息产业集群发展。2022年,全市电子信息产业规模企业发展到44家,产值达500亿元,居全省第二。

(三)全力推动城市转型发展

围绕建设湖北中部中心城市,健全国土空间规划体系,"市级领跑、县域突破、乡村振兴"三级联动、多点支撑、全域腾飞的发展格局基本形成。荆门市常住人口城镇化率提高到59.8%,被确定为国家新型城镇化综合试点地区、国家"城市双修"试点城市、全省综合型区域中心城市。

1. 高品质建设荆门中心城区

着眼于产城融合、功能配套、能级提升,统筹推进荆门中心城区一体化建设和发展,打造长江经济带和宜荆荆都市圈的重要节点城市。加快完善老城区功能,着力提升新城区品质,以组团式发展推进中心城区做优做强,中心城区空间布局不断优化,功能品位明显提升。中心城区建成区面积由2012年的53平方公里扩大到近90平方公里,常住人口增加到78万人。城区三环线建成通车,荆门火车站、汽车客运站、城市主干道和出入口改造完成,形成"三环六隧九射"城市骨干道路交通网络。着力打造区域综合交通枢纽,加快构建"铁水公空"集疏运体系,荆荆高铁、武荆宜高铁、襄荆高铁相继开工建设,荆门正加速迈向“高铁时代”。推动荆门城市和产业集中高质量发展，着力提高城市首位度和产业集聚力，打造宜居、韧性、智慧和成长型城市。举办了中国新型城市论坛荆门峰会、第十二届中国(荆门)菊花展、湖北省第三届(荆门)园林博览会等重大节会。

2. 大力发展县域经济

全市坚持全要素、全产业链、全地域谋划布局和发展县域经济，大力实施强县工程。2018—2021年，先后两次出台关于推动县域经济高质量发展的实施意见，支持各县(市、区)错位协同发展，培育壮大“一县一品”块状产业集群。县域经济呈现出实力壮大、结构改善、活力增强、协同共进的良好发展态势。沙洋县荣膺全国农产品百强县、平安中国建设示范县，钟祥市荣膺国家园林城市、中国县域投资竞争力百强县、中国县域旅游百强县，京山市荣膺首批国家生态文明建设示范县、全国县域旅游发展潜力百佳县，东宝区跻身全省十强消费县(市、区)、荣膺全国依法治理创建活动先进单位，荆门高新区被确定为国家火炬动力电池特色产业基地，屈家岭考古遗址入选全国百年百大考古发现，获批全省首批文化遗址公园。

3. 全面推进乡村振兴

坚持农业农村优先发展，大力实施乡村振兴战略，绘就新时代农业高质高效、乡村宜居宜业、农民富裕富足的荆门画卷。坚守耕地保护和粮食安全红线，推进高标准农田建设。2022年，全市粮食播种面积达701万亩，农产品加工业产值达1162亿元。推进科技兴农，荆门获批国家现代农业示范区、国家农业科技园区，建成各类农业科技创新平台56家，国家级和省级工程中心、研发中心、重点实验室24家。引进涉农院士专家建设工作站20个。扎实推进美丽乡村建设，创建中国美丽休闲乡村3个、全国乡村治理示范村7个、省级美丽乡村示范村115个。2022年，全市农村常住居民人均可支配收入为23952元，居全省第3位。

四通八达的高速公路(尹叶龙　摄)

（四）坚定走好改革创新开放之路

十年来，荆门市始终坚持改革引领、创新驱动、开放赋能，以坚韧不拔的意志、敢为人先的气魄和无私无畏的勇气开放想、放开干，高质量发展内生动力和活力不断增强。

1. 改革全面深化

先后实施国家级改革试点26项、省级38项。2016年，荆门市被纳入首批全国相对集中行政审批权改革试点，成立全省第二家市级行政审批局，实现“一枚印章管审批”。成立全国第一家创新创业服务局，在全省率先编制政府部门权责清单、监管清单，商务综合行政执法体制改革成为全国试点。持续优化营商环境，被评为全省优化营商环境标杆城市。2021年，荆门入选国家第三批社会信用体系建设示范城市。探索的“按户连片耕种”模式2016年、2017年连续两年写入中央“一号文件”，并登上2017年度中国十大“三农”创新榜。以党建引领基层社会治理，荆门被确定为全国首批市域社会治理现代化试点。

2. 创新全面加强

全市深入实施创新驱动发展战略，出台《关于坚持创新活市，创建国家创新型城市的决定》《关于加快发展高新技术产业的若干意见》等文件。加快构建区域创新体系，科技成果转化数量位居全省前列。国产大型水陆两栖飞机“鲲龙”AG600在荆门漳河水库首飞成功；格林美电子废弃物绿色循环关键技术及产业化项目荣获国家科技进步奖二等奖；亿纬动力“储能与动力电池实验室”获批湖北省重点实验室。建设荆楚科创城，招引武汉理工大学等5个高校产业研发创新平台、20多个专家团队签约入驻。2022年，全市规上高新技术产业增加值415.90亿元。十年来，荆门获批建设国家创新型城市，入选科创中国试点城市，先后7次荣获湖北省科技创新先进市。

3. 开放全面加快

主动融入长江经济带等国家区域协调发展战略，向东对接武汉都市圈，向西对接成渝都市圈，向北对接襄阳都市圈，向内深度融入宜荆荆都市圈，全市经济开放度不断提高。出台《关于支持外贸产业加快发展的实施意见》等，大力支持外贸发展。荆门国际内陆港加快建设，海关开关运行，保税物流中心（B型）封关营运，荆汉（欧）国际物流班列、“荆门—武汉”汉江集装箱航线常态化运营，中欧班列（长江号）荆门国际内陆港长城汽车专列首发。申通区域性物流中心、北京金瑞、东方海外、长城蚂蚁等一批国内知名物流企业入驻，全市35个物流园区初具规模。2022年底，全市货物进出口总额200.7亿元，其中进口64.5亿元，出口136.2亿元。

二、坚定不移加强民主法治建设，全面促进社会平安和谐稳定

党的十八大以来，全市扎实推进社会主义民主法治建设，积极践行全过程人民民主，

不断提高法治建设水平，走出具有荆门特色的市域治理之路。

（一）推进全过程人民民主

健全人民当家作主制度体系，充分发挥社会主义协商民主重要作用，畅通民主渠道，不断增强人民对中国特色社会主义民主政治的自信和底气。

1. 全面加强新时代人大工作

市人大及其常委会依法履职尽责，自觉将人大工作融入全市经济社会发展大局，先后就“中国农谷”建设、城市规划建设、中心城区拆违控违、全面推进依法治市、大众创业万众创新、优化营商环境、脱贫攻坚、乡村振兴等重大议题进行监督，并作出相关决议决定，有力推动了市委重大决策部署落实。从2016年1月1日起，荆门市拥有地方立法权。市人大常委会创新立法机制，先后制定出台《荆门市城市管理条例》《荆门市生态环境保护条例》《荆门市农业面源污染防治条例》等地方性法规，充分发挥了立法在经济社会发展中的引领推动作用。秉承人民立场，将群众冷暖、民心忧乐作为关注重点，推动解决了漳河水源保护、人居环境、民生事业等一批群众普遍关心的热点难点问题。高度重视代表工作，支持代表依法履职。全市各级人大代表积极投身改革发展主战场，广泛了解社情民意，为人民发声，替群众代言，为推动荆门发展发挥了不可替代的作用。这十年，两届人大常委会共督办代表议案3件、代表建议1660件，其中重点建议107件。

漳河湿地（罗荣　摄）

2. 加强和改进人民政协工作

政协荆门市委员会紧紧围绕全市工作大局，扎实做好政治协商、民主监督、参政议政、凝聚共识各项工作，积极发挥协调关系、汇聚力量、建言献策、服务大局作用，为全市改革发展稳定作出了积极贡献。加强党对政协工作的全面领导，出台《关于建立党的工作对政协委员全覆盖的办法》,设立专门委员会功能型党支部,党的组织对党员委员全覆盖、党的工作对政协委员全覆盖。自觉践行全过程人民民主,制定《关于进一步加强人民政协政治协商工作的意见》等文件,搭建"委员工作室"基层协商平台,深入开展"一线协商·共同缔造"行动,全面推行提案"三商"助办机制,构建了以政协全会为龙头,以专题议政性常委会议为重点,以月度界别协商、民主监督性协商、提案办理协商等为常态的广泛多层协商格局,打造了"'荆'常来协商"品牌。坚持围绕中心服务大局,聚焦中国农谷建设、汉西水系连通工程建设、全国文明城市创建、产城融合发展等"市之大计"议政建言,发挥了资政辅政、助推发展的重要作用。

3. 扎实做好统一战线工作

全市统一战线坚持围绕中心、服务大局,发挥凝聚人心、汇聚力量的强大法宝作用,突出重点、破解难点,充分展示荆门统一战线新作为、新担当、新形象。压实统战工作责任,成立市、县两级党委统一战线工作领导小组,建立起党委统一领导,党委书记履行统战工作第一责任人职责,统战部门牵头协调,相关部门各负其责的大统战工作格局。发挥党外代表人士民主监督和参政议政的重要作用,创新市委与党外人士双月座谈会工作模式,"党委出题、党派调研、政府采纳、部门落实"的荆门模式在全国、全省叫响。同时,打造了政企早餐会、"荆门·红石榴"、立法协商等一批富有成效的统战品牌。开展"三百"行动①、"三千"行动②,推动全市机关干部深入全市非公企业。爱国统一战线不断巩固壮大,各民主党派、无党派人士、党外知识分子、非公有制经济人士和新的社会阶层人士的作用充分发挥。民族宗教、港澳台侨等工作取得新成绩。

(二)推进平安荆门、法治荆门建设

十年来,全市坚持总体国家安全观,始终绷紧维护平安稳定的思想之弦,着力补短板、强弱项、堵漏洞,努力建设更高水平的平安荆门、法治荆门。

1. 提升全面依法治市能力

坚持统筹推进全面依法治市,推动法治荆门建设规划和相关实施方案落实落地。坚持科学立法,出台了8部法规和7部规章,实现了城乡建设与管理、生态文明建设、历史文化保护、基层治理等四大立法领域的全覆盖。推进依法行政,深化行政复议体制改革,市、县两级人民政府集中行使行政复议职责;加强行政执法监督,严肃查办行政执法违规违法案件,全面推进行政执法"三项制度"(行政执法公示制度、行政执法全过程记录制度、重大执法决定法制审核制度),实现市县乡行政执法全覆盖。保障公正司法,推动司法领域各项改革任务落实,全省首家侦查监督与协作配合办公室在荆门市揭牌成立;按

①"三百"行动:百名统战干部包联百家非公企业,交百名非公经济人士朋友。

②"三千"行动:千名干部联千家非公企业,交千名非公经济人士朋友。

照以审判为中心、捕诉一体的模式，推进法院检察院内设机构改革，推动审判资源向基层下沉。建设法治社会，在全社会营造遵法学法守法用法的良好氛围，荣获全国法制宣传教育先进城市称号；推进公共法律服务体系建设，完善公共法律服务中心建设，实现了进一扇门解决人民群众多样法律诉求新格局。整合“五大调解”①，开展市县乡村“四级”联调，实现“一地”办理，做大做强矛盾纠纷多元化解中心，着力打造社会矛盾化解新格局。

2. 推进市域社会治理现代化

荆门市作为全国首批市域社会治理现代化试点城市，持续推进社会治理体制、机制和方式创新，把矛盾风险隐患化解在市域范围内，以一域之安服务全局之稳。打造城乡社会治理新模式，城市社区全面推行“大党委＋大综治”新机制，农村地区推行“五员议事”②“乡村联片治理”等做法，解决城乡治理“难点”“痛点”和群众急难愁盼问题。村(社区)社会治理积分制管理广泛应用，“互联网＋积分制＋微治理”模式推广运用，人人有责、人人尽责、人人享有的社会治理共同体基本形成。规范化建设各级综治中心，构建市县乡村综治中心“4464”治理体系③，市县建立“四位一体”平台，重点打造乡镇(街道)“六心合一”、村(社区)“四站(室)”平台，资源、力量得到汇聚，治理效能进一步提升。依托各级综治中心打造了“一站受理、一网调解”矛盾纠纷多元化解中心，建立实体、网络、热线三大平台，解决了群众诉求“只跑一地、只进一门”的问题。实现“一居(村)一警(辅警)一法律顾问”全覆盖，采取村干部与派出所民(辅)警相互兼任或专职聘请，律师带法律服务团队包联街镇做法全覆盖。各县(市、区)创新打造特色社会治理项目，沙洋县“平安驿站”、京山市“乡村连片治理”、东宝区“五员议事”入选“2021全国社会治理创新100案例”。2022年9月起，开展美好环境与幸福生活共同缔造活动试点工作，推进基层治理体系和治理能力现代化的体制机制改革创新，发动群众决策共谋、发展共建、建设共管、效果共评、成果共享，构建共建共治共享的社会治理格局。

3. 开展扫黑除恶专项斗争

根据全国、全省统一部署，2018年1月23日，荆门市率先在全省打响扫黑除恶第一枪，成功打掉长期盘踞在主城区、群众关注度高、社会影响很大的涉黑组织。截至2020年12月

---

①“五大调解”：人民调解、行政调解、司法调解、仲裁调解和综治调解。

②“五员议事”：依靠村情民意信息员、政策法规宣讲员、矛盾纠纷调解员、移风易俗倡导员、特殊人群帮扶员调解各类矛盾纠纷。

③“4464”治理体系：市县乡村四级整合资源，构建基层社会治理新模式；市、县两级建立综治中心(应急管理)、矛盾纠纷多元化解中心、网格管理综合服务中心、公共法律服务中心“四位一体”平台；乡镇(街道)建立指挥调度(应急管理)中心、矛盾调处中心、网格管理中心、公共法律服务中心、戒毒康复中心、信访接待中心“六心合一”平台；村(社区)建立集信息网格、矛盾纠纷调处、村(社区)警务、便民服务(心理健康咨询)等功能于一体的“四站(室)”平台，做到标准化、实体化、规范化运行。

31日，全市共侦办黑社会性质组织案12件，恶势力犯罪集团案17件，破获刑事案件1172起，刑拘犯罪嫌疑人1243人，查封、冻结、扣押涉案资产20.35亿余元，缴获枪支27支。立案查处涉黑恶腐败和"保护伞"问题237人。扫黑除恶专项斗争开展以来，全市刑事案件发案数呈下降趋势。扫黑除恶专项斗争全面转入常态化阶段后，全市继续保持高压态势，坚持把专项整治与系统治理、依法治理、综合治理、源头治理紧密结合，持续健全长效常治机制。

三、坚定不移加强文化建设，凝聚奋进新时代的精神力量

荆门市扎实推进社会主义文化建设，促进文化事业和文化产业共同繁荣发展，为推动地方经济社会高质量发展提供了坚强思想保证、强大精神动力和有力舆论支持。

（一）着力构筑精神高地

全市坚持守正创新，突出思想引领，着力构筑精神高地，大力培育和践行社会主义核心价值观，深化拓展新时代群众性精神文明创建，在弘扬社会主义新风尚中汇聚正能量。

1. 牢牢掌握意识形态工作领导权

坚决贯彻落实党中央、省委关于意识形态工作的决策部署，着力建设具有强大凝聚力和引领力的社会主义意识形态。压实各级党委（党组）主体责任，严格落实意识形态工作"七纳入"要求，用好巡视巡察、督导考核等多种手段，牢牢掌握意识形态工作领导权。建立健全意识形态工作各项规章制度，充分发挥意识形态工作联席会议机制作用，紧盯重大敏感时间节点，常态化开展意识形态领域风险研判化解，确保全市意识形态领域安全稳定。严格落实主管主办和属地管理责任，切实加强对社科文艺、新闻出版、学校（高校）、网络、民族宗教等意识形态重点阵地管理。强化主流舆论引导，全力推进媒体深度融合，整合全市新媒体资源，不断提升正面宣传覆盖面。坚持将网络作为重中之重，不断提升管网治网用网能力。积极妥善处置敏感舆情，持续开展"秋风""护苗""清朗""扫黄打非"等专项整治行动，引领网络文化建设主旋律。

2. 大力培育和践行社会主义核心价值观

强化教育引导、实践养成、制度保障，把社会主义核心价值观融入社会发展各方面、贯穿社会生活全过程，推动社会主义核心价值观建设落细落实。扎实开展"永远跟党走""壮丽一百年、奋进新时代""强国复兴有我"等各类群众性主题宣传教育活动。常态化开展"中国好人""荆楚楷模""道德模范""荆门好人"等先进典型选树学习宣传工作，累计评选各级各类先进典型3000余人，涌现出一批在全国、全省有影响力的先进典型。开展学雷锋志愿服务活动，建设学雷锋志愿服务站（岗）1726个，评选出一批岗位学雷锋标兵、学雷锋活动示范点。累计开展社会主义核心价值观进机关、进企业、进农村、进社区、进网络活动20余万场次。常态开展社会主义核心价值观社会宣传活动，沙洋县创造性开

展“九久入户”工程[①]，有效破解了社会主义核心价值观在农村宣传普及“最后一公里”问题，相关经验在全国、全省推广。

3. 深化拓展新时代群众性精神文明创建

以创建全国文明城市为抓手，深入推进精神文明建设。2020年，荆门市荣膺第六届全国文明城市称号。创城期间，先后多次召开动员大会，印发《致市民一封公开信》《文明荆门与您同行》300余万份(册)，制作、刊登社会主义核心价值观公益广告5.6万余幅，入户走访、广泛发动，激发了市民支持创建、参与创建的热情，形成了全市创建“大合唱”。全力推进《荆门市文明行为促进条例》立法工作，将文明创建纳入法制轨道。依托公共文化设施、宣传文化阵地，开展“与文明同行”社区巡演等活动千余场次。实施交通整治专项行动，累计开展文明交通劝导活动9.2万余人次。大力开展“书香荆门”建设，中心城区建成“九渊书吧”等公共阅读空间25家。广泛开展“洁城清扫”“关爱三留守”等志愿服务活动，实现了志愿岗站建设全覆盖。巩固提升文明城市创建成果，积极争创全国文明典范城市，持续开展理想信念、文明素养、志愿服务、文明交通、城市形象等提升行动。

(二)提升公共文化供给能力

全市坚持文化惠民，立足荆门地域特色，挖掘地方文化底蕴，创作出更多贴近基层、贴近生活、贴近群众的文艺精品，进一步丰富群众文化活动。

1. 实施重点文化工程

十年来，市博物馆新馆、图书馆新馆以及京山文体中心、东宝文体中心等一批大型公共文化场馆建成，掇刀文体中心，沙洋文化馆、图书馆、博物馆，钟祥文化馆、图书馆、博物馆等一批文化场馆加快修建。全市新增文化场馆面积16万平方米，总投入22亿元。全市有图书馆6家、群艺馆1家、文化馆5家、乡镇综合文化站60个、村级文化中心1555个、社区文化中心213个、专业剧团2个、品牌群众文化活动3个。每年组织开展文化惠民活动2000余场，惠及群众300余万人次。着力培育旅游之乐，开展“与爱同行，惠游湖北，乐游荆门”活动；着力打造运动之趣，新建京山国际网球赛事中心、综合体育馆、游泳馆，东宝羽毛球馆、游泳馆，沙洋体育馆等一批公共体育场馆。建成乡镇运动健身中心48个、

---

①“九久入户”工程：沙洋县以九个年年都要印发入户宣传资料的县直单位为主体，示范引导各乡镇和其他县直单位在印制入户宣传资料时，同步将社会主义核心价值观以文字或图文并茂的形式印制在资料的显著位置，让群众在阅读或使用时，持续接受社会主义核心价值观宣传教育。“九”既是实数，也是虚数。它不仅代表着发挥示范作用的九个单位，也代表着其他开展农村社会主义核心价值观入户宣传活动的部门，指代参与的部门个数多；“久”代表长久，意味着这项工作不是只开展一阵子，而是长期坚持、久久为功，在潜移默化中强化农村群众对社会主义核心价值观的认知认同，形成正确价值取向和良好日常行为规范。

村级文体广场78个。截至2021年底,全市人均体育场地面积达2.48平方米,高于全国、全省平均水平,居全省市州第4位。

2. 推进文艺精品生产

十年来,全市文艺创作精品迭出。大型现代花鼓戏《乡月照人还》入选国家艺术基金和国家重点扶持剧目、建党"百年百部优秀剧目"。《青年张文秋》荣获第四届湖北艺术节楚天文华剧目奖和"戏剧中国"剧本奖,入选省委宣传部艺术精品扶持项目和省文旅厅艺术发展专项资金资助项目。花鼓小戏《渡口》入选国家戏曲剧本孵化计划和省委宣传部重点扶持剧目,《红星寨》荣获全国"小康颂"优秀剧本奖。《潮涌长江》《长江月》获得中国音乐家协会优秀作品奖;《澳门之恋》获得全球华人征歌优秀作品奖。《飞向蓝天》《点亮》荣获全国新创少儿歌曲优秀作品奖;歌曲《独绎》获建党100周年全国优秀群众歌曲和第四届湖北艺术节"楚天群星奖"。舞蹈《困在时间中的你》获第六届湖北舞蹈"金凤奖"一等奖和第四届湖北艺术节"楚天群星奖"。音乐作品《在岁月里相守》获第九届湖北音乐最高奖"金编钟奖"作品奖。国画《三峡新颜》被人民大会堂收藏。版画《夜宴》《武昌行》入选全国第二十二届版画展,《岁月如歌》获全国版画艺术精品展优秀作品奖。版画《庚子战疫·令行湖北》《载人航天赋》《圣域呈祥之西藏和平解放》入选《奋斗颂——庆祝建党百年·航天搭载作品集》。

3. 加强文化遗产保护传承

全市文化遗产保护扎实推进。2017年,荆门市出台《进一步加强文物工作的实施意见》。2022年,《荆门市屈家岭遗址保护条例》出台,为大遗址保护提供更加有力支撑。积极争取文物保护经费,实施文物保护工程40项,6处省级以上文物保护单位保护规划获批。2010—2021年,全市共进行40项考古发掘项目。屈家岭遗址被评选为中国百年百大考古发现、入选2021年湖北六大考古新发现;沙洋城河遗址入选2018年度全国十大考古新发现。2022年12月,屈家岭考古遗址公园首创首成,成功获批国家考古遗址公园称号。截至2022年,全市有不可移动文物2105处,其中全国重点文物保护单位9处,省级保护单位54处,市级保护单位189处。有博物馆、纪念馆7家,藏品共计11万余件,其中一级文物105件(套),二级文物251件(套),三级文物1663件(套)。非遗数据库不断扩容,市级非遗名录达92项,其中入选省级23项、国家级1项。

(三)健全现代文化产业体系

全市坚持加强顶层设计,着力打造文旅品牌,优化发展环境,提升服务质量,全力推动文化旅游产业加快发展。

1. 加快文化产业创新发展

2018年,出台《荆门市关于支持文化产业发展的实施意见》,在土地出让、贷款贴息、流动资金、产值达标、原创精品等方面明确扶持措施,为文化产业发展和招商引资营造了良好的政策环境。着力培育引进了一批重点项目，爱飞客运动休闲特色小镇、京山网球特色小镇、爱飞客飞行营地、极客公园、圣境山滑翔基地、荆门园博园、荆门花博园、莫愁村、圣境花谷等相继建成。加快产业基地和文化产业聚集区建设，可可田园文旅产业园、爱飞客飞行社区、荆楚映象文化产业园、湖北省航空运动学校等相继落户开工，打造了厚东文化创意产业园、云创智谷文化产业街区等文化创意产业集聚区和国昊文化产业园等文化体育装备制造产业示范区。2022年，全市文化及相关产业增加值达95.88亿元，占地区生产总值的比重为4.5%。

2. 促进文化旅游融合发展

全市先后制定《荆门市全域旅游发展总体规划》《关于建设体育强市，打造运动休闲之都的实施意见》《荆门市支持文化旅游产业恢复振兴实施意见》，文化旅游产业加快发展。2022年，全市接待游客2616.48万人次，实现旅游综合收入155.32亿元。着力推动文化旅游产业转型升级，将荆门建设成为“一个中心、三个目的地”，即特色鲜明的区域文化旅游消费中心，全国知名的航空运动休闲目的地、长寿健康养生目的地、历史文化旅游目的地。以“产品供给+品牌打造”为着力点，做大做强文旅经济。着力培植文旅产业品牌，形成“爱飞客”“京山网球”“东宝滑翔伞”等一批国家级体育旅游名片，打造了“湖北油菜花旅游节”等文旅活动品牌。

四、坚定不移全面建设小康社会，不断增进民生福祉

党的十八大以来，全市坚持精准扶贫、精准脱贫基本方略，动员社会各界力量攻坚克难，如期实现了小康路上不落一人的庄严承诺，全面建成小康社会，民生事业发展取得了历史性成就。

（一）坚决打赢脱贫攻坚战

荆门市从2015年开始实施精准扶贫。到2020年底，全市如期完成脱贫攻坚目标任务，现行标准下21.9万农村贫困人口全部脱贫，210个贫困村全部出列。

1. 精锐尽出为脱贫

2015年6月19日，习近平总书记在贵州调研座谈会上发表重要讲话，发出脱贫攻坚动员令。同年7月15日至17日，荆门市委召开七届七次全体（扩大）会议，通过了《中共荆门市委、荆门市人民政府关于全力推进精准扶贫精准脱贫的决定》，一场没有硝烟的脱贫攻坚战由此打响。

在荆门，脱贫攻坚不仅仅是“一把手”工程，市、县、乡、村一级抓一级，层层促攻坚，签订“军令状”，建立健全了完善的组织领导体系。为打赢脱贫攻坚这场硬仗，全市组织了一支由近5000人组成的精锐攻坚力量——1551支肩负使命的扶贫工作队，他们扛着行

李走进了全市所有贫困村。摸底数、找项目、跑资金，扶贫干部奋战在脱贫攻坚一线，只为"精准扶贫、不落一人"的庄严承诺。遍布全市的驻村干部以及广大乡村干部，不仅让贫困地区变了样，更播撒下自力更生、艰苦奋斗的火种。贫困群众从最初的"揣着手"等，到"背着手"看，最后变为"甩开手"干，走上了脱贫致富之路。

2. 精准施策助脱贫

全市认真贯彻落实中央、省各项扶贫政策，因地制宜，打好脱贫攻坚战，努力让贫困群众"不愁吃、不愁穿，义务教育、基本医疗、住房安全有保障"。

落实危房改造政策，让群众住房安全有保障。2016—2021年，全市享受危房改造政策的贫困户有14371户。落实健康扶贫政策，实施基本医保、大病保险、医疗救助，防止因病返贫。2017年，荆门在原有"基本医保＋大病保险"报销基础上，为农村贫困人口购买补充医疗保险，构建第三道医疗保障防线。2018年，在全省率先探索设立健康扶贫补充医疗救助基金。2019年，又出台《荆门市健康扶贫补充医疗救助基金管理办法（试行）》等。"基本医保＋大病保险＋补充保险＋医疗救助"四位一体的健康扶贫工作机制实现了全覆盖，为农村贫困人口筑起了一道坚实的防线。落实教育扶贫政策，让贫困家庭子女接受良好教育，彻底"斩穷根"。至2020年底，通过实施扶贫助学资金、生活补助资金、雨露计划等，各种针对贫困学生的帮扶政策在荆门的覆盖率达100%。落实就业务工政策，贫困人口务工就业75763人，公益性岗位托底安置农村贫困劳动力11654人，实现应就业尽就业。

全市大力实施产业扶贫。按照"一村一策、一户一业"要求，给5.6万户建档立卡、有劳动能力的贫困户制定产业发展规划。先后出台了《关于开展农业产业扶贫促进精准脱贫的指导意见》《荆门市科技助力精准扶贫工程实施方案》等文件，着力引进和培育新型经营主体。2015—2020年，全市组织了3500余家新型经营主体参与扶贫，培育省级扶贫龙头企业11家，培训贫困村创业致富带头人1098人，5.3万户有劳动能力贫困户参与到特色产业发展，特色产业带贫率达95%以上，其中农业特色产业带动贫困户4.8万户，带贫率为86%。全市扶贫资金投入达21.32亿元，年均增长30.67%。累计发放12.51亿元扶贫小额信贷，支持17684个贫困家庭发展产业。经过不懈努力，全市产业扶贫取得决定性进展，初步形成了优质稻、优质油菜、虾稻、精品柑橘、蔬菜、花卉苗木、食用菌、中药材、龟鳖等特色产业。依靠这些产业，全市平均每年减贫达4万人以上。

3. 有效衔接稳脱贫

全市扎实推进巩固拓展脱贫攻坚成果同乡村振兴有效衔接。2021年5月20日，荆门市委召开专题会议，讨论市《关于实现巩固拓展脱贫攻坚成果同乡村振兴有效衔接的实施方案》，就实现巩固拓展脱贫攻坚成果同乡村振兴有效衔接工作进行研究部署，强调要统筹推进衔接工作，确保平稳过渡、有效衔接。

2021—2022年，全市着重实施“五抓”，巩固拓展脱贫攻坚成果，坚决守住不发生规模性返贫底线。一是抓住关键稳增收。在产业帮扶方面，着力加大产业项目投入、壮大特色产业、发展家庭“五小”产业、拓宽产销对接渠道和规范资产后续管理；在务工就业方面，突出做好稳规模、稳岗位、稳政策“三稳”，促进脱贫人口持续稳步增收。二是抓牢基础强监测。对841户2596名监测对象实行早发现、早干预、早帮扶，全市未发生返贫致贫现象，做到了精准监测、精准帮扶，守住底线。三是抓优队伍重帮扶。细化任务、培训提能、规范管理，充分发挥驻村第一书记和工作队作用，抓实巩固拓展脱贫攻坚成果等工作。四是抓准问题促整改。聚焦问题全面整改，举一反三务求实效。五是抓实责任促振兴。压实责任，乡村发展聚焦产业，乡村建设稳妥推进，乡村治理下足功夫。至2022年，全市脱贫攻坚政策调整优化任务全部完成，脱贫攻坚成果得到巩固拓展，全面推进乡村振兴实现良好开局。

（二）加快社会事业发展

全市坚持以人民为中心的发展思想，着力实施就业、教育、卫生健康等各项政策举措，努力提升社会公共服务水平，人民群众的获得感幸福感安全感显著增强。

1. 稳定和扩大就业

坚持就业优先发展战略，实施积极就业政策，就业体系不断完善，以市场为导向的就业机制逐步健全。城镇就业规模持续扩大，十年来全市城镇年均新增就业近5万人，入围全国20个公共就业服务能力提升示范项目实施城市。失业水平保持低位，就业质量持续提升，2022年城镇单位就业人员工资水平较2012年翻了一倍。高校毕业生人数就业水平总体稳定，重点群体就业持续平稳，农村转移劳动力从2012年的43.76万人增长至2022年的50.89万人。全市农民工工作获省政府表彰，建成全国首批返乡创业试点地区和全省返乡创业示范县2个。兜底帮扶效果明显，累计实现失业人员再就业17.6万人，就业困难人员就业6.6万人。开展就业技能培训25万人、创业培训4.5万人，发放创业担保贷款2.8万笔、32.42亿元，打造省级、市级创业孵化示范园区11个。常态化实施“雁归农谷”返乡创业行动，通过鼓励扶持创业推动实现更高质量就业。

2. 加快教育事业发展

坚持把教育摆在优先发展位置，以办好人民满意的教育为目标，推动教育事业发展取得新成绩。教育综合实力显著提升，教育改革不断深化。全市各级各类教育全面发展。推动学前教育公益普惠，创建省级示范幼儿园15所、市级示范幼儿园100所。截至2022年，全市城乡义务教育一体化改革发展，全市义务教育完成率100%、巩固率99.67%，全域通过教育部义务教育均衡发展评估验收。普通高中教育攻坚发展，实现每个县市有一所省级示范高中，教育质量在全省持续保持高位。职业教育融合融通发展，成功申办荆门职业学院。教育关键领域改革全面突破，实施义务教育“以县为主”管理体制改革。实施民办义务教育学校招生制度改革,推行电脑随机录取办法,全面落实"公民同招"政策。实施管办评分离改革,在全省率先成立市级教育质量评估中心。推进教育与信息技术深度融合,大幅提高教育信息化水平,荆门市入选中央电化教育馆"互联创未来"项目地区,为全省唯一。截至2022年,全市有各级各类学校678所,其中大学2所、中等职业教育学校12所、普通中学130所、小学188所、特殊教育学校4所、幼儿园342所。在校学生数357082人,专任教师数24576人。

3. 推进卫生健康事业发展

以打造健康荆门和实现人人享有基本医疗卫生服务为总体目标,努力提升医疗卫生服务质量和水平,卫生健康事业有了新发展。一是医疗机构服务能力持续跃升。全市形成以市中心医院、市人民医院、市中医院、市妇保院、市传染病医院和县级人民医院、中医院、妇保院为核心的公立医院服务体系。引进了达芬奇手术机器人、3.0T磁共振、超高清数字化PET-CT、体外生命支持系统(ECMO)等先进设备,医疗硬件设施条件大幅改善。二是兜牢基层医疗服务网底。通过转型调整,全市以16家二级及以上公立医院为龙头、50家乡镇卫生院和18家社区卫生服务中心为枢纽、1289个村卫生室和59个社区卫生服务站为网底的医疗卫生服务体系全面建立完善。三是全面构筑保障公共卫生安全"隔离墙"。聚焦新冠疫情暴露的公共卫生短板,全市共谋划补短板项目85个,争取抗疫特别国债资金12.6亿元。四是健康荆门迈出坚定步伐。全力推进健康环境营造、健康服务优化、健康人群培育工作。省级卫生城镇实现全覆盖,创建国家卫生乡镇(县城)19个。截至2022年,全市有卫生机构1979个,其中医院、卫生院108个,疾病预防控制中心6个。卫生机构人员数24218人,床位数19252张。

4. 夺取疫情防控重大决定性胜利

2020年初,新冠肺炎疫情突袭荆楚大地。荆门市委、市政府坚决贯彻中央、省委关于打好新冠肺炎疫情防控阻击战的指示精神,坚持把人民生命安全和身体健康放在第一位,按照坚定信心、同舟共济、科学防治、精准施策的总要求,有力有序有效地组织打好疫情防控的人民战争、总体战、阻击战,共同守护好"荆楚门户"。不避艰险阻断疫情,采取最全面、最严格、最彻底的防控举措,守牢进荆离荆通道,有效阻止了疫情输入传播和扩散蔓延;不惜代价救治患者,打通全市医疗资源,积极探索治疗方案,竭尽全力救治患者;不计成本筹集物资,共筹集医用防护服25.4万套、N95口罩41万个、护目镜4.5万个、医用防护面罩3.6万个、医用外科口罩395万只,调配611.83万只口罩投放市场,鼓励药品经营企业自筹自售203.2万只;不遗余力保障民生,稳定食品供应链,全市主要食品价平量足,确保群众生活物资配送。关怀帮扶特殊群体,有效保障了基本民生。在全市上下的共同努力下,仅用3个月左右时间取得了疫情防控决定性成果。2021—2022年,全市又先后战胜数轮疫情,坚持因时因势优化调整防控政策措施,慎终如始抓好常态化疫情防控，认真落实"疫情要防住、经济要稳住、发展要安全"的重要要求，高效统筹疫情防控和经济社会发展，最终取得了疫情防控重大决定性胜利。

（三）加强社会保障和社会救助

坚持以人民为中心，扎实做好保障和改善民生工作。持续加强社会保障，健全社会救助体系，切实兜住兜牢基本民生保障底线，实现弱有所扶、困有所助、难有所帮。

1. 努力提高社会保障水平

健全覆盖全民、统筹城乡、公平统一、可持续的多层次社会保障体系。统一城乡居民养老保险制度，机关事业单位养老保险制度改革稳步推进，建立职业年金制度，巩固工伤保险市级统筹，实现企业职工基本养老保险全国统筹，上线运行全省统一的企业职工基本养老保险系统。2020年荆门被列为全国40个工伤预防重点联系城市之一。截至2022年底，全市基本养老保险、失业保险、工伤保险参保人数分别达203.93万人、26.08万人、29.5万人。社保待遇水平稳步提高，企业退休人员月人均养老金增至2382元，城乡居民月人均养老金增至151元；月平均失业保险金提高到1485元；月平均工伤保险伤残津贴提高到4205元。积极落实困难群体人员参加城乡居保政府代缴政策，2022年代缴3.81万人，603.48万元。社保服务向更加便民转变，线上线下经办模式全域覆盖。公共服务能力不断增强，市、县（市、区）、乡镇（街道）、村（社区）四级社会保障公共服务体系全面形成。截至2022年，全市社会保障卡持卡人数实现参保人群全覆盖，签发电子社保卡141.33万张。

2. 不断健全社会救助体系

着力构建综合救助格局，制定出台《关于改革完善社会救助制度的实施方案》等文件，不断完善以基本生活救助、专项救助、急难救助为主体，社会力量参与为补充的分层分类社会救助体系，让特殊群体和困难群体得到及时救助。2022年，全市城乡低保标准、农村特困供养标准分别达到上年度城乡居民人均生活消费支出水平的33%、46%和80%。严格落实"单人保"和"低保渐退"政策，加强支出型困难家庭认定救助，将更多困难群众纳入保障范围。建立低收入人口动态监测平台。重点加强全市3767名"三类对象"（边缘易致贫户、脱贫不稳定户、突发严重困难户）监测。2022年，全市城乡低保5.2万人，发放资金3.36亿元；城乡特困7435人，发放资金1.09亿元；临时救助3633人次，发放1025万元。疫情期间，为全市困难群众增发一次性生活补贴共计2799万元，发放临时价格补贴共计1001万元。

五、坚定不移推进生态文明建设，加快建设美丽荆门

荆门是一座重工业城市，环境保护的任务十分繁重。党的十八大以来，全市坚持走

生态优先、绿色发展之路，统筹发展和安全，深入推进流域安全治理，美丽荆门建设取得显著进展。

（一）扎实推进长江大保护

汉江是长江的最长支流，荆门地处汉江中下游，有着丰富的水资源。全市认真贯彻落实省委、省政府关于长江大保护的总体部署，扎实有序推进长江大保护各项工作，确保一江清水永续东流。

1. 打好长江大保护十大标志性战役

2018年7月，荆门市印发《市人民政府关于印发荆门市长江大保护十大标志性战役相关工作方案和指挥部的通知》，以“雷霆之势”全面推进城市黑臭水体整治、企业非法排污整治、沿江化工企业“关改搬转”等长江大保护十大标志性战役工作。累计投入财政资金112.8亿元，完成清单任务296项，出台管理办法36个，建立长效机制33个。长江大保护工作力度之大、影响之深，前所未有，成效显著。至2022年底，在城市黑臭水体整治方面，荆门中心城区3条城市黑臭水体完成整治目标。在竹皮河1公里范围内禁止新建扩建化工园区和化工项目；在企业非法排污整治方面，对企业进行全面排查，对非法排污企业进行查处和治理，实现省级以上工业集聚区集中式污水处理设施的正常运行和达标排放；在沿江化工企业“关改搬转”方面，“关改搬转”沿江化工企业61家；在汉江干线非法码头专项整治方面，关停取缔各类码头76个，腾退岸线6.5公里，复绿面积500余亩；在长江入河排污口整治方面，计划2023年底前完成619个排污口的溯源整治目标。

2. 实施长江大保护攻坚提升行动

2022年8月，市政府出台《荆门市长江高水平保护十大攻坚提升行动方案》，决定实施沿江化工企业“关改搬转”绿色转型、长江入河排污口溯源整治、城镇污水处理提质增效及黑臭水体治理、城乡生活垃圾无害化处理、船舶和港口污染防治、农业农村绿色发展、国土绿化和湿地保护修复、国土空间生态修复、水资源保障、长江流域非法矮围整治等十大攻坚提升行动。通过三年集中攻坚、两年巩固提升，实现从“全面出击向重点突破、应急治理向常态化治理、治标向标本兼治”三个转变，持续改善全市汉江生态环境和水域生态功能，提升生态系统质量和稳定性，巩固提升长江大保护十大标志性战役成果。

（二）全力打好污染防治攻坚战

为加强生态治理和环境保护，荆门市深入开展污染防治，着力打好蓝天碧水净土保卫战，让荆门大地的天更蓝、水更清、山更绿、环境更优美。

1. 蓝天保卫战

成立大气污染防治攻坚战指挥部，由市级领导担任指挥长，从生态环境、公安、住建、城管、交通运输、自然资源等部门抽调专人组建专班，分5个督导组，围绕石料行业、工地及道路扬尘、企业监管、移动源监管等方面，开展常态化巡查督导。在全省率先建成网格化精细监测平台和移动源综合监管平台，率先推动$PM_{2.5}$和臭氧污染协同防控“一市一策”驻点跟踪研究落地，建设涵盖5个国控站、5个省控站、1个背景站、1个超级站、1个园区站、221个微型站的监测监控网络。通过“人防＋技防”，持续强化工业源、移动源、扬尘源、生活源治理和管控，淘汰燃煤锅炉347台，依法查处超标柴油车217辆、非道路移动机械1台，累积整改各类环境问题5000余个。2022年，全市$PM_{2.5}$较2015年下降31.8%，PM_{10}较2015年下降34%。

2. 碧水保卫战

全面加强饮用水水源地保护和专项治理，开展县级以上集中式饮用水水源地专项整治行动，全市饮用水水源水质达标率100%。2013年，漳河水库成功纳入国家良好湖泊生态环境保护试点。2021年9月，荆门市出台《关于加强漳河水库水生态环境保护的决定》。漳河水库水域连续多年发现生物进化“活化石”桃花水母等珍稀保护生物，被省生态环境厅推荐纳入全国“美丽河湖”优秀案例。截至2022年，荆门市22个国控、省控断面地表水总体水质良好，优良断面比例为86.4%。全市水环境质量稳中向好，主要支流水质逐步改善，漳河达到Ⅰ类水质，汉江、涢水、大富水、惠亭水库等水质保持在Ⅱ类。

3. 净土保卫战

持续推进农用地土壤镉等重金属污染源头防治，120个关闭矿山历史遗留固体废物图斑排查全部完成。48家单位纳入土壤污染重点监管单位名录，有46家土壤污染重点监管单位开展隐患排查整改，6家土壤污染重点监管单位全部完成隐患排查“回头看”。加强受污染耕地安全利用工作，落实受污染耕地安全利用措施，全市5601.59亩受污染耕地安全利用率达100%、受污染地块安全利用率达100%。

（三）推动绿色低碳发展

全市坚持生态优先、绿色发展，大力倡导绿色低碳生活方式，增加绿色产品和服务供给，生态文明制度体系更加健全，创建国家循环经济示范城市取得显著成绩。

1. 生态文明建设和应对气候变化

深入推进生态文明建设。2016年4月，荆门市八届人民代表大会常务委员会第三十三次会议通过《荆门市创建国家生态文明建设示范市规划（2015—2025年）》。成立创建国家生态文明建设示范市指挥部，研究部署生态文明建设和环境保护工作，系统推进生态文明建设。荆门市获“湖北省生态文明建设示范市”称号，京山市、钟祥市获“国家生态文明建设示范区”“湖北省生态文明建设示范市（县、区）”称号，沙洋县、东宝区、屈家岭管理区获“湖北省生态文明建设示范市（县、区）”称号。京山市绿林镇、三阳镇获得“国家级生态镇”称号，沙洋县毛李镇、京山市孙桥镇、东宝区仙居乡等51个乡镇被授予“湖北省生态乡镇",京山市孙桥镇花苑台村、东宝区仙居乡华新村、漳河新区双喜街道双井村等586个村被授予"湖北省生态村"。

积极应对气候变化。2021—2022年,全市投入中央和省级资金7.38亿元,实施环保项目95个,推动减污降碳协同增效。全市碳达峰行动方案完成招标工作,编制工作启动。屈家岭管理区季河社区被纳入省级第一批近零碳试点示范项目,湖北众为钙业有限公司等31家企业纳入湖北省碳市场,国能长源、华能热电、绿动能源3家发电行业企业纳入全国碳市场。

2. 创建国家循环经济示范城市

2012年以来,荆门市着力建设以科技含量高、经济效益好、资源消耗低、环境污染少为特征的循环经济体系。2016年,被国家发改委、财政部、住建部批准创建国家循环经济示范市。一是打造五大循环经济产业链。成功创建格林美国家城市矿山、以磷石膏利用为主的国家资源综合利用"双百工程"两大国家级示范基地,建成荆门化工循环产业园、东宝农业废弃物综合利用产业园、格林美矿产资源产业园和荆门静脉产业园四大循环经济特色园区,打造了石化、磷化工、农产品深加工、畜禽加工—副产物利用、工业固体废弃物循环利用5条循环经济产业链。二是高效循环农业蔚然成型。全市71家秸秆综合利用企业,年收储利用能力100万吨,秸秆综合利用率91.7%。培育"猪—沼—肥—菜""秸秆养牛—牛粪种菇—菇料还田""鸡粪回收—生产有机肥—种植有机稻"等多种生态养殖模式,生态高效种植养殖面积达250多万亩。建成钟祥、京山、沙洋等农产品加工循环产业园,培育规模以上农产品加工企业100多家。三是推进城市生活垃圾、有机废弃物及城市固体废弃物资源化利用。建成荆门静脉产业园,利用餐厨垃圾、市政污泥、建筑垃圾,生产天然气、有机肥、再生砖等产品。四是开展磷石膏综合治理。全市持续推进磷石膏综合利用、磷石膏渣库环境治理,磷化工污染治理成效持续巩固,磷石膏渣库环境风险得到有效管控,磷石膏综合利用率提升至2022年的57.2%。

六、坚定不移加强党的建设,纵深推进全面从严治党

党的十八大以来,荆门市坚持以习近平新时代中国特色社会主义思想为指导,全面落实新时代党的建设总要求,坚定不移推动全面从严治党向纵深发展,为全市经济社会跨越发展提供了坚强有力的政治保障和纪律保障。

(一)加强党的思想政治建设

始终把党的思想政治建设摆在首位,以新时代党的创新理论凝心铸魂,教育引导广大党员干部深刻领悟"两个确立"的决定性意义,增强"四个意识"、坚定"四个自信"、做到"两个维护"。

1. 坚持“两个确立”、做到“两个维护”

认真贯彻落实习近平总书记重要指示批示精神。坚持思想引领、学习在先机制，组织认真学习习近平总书记重要讲话、重要指示批示精神。成立由市委主要负责同志任组长的贯彻落实习近平总书记重要指示批示精神领导小组，坚持书记挂帅、专班推进、分工落实，清单管理、跟踪督办、定期通报，确保件件有着落、事事有落实。2022年1月12日，中共荆门市九届二次全会召开，审议通过了《中共荆门市委关于进一步加强党的政治建设，坚持“两个确立”、做到“两个维护”的决定》，进一步压实政治责任，确保坚持“两个确立”、做到“两个维护”落细落实。坚持把政治标准放在首位，组织制定《荆门市党政领导干部政治素质考察实施细则》，建立一人一档政治素质档案，促进党员干部全面提升政治判断力、政治领悟力、政治执行力。

2. 扎实组织开展党内集中教育

2012年以来，按照中央和省委统一部署，全市先后组织开展了党的群众路线教育实践活动、“三严三实”专题教育、“两学一做”学习教育、“不忘初心、牢记使命”主题教育、党史学习教育等党内集中教育。通过系列集中教育，彰显了思想建党的强大威力，为全面从严治党向纵深推进夯实了思想基础。特别是在2021年党史学习教育中，全市各级党组织、广大党员坚决贯彻党中央决策部署和省委工作要求，入心入脑“学党史”，笃信笃行“悟思想”，用心用情“办实事”，善作善成“开新局”，在学史明理、学史增信、学史崇德、学史力行上取得了显著成效。全市广大党员累计办理民生实事29.6万件，其中县处级以上领导班子和班子成员带头办理民生实事1388件，办结率100%。2022年，全市按照省委统一部署，大力开展党员干部“下基层、察民情、解民忧、暖民心”实践活动，推动解决问题1.2万余个。

3. 以新时代党的创新理论凝心铸魂

坚持不懈加强党的创新理论武装，坚持以习近平新时代中国特色社会主义思想武装头脑、指导实践、推动工作。一是在学懂上下功夫。全市各级党组织和广大党员干部坚持读原著、学原文、悟原理，创新学习方式方法，全面系统学、及时跟进学、持续深入学、联系实际学，力求准确把握习近平新时代中国特色社会主义思想的丰富内涵、核心要义和科学体系。围绕学习党的十八大、十九大、二十大和习近平总书记视察湖北系列重要讲话精神，举办各类主体班、专题班、研讨班并拓展深化，培训干部5.24万人次。二是在弄通上下功夫。全市通过各级中心组学习、党校教育培训、理论宣传、学习强国和干部在线学习等平台，把学习习近平新时代中国特色社会主义思想同学习马克思主义基本原理贯通起来，同新时代伟大实践贯通起来，引导广大党员干部准确把握习近平新时代中国特色社会主义思想的理论逻辑、历史逻辑、实践逻辑。三是在做实上下功夫。坚持把习近平新时代中国特色社会主义思想作为引领一切工作的思想旗帜、理论指引、根本遵循。坚持问题导向，努力做到学思践悟、融会贯通，切实把学习成效转化为推进荆门打造全省产业转型升级示范区、实现高质量发展的具体行动。

(二)加强基层党组织建设和干部队伍建设

十年来,全市认真贯彻落实新时代党的组织路线,坚持多措并举,扎实推动基层党组织建设迈出新步伐,干部队伍建设取得新突破。

1. 着力夯实基层党组织基础

坚持大抓基层的鲜明导向,创新工作举措,着力提升基层党组织的政治功能和组织功能。一是严密组织体系。在城乡构建"社区大党委—网格党支部—微网格党小组—党员中心户"和"村级党组织—湾组党小组—党员中心户"的基层党组织体系,基层党组织感应力大幅提升。二是压实党建责任。制定"四级八岗"①66项党建任务清单,建立县乡党委书记走乡村、重点难点支部提级管理、基层党组织书记抓党建积分制管理、乡镇书记"五谈五进五比"等工作机制,市县两级同步建立"双月例会、季度拉练"调度机制。大力推进红色物业、红色商圈、红色楼宇、红色驿站建设,打造了社区治理"红纽带""积分制管理"等品牌。三是提升"两新"组织党建质量。紧扣主导产业和战略性新兴产业,组建6个市级产业链党委、12个县级产业链党委,建立非公企业党组织1250个、社会组织党组织726个。荆门传化公路港"服务暖心引建红色方向盘"经验入选中组部全国非公企业党建典型案例。四是汇聚基层治理力量。扎实开展"下基层、察民情、解民忧、暖民心"实践活动、美好环境与幸福生活共同缔造活动,帮助基层解决各类问题2.84万个。组建党员牵头、群众参与的村(居)民议事会、产业协会等群众组织1.9万个,在推进产业发展、美好环境建设等重点方面提升党建引领基层治理水平。五是发挥党员示范引领。建立完善党员干部下沉社区三级响应机制,大力推广"荆楚红管家"App,用信息化手段做实党员干部"双报到"。全市2.6万名党员干部常态化下沉基层,积极参与疫情防控、文明城市创建等活动。

2. 着力建设高素质干部人才队伍

全市深入贯彻落实好干部标准,持续加强高素质干部人才队伍建设,为推动荆门高质量发展和打造产业转型升级示范区提供坚强组织保证。一是坚持正确用人导向。突出重实绩、重专业、重基层,面向经济建设主战场,从招商引资、防控抗疫、乡村振兴等一线选拔使用优秀干部,选人用人公信度明显提升。注重培养选拔优秀年轻干部,对经济、教育、卫生等34个专业性强的部门班子成员进行优化调整。二是强化培养锻炼。加强干部队伍培训,开设创建区域科创中心、交通物流中心、推动乡村振兴、绿色发展及生态文明建设等专题班次。选派优秀干部到经济发达地区、省直机关和市直专业部门跟班学习,到信访、巡察、疫情防控等一线培养锻炼,赴长三角、珠三角、京津冀等经济发达地区

①"四级八岗":市县乡村四级;县(市、区)委书记、组织部部长、乡镇党委书记等8个关键岗位。

驻点招商。三是大力实施头雁引领工程。2021年，依法依规完成1342个村、223个社区的换届任务，换届调整村(社区)党组织书记406人。持续培养村级后备力量，累积储备农村优秀青年实用人才683名，招引480余名能人回乡任后备干部。四是深入实施人才强市战略，大力开展专业技术人才、高技能人才培养引进工作。累计评选表彰国贴、省贴、省突专家54人。全市国家级博士后科研工作站和省级创新实践基地达15家，实施市级“双创战略团队”项目19个，专业技术人才总量达14万人。深入推进技能人才振兴计划，全市技能人才总量达36.8万人，其中高技能人才10万人。

(三)驰而不息正风肃纪反腐

党的十八大以来，全市始终保持全面从严治党永远在路上的清醒和坚定，坚持严的基调不动摇，持续深入正风肃纪反腐，坚定不移把全面从严治党向纵深推进。

1. 不断强化政治监督

抓实政治监督，稳步推进全市政治生态分析研判工作，建立健全“一把手”述责述廉、信访举报情况定期分析等工作机制，做深做实政治谈话，政治生态更加清朗。坚持不懈深化政治巡察，高质量实现巡察全覆盖。聚焦重点，扎实开展粮食购销领域、开发区建设领域、长江大保护、违建别墅和“大棚房”等专项监督，常态化开展乡村振兴领域腐败和作风问题专项治理。围绕荆门打造产业转型升级示范区，找准监督重点和着力点，统筹开展优化营商环境“十大行动”等政治监督，跟进开展安全生产等专项监督，发现和纠正问题3923个。聚焦省委巡视“回头看”反馈问题，扎实开展党员、公职人员“黄赌毒”问题和严重交通违法问题专项整治。推动政治监督常态化，对倾向性、苗头性问题，能现场解决的督促立行立改，不能现场解决的发函予以交办，防止小问题变成大错误；对相关问题线索及时处置，该立案的坚决立案，严肃追责问责；对体制性障碍、机制性梗阻、制度性漏洞等问题，结合政治生态分析报告，综合运用纪检监察建议、专项整治等手段，靶向施治、对症下药，充分发挥了纪检监察机关监督保障执行、促进完善发展作用。

2. 持续发力纠治“四风”

十年来，全市坚持不懈纠“四风”树新风，先后开展“效能风暴”行动、“庸懒散慢”问题集中整治、“整顿干部作风、整治发展环境”等活动，促进了项目建设提速、服务效能提升、企业负担减轻。锲而不舍抓好中央八项规定精神及其实施细则的贯彻落实，对违规吃喝、违规收受礼品礼金、违规发放津补贴等问题露头就打，对党员干部餐饮浪费、精致走账、利用名贵特产和特殊资源谋取私利等问题开展专项整治。聚焦隐形变异问题，严查享乐主义、奢靡之风，扎实开展整治形式主义、官僚主义问题“三年行动计划”和“基层减负年”活动。出台《县处级领导干部不担当不作为监督办法》《关于解决形式主义突出问题为基层减负的若干措施》等文件，市县联动对纠治“三不”(不担当、不作为、不负责)、“三假”(假作为、假落实、假政绩)问题及落实“三减”(减文、减会、减过度检查)情况开展明察暗访，持续释放对不担当、不作为等行为从严查处的强烈信号。全市共查处“四风”问题2132件，问责2783人，有力推动党风政风持续好转。

3. 坚持一体推进不敢腐、不能腐、不想腐

一体推进不敢腐、不能腐、不想腐，不仅是反腐败斗争的基本方针，也是新时代全面从严治党的重要方略。十年来，全市坚持一体推进不敢腐、不能腐、不想腐，反腐败斗争取得压倒性胜利并全面巩固。一是保持高压态势，强化“不敢腐”的震慑。对党的十八大后不收敛、不收手，特别是十九大后仍不知止、胆大妄为的发现一起、查处一起。全市共立案10846件，处分10487人，采取两规或留置措施251人，严肃查处了一批严重违纪违法案件，坚决清除政法队伍中的害群之马，深挖彻查公安、卫健、人防等领域窝案串案。二是坚持系统施治，扎紧“不能腐”的笼子。结合各行业各领域特点，精准施策、对症施治，深入推进系统治理。深化以案促改，督促推动案发单位和主管部门剖析原因、举一反三、健全制度、源头治理。三是强化教育引导，提升“不想腐”的自觉。大力推进清廉荆门建设，打造陆九渊纪念馆等一批特色宣传阵地，推出廉政花鼓戏《戒石碑》等一批廉洁文化精品力作，引导党员干部知敬畏、存戒惧、守底线，涵养清廉品格，永葆为民务实清廉的政治本色。四是坚持“三个区分开来”，建立容错减责免责机制。坚持“查诬”“澄清”结合，为担当者担当、为负责者负责，切实保护党员干部干事创业积极性。五是统筹推进纪检监察体制改革。市县两级监察委员会如期组建挂牌，实现对全市所有行使公权力的公职人员监督全覆盖。加强队伍建设和教育整顿，锻造对党绝对忠诚、敢于善于斗争、自身正自身硬的纪检监察铁军。

综上所述，新时代十年，荆门在经济、政治、文化、社会、生态和党的建设等各个领域都取得了系列重大成就。这十年，是全市上下栉风沐雨、团结奋斗，全面构筑高质量发展坚实基础的十年；是改革创新、锐意进取，经济社会各项事业全面进步的十年；是奋进新征程、建功新时代，谱写“荆”彩答卷的十年。奋斗创造历史，实干成就未来。站在新的起点上，荆门人民将更加紧密团结在以习近平同志为核心的党中央周围，在省委、省政府坚强领导下，奋力推进转型升级、跨越发展，不断续写新的辉煌！

撰稿人：李三乔、阳琼
统稿人：李三乔
审定人：王少华

十年“蝶变”:从“钢城”到“港城”

——从党的十八大到二十大鄂州发展综述

鄂州市史志研究中心

鄂州地处鄂东城市群地理中心,是武汉城市圈核心层城市,是湖北省首个改革试验区、首个城乡一体化试点市,被誉为“湖北改革试验田”。党的十八大以来,中国特色社会主义进入新时代,鄂州迈进了全新的发展时期,特别是2013年习近平总书记考察湖北亲临鄂州视察指导工作,极大地提振了全市上下凝心聚力共促发展的信心力量。历届市委、市政府紧跟中央、省委改革步伐,发挥先行先试优势,深化改革,加快绿色转型发展,在重点领域和关键环节取得突破性进展。区域战略地位日益突出,改革开放全面提高,城市能级全面提升,生态颜值更加靓丽,民生福祉持续增进,经济社会发生深刻变化。鄂州在2020年中国地级市全面小康指数排名第66位、2021年中国城市综合经济竞争力排名第62位、武汉城市圈城市融合指数综合排名第一位。2022年随着亚洲第一个、国内唯一的专业货运枢纽花湖机场起航投运,鄂州开启了由“钢城”向“港城”蝶变转型发展新征程,锚定“武鄂同城、城乡融合”战略部署,加快建设“两区一枢纽”发展目标,奋力开创全球货运“新高地”、内陆开放“新沿海”、“铁水公空”多式联运物流港口城市新格局。

一、习近平总书记考察湖北亲临鄂州指导工作

十年来,习近平总书记先后4次考察湖北,参加全国人大湖北代表团审议,出席第七届世界军人运动会开幕式,为新时代湖北改革发展把脉定向、引路指航。特别是2013年习近平总书记考察鄂州,全市人民备受鼓舞。市委始终坚持用习近平总书记视察鄂州重要讲话精神作为航标,把习近平总书记对人民的深切关怀转化为忠诚拥护核心的坚定意志,把总书记的殷殷嘱托转化为做好鄂州全局工作的实际行动。

(一)总书记的特殊关怀,谆谆教导,鄂州历史永远铭记

党的十八大报告提出,解决好农业农村农民问题是全党工作重中之重,城乡发展一体

化是解决“三农”问题的根本途径。鄂州是全省第一个统筹城乡发展改革试点城市，市委、市政府抢抓机遇，高位推进统筹城乡一体化建设改革，在实践中探索出能在全省推广的宝贵经验。2013年7月21日至23日，习近平总书记考察湖北，调研全面深化改革问题和经济运行情况。22日下午，习近平总书记亲临鄂州深入杜山镇东港社区、长港镇峒山村，实地考察城乡一体化发展、美丽乡村建设和生态文明建设情况，并与峒山村部分村民代表座谈。在此期间，总书记作出了“科技兴农，粮食安全要靠自己”“全面建成小康社会，难点在农村。我们既要有工业化、信息化、城镇化，也要有农业现代化和新农村建设，两个方面要同步发展。要破除城乡二元结构，推进城乡发展一体化，把广大农村建设成农民幸福生活的美好家园”“实现城乡一体化，建设美丽乡村，是要给乡亲们造福，不要把钱花在不必要的事情上，比如说‘涂脂抹粉’，房子外面刷层白灰，一白遮百丑。不能大拆大建，特别是古村落要保护好”等一系列重要指示，开启了鄂州农业农村现代化建设新征程。

习近平总书记视察过的长港镇峒山村（峒山村　供图）

（二）感悟特殊关怀，深刻领会习近平总书记重要讲话的核心要义指导鄂州实践

推动学习贯彻走深走实。市委牢记核心嘱托、感悟领袖期盼，迅速组织召开市委常委（扩大）会议、全市三级干部会议，传达学习贯彻习近平总书记考察湖北、视察鄂州的重要讲话精神。明确指出习近平总书记专程到鄂州考察农业工作和城乡一体化，就“三农”工作与群众代表进行座谈，并发表重要讲话，体现了中央、省委对鄂州工作的高度重视，体现了对鄂州干部群众的亲切关怀，是对加快推进鄂州发展建设的巨大鼓励和鞭策。强调习近平总书记的重要讲话深刻阐述了农村小康在全面小康中的重要地位，工业化、信息化、农业现代化与城镇化同步发展的重要性，深刻指出城乡一体化在工业化、城镇化、

信息化与农业现代化中的桥梁和纽带作用，提出了加强农村公共服务、农村社会保障的具体要求，指出要注意把握土地流转宏观管理政策和城乡一体化发展不能走老路两个重要问题，要注意保留农村特色和尊重农民意愿、做好群众工作的两个重要方法。习近平总书记的重要讲话对于加快推进鄂州科学发展、跨越发展具有极其重要的指导意义。要求全市要以高度的政治自觉、思想自觉、行动自觉，迅速掀起学习贯彻习近平总书记重要讲话精神热潮，要进一步深化对市情的认识，完善发展思路和举措，增添信心和干劲，以习近平总书记重要讲话精神为指导，团结奋进，开拓创新，扎实工作，乘总书记考察湖北、视察鄂州的强劲东风，扎实推进新型城镇化建设，奋力加快鄂州科学发展、跨越发展，推动各项工作不断开创新局面。

明确全局目标一以贯之。切实把习近平总书记的嘱托和期望转化为强大的政治动力、精神动力和工作动力，整体把握、融会贯通到鄂州全局战略发展中。市第七次党代会上提出，在习近平总书记系列重要讲话，特别是视察鄂州重要讲话精神的指引下，团结带领全市人民全面贯彻党的十八大和十八届每次全会精神，认真落实省委重大决策部署，推动全市五个文明建设和党的建设取得新成就。市委七届六次全会审议通过《中共鄂州市委关于学习贯彻习近平总书记视察湖北重要讲话精神深入推进城乡融合发展谱写鄂州高质量发展新篇章的决定》。市第八次党代会提出，要经常重温总书记的鄂州之行，升华对总书记的感恩之情，牢记总书记的殷殷嘱托，激荡起鄂州砥砺前行的磅礴力量，推动鄂州高质量发展成势见效。

（三）牢记殷殷嘱托，奋力谱写城乡融合发展鄂州答卷

科技兴农实现新突破。习近平总书记告诫“科技兴农，粮食安全要靠自己”。市委、市政府全力支持杂交水稻国家重点实验室鄂州基地、国家级武昌鱼原种基地科技攻关。武汉大学杂交水稻实验室鄂州基地已成为全国首批重点实验室之一，红莲型杂交水稻在长江中下游和东南亚地区种植面积累计超4亿亩；抗褐飞虱基因技术攻克了一系列世界性难题，使我国抗褐飞虱育种迈入世界先进行列；“双高”（稻谷高产和资源高效）育种取得原创性突破，为我国水稻产业实现高产低耗和环境友好提供核心技术支撑。武昌鱼原种基地培育的水产新品种“华海1号”荣获农业农村部神农中华农业科技奖一等奖、省政府科技进步奖一等奖、夏花鱼种销往全国24个省市；累计向长江放流武昌鱼原种2400公斤、种苗5.3万尾，推动水域生态环境及鱼类资源恢复。

产业发展趟出新路子。市委、市政府牢记习近平总书记“既要有工业化、信息化、城镇化，也要有农业现代化和新农村建设”的嘱托，加快转变农业发展方式，引领提升产业化经营水平。峒山村尊重村民意愿，引进社会资本，按照“公司＋基地＋农户”的模式和依法、自愿、有偿的原则，流转土地3000余亩，先后建设16个特色农业产业基地，推行规模化经营，发展种植和养殖。为增强市场竞争力和风险防范力，依托各类专业合作社，及

时把握市场信息，有效对接供需动态。创新生产方式，采用机械化耕作、智能化服务，无人机播种、施肥、打药，农业效益显著提升。2021年，基地产值合计达1.8亿元，村集体增收220余万元。推行绿色兴农，清洁能源公司（蓝焰）每年可处理6万吨农林废弃物，产品年销售7000万元以上，在高效去污治理的同时，带领村民闯出了一条致富新路。

乡村振兴焕发新面貌。习近平总书记在峒山村考察时说“古村落要保护好”“农村绝不能成为荒芜的农村、留守的农村、记忆中的故园”。鄂州人民铭记于心，推进乡村振兴战略。近年来，鄂州以“市民下乡、能人回乡、企业兴乡”为抓手，大力发展都市农业、生物能源等产业。峒山村在一批“回乡能人”的带动下，不让一寸土地撂荒，全村80%的劳动力在家门口就业。村委会把有限的资金用在刀刃上，统筹规划保护传统古村落，挖掘乡土文化，全村古树古井逐一建档，百年老宅修旧如旧，村居建筑与绿水青山融为一体，再现山水乡愁之源。经过近十年倾力打造，峒山村已成为全省唯一的全国首批乡村环境综合治理示范村。

共同缔造开启新生活。市委、市政府深悟习近平总书记“小康不小康，关键看老乡”的重要论述，以“共谋、共建、共管、共评、共享”为路径，扎实开展美好环境与幸福生活共同缔造活动试点。党建引领，构建“镇党委——村党总支——网格党小组——党员中心户”四级组织架构，织密织细乡村治理体系。发挥农村“五老”带头作用，成立各类协会、合作社，将村民纳入乡村建设和治理之中。广泛开展平安创建暨扫黑除恶集中宣传，聘请驻村律师，组建治安巡逻、纠纷调解、法律援助等志愿服务队，及时化解和处理纠纷事务。驻村干部和村“两委”围绕乡村振兴发展问题，与居民常态化开展小院“板凳会”、农家“夜谈会”，形成了党员群众团结议事干事的局面。2022年，峒山村集体经济收入由2013年的26万元提高到280余万元，村民人均纯收入由1.67万元增长到3.59万元，先后荣获全国先进基层党组织、全国文明村、全国农村幸福社区建设示范单位、全国乡村治理示范村等多项国家级荣誉。

峒山村的发展是鄂州推进乡村振兴的一个缩影。2022年，鄂州市人均地区生产总值为11.81万元，农村居民人均可支配收入2.31万元，城乡居民可支配收入比为1.76，城乡贫富差距持续缩小。

二、贯彻新发展理念，推动经济社会高质量发展

市委贯彻落实党中央改革决策部署、省委改革工作要求，坚定不移把发展作为第一要务，把全面深化改革作为推动高质量发展的“关键一招”，带头联系基层、服务群众，着力破解发展难题，推动鄂州高质量发展。

（一）大力推进创新发展综合改革

在中央、省委顶层设计大框架下，鄂州先行先试，先后承担国家、省试点改革项目50

余项，完成改革项目300余项，推动改革为发展开路，经济社会发生深刻变化。

深入推进供给侧结构性改革。2016年以来，坚持把提高供给体系质量作为主攻方向，深化要素市场化配置改革。大力破除无效供给，推动钢铁、水泥去产能591.2万吨，实现从总量性去产能向结构性优产能转变。推进传统产业改造升级，传统制造业完成技改投入103.2亿元，增长167.6%。推进高端制造业快速成长，战略性新兴产业年均增速超过24%，高新技术产业占地区生产总值比重提高到16.4%。现代服务业增加值占地区生产总值比重一年提高3个百分点，增速居全省第一；电商企业总数突破30家，年销售额130亿元，增长40%，生产性服务业成为拉动第三产业增长的龙头力量。落实国家减税降费政策，44项行政事业性收费取消或暂停。推进全国质量强市示范城市建设，实行工业发展负面清单管理，19个产品入选“湖北名牌”，13家企业入选省级两化融合试点示范企业。推进以产兴城、以城促产，八大功能区地区生产总值、固定资产投资、工业增加值等指标占全市比重超过60%，成为创新创业的主战场和高质量发展的重要支撑，经济发展实现换道超越。

重点领域改革出成效。武汉城市圈同城化核心区建设全面提速，实现武鄂常态化对接互访、规划同编、交通同网、科技同兴、产业同链、民生同保。完成政府机构改革，省级临空经济区挂牌成立，市级政府机构精简为32个，4个街道回归鄂城区管理，40个城市社区整合为33个。“多规合一”试点工作获评湖北改革奖项目奖。2019年在全省领先实施机关大后勤制度改革，实现市级机关办公用房物业统一管理，全省首个市级政府“公物仓”建成运行。推进城市管理和文化市场综合行政执法队伍改革，充实基层执法力量。在全省率先推进公安机构改革，理顺森林公安管理体制。全国民用机场建设管理工作会议在鄂州召开，花湖机场入选中国民航局首批“四型机场”示范项目，鄂州海关挂牌成立，航空口岸纳入国家“十四五”口岸发展规划。推行科技项目“揭榜挂帅”机制，激发企业创新活力。

着力打造一流营商环境。始终把优化营商环境作为全市中心工作、改革的“第一号工程”，相继开展营商环境建设年、提升年、攻坚年、创新年和质效年行动，以刀刃向内自我革命的决心和勇气推进营商环境建设。2020年，商事制度改革获国务院督查激励，营商环境评价整体进入全省第一方阵，获省政府督查激励；“税收退库”入选全省优化营商环境典型经验。2021年中小企业公共服务平台“四个一”（服务“一网”覆盖、政策“一键”直达、诉求“一口”受理、成果“一窗”展示）模式被《全国优化营商环境简报》推介；“五证同发”入选第三批省优化营商环境典型经验；葛店开发区被评为“2021年度全省营商环境表现突出的国家级开发区”。2022年，实施“市场准营承诺即入制”改革获省委书记、省长批示，在全省推广，入选“湖北省优化营商环境先行区改革十大典型案例”；在全省率先推出“水电气联动报装”被《湖北省优化营商环境简报》推介；全省营商环境评价中，鄂州综合成绩排名全省第六，市场主体测评满意率100%，全省排名第一；鄂州被评为全省中小企业发展环境第一类(优秀)地区。

(二)建设国际一流航空货运枢纽，构建城市转型发展新格局

鄂州花湖机场是湖北省“一号工程”，从选址、审批、开建直至启航投运，凝聚着省委、省政府的坚强领导、运筹帷幄和开创重大事业的智慧与韧性，国家部委、军队、省直各部门的精准指导，鼎力支持，鄂州市委抢抓机遇、克难勇进，一张蓝图干到底的坚定决心。机场建设历时9年，鄂州举全市之力，以超常规举措服务保障机场建设的全过程。

花湖机场选址与审批。2014年，鄂州市委审时度势，作出争取顺丰货运机场建设项目落户鄂州的重大决策，主要领导率工作专班为“决战”场址比选，一路克服重重困难，全力拼搏参与场址比选公平竞争。直到2015年6月，鄂州凭借天然的区位优势、地方历史底蕴、人文环境等理念，赢得顺丰速运公司选定鄂州燕矶场址。随后，省政府把机场项目列为“头号工程”，与顺丰公司共同谋划建设全球第四、亚洲第一的专业货运机场。2016年4月，中国民航局批复湖北国际物流核心枢纽机场选址，鄂州机场名列《中国民用航空发展第十三个五年规划》。2018年2月，国务院、中央军委批复同意新建鄂州民用机场。随后，中国民航局把鄂州机场列入首批“四型机场”(智慧、绿色、平安、人文机场)示范项目。2020年8月，国家发改委、中国民航局发文，将鄂州机场建成中国乃至亚洲首座专业货运枢纽机场上升为国家战略。2021年1月，中国民航局批复正式命名“鄂州花湖机场”；9月，顺丰集团致函省政府，同意湖北机场集团作为省方出资人代表控股，并主导鄂州花湖机场运营。

花湖机场建设与启航。2017年7月，鄂州召开征迁动员大会，全面启动机场建设核心区征迁工作。各级党员干部担当作为，不到一年，机场核心区拆掉140余万平方米房屋，腾出14.4平方公里土地。征迁涉及3个乡镇、8个村、6000多户、2万余人，被征迁群众舍小家、顾大局，为机场建设作出了巨大牺牲和贡献，征迁工作实现“零上访”“零炒作”“零事故”。年底，湖北国际物流核心枢纽八大前期基础项目集中开工，省政府与顺丰公司成立湖北国际物流机场有限公司。2019年12月，鄂州市临空经济区挂牌运行。2020年4月，经国务院批准，自然资源部批复新建湖北鄂州民用机场工程建设用地，机场主体工程、顺丰航空基地、省内首条智慧高速公路——花湖机场高速公路全面开工建设。2021年5月，建成的机场航站楼上火红的“鄂州”二字成为一个新的鄂州元素。花湖机场项目从选址、审批到建设完成，一路刷新了国内机场审批最快、建设最快的中国速度。2022年1月，“奖状”560飞机平稳降落在花湖机场西跑道，机场校飞科目全部完成，因机场在建设中全程深度运用现代科技建筑信息模型(BIM)数字技术，施工单位交出了“零返工”的成绩单。4月，机场通过第一批行业验收，机场高速公路正式通车，民航中南地区管理局批准机场使用许可证。7月17日，一架顺丰公司波音767-300全货机从鄂州花

湖机场起飞前往深圳，标志着花湖机场正式投运，机场功能定位为货运枢纽、客运支线、公共平台，项目总投资308.4亿元。鄂州迅速成为全国少有的具备“铁水公空”交通全要素城市，多式联运催动城市由“钢城”向“港城”快速转型发展。

全球第四、亚洲第一的专业货运枢纽——鄂州花湖机场（何景星　摄）

多式联运物流港口城市。鄂州区位交通优越，市委、市政府高度重视发展多式联运，出台《鄂州市现代物流业发展促进条例》《鄂州市现代物流发展专项资金管理办法》等政策文件。2018年11月，武汉长江中游航运中心鄂州三江港区国际物流“铁水公空”一体化多式联运示范工程入选国家第三批多式联运示范工程项目。花湖机场的建成投运，为鄂州创新推动铁水、公铁、公水、空陆多式联运，全方位对接武汉交通大动脉带来新的机遇。三江港区被列为武汉新港核心港区，武汉地铁11号线葛店段开通运营，鄂咸高速、武阳高速、机场高速和梁子湖内湖跨市运输重点工程，进一步织密武鄂黄黄交通互联互通网络。2022年花湖机场（专业货运枢纽）多式联运示范工程项目入选国家第四批多式联运示范工程。三江港多式联运效率、联运规模大幅提升，进口粮食“散改集”铁水联运、钢材铁水联运、铁矿石铁水联运3条示范线路全面稳定运行；湖北长江现代物流园建成5G物流信息大楼、零担中心、仓储等设施投入运营；铁路物流基地实现铁矿石全程不落地转运；鄂州港口、铁路运输行业作业规范标准在“企业标准信息公共服务平台”公布，依托省港口集团“云上多联”平台建设的三江港多式联运信息平台，提升线路查询、门户下单等多式联运功能，生产作业实现高效协同。

（三）经济社会实现跨越式新发展

认真落实中央和省委各项决策部署，坚持稳中求进工作总基调，全面贯彻新发展理念，真抓实干、奋勇争先，全市经济社会发展取得一系列重大成就。

国民经济快速跃升。2018年地区生产总值跨越千亿元大关,2022年地区生产总值达到1264.55亿元,年均增长11.3%,快于同期全省平均增速(9.9%)1.4个百分点;人均地区生产总值达到118133元,高于全省平均水平1.1个百分点。三次产业结构由2012年的12.3∶60.1∶27.6调整为2022年的9.7∶45.5∶44.8,产业结构比例更趋于合理。2022年,全市常住人口107.12万人,人口增长稳定;城镇化水平由2012年的62.1%上升到2022年的67.1%,居全省第2位;工业化率达到40.9%,居全省第1位。

农业基础保持稳固。2022年,全市农林牧渔业实现增加值128.35亿元,农林牧渔业实现总产值199.41亿元,按可比价计算,2012—2021年年均增长5.7%。全市粮食种植面积始终稳定在40千公顷上下,2021年全市粮食种植面积为39.2千公顷,粮食单产达到6455.9公斤/公顷。受气候与自然条件因素影响,十年来,粮食总产量呈现小幅波动,但是大体保持在25万吨以上,2022年粮食总产量25.17万吨,棉花产量0.31万吨,油料产量4.29万吨,水产品产量28.76万吨,生猪出栏76.31万头。

经济结构不断优化 。工业化进程明显加快,2022年全市规模以上工业企业达到480家,工业总产值1972.94亿元。优势产业迅速壮大,钢铁、电子信息、建材、通用设备制造、金属制品、采矿、化工、医药、电力热力生产和供应、专用设备制造十大骨干产业实现总产值1606.70亿元,占全市工业比重达81.4%,成为拉动全市工业经济增长的主要支撑力量。产品产量快速增长,2022年生产粗钢635.86万吨、钢材687.72万吨、水泥1236.56万吨、服装801.75万件。高新技术产业发展步入快车道,到2022年共有规上高新技术企业260家,实现高新技术产业增加值261.3亿元;全市民营经济增加值849.16亿元,占全市经济总量的67.2%。

服务业体系全面建立。2022年,鄂州市第三产业增加值达到566.23亿元。消费品市场蓬勃发展,全年社会消费品零售总额达到359.57亿元,年平均增长14.9%;交通运输业快速发展,到2022年全市公路水路货物周转量增加到85.62亿吨公里,公路水路旅客周转量增加到每公里2.1亿人次。2022年花湖机场正式投运,并开通客运航线7条、航点9个,货运航线国内2条。金融业增长迅猛,到2022年末,金融业增加值74.26亿元,各项贷款余额增加到945.17亿元,年平均增长16.7%;各项存款余额增加到21080.77亿元。

资产投入力度增强。2012—2022年,固定资产投资年均增长13.8%。其中,第一产业投资年均增长26.6%;第二产业投资年均增长2.7%;第三产业投资年均增长18.9%。第三产业投资中,房地产开发投资年均增长35%,商品房销售面积年均增长18.2%,投资结构不断改善。基础设施投入加大,2017年全社会固定资产投资总额增长到1007.04亿元;2018—2022年,全社会固定资产投资年均增长8.2%,一批标志性工程为鄂州增添了新的魅力,城市规模和品位得到空前提升。

人民生活稳步改善。城镇居民人均可支配收入由2012年的19246元增长到2022年的40654元；农村居民人均可支配收入由2014年的12692元增长到2022年的23111元，增长82.1%；城乡居民人均可支配收入比由2012年的1.92∶1，缩小到2022年的1.76∶1，城乡居民收入增速基本与地区生产总值增速同步。生活质量明显改善，城镇居民人均生活消费支出从2012年的12686元提高到2021年的24357元，年均增长7.5%；农村居民人均生活消费支出从2012年的7344元提高到2021年的15939元，年均增长9.0%。

（四）培育现代工业体系高质量发展

党的十八大以来，鄂州市践行习近平生态文明思想，推动工业领域绿色低碳发展，引领传统优势产业向高端化、智能化、绿色化转型升级提质增效，推进标准、研发、专利等能力建设，大力扶持有影响力的知名品牌。

工业转型升级步伐加快。2012年以来，深入实施重点产业倍增计划、百企百亿技改工程，实施“设备换芯、生产换线、机器换人”改造，推进关键工序核心装备升级换代，推进清洁生产，发展再制造产业。以低碳发展引领传统产业转型升级，提质增效。2012—2022年，工业技改投资呈现逐年增长态势，累计完成技改投资约670亿元。鄂钢绿色智慧钢厂、鄂州电厂三期、枫树纺织科技园、容百锂电五期等一批10亿元级的重大技改项目相继竣工或接续建设，成为稳住工业产值的“压舱石”。爱民制药、华威科入选省级智能制造试点示范企业。科贝科技、同方泵业、杜肯索斯入选省级服务型制造试点示范企业。

工业产业结构持续优化。全市工业高新技术和新兴产业发展加快，经济增长对传统重工业以及少数中央、省属企业的依赖度降低。产业布局调整优化，坚持“关改搬转治绿”，用改革办法和市场化、法治化手段，大力淘汰低端落后产能，拓展产业发展空间。制造业保持稳定，2020年全市制造业占地区生产总值比重36.2%，高于全省6.8个百分点，占据工业体系中的主导地位。到2022年，规模以上工业企业达到480家，生物医药、电子信息、新能源新材料、高端装备制造等一些新兴的工业行业从无到有，迅速发展。全市已拥有全部现有工业行业41个大类中的34类，一个行业比较齐全的工业体系已经形成，产业结构实现从量变到质变的深刻转变。

工业节能降耗成效突出。强化工业企业节能管理，每年对钢铁、水泥等重点高能耗企业开展节能监察活动，指导重点能耗企业开展节能自查，促进企业实施节能改造、降本增效。出台《关于做好推广应用涉重金属重点行业清洁生产适用技术工作的通知》《关于做好工业高效节能技术装备推广应用的通知》等文件，加快推动节能环保先进技术装备的推广应用。全市有30余家重点企业累计投资50多亿元，进行节能减排、“三废”治理、资源综合利用等绿色环保技术改造。2022年全市规上工业每万元产值能耗0.4吨标准煤，比2013年减少0.09吨，下降18.4%。

（五）科技创新推动新兴产业壮大

深入贯彻习近平总书记关于科技创新的重要讲话和指示批示精神，完善全市科技创新体系，加快实施创新驱动发展战略，奋力开创科技强市新局面。

发展战略性新兴产业。数字经济加速推进，到2022年，累计建设5G基站1722个，建设进度居全省第一，密度居全省第二；工业大脑成功上线，工业互联网二级节点标识量达到6161万；医药行业工业互联网平台启动建设，总投资100亿元的悦科（湖北）数据中心加速推进。数字赋能持续推进，鄂钢入选工信部2020年工业互联网试点示范、兴业华德威入选湖北省大数据十大优秀案例、花湖机场5G智慧机场、机场高速5G智慧高速、三江港5G智慧港口加快建设。至2022年，现有高新技术企业133家，43家企业建立企校联合创新中心；国家重点“小巨人”2家、国家级专精特新“小巨人”13家、省级50家，隐形冠军企业52家，省级智能制造示范企业4家。

推进“两业”深度融合。实施“两业”（先进制造业、现代服务业）融合试点，推进制造业企业由提供产品向提供“产品＋服务”转变。“十三五”期间，鄂州入选工信部“宽带中国”示范城市和电信普遍服务试点城市，荣获“宽带中国”行业支撑示范最佳实践奖和“双千兆宽带示范城市”荣誉，全市实现4G网络和光纤网络全覆盖。争创武汉城市圈首个固话并网试点城市，027试验网覆盖全市域，武鄂通信一体化进展顺利。高位推进5G产业发展，鄂钢公司成为我国首个搭载5G应用的智慧钢厂。2021年，工业互联网标识解析二级节点（鄂州）建成上线，先后有7家企业通过两化融合管理体系认定，68家企业获评省级两化融合试点示范企业，3家企业获得全省首批“上云上平台”标杆示范。至2022年，累计建设5G基站1722个，实现主城区、葛店开发区、花湖开发区全覆盖。

推动创新发展新格局。推进光谷科创大走廊鄂州功能区建设，聚焦打造光电子信息、大健康、智能制造三大科技创新产业带，葛店经开区、红莲湖科技城、滨江科技新区、梧桐湖生态科学城、临空经济区各具特色，竞相发展，构建全域多层次的创新空间。建设武汉都市圈科技同兴示范区，融入同城化发展，先后签订武汉城市圈科技资源共享、科技平台共建协议、光谷科技创新大走廊共建协议。共建红莲湖大数据云计算产业园、葛店光电子信息产业基地、葛店大健康产业园、临空经济区光电子产业园，形成“研发在武汉、转化在鄂州，孵化在武汉、加速在鄂州，主链在武汉、配套在鄂州”的科技创新和产业一体化发展模式，全面承接武汉科教、人才、产业等资源外溢。

推进创新平台建设。围绕未来产业和战略性新兴产业，聚力推进科技创新平台建设，支持葛店省级高新区提档升级，指导花湖临空开发区申报省级高新区，鄂城、华容创新型县（市、区）创建步伐加快。推进研发平台建设，借力武汉科技研发优势，推进重点企业与高校院所共建研发平台，有序推动规上企业研发机构全覆盖。围绕“光芯屏端网”、新能源新材料、智能制造、生物医药等领域组建一批重点实验室、技术创新中心、临床医学中心和新型研发机构，构建高效协作创新网络，推动关键核心技术攻关。2021年新增3家省级创新平台，武汉工程大学青天湖产业技术研究院挂牌成立。2022年新增市级企校联合创新中心33家，累计达到64家，认定备案市级技术创新中心30家，市级临床医学中心2家，科技创新平台达到106家。

科技创新实力增强。强化科技型中小企业孵化培育，综合运用平台孵化、创新服务补贴、研发费用加计扣除等普惠性政策，壮大专精特新企业、“新物种”企业主体规模。累计建成国家级科技企业孵化器1个、省级11个，省级研发机构74家、省级企校联合创新中心10家。大力实施“333”高层次创新创业人才计划、“121”人才池等工程，引进长江学者、千人计划、杰青等高层次人才17人，5位“新鄂州人”入围国家“万人计划”领军人才名单 。全市人才总量突破22万人，中组部人才工作局已将鄂州作为全国人才工作联系点。2020年，全市研发经费支出14.78亿元，占地区生产总值比重1.47%。2022年，科技型中小企业入库达到561家、“新物种”企业累计达到23家、高新技术企业达到227家；全市3个项目荣获湖北科学技术奖，万人有效发明专利拥有量位居全省第三，万人高价值发明专利拥有量4.03件，全省排名第三。

（六）夯实“三农”基础，推进农业现代化

市委始终把“三农”工作放在全市大局中去落实，抓主抓重，集中力量攻克一批种源“卡脖子”技术，打造出粮食、水产、畜禽等三大优势种业产业板块，粮食自给率常年稳定在100%以上，

扛稳粮食安全重任。坚持良田粮用，推进吨粮田创建，出台全省首个促进农业适度规模经营夯实粮食安全根基的硬核“粮”策，在国家种粮补贴的基础上，市财政拿出近亿元资金奖补种粮户，让种粮农民有钱赚、得实惠，主产区不吃亏多打粮。严格耕地保护和粮食安全责任制考核，将粮食生产任务分解到各区，种植面积落实到田块。到2022年，全市粮食生产面积达59.08万亩，粮食总产25.17万吨，两项指标增幅居全省第一。开展撂荒地整治，遏制耕地“非农化”、防止“非粮化”，2.8万亩撂荒地全部变成“希望田”。鄂州耕地资源有限，稳产增产根本出路在科技，十年来，农业机械化率提高到76.52%，农业科技进步贡献率达63%，大宗农作物良种覆盖率为96%。与11家高校签订战略合作协议，建成院士专家工作站6个、国家级科技小院2个。推动武汉大学杂交水稻实验室鄂州基地获得国家专利授权30余项、植物新品种权25个、审定水稻新品种10多个。2022年鄂州市耕地保护和粮食安全责任制考核获评全省“优秀”等次。

推进“临空+农业”三产融合发展。推进乡村振兴，产业振兴是基础和关键。随着鄂州花湖机场投用，鄂州以枢纽促进农产品三产（生产、加工、物流）融合发展，实现更多特色农产品在鄂州买全国、卖全国。2022年，农产品加工产值达142.15亿元。出台《关于以强县工程为抓手全面推进乡村振兴的实施方案》，加快建设现代种业、武昌鱼、中新开

维预制菜、临空农产品交易及冷链物流中心4条产业链。创建省级农业产业化联合体4家、市级5家。全市有农业产业化龙头企业53家,国家级示范合作社12家、省级19家,省级示范家庭农场37家。梁子湖区培优建强武昌鱼千亿元级产业链,“鄂州武昌鱼”荣获湖北地理标志大会金奖,纳入品牌强国工程宣传推介;梁子湖螃蟹区域公用品牌正式启用。名优特农产品宣传推广展区落户花湖机场,农产品航空货运航线正式开通,梁子湖螃蟹、鄂州小龙虾“坐”飞机出省。

三、发展新时代民主政治,依法治市行稳致远

党的十八大以来,鄂州加强社会主义民主政治建设,发扬民主、厉行法治,坚持党的领导、人民当家作主、依法治市有机统一,推进社会主义民主政治制度化、规范化、程序化,巩固和发展生动活泼、安定团结的政治局面。

(一)践行全过程人民民主

凝心聚力实践新时代人民民主。支持市人大及其常委会依法开展立法、监督、人事任免工作,行使重大事项决定权。出台《关于加强新时代人大工作和建设的意见》《关于新时代坚持和完善人民代表大会制度、加强和改进全市人大工作的若干措施》,推动人民代表大会制度和全过程人民民主在鄂州全面实践。2016年,全面开启鄂州立法工作。2021年,人大常委会围绕改革发展稳定的重大事项,作出《关于加快推进我市“两区一枢纽”建设的决定》《关于推进落实促进中部地区崛起战略、推动鄂州城乡融合高质量发展的决定》等决议决定19项,把市委的决策主张转化为全市人民的自觉行动。加强对“一府两院”监督,强化议案建议办理单位“一把手”责任制,监督重要领域依法行政。十年来,听取和审议各专项工作报告158个、开展执法检查60次、专项调研视察325次、专题询问6次,受理群众信访627件(次),从监督的广度和深度彰显“鄂州力度”。持续开展“人大代表在行动”主题活动,推进升级版“人大代表专线”。坚持党管干部原则与人大依法任免相统一,先后任免国家机关工作人员699人次。

同心共识推进民主协商。支持人民政协依照章程履行职能,召开市委、政协工作会议,出台《中共鄂州市委关于进一步加强人民政协工作的决定》,加强党对政协工作的领导,强化政治协商机制建设。鄂州市政协团结广大政协委员坚持建言资政和凝聚共识双向发力,开展专题协商、对口协商、界别协商、提案办理协商,先后有30多份调研报告经市主要领导批示,纳入党政决策付诸实施,协调解决民生事项150多个。密切争取全国政协支持,成功命名海军鄂州舰;争取省政协支持,紧扣鄂州花湖机场建设、梁子湖生态文明示范区建设等重大问题,先后向省政协递交提案近120件,引起省委、省政府、省政协高度重视。持续开展“协商在一线”工作,把协商会开到群众家门口。十年来,先后收

到各类提案2717件,审查立案2484件,提案办理工作由数量向质量转变,市领导领衔督办重点提案,推动提、办、督、访各方共找问题、共谋对策、共抓落实。

巩固壮大新时代爱国统一战线。加强对统战工作的全面领导,先后出台《关于进一步加强政党协商的实施办法》《市委常委联系商会制度》等20个制度,印发《市委与党外人士政治协商座谈会实施细则》《关于支持民主党派、无党派人士加强民主监督的意见》等35个意见方案,加强同各民主党派、工商联和无党派人士合作共事,支持各民主党派、工商联、无党派人士开展调查研究建言献策。夯实共同奋斗思想基础,强化党外知识分子的教育引导和服务,2022年全省新的社会阶层人士统战工作推进会在鄂州召开。加强推动民族宗教事业健康发展,出台《以铸牢中华民族共同体意识为主线 推动鄂州民族工作高质量发展工作方案》。推进"和谐宗教"创建活动,设立宗教中国化方向研究院,规范宗教场所财务管理,整治不法聚会点,推荐多名爱国宗教界人士担任区、市级人大代表、政协委员。

加强基层民主建设。健全基层民主管理制度,依法推进党务、政务、村(居)务、厂务和各领域办事公开,保障基层群众依法行使知情权、参与权和监督权。推进基层协商民主建设,扩大群众政治参与。持续推行人大代表专线、市长专线、市长在线、亲民热线"四线联动",畅通社情民意表达渠道。加强法律服务体系建设,推进"一村(社区)一律师"工作。

(二)全面推进法治鄂州建设

市委深入贯彻习近平法治思想,坚持以人民为中心,全面建设有为法治政府,推进平安鄂州建设,创造安全稳定的政治社会环境、公平正义的法治环境和优质高效的营商环境。

大力推进立法普法。推进"六五""七五""八五"普法工作,充分发挥立法的引领、规范和保障作用,开展文明创建、湖泊保护等方面立法工作。到2022年,先后颁布实施《鄂州市文明行为促进条例》《鄂州市湖泊保护条例》等6部地方性法规。其中,《鄂州市现代物流业发展促进条例》是全国首部由设区的地级市制定的地方性法规;《鄂州市湖泊保护条例》《鄂州市长港河保护条例》为长江沿线城市加强河湖保护提供示范。2017年评为"全国青少年普法教育示范市",2021年荣获"第一批湖北省法治政府建设示范地区"称号。

推进行政执法队伍改革。加强法治政府建设,推进严格规范公正文明执法。鄂州是全国综合行政执法体制改革试点市,2015年以来,全市以提升治理体系和治理能力现代化为导向,整合综合行政执法职能,创新综合行政执法体制,实行行政执法事项清单管理制度。聚焦执法权限,推动行政执法部门明确各自领域综合执法职责,厘清不同层级执法权限,将各领域28支执法队伍精简23支执法队伍,整合组建"1+4"综合执法队伍。

严肃司法夯实平安稳定之基。坚决捍卫国家政治安全，维护社会稳定，先后依法审理“法轮功”“全能神”等邪教组织犯罪；支持公安机关“霹雳行动”“雷火行动”，审结严重暴力犯罪案件262件。推进武鄂黄黄区域司法协作，助力武汉都市圈同城化核心区建设，护航花湖机场建设。出台《优化法治化营商环境操作指引》，规范涉企案件办理流程，获评“湖北省法治化营商环境创新案例”。推动环境绿色发展司法，为梁子湖流域综合治理、创建全国生态文明示范区提供司法保障。加强民生权益保障，聚焦教育、就业、医疗、社会保障等民生需求，审结一审民事案件59469件。推进未成年人刑事案件集中管辖省级试点，推行“圆桌审判”“法官寄语”“犯罪记录封存”，鼓励未成年人勇敢面对遇挫人生。融入基层治理新格局，开展“法官进社区”活动，打造“家门口”的司法服务阵地。十年来，全市司法系统受理各类执行案件40020件，开展“破冰”“霹雳”“飓风”等执法行动，拘留失信被执行人352人次，推进“执行案件繁简分流”省级改革试点，省依法治省委员会将鄂州经验向全省推介。

扎实开展扫黑除恶专项斗争。始终扛起扫黑除恶的政治责任，严密谋划扫黑除恶专项斗争，在主流媒体及新媒体上发布《致广大市民一封信》《关于持续掘进扫黑除恶专项斗争的通告》，采用强大的舆论宣传攻势，调动广大人民群众参与专项斗争。在推进扫黑除恶专项斗争中，坚持“大案联办、难案精办、简案快办”，紧盯涉黑涉恶重点案件，实行“周盘点、月调度”，加快推动办案进度。出台《鄂州市扫黑除恶专项斗争领导小组办公室关于挂牌督办线索（案件）办理工作制度》《鄂州市检察机关扫黑除恶专项斗争实施细则》等多个制度，严把案件事实关、证据关、程序关和法律适用关。在三年斗争行动中，全市先后受理群众举报的各类涉黑涉恶线索1213条，办结1193条。法院共查封、扣押、冻结涉案资产金额达447.27万元；公安机关制定“打财断血”“回头看”机制，挖出一批涉案资产247件，处置黑财8.4亿元，全部收归财政部门集中统一保管。深挖彻查黑恶势力背后的“保护伞”和腐败问题，共立案查处涉黑涉恶腐败和“保护伞”114人，问责处理146人。人民群众对打“伞”满意度连续两年位于全省最前列。

严肃推进政法队伍教育整顿。坚决贯彻落实习近平总书记重要指示精神和党中央决策部署，将政法队伍教育整顿作为从严管党治警的重大政治任务，高站位谋划、高质量推动。前后立案审查调查73人，组织1531名政法干警开展自查，有1165人主动向组织说明问题，对主动投案的干警兑现“自查从宽”政策处理。出台《鄂州市政法队伍教育整顿期间涉及政法机关和政法干警问题线索办理工作细则（试行）》，先后受理问题线索627件，办结503件，办结率80.22%。开展重点涉黑涉恶案件（线索）倒查，查结12件。其中，有6条政法干警涉嫌充当“保护伞”线索，全部办结。全市政法机关对2018年以来5类重点案件开展评查，整改问题案件885件，梳理涉法涉诉信访案件49件，化解13件。在这场教育整顿中，坚持以铁的决心、铁的举措、铁的责任，严格规范公正文明执法。

四、守正创新，推进文化事业转型发展

鄂州市始终把文化建设摆在重要位置，把培育和践行社会主义核心价值观作为凝神聚气、强基固本的基础工程，不断满足人民群众精神文化需求，促进全社会文明程度不断提升。

（一）建设人民满意的文明城市

市委把激发全民共建共享作为动力之源，创建高品质之城，始终坚定“人民城市人民建”，创建成果全民共享，让市民成为城市文明的受益者和维护者，2020年以优异成绩夺取了第六届全国文明城市桂冠。

弘扬社会主义精神文明。大力培育和践行社会主义核心价值观，先后开展爱国主义教育、核心价值观主题实践活动近1.8万余场次。着力把典型培树贯穿文明创建全过程，完善“楼栋好人”“社区好人”“鄂州好人”的典型选树机制，推出各级各类好人共1200余人，5人获评“中国好人”，营造崇德向善的浓厚氛围；先后开展诚信行业、单位、示范街、经营示范店等主题实践活动450余场次。着力把文明养成贯穿文明创建全过程，推出“鄂州文明20条”，颁布实施《鄂州市文明行为促进条例》。建成覆盖全域的新时代文明实践中心（所、站）合计353个，建成“鄂州市新时代文明实践云平台”，实施“6+X”文明实践模式，开展红色基因传承、农业科技推广、健康生活方式普及、“好人”故事宣讲、移风易俗、文艺活动展演六大工程实践活动累计1.3万余场次。以美丽乡村建设为重点，深入推进文明村镇、文明单位、文明家庭、文明校园创建，开展移风易俗、农村人居环境整治，建设了16个美丽乡村示范村、55个整治村；400家市级文明单位在文明城市创建中发挥了示范作用，评选“文明家庭”共37个、“鄂州市新时代好少年”60人。其中，1人获评“全国新时代好少年”。

建设美好生活高颜值之城。始终把人民群众对美好生活的向往，作为文明城市创建的出发点和落脚点，在创建中惠民、利民、便民，群众满意率保持在98%以上。2020年以来向社会征集到创建民生项目937个，实施302个。推进老旧小区改造“40工程”①，覆盖33个社区、972个小区，惠及居民37万余人。建成市民中心，文化、体育、会展三大中心，凤凰大桥重大工程，推进洋澜湖综合整治，完成橘园、滨江公园、小鹰山游园、西山公园等多个园林的绿化；构建15分钟便民生活圈，推动社区综合服务设施全覆盖，建成5个公园体育设施和35个晨晚练点，建立覆盖主城区37.1万人口的城市社区卫生服务网络体系；

①“40工程”：鄂州市政府围绕城市社区公共管理、公共安全和公平服务对中心城区近40个老旧社区进行改造升级，全面整治城市老旧社区环境。

26个集贸市场完成高标准改造升级，开展建筑工地综合整治、牛皮癣整治，落实“门前四包”责任制；提升便民服务质量，推行“一网通办”“一事联办”，70%以上事项可网上办理。完善党建引领、联点共建机制，146家市、区单位与33个社区结对，9374名干部下沉社区宣传文明创建、征集居民意见建议，解决群众来电来信来访问题达标整改率96.05%。

倡导“人民城市人民建”。引导群众自发参与创建，组建市民文明巡访团，开展文明巡访活动，807个城市居民小区全部成立业委会，1.3万居民群众自愿担任楼栋长，161条背街小巷选配居民“巷长”。全市注册志愿者达到1.8万余人，比例达到17.27%，出台《鄂州市注册志愿者管理办法》，将志愿服务融入市民公约、村规民约、学生守则和行业规范中。出台《鄂州市志愿者守信联合激励办法(试行)》，完善“积分兑换”“爱心循环”等机制。全域创建一体联动，以城带乡、城乡一体高标准创建，以创建推动城乡融合高质量发展，全市3个区和葛店经开区、临空经济区，21个乡镇和4个街道同起点创建、同标准考核。

（二）推进文旅事业繁荣发展

鄂州市文旅工作明确目标，凝神聚力，开创文化建设和旅游发展新局面。

扎实推进文旅体制改革。成功入选全国旅游标准化示范城市，建成全省首家地市级融媒体指挥中心，新媒体矩阵形成。出台《关于进一步加强现代公共服务体系建设的实施意见》，深化国有文化院团改革，文艺创作演出水平明显提升。拓展新时代文明实践中心(所、站)建设，文明实践活动蓬勃开展。现代京剧《青山湖》荣获湖北艺术节楚天文华剧目奖。雕花剪纸公益培训与传承传播获评国家公共文化服务体系示范项目。探索文旅融合高质量发展，推进A级景区、全域旅游示范区等示范品牌创建活动。汀祖镇岳石洪村入选湖北旅游名村，村庄规划入选国家优秀案例。2022年，文旅营商环境进入全省第一方阵，全市共接待国内外旅游者699.1万人次，实现旅游总收入50.21亿元。

文艺精品创作取得新成果。2016年原创少儿神话京剧《梁子湖传说》在北京梅兰芳大剧院上演，现代少儿京剧《童声》参加第三届湖北艺术节展演，入围湖北省精品舞台剧目名录。2018年编排的广场舞《凤凰飞旋》荣获第四届“文化力量·民间精彩”全省广场舞展演一等奖。现实题材京剧《青山湖》参加第四届湖北艺术节展演并获得一致好评。《英雄城市》《1927从鄂城出发去南昌》《魂牵梦绕》《旗帜在心中飘扬》4件作品入选全省音乐创作“131”工程。京歌类音视频《旗帜在心中飘扬》等4部作品登上学习强国湖北学习平台。鄂州雕花剪纸项目先后赴老挝、韩国、哈萨克斯坦、意大利、捷克、匈牙利等国交流。

优秀传统文化焕发生机。市级以上文物保护单位“一处一策”工作机制已全面建立，完成对观音阁、贺龙军部旧址、庾楼等重点文保单位数字化信息采集。高质量完成鄂州长江文物资源调查，活化利用三国文化、古铜镜文化、武昌鱼文化、张裕钊书法文化等资源；建立非遗专家库，传承好雕花剪纸、牌子锣等非物质文化遗产。2022年“文化和自然遗产日”非遗宣传展示鄂州分会场活动，公布鄂州市第二批非物质文化遗产传承示范基地6个、雕花剪纸传习基地10个。牌子锣传承人胡德明、雕花剪纸传承人曹小琴成功申报为第六批省级非物质文化遗产代表性传承人，雕花剪纸作品《精准扶贫·决战小康》在第四届中国非物质文化遗产博览会上获评中国传统工艺（剪纸）大赛铜剪子奖，沼山镇荣获首批“湖北省非遗特色村镇街区”称号。

文旅融合发展实现新跨越。2016年荣获“全国旅游标准化示范城市”称号。创标期间，先后编制的《湖北省旅游名镇评定规范》《湖北省旅游名村评定规范》《湖北省示范休闲农庄评定条件》《鄂州市生态民宿管理与服务规范》4个省市级地方标准发布，开启“鄂州出标准，全省搞联创”的湖北省地方旅游标准的“鄂州时代”。至2022年，全市成功创建国家4A级景区4家，3A级景区4家，全国特色景观旅游名镇1家、全国乡村旅游重点村2家、湖北旅游名镇2家、湖北旅游名村6家、省级全域旅游示范区创建单位1家。

体育强市建设扎实推进。成功举办三届鄂州国际半程马拉松赛，承办2019—2021年全国赛艇春季冠军赛、2019—2021年湖北省“福寿康宁”老年人体育健身系列赛事（活动）健身气功交流活动。第十三届全运会夺取金牌1枚，全国第二届青年运动会夺得3金3银4铜。第十四届全运会群众展演健身气功2银1铜，荣获2020—2021年度湖北省大众足球联赛冠军、湖北省气排球比赛暨“我要上全运”气排球选拔赛男子青年组冠军。

五、以人为本，创新推进民生福祉走深走实

市委始终坚持以人民为中心的发展思想，创新推进民生领域改革，推进以就业、教育、医疗、社保等为重点的惠民工程，增进民生福祉，推动改革发展成果更多更公平惠及全市人民。

（一）全面建成小康社会

党的十八大以来，市委以习近平总书记关于扶贫工作重要论述为根本遵循，聚焦“两不愁三保障”，经过8年持续攻坚，2020年全市5.2万贫困人口实现脱贫，47个贫困村全部出列，绝对贫困问题得到历史性解决。

构建坚强的脱贫攻坚体系。各级党组织和广大党员干部扛牢政治责任，坚决把思想、行动统一到习近平总书记关于扶贫工作重要论述上来。2015年10月，市委六届十次全会审议通过《中共鄂州市委 鄂州市人民政府关于全力推进精准扶贫精准脱贫率先全面建成小康社会的决定》，以此为起点，市、区、乡（镇）成立扶贫攻坚领导小组，各级党委主要负责人任第一组长，全面构建各司其职、合力攻坚的责任体系。出台《鄂州市脱贫攻

坚责任分工方案》，明确部门扶贫任务，压实驻村帮扶责任，实现所有贫困户都有干部帮扶、所有干部均参与结对帮扶。推进腐败和作风问题专项整治，为打赢脱贫攻坚战提供坚强的纪律和作风保障。

如期完成脱贫攻坚目标。全市广大党员干部上下一心，较真碰硬，精准施策，累计减贫52507人，贫困发生率从2014年的13.49%降至2019年的0.03%。2020年，剩余未脱贫的45户125名贫困人口如期脱贫，全市脱贫攻坚取得决定性成就，脱贫人口全面落实“两不愁三保障”和饮水安全政策。

克服疫情对脱贫的影响。2020年初，面临突如其来的新冠肺炎疫情，出台《2020年度决战决胜脱贫攻坚工作要点及责任分工》《关于抓紧落实克服疫情影响决战决胜脱贫攻坚若干政策措施的通知》等政策文件，做到脱贫攻坚和疫情防控“两手抓、两不误”。对24名确诊新冠肺炎建档立卡贫困人口，给予每人1万元的专项补贴和不低于城市低保标准6倍的临时救助，最大限度防范因疫致贫、因疫返贫风险。及时推进政府采购的339个扶贫项目复工复产，优先组织贫困劳动力外出务工。2020年全市外出务工贫困人口19265人，占2019年的108.22%。

推进创业、就业、产业扶贫。先后出台《鄂州市农业产业精准扶贫规划(2019—2020年)》《关于完善扶贫小额信贷政策标准的通知》，对全市产业扶贫进行全面安排。建成生态农业基地485家，47个贫困村成立农民专业合作社176个，注册资本31464万元。全市485家生态农业基地吸纳2091名贫困劳动力务工、就业，100家工商企业吸纳658名贫困人口务工，设置公益性岗位2559个，一批贫困户在家门口实现就业。开展扶贫小额信贷，2015年以来累计发放扶贫小额信用贷款4383户，金额23362.62万元，不良贷款金额为零。加强光伏电站运维管理，投入统筹资金建设光伏扶贫项目59个，总规模5493千瓦，所有项目于2016—2017年陆续建成并网，纳入国家电价补贴目录并确权到村，发电收益80%用于贫困人口公益岗位的工资和村级公益事业建设劳务费用支出的规定。

（二）守牢底线启航乡村振兴新征程

把巩固拓展脱贫攻坚成果同乡村振兴有效衔接工作摆在重要位置，认真做好“巩固拓展脱贫成果”“乡村振兴谋篇开局”两篇文章，接续推进乡村振兴新局面。

高位推动工作重心转移。2021年，市委成立主要领导牵头挂帅，分管领导具体负责推进的领导体制，完善“市区乡(镇)抓落实”的推进机制和定期评分拉练、倒逼责任落实的督查机制。依照中央、省“一号文件”和相关重要精神，明确巩固拓展脱贫攻坚成果同乡村振兴有效衔接主要措施。2021年6月，重组市乡村振兴局，统筹推进乡村振兴战略有关工作；常态化驻村工作机制，向3个行政区、2个功能区选派驻村第一书记和工作队261支717人。

高标准推动脱贫成果巩固。2021—2022年，推进教育帮扶资助，全面落实覆盖全学段的资助政策，累计资助家庭困难学生66638人次5596万元，发放春秋季“雨露计划”职业教育补助5884人次1496万元。出台《关于巩固拓展医疗保障脱贫攻坚成果有效衔接乡村振兴战略的实施方案》等文件，优化健康帮扶政策，防范化解因病返贫长效机制。强化饮水安全保障，推进农村饮水安全巩固提升工程，城乡供水水质合格率超过99%。健全部门预警机制，针对自然灾害、市场波动、带动断链、失业、家庭变故五类风险，随时掌握农户家庭变化情况。至2022年底，设置公益岗位2158人，实现脱贫人口外出务工人数20944人。

共同缔造赋能乡村振兴。出台《关于新时代深化党建引领基层治理构建共建共治共享新格局的意见》，扎实开展美好环境与幸福生活共同缔造活动试点工作。着力提升服务乡村振兴能力，编制乡村人才三年培训计划。实施“乡村工匠培训计划”“乡嫂培训计划”“农村电商人才培训计划”，完成不少于1万人次乡村人才技能培训任务，为乡村振兴提供更多人才和智力支撑。邀请武汉大学、华中科技大学等高校来鄂州共商科教赋能乡村振兴，与省市高校分别联合成立乡村振兴学院、新农人学院，乡村振兴干部培训得到系统增强。成立乡村振兴专家咨询委员会，吸引国内优秀高校和研究机构专家学者52人参与，科学化决策水平不断提升。

（三）勇毅前行，卫生健康事业发展稳步推进

聚焦群众看病就医的“难点”“痛点”，持续深化改革、优化服务、提升水平，全力推动从“以治病为中心”向“以人民健康为中心”转变，全方位、全周期保障人民健康，提升群众获得感、幸福感。

深化卫生健康事业改革。在全省率先完成“四化”[①]乡镇卫生院、“五化”[②]村卫生室达标创建，建成市公共卫生临床中心，2017年成功创建国家卫生城市。医疗卫生事业改革工作进度一直处于全国第一梯队，2019年“冬梅护理”品牌建设、区域公立医院全面预决算和全成本核算管理、岗位和薪酬“双控双管”、全域远程诊疗服务体系建设、公立医院院长（书记）绩效评价等多项改革形成可复制、可借鉴的“鄂州模式”，在全省公立医院综合改革绩效评价中位列第一。推行医保支付制度改革，全省率先实行市级统筹，实现“三保合一”（职工医保、居民医保、新农合）。实现职工个人账户门诊费用跨省直接结算、武鄂黄黄都市圈“跨市通办”，《中国医疗保险》专题推广鄂州经验。按照“腾空间、调结构、保衔接”的改革路径，推进医疗服务价格改革，使公立医院收入结构优化、总体平衡。到2022年，全市卫生机构数量增长到554个，床位数增长到7021张，卫生工作人员增加到9619人。

坚定守护群众生命健康。2020年初，在新冠肺炎防疫工作进入应急性超常规防控阶段，全市上下在市委、市政府坚强领导下，贯彻落实各项疫情防控措施，遏制疫情扩大蔓延。

---

①“四化”：建设标准化、业务规范化、管理科学化、运行信息化。

②“五化”：产权公有化、建设标准化、服务规范化、运行信息化、管理一体化标准。

市委、市政府严格遵循“外防输入、内防反弹”总策略,持之以恒抓好人与环境同防,筑牢严防输入防线;全市医护人员把打赢疫情防控阻击战作为重大政治任务,将人民群众的健康作为首要目标,不畏艰险、无私奉献,坚守在疫情防控第一线。2021—2022年,长期保持高效联动综合防控态势,坚持“科学精准、动态清零”总方针,不断调整优化防控措施,压实防疫责任链条,竭尽全力降低人群感染率,充分发挥卫生健康工作者的专业性优势,守护人民群众健康和社会发展稳定形势;2022年四季度进入“乙类乙管”防控新阶段以后,迅速将工作目标转变为“保健康、防重症”,紧急扩充医疗资源,强化重症救治能力,进一步提升特殊人群疫苗接种率,平稳转段后持续把好重点场所、重点人群监测关,及时开展基因测序,落实监测报告制度,动态掌握流行趋势,三年抗疫取得决定性胜利。

切实提升医疗服务水平。市中心医院“三级甲等医院”复评授牌,成功创建“胸痛中心”“卒中中心”;市中医医院通过国家三级甲等中医医院等级复评;市三医院高质量建成结核病实验室;市妇幼保健院成功创建产前诊断中心和新生儿疾病筛查中心;连续4年获评“全国无偿献血先进市”。建成“全民健康信息平台、医疗服务云、协同服务云、公卫服务云、卫生监管云和便民服务云”的“1+5”信息化支撑体系,2015年获评“国家区域医疗健康信息互联互通标准化成熟度等级四级乙等(地市级)”。依托二、三级公立医院建成远程诊断、远程诊疗和继教培训中心,2022年开展远程诊疗服务9.8万人次、网络问诊患者2.8万人次、远程培训医务人员7000人次,市政府支持远程诊疗服务,每年绩效补贴100万元。

高位推动健康鄂州建设。2018年世界卫生组织结核病和艾滋病防治亲善大使彭丽媛亲临鄂州宣传结核病防治知识;全省健康校园建设专项行动现场推进会在鄂州召开,健康校园建设工作经验全省推介;鄂州作为唯一地方政府参加全国首届儿童青少年近视防控高峰论坛,并作主旨发言。全市人均预期寿命达79.05岁,居民健康水平处于全省前列。基于“健康鄂州”微信公众号和视频号建设名医直播、健康资讯、服务提醒等系统。2022年全市健康素养水平提升到35.78%,较2021年的28.22%提高了7.56%。聚焦老年健康服务,梧桐湖社区被命名为“全国示范性老年友好型社区”。保障儿童健康成长,推进3岁以下婴幼儿照护服务工作。落实计划生育家庭奖励扶助政策,发放城镇企业退休职工计划生育奖励金,免费为新生儿开展5项遗传代谢病、先心病及听力筛查。

守正育新发展中医药事业。抢抓国家实施“健康中国”战略、湖北省建设中医药强省发展机遇,推进中医药工作取得长足进步。至2022年,全市有各级各类中医医疗机构52个,中医床位约920张,全年接诊量达31万余人次。拥有国家级中医重点学科1个(脑病科),国家级中医重点专科3个(脑病科、肝病科、针灸科),省级重点中医专科1个(肾病科),市级中医重点专科3个(肿瘤科、康复科、中医护理);有中药制剂生产企业6家,中药饮片生产企业3家。2020年,市中医医院跟踪并协助中科院仝小林院士团队、湖北中医药大学和省中医院开展的研究项目,通过国家中医药管理局课题验收;参与的“中药干预新冠肺炎恢复期临床研究及应用”课题，荣获中国中医药研究促进会科学技术进步一等奖。

（四）用心用情办好人民满意的教育

立足立德树人根本任务，加快构建高质量教育体系，教育现代化步伐加快，全市未成年人思想道德建设、思政课改革创新、落实“双减”、创建文明校园等实践经验在国家级媒体宣传推介。

教育事业蓬勃发展。全市普通高校在校生增长到2022年的17224人，普通中学在校生人数增长到2022年的52785人。全市学前教育毛入园率达92.5%，义务教育阶段巩固率达99.85%，高中阶段教育毛入学率95.3%，各项指标均超过全国、全省平均水平。实现“有学上”到“上好学”的历史性跨越，消除城乡二元结构壁垒，实现城乡义务教育学校建设标准、教师编制标准、生均公用经费基准定额、基本装备配置标准“四个统一”。2022年，全市国家财政性教育经费24.36亿元，比2012年增加13.21亿元，增长118.48%，教育经费投入占地区生产总值的比例，连续10年保持在4%以上。

思政育人深入推进。在全省率先推进大中小学思政课一体化共同体建设，与华中师范大学签署《共建大中小学思政课一体化共同体建设试验基地框架协议》，未成年人思想道德建设跻身全国先进行列。推进思政课改革创新，评选思政精品课30节、德育示范校20所，创建全国文明校园2所、全国文明单位2个、文明校园覆盖率100%。被中央文明委授予“全国未成年人思想道德建设先进城市”荣誉称号。

教育改革深化创新。2018年在全省率先开展教育信息化试点改革，全面提升教育信息技术装备水平，实现宽带网络“校校通、班班通、人人通”城乡全覆盖，被教育部确定为“全国教育装备改革试点区”，改革经验在全省推介。出台《鄂州市贯彻落实〈深化新时代教育评价改革总体方案〉任务分工方案》，完善学生发展质量评价，以小切口撬动教育大改革。深化“双减”改革，全面推行“5+2”模式，实施“五单管理”，289所学校启动“一校一品”“一校多品”特色项目培育工作，实现课后服务全覆盖；160家学科类培训机构分流注销、转型或停办，学科类培训机构压减至6家，压减率97%，各项国家平台监测指标均达100%，工作经验在全省交流，《中国教育报》推介鄂州经验做法。

教学队伍强师提质。坚持以高素质的教师队伍支撑教育高质量发展，出台《鄂州市中小学教师从事违规有偿补课等行为处理暂行办法》，对师德失范行为零容忍，规范从教行为，净化教育生态，师德档案管理工作在全省作经验交流。持续开展“荆楚好老师”“最美教师”等评选表彰活动，先后涌现出3名全国模范教师、4名全国优秀教师及“荆楚教育名家”“鄂州最美教师”等一大批优秀典型。

（五）不断完善社会保障体系

社会保障体系是人民生活的安全网和社会运行的稳定器，坚持把兜底保障和就业工作摆在民生工作之首，着力兜底线、增福祉、促发展，用不断提高的“社保指数”换取全市人民的“幸福指数”。

大力发展社会救助。充分发挥临时救助在解决“两不愁”问题的兜底作用和解决“三保障”问题的支持作用，全市1.7万建档立卡贫困人口纳入低保或特困供养，占全部脱贫人口的34％，突出兜底脱贫成效。出台《鄂州市社会救助实施办法》《关于改革完善社会救助制度的实施意见》等政策文件，推进民生兜底保障救助体系制度完善。各级财政累计支出基本生活救助资金超过15亿元，保障标准逐年提高，到2022年，全市共有2.5万困难群众纳入低保或特困供养，全年实施临时救助3003人次。农村低保标准较2012年增长200％；城市低保标准较2012年增长88％。特困人员救助供养基本生活标准达到低保标准的1.3倍，临时救助金额由2012年的940元/人次提升至2022年的2191元/人次，救助水平稳步提高。

做实就业群体援助。贯彻落实“六稳”“六保”工作部署，建立健全促进就业、保障就业政策体系，大力推动就业政策的贯彻落实，保障农民工、高校毕业生、退役军人、退捕渔民等重点群体就业。实施“11310”就业帮扶政策，推进全市1528名劳动年龄内有就业能力、就业意愿的退捕渔民全部转产就业；开展校企合作，引导高校毕业生到基层和重点领域就业，就业人数3万余人；举办就业大篷车下乡“三送”活动，促进脱贫劳动力就业2.05万人，就业率达99％；拓展残疾人就业服务，实现残疾人就业6993人。以零工服务为切入点，全市共建成零工驿站9家，日均进场求职人数达4600余人次，提供就业信息3700余条；拓展“零工驿站＋互联网”应用场景，开通“及时雨”小程序，以最短的时间和最快的对接，为零工群体提供精准的岗位和有效的服务，举措经验入选人社部信息化便民服务创新提升行动百篇典型案例。2022年，全市实现城镇新增就业18100人，完成省下达目标任务的140％。

推进创业带动就业。到2022年，累计发放创业担保贷款18.4亿元，提供“青创贷”贷款1935万元，扶持各类创业11980人，带动就业35375人。引导能人回乡创业，兴办农业企业100余家，培育市级返乡创业示范基地63个。筹建市级创业项目库，入库企业2526个。与湖北省幼儿师范高等专科学校签订市校共建协议，打造大学生就业创业示范基地；推进职业技能培训，以需求为导向，年均开展技能培训约1万人次，全市技能人才总量达到1.86万人，6人荣获“湖北工匠”杯奖项，5人分别获评“湖北省技能大师”“湖北省技术能手”等荣誉称号。

六、创新绿色发展，生态颜值更加靓丽

贯彻落实习近平总书记关于生态环境保护和生态文明建设的重要指示和党中央决策部署，统筹推进生态文明建设，生态环境质量实现持续改善，长江生态保护发生转折性变化，全民参与生态环保氛围日渐浓厚。

（一）深化生态文明体制改革

党的十八大以来，市委牢固树立“生态优先、绿色发展”的鲜明导向，践行“两山”理论，坚决把保护修复生态环境摆在压倒性位置，有力推动各项改革任务落地。

推进生态环境改革。梁子湖区获评国家生态文明建设示范区，长江经济带发展“双十”工程扎实推进，全省推动长江经济带绿色发展现场会在鄂州召开。探索生态产品价值实现机制“1+3”制度体系，在全省率先开展碳捕集、封存及利用试点，入选改革开放“40年40案例”和自然资源部第一批《生态产品价值实现典型案例》。健全绿色低碳循环体系，莲花山社区入选2021年省级近零碳排放区示范项目第一批试点名单。创建省级森林城市，市、区、镇、村四级林长责任体系基本形成。完成城市黑臭水体整治，建立长效管护机制，长治久清评估报告通过省级审核。2022年，全市环境空气质量首次达到国家二级标准，长江干流鄂州段水质保持Ⅱ类，集中式饮用水水源地水质连续多年达标率100%，城镇污水处理提质增效三年行动实施情况评估居全省第三。全年市中心城区空气质量优良天数为299天，优良率为81.9%，比上年下降3.6%。$PM_{2.5}$年平均浓度33.7微克/立方米，下降7.4%。

推进生态文明建设示范创建。把生态文明建设贯穿于发展全过程，先后出台《鄂州市生态文明建设评价考核办法》《鄂州市绿色发展指标体系》《鄂州市市直主责部门和辅责部门生态文明建设考核目标体系》等政策文件。2017年，市人大审议通过《鄂州市创建国家生态文明建设示范市建设规划(2016—2025)》。2020年《湖北生态省建设规划纲要(2014—2030年)》实施情况中期评估，认为鄂州大部分生态创建指标已达到时序要求。2022年，各项生态文明示范创建任务全面落实，已成功创建国家级生态文明建设示范区1个，国家环境优美乡镇3个；省级生态文明建设示范区2个，省级生态乡镇12个，省级生态村128个；市级生态乡镇11个，市级生态村220个。

（二）强化工业废气废水专项防治

推进工业大气污染防治。从2014年起，深化重点行业污染治理，推动火电、钢铁和水泥行业污染治理，全面注销35蒸吨以下燃煤锅炉。2018年出台《鄂州市现有企业执行大气污染物特别排放限值实施方案》，推进钢铁、水泥、焦化等重点行业及在用锅炉进行提标升级改造。同时，应对环境污染问题开展一系列专项整治，推进道路扬尘、重大污染天气应对、黄标车提前淘汰、“散乱污”企业、建材行业、非道路移动机械、餐饮油烟污染、禁止秸秆露天焚烧、机制砂行业等环境污染问题专项整治，大气污染防治工作取得前所未有的突破。自2015年开展空气质量新标准监测以来到2022年，鄂州空气优良天数从231天提高到299天，优良天数比率达到81.9%，提高18.4个百分点，环境空气质量综合指数改善31.9%。

开展涉水企业污染防治。印发《鄂州市长江经济带工业园区水污染整治专项行动实施方案》《鄂州市涉水工业企业专项执法行动方案》，对涉水工业企业污水排放去向及排放达标情况开展清单式执法检查。至2022年，葛店开发区已建成市政雨污管网总长度463公里，建成区规划管网建成率100%,污水收集率95.5%,污水处理率100%;花湖开发区已建成市政雨污管网总长度73公里,建成区规划管网建成率100%,污水收集率95%,污水处理率100%。深入开展生态环境执法与刑事司法联动,2018—2022年,累计查处工业企业未按规范设置排污口、污水废水超排直排等涉水环境违法案19起,处罚金额301.8万元。

(三)全面推进重点流域污染防治和生态修复

党的十八大以来,鄂州长江干流、支流总体水质为优,地表水质、饮用水水源水质稳定达标,国控断面水质优良率达到100%,基本消除劣Ⅴ类水体。梁子湖、长江燕矶、长港樊口断面达标率均为100%,集中式饮用水源地水质达标率100%,长江生态环境质量持续改善。

高标准实施“双十工程”。深入实施长江大保护十大标志性战役和长江高水平保护十大攻坚提升行动,推动长江流域生态环境持续改善,实施全省长江大保护战略最大单体投资项目——樊口区域沿江路及江滩环境综合整治工程。铁腕拆除长江干线非法码头108个,关停取缔“散乱污”企业368家。着力破解“化工围江”,鄂州纳入《湖北省沿江化工企业关改搬转任务清单》的14家企业全部提前关改搬转任务。全市558个长江入河排污口整治完成514个,建成污水处理厂17座。出台《鄂州市治理长江非法码头、非法采砂专项巡查制度》,侦办长江涉渔涉砂非法码头刑事案件47起。2020年,全省长江大保护十大标志性战役年度考核中,鄂州排名第三。

全面落实长江流域十年禁渔。坚决落实长江“十年禁渔”,2017年以来,全市3个水生物保护区完成全面禁捕退捕,1260艘有证渔船在规定时间集中上岸。全市153条河流、82个湖泊、36座水库、909条小微水体纳入河湖长制管理范畴,黑臭水体整治达到治理标准。实施洋澜湖生态补水1112.9万方、汀桥港生态补水89.6万方;利用污水处理厂处理后的再生水,对杨家湖港、新农村港实施生态补水共计881.7万方,有效维持河湖生态。

深入打好碧水保卫战。加强水源地水质预警监测及应急处置能力,确保供水安全。围绕“湖连通、堤加固、港拓宽、排提升、水清洁”目标,在全省率先实施梁子湖永久性退垸还湖及水系连通工程,完成41个湖泊退垸(田、渔)还湖,恢复湖面9.47万亩。梁子湖500平方公里区域全面退出一般工业,先后获得超过3.5亿元的生态保护补偿资金,在国开行、农发行申请生态项目贷款10亿元。深入开展生态修复治理,投入3.77亿元实施梁子湖流域河湖水生态修复和有效治理,拆除2.2万亩湖面围网,取缔1.3万亩珍珠养殖,完成畜禽养殖“三区”划分,梁子湖获评“湖北省幸福河湖示范”。

大力推进长江干流矿山生态修复。市政府根据国家和省文件精神,多次开专题会研究鄂州长江经济带10公里范围内有10处废弃露天矿山的生态修复工作,2019年印发《关于开展鄂州市长江干流废弃露天矿山生态修复工作的通知》。到2021年6月,鄂州长江干流废弃露天矿山生态修复10处,修复面积46.39公顷。经省专家组的严格考评,同意竣工验收。中央电视台以“矿山生态从千疮百孔,到绿意盎然”为题,对鄂州矿山修复成果进行跟踪报道。

七、强化党建引领,从严管党治党开创新局面

党的工作最坚实的力量支撑在基层,必须把抓基层打基础作为长远之计和固本之策,丝毫不能放松。市委全面贯彻新时代党的建设总要求,强壮组织“肌体”,激活党建“细胞”,全面筑强新时代新担当新作为的坚强战斗堡垒。

(一)把政治建设摆在首位

坚决维护党中央权威和集中统一领导,教育引导全市党员干部坚定不移做“两个确立”的忠诚拥护者和“两个维护”的模范执行者,始终在思想上政治上行动上同以习近平同志为核心的党中央保持高度一致。

加强思想政治建设。深入贯彻落实《中共中央关于加强党的政治建设的意见》,坚定执行党的政治路线。出台《中共鄂州市委关于坚决维护以习近平同志为核心的党中央权威和集中统一领导的具体规定》,明确维护习近平总书记党中央的核心、全党的核心地位是最重要的政治纪律和政治规矩,要求绝对忠诚于党、绝对忠诚于党的领袖、绝对忠诚于党的事业、绝对忠诚于人民。

持续强化机关党组织建设。坚持把党的政治建设摆在首位,普遍建立“第一议题”制度,召开党委(党组)会、研究讨论重大事项前必先传达学习习近平总书记重要讲话和重要指示批示精神、党中央决策部署,切实把讲政治的要求落实到各级组织工作的各领域和业务工作全过程。认真贯彻落实党中央决策部署和省委要求,先后扎实开展党的群众路线教育实践活动、“三严三实”专题教育、“两学一做”学习教育、“不忘初心、牢记使命”主题教育、党史学习教育,坚持用马克思主义中国化的最新成果教育党员干部,引导广大党员干部坚定理想信念,站稳人民立场、加强自我革命,提高运用马克思主义理论解决实际问题的能力,把新时代党的建设总要求融入各项工作全过程各方面,有力推动各项事业发展,建设让党中央放心、让人民群众满意的模范机关。

创新党建引领基层治理体系。2019年在全省率先出台党建引领城乡基层治理市委“一号文件”,同步制定街道管理体制改革、城市社区工作者队伍建设等13个配套文件,构建“1+N”党建引领基层治理制度体系,大力向街道放权赋权,明确社区职责清单23项,推动街道聚焦基层党建、城市管理、社区治理和公共服务等主责主业,36个便民服务审批项目下沉社区。实施“党旗领航”系统工程,深化区域化党建,健全街道“大工委”、社区“大党委”、网格(小区)党支部、楼栋党小组、党员中心户五级组织架构,完善“双报到、双认领、双评价”,“社区吹哨、党员报到”机制不断完善,全市270个机关企事业单位、1.3万名在职党员到社区报到,参与社区工作。按照打造“15分钟服务圈”要求,33个城市社

区党群服务中心全部提档升级。

（二）持续正风肃纪反腐

深入推进全面从严治党、党风廉政建设和反腐败斗争，为鄂州全面建成小康社会、开启社会主义现代化建设新征程提供强大政治引领和坚强纪律保障。

强化政治监督。十年来，建立和完善“第一议题”制度，围绕落实习近平总书记重要指示批示和党中央重大决策部署，特别是习近平总书记对湖北重要指示要求和视察鄂州时的殷切嘱托，跟进监督、精准监督，及时纠正政治偏差。加强对“一把手”和领导班子及重点工作监督，督促各级党组织和党员干部令行禁止、步调一致。紧盯工程项目、资源环保、医疗卫生、低保养老等权力集中、事关民生的重点领域权力运行监督，切实把权力关进制度的笼子。

落实中央八项规定精神。把握“四风”与腐败风腐同源、风腐一体特征，始终把中央八项规定精神作为长期有效的铁规矩，以钉钉子精神纠“四风”树新风。紧盯重大事件、重要节点、重点任务，明纪律于先、提要求在前，对违规吃喝、收送礼品礼金、发放津贴补贴等享乐主义、奢靡之风问题露头就打、反复敲打，持续释放“越往后执纪越严”的强烈信号。出台落实中央八项规定及其实施细则精神的工作意见，紧盯“四风”新表现和动向，深挖彻查作风问题背后的腐败行为和腐败案件中的作风问题，对顶风违纪的从严从快处理。

推进不敢腐、不能腐、不想腐工作机制。十年来，深刻把握腐败阶段性特征和变化趋势，保持反腐败斗争高压态势，坚持无禁区、全覆盖、零容忍，坚持重遏制、强高压、长震慑，坚持受贿行贿一起查，坚持有案必查、有腐必惩，以系统施治、标本兼治理念治理腐败，反腐败斗争一刻不停向纵深推进。始终把整治群众身边不正之风和腐败问题作为正风反腐重中之重，因地制宜，精准施治，以实际成效赢得群众支持和信赖。持续推进扶贫领域、民生领域腐败和作风问题专项整治，坚决惩治黑恶势力的“保护伞”，推进“打伞破网”机制化常态化。严肃查处涉黑涉恶案件背后的责任问题、腐败问题，督促查办群众反映强烈的选择性执法、“纸面服刑”等执法不严、司法不公问题，群众获得感幸福感安全感显著提升。

深入推进监督执纪问责。2016年，鄂州设立市、区巡察机构，先后对606个党组织开展巡察，实现巡察监督全覆盖。出台《鄂州市巡察整改和成果运用实施办法》，压紧压实整改主体责任，推动党委（党组）从深从实整改，纪检监察机关履行整改监督责任，推动做好巡视“后半篇文章”。2018年，组建市、区两级监察委员会，完成市、区两级派驻机构改革。优化内设机构设置，实行监督检查和审查调查职能分离、部门分设；专门成立信息技术保障机构，运用贯通纪检监察业务全流程、全要素的信息化系统和大数据查询监督平台，推动纪检监察工作与现代信息技术融合，系统集成协同高效的监督体系不断完善。

撰稿人：吴壮志
统稿人：余三毛
审定人：王涛

聚焦“三新三高”要求
努力建设武汉都市圈自然生态公园城市

——从党的十八大到二十大咸宁发展综述

咸宁市史志研究中心

党的十八大以来，咸宁市坚持以习近平新时代中国特色社会主义思想为指导，全面贯彻落实党的十八大、十九大、二十大及历次全会精神，深入学习贯彻习近平总书记对湖北工作的重要讲话和指示批示精神，在湖北省委、省政府坚强领导下，聚焦“三新三高”[①]要求，勇担使命、奋发有为，经济社会发展取得重大成就。2012—2022年，咸宁市地区生产总值年均增长7.3%，2015年跨入千亿俱乐部，2022年达到1875.57亿元。打赢“战疫、战洪、战贫”三场硬仗，人民群众安居乐业，党的建设全面加强，为打造武汉都市圈自然生态公园城市，谱写全面建设社会主义现代化国家的咸宁篇章奠定了坚实基础。

一、一丝不苟贯彻落实党中央决策部署和省委工作要求

回顾十年历程，咸宁发展取得的成就，根本在于以习近平同志为核心的党中央和湖北省委的坚强领导，根本在于习近平新时代中国特色社会主义思想科学指引。

（一）始终把贯彻落实习近平总书记重要讲话和指示批示精神作为重要政治责任

党的十八大以来，习近平总书记就统筹推进“五位一体”总体布局和协调推进“四个全面”战略布局，作出一系列重要论述和指示批示，尤其每当湖北发展的关键时期、重要节点，习近平总书记都作出重要指示批示，为湖北做好各项工作指明了前进方向、提供了根本遵循。咸宁建立健全习近平总书记重要指示批示精神的学习、推进、督办、问效闭环落实机制，不折不扣贯彻落实党的十八大以来习近平总书记关于长江大保护、“十年禁渔”等重要指示批示精神，

---

①“三新三高”：把握立足新发展阶段、贯彻新发展理念、构建新发展格局“三新”要求，聚焦高质量发展、高品质生活、高效能治理“三高”目标。

并开展落实情况“回头看”，以实际行动捍卫“两个确立”、做到“两个维护”。咸宁市委五届十次全会出台了《关于落实新时代促进中部地区崛起战略加快推动咸宁高质量发展的实施意见》，对咸宁融入中部地区崛起战略进行安排部署，并制定实施方案、行动计划、年度要点和工作清单。2016年，习近平总书记对自贸区建设作出重要指示，咸宁市先后完成第一至第六批次的自贸区复制推广工作，完成企业开办事项异地通办、不动产登记“证缴分离”改革等64项复制推广事项或举措，在促进投资贸易便利化、创新驱动发展、政府职能转变等方面取得创新成果。2017年，习近平总书记就“长江黑码头死灰复燃侵蚀岸线”问题作出重要批示，咸宁市深入开展非法码头整治工作，37个非法码头堆场设施设备全部搬离现场，电力相关设施全部拆除，并对场地进行了平整和复绿，植树面积近1500亩，恢复长江岸线6.6公里。2018年，习近平总书记对农业大棚改建“私家庄园”问题作出重要批示，咸宁市迅速排查整治，28个大棚房问题全部整改完成，并逐个落实了复耕复垦生产要求。2019年，习近平总书记就全国违建别墅问题作出重要指示，咸宁迅速开展“拉网式”排查，对12处违建别墅问题问责31人，并全部整改到位。2020年，习近平总书记对长江“十年禁渔”工作作出重要指示批示后，咸宁市第一时间学习研究，部署落实，完成登记退捕渔船1854艘、拆解率100%，退捕渔民社保安置率100%。

（二）始终把在全局中定位、在大局下行动作为重要政治纪律

坚持站位全局，把咸宁的发展放在全国全省发展大局和区域功能定位中去谋划，把局部发展目标与全国全省的发展目标对标对表，推动党中央决策部署和省委工作要求在咸宁落地生根、见行见效。

2012年11月25日，市委四届二次全体（扩大）会议召开，聚焦学习贯彻党的十八大、省第十次党代会精神，围绕“五个湖北”战略布局，加快推进省级战略咸宁实施的责任担当。全会提出要全面建设鄂南强市，着力提升咸宁在湖北支点建设大格局中的战略地位；加快构建“中三角”重要枢纽城市，着力拓展咸宁在全国区域发展大格局中的战略空间；深度打造“香城泉都”，着力塑造咸宁在世界城市发展大格局中的战略品牌；奋力推进绿色崛起，着力探索咸宁在加快转变发展方式大背景下的战略路径。

2016年12月9日，咸宁市第五次党代会召开，深入学习贯彻习近平总书记系列重要讲话精神和治国理政新理念新思想新战略，对打造“香城泉都”，建设中国中部“绿心”和国际生态城市，与全省同步全面建成小康社会作出了战略部署。会议提出，要突出“一区两带三大四重五城”[①]这个抓手，努力完成“一个全面建成，五个全面提

---

①“一区两带三大四重五城”：“一区”指着力打造咸宁国家级高新区；“两带”指着力打造咸嘉生态文化城镇带和幕阜山绿色产业带；“三大”指着力发展大旅游、大健康、大文化产业；“四重”指着力做好精准扶贫、环境治理、教育医疗、平安建设等民生领域重点工作；“五城”指着力创建生态城市、智慧城市、旅游城市、健康城市、文明城市。

升"[①]的奋斗目标。

2017年8月28日，市委五届二次全体（扩大）会议召开，学习贯彻省第十一次党代会精神，制定出台《关于坚持绿色崛起率先建成全省特色产业增长极的决定》。全会要求，要牢固树立新发展理念，以供给侧结构性改革为主线，以打造五大千亿级产业版块为抓手，着力做好现代农业、高新技术产业、全域旅游三篇大文章，培植壮大绿色产业体系，率先建成全省特色产业增长极。

2017年12月27日，市委五届三次全体（扩大）会议召开，制定出台《中共咸宁市委关于学习贯彻党的十九大精神开启新时代咸宁社会主义现代化建设新征程的决定》。全会要求以习近平新时代中国特色社会主义思想为引领，坚决贯彻党中央和省委各项决策部署，决胜全面建成小康社会，率先建成全省特色产业增长极，全力打造中国中部"绿心"和国际生态城市，建优建美香城泉都，开启新时代咸宁社会主义现代化建设新征程。

2020年7月15日，市委五届八次全体会议召开，制定出台《中共咸宁市委关于贯彻落实党的十九届四中全会精神推进市域治理现代化的决定》《中共咸宁市委咸宁市人民政府关于推进疾病预防控制体系改革和公共卫生体系建设的实施意见》。全会提出要坚持和完善支撑中国特色社会主义制度的根本制度、基本制度、重要制度，着力构建系统完备、科学规范、运行有效的市域治理制度体系，切实把制度优势转化为治理效能。要坚持整体谋划、系统重塑、全面提升，增强应对重大疫情和突发公共卫生事件能力，努力打造疾病预防控制体系改革和公共卫生体系建设的咸宁样板。

2020年12月16日，市委五届九次全体会议召开，制定出台《中共咸宁市委关于制定全市国民经济和社会发展第十四个五年规划和二〇三五年远景目标的建议》，高度评价全市决胜全面建成小康社会取得的决定性成就，科学分析咸宁在新发展阶段面临的新机遇新挑战，提出了2035年远景目标，提出了"十四五"时期全市经济社会发展指导思想、总体要求和主要目标。

2021年12月6日，咸宁市第六次党代会召开，会议提出深入贯彻习近平总书记考察湖北、参加湖北代表团审议时的重要讲话精神，坚决落实党中央决策部署和省委工作要求，立足新发展阶段，完整准确全面务实持久贯彻新发展理念，加快推动高质量发展；扎实推进共同富裕，努力创造高品质生活；构建共建共治共享治理格局，努力实现高效能治理；全面加强党的领导，凝聚咸宁现代化建设的强大合力，加快建设特色产业增长极、转型发展示范区、自然生态公园城市。

---

①"一个全面建成，五个全面提升"：全面建成小康社会，发展质效全面提升、发展动能全面提升、城乡品质全面提升、民生福祉全面提升、党的领导力全面提升。

二、完整准确全面贯彻新发展理念，经济总量和发展质量大幅跃升

坚持发展第一要务，围绕、服从、服务于经济建设这个中心，立足新发展阶段，贯彻新发展理念，服务融入新发展格局，加快促进咸宁全方位高质量发展。

（一）优化区域发展布局，初步形成一体化高质量发展格局

党的十八大以来的十年间，咸宁市委不断深化对全市发展的认识，先后提出实施“一体两翼三纲五重”①“一区两带三大四重五城”“一城引领、三带协同、三篇文章”②“武咸同城、市区引领、两带驱动、全域推进”等区域发展布局，在全省区域发展布局中精准定位、主动争位。

1. 深度融入武汉都市圈。咸宁从2003年起实施“武咸同城”发展战略，尤其是党的十八大以来迎来新的历史机遇，各项工作进展顺利、成效明显。规划同编有序推进，全程参与了武汉都市圈发展和空间规划、光谷科创大走廊发展规划等相关规划的起草编制工作，进一步明确了咸宁的功能定位和努力方向。交通同网加快推进。2013年12月28日，武咸城际铁路正式开通运营，是武汉都市圈建成的第一条城际铁路。截至2022年底，咸宁与武汉之间有3条铁路、3条高速、1条长江水道等联通两地，坐高铁24分钟、城铁40分钟、驾车1小时可到武汉。武咸快速通道天子山大桥完成前期工作，取得历史性突破，把与武汉的“近”用时间、顺畅和成本来衡量。科技同兴加快实施。光谷科创大走廊咸宁功能区集中开工项目463个，总投资1734亿元。产业同链加速推进。十年来承接武汉转移项目340个，协议投资总额834.2亿元。谋划建设咸宁“武汉南”大学城，承接武汉4所高校外迁，加快打造武汉功能拓展重要承载区和产业转移新高地。民生同保深入推进，将410项民生政务服务高频事项纳入“跨市通办”。协同推进斧头湖、梁子湖等湖泊综合修复和大气联防联控，共同筑牢长江中游生态屏障。加强区域竞合，深化与黄石、鄂州等地在中欧班列运行、港口互联互通、生态环境治理等方面协作，加快构建各扬所长、相互赋能、相互成就的区域发展共同体。

---

①“一体两翼三纲五重”：“一体”指“效速兼取、去稳竞进”的总体基调，“两翼”指全面深化改革、全面推进法治咸宁建设，“三纲”指“市场决定取舍、绿色决定生死、民生决定目的”三维纲要，“五重”指项目投资、产业升级、新型城镇化、创新驱动、管党治党等工作干在实处、走在前列的重点任务。

②“一城引领、三带协同、三篇文章”：建优建美长江流域公园城市，在区域城乡协调发展布局上突出打造咸嘉生态文化城镇带、幕阜山绿色产业带、沿江生态文明示范带，统筹做好现代农业、高新技术产业、全域旅游三篇文章。

2. 做大做强中心城区。坚持市区一体化发展，2012—2022年先后提出“六城三区”[①]“一城十区”[②]“一主四辅”[③]等中心城区架构，“主城+”组团式的空间格局逐步成型，经济不断壮大、功能不断完善、环境不断优化。截至2022年底，市中心城区建成区面积达71.81平方公里。强化产业支撑，咸安区大力发展以智能机电为重点的高端装备制造业和生物医药、汽车零部件两大百亿产业集群，咸宁高新区大力发展食品饮料、先进制造、高新技术产业、战略性新兴产业。2022年，市中心城区地区生产总值441.71亿元，占全市经济总量比重23.5%。提升城区能级，推动人口、基础设施、公共服务向中心市区高度聚集，中心城区人口由2012年的30万人增加至2022年的49.21万人，常住人口城镇化率达到74.51%。

3. 大力发展县域经济。强化系统观念，谋划和推动了沿江绿色发展示范带、幕阜山特色产业带发展，促进“南北三县”错位发展、协同发展、竞相发展。深化扩权赋能强县改革，完善县域经济发展工作机制，支持咸安区建设中国桂花城核心区和华中康养区，嘉鱼县建设湖北经济强县、打造滨江公园城市，赤壁市冲刺全国百强、建设共同富裕示范市，通城县打造中部地区制造业强县，崇阳县打造美丽乡村示范县，通山县打造国家新型能源之都，形成更多高质量发展增长点。2022年，咸安区地区生产总值441.71亿元、嘉鱼县327.29亿元、赤壁市572.09亿元、通城县199.58亿元、崇阳县179.86亿元、通山县155.04亿元。

（二）坚定不移抓项目、强产业，发展底盘不断夯实

项目是经济发展的主引擎，产业是经济发展的主支撑。坚持借大势发展、做大事牵引，先后谋划实施了“五个一”工程[④]、“15项重大项目、重大产业、重大事项”[⑤]等，持续打牢咸宁高质量发展基础。

---

①“六城三区”：“六城”指生态旅游新城、生态工业新城、职教新城、贺胜梓山湖生态科技新城、咸嘉临港新城、咸安新城，“三区”指金桂湖低碳经济示范区、向阳湖现代农业示范区、河背生态湿地保护区。

②“一城十区”：“一城”指咸宁宜居主城，“十区”指梓山湖大健康产业示范区、滨湖大文化产业示范区、嫦娥湖湿地生态示范区、向阳湖现代农业科技示范区、咸宁高新技术产业开发区、咸安经济开发区、森林温泉大旅游产业示范区、金桂湖国际低碳示范区、咸嘉临港产业区、武咸协同发展区。

③“一主四辅”：构建以温泉宜居主城、横沟科学城、梓山湖大健康城、咸安凤凰新区、官埠城乡融合发展实验区为主体的“一主四辅”中心城区结构。

④“五个一”工程：即谋划和推进一座城、一瓶水、一部车、一条路、一机场等工程。

⑤“15项重大项目、重大产业、重大事项”：重大项目类包括咸宁长江综合门户港及公铁水联运项目建设、向阳湖中国文创产业聚集区建设、斧头湖综合利用；重大产业类包括大健康产业发展、竹产业发展、中国桂花城建设、乡村旅游发展、茶产业发展、养殖产业发展、电子信息产业发展；重大事项类包括全国文明城市创建、优化营商环境、咸宁开放窗口建设、开发区高质量发展、“武咸同城”发展。

1. 持之以恒抓项目建设。市委、市政府连续十年开展项目建设拉练检查，先后提出“三抓一优”①、“一转一、一加一、一引一”招商②、“六个一”③抓落实机制等，华润、中广核、中船、正邦等一批世界500强、中国500强企业投资项目落户咸宁，奥瑞金、元气森林、安利、金盛兰、维达力、华舟重工等一批上市公司、行业龙头投资项目迅速成长为规上企业和纳税大户，大幕山抽水蓄能电站、蒲圻电厂三期、长江综合门户港、南玻光伏玻璃、星光农机产业园等一批投资百亿元的重点挂牌督办项目加快推进。

2. 做大做强特色主导产业。围绕主导产业种好“产业树”、实行“链长制”，做大做强优势产业。把大健康产业作为战略产业、基础产业，积极构建“医、药、养、健、游、护”为一体的大健康产业集群。截至2022年底，全市共有大健康产业各类市场主体10.52万户、规上企业491家，总体规模672.91亿元，产业增加值168.37亿元，占地区生产总值比重9%。做好重点产业的延链、补链、强链文章，做大做强电子信息、装备制造、食品饮料、清洁能源等优势产业，2022年产值分别达到164.3亿元、372.1亿元、329亿元、73亿元。

3. 加快产业转型升级。三次产业结构由2012年的17.8∶47.0∶35.2优化为2022年的13.3∶39.4∶47.3，实现了“二三一”向“三二一”的重大转变。扎实推进农业产业化，已形成茶叶、油茶、楠竹、蔬菜、中药材等11个特色主导产业，标准化产业基地总面积达到410万亩；全市共培育市级及以上农业产业化重点龙头企业265家，农林牧渔及服务业总产值由2012年的237.64亿元增长到2022年的448.14亿元。坚持兴工强市，规模以上工业企业从2012年的724家增加到2022年的1023家，规模以上工业增加值年均增长7.3%。持续推进传统产业技术改造升级项目，十年来市级落实技改资金31.57亿元。咸宁智能机电产业入选国家创新型产业集群试点。2017年，咸宁高新区晋升为国家级高新区，2020年跻身全国高新区百强。加快推进全域旅游，通山县晋升国家全域旅游示范区；赤壁古战场成功创建国家5A级旅游景区，实现5A级景区零的突破；全市旅游接待人次和收入由2012年的2100万人次、107亿元增长到2022年的6718万人次、333亿元，增长均超过3倍以上。

（三）坚定不移吃改革饭、走开放路、打创新牌，发展动能和活力充分迸发

1. 持续推进思想大解放。咸宁经济社会每一次跨越无不源于全市干部群众每一次思想大解放。全市每年开展一次解放思想大讨论，一年一个主题，通过学习新思想，打破旧思维，树牢新理念，对工作举措不断进行校核、完善、更新，以思想破冰引领发展突围。

---

①“三抓一优”：围绕发展抓投资、围绕投资抓项目、围绕项目抓招商、围绕招商优环境。

②“一转一、一加一、一引一”招商：“一转一”是指一家企业抢抓机遇进行转型升级；“一加一”是指通过兴办一家企业扩大再生产；“一引一”是指引进一家配套关联企业开展合作，延伸产业链。

③“六个一”：对全市重大产业、重大项目、重大事项实行“一名市领导、一个牵头部门、一个工作专班、一套协调机制、一笔专项经费、一定五年”抓落实。

2020年，全市深入开展“六大”活动①，形成调研成果934篇，在此基础上形成了总投资3.7万亿元的“十四五”项目规划，特别是最终形成打造武汉都市圈自然生态公园城市的目标定位，并上升为省级战略，变成全省及武汉都市圈发展战略的重要组成部分。

2. 深化重点领域改革。着力推进供给侧结构性改革，“三去一降一补”效果明显。在全省率先完成化解60万吨钢铁过剩产能，关闭煤矿生产企业22家，淘汰煤矿产能118.5万吨。促进房地产平稳健康发展，商品房去化周期处在合理区间。咸宁高新区体制机制改革、市属国有企业改革等重点改革稳步推进，农村集体产权制度改革、供销社综合改革、财政管理绩效改革、“小微权力”清单制度等经验在全国全省推介。深化“放管服”改革，深入推进“清、减、降”专项行动，创新开展“一把手走流程”工作，政务服务承诺时限比法定时限压缩85.6%。连续21年被评为“湖北省金融信用市”。坚持每月通报银行贷存比、每季度召开民营企业家座谈会、“遍访企业解难题”等制度，当好“无事不扰、有呼必应、应必有果、果必满意”的“店小二”。2022年底，全市市场主体总量33.97万户。

3. 打造内陆对外开放新高地。深度融入“一带一路”，培育一批重点外贸龙头企业，全市外贸进出口总额由2012年16.8亿元增长为2022年122.17亿元。与15个国家23个城市建立友城关系，国际“朋友圈”不断扩大。谋划实施了长江综合门户港及多式联运项目，总投资115亿元，已纳入省级重点港口规划。2022年3月25日，中欧班列“长江”号在咸宁始发，运行一年多来，共发运货柜612柜，货值2.21亿元。建设运营15家“桂乡咸宁”体验馆，成为综合性开放窗口。截至2022年，连续举办9届“一带一路”赤壁青砖茶产业发展大会，赤壁青砖茶亮相外交部湖北全球推介会和上海进博会，被作为国礼赠送给蒙古国，“羊来茶往”成为一时美谈。

4. 深入实施创新驱动发展战略。市委、市政府先后出台关于加快科技创新体系建设的实施意见等系列政策文件，营造良好创新环境。2020年6月，咸宁市被确定为“科创中国”首批22个试点之一，是湖北省唯一入选的地级市。突出抓好科技创新“三个一百”建设②，重点培育的100家领军型高新技术企业2022年营业收入550.3亿元；支持的100项科技成果已转化应用73项，带动相关产业新增产值100亿元以上。建设运营大健康、青砖茶、智能机电、钒等12家高质量发展研究院，聚焦各地特色产业、主导产业，加强关键核心技术攻关和应用转化。截至2022年底，全市高新技术企业438家，是2012年的7.3倍，高新技术企业A股上市实现零的突破；高新技术产业增加值占地区生产总值比重17%，比2012年提高12.8个百分点。

---

①“六大”活动：开展理论大学习、市情大调研、发展大讨论、思想大统一、作风大转变、工作大落实活动。

②“三个一百”建设：重点推进100家领军型高新技术企业、100名科技型专家人才、100项重点科技成果转化。

(四)强化以工补农、以城带乡,城乡面貌焕然一新

坚持城乡统筹、突出以城带乡,城乡面貌和城乡品质全面改善。

1.推进城市整体增值。启动和完成新一轮城市总体规划修编,突出"小精灵"[①]城市特质和"依山拥湖面江同城"[②]"北上东进西展"[③]发展。谋划和推进自然生态公园城市建设,2019年10月,咸宁市被国际标准化组织城市和社区可持续发展技术委员会(ISO/TC268)授予"城市可持续发展国际标准试点城市",发布了全省首个《公园城市建设指南》地方标准。深入推进城市更新,十年来,实施城市棚户区改造4.62万套(户)、老旧小区改造6.71万户,有效改善城镇居民居住环境。推进城市补短板强功能工程三年行动,成功创建全国城市黑臭水体治理示范城市、入选系统化全域推进海绵城市建设省级示范城市。2022年全市城市建成区面积突破160平方公里,城镇化率为57.35%,比2012年提升10.9个百分点。

2.打造中国桂花城。将桂花城建设作为提升咸宁城市辨识度、知名度、美誉度的重要载体,与南京林业大学签订战略合作协议,共同打造"中国桂花城",让人一提到桂花就想到咸宁,一说到咸宁就想到桂花。完成市域桂花资源普查,5个桂花新品种获得国际新品种登录权,桂花造林3万亩,收集本地桂花品种41个211株。制定出台《咸宁市古桂花树保护条例》。成立桂花产业研究院,成功获批"国家林业草原桂花工程技术研究中心",先后引进一扬香花(咸宁)产业规划研究公司、中桂控股集团(湖北)有限公司等,现有各类涉桂企业300多家,年产值14亿元。

3.建设鄂南美丽乡村。先后开展"三万"活动、农村人居环境"两治两改一建"[④]、"五线五治"[⑤]、"五年提升"[⑥]等行动,推进农村人居环境向全域美、持久美、内在美、生活美转变。探索具有鄂南特色的现代版"富春山居图",2016年咸宁被评为全国美丽乡村建设

---

①"小精灵":"小巧、精致、灵秀"的咸宁城市特质。

②"依山拥湖面江同城":"依大山、入大湖、抵长江、通武汉"的发展路径。

③"北上东进西展":以老城区为核心,沿通江大道、桂乡大道、武咸快速路布局产业向北拓展城市空间,沿咸宁大道向西发展旅游产业,突出生态环境特色优势,打造城市绿环,强化与武汉高新和咸嘉新城的产业对接,形成外围各具特色的功能组团。

④"两治两改一建":非煤矿山和农村生活垃圾污水治理、城乡住宅风貌和城乡绿化改造、鄂南特色文化建设。

⑤"五线五治":"五线"指铁路沿线、公路沿线、水体沿线岸线、重要节点沿线、村庄沿线;"五治"指以"清"为主治脏、以"拆"为主治乱、以"种"为主治差、以"改"为主治污、以"建"为主治本。

⑥"五年提升":从2020年到2025年,全市农村人居环境明显提升。农村卫生厕所普及率稳步提高,厕所粪污基本得到有效处理或资源化利用;农村生活污水治理率不断提升,乱倒乱排得到有效管控;农村生活垃圾收运处置体系基本实现全覆盖,垃圾分类处理系统基本建成;村容村貌进一步提升,长效管护机制进一步健全,农民群众环境卫生意识普遍增强,影响人居环境的不良生活习惯得到转变。

示范区。谋划实施乡村旅游"万千百"工程①,盘活利用闲置农房和农家菜园,截至2022年底改造民宿10318间,新增精品农家饭6987桌,研发咸宁特色菜100道,吸纳就业6890人,带动农民增收致富。全市农村常住居民人均可支配收入由2012年7505元增长到2022年的20017元,年均增速快于城镇1.8个百分点,城乡居民收入倍差从2012年的2.25缩小至2022年的1.92。

4. 完善城乡基础设施。交通条件更加便利,咸通高速、武汉城市圈外环高速公路、武深高速公路咸宁段,嘉鱼、赤壁长江大桥等建成通车,普通公路里程达到1.72万公里,公路网密度176.37公里/百平方公里,实现县县通高速公路、乡乡通二级公路、村村通沥青水泥路;咸安、崇阳获"四好农村路"全国示范县。市城区燃气、污水处理全面普及,5G信号基本实现城区全覆盖。城市供水普及率达100%,农村自来水普及率达到89%以上。实现6个县(市、区)220千伏变电站全覆盖,形成与500千伏电网相联接、220千伏为枢纽、110千伏为骨干、35千伏和10千伏为基础的坚强电网,咸宁进入用电水平中上城市范围。

嘉鱼长江公路大桥(咸宁市交通运输局　供图)

三、沉着应对大战大考,交出新冠肺炎疫情防控高分答卷

面对新冠肺炎疫情,咸宁市深入学习贯彻习近平总书记关于疫情防控的重要论述,坚持人民至上、生命至上,白衣执甲、党群一心,全员上阵、全线作战,疫情防控保卫战取得决定性胜利。

①"万千百"工程:改造建设10000间乡村旅游客房、做好1000桌农家饭、研发100道适合各方游客的咸宁特色菜,把农产品作为旅游产品来打造,带动农产品附加值提升和农民增收致富。

(一)坚持用预防式思维抓防控,打赢新冠肺炎疫情防控人民战争、总体战、阻击战

2020年,面对突如其来的新冠肺炎疫情,咸宁坚持用预防式思维抓防控,做到管控早、排查早、隔离早、中药治疗早、复工复产早,在疫情“遭遇战、阻击战”时期,用近一个月时间,全面遏制疫情蔓延势头,用不到两个月时间,实现确诊病例和疑似病例清零,用三个月时间,基本恢复正常生产生活秩序。

1. 闻令而动,第一时间启动应急响应。2020年1月20日,市委召开专题会议,发布全市疫情防控工作动员令,领导干部以紧急状态开展工作;1月21日,出台《咸宁市新冠肺炎防控工作方案》;1月22日,设立指挥部,构筑灵活顺畅的“1+N+N”[①]工作机制;1月24日凌晨起,实行交通管控措施。

2. 守望相助,凝聚齐心抗疫强大合力。一方有难、八方支援。辽宁省派出4名医疗专家,云南省派出498人的医疗队对口支援咸宁,并捐款捐物价值超亿元;河北省向咸宁捐赠款物近亿元。疫情之初,全市共有65268名机关企事业单位党员干部参与疫情防控,15.3万名群众直接参与一线防控,1063个工作组、1300余名县级干部、872名第一书记、2268名驻村干部、48327名党员干部下沉到887个村、173个社区、11570个小区(村湾)开展志愿服务,涌现出一大批先进典型、感人事迹。在全国抗击新冠肺炎疫情表彰大会上咸宁有5人、2个集体接受表彰,在湖北省抗击新冠肺炎疫情表彰大会上咸宁有27人、10个集体接受表彰。2020年10月23日,举办咸宁市抗击新冠肺炎疫情表彰大会,对全市424名先进个人、100个先进集体和59名优秀共产党员、33个先进基层党组织进行表彰。

2020年3月22日,咸宁市欢送云南援咸医疗队(咸宁市疫情防控指挥部 供图)

①“1+N+N”:指“1个办公室”+“N个工作组”+“N个工作专班”。

3. 关口前移，快速遏制疫情蔓延势头。始终坚持源头防控、关口前移，做到“牛刀杀鸡”，下苦功夫、用笨办法、做长打算，从严从实从细从快落实各项疫情阻断措施。全市先后开展3次网格化、地毯式摸排，普查在咸人员304万人；创新推广“2+3”[①]流调队伍模式，流调密接比由疫情暴发初期的3.5∶1攀升到17.8∶1。

4. 生命至上，不惜一切代价救治患者。始终把人民生命安全和身体健康放在第一位，不惜一切代价全力救治。按照“集中患者、集中专家、集中资源、集中救治”的原则，市级组建3个专家组，将云南省援助的498名医护人员充实到各救治医院，提高救治水平和救治效果，在全省17个市州中首批实现新冠肺炎在院治疗确诊病例“清零”。积极贯彻落实习近平总书记“坚持中西医结合”指示精神，在全省率先提出中医统方施药与西药同用的治疗方案，全市重症、危重病例中医药使用率达到97.56%，普通及轻症病例中医药使用率达到99.86%，中药使用率全省第一。

5. 精细统筹，全面强化封控期间各项保障。面对防控初期医疗防护物资紧缺问题，坚持开源节流并举，共筹集各类防疫医疗物资折价4.09亿元。一开始就要求党员干部非特殊情况一律不得使用急缺防护物资，即使全市处于“紧平衡”状态，但始终满足抗疫一线需要，特别是确保了医护人员绝对安全，全市没有发生一起“院感”事故。自2020年1月22日开始，每天同步研究群众生活必需品的供应，精准核算主城区蔬菜实际需求量，与嘉鱼县菜农签订合约、支付定金，保障了蔬菜供应和价格稳定。加大对民生问题的解决力度，封闭管理期间，全面细致做好群众就医、买药、理发、心理咨询等工作，确保服务保障跟得上、人在家里待得住。

（二）慎终如始抓好常态化疫情防控，巩固来之不易的防控成果

牢记习近平总书记“针尖大的窟窿能漏过斗大的风”谆谆教诲，始终保持对疫情警惕性，不麻痹、不松劲、不侥幸、不厌战，坚持外防输入输出、内防反弹聚集不动摇，推动防控工作由应急性超常规向长期性常态化预防式转变。进入常态化防控阶段，全市连续195天无“疫”，期间快速果断处置4起输入性疫情，均实现“首发即清零”。转入“乙类乙管”转段期后，尽一切力量控感染、抓救治、降死亡，咸宁市被省疫情防控指挥部表扬为“优等生”。

1. 始终激活疫情防控应急指挥体系。严格按照应急指挥体系“机构不变、组织不变、人员不变”原则，市指挥部继续保持独立办公场所、办事机构、专职人员，实体化运行、集中办公，高效落实省、市工作指令。建立“两办”牵头抓总协调、卫健疾控部门专业支撑、交通民政等紧密配合的应急合成指挥决策机制，每日研判会商，因时因势调整防疫措施；遭遇突发情况后，第一时间将指挥中枢前移，实行靠前指挥、扁平化指挥，确保早反

---

①“2+3”：2名公卫人员+3名公安人员（包括公检司法）。

应、准决策、快处置。

2. 持续巩固外防输入、内防反弹“四道防线”①。聚焦全过程、各环节的风险点位，守好“四道防线”，构建“预知、预判、预处”一系列闭环工作机制。建立涵盖所有省外、市外咸宁籍人员的信息数据库，确保来返咸人员“七个清楚”②，跟踪落实后续健康管理措施。发挥发热门诊、诊所、药店等“哨卡”作用，常态化防控期间，登记上报购买“四类药品”人员信息245.87万人。

3. 快速果断扑灭局部突发疫情。从2020年新冠疫情阻击战结束到2022年11月，全市发生4起外地输入引发的本土疫情，经过省市县三级联动，科学高效处置应对，4起疫情均实现“首发即清零”。2022年11月以后，面对更为凶猛的输入浪潮，全市实现在一个潜伏期内阻断社区传播。随着国家“新十条”、省“十二条”以及“乙类乙管”防控政策的调整实施，全市上下因时因势调整防控策略，实现安全“过峰”、平稳“转段”。

4. 打造疾控体系改革和公共卫生体系建设“咸宁样板”。针对疫情防控中暴露出的公共卫生能力短板和弱项，突出建立健全“四大体系、一个平台”③。2020—2022年期间，全市共谋划实施公共卫生补短板工程项目129个。新建的咸宁市第二人民医院建成投入运营，市中心医院传染病大楼、市中医医院中医特色重点医院、市妇幼保健院新院区正在建设中，全力申报的华中科技大学同济医学院附属同济医院咸宁医院获批国家区域医疗中心项目（已于2023年7月获得国家发改委、国家卫健委正式批复）。全市64个乡镇卫生院全部达到标准化建设要求，910个村卫生室达到“五化”建设标准④，882个行政村配备大专学历村医467人，在全省率先实现“一村一名大学生村医”动态全覆盖，基层医疗机构条件明显改善。

（三）统筹疫情防控和经济社会发展，按下疫后重振“加速键”

咸宁一开始就坚持两手抓、两手硬，把疫情防控与做好“六稳”⑤工作、完成“六保”⑥任务结合起来，努力实现疫情防控、脱贫攻坚、复工复产、经济社会发展等多重目标。

1. 迅速恢复生产生活秩序。疫情全面遏制后，有条件、有计划、有组织地推进复工

---

①“四道防线”：交通卡口、区域协查、社区排查、重点场所哨卡。

②“七个清楚”：统计清楚返咸人员姓名、手机号码、工作地点、健康状况、出行计划、出行方式和同行人员。

③“四大体系、一个平台”：加强疾病预防控制体系、医疗救治体系、院前急救体系、基层防控体系、重大疫情信息平台建设。

④“五化”建设标准：产权公有化、建设标准化、服务规范化、运行信息化、管理一体化。

⑤“六稳”：稳就业、稳金融、稳外贸、稳外资、稳投资、稳预期。

⑥“六保”：保居民就业、保基本民生、保市场主体、保粮食能源安全、保产业链供应链稳定、保基层运转。

复产，2020年3月12日起允许市民办理出省证明，安全有序离咸，有序开放商场、超市、宾馆、餐馆、电影院等生活场所，至4月22日生产生活秩序基本恢复正常。组织开展为期一个月的领导走访服务企业活动，共收集督办企业反映的各类问题491个，选编下发100个防控典型案例、100个纾困解难典型案例，指导常态化疫情防控和复工复产各项工作，咸宁企业复工达产税务指数106，高于全省平均水平1.36；规模以上工业企业复工电力指数98，全省排名第4位。

2. 坚决落实中央支持湖北发展一揽子政策。抢抓中央政策机遇，提请重点支持财税、金融等方面政策12项，重大项目90项、总投资3085亿元。申报中央特别国债项目815个，总投资1168.2亿元。建立疫后重振滚动项目库，梳理在建项目459个，总投资757亿元。加强争资争项，争取上级资金65.14亿元。坚决落实中央减税降费政策，仅2020年上半年，就减免各类税费10.22亿元，为1806家企业返还失业保险费4271.86万元，惠及职工91546万人。

3. 扎实做好“六稳”“六保”工作。常态化开展遍访企业解难题、领导干部联系服务企业活动，解决民营企业突出问题469个。充分发挥“驻企特派员”“重点项目特派员”作用，及时掌握和协调解决企业困难和诉求。“点对点、一站式”输送返岗就业30.08万人。落实消费恢复提振政策，安排市区购房补贴8000万元、湖北消费券4934万元，开展“与爱同行·惠游湖北·乐享咸宁”活动，市场消费潜力逐步激活。

四、加强社会主义民主政治建设，凝聚咸宁现代化建设强大合力

十年间，咸宁大力发展社会主义民主政治，生动活泼、安定团结的政治局面得到巩固和拓展。

（一）发展全过程人民民主

1. 坚持和完善人民代表大会制度。深入推进科学立法、民主立法、依法立法，自2016年地级市被赋予立法权以来，截至2022年底，先后制定颁布实施关于禁止燃放烟花爆竹、地热资源保护、城区山体保护、农村生活垃圾治理、陆水流域保护、城市管理、文明行为促进、古桂花树保护的8部地方法规。发挥人大监督在党和国家监督体系中的重要作用，连续多年开展“农产品质量安全咸宁行”“咸宁环保世纪行”“民族团结进步咸宁行”监督活动，推动热点难点问题解决。以70个“代表之家”和364个“代表联络站”为依托，搭建好代表履职平台，自2017年开展代表活动以来至2022年，各代表小组开工率年年都达到100%。

2. 加强社会主义协商民主。市委大力支持政协积极协商建言，党的十八大以来，市政协组织专题调研、视察、考察、座谈等活动124次，报送建议案和调研、协商报告117篇，

政协各参加单位和委员提出提案1520件，一些重要意见建议转化为市委决策思路、政策措施。创新提案工作模式，十年间，委员提案1520件，经审查立案1282件，提案办复率、满意率均达100%。扎实开展一线协商，全市建成“一线协商·共同缔造”平台179个，开展一线协商400多场，协商解决问题500多个。

3.加强和改进统一战线工作。强化思想引领，先后举办理想信念教育培训班100余期，培训各领域代表人士1.5万人次。切实抓好来咸流动少数民族群众服务管理工作，对口支援恩施州建始县援建资金7100万元。成功承办“2022湖北省佛教讲经交流会”，石门寺乾旭法师获一等奖并代表湖北省参加“2022全国佛教讲经交流会”，荣获一等奖。港澳台海外统战工作和侨务工作稳妥推进，建成5个“侨之家”阵地。加强基层统战工作，大力培育了赤壁“茶产业统战”等一批特色亮点。

4.做好党的群团工作。紧紧围绕强“三性”去“四化”目标要求，深入推进群团组织改革，更好发挥工会、共青团、妇联等群团组织桥梁纽带作用。全市已建工会6493家，会员509974人，选树赤壁电力、湖北瀛通电子有限公司作为全国模范职工之家“结对共建”典型。抓好青年工作，“青创贷”投放总额近3亿元，位居全省第一。大力支持妇女事业发展，全市女性就业人数占比达45%，妇女预期人均寿命达78.9岁。扎实做好红十字会工作，全市持证红十字救护员8480人，完成率154.18%。

（二）推进法治咸宁、平安咸宁建设

坚持立法、执法、司法、守法、普法协调推进，扎实开展扫黑除恶专项斗争和政法队伍教育整顿，坚持和发展新时代“枫桥经验”，法治咸宁、平安咸宁建设取得重要进展。

1.全面推进依法治市。认真履行党政主要负责人推进法治建设第一责任人职责，在全省率先推行领导干部述法制度，领导干部学法用法常态化。加强法治政府建设，修订《咸宁市人民政府重大行政决策程序规定》，出台《咸宁市行政执法行为规范指引》，在全省率先建立行政执法视频指导机制。全面深化以审判为中心的诉讼制度改革，深入推进检察体制改革，基本形成全面落实司法责任制的有效配套体系。持续抓好行政诉讼，2022年行政机关负责人出庭应诉率97.89%，各级行政机关履行法院生效判决履行率100%。深入开展普法宣传，“七五”普法圆满收官，“八五”普法稳步推进，普法志愿者队伍不断壮大。

2.扎实开展扫黑除恶专项斗争和政法队伍教育整顿。自2018年扫黑除恶专项斗争开展以来，全市上下“一盘棋”，坚持“两个一律”“一案三查”，坚持侦查、起诉、审判全链条深挖，彻底铲除滋生土壤。为期三年的扫黑除恶专项斗争，全市共依法打掉涉黑组织19个、涉恶集团和团伙492个；破获各类刑事案件1736起，抓获犯罪嫌疑人3053人，查冻扣涉案资产24.13亿元，立案涉黑涉恶腐败和“保护伞”540件，党纪政务处分426人，移送司法机关99人。大力开展政法队伍教育整顿，全面推进从严管党治警常态化制度化，深化案件线索查办和顽瘴痼疾整治，及时清除了一批害群之马。全市共立案审查调查涉嫌违纪违法干警125人，处理处分违纪违法干警579人，17名干警主动向纪委监委投案。坚决肃清政治“流毒”影响，注重深刻剖析龚道安问题的本质和给咸宁政法队伍造成的恶劣影响，旗帜鲜明地把龚道安的毒害讲清、讲透、讲全，实现“全员受教育、全面受教育、深刻受教育”。

3. 创新基层社会治理。紧盯基层社会治理基础薄弱短板，全覆盖推进乡镇(街道)、村(社区)综治中心规范化建设和实体化运行，全市70个乡镇(街道)、1071个村(社区)综治中心规范化建设全部完成，社会治理基层基础更加牢固。强力推进“雪亮工程”建设，建成并接入视频监控探头53735个，极大提升治安防控网络密度和威慑力度。成立咸宁市人民调解中心，自2019年11月18日正式运行以来，截至2022年12月咸宁市各人民调解中心共接待咨询群众72677人次，受理案件22608件，结案22360件，结案率98.9%。坚持和发扬新时代“枫桥经验”，实现矛盾纠纷一站式受理、一揽子调处、全链条解决。咸宁市矛盾纠纷多元调处体系经验做法，在全国第五次市域社会治理现代化试点创新研讨班上作交流，并被中央政法委《政法动态》刊发。荣获首批“全国禁毒示范城市”，连续5年获评全省平安建设优胜市州，嘉鱼荣获“长安杯”。

五、推进文化自信自强，文化强市建设迈出新步伐

咸宁上接周楚文化之根，下承吴越文化之脉，历史文化丰富多元、底蕴深厚。十年间，咸宁始终牢牢把握社会主义先进文化前进方向，坚定文化自信，大力推进文化强市建设，全力创建全国文明城市，文化事业和文化产业不断发展。

(一)牢牢掌握意识形态工作领导权

高举习近平新时代中国特色社会主义思想伟大旗帜，紧扣主题主线，扛起举旗帜、聚民心、育新人、兴文化、展形象的使命任务，汇聚打造武汉都市圈自然生态公园城市坚强思想保证和强大精神力量。

1. 巩固壮大主流舆论。深入学习宣传贯彻党的十八大、十九大、二十大精神，开展中国共产党成立100周年、新中国成立70周年、改革开放40周年暨建市20周年、打赢脱贫攻坚战、疫情防控阻击战等重大主题宣传。党的十八大以来的十年间，咸宁先后在《人民日报》《经济日报》《农民日报》及中央电视台等主流权威媒体发表新闻稿件和理论文章近300篇次；先后推出《湖北咸宁开展“主题党日＋”活动“找回了家的感觉”》《湖北咸宁领办实事超1800件——真抓实干解决群众“急难愁盼”》等一系列成果，巩固拓展了主流舆论，夯实了主流意识形态传播基础。

2. 大力弘扬社会主义核心价值观。深入贯彻落实《中国共产党宣传工作条例》，成

立市委宣传思想工作领导小组，全面加强党对宣传思想工作和意识形态工作的领导，牢牢掌握意识形态工作领导权、主导权，马克思主义在意识形态领域的指导地位更加巩固。出台《咸宁市党委（党组）意识形态工作责任制实施细则》，严格落实党委（党组）书记第一责任人责任，建立健全党委统一领导、党政齐抓共管、宣传部门组织协调、有关部门分工负责的工作格局，形成各司其职、各负其责、主动担当、忠诚履责的强大合力。建立和完善意识形态联席会议制度，落实意识形态工作“七纳入”要求，压实各地各单位工作责任，形成意识形态工作大格局。扎实做好中央、省委巡视意识形态专项检查反馈问题整改，完成对县（市、区）、市直机关、国企、高校意识形态工作的专项巡察全覆盖。坚持以社会主义核心价值观引导人、教育人、塑造人，大力弘扬以爱国主义为核心的民族精神和以改革创新为核心的时代精神，传承弘扬鄂南英烈精神、铁军精神，拓展新时期咸宁精神。2014年，咸宁实施基层精神文明建设“一五一十”工程①的做法作为全国唯一农村精神文明类创新案例，入选中宣部2015年度《宣传思想文化工作案例选编》。

3. 加快推进媒体深度融合发展。2019年6月，印发《咸宁市县级融媒体中心建设实施方案》，统筹指导全市县级融媒体中心建设，建强意识形态阵地。赤壁作为全国县级融媒体中心建设首批试点和中宣部重点联系推动县市，媒体融合发展改革工作成为“全国样板”，入编《中国共产党宣传工作简史》，入选党的二十大成就展。

（二）全力创建全国文明城市

全国文明城市，是我国城市综合类评比中的最高荣誉。咸宁坚持以创建全国文明城市为牵引，不断提升城市文明程度和市民文明素质，增强城市综合竞争力。

1. 培育文明风尚。坚持以德润城，新增和规范各类公益广告4万余处，把社会主义核心价值观融入社会各个角落，教育群众自觉讲普通话、走开放路、做文明人。突出榜样示范带动，广泛开展“咸宁好人”“南鄂楷模”评选，唐光友获得第八届全国道德模范提名奖，8人被评为“湖北好人”“荆楚楷模”。

2. 拓展文明实践。全市已建成6个新时代文明实践中心、70个新时代文明实践所、1060个新时代文明实践站。现有注册志愿者达48.61万人，志愿者总数占全市常住人口的18.3%。擦亮“唐光友”学雷锋志愿服务品牌和“香城管家”②品牌，仅2021年就开展志

---

①“一五一十”工程：“一”，即“抓住一条主线——弘扬和践行社会主义核心价值观”；“五”，即村（社区）一级做到“五有”——一个中心文化广场、一批文化中心户、一组文化墙（橱窗）、一个文体活动队、一个志愿者队伍；“一”，即“紧扣一个主题——中国梦·我的梦”；“十”，即深入开展“十星级文明户”创建。

②“香城管家”：组织志愿者对小区（村庄）内可见垃圾进行清洁，劝导乱停乱靠、乱堆乱放、乱扔乱贴、乱搭乱建等不文明行为，配合社区开展“除四害”、清洁家园、垃圾分类等爱国卫生运动，倡导居民文明养犬、文明晾晒、文明出行。

愿活动1565次，服务群众56.8万人次，无数“唐光友”以点滴之举汇聚文明暖流，成为城市的精神符号。

3. 深化文明创建。2018年11月，市委、市政府提出用6年时间成功创建全国文明城市（前3年获得提名，后3年冲刺成功）的目标。2021年1月，咸宁获得2021—2023年创建周期全国文明城市提名资格。制定《咸宁市文明城市创建三年行动计划（2021—2023年）》，严格落实“四个一”要求：一人一片，将城区划分为八大联系片区，由一名市委常委领导牵头，多名市领导带领相关责任部门具体负责；一天一事，建立“街道吹哨、部门报到，社区吹哨、党员报到”机制；一鼓作气，全市上下锚定目标、形成共识，一步一个脚印，朝着全国文明城市目标迈进；一以贯之，确保创文工作天天有进展、周周有变化、月月有提升。常态化开展“万人洁城”活动①。创新城市管理综合评价机制，工作经验被住建部向全国推介。

（三）提升公共文化服务水平

加强基层公共文化服务体系建设，全面提升公共文化服务水平，在更广范围、更深层次、更高水平上推动公共文化服务高质量发展。

1. 打造鄂南文艺精品。坚持将创作生产优秀作品作为文艺工作的中心环节，把提高质量作为文艺作品的生命线，打造了一系列文艺精品。歌曲《白云深处》获得湖北省第九届精神文明建设“五个一工程”优秀作品奖，书法《〈世说新语〉行书中堂》获得湖北省第九届“屈原文艺奖”优秀作品奖，歌曲《孔雀来兮》荣获湖北省第十一届“屈原文艺奖”，长篇小说《汀泗桥》获首届方志敏文学奖小说类大奖。各县（市、区）以精准扶贫、廉洁建设、改革开放等主题，创作了一批具有鄂南风格、咸宁气派的文艺精品。

2. 举办重点节庆活动。以重大纪念日为契机，成功举办了“纪念抗日战争暨世界反法西斯战争胜利70周年”十大系列活动、庆祝改革开放40周年暨建市20周年文艺晚会、庆祝中国共产党成立100周年及“喜迎二十大”等系列群众性文化活动，营造了浓厚的舆论氛围。持续举办了11届温泉文化旅游节、4届咸宁国际温泉马拉松和“咸宁味道”美食文化节，举办了首届“桂乡韵·梨园情”戏曲艺术节、首届温泉国际动漫展等重大群众性文化活动。

3. 实施文化惠民行动。连续举办10届“香城大舞台”群众文化活动，以文化惠民为载体，持续推进传统文化传承发展，将“香城大舞台”打造成一个品牌，成功入选第四批国家公共文化服务体系示范项目。加快文化场馆建设，相山书院、十六潭公园等10个香城书房，备受市民好评；全市71个乡镇（办事处）文化中心、1071个村级综合性文化服务中心全部建成，覆盖率达100%。每年送戏下乡1500余场次，观众达200万人次，把群众喜闻乐见的好节目送到家门口。

---

①“万人洁城”活动：组织万名干部职工群众等对城市进行大清扫活动。

（四）大力发展文化产业

加强产业扶持力度，配套实施系列促进文化企业落地发展政策，全市文化产业规模不断壮大，市场主体持续增加，文化产业进一步繁荣发展。

1. 健全文化产业体系。先后编制《咸宁市“十四五”文化产业发展规划》《咸宁市旅游产业“十四五”规划》，出台《市人民政府关于加快文化产业发展的若干意见》等配套政策，形成文化产业“1+N”①政策支撑体系。2012—2022年，文化及相关产业增加值从27.19亿元提高至70.94亿元，2022年全市规上文化产业单位数208个，营业收入166.7亿元。

2. 保护和用好咸宁历史文化资源。加强对桂花文化、嫦娥文化、三国文化、砖茶文化、红色文化等保护、传承和利用。文物非遗工作有力推进，截至2022年底全市共有非遗项目286项、传承人271名。积极推进“万里茶道”申遗。加快向阳湖中国文创产业聚集区建设，做好孙郭胡城址、王家畈学堂、原省煤机厂旧址等文化遗迹和工业遗址的研究保护利用文章。加强对咸宁革命历史文化挖掘，截至2022年底，全市有史可查的革命遗址151处，列入革命文物保护单位的62处，其中全国重点文物保护单位1处，省级文物保护单位8处。全市紧紧围绕汀泗桥和贺胜桥“两桥”战役、鄂南秋收暴动、湘鄂赣革命根据地、鄂南抗日民主根据地等党史上的重要事件和彭德怀、罗荣桓、钱亦石、何功伟、钱瑛等党史上重要人物的革命活动事迹，做好保护开发利用文章，传承弘扬红色文化，助力乡村文旅发展，让沉睡的历史文化资源“活”起来。

3. 打造文化产业品牌。实施“文化+”工程，推动文化与科技、金融、旅游、制造等融合发展，培育一批文化创意新模式新业态，打造一批高成长、创新型文化企业。现有国家级印刷包装产业园区1个，香城文创空间获评国家级众创空间1个，省级文化产业示范基地7个，奥瑞金包装有限公司获湖北省文化企业十强，方片互动网络有限公司获湖北省最具成长性文化企业。开发青砖茶、桂花等文创产品，“川”字牌青砖茶、“桂花礼”系列产品入选首届“湖北礼品”十大人气礼品、十大创意礼品。

六、决战决胜脱贫攻坚，全面建成小康社会

决战决胜脱贫攻坚是党的一项伟大事业，是各级党组织的重大政治责任。咸宁市深入学习贯彻习近平总书记关于扶贫工作的重要论述，紧盯“两个确保”目标、“两不愁三保

---

①1+N：“1”指新理论，以生动的故事讲好习近平新时代中国特色社会主义思想和党的十九大、二十大精神，重点宣讲扫黑除恶、精准脱贫、生态文明等与群众生活息息相关的重大决策和部署；“N”指多形式、多频率、多平台，以红色故事、楷模故事、奋斗故事等多种形式的故事为载体，实现市、县、乡、村四级宣讲全覆盖，通过报纸、电视、广播、新媒体、视频平台等多平台传播。

障”标准，创造了消除贫困的伟大奇迹，兑现了对全市300万人民的庄严承诺。

（一）打赢幕阜山片区脱贫攻坚硬仗

2012年咸宁“南三县”被省委、省政府纳入幕阜山连片开发地区，为新一轮全省扶贫攻坚的主战场之一。十年间，咸宁举全市之力，精准施策、攻坚克难，38.3万名建档立卡贫困人口全部脱贫，192个贫困村全部出列，3个贫困县全部摘帽，绝对贫困问题历史性地得到解决。

1. 坚持五级书记抓扶贫。严格落实“党政一把手责任制和五级书记抓扶贫”要求，成立市县乡村四级扶贫攻坚领导小组，形成上下贯通、横向到边、纵向到底的责任体系。按照“四级书记遍访”要求，市级领导带头遍访贫困乡镇，一线调研、一线督战、一线问效，将脱贫攻坚责任扛在肩上。十年间，每年有近3000名干部活跃在扶贫一线，有近4万名党员干部深入开展结对帮扶。2020年面对突如其来的新冠肺炎疫情，及时出台实施“战疫”“战贫”10条举措，实现脱贫攻坚圆满收官，在2020年下半年扶贫成效考核中，市、县两级全部被评为优秀等级。

2. 持续推进精准扶贫、精准脱贫。扎实推进“五个一批”[①]工程，创新实施健康扶贫、光伏扶贫等新脱贫模式，脱贫地区“造血”功能显著增强。探索“公司＋”“合作社＋”“土地入股”“生产托管”“双产业双保险双脱贫”等模式，产业扶贫模式实现多样化。脱贫地区特色产业基地面积达657万亩，13个重点农业产业带动脱贫户2.7万户，8255家农民专业合作社、家庭农场带动脱贫户3.89万户。8906户危房贫困户住上了安全房、放心房，11285户33993名贫困群众喜迁新居。发放“雨露计划”补助9302人次，补助资金1395.3万元。义务教育阶段学校适龄儿童少年入学率、初中三年巩固率均达到100％。农村低收入人口住院“三重保障”补偿22345.7万元，政策内报销比例90.4％，5.4万户因病致贫户摆脱贫困。建成各类农村供水工程近9000处、服务226.8万人，农村自来水普及率96.77％。全市农村低保年人均保障标准6380元、农村特困人员年人均保障标准12006元，确保特殊贫困家庭稳定实现“两不愁三保障”目标。

严格落实“当年地方财政收入增量的15％增列专项扶贫预算”要求，扶贫资金逐年攀升，只增不减。全市各级财政部门共投入扶贫资金23.98亿元。235家民营企业与262个村进行签约结对，脱贫攻坚期间投入资金6.33亿元，实施发展项目627个，带动12.06万名贫困户受益。严格执行扶贫资金公告公示制度，确保把每一分钱都用到刀刃上。2014—2022年，全市扶贫资金年结余结转率均不超过3％。坚持把全面从严治党要求贯穿脱贫攻坚全过程和各环节。建立年终集中考核和平时工作相结合的机制，每年对6个

---

①“五个一批”：洽谈项目签约一批、签约项目开工一批、在建项目投产一批、投产企业进规一批、投产企业扩规一批。

县(市、区)党委和政府扶贫开发工作进行考核评估,组织市直部门扶贫开发工作目标责任考核,对工作不力的进行约谈。加大监督执纪问责力度,2018—2020年开展为期3年的扶贫领域腐败和作风问题专项治理,查处扶贫领域腐败和作风问题2144件,处理党员干部3011人,确保脱贫工作务实、脱贫过程扎实、脱贫结果真实。

3. 以"五扶"举措巩固拓展脱贫攻坚成果。严格落实5年过渡期和"四个不摘"要求,坚持做到扶志、扶智、扶制、扶治、扶支"五扶"并举,统筹推进巩固拓展脱贫攻坚成果同乡村振兴有效衔接。

(1)抓好防止返贫动态监测和帮扶。建立健全防止返贫动态监测帮扶联席会议制度,组织开展两轮集中大排查,新识别监测对象609户2255人。对因灾因疫因意外事故等出现返贫致贫风险,调整补充"一户一策"方案,有针对性地落实帮扶措施,坚决守住不发生规模性返贫底线。2022年全国健全防止返贫动态监测和帮扶工作培训班在咸举办,咸宁作交流发言。

(2)多措并举增加脱贫群众收入。严格执行中央衔接资金55%投入产业发展的要求。引导有意愿的脱贫户、监测户发展产业项目510个。全市建成茶叶、油茶、雷竹、中药材等扶贫特色产业基地657万亩,惠及贫困户5.8万户20.5万人,催生了118个产业扶贫示范村,每个贫困村至少形成一个主导产业。消费帮扶56474.39万元,带动脱贫户40556人。全市脱贫劳动力外出务工14.88万人。农村常住居民人均可支配收入由2014年的10891元增加到2020年的16359元,年均增长8.48%。

(3)推进脱贫攻坚同乡村振兴有效衔接。争取衔接资金11.1亿元,谋划项目1563个,涉及项目总投资32.5亿元;已衔接项目1051个,每年资金支出进度超过95.13%。抓好国家脱贫攻坚考核评估反馈问题整改,全省巩固脱贫攻坚成果后评估反馈咸宁的13类问题全部完成整改。全力抓好国家挂牌督办通城县2021年度巩固拓展脱贫攻坚成果同乡村振兴有效衔接考核评估问题整改,实现顺利摘牌。

(二)加快发展社会事业

坚持以人民为中心,是以习近平同志为核心的党中央治国理政的鲜明品格。咸宁始终坚持把人民对美好生活的向往作为奋斗目标,不断把为人民造福事业推向前进。

1. 坚持稳定和扩大就业。始终把稳就业保就业工作摆在突出位置,落实落细就业优先政策,创新服务和保障企业用工工作机制,实现劳动者更加充分、更高质量就业。

(1)就业规模持续扩大。千方百计稳定和扩大就业岗位,党的十八大至党的二十大,全市城镇就业规模持续扩大,城镇新增就业超过54.9万人,城镇新增就业年均超过4万人;失业水平保持低位,城镇登记失业率有效控制在4.5%以内,就业形势总体平稳。

(2)重点群体就业有序。深入实施"大学生引进计划",出台"才聚荆楚·志在咸宁""我兴楚乡·创在咸宁"等优惠政策,引导企业吸纳就业,有力解决高校毕业生就业难问题。加强跨区域劳务精准对接，十年来，转移农村劳动力就业51.5万人。推行公益性岗位托底安置，全方位做好“4050”人员、残疾人员、城镇失业人员、失地农民、零就业家庭等困难群体就业援助。

(3)创业氛围日趋浓厚。落实职业培训补贴、社会保险补贴等20多项政策，推进“我兴楚乡·创在湖北”返乡创业行动，获评省级返乡创业示范县2个、示范园6个、示范项目36个。连续举办3届“香城杯”创新创业大赛，10家风投公司现场达成上亿元投资协议。十年来，发放创业担保贷款3.2万笔、50.1亿元，扶持创业3.3万人，带动就业10万余人。

(4)就业服务不断完善。常态化开展“春风行动暨就业援助月”“民营企业招聘月”“百日千万网络招聘”等系列行动，劳动者“求职难”和企业“招人难”问题得到有效缓解。十年来，举办线上线下招聘会5000余场(次)，促进劳动力实现就业近40余万人。特别是2020年新冠肺炎疫情期间，“点对点”向省外输送返乡外出务工人员30.08万人。

2. 办好人民满意的教育。坚持教育优先发展，优化区域教育资源配置，办学条件持续改善，教育质量不断提升，咸宁教育事业高质量发展取得新成效。

(1)坚持立德树人根本任务。构建大中小幼一体化德育体系，健全学校家庭社会协同育人机制，加强未成年人思想道德建设，重视青少年身体素质、心理健康和安全教育，最大限度减少学生意外伤亡，努力培育德智体美劳全面发展的时代新人。

(2)推进义务教育优质均衡发展。“全面改薄”工程扎实推进，“联校网教”[①]模式成为全国范例，义务教育均衡发展全部通过教育部评估认定。市实验外国语学校建成开学，咸宁职教集团创建国家示范性职业学校进展顺利。新改扩建学校580所，新增中小学、幼儿园学位10.64万个，撤并农村教学点154个，城区义务教育三年行动计划顺利完成，“大班额”基本消除。

(3)推进高等教育内涵式发展。支持湖北科技学院“双一流”建设，生物医学工程专业、体育教育专业获批2021年度国家级一流本科专业建设点，截至2022年底，学校获批国家一流专业建设点3个、国家特色专业建设点3个。支持咸宁职业技术学院“双高”建设，学校成功入选全国高职院校服务贡献50强。湖北商贸学院、湖北健康职业学院、首义学院嘉鱼校区、东湖学院嘉鱼校区建成开学。协同搭建政校行企产教整合平台，促成首个世界技能大赛国家级集训基地落户咸宁。

(4)培养高素质教师队伍。开展“师德师风建设年”“十个一”活动，把师德师风作为评价教师队伍素质的第一标准，核查师德师风重要举报线索16件，处分21人。十年来，全市补充教师3205名。

---

①“联校网教”：依托互联网，让城里的优秀老师为偏僻的山村学校学生上课，帮助开齐开足薄弱学科，从而达到让城乡学生共享优质师资、助推教育均衡发展的目的。

3. 加快健康咸宁建设。始终坚持以人民健康为中心、以公共卫生安全为底线、以健康咸宁建设为抓手，全方位、全周期保障人民健康，群众的健康获得感、幸福感不断攀升。

（1）深化医疗管理体制改革。分级诊疗制度基本建立，覆盖医疗机构中的三级、二级综合性医院、中医院、妇幼保健院、社区卫生服务中心（乡镇卫生院）的咸宁市区域医疗联合体基本建成。有序开展公立医院人事和薪酬制度改革，23家公立医院全部取消药品加成，医疗费用不合理增长趋势得到有效遏制。建立药品零售企业分级分类升降级管理机制，所有乡镇卫生院全部实施国家基本药物制度，基层医疗卫生机构基本药物配备和使用比例达到80%以上，二级以上公立医疗机构基本药物采购达到42%。

（2）深入开展健康咸宁行动。出台《“健康咸宁2030”行动纲要》，完善健康咸宁建设推进协调和监测评价机制，开展市县乡村四级健康教育与健康促进体系建设，人均期望寿命逐年提高至80.01岁；6个县（市、区）均成功创建省级健康促进示范县（市、区），居民健康素养从2012年的8.8%提高到2022年的35.62%。2021年，健康科普工作被省卫健委作为典型案例在全省推介，咸宁市作为唯一地级城市代表，成为全省唯一入选上合组织地方卫生健康城市示范基地。

（3）聚焦服务“一老一小”。探索签约医、医融养、养办医、医入户的“四个医”医养结合模式，建成一批兼具医疗卫生和养老服务功能的医养结合机构，9个公立医院养老机构投入运营，医养结合工作经验被国家卫生健康委推广。率先在全省出台《关于加快实施全面两孩配套政策的意见》《咸宁市落实三孩生育政策十二条配套措施》，在国家卫健委举办的全面两孩政策培训班上作经验交流。全市具备托育服务能力的机构149家，收托规模10104个。

（三）织密扎牢基本民生保障网

始终坚持以民生为先、民生为重、民生为本，谋民生之利，解民生之忧，织密扎牢民生保障网。

1. 不断健全多层次社会保障体系。稳妥推进机关事业单位养老保险改革，率先出台一次性抚恤金计发基数、过渡期退休的“中人”待遇兑现。取消企业职工养老保险参保户籍条件限制，企业职工养老保险实现省级统筹到全国统筹的跨越式发展，工伤保险实现省级统筹。建立统筹城乡居民养老保险制度，打通职工与城乡居民养老保险制度转移接续渠道，城乡居民基本养老保险制度体系基本建成。在全省率先实施医保“一卡通”。

2. 不断健全社会救助体系。建立低保标准每年提标一次的动态调整机制，启动社会救助和保障标准与物价上涨挂钩联动机制，十年来，城市低保月人均保障标准从338元增长到631元；农村低保年人均保障标准从2464元增长到6380元；城市特困人员年供养标准从8112元增长到15144元；农村特困年人均保障标准从4929元增长到12006元；临时救助人均水平从1049元增长至1985元。

3. 不断健全住房保障体系。十年来，实施保障性安居工程10.3万套（户），低收入住房困难家庭基本实现应保尽保，中等偏下收入家庭及进城务工农民、新就业大学生、新市民住房条件得到有效改善。完成485个小区纳入中央补助支持城镇老旧小区改造，9.4万户、约27万城镇居民的居住环境得到显著改善，城镇老旧小区改造“长效管理机制”被住建部推广。排查农村房屋433453户，3440户存在安全隐患的房屋全部完成整治；完成危房改造38625户，实现农村安全住房有保障。

七、突出生态立市，打造美丽中国的咸宁样板

生态是咸宁的最大财富、最大优势。十年间，咸宁深入践行“绿水青山就是金山银山”的理念，坚持生态立市，加强生态保护、建设和利用，切实把生态优势转化为发展优势、竞争优势，厚植武汉都市圈自然生态公园城市建设的生态本底。

（一）把修复长江生态环境摆在压倒性位置

严格落实习近平总书记关于长江“共抓大保护、不搞大开发”指示精神，统筹抓好治山理水增绿工作，长江生态环境保护修复进入高水平保护新阶段。

1. 推进沿江化工企业“关改搬转”。扎实开展长江大保护十大标志性战役，305项重点工作任务全部完成。2018—2020年，咸宁长江大保护十大标志性战役考核分别排名全省第三、第四、第二（2021年度未进行考核排名）。2022年度长江高水平保护十大攻坚提升行动工作在全省年度考核评估中被评为“优秀”等次。突出抓好沿江化工企业“关改搬转”，“关改搬转”沿江化工企业4家、危化品生产企业8家，取缔长江沿线非法码头35个，整治沿线尾矿库2座，特别是下决心整治嘉鱼潘湾化工园，2021—2022年，园区78家入统化工企业已清退、关停72家，转型升级6家。

2. 大力开展非煤矿山整治。自2015年开始，咸宁在全省率先开展非煤矿山综合整治工作，严把矿业权设置关、准入关、交易关、规划设计关，非煤矿山由208个压减至24个，截至2022年底正常生产的矿山7个，均由政府平台控股，实行规范化、集约开采，年开采量3205万吨。全面实施废弃矿山开发式修复，“十四五”期间，全市计划修复治理矿山121个，已完成修复52个，嘉鱼县引进阿洛亚公司，实施矿山绿色转型发展综合利用试点示范项目。

3. 全面开展长江岸线生态复绿。2011—2020年十年间，全市完成长江防护林工程45.11万亩，其中人工造林15.48万亩、封山育林12.6万亩、退化林修复15.5万亩、血防林1.53万亩（之后年度无长江防护林工程）。

（二）深入打好污染防治攻坚战

坚持“良好生态环境是最普惠的民生福祉”，围绕蓝天碧水净土保卫战聚力攻坚。

1. 蓝天保卫战成效斐然。严格大气污染防治，完成全市339台20吨/小时以下燃煤锅

炉淘汰改造工作，赤壁市华润电力投入2.4亿元完成3台机组超低排放改造；严格机动车尾气治理，淘汰黄标车6537辆、老旧车1235辆；加强扬尘污染管控。全市空气质量优良率从2015年（空气质量考核评价采用新标准和指标体系时间）的67.7%上升到2022年的86.0%。PM_{10}浓度均值从2015年的90微克/立方米下降至2022年的48微克/立方米，下降57.7%；$PM_{2.5}$浓度均值从2015年的55微克/立方米下降至2022年的29.5微克/立方米，下降46.4%。

2. 碧水保卫战亮点纷呈。大力推进退垸还湖，省定的斧头湖、西凉湖2.6万亩退垸还湖任务全部完成。先后实施斧头湖水质强化攻坚九大行动和淦河入湖口疏浚工程、“两湖连通”工程等项目。完成8个县级以上城市集中式饮用水水源地保护区规范化建设和51个乡镇饮用水水源地保护区划分，饮用水达标率100%。建成乡镇生活污水处理厂52座，完成城区污水处理厂提标升级改造，达到一级A排放标准。关闭禁养区内规模畜禽养殖场148家、改造升级24家，畜禽粪污资源化利用率达到92.28%。成功申报全国黑臭水体治理示范城市，完成各项治理任务。

3. 净土保卫战稳步推进。圆满完成全市农用地和重点行业企业建设用地详查任务，污染地块安全利用率达到100%。全面加强固体废物管理，固体废物管理法治水平稳步提升，得到省人大执法调研组认可，正在全力创建全域无废城市。大力推行垃圾分类试点，建成29个垃圾分类试点小区，建成垃圾压缩站71座，日压缩能力2664吨。推进餐厨垃圾全域无害化、资源化处理，截至2022年已建成分散式处理站点133处，覆盖率80.6%。

（三）全域推进美丽咸宁建设

深入践行“两山”理念，全域推进美丽咸宁建设，全市森林覆盖率达53.01%，成功创建“国家森林城市”“全国绿化模范城市”。

城市风貌一角（咸宁市住建局　供图）

1. 持续开展绿化造林。实施绿满鄂南、精准灭荒、全域国土绿化等行动，十年间，全市完成营造林1157.96万亩，森林面积发展到738万亩，林地面积880万亩，森林蓄积量2038万立方米。全市共有20个乡镇获评“湖北省森林城镇”、225个村获评“湖北省绿色乡村”，35个村成功创建“国家森林乡村”，39个村获评“湖北省森林乡村”。

2. 严格生态资源管护。加快自然保护地体系建设，国家级自然保护地达13处，保护面积占国土总面积的19%。严格开展湿地保护修复，建成6个国家级、3个省级湿地公园，湿地总面积8.87万公顷，湿地保护率提升至56.79%。全面推行林长制，市县乡村四级共有林长5437人、森林资源监管员176人、护林员6888人，各级林长开展专题调研、巡林11.82万余人次，解决重难点问题45个。开展古树名木保护工作，全市共登记古树名木7688株。持续加强森林防火，新建生物防火隔离带312.3公里，面积621.8公顷，全市森林防火工作总体平稳。全面落实河湖长制，建立市县乡村四级河湖长责任体系，设置市级河湖长14名、县级河湖长100名、乡级河湖长756名、村级河湖长972名。2020—2022年，市委主要负责同志带头徒步巡查淦河全程，带动各级河湖长巡查河湖1万余次，解决问题1000余个。

（四）加快形成绿色低碳生产生活方式

深入践行习近平生态文明思想，坚定不移地走绿色发展道路，咸宁经济发展的“含金量”“含绿量”显著提升。

1. 加快调整产业结构和能源结构。制定《咸宁市推进重点产业高质量发展实施方案》，加快实施冶金、建材、纺织等行业绿色化改造，湖北亚细亚陶瓷有限公司、咸宁南玻玻璃有限公司等12家企业入选工信部绿色制造体系国家示范试点企业，获“绿色工厂”称号，华润电力、湖北金盛兰冶金等企业完成超低排放改造。着力推动能源结构优化，推进新能源和可再生能源开发，重点推进风电、光伏发电和生物质利用项目建设。截至2022年，全市可再生能源装机104.46万千瓦，占全市总装机规模26.13%；可再生能源发电14.49亿千瓦时，发电量占全社会用电量的11.93%。

2. 积极布局碳达峰。编制《咸宁市碳达峰碳中和路径研究》和温室气体排放清单，加强企业碳交易控排能力建设，全市纳入碳交易企业14家，履约率为100%。策划16个林业碳汇项目，年均生产碳汇量165.81万吨。

3. 着力开展生态创建。赤壁、崇阳、通城获评“国家第六批生态文明建设示范区”，全市省级以上生态文明建设示范区（县级）达到5个，位居全省前列；省级生态乡镇66个，基本实现全覆盖；国家级和省级生态村530个，占全市行政村总数的近60%。大力推行绿色交通、发展绿色建筑、促进绿色消费，截至2022年底，全市新能源公交车占比100%，咸宁成功入选全国第二批城市绿色货运配送示范创建城市；2022年新增绿色建筑115万平方米。

八、推进全面从严治党向纵深发展向基层延伸，巩固发展风清气正的政治生态

十年间，咸宁市坚决扛牢管党治党政治责任，不断去杂质、除病毒、防污染，锤炼共产党人信仰信念的钢筋铁骨，以全面从严治党引领保障各项事业蓬勃发展、行稳致远。

（一）强化党的创新理论武装，持续学懂弄通做实习近平新时代中国特色社会主义思想

用党的创新理论武装全党是党思想建设的根本任务。咸宁市坚持用党的创新理论武装全党、教育人民，通过一以贯之的学习找出问题、找出方向、找出责任、找出办法、找出力量。

1. 把学习贯彻习近平新时代中国特色社会主义思想作为首要政治任务。坚持把学懂弄通做实习近平新时代中国特色社会主义思想作为首修课、必修课、终身课，制定实施“思想引领、学习在先”机制、“首个议题”学习制度①，推动干部在职自学制度化、常态化；抓好“两团多队”②宣讲活动，开展重大主题宣讲活动11万余场次，受众700万余人次。出台《咸宁市拟任县处职级领导干部政策理论水平任职资格考试办法》，对新思想做到凡训必考、凡提必测。精心办好“在习近平新时代中国特色社会主义思想指引下——新时代新作为新篇章”“奋进新征程建功新时代”等专栏专题，推动习近平新时代中国特色社会主义思想走进千家万户。

2. 持续推动党内集中教育走深走实。扎实开展党的群众路线教育实践活动，以钉钉子精神推进作风建设，把活动成果转化为推动改革发展的实际成效。深入开展“三严三实”专题教育，让“五条标准”③“两为要求”④真正成为全市各级干部矢志不渝的价值追求。全面推进“两学一做”学习教育，与“三抓一优”、供给侧结构性改革、脱贫攻坚等深度融合，做到“两手抓、两不误、两促进”。认真抓好“不忘初心、牢记使命”主题教育，解决群众反映突出问题4051个，中央第一指导组领导和省委主要领导等先后莅临咸宁调研指导并给予充分肯定。精心开展党史学习教育，用好全市17个党史学习教育基地、15个红色文化廉政教育基地，组织20余万名党员干部实地参观瞻仰、现场教学，传承红色基因，

---

①“首个议题”学习制度：将习近平总书记重要讲话精神固定为党委（党组）会议、中心组学习会议的首个议题的学习制度。

②“两团多队”：各级党委宣讲团、青年宣讲团和部门行业多样化宣讲队。

③“五条标准”：信念坚定、为民服务、勤政务实、敢于担当、清正廉洁。

④“两为要求”：清廉为官、事业有为。

赓续精神血脉。

3. 深化支部主题党日活动。自2015年11月咸宁开展“支部主题党日+”活动以来，至2022年底，从初步建立党内政治生活常态化制度化机制的1.0版本，到以落实“三会一课”制度、推动“学”“做”结合为主要内容的2.0版本，再到以解决“一率四性两力”①问题为指向的3.0版本，支部主题党日活动不断创新、不断深化。2018年，“支部主题党日”被写入《中国共产党支部工作条例（试行）》。2020—2022年，咸宁坚持把践行为民做好事制度作为支部主题党日活动重要内容，在党员受教育的同时，真正让群众得实惠。咸宁支部主题党日活动有关经验得到中央领导的批示肯定。

（二）树立鲜明选人用人导向，锻造高素质专业化干部队伍

为政之要，惟在得人。咸宁市坚持“为工作选干部、凭业绩用干部”的用人导向，以工作饱和度考察使用干部，让好干部脱颖而出、不在状态的干部没有位子，着力造就忠诚干净担当的高素质干部队伍。

1. 选优配强领导班子。始终坚持“德才兼备”把德放在首位，着眼优化领导班子来源结构、年龄结构、专业结构，提升领导基层经济社会高质量发展能力。圆满完成2016年、2021年县乡领导班子换届，实现结构、功能“双过硬”，多项指标超额完成，各方面评价较好。实施“新时代年轻干部成长工程”，选派近1000名优秀年轻干部到乡村振兴、项目建设、信访维稳等一线锻炼。2021年换届中，直接从市直单位选派15名优秀年轻干部到县（市、区）政府任职、6名“85后”年轻干部担任乡镇长。年轻干部总量位居全省前列。

2. 激励干部担当作为。始终把考人与督事紧密结合起来，把鼓励担当与创业干事紧密结合起来，将选育管用各环节有机衔接起来，打出一套激励干部担当作为、建功立业的“组合拳”。探索建立干部政治素质考察20条定量标准及“5+2”②“白+黑”③评价体系，做到考察精准深入、评价准确鲜活。2017年创新制定《咸宁市记功奖励办法（试行）》，截至2022年底对117个集体和243名干部给予记功嘉奖。2020年创新推行工作日志制度，通过工作日志饱和度研判分析，共有47名市管干部因表现突出得到提拔重用或晋升职级，7名干部被免现职或降级处理。2020年，在全省率先推行市直部门内设机构及其所属事业单位整合优化改革，精简内设机构151个、比例达25.7%，全市干部工作状态、精神风貌、履职成效进一步改进，干事创业热情持续激发。

---

①“一率四性两力”：“一率”即“参与率”，“四性”即“时代性、战斗性、实效性、规范性”，“两力”即“党员内生动力和支部组织力”。

②“5+2”：五项最满意的工作和两项不够满意的工作。

③“白+黑”：“白”指“政治表现自我画像、优点自我评价”；“黑”指“缺点评价、政治表现不足等情况”。

3. 加快新时代人才强市建设。不断完善党管人才机制,制定出台《关于实施"南鄂英才计划"的若干意见》《咸宁市关于"大学生引进计划"的实施意见》等系列政策,倾力打造"近悦远来"的人才生态环境。连续5年开展"南鄂英才计划"高层次人才及项目评审,举办"南鄂杯"高层次人才创新创业大赛;从2018年开始实施"一村多名大学生计划",培养青年农民大学生2400余人;连续12年开展"招硕引博",在全省率先向国内重点高校开设"引才专列"。不断创新人才平台建设,新建省级创新型产业集群、院士专家工作站等各类人才平台25家,市级创新平台61家。截至2022年底,全市人才总量达38.05万人,引进两院院士、国内外领军人才180余人,高素质紧缺专业人才6400余人;吸引7.8万名大学生来咸实习实训、就业创业,形成了八方英才集聚咸宁、服务咸宁的生动局面。

(三)夯实基层基础,推动基层党组织全面进步、全面过硬

基层是党的执政之基、力量之源。咸宁市以提升基层党建组织力为重点,突出政治功能和组织功能,聚焦"书记抓、抓书记",着力将党建触角向最基层延伸,不断创新基层党建治理工作。

1. 不断加强党建引领助力乡村振兴。深入推进农村党建"红色根须工程",建立村湾党支部1011个,常态化开展"湾子夜话"、最美系列评选等活动,辐射服务20余万农户,切实打通农村基层治理"最后一百米"。建立34个农村联合党委,大力培育新型村级集体经济,全省率先实现整市村级债务清零,截至2022年底,全市所有村集体经济均过5万元,50%的村集体经济收入超过10万元。十年来,投资近10亿元,所有村党群服务中心达标升级。

2. 不断推动城市基层党建创新发展。出台深化新时代党建引领加强基层社会治理的"1+7"①规范文件,街道管理体制改革方案在全省率先获批和推广。推行社区工作者"3456"②履职考核管理,社区工作者持社工证比例达31.7%。创新建立党员干部直接联系服务群众的"四全"工作机制③,全市640家机关企事业单位对口联系100个城市社区,4.7万名机关企事业单位党员干部全部下沉到小区(网格)。全市"红色物业"实现全覆盖,成功申报全省全域性城市物业管理标准化示范区。

---

①"1+7":"1"指健全党建引领的基层社会治理体系和建立完善基层社会治理力量体系;"7"指围绕街道管理体制改革、机关企事业单位党员干部常态化下沉、党建引领加强小区治理、加强小区党组织建设、推动综合执法进小区、加强村塆治理体系建设、建立基层治理"红黑榜"等机制。

②"3456":"3"即"将小区居民、服务对象和街道三方作为评价社区工作者的主体";"4"即"实行社区工作者'四岗'说明书制度";"5"即"要求社区工作者50%以上工作时间下沉网格(小区)巡查、走访、协调和服务";"6"即"明确对社区工作者的日常考核所占比重不低于60%"。

③"四全"工作机制:建立联户全覆盖、民情全掌握、问题全解决、群众全满意的"四全"工作机制。

3. 不断巩固各领域党建基础。全面理顺“两新”工委体制机制，根据形势发展成立市级行业党委18个，逐步形成“工委管党委、党委管支部、支部管党员”的组织体系。截至2022年底，全市纳入统计范围的“两新”组织共计2633家，已建立党组织1134个，“两新”组织党组织覆盖率达81.7%。高标准高质量抓好各领域基层党建工作，机关、国企、高校、医院、中小学校党建全面推进。

4. 不断提高党员队伍建设质量。十年间，全市新发展党员3.5万余名，其中35岁以下占23.3%，大专以上学历占43.8%，党员的年龄、学历、职业结构逐步改善。全面加强党员日常管理，组织开展农村发展党员违规违纪排查整顿，全面规范党员组织关系转接。制定出台党员教育培训工作规划，打造“红色讲堂”“微党课”等一批具有咸宁特色的党性教育模式，党员队伍质量进一步提升、素质进一步提高、活力进一步增强。

（四）驰而不息正风肃纪反腐，全力建设清廉咸宁

党员干部作风建设事关人心向背，事关党和政府形象。咸宁市始终把落实中央八项规定精神、从严纠正“四风”作为重要政治任务，以落实主体责任为“牛鼻子”，以监督检查为“撒手锏”，以制度规矩为“边界线”，推动政治生态不断优化。

1. 强化政治监督，压紧压实管党治党政治责任。出台《关于落实党风廉洁建设党委主体责任纪委监督责任的意见》《关于推进全面从严治党向基层延伸的意见》等制度办法16个，实行精准定责、照单问责，推动“两个责任”落地见效。加强对党章和新形势下党内政治生活若干准则执行情况的监督检查，推动各级党组织加强和规范党内政治生活。加强对选人用人和换届纪律风气监督，严把政治关、廉洁关，回复党风廉政意见10.93万人（次），严防“带病提拔”。开展政治生态分析研判，6个县（市、区）、83家市直单位完成政治生态分析自评，市级已对1个县（市、区）、17家市直单位进行政治生态集中研究，梳理并反馈272条问题清单。

2. 一体推进“三不腐”，巩固发展反腐败压倒性胜利。始终保持不敢腐的高压震慑，推动反腐败斗争从胶着状态逐步转化形成压倒性态势并不断巩固发展，向着最终夺取压倒性胜利前进。十年间，全市纪检监察机关共处置问题线索35276件，立案15758件，给予党纪政务处分14741人，在高压反腐强大震慑和政策感召下，共有2169人主动向纪检监察机关说明问题。严肃查处多起大案要案。高质量办理了省纪委监委指定管辖案件。持续扎紧不能腐的制度笼子，先后出台《关于落实党风廉洁建设党委主体责任纪委监督责任的意见》《关于推进全面从严治党向基层延伸的意见》等制度办法16个。做深做实查办案件“后半篇文章”，制发纪检监察建议书1027份。增强不想腐的思想自觉，坚持市委书记带头讲廉政党课，带动各级党组织负责人讲廉政党课4000余场次。以自办案件为题材，拍摄《歧途·苦果》等6部警示片，编印《忏悔录》等，用身边典型教育身边人。打造咸宁廉政教育基地、闯王文化园廉政教育馆、钱瑛廉政公园、北伐汀泗桥战役纪念馆等

廉政文化教育阵地，拍摄廉政微电影《钱瑛回乡》，录制《党内“女包公”钱瑛的红色人生》等15堂“红色咸宁启示录”系列微党课，打造了“红色讲堂”“微党课”等一批具有咸宁特色的党性教育模式。

3. 落实中央八项规定精神，打好纠治“四风”持久战。综合运用暗访巡查、电视问政、通报曝光、短片问纪、督查直办、交叉检查、运用大数据排查等方式，加强监督、精准纠治。十年间，全市共查处享乐主义、奢靡之风问题1909起，批评教育帮助和处理2645人，持续释放越往后盯得越紧、执纪越严强烈信号。制发《咸宁市“四风”负面清单200条》，持续擦亮“咸宁问政”金色品牌，以做“问题终结者”为定位，举办问政370期(次)，超4000万人次观看问政云直播，曝光并整改问题2755个，推动办理群众诉求23100余个，《问政“小事”解决民生难题》被《人民日报》宣传推介。持续转变工作作风，引导全市党员干部认真践行“深实严细久”①工作标准和“五到四从四多”②工作法，一竿子插到底抓落实，当问题终结者、发展第一推动力。

4. 健全完善监督体系，擦亮咸宁巡察品牌。探索市委巡察组提级巡察县级单位、跨县交叉巡察、系统内市县两级同步巡察3种工作模式，相比常规巡察，3种新模式发现面上问题平均增长33%，问题线索平均增长51%。探索建立巡察与纪检、组织、审计、大数据、督查室等12家职能部门的协作配合机制，有力提升工作质效。2017—2022年，咸宁创新组织形式、巡视巡察上下联动、巡察整改督导、运用“屋场夜话”等经验做法4次得到省委领导批示肯定，3次在全省巡视巡察工作会议上交流发言，拍摄专题片在全省展播。2019年，咸宁作为唯一市州代表在全国市县巡察工作推进会上交流发言。

省第十二次党代会确定咸宁打造武汉都市圈自然生态公园城市的目标定位，这是省委赋予咸宁“千钧之重”的政治责任、“千金之富”的价值内涵、千载难逢的历史机遇，同时也是“千里之行”的漫长征程。咸宁将始终高举习近平新时代中国特色社会主义思想伟大旗帜，深入学习贯彻党的二十大精神和省第十二次党代会精神，踔厉奋发、笃行不怠，以“千军万马”的力量，付出千辛万苦的努力，朝着打造武汉都市圈自然生态公园城市的目标奋勇前进，为湖北建成全国构建新发展格局先行区作出应有的贡献！

撰稿人：骆卡兰
统稿人：镇卫军
审定人：李子鹏

---

①“深实严细久”：工作要往深里谋划、在实上着力，只有深才能实，才不浮在面上；要从严处要求，做好每一个细节，做到严之又严、细而又细；要保持韧性，久久为功。

②“五到四从四多”：心想到、脚走到、眼看到、手抓到、要求做到，从我做起、从现在做起、从本职工作做起、从一点一滴的日常具体事情做起，调研多走一里、问题多思一层、工作多干一份、督导多提一条。

砥砺奋进十年路　融合发展向未来

——从党的十八大到二十大随州发展综述

随州市史志研究中心

十载砥砺奋进，十载春华秋实，炎帝故里镌刻非凡印记。党的十八大以来，中共随州市委带领全市人民坚持以习近平新时代中国特色社会主义思想为指导，立足新发展阶段，贯彻新发展理念，构建新发展格局，认真贯彻党中央决策部署，全面落实省委工作要求，积极抢抓国家重大战略机遇，紧扣高质量发展主题，主动承接全省区域发展布局，持续推进省委赋予的建设"圣地车都"发展战略、建设特色产业增长极、打造城乡融合发展示范区的全局使命。发展理念一以贯之，发展目标一脉相承，发展活力日益增强，高质量发展实现"加速度"，大战大考取得全面胜利，民生福祉持续增进，随州天更蓝、山更绿、水更清，市域治理走出"随州路径"，风清气正的政治生态持续向好，城乡融合发展示范区建设成势见效，书写了全市经济社会高质量发展和党的建设不断迈上新台阶的华彩篇章。

一、牢记嘱托，党中央决策部署及省委工作要求落地生根

十年来，习近平总书记先后4次考察湖北，并参加全国人大湖北代表团审议，出席第七届世界军人运动会开幕式，为新时代湖北改革发展把脉定向、指路领航。省委、省政府主要负责同志则以每年至少1次的频率，深入随州调研指导，从目标定位、发展路径、全局使命、工作重点、落实举措等各方面，为随州经济社会发展明路径、压担子、教方法，进行全方位指引督导。殷殷嘱托、拳拳厚爱、深深厚望，是全市干部群众踔厉奋发、勇毅前行的信心与动力所在。牢记嘱托、不辱使命，是随州党员干部的政治必答题。十年来，随州市委坚定拥护"两个确立"、坚决做到"两个维护"，在政治对标、思想对焦、行动对表中持续提升政治判断力、政治领悟力、政治执行力，在确保党中央决策部署及省委工作要求落地见效中引领推动随州各项事业全面进步。

（一）视嘱托为使命，谋优新时代随州发展策略

这十年，是随州聚焦党中央决策部署及省委工作要求，谋实调优发展策略的十年。十

年来，市委坚持立足新发展阶段、贯彻新发展理念、融入新发展格局，坚持上情与下情紧密结合、谋时与谋势同频共振、传承与创新有机统一，科学把握阶段特征，精准抓抢发展机遇，及时对接国省战略，不断调整目标定位、优化发展策略，推动随州高质量发展气势如虹、行稳致远。

2012年5月，面对日益厚实的基础优势和快速发展的特色产业，市委审时度势，提出“建设世界华人谒祖圣地、打造中国专用汽车之都”的发展战略。目的就是以文化为引领、产业为支撑，打造全球华人谒祖圣地、具有全球竞争力的中国专用汽车之都，创建国家承接产业转移示范区，建成全国知名的重要旅游目的地、集散地和全省重要的农产品加工、光伏、物流产业基地。当年6月，湖北省第十次党代会提出，“支持随州建设世界华人谒祖圣地，打造中国专用汽车之都”。时任省委主要负责同志说，这是全省“一元多层次”战略体系的重要组成部分，“‘圣地车都’是省级战略、随州实施，省里支持、随州主导”。随州发展战略上升到省级层面，有了较高的发展起点。

2017年，省第十一次党代会从全省大局和随州实际出发，要求随州“创建经济转型升级和创新驱动示范城市”。市委决心“不提新口号、只吹冲锋号”，积极细化落实这一要求。经济转型升级方面，提出构建“三极支撑、多点突破”的特色产业发展格局，即以专用汽车及零部件、农产品加工、生态文化旅游产业为“三极支撑”，以新能源、风机制造、晶体材料、电子信息、生物医药、大健康等产业为“多点突破”；创新驱动方面，出台“炎帝人才支持计划”，实施“我选湖北·聚才随州”行动，启动“随州·高等院校科研院所合作计划”，推动建设“一园十基地”。“一园”即高校科研院所产业园，“十基地”即大学生实习实训基地、大学生创业就业基地、高校科研平台延伸基地、高校科技成果转化基地、高校专家智库基地、高校农副产品供应基地、高校优质生源供给基地、高校教师干部培养基地、留学归国人才创业基地、旅游度假基地。随州发展进一步跨入创新驱动的新赛道。

2019年初，为更好融入全省“一芯两带三区”区域和产业发展布局，随州市委谋划打造“三城”“四基地”、建设“品质随州”，通过打造产业新城、文旅名城、生态绿城，建设应急产业基地、地铁装备产业基地、香菇产业基地、编钟文化产业基地，实现市民有品质生活、产业有品质成长、城市有品质发展，进而持续增强城市核心竞争力，挺起“汉孝随襄十”制造业高质量发展脊梁，建成鄂西绿色发展示范区高地、区域性中心城市，推动发展由“量”向“质”的转变，奋力谱写新时代随州高质量发展新篇章。

向着新目标，奋楫再出发。2020年，市委主动承接全省“一主引领、两翼驱动、全域协同”区域发展布局，积极对接武汉城市圈发展，深度融入“襄十随神”城市群建设，在当年12月召开的四届市委七次全会上，作出“十四五”规划建议并形成决议，提出奋力打造“汉襄肱骨、神韵随州”，建设全国有引领力的专汽之都、全国有影响力的现代农港、全国有吸引力的谒祖圣地、全国有竞争力的风机名城，推动形成“桥接汉襄、融通鄂豫、众星拱月”的发展新局面，为湖北“建成支点、走在前列、谱写新篇”作出随州贡献。

2021年12月召开的市第五次党代会，立足经济、政治、文化、社会、生态建设，结合

“十四五”规划实施的情况，进一步完善并提出“实现有特色更有成色的高质量发展，建设有颜值更有气质的高人气城市，彰显有魅力更有活力的高品位文化，创造有质量更有质感的高品质生活，形成有力度更有温度的高效能治理”的五年奋斗目标。在区域定位上，则提出要担当“北翼之硬核、汉襄之肱骨、鄂豫之要冲”，打造北部列阵核心支撑点、武汉城市圈和襄十随神城市圈战略链接点、长江中游城市群和中原城市群重要耦合点。

历史掀开新的篇章，随州迎来新的使命。2022年，省第十二次党代会上，省委赋予随州打造城乡融合发展示范区的全局使命，吹响了谱写新时代随州高质量发展新篇章的奋进号角。当年7月召开的随州市委五届四次全会提出，要按照“一年建机制、三年见成效、五年成示范”的目标，奋力打造花园城市、强县工程、特色产业、流域治理和幸福生活“五个示范”，推动发展空间、功能、品质整体提升，经济、社会、生态效益协调统一，建成在全国具有影响力的城乡融合发展示范区。随后，市委认真落实湖北建设全国构建新发展格局先行区的行动纲领，把握随州山水源流、产城源流、人文源流特征，坚持以流域综合治理为基础、以四化同步发展为路径，聚焦外修生态、内崇礼乐、产育特色、城增神韵、乡村和美，编制实施流域综合治理和统筹发展规划，推动随州发展战略更为精准、策略更为高效、融入全省发展布局更为紧密。

（二）视嘱托为航标，锚定新时代随州发展方向

这十年，是随州坚持思想建党、理论强党，致力凝心聚魂、对标看齐的十年。十年来，随州干群自觉用习近平新时代中国特色社会主义思想武装头脑、指导实践、推动工作，把增强“四个意识”、坚定“四个自信”、做到“两个维护”落到具体行动上，确保高质量发展思想不落伍、航向不偏移。

切实加强党的创新理论武装。从建立健全党委（党组）会议“第一议题”机制、党委（党组）理论学习中心组学习巡听旁听机制、“学习强国”学习平台推广使用机制、常态化宣讲工作机制着力，在全省率先建立强化理论武装四项机制，用完备的制度建设推进理论武装工作走深走实走心。创新线上线下促学活动，学习强国学员总数突破10万人，在全国地级市中率先引进“强国电单车”项目，开展短视频大赛、精品课开发、分享交流会等多样线下学习交流活动，营造出浓厚学习氛围。健全理论普及工作体系，组建市县两级宣讲团、青年宣讲团和200多支各类宣讲分队，扎实开展专题宣讲。擦亮“百千万”百姓宣讲品牌，建立由“田秀才”“夕阳红”“小板凳”等组成的百姓宣讲人才库，持续推动党的创新理论“飞入寻常百姓家”。

扎实开展党内主题教育。接续扎实开展党的群众路线教育实践活动、“三严三实”专题教育、“两学一做”学习教育、“不忘初心、牢记使命”主题教育、党史学习教育。其中，2021年，全市4383个基层党组织、10.33万名党员为民办实事解难题7.9万件，出台利民惠民政策措施3500多项、实施为民便民项目工程890多个、解决损害群众利益的矛盾纠纷650多桩，党史学习教育成果较好地服务发展所需、基层所盼、民心所向；2022年，党员干部下基层察民情解民忧暖民心实践活动中，随州市及各县（市、区）“四大家”领导班子

成员共下基层走访5985次，收集问题1941个，解决问题1925个，办成了一批群众急难愁盼的好事实事，形成了一套深化基层治理的好做法好机制，打造了一批富有创造性创新性的特色品牌。全市党员干部一次次接受思想洗礼、党性淬炼，从思想上正本清源、固本培元，党心民心进一步凝聚。

全面落实意识形态工作责任制。强化机构建设，成立随州市网信中心，增强工作力量，健全管理网络。强化机制建设，重点建立"思想引领、学习在先"的理论武装机制，全面履职的责任落实机制，立破并举的阵地建设和管理机制，预警为先、网上网下同步处置的舆情管控机制，意识形态领域制度体系进一步健全。强化制度建设，先后建立《随州市网络舆情分类处置办法》《随州市涉党政干部舆情处置办法》《互联网涉随舆情日志》等突发舆情处置制度，及时有效地处置各类重大突发舆情3000余起，排查舆情信息10万余条。强化责任落实，制定《党委(党组)意识形态工作责任制实施细则》，定期召开意识形态工作联席会，多措并举压实意识形态工作责任。强化综合治理，创新开展"护网2022"网络安全攻防实战演练等网络综合治理专项行动，构建起网络安全的铜墙铁壁，网络综治工作走在全省前列。强化日常监管，定期组织开展风险隐患排查，注重对重点人和重点群体的教育管理，及时分析研判形势任务，全市意识形态领域总体安全稳定。

(三)视嘱托为动力，点燃新时代随州发展激情

这十年，是随州外抓机遇、内振精神、勇攀新高的十年，也是笃行不怠、激情燃烧、动能澎湃的十年。十年来，全市上下紧紧围绕党中央决策部署及省委工作要求，凝聚进取心，激发新动能，一步一个脚印将省委厚爱厚望、关心支持变成现实，努力创造经得起实践和历史检验的业绩。

以抢抓机遇强动能。市委牢固树立"错过就是过错"的机遇意识和忧患意识，以对随州发展高度负责的历史责任感和使命感，以宏大视野把随州发展放在全国、全省大局中来考量和谋划，积极抢抓长江、汉江、淮河经济带和大别山革命老区振兴发展等国家重大战略机遇，团结带领全市人民投身湖北建设全国构建新发展格局先行区的宏大事业之中，心无旁骛发展大产业、引进大项目、构筑大交通、建设大城市，奋力打造城乡融合发展示范区。

以特色突破壮筋骨。以特制胜，是十年来随州发展最鲜明的特色。随州立足自身区位、产业和资源优势，坚持特色发展、前瞻突破，提升了专汽、香菇、文旅、风机、新能等特色产业的生命力和竞争力，提升了城市的知名度和美誉度，也提升了城市能级和经济体量，增强了随州自信。

以务实重行鼓士气。以党建为引领，狠抓作风建设，在全市营造务实重行、干事创业的浓厚氛围，形成比实效不图热闹、比实干不图虚华、比韧劲不图一时的实干文化。坚持正确用人导向选拔心正崇实的"三为"干部，坚持"三个区分开来"为担当者担当、为负责者负责、为干事者撑腰，不断提振心齐气顺劲足干事创业的精气神。

二、奋楫潮头，高质量发展迈出坚实步伐

奋楫潮头、跨越赶超，是十年随州发展最亮丽的底色。十年来，全市上下胸怀“国之大者”，牢记第一要务，以进促稳谋发展，全市地区生产总值进入千亿元俱乐部，主要经济指标增速持续高于全国全省平均水平，其中2020—2022年地区生产总值、规模以上工业增加值、固定资产投资、金融机构贷款余额、市场主体总量平均增长率分别为3.3%、5.5%、2.2%、12.5%、5.6%，发展迈入“快车道”、实现“加速度”。

（一）坚持彰显特质、擦亮名片，产业优势造就发展胜势

围绕优势产业打造特色增长极，以特色产业的优势造就高质量发展的胜势，5张产业名片熠熠生辉。

打造全国具有引领力的专汽之都。紧盯装备化、智能化、场景化、新能化方向，聚焦上装升级、底盘换电、智慧赋能三大环节，推动专汽产业向产业链价值链中高端延伸。上装升级方面，积极推动专汽制造工艺、关键部件、应用场景、检测研发升级，其中“随州造”房车2022年销量超1万辆，以10%的市场份额稳居全国第一；底盘换电方面，开发出4.5吨氢燃料轻型冷链物流车、4.5吨纯电动轻型厢式物流车、18吨氢燃料电池卡车和49吨氢燃料干线物流重卡；智慧赋能方面，重点加快城市环卫、物流运输、工程自卸等专汽产品智能化改造及应用技术研发，高智能产品走向市场。目前全市专汽年产量占全省一半、全国七分之一。

第二届应急装备创新联盟（随州）发展大会会场（随州市经济和信息化局　供图）

打造全国具有影响力的现代农港。以业态升级提升价值链，做好“粮头食尾”“农头工尾”文章，推进农产品多元化开发、多层次利用、多环节增值，“两香一油”等优势产品从“卖原料”加快向“卖精品”“卖品牌”转变。以集群发展优化生态链，推进农产品加工企业“小进规、规壮大、大变强”，支持龙头企业兼并重组，开展股份合作，持续提升农业产业化

水平。以内外循环畅通供应链，推广“买全国、卖全球”出口机制，提升通关便利化水平，外贸出口稳定增长，连续10年随州农产品出口额居全省榜首。以农商协作巩固利益链，办好新型农村集体经济组织，鼓励和支持在农业经营中建立“两次分红”等利益分享机制，满足和稳固农户对农产品销售市场、企业对原材料供给渠道的需求。

打造全国具有吸引力的谒祖圣地。连续成功举办国家级祭祀大典“世界华人炎帝故里寻根节”，提炼“信义由礼、乐合来仪”曾随文化内核，做实“保护—传承—展现”基础工作，打造曾随文化遗址走廊，曾侯乙编钟入选第五批中国档案文献遗产名录，编钟铭文以“世界第一本音乐教科书”申报世界记忆名录，与省博共建“文明探源·曾随礼乐文化交流中心”。实施“流量扶持计划”，以打造精品旅游线路畅通“游道”、以推介特色农业产品拓宽“礼道”、以擦亮随州美食品牌丰富“味道”，建成7个国家4A级景区、10个3A级景区，推出“神韵随州、一见钟情”城市口号和城市IP，新型文旅装备占据全国市场份额30%以上，连续举办旅行者联盟随州大会、文旅产业发展大会，谒祖圣地吸引力持续增强。

打造全国具有竞争力的风机名城。与高校、科研院所合作建立风机技术研发中心，开展技术攻关100余项，其中30余项新技术、新工艺处于国内领先水平，注册实用新型专利263项、发明专利46项。专项编制地铁装备产业发展规划，引导风机产业从“数量追赶”转向“质量领跑”，30多项新技术新工艺国内领先，60多个系列、1000多种规格风机产品俏销全国，产品打入武汉、郑州等20多个城市地铁市场，部分产品远销到英国、印度、巴西等20多个国家和地区。

打造全国具有支撑力的新能基地。明确“下好先手棋，抢占制高点，建好示范园，培育大产业”的新能产业发展思路，抢先布局新能源全产业链，锂电池和氢能源两条技术路线在随州形成链式布局，国能、华润、华能、中广核、中电建等众多能源头部企业入驻随州，新能源产业迎来爆发式增长。截至2022年底，全市新能源并网装机总容量300.01万千瓦，占全省13.45%，连续10年稳居全省前列；累计发电263.92亿千瓦时，占全省24.72%，稳居全省第一。

随县万和农光互补光伏发电站和华润新能源万和风电场（李文军　摄）

（二）坚持改革牵引、开放融合，动能转换释放发展潜能

道有夷险，履之者知。面对日益激烈的区域竞争，随州坚持以开放推动创新，以创新倒逼改革，以改革破解瓶颈，激发动力活力，高效推进动能转换、换道加速。

改革厚植动力。完善机构“大部制”改革，实行纪检“派驻制”改革，推进“放管服”改革、城市管理体制改革，探索基层民主政治的“两会制、两票制”和基层社会治理的“逢四说事、逢四解事”改革，创造出众多随州经验。鼓励企业“机器换人、设备换代、生产换线”，从2020年开始，先后掀起三轮技改提能热潮，实施过亿元技改项目超百个，技改投资增速居全省前列，13家企业获评国家级、省级专精特新“小巨人”，41家企业成为省级支柱产业细分领域隐形冠军。混合所有制改革成效显著，截至2022年底，全市有43家混合所有制经济体（含与央省国企“混改”企业），总资产超过470亿元。

创新激发活力。注重科技创新，出台《鼓励自主创新和促进科技成果转化实施办法》等一系列政策措施，2017年首次启动实施市级科技计划项目。先后组建湖北省专用汽车研究院、应急产业研究院、香菇研究院等产业技术研究院，全市共建有各级各类研发平台350家，自主研发能力持续提升，其中泰晶科技建成国家企业技术中心，实现随州高能级科创平台零的突破。开展市级科技特派员推荐、选派工作，形成省、市、县相互补充协同作战的科技特派员体系。2015年随州高新区被国务院认定为国家高新区，2019年曾都区获批为全省首批创新型试点县，2022年随州创建省级可持续发展示范区，随州市连续两次获得“全国科技进步先进城市”称号。

开放扩大张力。参加厦洽会、进博会、中国—北欧经贸合作暨世界500强对话湖北系列活动，赴美开展编钟文化交流，2020年随州海关成立并全面开办业务，2021年参与外交部湖北全球推介，炎帝、编钟元素惊艳全球，2022年开展“德国·随州”经贸交流活动。争取国务院港澳办关注寻根节活动，邀请港澳特区驻汉机构、香港湖北商会代表出席寻根节。外贸出口稳中求进，2022年出口125.7亿元，总量居全省第9位，创历史新高。利用外资水平不断提升，到2022年实际利用外资（FDI）2388万美元，同比增长128%，增幅居全省第5位。

三、守正创新，文化高地彰显城市神韵

慢享人间烟火、追寻诗与远方，是十年随州发展最浪漫的定格。十年来，全市上下坚持敬重文化、敬重自然、敬重城市，以社会主义核心价值观为引领，立足资源优势，活用策划转化，彰显文化底蕴，展现城市气质，将随州精心打造成近悦远来的文化会客厅和旅游目的地。

（一）深化文明创建活动

用文明创建擦亮幸福底色。十年来，随州城市文明程度持续提升，连续五届获得“省级文明城市”称号。整合创文、创卫工作力量，高规格成立“双创”工作指挥部办公室，深

入开展城市噪声扰民整治等六大专项行动，集中攻坚文明城市卫生城市创建中存在的突出问题。除城市外，全市以文明村镇、文明校园、文明单位、文明家庭等为创建载体，为群众构建幸福家园。截至2022年底，全市共有湖北省文明城市2个、省级以上文明村镇32个、文明单位87个、文明校园11所、文明家庭7户。

用榜样力量厚植道德沃土。十年来，社会主义核心价值观广泛弘扬，九口堰革命旧址纪念馆被中宣部确定为全国爱国主义教育示范基地，以王何林、庞题等为代表的"中国好人"享誉荆楚、闪耀随州，"光满·爱心红丝带"共产党员服务队被中宣部评为"全国学雷锋活动示范点"。广泛开展"最美家庭""最美退役军人""最美教师""新时代好少年""随州好医生"等选树宣传活动，彰显全社会崇德向善、明德唯馨的美好风尚。截至2022年底，全市共选树"随州楷模"320人(组)。其中，33人被评为荆楚楷模，17人被评为"中国好人"，4人获评"湖北省道德模范"，32人被评为"湖北好人"。

用文明实践培育时代新人。推动《随州市文明行为促进条例》正式实施，精神文明行为立法取得零的突破。做实文明实践云平台，随州志愿服务联合会成立，出台《随州市志愿服务激励嘉许实施细则》，截至2022年，全市注册的志愿服务队伍3180个，志愿者36万人，持续开展扶贫帮困、慈善捐助、支教助学等公益活动，推动学雷锋志愿服务制度化。深化拓展新时代文明实践，各县(市、区)、乡镇(街道)、村(社区)新时代文明实践中心(所、站)实现全覆盖，随县成为湖北省首批全国新时代文明实践试点县，楚风社区、白云湖社区分别入选湖北省标杆文明实践站点、首善生活小区。在改革开放40周年、新中国成立70周年、抗战胜利75周年、建党100周年等重要时间节点，创新性开展知识竞赛、群众汇演等多样性活动，让爱国主义情怀激荡在广大青少年心中。

(二)高质量发展文化事业

着力擦亮文化品牌。十年来，寻根节接续举办，充分融入时代主题，创新整合城市营销，主流媒体持续深度聚焦，寻根节全国知名文化品牌地位更加巩固。炎帝故里被授予海峡两岸交流基地、中国华侨国际文化交流基地和全省首批文化遗址公园，炎帝祭典、青铜编钟制作技艺被列入国家级非物质文化遗产代表性项目，曾侯墓群入选中国"百年百大考古发现"，田王寨红色革命文化旅游区纳入长征国家文化公园湖北段重点项目。

大力实施文化惠民。十年来，持续开展"送戏下乡"、花鼓戏乡镇巡演、戏曲进校园、"百团上山下乡进万家"、红色文艺轻骑兵等活动3000余场，先后成功举办了各类新春文艺晚会、元宵节会、书画展、书法展，极大地丰富了人民群众的文化生活。文化惠民工程积极推进，建成广水"四馆三中心"、曾都"三馆两中心"等一批大型文化场馆，随州市博物馆荣升国家一级博物馆，"两馆一站"免费开放顺利实施，服务质量不断提升，农家书屋实现全市行政村全覆盖。随县被评为第三批湖北省公共文化服务体系示范区。电影《我想有个梦》、图书《抗日战争转折点上的大会战——随枣会战》、歌曲《炎帝颂》荣获省"五个一工程"奖，花鼓戏《公路孝女》、摄影《光荫华夏》、历史小说《随枣会战》荣获“屈原文艺奖”，传统文化进一步彰显魅力、浸润人心。中央电视台30余次聚焦随州，《曾随之谜》《涢水河见闻》《深墓钟声》《问禅大洪山》等宣传随州的纪录片在中央电视台多个频道播出。

（三）持续提升文旅产业品质

高位推进升级，构建产业发展的“湿地生态”。十年来，随州文旅产业发展势头迅猛。2014年，文化公园、大洪山、银杏谷3个景区同时获评4A级景区，全市上下逐步形成谋旅游、干旅游、兴旅游的浓厚氛围。2017年，市委将生态文化旅游产业定为全市三大特色产业增长极之一，2018年和2020年先后提出建设“文旅名城”、建设全国具有影响力的谒祖圣地，2021年全市文旅产业三年倍增行动计划拟定。对接国家产业政策导向，立足全市发展实际，坚持顶层设计，文旅产业发展战略定位不断升级。针对发展短板，各地各相关部门协力，重点实施系列文旅产业要素配套工程。文化界深入探讨地域山水、人文旅游资源助力讲好随州文旅故事，社会资本陆续进入随州旅游市场。大旅游、大发展的格局逐步形成。

深度推进“旅游＋”，让文化活起来、美景秀出来。创见性挖掘、创造性转化、创新性利用炎帝文化、曾随文化、詹王文化等，推动文旅深度融合。着眼编钟文化做文章，启动首届金编钟国际作曲大奖赛，精心编排市博物馆镇馆大戏《编钟乐舞》，编钟复仿制产业不断壮大。市博物馆综合提升工程、国际乐器交易城、“曾侯邑”文化旅游综合景区、编钟音乐之都等一批文旅融合项目有序推进。“旅游＋农业”赋能乡村振兴，依托乡村合作公司，盘活乡村“好山好水好资源”，让游客体验“原山原水原生态”。广水市十里街道观音村的观音花海、随县尚市镇的桃花节、曾都区洛阳镇乡村美好生活节等典型引路，乡村旅游全域推进。“旅游＋研学”发展研学游，炎帝故里风景名胜区、大洪山风景名胜区、云峰山万亩茶园、九口堰新四军纪念园、田王寨景区等开发精品课程，打造寻根谒祖、气象科普、采茶制茶、红色文化等主题的研学之旅。“旅游＋工业”催生产业裂变，旅游与专汽、软体材料制作、白酒酿造等企业碰撞，抢占房车自驾、软体民宿、酿酒体验等旅游市场。着力“旅游＋”，用“加”的方式实现“乘”的效益，全市文旅产业规模逐年扩大，产业竞争力进一步增强。

立体推进营销，“神韵随州、一见钟情”美名扬。十年来，坚持“因时制宜”展开立体式营销宣传，拓展大市场，塑造大品牌，提升随州文旅的知名度和美誉度，打造人人向往的诗和远方。随州在中央电视台《魅力中国城》节目中获评“全国十佳魅力城市”。《经典咏流传》《国家宝藏》《发现之旅》等中央电视台节目纷纷聚焦随州。2022年，“谁是曾侯乙”全网“霸屏”，“神韵随州、一见钟情”城市LOGO、城市IP、城市口号等火出圈，“随州号”旅游专列和旅游直通车开进随州，随州旅游引流无数。以炎帝、编钟等大IP引领，炎帝故里、大洪山、西游记公园、西游记漂流、千年银杏谷、田王寨、神农部落等主打景区进一步提炼引人入胜的旅游主题，加快形成独一无二的品牌价值，打造更有竞争力和吸引力的高品质景区，在国内旅游市场争得一席之地。

四、淬火成钢，大战大考取得全面胜利

事非经过不知难，成如容易却艰辛。面对决战脱贫攻坚和疫情防控大考，举全市之力攻克贫困堡垒，历史性解决绝对贫困问题；义无反顾扛起决胜之地重要战场使命，夺取疫情防控和经济社会发展双胜利。

（一）决战决胜脱贫攻坚，推动乡村振兴发展

2014年，全市建档立卡贫困村126个、深度贫困村17个，贫困人口18.5万人，贫困发生率9.3%。全市上下坚持工作务实、过程扎实、结果真实，严把标准、持续攻坚，到2020年底，现行标准下全市农村贫困人口如期脱贫，贫困村全部出列，实现“两不愁三保障”目标要求。脱贫攻坚成果不断巩固拓展，奋力跑好乡村振兴的“接力赛”。

有效推进精准扶贫、精准脱贫。强化脱贫攻坚组织领导体系建设，坚持“五级书记抓扶贫”，建立“党委集体领导、常委分工负责、‘四大家’合力攻坚”机制，形成“撸起袖子加油干”的示范带动效应。各级累计投入专项扶贫资金18.1亿元，统筹整合财政资金50.2亿元，连续3年在全省财政扶贫资金绩效评价中获得A类等次。选优配强贫困村第一书记126名，驻村工作队897个、驻村工作队员2821名，选派非贫困村帮带队员409名，实现应派尽派、尽锐出战。落实“双线控辍保学”责任制，通过教育扶贫实施教育资助20.5万人次。贫困人口购买基本医疗保险政府资助全覆盖，“四位一体”参保率达到100%，“一站式、一票制”即时结算全面实现。发放补助资金3.6亿元，解决3.8万多户贫困群众住房安全问题，8755户贫困群众通过易地扶贫搬迁摆脱困境，危房改造和易地搬迁任务全部完成。有效解决4万余贫困人口的安全饮水问题。充分发挥5259个新型经营主体、648名农村致富带头人的示范带动作用，积极推进产业扶贫，带动5万户贫困户脱贫增收，带动率94.7%，户均增收3000余元。将3.06万人纳入农村低保、1.26万人纳入农村特困供养、0.41万人纳入“三留守”关爱，为0.91万困难残疾人落实生活补贴，为0.95万重度残疾人落实护理补贴，实现困难群众应保尽保、应兜尽兜、应助尽助。

持续推进巩固脱贫攻坚成果与乡村振兴有效衔接。强化“脱贫摘帽不是终点，而是新生活、新奋斗的起点”意识，建立市级领导乡村振兴联系点制度，市县两级扶贫办同步重组为乡村振兴局，实现机构队伍衔接平稳过渡。出台《随州市实现巩固拓展脱贫攻坚成果同乡村振兴有效衔接任务清单》，明确20项目标任务，细化66条工作措施，“清单式”推进工作。组织全市566支驻村工作队、1803名驻村干部帮扶664个村，接续推进驻村帮扶。开展专项调研督导，守牢不出现规模性返贫底线。实施“农户自主申报、镇村干部按月摸排，部门协作比对预警”机制，及时筛查收入骤减、支出骤增的农村居民，通过快速反应处置把返贫致贫风险消灭在萌芽状态。根据不同的致贫返贫风险点，做到因户施

策、一户一策，确保不返贫致贫。截至2022年底，全市三类监测对象共计3528户9354人（2022年新识别685户1984人），已消除风险2410户6099人，占三类监测对象总数的65.2%。

（二）奋力打赢疫情防控阻击战

随州外出返乡务工人员多、过境客流密集，新冠肺炎疫情防控压力巨大、形势严峻。市委深刻领会习近平总书记考察湖北疫情防控工作的重要讲话精神，义无反顾扛起决胜之地重要战场的使命，坚持人民至上、生命至上，认真落实“外防输入、内防反弹”总策略和“动态清零”总方针，做到防控不松懈、疫情不反弹、发展不停步。

坚持“一盘棋”，汇聚抗疫强大合力。面对来势汹涌的新冠肺炎疫情，坚持统一领导、全面动员、全民发动，在组织领导上建立完善“四大机制”。坚持力量向基层倾斜，积极整合动员各方力量，形成了机关干部下沉在一线、基层党员干部把守在一线、志愿服务在一线的防控格局。

织密“防控网”，构筑群防群控防线。根据全市疫情发展情况，精准研判，及时调整防控措施，最大限度减少人员流动。从2020年1月24日起全面实施交通管制，主要进出城道口全部管控。在疫情暴发阶段，严格网格化、封闭式管理。根据风险等级，实行动态管理，坚持“严格防”与“有序放”“逐步动”有机结合的人员流动原则，及时调整管控措施。3月13日20时起，恢复城区路口信号灯运行，调整路面勤务模式。3月15日起安全有序放开小区、村组人员和车辆流动，逐步恢复正常生产生活秩序。

优化“全流程”，全力以赴救治患者。按照集中患者、集中专家、集中资源、集中救治的原则，坚持重症轻症并重，最大限度提高治愈率、降低病亡率。通过新改建紧急救治场所，救治床位达到4401张。精心统筹调配医疗力量，整合市内医疗资源和江西等外援力量，共投入医护人员3000余人。搭建远程会诊系统，将全市9家定点医院与江西8家龙头医院纳入远程诊疗平台，组织开展17次专家远程会诊。

打好“组合拳”，保障医疗物资供应。发动社会力量，争取各方面的支持，截至2020年8月31日，市慈善总会接收社会捐赠资金3.09亿元，红十字会接收捐赠资金1.12亿元、各类物资407批次。争取中央、省疫情防控资金2.07亿元以及各类调拨物资，全力保障疫情防控。本地口罩、消毒液、救护车、消毒车、医疗废物转运车等防疫产品生产企业在保障疫情防控和安全生产的前提下，加足马力生产。充分发挥专汽产业优势，外销医疗废物转运车260台、救护车450余台（其中负压救护车200台），为全国全省疫情防控大局作出积极贡献。

筑牢“压舱石”，全力维护大局稳定。发挥粮油大市、蔬菜大市、生猪调出大市的优势，加强生产储备调度，生活物资和水电油气等要素资源供应充足、价格稳定。先后约谈18家企业负责人，有效保障了市场价格稳定。抓细抓实疫情防控期间困难群体帮扶工作，确保困难群体兜底保障服务到位。疫情期间，救助低保、特困、孤儿、重度残疾人、留守老人、留守儿童7.77万人，拨付救助资金2528万元。严格落实关爱和激励一线医务人员政策措施，从加强心理疏导、强化人文关怀、享受子女入学入园照顾等19个方面，对一线医务人员给予政策倾斜支持。

（三）交出疫后重振和高质量发展的合格答卷

抢时间、抢机遇、抢要素应对疫情严重冲击，全力做好"六稳""六保"工作，持续巩固拓展疫情防控决定性成果。

有力有序推进复工复产，稳住经济基本盘。因时因势适时启动分区分级、分类分时、有条件的复工复产，出台促进经济社会发展70条、支持复工复产17条等系列政策措施，复工达产指数居全省前列。对接落实中央支持湖北一揽子政策，制定86项任务清单，争取到位减收增支财力补助29.5亿元、政府债券资金44.7亿元，累计解决商务企业资金缺口过10亿元，累计向上争取各类惠企政策支持资金过10亿元，有力保障了经济运行从按下"暂停键"迅速切换到"重启键""快进键"。着力提振市场信心、增添消费活力，2021年、2022年接续开展"百场活动促消费""盛夏美好生活季"主题大型促消费活动，有力促进了社会消费的提振和恢复。

千方百计稳定就业，兜住民生底线。坚持"就业是最大的民生"，打好减负、稳岗、扩就业的组合拳，为企业减免养老、工伤和失业保险费3.3亿元；"内拓外送"全力做好重点人群就业工作，"点对点、一站式"外输4.35万人。

积极化解疫后综合症，守牢社会稳定底线。妥善化解涉疫矛盾纠纷，没有发生疫情、舆情、社情叠加事件，没有发生企业规模性倒闭、职工规模性失业、涉疫涉灾群体规模性上访，疫情期间逝者殡葬和善后工作得到中央指导组肯定。

五、民生为本，共同缔造幸福生活

民之所盼，政之所向。随州坚持以人民为中心的发展思想，围绕群众最关心、最直接的利益问题持续用力，民生福祉持续增进。

（一）强力推进基础设施建设

跨越式建设交通基础设施。锚定"两纵三横一联"目标建设高速公路网，十年间，全市高速公路通车总里程达到335公里，密度达到每百平方公里3.3公里、每万人1.24公里，超过全省平均水平。新改建公路总里程6676.6公里，实现行政村通村公路、硬化率和通客车率"三个100%"，成功创建8个"四好农村路"省级示范乡镇，"外通内联、通村畅乡、班车到村、安全便捷"的交通运输网络逐步成形。截至2022年，全市拥有渡口34处，渡船51艘、客船34艘、货船40艘,2012—2022年累计完成客运周转量4411.36万人/公里,货运周转量204830.31万吨/公里,水路运输结构不断优化、能力持续提升。

汉十高铁随州南站(随州市发展和改革委员会　供图)

不断提升饮用水安全保障能力。按照"大水源配置、大水厂建设、大管网延伸、大体量运营"原则,深化城区供水保障体制改革,实施鄂北地区水资源配置一、二期工程及城市应急水源工程,城区日供水达28万吨,应急保障供水达30万吨,可保30年无忧。以县域为单位推进城乡供水体制一体化改革,通过构建广水东、中、西三线互通供水补水管网,推进随县"三片十线"、曾都区"水厂并网运营"工程,2022年底全市农村自来水普及率达到91.6%。

积极构建多层次住房保障体系。加快推进以公共租赁住房、保障性租赁住房、共有产权住房和各类棚户区改造为主的多层次住房保障体系建设。在前期建设公租房9991套、经济适用住房1529套的基础上,自2016年开始,市城区公租房实物配租保障率达到100%,符合条件的各类保障对象实现当年申报、当年入住公租房。2013—2020年,全市共改造各类棚户区(城市棚户区、城中村、共有垦区及林区危旧房)35511户。2022年出台《随州市保障性租赁住房和共有产权住房租售管理办法》,中心城区先后筹集3批共1645套保障性租赁住房,有效满足不同住房困难群体的居住需求。

(二)大力发展教育医疗卫生事业

教育事业实现新发展。出台《关于深化基础教育改革提升教育教学质量的意见》,加快推进义务教育城乡一体化和优质均衡发展,抓实"5+1"基础教育质量提升行动,育人方式发生变革。开展"双减"和"五项管理"蹲点式工作督导和暑期校外培训机构规范治理专项行动,有效减轻学生过重课业负担,促使教育返璞归真。出台《随州市推进高中阶段学校考试招生制度改革实施方案(试行)》,按照"强化导向,促进公平,合理分流,积极稳妥"原则,深化中考招生制度改革。以办好县域“教联体”建设推动教育资源合理配置、优质均衡，启动4个省级试点“教联体”、4个市级试点“教联体”建设，投入2310万元改善薄弱学校。截至2022年，全市共有幼儿园343所，全市普惠性幼儿园覆盖率达到87.78%；有小学191所、初中86所，极大缓解了城区“大班额”，义务教育巩固率超过98.2%。

医疗卫生事业取得新突破。以办好县域医共体把优质医疗卫生资源送到群众家门口，已组建7家医共体，推动医共体内机构设置、人员使用、医疗资源“三下沉”，医保基金、药品耗材、信息共享“三统筹”，分级诊疗、签约服务、公共卫生“三提升”，基层就诊率达到65%，县域就诊率达到90%。全市每千人口床位由2012年的2.68张上升到2022年的6.63张，每千常住人口执业（助理）医师数由1.72人上升到2.44人。全市人均预期寿命达到78.94岁，孕产妇死亡率8.44/10万，婴儿死亡率从2012年的3.82‰下降到2022年的0.93‰，各项指标均优于全省平均水平。通过“四个一批”培养配备“一村一名大学生村医”1223名，组建家庭医生团队797个。统筹推进农村老年人互助照料活动中心和村卫生室建设，“医养结合”践出新路，“两室联建”工作经验被国家民政部、国家卫健委推向全国。

（三）努力稳定和扩大就业

创业就业稳步发展。出台做好就业创业工作实施意见和激励回乡人员就业创业等政策，建立多层面多维度稳就业政策支持体系，截至2022年投入超6亿元支持就业，全市城镇新增就业20万余人。2018—2020年，实施返乡创业三年行动计划，开展“我兴楚乡、创在湖北”返乡创业行动，发放小额创业担保贷款近13亿元，落实各类创业扶持、补贴和项目奖励合计2100多万元。截至2022年，新增返乡创业主体1万多家，带动就业5万余人次，全市获评2个返乡创业示范县、4个返乡创业示范园区、21个返乡创业示范项目。帮助下岗失业人员再就业4万余人，就业困难人员再就业2.3万余人。5个劳务品牌获批湖北省重点劳务品牌，其中“随县香菇种植工”获批“湖北省第四批十大劳务品牌”，创造就业岗位30多万个。“湖北省随州市探索插花贫困地区‘创业＋产业＋就业’精准扶贫模式”成功入选人社部“人社扶贫工作优秀案例”单元，是该单元湖北省唯一上榜案例。

劳动关系更加和谐。巩固发展和谐稳定的劳动关系，劳动者就业权益得到有效保障，职工工资正常增长机制和支付保障机制不断完善，工资水平逐年提高。“党政主导、三方推进、社会协同、企业和职工参与”的劳动关系三方协调机制不断完善，工资指导线、最低工资和劳动力市场工资指导价位得到落实。持续开展“企业关爱职工、职工热爱企业”“优化用工环境，服务企业发展”“仲裁员服务企业活动”等和谐劳动关系创建活动，形成服务企业长效工作机制。探索实施“速立、速调、速审、速结、速送”的速调快裁工作机制，裁决案件的结案时间相比法定时间减少17天，2019年市人社局劳动争议调解仲裁科荣获“全国人社系统先进集体”荣誉称号。始终保持治欠保支高压态势，十年来劳动保障部门为近2万人追回劳动报酬近3亿元，司法机关处理40余起拒不支付劳动报酬案件。

（四）全力织密扎牢社会保障网

社会保障更牢固。实施全民参保计划，实现企业职工养老保险和工伤保险省级统筹，打破个人参加职工养老保险户口地域职业限制，让劳动年龄段城乡居民以个人身份参保。推进机关事业单位养老保险制度改革，全市机关事业单位工作人员6万多人全部纳入参保范围。在全省率先出台失地农民参加基本养老保险办法，建立被征地农民参保补偿（补贴）制度，先后将10多万失地农民纳入养老保险体系。推进“同舟计划”工伤保险扩面参保，先后将近1.7万建筑业等行业农民工纳入参保范围。2017—2020年全市共为14.23万建档立卡贫困人口代缴城乡居民养老保险费1423万元，实现“应代尽代”；为20.23万60周岁贫困人员发放养老金2.71亿元，实现“应发尽发”；2021年开始为近4万缴费困难群体每年按照100元标准代缴养老保险费。企业职工养老保险待遇实现18连涨，机关事业单位养老保险待遇实现七连涨，惠及13.2万名退休人员，城乡居民养老保险基础养老金待遇和工伤待遇稳步提升。国家人社部推广了随州市社会保障工作经验做法。

医疗保障稳提升。逐年提高城乡居民医保政府补助标准，其中从2018年的490元/人提升至2022年的610元/人。城乡居民、城镇职工政策范围内住院报销比例达到73%和82%；提高中医药、肾透析报销比例，门诊重病、特殊慢性病病种扩大至7种、17种；大病保险报销比例提高5个百分点，最高可报销75%；建立高血压、糖尿病“两病”门诊用药保障机制，为20余万“两病”患者减轻费用3000余万元。实施农村贫困人口待遇倾斜政策，2019—2022年为35.5万人次贫困患者通过“四位一体”“一站式”结算医疗费用近8亿元，门诊慢特病和住院的政策范围内综合报销比例分别达到86.32%、95.08%，县域内就医个人负担政策范围内费用全年不超过5000元，有效遏制了因病致贫返贫。整合城镇居民医疗保险和新农合为城乡居民基本医疗保险，消除城乡差别，城乡居民医保的待遇水平大幅提升。推出全省第一家城市性普惠商业健康保险“惠随保”，对因重大疾病产生的高额医疗费用提供进一步的保障，满足人民群众多样化健康需求。2022年，全市基本医疗保险参保人口200.46万人，其中职工19.56万人、居民180.89万人，常住人口参保率达到99.45%，基本医疗保险实现全覆盖。

社会救助显温暖。坚持兜底线、救急难、可持续原则，持续改革完善社会救助制度，构建分层分类、城乡统筹、兜底保障功能有效发挥的社会救助体系，织密织牢民生兜底保障网，困难群众获得感明显增强。2022年底，全市共保障城乡低保对象2.6万户4.6万人，城乡低保平均保障标准分别达到572元/人·月、505元/人·月，较2012年分别增长112%、332%；保障城乡特困供养对象1.4万人，城乡特困供养标准分别达到1144元/人·月、1009元/人·月，较2012年分别增长554%、657%。保持救助渠道畅通，公开市、县、镇三级救助服务热线，主动回应困难群众诉求。对符合条件，基本生活遭遇急难型困难的群众及时给予临时救助，2012年来全市实施临时救助17万人次。推动低保、临时救助审核确认权限全部下放镇街，在全市范围内实现困难群众申办救助不出镇域。依托政务服务平台和鄂汇办App开通网上申办渠道，困难群众申办救助更加方便、快捷。

六、治山理水，筑就鄂北生态屏障

绿色是随州的基色。党的十八大以来，随州深入践行习近平生态文明思想，围绕构筑鄂北生态屏障，走稳生态优先、绿色发展之路，推动随州天更蓝、山更绿、水更清。

（一）打好蓝天碧水净土保卫战

持续推进污染防治攻坚战。坚持工业源、移动源、面源“三源齐控”，开展大气污染防治攻坚“六大专项行动”，2022年底，优良天数比例达86%，$PM_{2.5}$降至34.5微克/每立方米，环境空气质量历史性达到国家二级标准。坚持“三水统筹”，落实“控源截污、内源治理、常态监控、联防联控”，实行“以日保周、以周保月、以月保季、以季保年”，深化测管联动工作机制，实施流域水质改善攻坚，投资10亿元完成城区14条黑臭水体治理工程，治理长度15.421公里，建成运行37座乡镇污水处理厂，2022年底全市19个省控断面达标率100%，3个县级以上城市集中式饮用水水源地水质达标率保持100%。深化建设用地联合协调监管机制，累计评审土壤污染状况调查报告81份。深入实施危废专项整治三年行动，全面启动土壤污染重点监管企业及园区周边监测调查，受污染耕地安全利用率稳定在90%以上。建成100吨/日中温碳化工艺污泥无害化处理厂，实现污泥就地减量处置。

深入落实河湖长制。市县镇全面构建河湖长制工作体系，全市设立市级河长11人、县级河长65人、乡级河长241人、村级河长1102人；建立69456个小微水体台账和清单，同步设立“一长两员”（河长、监督员、保洁员），形成上下联动、各尽其责、通力协作的工作格局。2018—2022年，共整治部、省、市发现河库重点“四乱”问题633个，共向县级河长单独发送整改提醒函26个，拆除重点水域内非法矮围122个，累计泄放生态流量10亿立方米，生态环境、住建、农业农村等部门开展黑臭水体整治、入河排污口整治、化工企业“关改搬转”、乡镇屠宰厂废水污染治理、畜禽规模养殖污染治理等专项行动，有效提升河库水质。编印62条重点河流“一河一策”实施方案，完成326条河流、705座水库、13座涵闸、27座水电站、13座灌区骨干渠系、3座泵站划界工作。随州市多次被省河湖长制办公室授予河湖“清四乱”工作成绩突出地区、小微水体治理管护成效明显地区、河湖长制工作考核优秀等次，市水利和湖泊局、交通运输局等被省河湖长制办公室授予巡查履职成绩突出的河湖长联系单位称号，市水利和湖泊局河湖长制工作科被水利部授予全面推行河长制湖长制工作先进集体称号。

实现全域生活垃圾“零填埋”和无害化处理。出台《随州市城区生活垃圾分类专项规划（2020—2035）》，全面更新城区生活垃圾收集运转设施，新建37处生活垃圾分类房和

160处生活垃圾分类点，在36条主次干道两侧设置生活垃圾分类收集点1200处；封闭所有镇街简易垃圾填埋场并完成生态修复，新建37个乡镇垃圾压缩中转站并投入使用；“户分类、组保洁、村收集、镇转运、县处理”的运行管理体系建立并有效运行。投资近10亿元，完成17个垃圾末端设施建设项目，其中随州市垃圾焚烧发电厂、广水市垃圾焚烧发电厂、随州市飞灰填埋场、随州市建筑垃圾处理厂、垃圾预处理厂已建成运行。随州市主城区及全市各乡镇的生活垃圾已全部进场焚烧，每天焚烧垃圾1200吨以上，生活垃圾无害化处理率达到100%，垃圾焚烧发电率达到100%，在全省率先完成全域垃圾焚烧发电，实现生活垃圾减量化、无害化和资源化处置。

（二）持续推进生态市建设

超额完成绿满随州目标任务。牢固树立“绿水青山就是金山银山”理念，以扩绿提质增效为总任务，以满足人民群众生态需求为根本目的，大力开展“绿满随州”“精准灭荒”工作。“绿满随州”完成造林绿化81.8万亩，“精准灭荒”2年完成绿化面积9.27万亩，占3年总任务8.68万亩的106.8%，实现“三年任务两年完成”的工作目标。全市创建国家森林乡村19个、省级森林城镇8个，省、市级绿色示范村324个，曾都区洛阳镇龚店村被评选为全国乡村绿化美化典型，大洪山国家森林公园获国家级“森林氧吧”荣誉称号。全市森林覆盖率由2012年的50.5%提高到2022年的52.9%，顺利通过国家森林城市复检。因地制宜推进公园绿地、道路绿地、滨河绿地、小区绿地建设，建设白云湖水环境园林景观提升工程，完善并连通城市绿道3.6公里，一湖两岸带状公园入选湖北省2022年“最美城市公园”。新增各类“口袋公园”40余个，小十字街口袋公园入选湖北省2022年“最美口袋公园”。2022年城市建成区绿化覆盖率、绿地率和人均公园绿地面积分别达到42.9%、39.1%和13.5平方米。省政府主要负责同志到随州调研时，赞赏随州“山清水秀、干干净净，就像一幅富春山居图”。

随州市文化公园（韩起璞　摄）

强化生态环境源头管控。落实“三线一单”分区管控措施和建设项目“一优先五不批”制度，建立“两高”项目准入预审机制，严控“两高”项目上马，依法否决不符合产业政策和环保要求拟上项目。构建排污许可“一证式”监管体系，累计核发排污许可证449张，完成固定污染源排污登记2403家。聚焦重点行业领域，持续排查防范各类生态环境风险隐患，督促255家危险废物、86家医疗废物、146家工业固体废物单位完成申报登记。抢抓碳达峰、碳中和窗口期，累计完成8家企业碳排放情况核查，成功申报全省近零碳排放区示范工程试点1家。加快推进生态示范创建，随县、曾都区获省级生态文明建设示范县（区）称号，成功创建省级生态乡镇22个、省级生态村226个。扎实开展中央第二轮环保督察反馈问题整改，135件信访件、10项反馈意见办理情况均达到序时进度。

持续改善城乡人居环境。扎实开展美好环境与幸福生活共同缔造活动，以创建全国文明城市、国家卫生城市为抓手，引导城市居民参与打造“行车不拥堵、停车不发愁、经营不占道、就餐不浪费、垃圾不落地、雨天不渍水、安全不失序”城市的“大街小巷七件事”，引导乡村群众抓好厕所清洁、圈舍清理、垃圾清运、庭院亮化、道路硬化、池塘净化、环境美化等“房前屋后七件事”，城乡人居环境持续改善。

七、同心共进，凝聚市域治理现代化强大合力

人民当家作主是社会主义民主政治的本质和核心。党的十八大以来，随州始终坚持党的领导、坚持人民当家作主，推进社会主义民主法治建设，全社会法治化管理水平持续提高，市域治理走出“随州路径”。

（一）不断巩固安定团结良好局面

随州人大工作全面加强，人民政协工作不断加强和改进，民族宗教领域和谐稳定，群团组织作用得到更好发挥，安定团结的良好政治局面不断巩固。

全面加强人大工作。自2016年1月1日起，市人大及其常委会开始行使地方立法权，开启随州立法工作从无到有再到优的铿锵征程。出台《随州市人民代表大会及其常务委员会立法条例》，为开展地方立法提供程序法保障。先后出台《随州市城区燃放烟花爆竹管理条例》《随州市城乡饮用水水源保护条例》《随州市历史文化街区和历史建筑保护条例》《随州市曾随文化遗址保护条例》《随州市文明行为促进条例》《随州市古银杏树保护条例》，立法彰显出鲜明的地域特色。依法开展监督，发挥审计作用，通过“综合报告＋部门报告”，扎实做好审计查出问题整改“后半篇文章”；逐步健全全口径审查、全过程监管的预决算审查监督机制，推动实现市级、县级建立国有资产管理情况报告制度全覆盖。夯实代表工作基础，依法指导2次县乡人大代表换届选举，直选产生县乡人大代表7000多名。出台并落实加强和改进代表工作13条措施，推动代表工作提质增效。将五级人大代表科学编组，规范

建设代表之家、代表联络站200多处，扎实开展代表行动，督促办结建议2000余件，“三步走”模式①、“四五”工作法②、“清风夜话”平台等在全省推广。

全面发展协商民主。2016年、2020年，分别出台《中共随州市委关于进一步加强人民政协工作的决定》《中共随州市委关于新时代加强和改进人民政协工作的实施意见》，为政协高质量开展工作提供了制度保障和政策支持。政协随州市委员会及其常务委员会坚持发扬民主和增进团结相互贯通、建言资政和凝聚共识双向发力，充分发挥专门协商机构作用，切实担负起“落实下去、凝聚起来”的政治责任，有效推动全市人民政协事业创新发展。加强政协民主监督机制创新，出台《关于加强和改进人民政协民主监督工作的实施意见》。制定《随州市政协专门（工作）委员会与市直部门和单位对口联系安排》，进一步完善对口联系工作机制。建立专委会报告工作机制，充分发挥专委会基础性作用。不断完善提案工作制度机制，制定《随州市政协提案办理工作实施办法》。深入推动市县两级党政领导督办重点提案，扎实推动提案工作信息化建设，服务保障坚实有力。十年来，共收到提案1613件，立案1533件，提案办复率100%，满意率94.5%；市委、市政府领导领办重点提案69件，主席会议成员督办重点提案97件，制作《提案追踪》28期。

积极发展基层民主。出台《关于进一步加强社区建设的实施意见》《关于深入推进农村社区建设试点工作的实施意见》《关于加强城乡社区协商的实施方案》等文件，城乡社区治理工作做到了有章可循。推进城乡社区服务设施提档升级建设，截至2022年底，全市城市社区、农村社区的综合服务设施覆盖率分别达到100%、80%。村（社区）党组织战斗堡垒作用和党员先锋模范作用持续强化，全市99.4%的村和98.7%的社区实现党支部书记和主任“一肩挑”。全面建立健全村（社区）务监督委员会，普遍实现由村党组织纪委书记或者纪检委员担任村（社区）务监督委员会主任，党领导下的村（社区）务监督制度更加健全。深入实行“四议两公开”，发展基层“五个民主”，全面建立协商议事委员会，围绕涉及基层群众利益的事项制定协商目录、明确协商内容，全市1008个村（社区）实现建立村民会议或村民代表会议制度全覆盖。

---

①“三步走”模式：以“学”夯实基础、以“查”辨识真假、以“议”推进深化。

②“四五”工作法：“五问”，一问家庭共有几口人，儿女都在干什么；二问一年收入有多少，致贫原因是什么；三问党员干部谁在帮，帮助干了些什么；四问帮扶路子有哪些，落实效果怎么样；五问政策享受有多少，意见建议有哪些。“五看”，一看工作台账，建档真实不走样；二看群众住房，居住安全达标准；三看百姓家当，吃穿不愁有保障；四看脱贫项目，客观真实稳增长；五看基础设施，水电路网都通畅。“五算”，一算好脱贫时间账，三年之后全出列；二算好政策落实账，资金到位得实惠；三算好家庭收入账，明明白白奔小康；四算好产业带动账，深度嵌入有进账；五算好集体经济账，五万收入有来源。“五抓”，一抓第一手资料；二抓1～2个重点贫困户；三抓1～2件具体事；四抓1～2项具体政策落实；五抓1～2条针对性强的意见建议办理。

巩固和发展最广泛的爱国统一战线。全面落实中央关于参政党建设的三个文件及湖北省贯彻措施，坚持和完善市委统战部部务会与市级民主党派领导班子联合学习制度、民主党派新发展成员培训制度。健全完善市县领导干部联系重点民营企业和异地商会制度、民营企业与政府部门沟通常态化机制，大力开展领导干部走访企业、服务企业专项活动，建立随州市非公有制企业投诉服务工作运行机制。深入实施招商回归工程，大力开展以商招商、乡情招商，组织民营企业参加“楚商大会”“江汉流域城市经贸交流”“华创会”等各类经贸活动。推进“完善加强新的社会阶层人士统战工作的措施办法”改革项目，建立新的社会阶层人士统战工作信息化平台，开辟依托互联网平台“组织起来、发挥作用”的新路径，打造“同心同梦”精品实践创新项目。持续擦亮炎帝文化名片，争取国台办、中国侨联支持世界华人故里寻根节，举行“台湾神农大帝协进会湖北寻根线上活动”，视频《共谒炎帝、和泽两岸》登上国台办中国台湾网首页。

深化群团组织改革和建设。深入学习领会《中共中央关于加强和改进党的群团工作的意见》精神，根据《湖北省群团改革方案》要求，推动随州群团工作创新发展。2017年，根据上级相关文件和方案，制定《随州市群团改革方案》以及相应的实施方案，明确加强和改进新形势下党的群团工作的指导思想、基本原则、整体目标，2018年底前市级群团改革任务全面完成，群团组织活力不断释放，群团工作扎实开展。市总工会大力推进基层建会，逐步消除组织覆盖和工作覆盖“空白点”，深化职工之家建设，创建一批全国、省模范职工之家、模范职工小家。团市委广泛动员基层团支部线上线下开展“青年大学习”行动，全市100所中学(含中职)均以学校党组织名义出台中学共青团改革方案，成立中学团校比例达100%。市妇联创建“巾帼脱贫示范基地”，持续推进健康扶贫行动，为全市城乡妇女提供“两癌”免费筛查。

(二)着力建设更高水平平安随州、法治随州

紧扣维护政治安全、社会安定、群众安宁目标任务，牢固树立系统观念、法治思维、强基导向，一体推进防风险、护安全、保稳定、促发展各项工作，法治随州、平安随州建设深入推进。

平安随州建设迈上新台阶。成立市委平安随州建设领导小组及其办公室，优化“大平安”建设格局，形成横向联动、纵向贯通的体系架构。持续开展“矛盾纠纷大排查、公共安全大整治、网络环境大清理、信访积案大化解、社保风险大防控”五大行动，从源头上化解各类隐患，夯实平安根基。接续开展扫黑除恶专项斗争和常态化扫黑除恶斗争，全市涉黑涉恶财产刑案件结案率100%，“黑财”执行到位率99.9%，全国12337举报平台、省扫黑办交办27件线索全部办结，全省扫黑除恶斗争重点地区广水市完成全部问题整改并通过省、市验收，随州顺利摘帽出列，工作经验在全国扫黑除恶专项斗争重点地市督办会上交流。扎实推进政法队伍教育整顿，市县两级20个政法单位全部通过省级评估验收。2022年，全市刑事发案数、治安发案数、可防性案件、接警量、道路交通事故同比分

别下降30.7%、1.28%、58%、23%、12%，社会大局总体平安稳定。

法治随州建设实现新突破。统筹推进科学立法、严格执法、公正司法、全民守法工作，实施良法善治，精准有效服务经济社会发展。优化法治化营商环境，持续监督“三个规定”贯彻落实情况，开展涉企案件专项评查和违规违法办理“减假暂”案件专项执法检查、集中清理判处实刑罪犯未交付执行刑罚专项活动，对涉企案件评查发现问题全面督促整改到位。建立涉企投诉举报平台，庭审记录改革、涉企行政执法案件经济影响评估制度改革等改革示范项目获省优化营商环境领导小组通报表扬。深化政法改革，全市涉案企业合规改革、司法责任制改革、检察官办案责任制改革等经验在全国推广。广泛开展法治宣传教育活动，制定出台全市“谁执法谁普法”履职评议工作制度，压实各单位普法责任制，用好“随州政法”微信公众号等政法机关“一端两微两号”，市检察院官方微博“正义随州”先后被最高检评为“全国优秀检察新媒体百佳”，被荆楚网评为“全省十佳政务微博”“湖北十佳政务新媒体”。

社会治理开创新局面。聚焦提升市域社会治理体系和治理能力现代化，推深做实“五治融合”，力促“小事不出村、大事不出镇、矛盾基本解决在县域、重大风险控制在市域”，2022年全市化解矛盾纠纷15793件，化解率98.05%。政治强引领，市县镇村综治中心规范化建设实现全覆盖，与基层党群服务中心联动，发挥基层党建政治引领和组织功能，引导群众反映诉求、化解矛盾、解决问题“只跑一地、只进一门”。法治强保障，制定完善保障公平公正执法司法的制度性文件，形成办事依法、遇事找法、解决问题用法、化解矛盾靠法浓厚氛围。德治强教化，开展“十星文明户”“文明家庭”等评比，有效运用道德、文化、习俗、规范等力量调节关系、引导行为、化解矛盾。自治强基础，深化“逢四说事、遇事解事、开门评事、上门访事”“家常点”“板凳会”“村湾夜话”等特色品牌建设，引导群众有序参与基层自治、协商调解矛盾纠纷，随州市相关工作经验得到中央政法委、省委政法委推介。智治强支撑，城乡网格化管理平台全面建成、发挥效能，“雪亮工程”建设加快推进，大力推进“慧眼看千村、警民护万家”视频建设工程，全市共安装54312个视频点位，守护群众安全更加有力，政法业务协同办案平台等政法智能化建设重点项目加快推进，全市在协同办案平台上流转4624件刑事案件，办案效率平均提升30%以上。

（三）全力守牢安全底线

以“时时放心不下”的责任意识、“处处如履薄冰”的忧患意识、“事事落实到位”的担当精神，全力守牢安全底线，做到隐患全面排查到位、问题及时解决到位、安全充分保障到位。

确保流域安全。基于山水、产城、人文三大源流的流域本底特征，明确保护治理单元，统筹发展与安全、开发与保护、生态与文化，关联上下游、干支流、左右岸，将随州划分为㵐水、涢水、淮河、漂水4个三级流域片区，谋划实施总金额达131.92亿元的安全底线类项目15个，着力打造“山清水秀、河湖安澜”流域治理示范。优化府澴河流域源头治理，抓好大洪山麓、府河源头水源地保护涵养，实施府㵐河、溮水河流域系统治理工程和鄂北、鄂中丘陵区水资源配置工程、随中旱包子区域抗旱水源配置工程，推进徐家河、封江口、淮河等湿地公园建设，水资源配置空间更加均衡，防汛抗旱能力持续提升，生态环境显著改善。致力提高综合治理能力水平，整合气象、水利、水文、应急、住建、自然资源等部门数据平台，加强对极端天气和自然灾害的监测预警；整合党政、公安、消防、驻随部队和社会等多方力量，备好应急队伍和物资物料；整合发改、水利、农业、交通等部门项目资金，完善流域防洪工程体系，对风险隐患实行清单交办、销号管理。推动建立跨区域跨部门协作机制，积极融入襄阳都市圈生态环境共保联治，建立完善与武汉、孝感、南阳等周边城市会商、预警、联合巡查执法、突发环境事件应急处置等长效机制，实现跨界水体水质信息共享、水环境共治。积极推进生态产业化和产业生态化，加快将生态优势转化为产业优势，大洪山风景区成功创建省级全域旅游示范区，随县石材矿权优化整合净矿出让取得实质性突破，绿色智慧矿山建设有序推进。

确保经济安全。认真贯彻《中国共产党领导国家安全工作条例》《湖北省实施〈党委（党组）国家安全责任制规定〉办法》，严格落实党委（党组）主体责任和党委（党组）书记第一责任人责任。印发《随州市维护海外利益安全工作机制》《随州市加强数据安全工作实施方案》，落实国家安全风险定期排查制度。探索建立灾害事故复盘机制，全面复盘还原随县柳林镇极端强降雨引发山洪发生和应对过程，梳理各方面各环节采取的措施，查找问题和原因，研究补强补齐短板的方法措施，制定实施《随州市防汛抗旱指挥部工作规则》《分解落实关于在应对极端天气中进一步强化防汛应急响应机制的通知重点工作任务的通知》《关于压实极端天气人员应急转移避险责任的通知》等系列文件。严守省定364万亩耕地红线，坚持“藏粮于地、藏粮于技”，实施“优质粮食”工程，构建“优田、优种、优技、优产、优购、优销”全产业链发展模式，巩固提升粮食综合生产能力，推进高标准农田建设，优质稻面积稳定在170万亩以上，有效保证了粮食安全。

确保生产安全。压实属地责任、监管责任、主体责任，落实“管行业必须管安全、管业务必须管安全、管生产经营必须管安全”要求，推动安全责任制纵向到底、横向到边、落到人头。编制印发《企业主要负责人安全生产职责导读》，举办企业主要负责人安全生产法定职责培训班，组织企业主要负责人和安全部长学习安全生产法定职责，推动企业主要负责人严格履行安全生产第一责任人责任。持续开展安全生产专项整治行动，开展危险化学品“四个清零”“回头看”工作、工贸领域“百日清零”、粉尘涉爆企业重大隐患动态清零等系列专项整治行动，确保安全风险可防可控。截至2022年，全市共成立安全生产检查组7326个，开展督导检查5952次，检查单位8283家，排查问题隐患7326处，整改完成7071处，行政处罚50次，行政处罚26万余元，约谈警示18次，联合惩戒3次，对随县小林镇土城液化气站安全间距不足等6处重大隐患进行挂牌督办。

防范化解重大风险。编制完成《市级突发事件专项应急预案编制(修订)规划》,完成突发事件总体应急预案以及更加贴近实战、更具可操作性的7个专项应急预案编制工作,构建专项应急预案体系框架。健全精准预警机制,融合多部门平台提升气象预警精准度,围绕"三色预警"提升防汛预警响应度,人物技并重提升救灾预警知晓度;健全快速反应机制,依托市综合应急指挥中心,整合部门安全生产、防火防汛、防灾减灾、地理信息等应急资源,形成"1+N"快速反应体系;健全转移避险机制,按照"八种情况"确保应转尽转;健全协作联动机制,横向厘清部门职责,纵向层层传导压力,打通并拧紧应急响应决策链条、责任链条、落实链条。出台全市防范化解重大风险工作方案,把维护国家政治安全放在首位,统筹抓好政治、意识形态、经济、科技、社会等领域风险防范化解工作。

八、全面从严,政治生态风清气正

坚持以习近平新时代中国特色社会主义思想为指导,大力弘扬伟大建党精神,坚决落实新时代党的建设总要求,坚持党要管党、全面从严治党,以高质量党建引领保障高质量发展,风清气正的政治生态持续向好。

(一)坚持把党的政治建设摆在首位

坚决维护党中央权威和集中统一领导,教育引导全市党员干部坚定不移做"两个确立"的忠诚拥护者和"两个维护"的模范执行者,始终在思想上政治上行动上同以习近平同志为核心的党中央保持高度一致。加强思想政治建设。深入贯彻落实《中共中央关于加强党的政治建设的意见》。严格执行《关于新形势下党内政治生活的若干准则》,认真落实"三会一课"、支部主题党日、领导干部双重组织生活、民主评议党员等制度。持续实施习近平新时代中国特色社会主义思想教育培训计划,依托党校主阵地举办全市县处级主要领导干部学习贯彻党的十八大、十九大及历届历次全会精神专题研讨班、轮训班20余期,组织党校主体班210余个,培训各级干部近2万人次。坚持"思想引领、学习在先"机制,督促全市各级党委(党组)中心组开展理论学习,建立贯彻落实习近平总书记重要指示批示精神闭环机制。分层次组织学习培训,多维度开展理论宣讲,各级党组织书记带头讲党课、作专题辅导报告,推动党员干部自觉经受思想淬炼、政治历练、实践锻炼、专业训练。

突出抓好关键少数。认真贯彻《中共中央关于加强对"一把手"和领导班子监督的意见》,突出对"关键少数"和领导班子的监督,强化协助职责、监督责任,推动权力在正确的轨道上运行。出台《随州市纪检监察机关容错暂行办法》,明晰担当作为与乱作为的界限,把正向激励与负面惩戒相结合,以精准问责激励干部担当负责,实事求是为干部进行容错和澄清正名,让干部能够心无旁骛干事创业。

压实管党治党主体责任。建立党委主抓、纪委协助、部门联动的工作机制，把责任分解到市“四大家”领导和各地各部门，构建横向到边、纵向到底的责任网络，确保管党治党政治责任层层压实一贯到底。推动《党委（党组）落实全面从严治党主体责任规定》《湖北省党委（党组）运用监督执纪“第一种形态”落实主体责任办法》贯彻落实，坚持失责必问，实施精准问责，加强对主体责任落实情况的监督检查，共发现642个问题，问责党组织19个，问责党员领导干部804人。

（二）培养造就忠诚干净担当高素质干部人才队伍

深入学习贯彻习近平总书记关于做好新时代干部和人才工作的重要论述，坚持党管干部、党管人才原则，在育选管用全链条精准发力，着力培养造就忠诚干净担当的干部队伍，拉满干事创业奋斗激情，全市干部人才队伍保持旺盛活力。

选优配强干部队伍。树立重实干实绩的选人用人导向，充分考虑干部成长的路线、路径、路标，让不同能力素质、性格秉性的干部分别走好“高架桥”“立交桥”，提拔使用心正崇实“三为”干部。不断充实公务员队伍，充分利用公务员招录、选调生分配、遴选、引进等多种途径广泛吸纳各方面、各领域人才。党的十八大以来，共招录选调生、公务员2400余名充实到市直部门和县（市、区）。持续开展“敢担当善作为”、心正崇实的“三为”干部专题调研，立体甄别储备优秀干部，持续树立鲜明用人导向。建立健全优秀年轻干部信息库，每年动态储备300名左右各层次优秀年轻干部。鼓励引导干部在实战实考中增长才干，常态化选派250余名省市县三级干部分层分类到项目建设、信访维稳、乡村振兴、优化营商环境等多个领域实践锻炼和跟班学习。实施“一线蹲苗”计划，为美丽乡村建设、镇域“小老虎”、基层社会治理等各领域阶梯式培养后备军。

从严教育监督管理干部队伍。坚持管在日常、严在经常，加强干部全过程全方位监督。全面畅通12380信访举报受理查核系统，深化作风纪律专项整治，各级党委（党组）书记定期与干部谈心谈话，组织人事部门负责人每年与优秀年轻干部全覆盖谈心谈话。实施“领导干部专业化能力提升”“企业家头雁工程”“新时代基层干部主题培训行动”等系列培训计划，累计开展贯彻新发展理念、打赢三大攻坚战、推进国家治理体系和治理能力现代化、统筹疫情防控和经济社会发展等务实管用的干部专题培训400余期，举办教育、卫生、财务等专业技术人员专业培训班286个共6.5万人次。做实干部平时考核和年度考核“后半篇文章”，推进干部能上能下、优进拙退。

激发干事创业活力。规范有序实施双职并行制度，树立正确晋升导向，释放职级制度的激励效应。加强对职级晋升工作指导，建立年度各类别职级职数备案管理制度和市直机关党委（党组）管理干部晋升较高层次职级任前备案制度，出台《市直部门综合管理类非市管干部晋升三级调研员资格条件的意见》等规范性文件，细化职级晋升条件情形。综合管理类公务员先后有3200余人次晋升职级；推进法官、检察官和司法辅助人员职务职级序列改革，公检法机关先后有1600余人次晋升职务职级。在随州组织网开设公务员“风采展”专栏宣扬优秀公务员典型事迹，对做出显著成绩、贡献的公务员和公务员集体给予及时奖励。出台《关于进一步激励关爱基层干部的若干措施》，落实了一系列具体、可量化的政策，激励广大干部新时代新担当新作为。

创新实施人才强市战略。做实人才引育用留文章，完善人才工作责任目标制，全面构筑人才工作政策体系，推进人才发展体制机制改革。2022年出台《关于深化炎帝人才支持计划加快打造具有比较优势的区域性人才中心和创新高地若干措施》16条，成立首家异地人才工作联络站，争取“院士专家企业行”“博士服务团”等省级专家40人，引进市级科技副总26人。组织重点企业高管研修班，成立“香菇学院”，推进“双创双带”示范基地评比、现代服务业领军人才培养等项目，培育一批专技人才。持续深化“我为人才办实事”活动，筹资3.7亿元建设人才公寓591套，为高层次人才开展常态化体检、慰问。持续实施“炎帝人才支持计划”，深化市校合作，湖北犇星与武汉科技大学1.5亿元技术交易大单，打破全省单项技术交易纪录。

（三）牢固树立大抓基层鲜明导向

注重基层党组织建设与发挥党组织作用相结合，在推动打造城乡融合发展示范区、脱贫攻坚、基层治理、疫情防控等大战大考中，不断把党的组织优势转化为服务高质量发展的动能效能。

深化党建组织体系建设。发挥“红色引擎”作用，扎实开展党支部标准化规范化建设，实行“一村一策”常态化整顿软弱涣散基层党组织。出台《关于进一步健全保证发展党员质量长效机制的若干措施》，把1.5万名来自各方面的先进分子吸收入党。坚持传统领域、新兴领域两手抓两手硬，深入实施两新组织“双覆盖”三年攻坚行动，成立快递、外卖等行业党委17个，选聘两新组织党组织书记109名，评选“优秀党员研发团队”10个，建设暖“新”驿站30个，建成黄鹤楼酒业智能酿造园4A文旅党建馆。

党建工作融入服务大局。全面推进党建引领乡村治理促乡村振兴，推行“一约四会”①和“三清两建一提升”②专项行动。纵深推进党建引领城市基层治理，全市1056个城市小区建立“街道党工委—社区党委—小区（网格）党支部—楼栋党小组—居民党员中心户”五级组织架构，实现“红色物业”覆盖率、小区党组织组建率、物业企业党组织组建率“三个100%”。有序推进街道赋权改革，新增街道行政事业编制500余个。开展区域

---

①“一约四会”：“一约”指村规民约；“四会”指结合村社实际，从村民民主议事会、红白理事新风会、道德文明评议会、禁赌禁毒平安会、美好环境理事会、能人理事会6个自治组织中选取4个进行组建。

②“三清两建一提升”：“三清”指清理闲置资产、清理问题合同、清理债权债务，“两建”指建立乡村合作公司、建立农业社会化服务体系，“一提升”指提升农村人居环境。

共治“百千万”活动，推行机关与小区党支部结对共建，1.8万余名在职党员到社区报到、参与“党旗领航文明共创”行动，召开“三方联动”联席会议解决急难愁盼问题9万余个。

统筹推进各领域党建工作。出台贯彻落实机关基层组织工作条例若干措施，开办“党委（党组）书记话党建”“机关党组织书记谈创建”专栏，打造“三朵云”“红动沃野、情系三农”“红润国投”等党建品牌50多个，机关党建活力有效迸发。全市所有公立医院完成领导体制调整，“两个议事规则”修订完善，党建要求入章程。“一校一策”调整理顺337所中小学校党组织隶属关系，超过90%的中小学校建立健全了党组织领导下的校长负责制制度。

（四）持之以恒正风肃纪反腐

坚持党性党风党纪一起抓、风腐一体治，锲而不舍落实中央八项规定及其实施细则精神，坚定不移推进党风廉政建设和反腐败斗争，一体推进“不敢腐、不能腐、不想腐”，以优良党风政风带动社风民风，政治生态和发展环境持续向好。

切实加强政治监督。认真贯彻落实中央纪委及省纪委历次全会精神，注重把政治监督做细做实。创新政治监督形式，出台《随州市2022年度政治生态分析研判工作方案》《随州市政治生态分析研判成果运用实施办法》等文件，坚持把政治生态分析研判作为推进政治监督具体化、精准化、常态化的重要载体。聚焦“三新一高”、三大攻坚战、全面深化改革等决策部署，严明政治纪律政治规矩，对安全生产、政法队伍教育整顿、农村乱占耕地违规建房、违建别墅清查等加强监督执纪执法。组织开展人防系统、供销系统、粮食购销领域等腐败问题专项治理。扎实开展选人用人、换届风气监督，确保党中央政令畅通、令行禁止。

驰而不息纠治“四风”。严格落实中央八项规定及其实施细则精神，持续整治违规吃喝、违规收送礼品礼金、违规发放津补贴等突出问题，深挖细查“一桌餐”“精致走账”和收送电子红包等隐形变异问题。出台干部作风“十严禁”规定，连续多年开展作风聚焦、双评双治双促、作风巡察、作风整顿等，大力整治党员干部“十不”问题。扎实推进整治形式主义、官僚主义问题三年行动，督促开展“六个专项整治”，切实为基层减负，查处形式主义、官僚主义问题710个，处理1197人，其中党纪政务处分665人。

纵深推进“清廉随州”建设。充分发挥清廉随州建设引领作用，组织开展党风廉政建设宣传教育月活动，扎实推进“十进十建”，持续打造廉政教育基地，开通普纪普法“大篷车”，开发在线学纪学法平台，纪法教育蓬勃开展。坚持正反面典型教育，出版《随州勤廉人物故事读本》，常态化选树清廉家庭，拍摄制作警示教育片，组织编写警示忏悔录，综合运用新媒体开展廉政宣传，形成崇廉尚廉浓厚氛围。紧盯人民群众最关心、最直接、最现实的利益问题，严肃查处群众身边的腐败和不正之风，精准惩治“微腐败”，有效管住“微权力”。

坚定不移深化政治巡察。坚持政治巡察职能定位，突出“三个聚焦”监督重点，建立健全上下联动巡察工作格局，推动市县巡察向基层延伸，2012—2022年，先后组织开展

14轮常规巡察，巡察132个市直单位党组织。推进巡视巡察反馈问题一体整改，健全巡视巡察整改日常监督机制，强化党委（党组）整改主体责任，认真履行整改监督责任。先后完成中央第二巡视组巡视湖北、省委第九巡视组巡视随州反馈问题整改，推动整改市本级巡察反馈问题3493个，建立完善制度663项，清收清退资金及挽回经济损失134亿元。

持续深化重点行业领域专项治理。扎实开展扶贫领域腐败和作风问题专项治理，举办扶贫领域专场电视问政，组织开展扶贫领域监督执纪"大交叉、大巡访、大督查"行动，充分利用扶贫领域政策落实监察系统开展监督检查，对贪污侵占、虚报冒领、截留挪用、优亲厚友等问题持续亮剑。2016—2020年，全市查处扶贫领域腐败和作风问题1683个，处理2112人，其中党纪政务处分570人，通报曝光典型问题58期次、321人次。开展漠视侵害群众利益问题专项整治，严肃查处发生在民生资金、"三资"管理、教育医疗、养老社保、食品药品安全等领域腐败和作风问题。深挖彻查涉黑涉恶腐败和"保护伞"，坚决"打伞破网"，立案查处"随县后氏家族涉恶案""杨国友涉黑案"保护伞等一批在全省有影响的典型案件，维护了社会公平正义。在全省率先创造性开展营商环境专项巡察及"回头看"，加强政策落实无盲区、全过程、各环节监督，对损害营商环境的各种行为、问题坚决做到发现一起、处理一起，建立起"发现问题—反馈问题—督促整改"闭环工作机制，推动形成"人人都说家乡好、个个善帮家乡忙"的良好环境。

风雨多经志弥坚，关山初度路犹长。历史的卷轴，在砥砺前行中铺展；时代的华章，在不懈奋斗中书写。自信自强、守正创新、团结奋斗，正当其时！锐意进取、担当作为，建设城乡融合发展示范区，正当其时！让我们更加紧密地团结在以习近平同志为核心的党中央周围，在省委的正确领导下，全面贯彻习近平新时代中国特色社会主义思想，深刻领悟"两个确立"的决定性意义，增强"四个意识"、坚定"四个自信"、做到"两个维护"，牢记"国之大者"，高举革命旗帜，锐意进取、顽强拼搏，加快城乡融合发展示范区建设，奋力谱写中国式现代化湖北实践随州新篇。

撰稿人：陈瑾、陈红伟
统稿人：朱俊桥
审定人：胡洪波

厚植生态底色　加快绿色崛起
把恩施建设成为湖北“两山”实践创新示范区

——从党的十八大到二十大恩施州发展综述

恩施州史志研究中心

恩施州位于湖北省西南部，是共和国最年轻的自治州，也是湖北省唯一的自治州，素有“世界硒都”“鄂西林海”“华中药库”之美誉。党的十八大以来，恩施州委、州政府坚持以习近平新时代中国特色社会主义思想为指引，坚决贯彻党中央和省委、省政府决策部署，真抓实干、砥砺前行，统筹推进“五位一体”总体布局，协调推进“四个全面”战略布局，自觉践行新发展理念，坚持特色开发、绿色繁荣、可持续发展之路不动摇，全州各项事业阔步前行，“十三五”圆满收官，“十四五”精彩开局，恩施州全面建成小康社会，踏上社会主义现代化建设新征程。恩施州地区生产总值由2012年的537.72亿元增至2022年的1402.20亿元，十年间实现翻番，年均增速达7.2%。十年间，恩施州先后获得“全国民族团结进步示范州”“国家生态文明建设示范州”“绿水青山就是金山银山实践创新基地”等荣誉称号。

一、认真贯彻新发展理念，奋力开创新时代恩施高质量发展新局面

党的十八大以来，恩施州坚持以习近平新时代中国特色社会主义思想为指导，紧盯“两山”实践创新示范区建设目标，立足大生态、构建大交通、发展大旅游、打造大产业，彰显土、硒、茶、凉、绿特色优势，恩施州经济保持平稳、持续、健康发展的良好势头。

（一）立足大生态，争创“两山”实践创新示范区

恩施州是重要生态功能区，全州除恩施市外其他七县市均为国家重点生态功能区。全州生态保护红线面积9870.84平方公里，占全州土地面积的41%，占全省生态红线面积的26%，面积和占比均居全省首位。据国家统计局测算，恩施生态价值达10.74万亿元，这是恩施最宝贵的财富、最突出的优势。党的十八大以来，历届州委、州政府坚决贯彻习近平生态文明思想，全面践行“绿水青山就是金山银山”发展理念，全州紧紧围绕建

设“两山”实践创新示范区的目标定位，坚定不移走生态优先、绿色发展之路。坚决打好蓝天碧水净土保卫战，全州污染防治攻坚战连续4年、生态省建设连续7年获省级考核优秀等次。先后被命名为“国家生态文明建设示范区”“绿水青山就是金山银山实践创新基地”，成为湖北省第一个、全国第六个全域成功创建“中国天然氧吧”的地级市，六县市成功创建“国家生态文明建设示范区”（利川、来凤为省级生态文明建设示范区），累计创建省级及以上生态乡镇89个、生态村782个，创建比例全省第一。以小龙潭“两山”实践生态新城建设为试点，积极开展小流域综合治理，探索“两山”转化路径，着力打造绿色崛起新引擎。

构筑生态环境保护法治体系。充分发挥民族自治地区立法优势，加强生态环境保护立法，先后制定了《恩施州清江保护条例》《恩施州饮用水水源地保护条例》《恩施土家族苗族自治州山体保护条例》《酉水河保护条例》《星斗山国家级自然保护区管理条例》等一系列地方性法规。州人大出台《关于加强生物多样性协同保护的决定》，州人民法院、生态环境、农业农村等9部门联合下发《恩施州域长江大保护多元共治协作机制的实施意见》，为全州生态环境保护提供了坚实的法律和机制保障，构筑了严密的地方生态环境保护法治体系。

加大生态环境保护力度。党的十八大以来，累计投入生态环境保护和污染防治资金100.1亿元，全力打好污染防治攻坚战和蓝天碧水净土保卫战。州城恩施市空气质量2019年在全省13个国考城市中率先达到国家二级标准，$PM_{2.5}$浓度均值、臭氧浓度均值和优良率均居全省国考城市第一位。八县市空气质量综合指数排名全部进入全省前15位（7个县市进入前10位）。推进长江大保护战略，作为长江入鄂首站、清江发源地，恩施州坚持把修复长江、清江生态环境摆在压倒性位置，共抓大保护、不搞大开发。深入开展沿江化工企业“关改搬转”，长江干线恩施境内12座非法码头全部拆除，长江大保护十大标志性战役阶段性任务圆满完成。坚决贯彻执行《中华人民共和国长江保护法》，建成93座城镇生活污水处理厂，总处理能力达42.73万吨/日。实施长江入河排污口专项整治行动，781个长江、清江入河排污口已完成整治569个。2022年，全州国控、省控地表水断面水质优良率100%，18个国控断面水质连续3年进入全国地级及以上城市（337个）前30位，为全省唯一。强化建设用地风险管控，加强污染地块环境管理，累计完成10个重点行业地块土壤污染状况调查。开展农用地土壤镉等重金属污染源头防治，推进农用地安全利用，完成157座关闭矿山涉重风险排查。加强固体废物污染防治和危险废物日常监管，实施汽修、船舶、废弃危险化学品等涉危险废物行业企业排查整治，强化1802家产废单位、15家经营单位危险废物收集、转运、处置全过程监管。持续改善农村人居环境，累计完成995个行政村环境整治、472个行政村生活污水治理。

健全生态环境监管体系。全面推行林长制、山长制、河长制，构建新型生态环境监管体系。全面推行林长制，全州四级林长3262人上岗履职，森林资源管护能力不断增强，森林覆盖率达70.1%。新增国家森林城市1个，省级森林城市7个，实现森林城市创建全域覆盖。在全省率先推行山长制，积极开展裸露山体生态修复，累计完成裸露山体生态修复1.84万亩，矿山生态修复754家。全面推行河（库）长制，全州5公里以上382条河流（河段）和273座水库实现河（库）长全覆盖，累计完成水土流失防治面积938.56平方公里，巴东县顺利完成国家第三批山水林田湖草生态保护修复工程试点。

（二）构建大交通，统筹推进区域协调发展

恩施州坚持交通先行，以开放的眼光谋划交通格局，构建全领域、多层次、广空间、大格局的“公铁空水”综合立体交通网络。主动服务国内国际“双循环”，开启对外开放新格局。

交通条件日益完善。2012年以来，渝利、黔张常、郑万高铁巴东段3条铁路建成通车，恩施进入“高铁时代”。沪蓉高速宜巴段、恩来、恩黔、利万、宣鹤、建恩6条高速公路建成通车，实现“县县通高速”目标。建恩北、鹤峰东、宣咸、利咸4条高速公路全面开工建设。完成国省干线公路新改建1200公里，巴野公路、鸦来公路、鹤峰南渡江大桥、巴东清江水布垭大桥等一大批重点工程相继建成。截至2022年底，全州在册公路通车总里程达30647公里，公路密度达128公里/百平方公里。“千公里”绿色生态旅游公路全面建成，4A级以上景区可进入性显著增强。恩施机场相继开通“北上广”一线城市航班，直飞柬埔寨、越南、泰国，以及中国澳门4条国际（地区）航线，通达北京、上海、广州、武汉等25个城市，年旅客吞吐量突破140万人次。建成恩施客运中心站、利川中心客运站等一批客运枢纽，郑万高铁巴东客运站、黔张常铁路咸丰客运站等项目积极推进，“一主三副多点”[①]的客运枢纽布局不断优化。清江水布垭至恩施段航道工程、长江三峡库区支流沿渡河小溪河航道工程交工验收，巴东港新改建项目和恩施港水布垭、景阳旅游码头竣工运营，新增溇水鹤峰港、酉水来凤港、唐崖河咸丰港3个省级一般港口，清江水上旅游呈现跨越式发展。2012年以来，新改建农村公路26752公里，全州所有行政村、撤并村、聚居人口20户以上自然村通硬化路，农村交通条件发生翻天覆地的变化。2015年，恩施州实现2360个行政村“村村通硬化路”“村村通客车”。

城乡面貌日新月异。党的十八大以来，恩施州城镇化发展迅速。2022年末，恩施州城镇化率达48.38%，较2012年提升13.83%。城区常住人口突破50万，迈入中等城市行

①“一主三副多点”：以恩施综合运输枢纽为中心，利川、巴东、来凤运输枢纽为副中心，建始、宣恩、咸丰和鹤峰运输枢纽为支点，乡镇综合运输服务站为节点的综合运输枢纽布局，实现100%的县城建有二级及以上的客运站。

列。州城规划区面积达到308平方公里，中心城区面积达到120平方公里，城市空间不断拓展。金桂大道、金龙大道、五峰山隧道、高旗大道、金山大道等32条城市主次干道先后建成通车，七里坪公园等24个城市游园建成开园。7个县城骨架进一步拓展，功能进一步完善，宣恩县城创建成为4A级景区，野三关、苏马荡等一批特色小镇竞相发展。农村水电路网房等基础设施实现跨越式提升。

恩施市白奉线太阳河“十道拐”（于德海　摄）

（三）发展大旅游，建设国际知名旅游目的地

恩施州紧紧围绕建设全国知名生态文化旅游目的地目标，把旅游业作为州域经济发展的引擎和抓手，创新“旅游＋”融合发展模式，旅游业已成长为恩施州最有潜力、最有活力、最有竞争力的优势产业。

旅游业强势崛起，实现由后发地区向第一方阵的跨越。依托好山好水好空气好气候，大力发展观光旅游和避暑康养产业，将生态优势转化为旅游供给。全州旅游接待人次由2012年的2198.58万人次增长到2022年的6837.48万人次，旅游综合收入由119.55亿元增长到438.58亿元。2016年，恩施州成为全国首批、全省唯一整州创建国家全域旅游示范区单位。2016—2018年游客满意度蝉联全省第一。应对新冠肺炎疫情冲击，2022年旅游接待人次恢复至2019年的96.1％，稳住了旅游业发展基本盘。恩施市、利川市成功创建为中国优秀旅游城市，恩施市入选“2022年全国县域旅游综合实力百强县”，巴东县、咸丰县、建始县、来凤县创建为湖北旅游强县。

旅游要素快速配套，实现由旅游客源地向旅游目的地的跨越。旅游要素建设从零起步，快速配套，目的地建设成效明显。全州现有2个国家全域旅游示范区，总量与宜昌市并列第一；3家5A级景区，与武汉市并列全省第二，21家4A级景区，位居全省第三，5家省级旅游度假区，位居全省第一；7个湖北旅游名镇、11个湖北旅游名村、1个湖北旅游名街，总量位居全省第三；有1个国家夜间文旅消费集聚区、2个省级旅游休闲街区，分别位居全省第三。“湘鄂边苏区”“土家风情·美丽恩施”精品线路入选“建党百年红色旅游百条精品线路”，“山水胜景　亲近自然”“寻访红色足迹，坚守初心使命”“冰雪秘境　恩施做‘冬’”3条线路入选全国乡村旅游精品线路。旅行社达到240余家，其中4A级旅行社4家，3A级旅行社达到17家。恩施瑞享酒店成功创建5星级旅游饭店，四星级宾馆达到12家。恩施玉露、利川红“一红一绿”成为国饮，来凤田二姐油茶汤、利川钱汤圆被评为中国金牌旅游小吃，先后有土家手工织锦、西兰卡普等20多个旅游商品在全国、全省获奖。形成了以“夷水丽川”“新龙船调”“黄四姐”等为代表的一批文化旅游精品。

旅游品牌不断打响，实现由藏在深闺向名扬全国的跨越。启动世界级旅游目的地建设方案和旅游品牌三年营销推广战略策划工作。“恩施好山水　硒引天下客”旅游形象广告全年在中央电视台播出。恩施旅游形象宣传片亮相美国纽约时代广场，《绿色恩施欢迎你》宣传片在香港街头播出。外交部湖北全球推介活动和湖北在新加坡和我国台湾地区的形象广告宣传充满了恩施元素。连年举办长江三峡纤夫文化旅游节、恩施州“凉交会”、湖北省广场舞大赛、利川龙船调文化艺术节、来凤摆手舞艺术节、建始黄四姐文化艺术节以及茶文化节、土豆节等节会赛事，中国山马、中国汽车越野拉力赛、杭州职工疗休养基地永久落户恩施，旅游营销综合效益持续释放。恩施旅游客源市场已由武汉和重庆两个主要客源地拓展到武汉、重庆、广东、四川、河南、湖南、浙江等多个客源地，恩施旅游在外的影响力、美誉度进一步提升。

（四）打造大产业，构建绿色现代产业体系

近年来，恩施州依托现有产业基础和交通区位条件，放大“土、硒、茶、凉、绿”等特色优势，加快构建以生态旅游康养、富硒产业、清洁能源、生物医药、绿色新兴产业为主体的绿色产业体系。

做深“土”文化。对特色文化资源进行深入发掘，依托土司文化、红色文化、民俗文化、地质文化、农耕文化等丰富资源，建成以展示地质文化和生态观光为主的恩施大峡谷、巴东神农溪、利川腾龙洞等精品景区，建成以旅游观光和文化体验为主的恩施土司城、土家女儿城、利川大水井、宣恩彭家寨、鄂边苏区鹤峰革命烈士陵园等文化类景区。依托唐崖土司城世界文化遗产，引进鄂旅投公司整体开发、系统提升，将历史文化遗产以高A级景区形式推向世界。建成彭家寨土家泛博物馆，成功探索出中华优秀传统文化保护传承“基地+研习+节庆+赛事+旅游+创业”的恩施路径。加大传统村落、少数民族特色村寨保护力度。截至2022年底，恩施州有4个村入选“中国历史文化名镇名村”，49个村落入选“中国少数民族特色村寨”名录，92个村落入选“中国传统村落”名录，“中国少数民族特色村寨”和“中国传统村落”数量居湖北省市州之首。

擦亮"硒"品牌。恩施州是全国最大天然富硒区，拥有世界唯一探明的独立硒矿床，被称为"世界硒都"。近年来，恩施州多措并举持续推动硒资源保护、研究、利用。推进硒资源立法。2018年1月8日，《恩施土家族苗族自治州硒资源保护与利用条例》由恩施州第八届人民代表大会第二次会议正式通过，自2018年8月1日起施行。该条例是我国首部规范微量元素硒资源的保护、利用和监督的综合性法规。开展硒资源研究。整合州内科研机构、企业和社会力量，大力开展硒应用技术研究，拥有全国唯一的硒基础研究省级实验室，建成了全国唯一的国家富硒产品质量检验检测中心和硒资源国际交易中心，设立了全国第一家省级富硒产业技术研究院和湖北硒与人体健康研究院，拥有全国最多的硒科研人才，取得涉硒科技成果100余项，获得国家专利授权97件。通过在硒科研领域的不断探索和积极创新，为恩施州硒产业高质量发展提供了有力支撑。制定硒行业标准。全州共参与验证和制定了国家涉硒标准2项，参与制定涉硒行业标准4项、涉硒省级地方标准5项、发布州级涉硒地方标准55项，形成了较为完备的硒标准体系。建有硒红茶、硒稻谷、硒乌龙茶、硒大蒜、硒藤茶5个涉硒农业标准化种植示范区。成功举办"硒博会"。积极举办硒博会，扩大交流与影响。2014年1月10日首届中国恩施·世界硒都硒产品博览交易会在州文化中心开幕，至2022年已成功举办了7届"硒博会"，为加快恩施州硒产业快速、健康发展提供了很好的平台。大力发展硒产业。经过多年的发展，恩施州硒产业取得了突破性发展，已成为州域产业发展的重要引擎。2022年硒产业综合产值突破820亿元，位列全国硒产业发展地市(州)第一。恩施州富硒茶叶集群、恩施州富硒绿色食品产业集群入选2022年全省重点成长型产业集群。硒加工企业突破700家，规上企业达147家。全州注册涉硒企业商标299件，"恩施硒茶"被国际茶叶委员会授予"世界富硒养生茶"称号，咸丰县荣获"中国富硒白茶县"称号。

延伸"茶"链条。恩施州是"万里茶道"的源头之一，是我国著名的贡茶产区和"宜红茶"的核心产地，种茶制茶历史悠久。经过坚持不懈地发展，茶产业已成为恩施州特色优势产业。截至2022年底，全州茶园面积突破180万亩，茶叶基地规模稳居全国地市级第四位、湖北首位，六县市(恩施、利川、巴东、宣恩、咸丰、鹤峰)获"全国重点产茶县"。2022年，全州茶叶综合产值突破220亿元，带动茶叶从业人员80多万人，茶农人均年收入超7000元。州委、州政府高度重视茶叶产业发展，制定出台了《关于推进全州茶叶产业化建设的意见》《关于加快茶业强州建设的意见》等一系列指导性文件，形成了茶产业发展的全方位政策支撑体系，茶叶产业链工作推进成效初显。一是茶叶品质逐渐提升。全州创建国家级绿色食品、有机食品(茶叶)原料标准化生产基地72.27万亩，"三品一标"认定总面积88万亩。两个县成为国家级出口茶叶质量安全示范区，3个县(市)成为省级茶叶出口基地县。湖北嘉润茶业有限公司打造的"生耕甘露"茶园成为全国唯一一家获得世界有机农业最高标准德米特转换期认证的有机茶园。二是品牌影响力不断增强。推进茶叶区域品牌整合，形成以“恩施硒茶”州域公用品牌为“母品牌”，以恩施玉露、利川红、鹤峰茶、伍家台贡茶等为“子品牌”的品牌体系，其中恩施玉露、利川红为恩施硒茶的核心代表。“恩施硒茶”成功注册国家地理标志证明商标，“伍家台贡茶”“恩施玉露”先后获得“中国驰名商标”。全州共有11件茶叶商标获评国家地理标志注册商标和地理标志产品认证。恩施玉露、利川红成为国事活动用茶。成功承办国际茶业大会。2022年，恩施州茶叶公共品牌总价值超70亿元，恩施玉露品牌发展力值跃居全国第一。三是企业发展稳步推进。全州成功申报鄂西南武陵山茶产业集群，组建恩施玉露集团和利川红集团。全州注册茶企2234家，规模以上茶企76家，通过ISO质量体系认证企业38家，获得直接出口经营权企业17家。

宣恩县万寨乡伍家台茶叶基地（杨昌盛　摄）

彰显“凉”特色。恩施州平均海拔1000米左右，森林覆盖率达70.1%，夏天平均气温22摄氏度，是避暑康养的绝佳胜地。近年来，恩施州充分利用“凉”资源，大力发展避暑旅游产业，“恩施凉”成为全国游客眼中的香饽饽。2022年，恩施州全域避暑度假人群超过100万，避暑旅游热度全省第一，成为中国十大热点避暑旅游城市之一。科学谋划避暑康养产业。聘请世界旅游组织专家编制《恩施州创建世界级旅游目的地策划方案和实施计划》，将避暑旅游作为重要策划内容。将避暑旅游纳入省委印发的《恩施州流域综合治理和统筹发展规划》、省发改委编制的《恩施州大产业发展规划》，坚持全域谋划和推进。出台《关于规范避暑康养项目建设的通知》《恩施州避暑康养产业发展规划》，推进避暑旅游资源开发州级统筹、县市为主、科学开发、高效利用，做到有章可循、有规可依。统筹推动避暑康养产业。推动避暑康养＋文旅、避暑康养＋硒、避暑康养＋农林、避暑康养＋体育、避暑康养＋医药、避暑康养＋旅居六大产业链建设，打造国家避暑公园和世界康养旅居之都。目前已建成利川苏马荡、建始小西湖旅游度假区、建始花硒谷旅游度假区、巴东野三关绿葱坡旅游度假区、咸丰坪坝营旅游度假区5家省级旅游度假区，总量居全省第一。

放大“绿”优势。探索绿色低碳发展路径，培育壮大绿色产业体系。现代农业初具规模，全州特色产业基地达到700万亩，经农业农村部认证“绿色有机地理标志农产品”638个，位居全省第一。国家级、省级绿色食品和有机农产品基地19个、93333.33公顷，位居全省第一。加快构建水电、风电、页岩气、光电、生物质能多元发展的清洁能源产业格局。截至目前，恩施州清洁能源总装机突破470万千瓦，逐步迈入规模化、高质量发展阶段。2022年，恩施州总发电量为77.65亿千瓦时，用电量67.99亿千瓦时，清洁能源使用占比100%。利川齐岳山风电场成为湖北省最大的风电场，全国十大风场之一。页岩气勘探开发取得突破，实现规模化开采，产气量突破6000万方。硒食品精深加工、生物医药、电子信息等新型工业快速发展，2022年分别实现产值80.0亿元、18.5亿元、28.7亿元。

利川市齐岳山风电站（利川市档案馆　供图，俞学武　摄）

二、聚焦深化改革开放，进一步增强发展活力

发展出题目，改革做文章。党的十八大以来，恩施州以改革作楫、开放为帆，始终坚持发展第一要务，以供给侧结构性改革为主线，直面改革重点难点，不断推出新政策、新举措，破解了一批制约高质量发展的难题，塑造一流营商环境，为经济社会发展注入源源不断的动力活力。

（一）供给侧改革有力推进

出台《恩施州深化供给侧结构性“1+8”实施方案》，立足“稳”去产能，优化“调”去库存，突出“活”去杠杆，围绕“减”降成本，大力推进新增工业用地“标准地”出让、“拿地即开工”五证同发、不动产宗地分割登记等要素市场化改革。编制《恩施州大产业发展规划(2022—2035)》，成为全省首个以省发改委名义发布的地市级产业规划，重点打造生态旅游康养、富硒产业、清洁能源、生物医药、绿色新兴产业五大产业集群，加快构建具有恩施特色的现代产业体系。严格落实“链长制”，建立“四个一”推进机制①，加快“茶、烟、菜、药、果、畜、粮、蜂”八大主导产业全产业链建设。成功创建省级现代农业产业园11个、省级农业产业化示范园区2个，国家级、省级农业产业化龙头企业总数分别达到3家、67家。实施品牌建设行动，现有中国驰名商标5件，“恩施玉露”“恩施土豆”被纳入国家农业品牌精品培育计划，“利川红”荣膺巴拿马万国博览会特等金奖。

(二)创新驱动引领发展

出台加强科技创新推动高质量发展15条措施，大力推进恩施高新区创建国家高新区，2021年2月被纳入科技部以升促建名单。实施高新技术企业和科技型中小企业培育“攻坚行动”，截至2022年底，全州高新技术企业达到328家，科技型中小企业578家，德源科技等6家企业被认定为国家级专精特新“小巨人”企业。加大创新平台建设，国家富硒产品质检中心落户恩施，建成全国首家涉硒基础研究省级重点实验室(硒资源研究与生物应用湖北省重点实验室)，建成29家专家工作站、3家国家级众创空间、13家省级“星创天地”。深入实施“上云、用数、赋智”行动，积极培育新业态新模式，“上云”工业企业达到600家，电商从业主体超过8000家，电商交易额突破100亿元。

(三)营商环境全面优化

持续推进简政放权、放管结合、优化服务改革，加快推进政府职能转变，着力破除体制机制障碍，持续打造一流营商环境。深化“放管服”改革。制定出台《恩施州法治化营商环境建设指标体系》。全力推进“减证便民”，扎实开展“清、减、降、放”，实现400个事项“一网通办”，254个事项“掌上办”，340个事项“宜荆荆恩”跨域通办。积极开展优化营商环境先行区建设。全州43项改革入选全省优化营商环境改革先行区名单，其中5项改革典型经验在全省复制推广。跨省通办、一证多址改革全省首创，“及时预警、超时默认、自动用印”改革荣获第三届湖北改革奖。2020、2021年连续两年荣获“全省营商环境标杆城市”称号，鹤峰打造涉企保证金无证明县市入选2022年度中国年度改革案例。完善各项惠企政策。制定《支持实体经济发展有关奖励政策》《支持经济社会发展有关激励措施》，全力支持民营经济发展。完善惠企政策直达机制，建成“恩施州惠民利企政策一点通平台”，实现惠企政策精准直达、免申即享，在全省率先实现全流程电子化政府采购项

①“四个一”推进机制：一名州领导领衔、一个牵头单位负责、一个专家团队支撑、一个工作专班配套。

目全覆盖,全州市场主体总量达41.8万户,市场主体活跃度居全省前列。招商引资成绩斐然。先后制定出台《恩施州招商引资管理办法》《关于推进招商引资工作实现突破性发展的意见》《恩施州高新技术产业园区招商引资八项政策清单》等文件,根据不同阶段工作重点,切实强化主动招商、科学招商、精准招商。2018年,制定了《优化州高新区产业项目审批服务四条措施》,将审批环节由原19个简化为4个,项目审批用时从138个工作日缩减到25个工作日,进一步增强了招商引资的竞争力和可操作性。实施招商引资"一号工程",成功引进立讯精密、传化集团、达翔电子、国药集团等一批行业领军企业落户恩施。

(四)对外开放水平显著提升

坚定不移推进高水平对外开放,积极融入和服务构建新发展格局,主动对接长江经济带、长江中游城市群和武汉城市圈、成渝地区双城经济圈,全面融入"宜荆荆恩"城市群。2021年,恩施州与宜昌、荆州、荆门签署"宜荆荆恩"政务服务一体化合作协议,首批171项事项实现跨域通办。成立"宜荆荆恩"城市群创新联盟,启动"宜荆荆恩科创走廊"等规划编制。宜昌与恩施共建鄂西南武陵山茶产业集群,并入选全国优势特色产业集群。加强省际毗邻地区一体化发展,与湖南湘西加快武陵山龙山—来凤经济协作示范区建设,深化"十个一体化"①共建,新一轮武陵山龙凤经济协作示范区中长期发展规划纳入省级战略。出台《恩施州大交通实施方案(2021—2025年)》《关于加快恩施州对外开放通道发展的行动方案》,强力推进大通道建设,构建承东启西、内畅外联、人享其行、物优其流的现代综合交通运输体系。打造对外开放大平台,恩施海关建成通关,恩施航空口岸正式开放,成为湖北省第二个国际支线机场。实施外贸骨干企业龙头工程、成长企业壮大工程、出口企业实绩工程,建成5个省级外贸转型升级基地,出口市场达110个国家或地区,恩施正阔步走向对外开放前沿。

(五)激发农村发展活力

持续深化农村承包地"三权分置"改革,出台《关于完善农村土地所有权承包权经营权分置办法的实施意见》,全面完成确权登记颁证工作,被中央农办、农业农村部表彰为全国农村承包地确权登记颁证工作典型地区。稳步推进农村集体产权制度改革,全州所有行政村完成登记赋码颁证,在全省率先实现债务村"清零",40个村被评为全省集体经济发展进步村。推进恩施市集体林业综合改革试验示范区建设,探索实施林地所有权、承包权、经营权"三权分置"改革,恩施市经验成为国家第一批集体林业综合改革试验典

---

①"十个一体化":在城市规划布局、项目建设整合、支柱产业培育、基础设施建设、文化旅游开发、融资扩大方式、生态资源保护、政策制度创新、民族团结进步、民计民生改善上实现一体化。

型案例。深入推进农村宅基地制度改革试点，恩施市、建始县入选全国农村宅基地改革与管理优秀典型案例。深入开展农村金融改革，积极探索农村土地经营权抵押贷款，相关经验全省复制推广。积极搭建“三农”金融方舱，创新“硒茶贷”等信贷产品，金融服务乡村振兴“整村授信”全省复制推广。

三、全面深化依法治州实践，推动民主法治建设迈上新台阶

坚持总揽全局、协调各方，推进新时代人大和政协工作高质量发展，统一战线巩固壮大，社会各界力量广泛凝聚，全州上下风清气正、政通人和。

（一）全过程人民民主加快发展

人大监督有力有效。党的十八大以来，恩施州人大常委会坚持以习近平新时代中国特色社会主义思想为指导，坚持正确监督、有效监督、依法监督，深入践行全过程人民民主。2002年以来，共筹备召开人民代表大会会议12次，常委会会议68次、主任会议104次，听取和审议“一府一委两院”工作报告152项，作出决定、决议183项、审议意见105项，办理代表议案建议1091件，见面率、办结率均为100%，代表满意率达99%以上。任免国家机关工作人员634人次，在全省率先实行宪法宣誓制度。制定并颁布施行单行条例5部、地方性法规5部，修订8部，废止4部，现行有效法规22部。在全国市州一级率先制定州行政执法条例，规范权力运行和执法行为，优化法治化营商环境。制定州重点项目领域职务犯罪工作条例，厘清各职能部门职责，属全国首创，突出了民族地区谋发展与反腐败并重而行。制定《恩施土家族苗族自治州山体保护条例》，这是全国首部专门规范山地城市规划区内山体保护工作的单行条例。制定《酉水河保护条例》，这是全国市州级首部规范地方综合性行政执法工作的条例。

政治协商有声有色。党的十八大以来，恩施州政协积极为全州经济社会发展当好参谋、出好点子，深入调研协商，精准议政建言，助推“两山”实践创新示范区建设。十年来，州政协围绕党委、政府中心工作，共开展大型调研视察77次，召开议政性常委会议和专题协商会议110余次，向州委、州政府提交建议案39件、参阅件29件、大会发言材料356件，提案立案1572件，反映社情民意信息390件。积极探索政协协商与基层协商有效衔接。2020年，把“协商在一线”重要改革引向深入，打造具有恩施特色的“院坝协商”品牌，畅通委员与群众交流的渠道。州县两级政协聚焦党政中心大事、改革发展要事、社会治理难事、民生改善实事，开展“院坝协商”130余场，群众关心的易地搬迁后续管理、农村生活污水治理、老旧小区电梯安装、社区“一老一幼”设施建设等600多个议题，得到了广泛探讨、及时回应和有力解决。“院坝协商”做法和经验被《人民日报》《人民政协报》《湖北日报》等媒体报道。

（二）社会各界力量广泛凝聚

统一战线工作成绩喜人。不断巩固新时代统一战线团结奋斗的思想政治基础，实现统战各领域同心政治教育全覆盖。持续深化多党合作事业，新型政党制度效能更加突显。2012年以来，各党派及党员（盟员、会员）共计向省、州、市（县）各级提交人大建议、政协提案和社情民意等1200余篇。港澳台海外统战工作和侨务工作不断延伸。2012年以来，先后成立台湾恩施同乡会、香港恩施联谊会、恩施州海外联谊会、台胞台属联谊会等涉港澳台侨社团组织，有效延伸和健全了统战工作“手臂”。积极开展港澳台侨交流。鄂台少数民族相约女儿会活动成为恩施州对台交流工作的一张名片，该活动是经国台办批准的对台交流重点项目之一，自2012年8月以来，已经连续举办6届，先后有来自台湾地区的300余名少数民族台胞赴恩施州参访交流，增进了两岸少数民族之间的交往交流交融。

民族工作有为有位。恩施土家族苗族自治州成立于1983年8月19日，是全国最年轻、湖北省唯一的少数民族自治州。党的十八大以来，恩施州深入贯彻习近平总书记关于加强和改进民族工作的重要思想，把民族团结进步事业作为战略性、基础性、长远性工作，编制《恩施州铸牢中华民族共同体意识规划》，出台《全面加强民族团结进步示范区建设　铸牢中华民族共同体意识的通知》等文件，有力推动全国民族团结进步示范州创建工作。2016年、2022年恩施州两次被命名为全国民族团结进步示范州，八县（市）全部被命名为全国民族团结进步示范县（市），在全国30个自治州中率先实现全域创建，全州民族团结进步事业成果丰硕。截至2022年，共培育国家级示范单位17家、省级示范单位148家，共有34家集体、48名个人被国务院表彰为全国民族团结进步模范。大力传承弘扬民族精神。整合民族文化资源，启动建设巴东体验馆、来凤教育馆等一批中华民族共同体体验基地。推进全州民族文化传承基地建设，将恩施土家女儿城民族文化传承基地等24个项目列入全州首批民族文化传承基地建设范围。

（三）依法治州全面推进

法治体系更加完善。党的十八大以来，坚持和加强党对全面依法治州的统一领导、统一部署和统筹协调，从州委到乡镇（街道）各级党委普遍建立了法治建设的议事决策协调机构。2019年，恩施州委全面依法治州委员会正式成立，设立立法、执法、司法、守法普法4个协调小组，形成州委全面依法治州委员会牵头抓总、四个协调小组积极推动、依法治州办统筹协调、各级各部门齐头并进的组织领导体系。强化法治恩施规划体系建设，州委依法治州办先后推动印发《法治恩施建设规划（2020—2025年）》《恩施州法治政府建设实施方案（2021—2025年）》《关于开展法治宣传教育的第八个五年规划》《关于加强法治社会建设的二十条措施》《恩施州关于加强法治乡村建设的实施方案》，这是恩施州历史上首次系统性整体谋划编制法治恩施、法治政府、法治宣传、法治社会、法治乡村建设规划体系。“1+4”规划体系确立了“十四五”时期推进全面依法治州的总蓝图、路线图、施工图,全面推进依法治州取得新进展。

法治政府建设不断深入。党的十八大以来,恩施州法治政府建设迈上新台阶。一是完善行政决策制度体系。推动州、县两级人民政府制定出台了重大行政决策程序规定,把公众参与、专家论证、风险评估、合法性审查、集体讨论决定确定为重大行政决策法定程序,推进公职律师、法律顾问参与重大行政决策审查评估,印发《关于进一步加强法治政府建设的八条措施》,提高了政府依法、民主、科学决策水平。二是全面深化行政执法体制改革。推进“双随机、一公开”跨领域跨部门联合执法,推进“进一次门、查多项事、一次到位”的综合查一次联动执法。推行行政执法公示、执法全过程记录、重大执法决定法制审核三项制度,推进行政执法规范化、透明化。三是推进“律师进村、法律便民”,形成“恩施经验”。在全国率先开展普遍建立法律顾问制度工作,探索“律师进村、法律便民”基层治理实践。在全州普遍开展“律师进村、进接访大厅、进疑难复杂信访案件”的“律师三进”活动。2012年以来,建立110个法律顾问团、2031个法律诊所,实现“一村一律师”全覆盖,落实点单式服务,累计600多名律师参与“律师三进”活动,开展法治宣讲10000余场次,审查合同400余份、解答法律咨询7.2万余人次,培训法律明白人12万人次,办理法律援助案件1800余件、法律援助事项2.1万余件。四是在全国率先建立农民工工资支付法治保障机制,从源头上有效破解农民工欠薪难题,被中央依法治国办命名为“第二批全国法治政府建设示范项目”。

法治社会一体推进。党的十八大以来,恩施州社会治理法治化水平持续提升。一是构建多元化社会纠纷解决机制。着力构建大调解工作格局,打造覆盖全要素、多元化的矛盾纠纷化解新模式。全州共建立各级各类人民调解组织2203个,推选人民调解员11312余名,2012年以来,全州各级各类调解组织累计化解各类社会矛盾纠纷157494件。二是完善公共法律服务体系。印发《关于推进公共法律服务体系建设的意见》,全面推进实体、网络、热线“三大平台”公共法律服务规范化建设,建成8个县(市)公共法律服务中心、90个乡镇(街道)公共法律服务站、2031个村(社区)公共法律服务服务室。2012年以来,全州累计办理法律援助案件4.07万余件、服务群众5.1万余人次。

扫黑除恶重拳出击。2018年扫黑除恶专项斗争开展以来,全州共摧毁黑社会性质组织14个、涉恶犯罪集团10个、恶势力团伙148个,查处“黑财”5亿余元,立案查处涉黑涉恶腐败和“保护伞”580余人、处理700余人,成功侦办了全国扫黑办挂牌督办涉黑案以及中央扫黑除恶督导组、中纪委、公安部交办的多起重大案件,有力维护了社会平安稳定。恩施州荣获全省扫黑除恶专项斗争先进单位一等奖,扫黑除恶评价连续3年位居全省前列,全州2个单位和1名个人被表彰为全国扫黑除恶专项斗争先进集体、先进工作者。

四、坚决打赢脱贫攻坚战，全面建成小康社会

2015年脱贫攻坚战打响以后，恩施州组建2438个尖刀班，派驻2万余名驻村工作队员，动员5万余名干部职工结对帮扶，统筹各类资金769亿元，举全州之力决战贫困。2020年，恩施州110万贫困人口全部脱贫，729个贫困村全部出列，8个国定贫困县市全部摘帽，彻底消除了绝对贫困和区域性整体贫困。连续5年位居全省扶贫开发工作成效考核第一方阵，连续3年在国家东西部扶贫协作考核中获“综合评价好”等次，旅游扶贫模式两度入选世界旅游联盟减贫案例。

（一）强化精准施策，确保“两不愁三保障”目标如期完成

2020年，全州贫困群众“两不愁三保障”突出问题全部解决。义务教育有保障。全州义务教育阶段入学率100%、初中三年巩固率100%。2015年以来，累计发放各类教育资助资金21.76亿元，惠及贫困学生209.85万人次。累计投入全面改薄资金25.71亿元，全面改善了义务教育薄弱学校基本办学条件。基本医疗有保障。实行农村低保、孤儿、特困供养、重度残疾人、重型精神病患者、优抚对象和计生特困家庭夫妻及其伤残子女缴纳基本医疗保险费用财政全额补贴，其他贫困人口补贴50%的补贴政策。2015年以来，累计资助参保金额25429万元，贫困人口基本医疗保险参保率达到100%。建立农村贫困人口基本医保、大病保险、医疗救助、补充医疗保险（政府兜底）“四位一体”医疗保障机制，全面落实贫困人口州域内住院“先诊疗后付费”及“一站式服务、一票制结算”制度，聚力开展慢性病签约服务，实现贫困对象医疗有保障。住房安全有保障。扎实推进易地扶贫搬迁，2015年以来，72805户、242843人搬进新居，累计建成集中安置点1425个，累计实施建档立卡贫困户、低保户、农村分散供养特困人员和贫困残疾人家庭危房改造13.38万户，基本实现农村“人不住危房、危房不住人”。解决饮水安全。2015年以来，全州新建集中供水工程4490处，分散供水工程8407处，解决了147.4万农村人口的饮水安全问题。

（二）补齐短板弱项，全面提升贫困地区的可持续发展能力

分类施策，扎实推进精准扶贫工作。推进产业扶贫。将产业扶贫作为增收脱贫的根本之策，持续开展消除产业“空白村”“空白户”行动，确保一村1个主导产业，有劳动能力的贫困户每户1个长远增收项目、2个短期增收项目。不断培育壮大市场主体，充分发挥带贫作用，探索形成“121+X”（一村1个主导产业，建立2个合作组织，对接1个龙头企业，带动若干个贫困户）产业扶贫模式，特色产业带贫率达到94.6%，各类新型农业经营主体带贫率达到75%。产业扶贫经验先后5次在全国产业扶贫现场会、农业产业扶贫论

坛上交流发言。恩施硒茶品牌扶贫范例入选全国产业扶贫十大机制创新典型。做实就业扶贫。出台一系列政策，通过外出务工外送一批、就近就业内留一批、技能提升扶强一批，全力推进稳岗就业。借助东西部扶贫协作等政策机遇，累计举办贫困劳动力专场招聘会423场，组织2.5万家次企业提供69.1万个岗位，达成就业意向7.45万人次，其中贫困人口近2万人次。通过“扶贫车间”和护林员、保洁员、光伏电站管理员等公益性岗位，促进有劳动能力的贫困人口就地就近就业创业，通过设置公益性岗位带动贫困群众30410人就业。深入实施“三乡工程”“草根创业计划”“巾帼创业扶持项目”，组织贫困劳动力参加创业就业培训，累计开展精准扶贫就业创业培训48万人次，发放补贴1.56亿元。累计发放创业担保贷款11.68亿元，带动就业6.79万人，全州城乡劳动力就业率达95.95%。开展消费扶贫。组建消费扶贫工作专班，建成了全国唯一一个地市级消费扶贫专区。2020年全州农副产品销售总额达到155.3亿元，比2019年增加10%以上，带动脱贫40余万人。通过扶贫“832”平台、东西部扶贫协作、省内外支援、网络直播带货、其他电商平台、食堂采购和扶贫村采购等方式销售恩施农副产品37.4亿元，其中“832平台”11.75亿元，约占全国832个贫困县销售总额的14.2%、全省28个贫困县销售总额的67.15%，居全省、全国第一。

（三）深化社会扶贫，形成众志成城、团结奋战的攻坚态势

坚持“政府引导、多元主体、群众参与、精准扶贫”原则，推进社会扶贫机制创新，动员社会各方面力量参与扶贫开发。推进东西部扶贫协作。2016年底，中央将恩施州纳入国家东西部扶贫协作范围，明确由杭州市结对帮扶。浙江湖北两省、杭州恩施两地加强组织领导，抓好工作落实，党政频繁互访，各界良性互动，取得显著成效。2018年和2019年，杭州市、恩施州连续两年在国家扶贫成效考核中获“综合评价好”的等次，共同进入全国第一方阵。“杭恩携手扶贫新模式”入选联合国减贫高级别会议案例。2017年以来，杭州市累计帮扶财政资金10.94亿元，组织社会帮扶资金1.9552亿元，实施项目872个，帮助恩施州3.4万贫困人口实现稳定就业。主动对接中央单位定点扶贫。2016年以来，农业农村部、国家电网公司、中国铁塔股份有限公司、中国国新控股有限公司、武汉大学、华中农业大学6家中央单位，累计帮扶资金12.5亿元，组织社会帮扶资金7000万元，实施项目513个，惠及贫困人口33.34万人。认真落实省委“616”工程和省内部分市对口支援工作。省委持续实施“616”工程，恩施州主动对接、以干求助，67家省直部门、省内高校及科研单位、省内重点企业、省级示范高中、省级三甲医院倾情帮扶、倾力支持，累计投入资金182.4亿元，帮扶项目近3000个。引导社会力量参与扶贫。推进“千企帮千村”行动，探索形成“政府引导、产业主导、合作社带动、龙头企业带动、能人大户带动”帮扶模式，1634家民营企业结对帮扶1135个村，729个贫困村实现全覆盖，共投入资金17.39亿元，带动脱贫25.58万人。

（四）严格落实“四个不摘”，推进巩固拓展脱贫攻坚成果同乡村振兴有效衔接

2021年以来，恩施州严格落实“四个不摘”要求，推进巩固拓展脱贫攻坚成果同乡村振兴有效衔接，保障脱贫攻坚政策的接续性稳定性。组建由州委书记任政委、州长任指挥长的实施乡村振兴战略指挥部，按照“大稳定、小调整”的原则，将脱贫攻坚驻村“尖刀班”优化调整为乡村振兴驻村“尖刀班”，实现有帮扶任务的村（社区）驻村帮扶全覆盖，持续推动巩固拓展脱贫攻坚成果同乡村振兴有效衔接各项工作落地落细。切实巩固脱贫攻坚成果。扎实开展防止返贫动态监测和帮扶。常态化跟踪了解脱贫群众的收入变化、“两不愁三保障”和饮水安全巩固情况，定期开展核查，及时发现、及时预警、及时干预，切实巩固脱贫攻坚成果。每季度全覆盖入户走访摸排，实现监测对象应纳尽纳，按照“一户一策一专班”要求，对1.5万户、4.6万人监测对象落实针对性帮扶措施。加强易迁后扶。安置区基础设施不断完善，公共服务水平大幅提升。宣恩县《奋力书写易地扶贫搬迁后半篇文章》入选国家乡村振兴局2022年全国巩固脱贫攻坚成果同乡村振兴有效衔接优秀案例。推进乡村振兴战略实施。一是深入实施乡村建设。坚持重点示范引领，“十四五”规划遴选269个乡村振兴重点村推进乡村建设。二是扎实推动乡村发展。实施农业全产业链建设行动，“茶烟菜药果畜粮蜂”八大主导产业全产业链总产值突破850亿元。三是切实加强乡村治理。坚持以党建为统领，加快构建自治、法治、德治融合的乡村治理体系。

五、推动文化强州，思想文化建设展现新风貌

党的十八大以来，恩施州深入贯彻落实习近平总书记关于文化建设有关重要论述精神，以社会主义核心价值观为引领，扎实推进文化事业和文化产业发展，文化综合实力和竞争力显著提升。

（一）培育社会主义核心价值观

深化社会主义核心价值观宣传教育。2015年，制定《恩施州培育和践行社会主义核心价值观行动方案》，推动社会主义核心价值观进机关、进社区、进农村、进企业、进学校。挖掘红色文化资源，深入开展爱国主义教育和理想信念教育。建成全国爱国主义教育示范基地1个、全省爱国主义教育基地7个、全省国防教育基地4个、全州爱国主义教育基地10个。全州各级媒体紧紧围绕中央、省委及州委决策部署，开展了一系列有声势、有力度、有厚度、有温度的全媒体宣传。2012年以来，2件作品获中国新闻奖，百余件作品获湖北新闻奖，做到了对内凝聚人心、统一思想，对外传播声音、树好形象。

扎实推进公民思想道德建设。加大典型选树宣传力度，用榜样力量引领时代价值。

推出张富清等一批先进模范人物，习近平总书记对张富清先进事迹作出重要指示批示。全州累计当选全国道德模范1人、时代楷模1人、感动中国年度人物1人、湖北省道德模范8人、“中国好人”43组44人、“湖北好人”54组58人，荆楚楷模55人。连续举办三届“感动恩施”年度人物评选活动，累计发布“感动恩施”年度人物30人(组)、“感动恩施”年度人物提名人物30人(组)。积极推进文明培育品牌建设，根据县域特色，形成了“硒都榜样”“大美利川”“建始好人”“最美巴东”“出彩宣恩”“咸丰最美”“最美鹤峰”等文明培育品牌，巴东好人馆、鹤峰好人馆建成开馆。

广泛开展精神文明创建活动。坚持在守正创新中提升精神文明创建工作实效，精神文明创建保持勃勃生机。创建全国文明城市提名城市1个，全国文明乡镇4个、全国文明村18个，全国文明单位11个，全国文明校园1个。创建省级文明城市4个、省级文明乡镇19个、省级文明村71个、省级文明单位189个、省级文明校园5个。建成县级新时代文明实践中心8个、实践所93个、实践站2031个，覆盖率100%。鹤峰县被确定为全国第二批新时代文明实践中心建设试点县。

(二)提升公共文化服务水平

推进文化惠民工程，公共文化服务能力显著提升。党的十八大以来，不断完善公共文化服务政策体系，健全公共文化服务设施，提升公共文化服务能力。加快“四馆三场两中心”[①]建设，州文化中心、州博物馆、州工人文化宫等一批文化惠民工程相继建成。全州累计建成文化馆9个(文化馆分馆87个)、图书馆9个(图书馆分馆96个)、博物馆9个。建成乡镇综合文化服务中心90个，村(社区)综合性文化服务中心2229个，基层群众文体广场2625个，城市书房27个，基本实现了公共文化服务阵地全覆盖。持续实施农民体育健身工程、乡镇体育健身工程、新全民健身示范工程，建成公益性群众体育场馆13014个、综合性体育馆13座、游泳池(馆)33座、全民健身路径2503个，新建社会足球场地130个。

坚持以人民为中心，打造文艺精品力作。州委、州政府出台一系列政策支持文艺发展。坚持全州精神文明建设“五个一工程”奖评选制度，每两年评选一次，至今已连续举办14届，对获奖优秀作品给予精神和物质奖励。实施签约作家制度，目前已实施3届，扶持出版文学作品22部。2012年以来，涌现了一大批既叫好又叫座的优秀文艺作品，获得国家级奖项10余部/次，省级奖项127部/次。长篇报告文学《父亲原本是英雄》和长篇散文《那条叫清江的河》获得第十二届全国少数民族文学创作骏马奖；长篇小说《花开如海》入选2022年中宣部“奋进新征程 建功新时代”好书荐读活动书单；《清江》《来凤文艺》《女

①“四馆三场两中心”：“四馆”指图书馆、文化馆、博物馆、非遗展示馆，“三场”指剧场、排练场、文化广场，“两中心”指乡、村两级综合文化服务中心。

儿会》入围第八届湖北省文学奖优秀文学内刊奖。《哪门搞起》《镇船石》《哩嘞响》分获第十届中国艺术节暨第十六届“群星奖”音乐门类、曲艺门类和舞蹈门类“群星奖”；扶贫题材音乐剧《太阳照进山窝窝》荣获第四届湖北艺术节楚天文华奖，并入选国家民委2021年度全国少数民族地区艺术院团晋京展演项目；以张富清为原型的南剧《本色》2022年进京演出，亮相梅兰芳大剧院；《寻访满堂音》《黄四姐》《唐崖土司夫人》代表湖北省分别进京参加第五届、第六届全国少数民族文艺展演、会演，《唐崖土司夫人》获第六届全国少数民族文艺汇演剧目创新奖。2022年2月，恩施“土家汉子”组合表演的原生态情景表演《土地的歌》惊艳亮相2022年中央广播电视总台春节联欢晚会，这是恩施非遗节目首次登上中央电视台春节联欢晚会的舞台。

（三）加强文化遗产保护利用

文物事业突破发展。一是文物保护工作成效显著。2012年以来，实施文物保护工程130项。唐崖土司城址、大水井古建筑群、彭家寨古建筑群、仙佛寺石窟、五里坪革命旧址、建始直立人遗址等重点文物保护单位先后实施了本体修缮保护项目，保护状况彻底改善。二是申遗工作取得突破进展。2015年，唐崖土司城址成功申报为世界文化遗产，成为恩施州第一处、湖北省第三处世界文化遗产。鹤峰县古茶道南村段被纳入“万里茶道”中国世界文化遗产预备名单，并在2022年的“万里茶道”赤壁会议被评为22个优选遗产点之首。容美土司遗址位列国家文物局申报世界文化遗产预备名单。三是革命文物保护纳入国家战略。恩施州八县市被纳入湘鄂西、湘鄂川黔革命文物保护利用片区，宣恩县、来凤县、咸丰县被纳入长征国家文化公园建设保护规划，为革命文物保护项目申报打下良好基础。四是大遗址保护进入省级项目库。建始直立人遗址、鹤峰容美土司遗址、咸丰大寨坪遗址被纳入湖北省荆楚大遗址传承发展工程项目库。2022年，建始直立人遗址被省人民政府公布为第二批湖北省文化遗址公园，是全州首个省级文化遗址公园。

非遗传承进展有序。截至2022年底，恩施州入列人类非遗1项，有国家级项目16项。全州共建有非遗馆5个、非遗传承基地118个，非遗传习所66个，传统工艺振兴示范基地30个，传统工艺工作站50个。2022年，恩施玉露制作技艺被列入联合国教科文组织人类非物质文化遗产代表作名录，打破了恩施州入列人类非物质文化遗产项目名录为零的纪录。

（四）推动文化产业高质量发展

党的十八大以来，恩施州文化产业从无到有、从小到大，逐步发展壮大，文化产业总量稳步增长、文化市场主体大幅增加、文化各行业整体发展良好。积极推动文化产业发展，制定了一系列支持和激励政策措施。2019年12月，印发《州人民政府办公室关于印发恩施州促进文化产业高质量发展九条措施的通知》。2020年印发《恩施州关于推动文化旅游产业恢复振兴的措施》。这些措施的出台和实施，对推动全州文化产业高质量发展起到了积极有效作用。截至2022年底，全州文化及相关产业市场主体10000余户，其中企业类市场主体6000余户，个体工商户5000余户。全年规模以上文化产业企业106家，累计实现营业收入50.72亿元。建成女儿城、施南古城等文化产业园区。女儿城成功创建省级文化产业示范园区，入选全省首批非遗特色村镇街区。推进武陵山区土家族苗族文化生态保护实验区建设，推动民族文化创造性转化、创新性发展，开展系列非遗进景区活动300余场，打造非遗旅游线路10条。

六、增进民生福祉，不断满足人民对美好生活新期待

始终坚持以人民为中心的发展理念，全力保障和改善民生，民生支出占公共财政支出比重始终保持在80%以上，公共服务获得长足发展。2022年，全州城镇居民人均可支配收入达35927元，是2012年的2.4倍，年均增长9.1%。农村居民人均可支配收入达到14384元，是2012年的3.1倍，年均增长12.1%。收入增长带动消费升级，2022年全州社会消费品零售总额705.48亿元，是2012年的3.3倍，年均增长12.8%。

（一）就业局面稳定向好

党的十八大以来，始终将就业摆在突出位置，坚持就业优先战略和积极的就业政策，就业局面稳定向好。

就业局势总体稳定。城镇就业保持增长势头。2012年以来，全州城镇新增就业每年稳定在3.5万人以上，累计实现42.6万人新增就业；城镇失业人员再就业累计达9.3万人；就业困难人员再就业累计6万人，登记失业率控制在4%以内；高校毕业生总体就业率年均达到90%以上。农村劳动力转移就业保持稳定规模。全州农村劳动力154.3万人，转移就业保持在90万人左右的规模。

就业帮扶成效显著。建设覆盖州、县、乡、村四级零工驿站255个，累计服务灵活就业人员4万余人次。突出抓好大学生就业创业，出台《恩施州支持高校毕业生就业创业十条措施》，建设就业见习、实习实训基地252个。扶持"草根创业计划"项目117个，获得省级大学生创业扶持项目122个；大规模开展职业技能培训，累计完成政府补贴性技能培训60万人次以上，发放培训补贴超过3亿元。建成省级返乡创业示范县3个、示范园7个、示范项目40个；发放创业担保贷款48.2亿元，扶持创业3.2万人，带动就业7.7万人；创建省级创业孵化示范基地2个，州级创业孵化示范基地8个。

（二）教育事业全面发展

党的十八大以来，恩施州坚持教育优先发展战略，全面落实立德树人根本任务，持续

补短板强弱项，着力夯实教育发展基础，统筹推进教育改革发展各项工作，教育事业取得长足进步。

基础教育全面提升。公办乡镇中心幼儿园实现全覆盖，义务教育基本均衡发展整体通过国家验收，教育“双减”“县管校聘”和“新高考”改革顺利推进。学前教育快速发展，大力推进公办幼儿园建设，完成城镇小区配套幼儿园治理，乡镇公办中心幼儿园实现全覆盖，“入园难”问题得到有效缓解。义务教育实现县域基本均衡，小学适龄儿童净入学率100%，义务教育巩固率98.48%。2017年，全州八县市均通过义务教育均衡发展国家验收。高中教育实现高水平普及，高中阶段毛入学率达到95.04%。全州抢抓机遇，拓展“新高考”改革成效，高考质量连年稳中有升，普通高考本科上线率高于全省平均水平。高等教育规模不断扩大，人才培养能力进一步提升。2022年，全州各类高校在校生5.49万人，较2012年增长121.4%。

教育改革全面深化。推进教育信息化改革。全州中小学校实现互联网、多媒体教室全覆盖，有效缩小了区域、城乡及校际间的办学差距。推进城乡义务教育一体化改革发展，全州实现县域内城乡义务教育学校建设标准、教师编制标准、生均公用经费基准定额统一和“两免一补”政策全覆盖的目标。深化教师队伍建设改革，创新实施农村小学全科教师和公办幼儿园教师定向委培，有效解决农村教师“招不进、留不住、教不好”的问题，义务教育教师“县管校聘”管理改革试点工作取得良好成效并被《人民日报》、新华社等媒体报道。积极探索开展城区义务教育学校课后服务试点工作，推动“双减”落实落地。全州285所义务教育学校开展课后服务，学生参与率达98.84%，教师参与率达97.92%。

素质教育精彩纷呈。坚持立德树人，全面推进素质教育。2018年，恩施市硒都民族小学“和美德育”、龙凤镇民族初级中学“抓‘十好’规范，育美丽学生”入选教育部全国中小学德育工作典型经验。2012年以来，新建各类校园运动场2300余个，46所学校获评全国青少年校园足球特色校、36所学校获评全国青少年校园篮球特色校、6所幼儿园获评全国足球特色幼儿园，6所学校入选中华优秀传统文化传承校，9家单位成功创建省级中小学劳动教育实践基地和研学实践基地（营地），命名州级绿色学校36所。

（三）医疗服务能力全面提升

党的十八大以来，恩施州卫生健康工作始终坚持“以人民健康为中心”的发展理念，全面落实新时代党的卫生健康工作方针，持续深化医药卫生体制改革，健全完善公共卫生体系，医疗服务能力全面提升。

医药卫生体制改革全面推进。将深化医药卫生体制改革纳入全面深化改革统筹推进，为卫生健康事业发展提供强大动力。2015年，恩施州8个县（市）县级公立医院全部取消药品加成，县级公立医院综合改革全面推开。2021年，恩施州被国家确定为公立医院综合改革第二批国家级示范城市。2022年，被省卫健委确定为首批8个委市共建区域医疗中心之一，同时纳入公立医院高质量发展省级试点。自启动改革以来，恩施州不断探索综合医改新路径，加强医联体、医共体建设，积极推进分级诊疗，“小病、常见病不出乡村、大病不出县”机制进一步落实，县域内就诊率常年稳定在90%以上，基层医疗机构就诊人次占比达到60%。

医疗卫生服务体系逐渐完善。2012年以来，恩施州医疗卫生机构病床总数从14167张增长到28456张，每千人床位数从3.54张增长到8.36张。卫生专业技术人员由14289人增加到27824人，每千人医师数从1.24人增加到3.02人。恩施州中心医院综合实力跃居全省医疗机构第一方阵，连续6年进入中国医院竞争力地级城市医院排行榜100强，在全国30个少数民族自治州中排在榜首。建成三甲综合医院2家、三甲中医医院3家、三级综合医院3家、三级专科医院4家，医疗卫生资源位居全省和全国30个自治州的前列，逐步构建起以三级医院为龙头、县级医院为骨干、基层医疗机构为网底的医疗服务体系。实施乡镇卫生院达标建设、村卫生室标准化建设等一批卫生基础设施项目，县乡医疗机构提档升级，村卫生室全部达标，医疗卫生服务体系不断完善，大病、慢性病救助和家庭医生健康签约服务深入实施。2012年以来，完成37个县级公立医疗机构改扩建和迁建、77个乡镇卫生院的改扩建，940个村卫生室建设。

卫生健康信息化建设取得突破。2019年10月，恩施州远程医疗服务项目通过终验评审，全面建成州、县、乡、村四级远程医疗服务体系，偏远地区的老百姓只要通过在家门口设立的远程医疗检测点，就能享受到上级医院专家的会诊服务，老百姓看病实现“零距离”。截至2022年底，恩施州累计开展远程心电9.5万例，远程影像4.3万例，远程病理1.4万例。2022年，恩施州全民健康信息平台成功立项，卫生健康信息化建设迈出坚实步伐。

（四）社会保障事业全面进步

党的十八大以来，恩施州社会保险、社会福利、社会救助、优抚安置、社会互助“五位一体”的社会保障体系逐步健全完善。

社会保险覆盖范围持续扩大。实施全民参保计划，全州基本养老保险覆盖率超过95%。截至2022年底，全州基本养老保险、工伤保险、失业保险合计参保318.95万人次。先后6次统一提高城乡居民基础养老金标准，月人均基础养老金从2012年的55元增长至目前的125元，增幅127.27%。实现困难群体“四类人员”（低保对象、特困人员、易返贫致贫人员、重度残疾人员）养老保险代缴率达100%。医疗保障水平稳步提升。截至2022年底，全州参加基本医保363.74万人，常住人口参保率达到107.1%。职工医保和城乡居民医保政策范围内住院费用报销比例分别为91%、70%，保障水平更加公平可及、更有效率。

社会救助体系日益完善。出台《恩施州最低生活保障实施办法》《恩施州临时救助实施办法》《恩施州特困人员供养实施办法》，形成了以低保为基础，以临时救助、特困供养等专项救助为配套，以社会力量参与补充，覆盖城乡的社会救助体系，基本实现城乡低保“应保尽保”、特困人员“应养尽养”、临时救助“应救尽救”。社会救助标准逐年提升。2015年以来，农村低保人均补助水平由180.34元提升至392.87元，增长117.8%；城市低保人均补助水平由320.38元提升至613.28元，增长91.4%；临时救助人均补助水平由1095.2元提升至2150.11元，增长96.3%。各项社会救助标准领跑武陵山区，在全国30个少数民族自治州中位居前列。

慈善福利事业规范发展。恩施州各级慈善总会和红十字系统规范慈善募捐和捐赠，在扶贫济困、助学助医、赈灾抗疫等领域开展多元化慈善服务。在助医方面，开展先天性心脏病等八大领域救助，救助资金共计1.15亿元，惠及3.83万人。其中10年“亮眼行动”，为42448名困难家庭白内障患者进行了手术治疗。在助学方面，2012年以来开办“慈善阳光班”64个，累计资助高中学生3200人、资金1706万元。打造慈善社工品牌，恩施市毕兹卡社工项目入围全国“志愿扶贫50佳案例”，恩施市义工协会“情暖童心，相伴成长”项目在2021年全省志愿服务项目大赛中获得金奖。打造服务留守儿童公益品牌。9000余名爱心妈妈结对关爱2.7万余名留守儿童，113支志愿服务队2215名大学生志愿者通过“七彩假期”“希望家园”等活动，结对帮扶留守儿童。

（五）坚决打赢疫情防控阻击战

面对突袭而来的新冠肺炎疫情，迅速成立州县乡三级疫情防控指挥部，确保全州上下“一盘棋”。州县乡村闻令而动、统筹指挥、精准调度，组建疫情防控“尖刀班”，筑牢疫情防控的铜墙铁壁。新冠肺炎疫情防控期间，脱贫攻坚“尖刀班”、下沉社区尖刀班就地转化为疫情防控“尖刀班”，1.97万名“尖刀班”成员于2019年正月初一中午12点前下沉驻点村、1.5万名机关干部职工正月初五下沉社区、2.5万名干部职工正月初七就近参与防控，“尖刀班”成员冲锋在前、排查隐患、严防死守、服务群众，在全州疫情防控工作中发挥了至关重要的作用。全州采取前所未有的公共卫生应对措施遏制疫情快速蔓延，迅速打响疫情防控的人民战争、总体战、阻击战，有力缩短病毒传播危险进程，取得“确诊病例在全省率先清零、感染率全省最低、病亡率低、治愈率高”的决定性成果。

七、加强党建引领，推进全面从严治党向纵深发展

党的十八大以来，恩施州全州上下坚持以习近平新时代中国特色社会主义思想为指导，深入学习宣传贯彻党的十八大、十九大、二十大精神，旗帜鲜明讲政治，增强“四个意识”、坚定“四个自信”、做到“两个维护”，不断压实管党治党责任，全面从严治党展现新气象，政治生态持续向好。

（一）主题教育凝心铸魂

党的十八大以来，根据中央统一部署，先后扎实开展党的群众路线教育实践活动、“三严三实”专题教育、“两学一做”学习教育、“不忘初心、牢记使命”主题教育、党史学习教育多次党内集中学习教育。全州各级党组织和广大党员干部紧扣学习贯彻习近平新时代中国特色社会主义思想这条主线，着眼解决人民群众急难愁盼的问题，坚持规定动作不走样、自选动作有特色，不断将主题教育引向纵深，取得了明显成效。干部理论水平得到大幅提升，思想政治得到深刻洗礼，群众期盼得到有效回应，政治生态得到巩固提高，主题教育工作多次得到省指导组肯定。

（二）理论武装走深走实

党的十八大以来，恩施州始终把学习宣传贯彻习近平新时代中国特色社会主义思想和习近平总书记重要指示批示精神作为首要政治任务，推动党的创新理论入脑入心。

理论学习走深走实。完善学习制度。根据党中央、省委关于党委（党组）中心组学习的制度规定，州委结合实际，制定《恩施州党委（党组）理论学习中心组学习实施细则》《州委中心组学习签到及请假制度》《州委中心组学习补学制度》《州委中心组学习通报和约谈制度》《州委中心组学习档案管理制度》5项制度，推动全州党委（党组）中心组学习实现制度化、规范化。突出学习重点。各级党委（党组）理论学习中心组坚持以政治学习为根本，以深入学习贯彻习近平新时代中国特色社会主义思想为重点，将党中央重大决策部署、省委重点工作要求和地方工作实际相结合，做到围绕中心、服务大局，知行合一、学以致用。2013年以来，州委理论学习中心组共开展集体学习150次，编印学习材料101期。强化学习管理。定期印发《全州党委（党组）理论学习中心组学习提示》，把各级党委（党组）理论学习中心组学习等情况纳入巡察督查，常态化开展督促指导，每半年通报学习情况。建立党委（党组）理论学习中心组学习巡听制度，全覆盖地开展现场巡听指导，提出指导意见，显著提高了被巡听单位学习效果。

宣传宣讲家喻户晓。扎实推进“两团多队”[①]开展“分众化”“互动化”“点单式”“定制式”宣讲，各级领导干部分别到各自分管领域，结合自己的所学所悟和工作实际，深入基层开展理论宣讲。组建“荆楚楷模”等百姓宣讲团，开展系列巡回宣讲活动。组织文艺工作者编排演出文艺节目，组织书法家书写党代会报告金句，举办非凡十年摄影作品展和美术作品展，发挥文艺优势积极宣讲党的十八大、十九大、二十大精神。深入挖掘宣传革命先烈的先进事迹和崇高品格，拍摄何功伟纪实片，编印图片集。用好学习平台，强化推广运用，全州“学习强国”学员总数近15万人，人均积分在全省20个学习管理组中排名第

---

①“两团多队”：各级党委宣讲团、青年宣讲团和部门行业多样化宣讲队。

七，“学习强国”学习平台上稿2000余篇。

研究阐释深入浅出。积极开展理论研讨活动，联合州委党校举办不同主题的理论研讨会，联合恩施日报推出《恩施社科》专版，宣传推介优秀社科调研成果。组织恩施籍社科专家参与5期湖北电视台《是这个理》节目摄制工作。打造《智库报告》，精心收集筛选全州优秀调研报告。承办“2018湖北发展论坛——少数民族地区乡村振兴与绿色发展”，征集高质量研究成果126篇。联合州武陵山经济研究会完成调研报告，获《学习月刊》《决策咨询快报》转载刊发。围绕“恩施州实施乡村振兴，全面建成小康社会的理论和实践”“新时代清廉文化建设”主题完成调研报告，获《学习月刊》刊发。

（三）党管人才机制创新

党的十八大以来，健全领导干部素质培养、选拔任用、从严管理和正向激励体系，大力实施“人才强州”战略，为全州“两山”实践创新示范区建设提供了坚强干部队伍保证。

选贤任能，锻造高素质干部队伍。强化政治监督。将政治素质考察贯穿干部选拔任用全过程，构建日常了解、任前考察、年度考评、专项考察一体贯通的政治素质考察机制，探索建立重要岗位领导干部政治表现纪实档案，对政治不合格的“一票否决”。聚焦具体化精准化常态化开展政治监督，在选人用人专项检查、举报受理、案件查核中突出政治标准，及时发现干部政治表现中存在的苗头性倾向性问题。坚持“定期收集”与“动态补充”相结合，制定《恩施州干部选拔任用监督工作信息沟通办法（试行）》。激励担当作为。牢固树立注重基层、注重实践、讲担当重担当的选人用人导向，注重在大战大考中考察识别干部，近年来在乡村振兴一线提拔和进一步使用科级干部376人、晋升职级720人，真正让有为者有位。全面落实《推进领导干部能上能下规定》，推动形成能者上、优者奖、庸者下、劣者汰的用人导向和从政环境。帜鲜明为担当作为的干部撑腰鼓劲，出台《关于锻造新时代担当作为好干部队伍的若干措施》，以干部敢为示范带动地方敢闯、企业敢干、群众敢首创，激励全州干部新时代新担当新作为。

广聚英才，打造区域性特色人才高地。持续优化人才政策。精心编制《恩施州人才发展“十四五”规划》，明确打造区域性特色人才高地的发展定位和实现路径。出台《关于实施“硒谷英才计划”的若干意见》，配套出台《恩施州柔性引进“候鸟人才”实施办法（试行）》《关于加强和改进新时代人才工作的若干措施》等多个政策文件，构建起具有区域竞争优势的人才政策体系，激活人才发展“一池春水”。创新出台《恩施州高层次和急需紧缺人才引进工作暂行办法》《恩施州直高层次人才专项事业编制“周转池”实施方案》，支持重点领域引进高层次急需紧缺人才。不断夯实人才平台。聚力打造科创人才、青年人才、乡土人才集聚地，全州共建成州级以上各类人才平台229家，人才承载能力不断提高。组建政府决策咨询委员会，建立9名知名院士、专家参与的新时代智库。举办恩施州“两山”实践创新高峰论坛，特聘25名首批“两山”实践创新智库专家。探索“不求所有、但求所用”柔性引才模式，深入实施“候鸟人才”工程，建立近3000人规模的“候鸟人才库”，成立10家“候鸟人才”工作站，柔性引进“候鸟型”专家人才3000余人。持续提升服务保障水平。推出住房政策13项，筹集人才房源797套，将高层次人才公积金最高贷款额度提高至100万元，为1400多个青创项目提供财政贴息贷款2.48亿元。创新实施“硒谷英才卡”制度，推动出台一系列配套文件，进一步落实人才在就业创业、配偶随迁、子女入学、医疗保障等方面12项高质量服务，识才爱才敬才用才氛围更加浓厚。

（四）基层党建全面进步

党的十八大以来，恩施州不断增强基层党组织政治功能和组织功能，推动基层党组织在重大任务落实中发挥战斗堡垒作用。

强基固本，乡村治理开启新篇章。出台《恩施州深化新时代党建引领乡村治理促进乡村振兴若干措施》《关于推动乡村组织振兴的若干措施（试行）》，纵深推进党建引领乡村治理，推动巩固拓展脱贫攻坚成果同乡村振兴有效衔接。深入开展软弱涣散基层党组织整顿，圆满完成县乡领导班子换届，推动基层党组织全面进步、全面过硬。积极推进“村医村教进村级班子、农民办事不出村、法律顾问进乡村”的“三位一体”基层治理模式。2013年，全州2361个村、138个居委会，优选1383名村医村教进村支两委，其中书记、主任115人，班子成员1268人。全州90个乡（镇）都组建了律师顾问团、2000余个村（社区）均建有法律诊所，划分的1万余个社会管理网格均配备法律宣传员。大力实施“农民办事不出村”信息化项目建设，充分利用已有的农村基层党建网络，再造行政服务流程，将涉农行政审批事项下放到村，让老百姓不出村就能办成事，畅通公共服务“最后一公里”。先后选派脱贫攻坚尖刀班、乡村振兴尖刀班助力乡村治理。“驻村‘尖刀班’联动发力 激活乡村治理新动能”被农业农村部办公厅、国家乡村振兴局综合司作为全国乡村治理典型案例推介。

资源下沉，城市治理彰显新活力。组建社区治理“尖刀班”，建立州县领导联系指导、州县部门联系包保、驻区单位联系共建、下沉党员联系服务的“四联”机制，在全州组建95个社区“大党委”，吸纳845名单位党组织负责人担任“大党委”委员，在基层治理等工作中发挥了重要作用。“组建社区治理‘尖刀班’、激发城市基层党建内生动力”的典型经验入选《湖北十大党建案例（2019—2020年）》。强化党建引领城市网格化管理，全州共划分1066个城市网格，组建网格党组织979个，组建楼栋党小组14137个，设立党员中心户9240户，1300多家机关企事业单位、4万余名党员干部到社区报到、到网格参与基层治理，在新冠疫情防控、防汛救灾等工作中，发挥了关键作用。

（五）正风反腐持之以恒

党的十八大以来，坚持“严”的基调不动摇，坚定不移推进党风廉政建设和反腐败斗争,为恩施经济社会高质量发展提供了坚强纪律作风保障。

强化政治监督,以实际行动践行“两个维护”。着力推动政治监督具体化精准化常态化,制定政治监督工作指引,梳理监督清单,建立工作台账,建立贯通协同、定期调度、会商沟通、抽查暗访、联系指导、闭环管理等工作机制,以强有力政治监督,推动全州上下始终坚持“两个确立”,做到“两个维护”。围绕学习贯彻习近平新时代中国特色社会主义思想,综合运用约谈提醒、整改建议、检查通报等方式,督促各级党组织和党员干部着力解决学习不认真、研究不深入、贯彻不到位、落实不见效等问题。聚焦贯彻落实习近平总书记重要指示批示精神和党中央重大决策部署,组织人防领域腐败、供销合作社系统腐败、粮食购销领域腐败等21个专项整治,开展“三新一高”、三大攻坚战、落实意识形态工作责任制等专项监督。对中央扶贫领域专项巡视、生态环保督察、长江保护与湖泊开发专项督察反馈问题进行重点督办,确保政令畅通、令行禁止。深入推进清廉恩施建设,精准运用“四种形态”,持续推进全面从严治党向纵深发展。全州纪检监察机关不断强化协助职责和监督责任,查处落实“两个责任”不力问题401个,问责529人,对6个州直单位、156个县直单位进行挂牌整改或重点督办,推动各级党组织和党员领导干部严于律己、严负其责、严管所辖。

一体推进“三不腐”,坚决打赢反腐败斗争攻坚战持久战。党的十八大以来,恩施州纪检监察机关坚持无禁区、全覆盖、零容忍,坚持重遏制、强高压、长震慑,推动“三不腐”同时发力、同向发力、综合发力,反腐败斗争取得压倒性胜利并全面巩固。“不敢腐”的震慑持续巩固。坚持有腐必反、有案必查,2012年以来,全州纪检监察机关共受理信访举报3.27万件次,处置问题线索4万件,立案1.61万件,移送司法494人,党纪政务处分1.47万人,严肃查处了22名正县级干部、47名县处级干部严重违纪违法案件,始终保持惩治腐败压倒性力量常在。在强大震慑和政策感召下,354人向纪检监察机关主动投案,1370人主动交代问题。“不能腐”的笼子越扎越牢。坚持“惩治防”一体推进,不断提升治理腐败效能。深入剖析案发根源,查找责任、管理和制度漏洞,制发纪检监察建议3425份,推动以案促改促治。聚焦重点行业、系统腐败问题,抓住政策制定、决策程序、审批监管、资金拨付等关键环节,推动严格职责权限,规范工作程序,强化权力监督制约。同步开展以案说纪、说法、说德、说害、说责,努力做到查处一案、警示一片、治理一域。“不想腐”的自觉不断增强。推动纪律教育落实落地。每年开展党风廉政建设宣传教育月,组织新任职、新入职、新入党党员干部谈心谈话,举办党风廉政建设专题培训班,汇编违纪违法党员干部忏悔录,拍摄警示教育片22部,教育引导广大党员干部知敬畏、存戒惧、守底线。构建党风廉政建设“大宣教”工作格局,开展党纪法规“十进十建”、“学讲考”活动,通过大喇叭、送戏下乡、红色电影“大篷车”等方式,着力营造崇廉尚俭、清正廉洁的社会新风尚。

高质量完成州委巡察，监督作用有力彰显。2016年以来，州委组织开展20轮巡察，发现面上问题2970个，问题线索419件。根据巡察移交的问题线索，州纪委监委严肃查处了一批重要案件，震慑作用强烈。在高压态势下，州纪委监委机关根据巡察移交的问题线索立案查处党员干部120人，其中县处级干部42人、乡科级及以下干部78人。各级党组织给予党员干部组织处理122人。切实增强了巡察的权威性、震慑力、推动力。

锲而不舍纠“四风”树新风，持续加固中央八项规定堤坝。党的十八大以来，恩施州纪检监察机关踏石留印、抓铁有痕，纠树并举、风腐同查，驰而不息贯彻落实中央八项规定精神。集中力量整治违规公款吃喝、违规收送礼品礼金、违规发放福利和津补贴、违规操办婚丧喜庆事宜等突出问题，查处问题1255个，处理处分1666人，群众反映强烈的“舌尖上的浪费”“会所中的歪风”“车轮上的铺张”“办公房的超标”等一批突出问题得到有效解决，中央八项规定精神逐步转化为党员干部内在自觉。针对违规吃喝屡禁不绝问题，组织开展违规吃喝问题专项整治，查处问题103个，处理处分185人，坚决刹住歪风陋习。突出整治形式主义、官僚主义。聚焦各级各部门核心职能和主要业务指标，深入纠治只喊口号、空泛表态，不抓落实、应景造势等问题，查处问题2109个，处理处分3390人。督促相关职能部门开展为基层减负、虚假脱贫数字脱贫、项目投资及统计数据造假、招商引资造假等7类专项整治，加强对减文减会减过度的监督检查，持续为基层减负松绑。通过“十年磨一剑”，刹住了一些长期没有刹住的歪风，纠治了一些多年未除的顽瘴痼疾，党风政风焕然一新。

旗帜鲜明守护民生民利，深入整治群众身边腐败和作风问题。党的十八大以来，恩施州纪检监察机关坚持执纪执法为民、纠风治乱为民，持续整治漠视侵害群众利益的突出问题，为全州经济社会高质量发展营造了清朗空间。创新工作方式，组织州县乡三级纪检监察干部下沉一线、遍访群众，通过进村入户访、摆摊设点问、张榜挂牌找，广泛受理群众反映，对业务内的直查快办，对业务外的转办、交办、跟进督办，确保群众诉求有人听、举报有人查、事情有人办、呼声有人应，推动化解群众急难愁盼问题1.13万个，真正把纪检监察工作做到群众心坎上。紧盯群众反映强烈、侵害群众利益的民生痛点问题，坚持一领域一专项，持续纠治教育医疗、养老社保、生态环保、安全生产、食品药品安全等领域腐败和作风问题，查处问题5018个，处理处分6177人，切实保障群众权益，促进社会公平正义。

新时代新征程，恩施州全州上下将更加紧密地团结在以习近平同志为核心的党中央周围，在习近平新时代中国特色社会主义思想指引下，全面贯彻落实党的二十大精神，坚定信心、团结奋斗，踔厉奋发、勇毅前行，奋力谱写新时代恩施高质量发展新篇章，为全面建设社会主义现代化国家、推动中华民族伟大复兴贡献恩施力量。

撰稿人：李鑫
统稿人：马兹河
审定人：黄希俊

加快转型升级　创新引领发展
奋力开启仙桃现代化强市建设新征程

——从党的十八大到二十大仙桃发展综述

仙桃市史志研究中心

仙桃位于江汉平原腹地、湖北省中南部，为湖北省直管县级市之一，是排名第56位的全国百强县市和湖北首个千亿县市，在全省发展格局中具有重要地位。党的十八大以来，仙桃坚持以习近平新时代中国特色社会主义思想为指导，按照全省“建成支点，走在前列、谱写新篇”的战略定位，确立“建设武汉城市圈西翼中心城市、打造江汉平原明星城市”的发展定位，锚定“挺进五十强、创成文明城”的发展目标，统筹推进经济建设、政治建设、文化建设、社会建设、生态文明建设和党的建设。2022年，仙桃地区生产总值达到1013.14亿元，较2012年增长158.6%，成为湖北首个“千亿县”。城镇居民人均可支配收入达到41080元，较2012年增长137.7%。十年间，先后获得“中国食品产业名城”“国家园林城市”“全国中小企业发展环境百佳县”“中国非织造布产业名城”“国家卫生城市”“全国乡村振兴(扶贫)系统先进集体”等荣誉称号。

一、坚持稳中求进总基调，谱写新时代仙桃高质量发展新篇章

党的十八大以来，仙桃深入贯彻落实习近平总书记考察湖北的重要讲话精神，坚持稳中求进工作总基调，以推动高质量发展为主题，奋力开启仙桃现代化强市建设新征程。

(一)乘势而上开新局，开启仙桃现代化强市建设新征程

按照党的十八大精神，仙桃市坚定不移推动高质量发展和现代化建设，加快实施“主城引领、双擎驱动、三区协同”区域发展战略①。

①“主城引领、双擎驱动、三区协同”区域发展战略：发挥仙桃主城区龙头带动作用，加快仙桃国家高新区和非织造布产业园区两大平台建设，推动仙西服装产业集聚区、环排湖农旅融合引领区、沿东荆河现代农业示范区协同联动发展。

1. 顺势而为，在发展中定目标。《湖北省经济和社会发展第十二个五年规划纲要》明确提出，要把仙桃建成武汉城市圈四个区域性商贸次中心之一、五个大城市之一和六大物流综合枢纽之一。仙桃市委、市政府据此提出了全力推动仙桃综合实力从百亿量级向千亿量级、城市形态从县域小城市向大中城市、发展方式从粗放发展向集约发展、人民生活从基本小康向全面小康跨越发展，奋力打造武汉城市圈西翼中心城市的奋斗目标。2016年12月召开的中国共产党仙桃市第九次代表大会，号召全市各级党组织和广大共产党员，不忘初心、继续前进，奋力谱写水乡田园城市建设新篇章。

2. 锚定目标，勇毅前行谋新篇。2021年12月召开的中国共产党仙桃市第十次代表大会，按照全市“挺进五十强、创成文明城”的奋斗目标，动员全市广大党员干部群众守正创新、勇毅前行，加快挺进全国县域经济五十强，全力创成全国文明城市，奋力开启仙桃现代化强市建设新征程。这一发展目标蕴含了产业、城市、生态、文化、民生等各方面内涵，体现了创新、协调、绿色、开放、共享的新发展理念。大会号召仙桃全市上下坚定信心、下定决心，弘扬开放开明、尚德尚进的仙桃精神，竞进提质、勇当标杆、开创新局，在格局重塑中抢占先机，在区域竞争中走在前列，奋力谱写新时代仙桃高质量发展新篇章。

（二）坚持稳中求进总基调，推进全市经济量质齐升

十年来，仙桃坚持稳中求进工作总基调，持续推进改革创新，强化经济运行调度，积极协调要素保障，全市经济保持“稳中有进、稳中竞优、竞进提质”的良好态势。

1. 综合实力持续增强。“十三五”时期，全市年均经济增速达7%左右，主要经济指标呈现出超预期的良好局面。2022年，仙桃地区生产总值达到1013.14亿元，成为湖北首个“千亿县”。财政总收入和地方一般公共预算收入分别达到59.48亿元和34.51亿元，较2012年分别增长175.5%和162.8%；税收收入在地方公共财政预算收入中占比一直保持80%以上，在全省始终居于领先位次。2022年，社会消费品零售总额达到498.32亿元，比2012年增长181.7%，总额和增幅均超过全省同类地区。2016—2019年，固定资产投资年均增长18.8%，比全省同期高出7.4个百分点。2017年重新跻身“全国县域经济百强”以来连续6年争先进位，2023年位居“赛迪百强县”榜单第五十六位，较2017年排名前进30位。

2. 产业转型升级步伐加快。“5+1”主导产业①量质齐升，截至2022年底，规上工业总产值完成1140.14亿元，跨越千亿大关，其中食品、非织造布、纺织服装、新材料及医药制造、电子电气、机械及汽车零部件等六大工业主导产业累计完成产值937.77亿元。三次产业结构由2012年的16.6∶52.5∶30.9调整为2022年的12.1∶45.6∶42.3，协调性不断增强。工业集群化、专业化发展稳步推进，非织造布、食品、汽车零部件产业纳入省重点成

①“5+1”主导产业：非织造布、智能装备制造、电子信息技术、新能源新材料、食品加工和现代服务业。

长型产业集群，新能源、新材料、电子信息、生物医药等新兴产业基地初具规模。农业精品化发展趋势明显，名特水产养殖比重突破80%，90%的水稻棉花、80%的家禽蛋品、60%的水产品实现就地加工和转化增值。货物运输、通用航空、保税仓储、邮政快递等生产性服务业得到长足发展，生活性服务业向精细化和高品质转变，融合沔阳文化，集亲水休闲、农业观光、健康养生、体育运动等于一体的旅游业成为经济新增长点。创新对产业转型升级的驱动力明显增强，2019年底的万人有效发明专利拥有量达到2.41件，较2015年底翻了一番有余；高新技术产业增加值占规上工业增加值比重达到35%，较2015年增加了25个百分点。2022年，仙桃市被科技部列入全国首批52家创新型县(市)建设名单。

3. 城乡融合扎实推进。大力推进新型城镇化，2019年城镇化率达到59.4%，比2015年提高4.8个百分点。全面开展老城区环境整治，南城新区扩容提质，老旧小区有机更新，新增建成绿地面积196公顷，城市公园绿地服务半径覆盖率达到82.5%。乡村振兴稳步开局，获批创建国家农村一二三产业融合发展先导区。一体推进美丽城市、美丽城镇、美丽乡村"三美"建设，城市环境面貌和功能品质大为改观，"擦亮小城镇"行动带动形成一批以特色产业为支撑、以特色风貌为亮点的小城镇，彭场获评全国特色小镇，深江村、潭湖村、鄢湾村、何坝村获评全省美丽宜居示范乡村。

湖北省美丽宜居示范乡村——仙桃市胡场镇潭湖村(仙桃市档案馆　供图)

4. 基础设施不断完善。交通方面，2012年开建的仙桃机场于2016年1月建成通航，"千里汉江第一港"仙桃港于2017年6月运营，武汉至仙桃城际铁路于2020年12月建成通车，江汉平原货运铁路建成运营。至2022年底，武汉城市圈环线高速建成通车，设置仙桃北、仙桃东和沙湖等3个高速落地互通，沪渝高速排湖互通建成，境内高速公路增至153公里，普通公路增至4677.374公里，全市公路总里程4830.374公里、路网密度190.32

公里/百平方公里，形成了“五横九纵”①的公路主骨架，以及武汉城市圈环线高速、汉宜高速和随岳高速的高速公路骨架网。仙桃城区至周边乡镇均已通一级公路，乡镇之间全部达到二级以上公路，普通公路通行能力得到显著提高，市域干线公路网基本实现半小时通达通畅。一张覆盖城乡、便捷高效、内联外畅的公路交通网络和布局合理、层次分明、优势互补、功能完善的现代综合交通体系基本形成。水利方面，加快推进大垸子泵站、泽口灌区续建配套设施等十大重点水利工程建设，排灌“最后一公里”问题得到缓解。大力推进城乡供水一体化，第一水厂和第四水厂建成运营，惠及8个镇(场)50万人。能源方面，一批500千伏、220千伏和110千伏变电站加快建设，城乡供电质量和供电可靠性明显提高，华润仙桃电厂2×660兆瓦火电机组项目已开工建设。信息方面，实现了千兆进企、百兆入户、光纤进村、城区WiFi基本全覆盖。城市智慧建设迈出重大步伐，政务服务“一张网”加快建设，智慧城市大数据中心和创新体验中心投入运营。

汉宜铁路武仙城际线仙桃站(仙桃市档案馆　供图)

5.改革开放取得突破。不断推进体制机制创新，“放管服”②改革持续深入，政务服务事项“一站式”办理比例达到98%，“仙办好”品牌持续叫响。政府机构改革顺利完成，政府机构职能进一步优化。成功入选全国乡村治理体系建设试点和全国农村集体产权制度改革试点。教育“学区制”“一校制”“联校制”三制改革进展顺利，教育资源配置更加均衡。

---

①“五横九纵”：“五横”指仙桃市境内5条横向干线公路(G318仙桃段、沪渝高速公路仙桃段、彭场至九合垸段、107省道、352省道)，“九纵”指仙桃市境内九条纵向干线公路(郑场至九合垸公路、随岳高速公路仙桃段、仙桃西站至陈场公路、丰口头至沔城段、胡郭公路、214省道仙桃段、321省道、西流河至杨林尾段公路、武汉城市圈环线高速公路仙桃段)。

②“放管服”：简政放权、放管结合、优化服务。

医疗、医保、医药“三医联动”改革有力推进，2家紧密型医共体高效运行。开放合作成效明显，“国家外贸转型升级基地（非织造布）”成功获批，仙桃海关正式开关，仙桃保税物流中心（B型）封关运营，仙桃机场完成扩建，汉江仙桃港实现“天天班”，仙桃迈入城铁时代，对接武汉同城化发展进入“快车道”。出口规模达到地级市水平，2020年疫情引致医用防护用品外需激增，外贸出口取得亮眼成绩，增幅居全省第一位，总额居全省第二位。2016—2019年累计实际利用外资1.9亿美元。

二、全面深化依法治市实践，大力发展社会主义民主政治

党的十八大以来，仙桃以习近平新时代中国特色社会主义思想为指导，以满足人民群众的法治需求为导向，以深化司法体制改革为动力，大力发展社会主义民主政治，为全市经济社会平稳较快发展提供了坚强有力的法治保障。

（一）发展全过程人民民主

始终坚持党的领导、人民当家作主、依法治国有机统一，推动人民民主发展更加广泛、更加充分、更加健全，全过程人民民主不断发展完善，社会主义民主政治焕发勃勃生机。

1. 推动新时代人大、政协工作创新发展。支持市人大及其常委会围绕中心、服务大局，依法履行监督、决定、任免职责，充分发挥代表作用，切实提升履职效能。市人大常委会坚持寓支持于监督之中，共审议、视察、调研工业经济、现代农业、第三产业等经济发展议题186个，聚焦脱贫攻坚、乡村振兴、疫后重振等内容审议专项工作报告294个，围绕营商环境、食品安全等开展专题询问4次，组织执法检查、视察、调研85次，助推经济社会发展和民生事业改善；规范决定任免工作，先后作出重启生活垃圾焚烧发电项目、流域综合治理等重大事项决议决定76个，任免国家机关工作人员841人次；加强和保障代表履职，实施“五大工程”[①]，提档升级代表之家20个、代表联络站84个，推动代表阵地规范化、代表行动常态化、代表建议办理长效化；实行积分制管理，激发常委会委员、人大代表、机关工作人员“三支队伍”履职热情，以“四个机关”建设成效推动新时代人大工作创新发展。支持人民政协扎实推进“三个重要”作用建设，坚持协商于民、协商为民。按照不建机构建机制的要求，在全市建立36个委员之家、41个社区（村）协商议事室、56个委员工作站等协商议事平台。深入开展“一线协商·共同缔造”行动，让委员深度参与到基层社会治理之中。紧扣经济社会发展和改善民生问题，组织开展300余次重点协商议政活动，形

①“五大工程”：代表阵地提升工程、代表行动惠民工程、代表述职亮晒工程、代表建议提质工程、代表履职强基工程。

成报告1600余篇，提交专题报告300余篇，立案提案1200余件，形成了一批高质量协商成果，为市委、市政府科学决策提供了有益参考。坚持对标先进、守正创新，制定出台政协仙桃市第十届委员会委员履职管理办法、履职积分制考核办法和委员组召集人积分制考核办法，以及政协机关“两争一创”①“两敢两创”②工作方案，推行机关干部积分制管理，全面加强政协自身建设。

2. 推动新时代统战工作提质增效。深入学习贯彻习近平总书记关于做好新时代党的统一战线工作的重要思想，认真落实中央、省委统战工作会议精神，以敢闯敢干、创新创优的精神状态，推动全市统战工作竞进提质、开创新局。制定《关于加强全市基层统战组织建设的工作方案》《关于推行“正面清单”和“负面清单”构建亲清政商关系的意见》，制定落实中央、省委关于加强各领域统战工作政策文件的具体措施。扎实开展“党派建设巩固年”行动，培育出“共同缔造·民盟有为”“共同缔造·农工助医”“律师进村·法律惠民”3个民主党派助力共同缔造活动品牌。持续开展民族团结进步创建活动，龙华山街道被评为“全国民族团结进步示范单位”，仙桃获得全省唯一的“全国少数民族流动人口服务管理示范城市”称号。深入开展平安宗教活动场所创建活动，2处宗教活动场所被评为“第一批湖北省平安宗教活动场所示范单位”。

创新开展“民营企业服务年”行动，建起全市“一张网”、职能“全覆盖”的非公有制企业投诉服务体系，成立市总商会人民调解委员会，帮助企业挽回直接经济损失3000多万元。有力推进“基层工作提升年”行动，建成仙桃工美楼“文化创意产业园”、毛嘴“同心纺”等省级实践创新示范基地，形成了“乡贤引领丰实垸”“同心·名师荟”等一批基层统战特色亮点。深入实施“沔商回归工程”，2020—2022年共签约项目20余个，总投资超过400亿元。大力实施“台商集聚工程”，累计吸引60多家台资企业来仙投资兴业，仙桃已成为全省仅次于武汉集聚台资最多的城市，被授予全国首个“海峡两岸产业合作创新服务示范基地”金字招牌。

（二）推进更高水平的法治仙桃、平安仙桃建设

聚焦市域社会治理现代化目标，全力以赴防范重大风险，持之以恒夯实基层基础，扎扎实实推进扫黑除恶专项斗争和政法队伍教育整顿，法治仙桃、平安仙桃建设取得明显成效。

1. 筑牢司法行政梁柱。立足“一个统筹、四项职能”工作职责，用实际行动推动习近平法治思想转化为法治仙桃建设的生动实践。开展道路交通安全和运输执法领域突出问题专

①“两争一创”：推动各项工作在全省争先进、争进位、创一流的活动。

②“两敢两创”：中共仙桃市委十届五次全体会议暨市委经济工作会议上提出的敢闯敢干、创新创优，为仙桃加快“挺进五十强、创成文明城、建设示范区”作出新的更大贡献。

项整治等法治督察，完成城区“四办”[①]156个事项赋权，认真落实行政执法“三项制度”[②]，出台《仙桃市行政执法工作适用指引》，开展行政执法违法违规线索征集、案卷评查和联合执法活动，推行“4433”[③]柔性执法工作法，加强行政执法主体资格和2595名行政执法人员管理，集中清理市政府及各部门制定的规范性文件82件，废止4件，实现19个司法所和6个工业园区公共法律服务站行政复议咨询点创建全覆盖，开通涉企行政复议案件“绿色通道”，建立“繁简分离”办案模式。2018至2022年，办结行政复议案件340件，办理行政应诉案件150余件，对文件、协议开展合法性审核1180余件。合理配置整合律师、公证、法律援助、司法鉴定、调解等司法行政法律服务资源和所有业务项目，构建覆盖城乡的现代公共法律服务体系。加快推动全市公共法律服务734个实体平台、12348热线和市公共法律服务网络三大平台的建设和融合，构建覆盖全业务、全时空的法律服务网络。推进涉企公共法律服务融合发展，开展常态化民营企业“法治体检”、“公共法律服务进园区进企业，优化营商环境大气候”专项法律服务等活动。建设各类法治文化阵地850个，开展各类法治宣传活动，惠及人民群众300万人次。深入推进“律师进村、法律惠民”工作，围绕人民群众反映强烈的突出问题以及民生领域问题，持续开展“法治惠民生”专项行动，切实提升群众法治满意度、幸福感。建立社会治理法律风险预警防范机制，建实建强基层调解组织727个，开展矛盾纠纷排查化解系列活动，化解各类矛盾成功率达98%以上。全面推进社区矫正“1335”工作模式[④]，推进社区矫正刑事执行规范化、日常管理精细化、调度管理职能化。刑满释放人员排查实现全覆盖，刑满释放人员“必接必送”率达到100%。

2. 全面维护政治安全和社会稳定。坚持以情报信息主导维稳工作，严格落实涉稳信息日收集、日汇总、日研判、日交办、日处置、日上报的“六日”工作制，建立健全“情指行”[⑤]一体化实战化运行机制，全面做实“每日动态研判”“每周专题调度”。妥善处理2016年“6·25”邻避事件，政治社会大局总体平稳，守住了不发生重大暴力恐怖事件、不发生群死

①“四办”：一窗办、一网办、简化办、马上办。

②“三项制度”：行政执法的公示制度、行政执法全过程的记录制度、重大执法决定的法制审核制度。

③“4433”：推行4项清单制度（从轻、减轻处罚和免于处罚、免于强制），创新4种监管方式（多查合一、留档观察、积分减罚、抓差放优），践行3项承诺（执法单位承诺、执法人员承诺、市场主体承诺），实施3项评估（企业日常经营合规性评估、经济影响评估、风险评估）。

④“1335”工作模式：“1”，（坚守总体国家安全观、筑牢安全发展底线）；“3”，强化3个建设（队伍规范化建设、执法行为规范化建设、档案规范化建设）；“3”，狠抓3项措施（抓真教育帮扶、抓实“三分”管理、抓严考核奖惩）；“5”，发挥5个作用（发挥社区矫正委员会的统筹作用、发挥智慧矫正信息化管理的作用、发挥检察机关法律监督作用、发挥社会力量参与社区矫正工作的作用、发挥刑事执行委员会集体审议的作用。）

⑤“情指行”：情报感知迅捷灵敏、风险防控精准主动、合成处置高效规范、行动力量专门专业的“情报、指挥、行动”（简称“情指行”）一体化运行机制。

群伤重大安全事故和个人极端案事件、不发生重大涉仙涉稳舆情炒作事件的工作底线。

3. 大力推进市域社会治理现代化。认真贯彻落实中央、省委关于市域社会治理现代化试点工作的决策部署，研究出台《关于推进市域社会治理现代化的实施方案》，作为推进市域治理现代化"1＋1＋8"制度体系的重要内容，成立由市委书记任组长的市域社会治理现代化领导小组，横向构建"1＋N"工作专班，纵向打造市镇村三级抓落实的责任链条，形成了党政主导、条块联动的领导体系和工作格局。强化市域社会治理现代化试点工作落实，结合仙桃实际和上级要求，确定11类重点任务、63项具体要求，逐一分解到相关责任部门，定期汇总情况、督查督办，推动试点工作走深走实。特别是把基层基础建设摆在突出位置，配齐配强街镇政法委员，持续推进综治中心规范化建设、实战化运行，全面落实网格专员321名、社区专警163名、乡村专辅394名、法律专顾81名，进一步优化了社会治理体系、提升了社会治理效能。

4. 深入推进扫黑除恶专项斗争。紧扣"一年打击遏制、两年深挖根治、三年长效常治"的目标任务，坚持扫黑、除恶、打伞、断财、反腐一体推进，打掉了一批横行一方的黑恶势力。扫黑除恶专项斗争期间，全市共侦办涉黑案件2起、涉恶犯罪集团案件6起，破获9类刑事案件252起，刑拘犯罪嫌疑人698人，查封、扣押、冻结涉案资产2.55亿元，审结涉黑涉恶案件33起；立案查处涉黑涉恶腐败和"保护伞"问题党员干部及公职人员75人、给予党纪政务处分72人。

5. 扎实开展政法队伍教育整顿。全市政法系统紧扣筑牢政治忠诚、清除害群之马、整治顽瘴痼疾、弘扬英模精神"四项任务"和学习教育、查纠整改、总结提升"三个环节"，坚持问题导向，敢于动真碰硬，一体推进政法队伍教育整顿和党史学习教育，排查整改"六大顽瘴痼疾"97项，从宽处理主动说明问题干警119人，对14名涉毒干警予以"双开"顶格处理，全体政法干警接受了一次革命性锻造，执法司法公信力明显提升，整顿工作得到中央督导组和省指导组充分肯定。同时，将教育整顿与"我为群众办实事"实践活动有机结合，全市政法单位办理重大民生实事46件、解决"微心愿"2300多件，群众对教育整顿工作的满意率达99.05％。

三、践行社会主义核心价值观，推进先进文化繁荣兴盛

党的十八大以来，仙桃宣传思想文化领域坚持以习近平新时代中国特色社会主义思想为统领，牢牢把握"两个巩固"[①]根本任务，稳步构建覆盖城乡、便捷高效、保基本、促公

---

①"两个巩固"：巩固马克思主义在意识形态领域的指导地位，巩固全党全国各族人民团结奋斗的共同思想基础。

平的现代公共文化服务体系，努力让人民享有更加充实、更为丰富、更高质量的精神文化生活，为仙桃经济社会全面发展提供坚强思想保证和强大精神动力。

（一）深入学习贯彻习近平新时代中国特色社会主义思想

全市上下始终坚持高举旗帜、凝心铸魂，把学习贯彻习近平新时代中国特色社会主义思想作为首要政治任务，不断夯实坚定拥护“两个确立”、坚决做到“两个维护”的思想理论根基。组织党员干部认真学习习近平总书记一系列重要讲话、重要指示精神和中央重要会议精神，做大做强正面宣传，有力有效引导舆论，为推动全市高质量发展和现代化建设创造良好舆论氛围。创新理论宣传宣讲形式，多次组织“两团多队”①“百马宣传团”②深入基层，开展“永远跟党走——壮丽一百年奋进新时代”“巾帼心向党奋斗新征程”“青春向党奋斗强国”“七进七讲”③等理论宣讲活动，推动党的创新理论飞入寻常百姓家。

（二）以高度的政治责任感坚决维护意识形态安全

党的十八大以来，全市各级党组织坚持底线思维、增强忧患意识，严格落实意识形态工作责任制，坚决防范化解意识形态领域风险隐患，管好守住了仙桃意识形态工作主阵地。一是正向宣传引领。用媒体矩阵，把党的理论、路线、方针和政策的宣传教育与其他工作紧密结合起来，用群众喜闻乐见的方式开展实践活动，提升党员群众对于意识形态工作的认同感、参与感。二是把牢舆论引导主导权。妥善处置发生在仙桃的重大舆情事件，第一时间准确发布权威信息，正确引导舆论。三是加强舆情监测和分析研判，把风险隐患消除在萌芽状态，创造安全稳定的政治社会环境。

（三）加强社会主义核心价值体系建设

深入贯彻《公民道德建设实施纲要》，扎实推进社会主义核心价值体系建设。

1. 强化氛围营造，在全市全面叫响社会主义核心价值观“24字”。利用《仙桃日报》《仙桃周刊》刊发“讲文明树新风”“社会主义核心价值观”等公益广告。市电视台在黄金时段滚动字幕循环播放24字核心价值观。城区户外大型广告牌以30%的比例刊播公益广告，所有大型户外LED显示屏保证一定时间的播放量。市公交总公司在全市主要公交线路及主

---

①“两团多队”：各级党委宣讲团、青年宣讲团和部门行业多样化宣讲队。

②“百马宣传团”：湖北省委宣传部、省委讲师团组织24所全省“理论热点面对面”示范点建设高校马克思主义学院，共计167名马克思主义学者，组成了“百名马克思主义学者宣讲队”，参与全省学习贯彻党的十九届五中全会精神宣讲工作。

③“七进七讲”：“七进”即进机关、企事业单位、城乡社区、校园、军营、各类新经济组织和新社会组织、网站；“七讲”即领导干部带头讲、理论大咖示范讲、青年骨干专题讲、百姓名嘴村村讲、志愿队伍网格讲、文艺队伍巡回讲、网络名人线上讲。

要公交站点张贴公益广告及服务宣传标语。

2. 充分发挥示范引领作用，树立先进典型宣传。每年评选“最美仙桃人”，每个月评出每类2人共10人的仙桃楷模，电视报纸出专题专栏进行宣传。

（四）加快构建现代公共文化服务体系

立足群众基本文化需求和多样化文化需求，加快公共文化服务阵地和文旅产业基础设施建设，挖掘并弘扬传统文化和红色文化，推动文化旅游事业加速发展。

1. 加快设施建设，夯实公共文化服务阵地。基础设施建设陆续完工。2021年，集档案馆、博物馆、群艺馆、图美馆、非遗展示馆功能于一体的市文化中心顺利竣工；2022年，市群艺馆和市档案馆先后投入使用，并启动市艺术中心项目。至2021年底，全市80%的镇级文化站达到国家三级以上标准。

公共文化服务网络基本形成。截至2022年底，全市共建成各类图书馆、群艺馆、博物馆、陈友谅纪念馆、沔阳名人馆、孝雅书院、张难先纪念馆、杨显东生平事迹展等11个，镇办文化站22个、村（社区）综合文化服务中心695个，初步形成了覆盖城乡、网络健全、结构合理、符合要求的城乡公共文化服务体系。

2. 提升服务效能，深入开展文旅活动。一是大型文旅活动精彩纷呈。2018年，仙桃籍军旅书画家朱墨“故乡情——朱墨先生艺术作品展”顺利举行，《湖北日报》《楚天都市报》等新闻媒体报道。2019年5月，举办“沔水清风·与廉同行”主题活动，掀起仙桃旅游热潮。2020年，推出“千古荆地云上看沔阳”直播活动、首届荆楚乡村文化旅游节和长博会场非遗展览。2021年，相继举办“非遗过大年，文化进万家”、第二届桃花文化旅游节、“千寻荆楚大地·遇见美好仙桃”、中国旅游日仙桃主题活动、荆楚“红色文艺轻骑兵”惠民惠企巡回演出及“文化和自然遗产日”非物质文化遗产宣传展示等活动。二是主题活动服务大局。2018年，创作大型综艺演出晚会《禁毒，我们在行动》，并在全市公演；举办仙桃市2021年新春团拜会暨春节联欢晚会；创作以“扫黑除恶专项斗争”为主题的大型综艺演出晚会《正义的名义》在市体育馆连演5场，反响热烈；配合市纪委第二十二个党风廉政宣教月活动，精心编排了《沔水清风与廉同行》文艺晚会，并在全市公演；2021年6月，创排《永远跟党走》宣教晚会，广受好评。三是惠民活动广泛开展。在传统节日组织市区及乡镇群众开展丰富多彩的文化活动，连续举办6届农民艺术节。据统计，仅2021年上半年，全市举办各类文化惠民文艺活动100余场，受众达5万余人次；市花鼓剧团送戏下乡30余场，市银兴院线送电影下乡4000余场。

3. 加快项目建设，夯实文旅产业基础。截至2022年，全市在建（已建）文旅项目13个，累计投资总额近150亿元。“一江两沔三湖四带”[①]的旅游发展空间布局已成雏形，4条精品

①“一江两沔三湖四带”：“一江”指汉江，“两沔”指沔城风景名胜区、沔街，“三湖”指沙湖、排湖、五湖，“四带”指沔西乡村休闲旅游带、沔中环排湖旅游带、沔南湿地旅游带、沔东红色旅游带。

文旅游线路基本形成。阿尔迪有机生态园、农圣沉湖生态农业园、京久花世界等3个农业生态园被确定为2017年全省休闲农业示范点。2018年,阿尔迪有机生态园又喜获省优选旅游项目,排湖绿道及驿站建设项目、沔阳小镇项目被评为省金融机构重点支持旅游扶贫项目。2019年,“梦里水乡文化旅游区”获评国家4A级旅游景区,沔阳小镇和“荆楚云天海世界”被确定为湖北省重点文旅项目。排湖区域沔阳小镇、龙舟公园、排湖绿道、密塘渔村、游客接待中心等旅游项目扎堆建设,呈现蓬勃发展之势。2021年10月,沔阳小镇获评国家3A级旅游景区,鄂旅投又追加46亿元打造沔阳小镇文化旅游项目。仙桃弘域朗途旅游投资有限公司打造的汉江游艇房车营地项目正在稳步推进之中。据统计,2017—2020年,全市先后接待游客359万人次、460万人次、546.2万人次、415.6万人次。2022年实现旅游总收入32.24亿元。

4. 加大创作力度,繁荣文艺创作生产。创作编排群众广场舞《妹娃要过河》,获第三届“文化力量·民间精彩”全省广场舞大赛三等奖;沔城镇红莲广场舞队获网络评选“最佳人气奖”。选送《律师之光》荣获湖北省第十二届中老年人才艺大赛获银奖。参加第四届丝绸之路国际艺术节、第九届“小荷风采”全国少儿舞蹈展演等评奖活动,获得各类奖项10余项。疫情期间,市演艺中心编创的音频节目《小城大爱》唱遍彭场防疫物资生产车间。词作家梁和平创作的歌曲《大爱的力量》在市内主流媒体滚动播出。先后创作《水乡神韵》《双失官凭》《汉王陈友谅》《刘胡兰》《找牌角》《胡幼松》等经典剧目全市公演。江汉皮影剧团获得“国庆70周年全国优秀皮影院团进京汇演活动创新剧目表演奖和最佳演唱奖”两项大奖。花鼓小戏《找牌角》入选第十二届中国艺术节复赛,《访友》《逼休》《济公下山》《金麒麟》作为优秀剧目参加了第三届湖北省花鼓戏艺术节集中展演。

5. 重视文化传承,强化文化遗产保护。一是非遗保护成果丰硕。入选联合国教科文组织人类非物质文化遗产代表作名录项目1项(仙桃雕花剪纸),国家级非物质文化遗产名录3项(仙桃雕花剪纸、荆州花鼓戏、麦秆剪贴),省级非物质文化遗产名录13项;现有国家级非物质文化遗产代表性传承人3人,省级非物质文化遗产代表性传承人15人。二是非遗传承扎实推进。对省级以上项目代表性传承人进行抢救性记录与数字化保存工作,采录影像资料近2.4TB,整理文字资料92万字,先后编辑出版了系列丛书《仙桃民歌》《仙桃雕花剪纸》《仙桃雕花剪纸大观》,录制发行了荆州花鼓戏、江汉平原皮影戏传统剧目音像制品。三是非遗展示佳音频传。江汉皮影艺术团坚持皮影戏进社区、进校园、进福利院、进景区演出,获得中宣部、文化和旅游部、国家新闻出版广电局表彰,获评全国“双服务先进集体”。渔鼓艺人参加湖南渔鼓传承保护优秀作品展演,选送的作品《沙湖沔阳洲》获展演优秀奖。组织沙湖贝雕、麦秆画、沔阳雕花剪纸、沔阳皮影、沔阳三蒸等非遗产品参加2021年中国旅游日武汉主会场展出,受到省内外10余家主流媒体的争相报道。

6. 深挖历史资源,弘扬传统和红色文化。一是大力开展“我们的节日”活动。在春节元宵节期间开展赠送春联、广场灯谜、舞龙舞狮等文体活动，清明节期间组织未成年人祭扫烈士陵园、参观革命烈士纪念馆等，于中秋节组织开展中华经典诵读、茶话会、座谈会等，重阳节组织开展慰问空巢老人志愿服务活动，使“我们的节日”成为爱国节、传承节、文化节。二是大力挖掘革命历史资源，创作公演大型红色题材剧《刘胡兰》《胡幼松》，其中《胡幼松》还获得第四届湖北艺术节楚天文华剧目奖，获评2021年文艺精品创作扶持专项资金项目。在党史学习教育活动中，市演艺中心集中展演《胡幼松》《江姐》《刘胡兰》《红红的国旗》等红色经典剧目。2013年，划定中共鄂中特委旧址等红色文物保护范围，胡家台战斗纪念馆建成开馆。2014年，李之龙故里修建落成，红军坝纪念碑重建工程和小延安抗日公墓完工，先后被命名为“党史教育基地”“国防教育基地”“青少年教育基地”。先后出版发行《中国共产党仙桃(沔阳)历史》第一、二、三卷和《中国共产党仙桃简史》《仙桃革命遗址遗迹纪念册》等党史书籍。

四、持续用力增进民生福祉，全面建成小康社会

党的十八大以来，仙桃全面把握“以人民为中心”的根本要求，实施一系列惠民举措，教育卫生体育事业高质量发展，社会保障和社会救助体系进一步完善，消灭了绝对贫困，成功抗击新冠疫情，人民获得感幸福感安全感显著增强。

（一）坚持就业优先，完善社会保障体系

牢牢把握民生为本、人才优先的工作主线，不断扩大就业规模。按照全覆盖、保基本、多层次、可持续的原则，实施全民参保计划，进一步完善各类保险、住房保障、社会救助和福利服务等保障体系。

1. 大力促进就业创业。“十二五”时期，建成城乡一体的公共就业服务平台，利用春节、五一、暑假、十一等大型节假日，组织大型招工洽谈会；在市人力资源市场搭建每月28日、每周二小型招工平台，缓解用工矛盾，改善就业环境。“十三五”时期，把就业作为最大的民生，全力服务企业用工。推进农民工返乡创业建设，建立彭场无纺布返乡创业园、毛嘴服务返乡创业园，积极鼓励返乡农民工参加技能培训，在仙桃职业学院设立大学生创业实训基地，针对有意愿大学生开展创业培训。深入实施“我选湖北·筑梦仙桃”计划，多次组团赴上海、杭州、武汉等地区高校开展人才招引推介活动，共吸引2601名大学生在仙就业。2021年，全市城镇新增就业24708人，城镇失业人员再就业人数8310人，就业困难人员实现就业2869人，全市城镇登记失业率为2.99%。贯彻实施《保障农民工工资支付条例》《湖北省保障农民工工资支付办法》，深入推进劳动关系维权。依法仲裁化解矛盾，加大欠薪隐患排查、欠薪投诉查处力度。2021年，受理欠薪投诉举报案件535起，办理全国根治欠薪反映线索197件，共为590人追回工资356.72万元。实施“技兴荆楚”工程，推动各类群体高质量就业，

确保城镇登记失业率控制在4.5%以内。

2. 统筹完善保险制度。坚持以人民健康为中心，持续深化医疗保障制度，保障各类参保群体的基本医疗需求。完善养老保险制度。完善职工养老保险个人账户制度，健全多缴多得的激励机制，逐步提高社会养老保险待遇。鼓励进城农民工参加城镇社会保险，落实被征地农民保险制度，全力帮扶低收入困难群体参保。继续实施全民参保计划，推进农民工、灵活就业人员、新业态从业人员等群体参保，做好脱贫人口、退捕渔民参保帮扶。2022年城镇职工基本养老保险参保人数达27.58万人，累计制发社保卡137.05万张。城镇居民医保和新农合实现城乡医保一体化。实施城乡居民大病保险制度。推进异地就医即时结算政策。截至2022年底，全市职工医保参保12.84万人，居民医保参保117.27万人。完善失业、工伤、生育保险制度。扩展失业保障范围，提高失业保险待遇和统筹层次。建立工伤保险待遇水平正常调整机制和工伤预防机制。自2020年始，所有符合规定的职工全部纳入失业保险覆盖范围，2022年，参加失业保险人数8.14万人，工伤保险参保人数99587人，新开工工程建筑项目工伤保险参保率100%，生育保险参保12.84万人。

3. 构建社会救助和福利服务体系。相继出台《仙桃市低收入家庭认定实施办法》《仙桃市支出型困难家庭认定和求助办法》《关于改革完善社会救助制度的实施意见》，健全社会救助制度。加快推进农村福利院运营机制改革，推动新建住宅小区配建养老服务设施，探索“老有所养”新模式。2019年编制完成全市“幸福食堂”规划布局图，至2021年共兴建幸福食堂120个，为5000多名高龄、困难老年人提供用餐保障。2020年，全市有城乡低保32694户45672人、城乡特困3443人。实施临时救助5616人次，发放资金515万元。90%以上的乡镇建成包括养老服务在内的综合服务设施，60%以上的农村社区建成农村社区幸福院，基层老年协会建会率达到80%，全市每千名老年人口养老床位数达到35张。2022年，量化提高保障标准，城市、农村低保标准分别由650元/人·月、483元/人·月提高到680元/人·月、525元/人·月；城市、农村特困供养标准分别由1300元/人·月、850元/人·月提高到1360元/人·月、954元/人·月；集中养育孤儿标准从2240元/人·月提高到2640元/人·月，分散养育孤儿（事实无人抚养儿童）标准从1400元/人·月提高到1650元/人·月；全年发放各类民生保障资金27085万元。

4. 完善住房保障体系。加快完善以公租房、保障性租赁住房和共有产权住房为主体的住房保障体系，着力解决基本公共服务人员住房困难问题，推进“住有安居”。积极改善老城区居民居住条件，保障城镇居民无房户入住标准房、品质房。2020年，人均住房建筑面积低于15平方米的城市低收入住房困难家庭廉租房“应保尽保”，基本满足低于人均可支配收入90%、人均住房建筑面积低于20平方米的城镇居民家庭租赁公租住房的需要。

5. 推进慈善福利事业发展。组建规范的慈善福利机构，加强对注册志愿者的管理与协调，组织好城、镇、村（社区）各类志愿者活动。2020年，全市注册志愿者人数超过10万人。

建设功能完善的慈善信息网络服务平台,发展经常性捐助站点和慈善超市。加强未成年人关爱保护,支持多元主体开展3岁以下幼儿托育服务,推进“幼有善育”。全力做好各类孤儿安置抚育工作,加快儿童福利机构教育、康复、医疗等配套服务设施建设。截至2021年,全市保障孤儿55人、事实无人抚养儿童298人,全年发放困难儿童抚育金、助学金共600万余元。

(二)着眼人民满意,推进教育卫生健康事业发展

教育、医疗是现代社会中重要的民生问题。仙桃立足教育资源均衡和医疗卫生服务体系提质升级,着力提高教育、卫生水平,教联体、医联体全域有效覆盖。

1. 均衡教育资源,推进教育高质量发展。始终从政治上看教育、从民生上抓教育、从规律上办教育,高位推进教育优质均衡,实现了从“有学上”向“上好学”的历史性跨越,2014年,被国务院认定为“全国义务教育发展基本均衡市”,2015年被认定为“省级教育综合改革试点单位”。党的十八大以来,特别是“十三五”以来,总园制办学覆盖城乡所有公办幼儿园,学前三年毛入园率97.2%。控辍保学实现动态清零,适龄残疾儿童义务教育入学安置率100%,十年累计资助学生约23.4万人次,义务教育巩固率为98.4%,高中阶段毛入学率达到94.48%,高考成绩连续攀升,仙桃市理工中等专业学校被列入省级优质中等职业学校立项建设名单。根据全市城乡人口变化和城市整体规划,新改扩建城乡学校(幼儿园)56所,增加学位约7万个。将教师作为教育事业最大的变量,十年引进新教师2739名、培训教师8万人次以上,推评湖北名师5人,评选学科带头人124人、优秀班主任180人、师德标兵180人、最美乡村教师180人,以高素质教师队伍赋能仙桃教育高质量发展。推进教育资源优质均衡发展,落实义务教育“双减”政策,化解“大班额”难题,不断提升公办幼儿园在园幼儿比例。加强高水平高等职业学校和专业建设,培养适应仙桃产业发展的新型技术技能人才,打造技能强市。

2. 建设“健康仙桃”,获评“国家卫生城市”。深化疾控体系改革和公共卫生体系建设,加强紧密型医共体建设,发展中医药事业,为群众提供全周期、高质量医疗健康服务,全力打造健康仙桃。2013年,市人民医院和所有镇村医疗机构全部实行基本药品零差价销售。公立医院高质量发展,市第一人民医院2021年成功创建“三甲”,市中医医院通过“三甲”复审验收。至2022年底,全市登记注册的各级各类医疗卫生机构1014家,共设置床位8172张;每千常住人口执业(助理)医师数2.58名,达到国家标准2.5名;每千常住人口注册护士数3.55名,达到国家标准3.14名。建成6个区域中心卫生院、400个标准中心村卫生室,实现“小病不出村、常见病不出镇”的分级诊疗格局。实施全面两孩政策,2083名生育对象享受到二孩生育补贴。全年无孕产妇死亡,婴儿死亡率1.83‰,5岁以下儿童死亡率3.2‰。建立出生人口监测预警机制,加强出生人口性别比综合治理。全市人均预期寿命77.95岁,居民健康素养水平31.57%。卫生健康信息化建设成为全省示范典型。2015年3月,仙桃

被全国爱国卫生运动委员会授予“国家卫生城市”称号，2018年、2022年成功通过复审。规范异地就医结算管理规程，将符合条件的定点医疗机构全部接入省内、跨省异地就医结算平台。

（三）弘扬体操精神，发展全域体育事业

在2012年获得“亚洲体操之乡”称号后，仙桃认真学习贯彻习近平总书记关于体育工作的重要论述，弘扬“自强不息、顽强拼搏、抢前争先、勇争第一”的体操精神，建立更高水平全民健身公共服务体系，构建“15分钟健身圈”，打响“体操之乡、运动之城”城市品牌。

1. 全民健身广泛开展。认真落实《全民健身条例》《体育强国建设纲要》和《体育强省意见》工作部署，深入实施“体育强市”发展战略，大力实施全民健身惠民工程，每年开展各类全民健身公益培训300多人次，相继承办了国际青年篮球亚特拉斯挑战赛、全国快乐体操赛、全国青少年男子足球联赛、“崇尚人人体育、共创美好生活”系列赛和“福寿康宁”老年人体育健身系列赛等各级各类重大体育赛事60余次，常态化举办市运会、8月8日全民健身日等市级系列赛事活动。至2022年，全市有社会体育指导员3400多人，占人口总数的3.07%，经常参加体育锻炼的人口比例达到了40%。市体育局、市体育事业发展中心先后被国家体育总局授予“2013—2016年度全国群众体育先进单位”“2017—2020年度全国群众体育先进单位”“全国体育事业突出贡献奖”“2014—2017年度湖北省群众体育先进单位”等荣誉称号和“湖北省体育事业突出贡献奖”。

2. 体育设施日臻完善。截至2022年底，全市体育场地面积达260.6万平方米，人均体育场地面积2.36平方米。2022年7月，市奥林匹克体育中心项目开工建设，城北全民健身中心项目竣工投用。全市范围内有体育馆1座、运动健身中心15个、乡村文体广场35个、其他健身场地3264个。全市处处可见体育场地，居民随时可以开展健身锻炼。

3. 竞技体育成绩斐然。仙桃培养输送的运动员在国内外比赛中捷报频传，廖辉、昌雅妮、辜梓豪、管晨辰、罗欢等多位体坛新秀成为仙桃新晋世界冠军。2013年，仙桃籍举重运动员廖辉在世界举重锦标赛上独夺69公斤级3金。2021年，李小双体操学校启蒙输送的体操运动员管晨辰获东京奥运会女子平衡木冠军。2016—2022年，仙桃籍跳水运动员昌雅妮在国际泳联世锦赛、世界杯、亚运会、世界军人运动会上共夺14金2银1铜。由仙桃启蒙输送的体操运动员罗欢在2017年亚洲体操锦标赛勇夺女子团体、女子高低杠冠军和女子个人全能、女子平衡木亚军，2018年体操世界杯阿塞拜疆巴库站女子高低杠亚军，2018年雅加达亚运会体操女子团体冠军、女子个人全能、女子高低杠亚军，2018年世界体操锦标赛女子团体季军。仙桃籍围棋运动员辜梓豪获得2017年第22届三星杯世界围棋大师赛冠军、2018年第20届阿含桐山杯冠军和第14届威孚房开杯冠军、2019年中国围棋甲级联赛最佳主将奖，2020年CCTV电视围棋快棋赛冠军，在2021年第35届中国围棋天元赛中勇夺冠军并成为中国围棋史上第十位“天元”得主，在第22届中国围棋快棋公开赛夺得冠

军。2013—2020年,仙桃市少年儿童业余体校连续被评为"国家高水平体育后备人才基地"。

4.产业活力持续迸发。不断强化市场主体,推动体育消费提质扩容,体育生产、销售、场馆营运企业和个体经营户蓬勃发展。李小双运动城、6号运动公园等大型体育产业综合体相继建成投用。李小双运动城先后被评为"国家体育产业示范项目""湖北省体育产业示范单位"。

(四)消灭绝对贫困,巩固拓展脱贫攻坚成果

仙桃虽在1997年成为总体小康市,但属插花贫困地区,共有662个涉贫村(场),2014年建档立卡贫困人口24819户8.11万人,贫困村95个(含深度贫困村6个)。党的十八大以来,仙桃市委、市政府深入学习贯彻习近平总书记关于"三农"工作重要论述,聚焦责任落实、政策落实、工作落实,全面打赢精准脱贫攻坚战,2020年如期消灭绝对贫困,实现贫困户脱贫村摘帽目标,2021年获评"全国乡村振兴(扶贫)系统先进集体"。进入过渡期后,坚持"守底线,抓发展,促振兴",不断巩固拓展脱贫攻坚成果,全面推进乡村振兴。

1.尽锐出战,决战决胜。始终把脱贫攻坚作为一项重要的政治任务,按照中央统筹、省负总责、市县抓落实和"一把手"负总责工作机制,成立市扶贫攻坚领导小组和精准脱贫攻坚战指挥部,市委书记、市长"双挂帅",统一领导、统一指挥,集中力量和资源。坚持"五级书记"抓扶贫,市委常委会、市政府常务会每月定期研究脱贫攻坚工作,市委书记遍访贫困村,党委书记遍访贫困户,村党支部书记遍访所有农户,压力有效传导、责任层层落实。2015年,印发《关于扎实推进精准扶贫精准脱贫的实施意见》,明确精准扶贫精准脱贫时间表、作战图和脱贫时间与任务。健全多元增收长效机制,拓宽居民劳动收入和财产性收入渠道,确保城乡居民收入增长与经济增长同步。选派95支驻村工作队和109个市直单位帮扶贫困村,525名副科级以上干部作为"红色头雁"①帮助非贫困村,动员1.5万名机关干部结对帮扶贫困对象,形成了一盘棋、一股力、一个目标的攻坚氛围。

2.凝聚合力,精准施策。组织教育、卫健、医保、住建、水利和湖泊、城发投、农业农村、人社、财政、民政、残联等部门,出台"1+9"帮扶政策②,有针对性地解决贫困户和贫困村的实际问题。脱贫攻坚期内,累计发放教育补贴资金6000多万元,为5万多人次贫困家庭的学生减免学费、书本费、暑假作业费,给予定额生活补助,为24名不具备入学条件病残儿童送教上门,有效阻断贫困代际传递;建立基本医疗、大病保险、医疗救助、兜底保障"四位一

---

①"红色头雁":2018年,仙桃市启动"红色头雁"工程,按照"原籍地+工作地"原则,集中从市直单位选派干部驻村任"第一书记",帮助帮扶村配班子、引项目、兴产业。

②"1+9"帮扶政策:仙桃市印发《关于扎实推进精准扶贫精准脱贫的实施意见》和《仙桃市"结对帮扶"实施方案》,出台《仙桃市精准扶贫资金整合行动方案(试行)》等9个行动方案,形成精准扶贫"1+9"政策体系。

体"健康帮扶措施，实施"985政策"①，开展慢性病签约服务，累计资助住院补助4.1亿元，门诊慢性病就诊补助3956万元，医疗救助1983万元；实施危房改造，累计投入1.06亿元，完成危房改造5381户，实现贫困户危房动态清零；加大市区全域供水建设力度，保障饮水安全；大力推进产业帮扶，发展贫困户特色产业奖补5000万元，惠及贫困户1.3万户，发放贫困户生产性小额信贷2.3亿元；开展贫困对象就业技能培训，每年组织和推荐贫困户务工就业近3万人，发放外出务工就业一次性交通补助和创业就业补助1500万元；落实兜底保障政策，2.1万贫困人口纳入低保范围，发放各类资金近2亿元，为贫困对象办理残疾证9224人，落实残疾对象生活补贴6779人，护理补贴4252人；统筹使用中央、省和市本级财政资金17.5亿元，全面改善农村基础设施，助力产业发展。同时，各级各部门和社会帮扶资金支持脱贫攻坚总资金超过3000万元。

3. 坚守底线，巩固提升。突出抓好中低收入者和困难家庭增收，巩固拓展脱贫攻坚成果，健全完善防止返贫监测和帮扶体系，促进全市城乡居民收入普遍稳定较快增长。2021年5月，市扶贫办整体更名为市乡村振兴局，脱贫攻坚向乡村振兴衔接过渡。2021年7月，印发《关于向重点村持续选派驻村第一书记和工作队的实施意见》，选派128支乡村振兴驻村工作队。保持主要帮扶政策总体稳定，持续落实"四个不摘"要求。制定《关于健全防止返贫动态监测和帮扶机制的工作方案》，加强农村低收入人口常态化监测帮扶，巩固拓展"两不愁三保障"成果，推进产业和就业增收，牢牢守住不发生规模性返贫底线。印发《仙桃市乡村建设行动推进方案》，以共同缔造理念和方法推进乡村建设和乡村治理，深化"下基层察民情解民忧暖民心"实践活动，扶持发展农村集体经济。持续加大财政衔接资金投入和资产管护，每年争取中央、省和市本级财政投入专项资金达到3.8亿元，不断发挥巩固拓展脱贫攻坚成果、推进乡村振兴的支撑作用。

（五）小仙桃大担当，谱写抗击新冠肺炎疫情赞歌

面对突然暴发的新冠肺炎疫情，仙桃一手抓疫情防控，一手抓物资保供，按时兑现省政府军令状，疫情期间累计贡献了全省80％、全国40％防护物资，为保卫湖北、服务全国、供应全球作出了重要贡献。

1. 闻令而动，迅速管控。疫情扩散后，毗邻武汉的仙桃闻令而动，于1月21日成立以市委、市政府主要领导任指挥长的疫情防控指挥部，随即全面启动突发公共卫生事件Ⅰ级响应，召开40多次市委常委会暨指挥长会议、专题部署会、现场办公会，1月24日起实施区域封城、内外封路、街市封店、全市封村，设置国省干线卡口9处、高速出入卡口8处、农村公路卡口1300多处，7000多人严防死守市、镇、村、组（楼栋）四道防线，做到卡口全封控、值守

①"985政策"：贫困对象住院的按照90％进行报销，对门诊慢性病患者报销80％，住院对象年医疗费用政策范围内5000元封顶。

全天候、区内全巡逻、人员全排查、消杀全覆盖，最大限度阻断传染源、切断传播途径。广大群众积极响应号召不出门，4400多名医务工作者日夜奋战，9000多名产业工人生产保供，732个驻村(社区)工作队入户摸排，2000个党支部、近两万名党员干部对城区89个社区(村)、乡镇643个村(社区)，开展网格化、地毯式全覆盖排查，累计摸排返乡人员22.6万人，其中武汉返乡11.2万人，入户率、到人率均100%。组建22支流调工作队，对确诊、疑似及无法排除的发热患者全方位追踪溯源；建立大数据分析模型，做到第一时间核查密切接触者，外防输入，内防扩散。由于管控得力，仙桃508个村(居)没有确诊病例，“无疫村”占比70%。

2. 小城市大担当，立下军令状。在湖北医用防护物资紧缺的关键时刻，“中国非织造布产业名城”仙桃向前来督导的省政府主要领导立下军令状，在人员、设备、原材料等十分紧张的情况下，拼尽全力生产保供医用防护物资，在元宵节即完成日产医用防护服3万件的任务。从2月底开始，仙桃每日向省防控指挥部送交医用防护服5万件、口罩2400多万片。防护制品占全省供应总量的80%。截至4月8日武汉解除管控措施之前，累计生产供应医用防护服370万件、N95口罩1100万只、平面口罩30亿片，为保障全省、服务全国作出了巨大贡献，“小城市大担当”的“仙桃故事”被《人民日报》、中央电视台报道，国务院领导亲率中央指导组到仙桃视察工作。

仙桃市彭场镇医用无纺布生产车间(仙桃市档案馆　供图)

3. 全力救治，晋医驰援。集中整合资源，启用市第一人民医院、市中医医院、市第四人民医院、市第三人民医院、市妇幼保健计划生育服务中心(南区)、湖北脑血管病医院和新市妇幼保健院大楼7家医院，按照上级指示“应收尽收、应治尽治”，对确诊患者实行集中收治，对疑似患者集中隔离，对无法明确排查的发热患者集中隔离留观，对确诊患者的密切接触者集中隔离医学观察，对新增人员实现“日清日结”，最大限度防止交叉感染。成立7家定点医院协调专班，统筹调配病房988间、床位2575张；科学设置发热留观点36

个、密接医学观察点56个、出院健康监测点1个，收治率100%。按照国家统筹安排，先后有4支山西医疗队248名医护人员、疾控专家携带大量防护物资，顶风冒雪驰援，携手仙桃医护人员挽救生命。

4. 保供便民，全国捐赠。疫情防控期间，水、电、气、通讯等保供便民措施“链条紧扣”，米菜油盐等有序供应，纪委监委、公安、市场监管、交通、经信、城管等职能部门严厉打击制假售假、倒买倒卖等扰乱市场行为。在市红十字会、市慈善总会联合发出支援抗疫的倡议书后，雷军、梁亮胜等企业家及市内外爱心人士纷纷捐款捐物。自1月22日至3月19日，市慈善总会共接收省慈善总会转赠拨付的专项抗疫资金和仙桃市各界捐款1.0093亿元，拨付一线9968万多元；市红十字会共接受捐款和省红十字会下拨款4647.52万元，支援一线4427.12万元。先后有2万多名志愿者、1096支志愿服务队伍义务参与各项工作，新冠肺炎康复病人志愿捐献血浆，书写了“小城有爱、小城大爱”的温暖篇章。

5. 常态防控，预防先行。自2020年1月24日关闭离仙通道，到3月16日恢复正常社会秩序，持续53天的抗疫工作圆满完成。2021年，仙桃继续抓好疫情常态化防控，加强重点地区人员管理和重点场所、人员监测。截至2021年12月29日，全市共采集新冠病毒核酸样本97.27万份，核酸检测结果均为阴性。全市累计接种新冠病毒疫苗244.30万剂次，脱漏率控制在1.3%。2022年，始终坚持“外防输入、内防反弹”总策略，贯彻“动态清零”总方针，切实落实常态化疫情防控各项措施。2022年10月发生输入性本土疫情后，在市委、市政府坚强领导和全市群众大力支持下，实现7天病例清零、社会面清零，10天解除管控的优异成绩，守住不发生规模性疫情的底线。

6. 优化调整，平稳转段。“乙类乙管”后，紧紧围绕“保健康、防重症”，不断优化调整防控措施，全面提升医疗救治能力，平稳度过发热门诊、住院患者、重症患者等3个高峰，全市开放床位6856张，重症救治床位498张，参与救治医护3840人，接诊发热病人12.18万人次，收治住院阳性患者6837人次，重症患者1480人，做到全省范围内“最后破防、最先达峰”，实现了疫情防控平稳转段。

五、营造优美舒适环境，全面推进生态大保护

党的十八大以来，仙桃坚持贯彻落实习近平生态文明思想，牢固树立和践行“绿水青山就是金山银山”的理念，建设人与自然和谐共生的美丽仙桃。

（一）压实生态保护政治责任，为建设四化同步发展示范区提供有力保障

生态环境保护功在当代、利在千秋。仙桃要求各地及各职能部门“要像保护眼睛一样保护生态环境，像对待生命一样对待生态环境”，并层层分解、强化责任，完善规划，为建设四化同步发展示范区奠定良好基础。

1. 压实生态环境保护政治责任。党的十八大以来，市委常委会、市政府常务会先后90多次听取生态环境保护工作汇报，研究生态环境保护工作。市委、市政府高度重视水资源、水生态、水环境、水文化，把治水兴水作为仙桃三件大事之一来抓。市政协围绕“四水共治”开展专题协商，推动全市水生态环境改善。全市政绩考核将生态环境保护权重提高到9分，市环委会按季度对各地各单位环境指标进行考核，压紧压实工作责任。

2. 编制“十四五”生态环境保护规划。高起点谋划编制仙桃市“十四五”生态环境保护规划及水、气、土3个生态环境专项规划，为仙桃“十四五”期间生态环境保护工作顺利开展指明方向。截至2021年底，水生态环境规划已经编制完成，“十四五”生态环境保护规划以及土壤生态环境规划完成专家评审。

3. 深入开展生态文明宣传。深入开展环保世纪行暨“6•5”世界环境日宣传，结合实际宣传生态环境保护。开展“5•22国际生物多样性日”“全国低碳日”以及核与辐射主题宣传，发放宣传册5000余册。支持环保守法企业申报“诚信企业”等各类荣誉，2021年仙桃绿色东方环保发电有限公司获得省政府颁发的“湖北省环境保护政府奖”。

（二）打赢三大攻坚战，加快推进美丽仙桃建设

有的放矢，开展蓝天碧水净土保卫战，加快建设美丽仙桃。

1. 治气护蓝。对全市企业进行摸底调查，开展源解析工作，为精准治气、科学治气提供依据。新时代十年，年平均空气质量优良天数达300天。2021年，投入740多万元建设秸秆禁烧智能视频监控平台，监控面积1000平方公里，实时进行火点黑斑报警。投入600万元建设20个空气自动微站，开展大气网格化管理，实时监控、精准管控城市空气质量。在重污染天气期间，联合市住建局、城管局对建筑工地、企业、重点时段机动车辆、酒店、餐饮等进行巡查。2022年，空气质量优良率77.5%。

2. 治水净污。“十三五”期间，实施长江大保护“十大标志性战役”，深入推进通顺河流域水环境综合整治。实现城乡生活垃圾无害化处理率达95.3%，生活污水处理率达95.02%，乡镇生活污水处理率达85%。2021年，编制《仙桃市生态环境局“四水共治”[①]三年行动计划》，先后投入资金4200万元，开展西流河、窑河水环境综合整治，推进水生态修复。抓好排湖小流域治理，统筹推进退渔还湖、生态修复、植绿增绿。投入950万元建设16个水质自动微站，实时监测主要河流和断水面水质。投资1000万元，组织实施仙桃市集中式饮用水地保护项目建设。编制《仙桃市农村黑臭水体治理工作方案》，已完成9条黑臭水体整治，计划到2025年共完成13条黑臭水体治理。至2022年底，地表水达到或好于Ⅲ类水体比例为100%，地表水质量改善指数为1.25，$PM_{2.5}$平均浓度为40.5微克/立方米。单月水质达到或好于Ⅲ类优良的月份增加明显，水环境质量得到明显改善；地

①“四水共治”：系统开展水资源保护、水环境改善、水生态修复、水文化弘扬行动。

表水劣Ⅴ类水体断面比例持续保持为0,4个水功能区按全因子均值法评价达标率为100%,集中式饮用水水源水质达到或优于Ⅲ类比例100%。

3. 净土护绿。坚决捍卫土壤环境安全,积极组织开展土壤污染防治工作,完成建设用地安全利用有效保障工作,纳入全国污染地块土壤环境管理系统的6个地块安全利用率100%。开展土壤样品、农产品样品的采样分析,完成62家企业用地基础信息调查,督促15家土壤重点监控企业完成土壤隐患排查。加大畜禽养殖污染整治力度,实施农村环境综合整治工程,以治理农村生活污水、垃圾、小河流河道清淤为重点,完成全部234个农村环境综合整治村庄。全力创建国家森林城市,持续实施“绿满仙桃”行动,建成铁路、国省市道通道绿化绿色长廊和“两江两河”①绿色防护林体系。至2022年底,全市建成区绿化覆盖面积2761.6公顷,绿化覆盖率达41.2%。

(三)突出环境问题整治,获评省级生态文明建设示范市

新时代十年,坚持走生态优先、绿色发展之路,统筹推进“四水共治”、“四美共建”②,累计完成114个中央、省级生态环境保护督察问题整改销号,剩余问题正在按序时进度推进中,环境状况持续好转。推进城乡污水处理厂扩容提质、整改提标,全市乡镇污水处理设施实现全覆盖,目前日处理总规模达到22.7万吨,出水达到一级A排放标准。全国示范型、全省标杆型循环经济产业园形成,日处理生活垃圾500吨;建成城乡生活垃圾“清扫、收集、中转、运输、处理”一体化体系。沿江48处非法码头全部拆除、24家化工企业“关改搬转”。实现市、镇、村三级河湖长制全覆盖,清理渔棚子、坟堆子、烂摊子2.5万个以上,累计建成12个省级生态镇、84个省级生态村。2022年,两个县级以上集中式饮用水水源地水质达标率100%。2022年4月,被湖北省生态环境保护委员会授予“湖北省生态文明建设示范市”称号。

六、加强党的建设,正风肃纪全面从严治党

党的十八大以来,仙桃不断加强党的政治建设、思想建设、组织建设,持之以恒正风肃纪反腐,加强政治监督,坚持全面从严治党,推动广大党员干部把“两个确立”的政治共识转化为“两个维护”的实际行动,推动全市经济社会向前发展。

(一)加强党的政治建设和思想建设

始终以党的政治建设为统领,教育引导广大党员筑牢信仰之基、补足精神之钙、把稳

---

①“两江两河”:“两江”指长江、汉江,“两河”此处指仙下河景观带和汪洲河景观带。

②“四美共建”:统筹推进美丽城镇、美丽村庄、美丽庭院、美丽田园建设。

思想之舵,以坚强党性铸就忠诚干净担当之魂。

1. 坚定捍卫“两个确立”,坚决做到“两个维护”。政治建设是党的根本性建设,必须摆在首位、落到实处。仙桃持之以恒加强理论武装,学懂弄通做实习近平新时代中国特色社会主义思想,把学习宣传贯彻党的十八大、十九大、二十大作为重要政治任务,同习近平总书记考察湖北重要讲话、省党代会精神结合起来,一体学习、一体贯彻,通过中心组学习、举办各类培训班、“三会一课”、主题党日活动等形式,原原本本、原汁原味学,深入学习贯彻、准确领会把握思想精髓、核心要义。通过学习培训,推动党的创新理论武装入脑入心,促使党员干部牢记“国之大者”,不断提高政治判断力、政治领悟力、政治执行力。

2. 扎实开展党内主题教育和实践活动。按照省委统一部署,仙桃扎实开展党的群众路线教育实践活动、“三严三实”专题教育、“两学一做”学习教育、“不忘初心、牢记使命”主题教育和党史学习教育。2021年,累计培训党员干部2355名,组织党员干部接受红色教育近6万人次,依托“两团多队”开展党史宣传宣讲3019场,引导党员持之以恒读原著、学原文、悟原理。深入实施“亲情重拾计划”,持续动员12368名在职党员干部、1117名“两代表一委员”常态化下沉一线服务。市级领导干部认领民生实事项目61项,市管领导班子成员结对帮扶困难群众2324人,带动全市各地各部门党员干部完成惠民实事项目1025项,开展党员志愿服务5.1万余人次,领办并完成群众“微心愿”10574条,解决了一批群众急难愁盼问题。2022年,深入开展党员干部下基层察民情解民忧暖民心实践活动,组织2.1万余名党员干部全面下沉,实现村村走遍、户户走到、人人见面、结对联系,推动解决群众身边的问题和微诉求1.34万个。建立“三张清单”①信息管理系统,提请市委统筹解决共性问题1187件,督促各地各单位领导班子主动领办任务清单5572件,办结5299件。深入推进资源服务平台下沉,依托省政务服务网和“鄂汇办”移动客户端整合办事入口、实现“一网通办”,省级第一批六大项31小项高频服务事项全部下沉镇(街道);线下推进“店小二”自助服务一体化项目建设,筹集资金1.2亿元改造升级党群服务中心390个,选优配强村级红色代办员2260名,有效提升基层服务能力。

(二)加强党的基层组织和干部人才队伍建设

深入落实新时代党的组织路线,加快党员干部人才队伍建设。

1. 加强党的基层组织建设。一是持续推进市直机关党支部标准化规范化。2021年,围绕贯彻落实《中国共产党党和国家机关基层组织工作条例》,推动64个市直单位自查发现党组织设置不规范等问题101个,并整改到位;推动95个机关党组织开展标准化规范化特色化建设,评选市直机关2021年度“红旗党支部”。二是优化小区党组织。

①“三张清单”:权力清单、责任清单和负面清单。

2022年，推进党组织进小区、进楼栋、进村湾，优化小区党支部493个、楼栋(湾组)党小组4970个、党员中心户7446户，动员试点村(社区)1.9万名群众“入会入队入社”，推动5个省级共同缔造示范点、45个市级示范点全面构建“纵向到底、横向到边”的组织体系。三是加强骨干队伍培育，2022年先后组织25批次824人外出考察学习，集中培训镇办党委书记、分管领导、驻点专班、巡回指导组成员等共293人。制定出台基层治理体制机制创新试点工作方案，探索谋划19项创新工作任务，推动基层治理形成整体合力。四是抓党建促乡村振兴。2022年，深入实施“头雁工程”，动态调整村“两委”干部72名，累计选聘大学生村干部763名，全覆盖轮训基层党员和干部1.3万人次，进一步提高村级带头人队伍的战斗力、凝聚力。深入推进乡村振兴重点村建设，投入4000万元高标准打造省级红色美丽村2个，整顿转化软弱涣散村36个，新增扶持绿色发展村19个，82个集体经济扶持村年增收400余万元，持续提升村级组织“造血”功能。五是深化党建引领基层社会治理。加快物业党建联建，探索建立“红色业委会大党委”，2022年组建物业企业党组织33个、业委会党组织165个，切实把党的领导贯穿物业服务全过程；制定全市红色物业建设标准，新打造“红色物业”示范小区10个、“红色驿站”5个，全面落实社区党组织领导下的居委会、业委会、物业企业“三方联动”机制，逐步打通服务群众“最后一公里”；坚持分类破解老旧社区物业服务覆盖难问题，大力推广老旧小区“大物业”管理经验，推动509个城市住宅小区基本实现物业管理服务全覆盖。六是统筹抓好各领域党建工作。坚持以党建引领项目建设，认真开展“红色赋能强发展”行动，组建红领项目党支部306个，选派“红领特派员”13名，覆盖重点项目334个，覆盖率80.29%，助力项目迅速投产达效。探索推进新业态、新就业群体党建工作，成立外卖、快递等6个行业党总支，打造“爱心驿站”“司机之家”25个，提供休息纳凉、充电补给、红色教育等服务，引导新就业群体听党话、感党恩、跟党走。

2. 持续推进党员教育管理。探索推行党支部“堡垒指数”和党员“先锋指数”管理，配套开发“双指数”App，对每个党支部和每名党员动态积分、评星定级，全市16个不同领域党组织率先试点，3.7万名党员成为干事创业“追星族”；分领域分层次开展党员专业能力提升培训班77个，有计划地把党员培养成专技能手，全年共发展党员861名，其中各领域能人党员218名。建立党内关爱资金，高规格举办启动仪式，筹集资金815万元，首批关爱帮扶困难对象244名，着力营造党内互助互爱浓厚氛围。

3. 打造堪当重任干部队伍。一是健全常态考察机制。全面了解各镇办和市直单位领导班子政治表现、运行状态、团结协作、履职尽责等情况，形成高质量调研评估报告，为市委选人用人提供科学参考。二是健全源头培养机制。对全市年轻干部、党外干部、少数民族干部进行全面摸底，分类建立“85后”“90后”“95后”年轻干部库，为年轻干部健康成长保驾护航。同时，积极发挥老干部榜样示范引领作用。三是健全正向激励机制。大力推进“两争一创”“两敢两创”活动，引导各单位晒成果、比成绩，形成多点开花、齐头并进的良好局面。探索公务员积分制管理，科学设置基础积分、实绩得分、奖励加分和反向扣分“三加一减”积分方式，对全市3135名公务员表现逐一量化、作为提拔重用、职级晋升的重要参考，公务员积分制管理工作在省公务员工作重点任务推进会上作典型交流发言。制定出台《仙桃市公务员嘉奖记功推进机制（试行）》，形成激励干事创业的良好氛围。四是健全规范管理机制。对439名干部选拔任用情况开展全程纪实、“一人一档”整理，作为选人用人监督检查、“带病提拔”倒查、追责问责的重要依据。修订完善《关于进一步加强退出领导岗位干部管理办法》，引导162名退出领导岗位干部参与“三驻一参”、督查巡察等中心工作。五是健全从严监督机制。针对党员干部经商办企业、多占政策性住房、违反因私出国（境）管理规定等重难点问题，开展干部监督“三项清理”，教育引导9905名党员干部主动签订自查清理承诺书。制定出台《关于加强和规范公职人员重大事项及时报告的通知》，明确并规范两大类共19项公职人员需要向组织报告的重大事项，教育引导党员干部严守组织纪律、主动接受监督。

4. 着力构筑人才智力支撑。一是全向发力引。高标准制定出台《仙桃市人才引进奖励办法》，分级分类编制人才政策汇编，进一步激发人才队伍活力。重点实施“沔才回归工程”，建立在外人才数据库，成立乡贤联谊会11个，选派20余批次干部拜访仙桃籍在外创业人士，推动京科控股有限公司动力锂电池、杰克缝纫机智慧工厂等一批项目成功签约。二是统筹谋划育。联合建立湖北省仙桃新材料产业技术研究院、黄鳝产业技术研究院、企校联合创新中心等平台，成立专家工作站4家、科技小院4家，为高层次人才提供施展才华的舞台。三是务求实效用。深入推进“万名专业人才智汇基层”活动，帮助企业解决技术难题104项、促成科技成果转移转化34项、引进高层次人才40人，达成项目协议数17项、成交额455万元，为企业高质量转型发展不断赋能增势。四是真心实意留。开通高层次人才就医“绿色通道”，为高层次人才发放健康体检卡。妥善就近就便安排人才子女到优质公办义务教育阶段学校就学。制定面向高层次人才的专属优惠政策，2022年将人才房贷额度提升20%，向79名研究生人才集中发放安家费66.5万元，为400多名新引进青年人才解决住房问题。

（三）驰而不息正风肃纪反腐

在以习近平同志为核心的党中央的坚强领导下，坚定不移落实全面从严治党战略方针，驰而不息正风肃纪，高压态势惩治腐败，反腐败斗争取得压倒性胜利，政治生态和发展环境持续向好，为全市经济社会高质量发展提供了坚强保障。

1. 切实强化政治监督。坚持把监督保障落实党中央重大决策部署、习近平总书记重要指示批示精神作为重中之重，确保政令畅通、一贯到底。出台推进政治监督具体化精准化常态化实施意见，“一月一调度、一研判、一通报”，健全政治监督工作机制。紧盯常态化疫情防控、三大攻坚战、优化营商环境等30余个专项工作开展监督检查。严明政治纪律和政治规矩，加强对严肃党内政治生活、执行党内法规制度，以及落实省委、市委主要工作部署情况的监督检查，2017年以来共查处违反政治纪律案件17人。

2. 与时俱进纠治“四风”。坚持把作风建设作为管党治党的基础性工程，精准施治、久久为功。2012—2017年，把住重要节日关口，突出重点，开展明察暗访，查处违反中央八项规定精神和“四风”问题案件336件，党政纪处分366人，倒查追究相关领导责任26人，制发通报45期，点名道姓通报曝光442人。2019—2021年，以“推脱绕”等群众最不满意的6类问题破题，先后打响形式主义、官僚主义百日整治行动，作风建设三年提升计划，干部作风整顿提升活动等攻坚战，推动干部作风向“拼抢严实”转变。严防享乐主义、奢靡之风反弹回潮，紧盯重要节点、突出问题，及时查处领导干部违规出入高消费娱乐场所、违规操办喜庆事宜、绕道和借机公款旅游等一批典型问题，社会反响强烈。持之以恒治歪风树新风。出台《关于规范纪检监察信访举报秩序鼓励和保护干部干事创业的八条措施(试行)》；2017—2022年，先后为109名干部澄清正名，严肃查处6起诬告陷害行为，仙桃长期以来的晋升氛围得到极大改善。

3. 持续推进“清廉仙桃”建设。出台《关于推进清廉仙桃建设的意见》，着力构建“1个总体方案统领+7个具体载体支撑”的工作格局，清廉之风逐渐根植于干部群众心中。加强党纪国法教育和廉政教育，坚持每年开展党风廉政建设宣教月活动，推进党纪党规和监察法规“十进十建”；放大查办案件警示震慑效应，分层分类组织党员干部旁听庭审10余场次，取材本土案例拍摄《慎微》《迷途终返》《警醒》等警示教育片6部，教育党员干部不断增强拒腐防变能力。坚持有腐必反、有贪必肃。2012—2016年，全市纪检监察机关共受理信访举报2537件次、处置问题线索1827件、立案1296件、处分1190人。2017—2021年，全市纪检监察机关共处置问题线索3414件、立案2442件、处分2132人，同比分别增长73.2%、76.6%、37.3%。严肃严重违纪违法案件。强力助推政法队伍教育整顿动真碰硬，立案40人、留置4人，将涉嫌严重违纪违法人员移送司法。

4. 坚定持续深化政治巡察。全面贯彻“发现问题、形成震慑，推动改革、促进发展”的中央巡视工作方针，发挥政治巡察利剑作用，加强巡察整改和成果运用，有力推进党的自我革命，坚定不移全面从严治党。中国共产党仙桃市第九届市委以来，先后开展18轮巡察，实现对22个镇(街道、场、区)、63个市直一级单位和698个村(社区)党组织的巡察全覆盖，发现面上问题2073个、问题线索710件。根据巡察移交问题线索，市镇纪委立案272件，给予党纪政务处分268人，留置(两规)13人，移送司法机关12人，通报、诫勉、组织调整或组织处理412人，清退收缴资金1.9亿多元。制定《十届仙桃市委巡察工作规划(2022—2026年)》《关于加强和改进巡察工作的实施意见》及10项制度文件，推动建立起了内容协调、程序严密、配套完备、有效管用的制度体系，有力推进了巡察工作规范化、法治化、正规化建设水平。2022年，全省巡视巡察工作民意调查满意度排名全省第三，市委巡察办荣获“全省纪检监察系统先进集体”称号。

奋进新征程，建功新时代。在新的赶考之路上，150余万仙桃儿女将在省委、市委的领导下更加紧密地团结在以习近平同志为核心的党中央周围，全面贯彻习近平新时代中国特色社会主义思想，发扬伟大建党精神，守正创新，勇毅前行，为仙桃加快“挺进新千亿、建设示范区”作出新的更大贡献！

撰稿人：陈会斌

统稿人：陈会斌

审定人：平洪涛、徐丹、曹金良

砥砺奋进新时代

——从党的十八大到二十大天门发展综述

中共天门市委党史研究中心

天门市，湖北省辖直管市，茶圣陆羽故里，境内有距今5000多年的石家河遗址，素有棉乡、侨乡、文化之乡“三乡宝地”的美誉。党的十八大以来，天门坚定不移贯彻落实习近平新时代中国特色社会主义思想，在党中央和省委的坚强领导下，团结带领全市广大党员干部群众，直面风险挑战，勇于担当作为，全力推进经济社会平稳较快发展，加快建设全省四化同步发展示范区。2022年重返全国县域经济百强，全年实现地区生产总值730亿元，是2012年的2.27倍，“十三五”规划圆满收官，“十四五”规划顺利开局，奋力谱写了新时代天门高质量发展新篇章。

一、践行新发展理念，聚力高质量发展

天门市完整准确全面贯彻新发展理念，服务和融入新发展格局，在真抓实干中争先进位，在加压奋进中开创新局，在高质量发展的赛道上抢占先机、赢得主动，以一域精彩为全局添彩。

（一）综合实力大幅跃升，县域经济争先进位

1. 经济实力显著增强。2022年全年实现地区生产总值730亿元，是2012年的2.27倍；地方公共财政预算收入21.82亿元，是2012年的1.98倍；社会消费品零售总额374.24亿元，是2012年的2.11倍。坚持一手抓增量、一手提质量，发展质效持续提升，规上工业企业达到367家，国家高新技术企业达到60家，国家级制造业“单项冠军”企业实现零的突破，徐工环保、鸿硕精密电工、芯创科技等中国500强、行业龙头、高科技创新企业投资项目落户天门。时隔30年重返全国县域经济百强。

2. 产业结构持续优化。三次产业结构由2012年的21.47∶51.19∶27.34调整为2022年的14.0∶41.3∶44.7。全市形成了纺织服装、装备制造、生物医药、农副产品深加工4个百亿

产业板块，持续推动传统产业改造升级，新兴产业发展壮大，传统产业与新兴产业齐头并进。

农业质效更加凸显。坚持以农业供给侧结构性改革为主线，落实“藏粮于地、藏粮于技”战略，2012—2014年连续3年被农业部评为全国粮食生产先进单位，2015年确定为第三批国家现代农业示范区。2022年，农林牧渔业总产值184.36亿元，较2012年增加83.13亿元，年均增长6.17%，被纳入国家农业现代化示范区创建县市名单。自2016年开展粮食安全行政首长责任制考核以来，天门市均为优秀等次，其中2019年居全省第一。2022年粮食种植面积、总产量实现双增，分别达到240.11万亩、80.33万吨，累计建成高标准农田171.4万亩。龙头培育势头强劲，全市现有市级以上农业产业化龙头企业132家，其中国家级3家、省级22家。品牌建设强势推进，“壹品天门”农产品区域公用品牌成功发布，并入选2022中国区域农业形象品牌影响力名单。庄品健入选2022中国农业企业500强，“石家河”品牌荣获中国十佳粮油(食品)品牌。绿色发展成效明显，6个农产品获国家农产品地理标志认证，“和玉”牌花椰菜、天门早黄豆被评为全国名特优新农产品。国家级“一村(镇)一品”示范村镇达到5个，张港镇2020—2022年连续3年被评为“全国乡村特色产业产值超十亿元镇”。2018年全国种植业结构调整推进会、2019年湖北省蔬菜产业高质量发展现场会在天门市召开，着力建设立足湖北、辐射全国的华中地区蔬菜集散基地。

工业经济筑底企稳。2012—2021年规模以上工业总产值年均增长7.29%；“十三五”期间，工业增值税同比增长了38.5%、29.4%、20.5%、-15.5%，剔除疫情的不利因素，年均增速保持28%以上，2017—2019年工业增值税增速连续3年排全省第一，2021—2022年工业用电量增速连续2年排全省第一。通过实施“百企百亿技改”工程、“困难企业盘活”工程、“中小企业成长”工程、“千万元税收培育”工程、“专精特新”培育工程，产业转型升级持续推进，企业成长步伐加快。全市规上工业企业发展到367家，产值过亿元企业达121家，实现税收过亿元企业1家、税收过千万元企业8家、税收过百万元企业87家，专精特新中小企业20家、专精特新“小巨人”企业3家、专精特新重点“小巨人”企业2家，省级制造业单项冠军企业(产品)10家。天门纺机获评国家制造业单项冠军产品企业，实现国家级制造业单项冠军零的突破。

商贸服务业提档升级。坚持现代服务业与传统服务业并重、生产性服务业与生活性服务业并举，近5年服务业增加值年均增长9.7%，入选国家级电子商务进农村综合示范市、湖北省县域商业体系建设示范市。深入实施国家级电子商务进农村示范工程，2022年电商物流综合服务点覆盖263个行政村，引进北京众联等专业服务机构和望家欢、可可里等电商交易平台，快递业务量突破亿件。金融业运行总体稳健，2022年落实银企对接资金161.22亿元，成功引进汉口银行设立天门支行，银行业金融机构全部实现省垂管。沃尔玛、大润发、万达广场、苏宁易购等商业体进驻。

3. 积极融入武汉都市圈一体化发展。推进武汉都市圈一体化发展，事关全省建设全国构建新发展格局先行区，加快“建成支点、走在前列、谱写新篇”发展大局。天门市围绕建设武汉都市圈重要功能区的目标定位，加快推进规划同编、交通同网、科技同兴、产业同链、民生同保，主动借势借力，谋划实施一批有支撑力的功能性项目、有牵引力的产业项目和有获得感的民生项目。加强产业对接，突出强链补链固链，做好产业配套和产业承接，积极对接武汉“光芯屏端网”产业集群，依托芯创电子信息产业园，建设集成电路封装测试基地，补链电子信息产业，填补湖北省半导体产业封装测试空白；依托龙腾服装特色小镇，对接武汉汉正街服装市场，承接汉正街服装产业转移，打造服装特色小镇。以发展农产品精深加工为重点，着力发展优质稻米、绿色蔬菜、健康畜禽、生态水产四大重点农业产业链，满足全国尤其是武汉农产品供应。加强人才对接，武汉传媒学院在天门建设产学研一体化基地、附属艺术高中和中职艺术学校，华中科技大学在天门建立“竟陵创客空间”等一批创新平台，开创了“技术孵化在高校、成果转化在天门”的新兴产学研合作模式。同时，以武天高速、沿江高铁为契机，加快打通天门与周边城市的“一小时经济圈”快速通道，构建起内外联通、安全高效的物流网络，逐步把天门建设成为武汉产业发展的协作区、科研成果的转化区、品质生活的服务区，着力打造武汉都市圈西部门户。

正在创建中的天门国家级经济开发区（天门高新园）鸟瞰（天门市委宣传部　供图）

4. 着力建设四化同步发展示范区。2022年6月，省第十二次党代会赋予天门“建设四化同步发展示范区”的重要使命。天门市着眼现代化目标，坚持以农业现代化为突破口，推动新型工业化、信息化、城镇化、农业现代化深度融合、互促互进、整体提升，以实施《天门市流域综合治理和统筹发展规划》为重要抓手，以建设“三区三基地”[①]为主攻方

①“三区三基地”：“三区”指国家农业现代化示范区、全省流域综合治理示范区、全省城乡一体化示范区，“三基地”指华中地区蔬菜集散基地、全省服装电商产业基地、全省文旅融合体验基地。

向，奋力推动四化同步发展示范区建设成势见效。

深入实施招商引资“一号工程”。2020年以来，全市共引进重点项目482个，计划总投资1264.33亿元。大力推动全员招商向专业招商升级、全域招商向精准招商转变、全面招商向产业招商转型，系统构建“产业链招商＋驻外招商＋飞地招商”模式，积极探索实行全市“一盘棋”，推行招商“一张图”，聚焦主攻产业开展专业招商，聚焦“含金量”“含新量”“含绿量”来筛选企业和项目，派出20个驻点招商小分队围绕京津冀、长三角、珠三角、华中及成渝4个重点地区，34个重点城市开展驻点招商。锲而不舍跟进对接投资企业与招商项目，确保招商项目引得来、能落地、出实效。

大力实施“百企百亿”技改工程。推进传统产业“有中生优”、新兴产业“无中生有”，着力提升新型工业化水平。抢抓全国县城新型城镇化建设示范市创建机遇，加快推进基础设施一体化建设，实施城市更新行动和“擦亮小城镇”建设美丽城镇三年行动，促进人口集中、产业集聚、功能集成、要素集约，着力提升新型城镇化水平。坚持引进头部企业和培育本土企业“两手抓”，发展壮大一批农业产业化龙头企业，实施品牌培育提升工程，打造优质稻米、绿色蔬菜、健康畜禽、特色水产四大农业产业链，加快农产品加工园、现代农业产业园、农业科技园建设，推动农业从单一的农副产品生产为主，向生产、精深加工、贸易、冷链物流、休闲旅游等全产业链拓展，着力提升农业现代化水平。加快信息基础设施演进升级，持续实施“两化”深度融合示范工程，推进全省数字乡村试点建设，着力提升信息化水平。

（二）重点领域改革纵深推进，发展动能积极释放

1. 经济行政体制改革卓有成效。深化“放管服”改革，全面优化营商环境。2022年11月，高标准打造“新”政务服务大厅，集41个单位2476项政务服务事项于一体，首创推出49个“一事联办”主题，率先打造“一号对外”“一次办好”升级版。2022年，打造“天天顺”政务服务品牌，被人民网、《湖北日报》等媒体宣传报道103次，“一网通办”“一事联办”工作质效保持在全省第一方阵。从简政放权、减税降费到“店小二”式服务、“高效办成一件事”，服务做加法，审批做减法，坚持快兑现，努力营造最优营商环境。先后出台促进经济社会加快发展“45条”、支持民营经济发展“27条”、优化营商环境激发市场活力“32条”、支持市场主体纾困发展“33条”等政策措施，促进企业发展提质扩量增效。推进天门（武汉）离岸科创园、中小企业创业园、科技孵化园建设。实施高企、科小倍增工程，建成省级以上创新创业平台43个。构建现代产业体系。推动经开区改革，构建“一区三园”①新体制，加快创建国家级高新区，“4＋1”现代产业体系不断完善。深入实施国资国企改革，2022年完成10家市属国有企业资产资源整合。

2. 农业农村领域改革深入推进。推进农业供给侧结构性改革，调整农业产业结构，

①“一区三园”：“一区”指天门经济开发区，“三园”指天门高新园、天门工业园、岳口工业园。

打造“天东双水双绿”“天西蔬菜药材”“天北四季瓜果”等高效农业板块。统筹城乡基础设施建设和公共服务，不断改善农村面貌，城乡公交一体化改造率75%。打造数字供销，2022年恢复、重建13个乡镇空白基层社，进一步规范、改造升级村级综合服务社28个，初步实现了乡镇基层社“清零”。不断深化农村供水经营体制改革，在全省率先完成农村供水经营体制改革，22个乡镇水厂全部实施国有化运营，农村供水管网实现村组全覆盖，农户自来水普及率达到96%。推进农业科技创新，设立农科院，引进专业人才从事农业技术研发和成果转化。加强农业全程机械化试验示范，推进农机农艺融合，在全省率先实现水稻、小麦、油菜、马铃薯、玉米生产全程机械化。

3. 社会文化领域改革逐步深入。医药卫生改革持续推进，扎实推进医药体制改革，组建2个“医共体”，通过规范分级转诊制度、改革医保支付方式、降低医疗服务价格、推动远程诊疗系统运用等，全面提升群众获得感，以市级医院为龙头、乡镇卫生院为枢纽、村卫生室为基础的市乡一体化医疗服务体系基本形成。推动“教联体”建设，积极推进集团化、学区化等办学模式。优化教育布局，实施高中进城，2022年一次性撤并4所乡镇高中，新组建市陆羽高中，促进城乡教育优质均衡发展。公共文化服务体系不断完善，高位推动融媒体改革，形成全方位、多层次、多声部的“报、台、网、微、抖、端”立体传播矩阵。新时代文明实践中心实现城乡全覆盖，“三馆一站”[①]覆盖率达136%。

4. 民主法制领域改革蹄疾步稳。深化政法机关机构职能改革，充实一线办案力量，促进审判职能、“四大检察”全面协调发展；积极探索“互联网+司法”模式，“线上”“云端”办公办案成为主要方式。完善监督制约体系，开展执法监督评查，突出典型案件、实施重点督办，开展重点案件集中督查；强化法律监督，监督公安机关立案，办理纠正违法监督案件，主动审查各类民事行政督察案件。深化诉讼制度改革，建立健全案件繁简分流机制，有效使用认罪认罚从宽制度，深化案审机制改革，推进刑事辩护全覆盖试点工作。

（三）科技创新能力全面提升，创新天门建设稳步推进

1. 强化顶层设计。瞄准产业、技术、人才、平台“四个制高点”，不断完善科技创新环境，科技创新已从“关键变量”转变为产业高质量发展的“最大增量”。聚焦科技创新服务升级，积极引进科技咨询、人才服务和金融服务等机构，打造科技人才、科技金融和技术创新融通发展模式。成功创成国家科普示范市，高位推进国家高新区和省级创新型县（市）建设，陆续出台《关于进一步加快推进科技成果转化的实施意见》《关于加强科技创新引领高质量发展的实施意见》《关于激励人才创新创业促进高质量发展的实施意见》等系列科技创新政策。科技投入逐年增长，财政科技投入从2012年的0.67亿元增长至2022年的2.77亿元，企业R&D经费内部支出达6.05亿元；全市科技人才加速集聚，至2022年已达到1505人；引进14

①“三馆一站”：“三馆”指美术馆、公共图书馆、文化馆，“一站”指乡镇综合文化服务站。

家科技服务机构入驻，开展企业服务，成立楚商先锋基金等创业投资基金。

2. 壮大企业主体。依托部门、乡镇园区和科技服务机构三级服务队伍，完善高新技术企业后备培育库，构建“发现一批—培育一批—认定一批”的高企培育链条，重点抓好国家高新技术企业、国家科技型中小企业、科创“新物种”企业等创新主体培育。装备制造产业集群获批省级创新产业集群，生物医药产业集群成功纳入国家级产业集群试点（培育）名单。十年来，国家高新技术企业从13家增长至96家，国家科技型中小企业达271家，科创“新物种”企业数量达9家，规上工业企业研发机构覆盖率达50.6%；全市高新技术产业增加值从17.88亿元，增长至93.9亿元。

3. 聚焦成果转化。围绕“4+1”主导产业开展市级新型研发机构、科技企业孵化器、星创天地等平台认定，布局建设了天门（武汉）离岸科技创新中心，高标准打造天门市企业对接武汉创新资源的桥头堡，实现市内技术攻关和市外技术引进协同发展，促进产业链和创新链延伸融合。持续完善政产学研金服用工作体系，探索完善校企、校地合作机制，湖北现代纺织产业技术研究院获批省级产业技术研究院，2家省级科技成果转化中试研究基地成功备案。实现了国家级创新创业平台零的突破，十年来，建成国家级星创天地1家，省级以上创新创业平台从6家增长至49家，获得省级科学技术奖数量从4项增长至13项，登记省级以上企业技术成果196个，备案科技成果转化项目达130项，完成技术合同成交额突破100亿元。

二、推进民主法治建设，凝聚团结奋斗合力

党的十八大以来，天门市不断推进社会主义民主政治建设，不断丰富全过程人民民主的生动实践，总揽全局聚合力，民主法治建设稳步推进。连续7年被省委、省政府评为“平安建设（综治工作）优胜单位”，成功创建“全国青少年普法教育示范区”，获评全国“七五”普法中期先进城市。

（一）全过程人民民主加快发展

1. 加强和改进新时代人大政协工作。支持人大及其常委会在重点项目建设、产业链招商安商、创建全国文明城市、疫情防控、共同缔造等市委中心工作中依法履行职责，发挥职能作用，坚持正确监督、有效监督、依法监督。十年来，共作出决议决定87个，任免地方国家机关工作人员1009人次，听取审议“一府一委两院”专项工作报告206个，开展执法检查61次、视察调研275次、专题询问11次，备案审查规范性文件153件，充分发挥人大代表在践行全过程人民民主中的主力军作用，做到提案事事有落实，件件有回音，一批群众关心关注的热点难点问题得到有效解决。支持人民政协发挥专门协商机构作用，履行好政治协商、民主监督、参政议政职能。十年来，围绕全市工作重点、改革发展难

点等重大工作，召开16次市委书记与委员互动活动、10次专题议政性常委会议、10次全会联组讨论、62次专题协商会；开展专题调研视察活动112批次，广集众智、广谋良策、广聚共识，形成调研报告385篇；征集提案2371件，立案1989件，办复率99.8%；收到整理各类社情民意信息2200多条，许多建言成果转化为党委、政府决策部署和政策措施。

2. 奋力开创新时代统一战线工作新局面。牢牢把握大团结大联合主题，每年召开3至4次专题政党协商会议，为市委、市政府科学决策、民主决策提供重要参考。整合有关部门、乡镇、企业项目资金用于少数民族聚集区基础设施建设，全市2个民族村基础设施得到明显改善。深入持久开展民族团结进步创建工作，雁叫社区、天门职院等16家单位被授予全国、全省民族团结进步创建示范单位。坚持“两个毫不动摇”，着力促进“两个健康”，不断探索推进民营经济统战工作，深入推进“百企联百村”和“万企兴万村”行动。截至2022年底，累计有220家民营企业参与帮扶190多个村，产业和公益投入4000多万元。新时代港澳台、海外统战工作和侨务工作得到进一步深化拓展。

（二）依法治市全面推进

1. 法治建设体制不断健全。为全面推进依法治市工作，出台《法治天门建设规划（2021—2025年）》《天门市法治政府建设实施方案（2021—2025年）》《天门市法治社会建设实施方案（2021—2025年）》等文件。始终把法治政府建设放在突出位置，修订完善《天门市人民政府工作规则》，出台《天门市“三重一规”合法性审核审查实施办法》，全面落实法律顾问制度，建立健全重大事项依法决策机制、规范性文件报备审查机制和重大决策风险评估机制，政府规范性文件报备率、合法合格率达到100%。持续深化“放管服”改革，推进权力清单和责任清单建设，全面实施市场准入负面清单制度，为新技术、新产业、新业态、新模式的发展提供“非禁即入”的宽松环境。

2. 执法司法质效持续提升。健全完善“情指勤舆”一体化运行机制，全面排查化解涉政、涉稳、涉疫风险隐患，公安核心战斗力和实战效能大力提升，确保了全市政治社会大局持续稳定。2012年以来，市法院受理各类案件8.33万件，审执结7.93万件，结案率95.2%，审判结案率等指标居全省“第一方阵”。全面落实“少捕慎诉慎押”刑事司法政策，准确、规范适用认罪认罚从宽制度，适用率从63.37%提升至92.52%，促进了社会和谐。市检察院建立“案—件比”质效评价指标体系，督促检察官从办案第一环节就求极致，“案-件比”降至1∶1.0383。

3. 全民法治观念不断增强。严格落实“谁执法谁普法”“谁管理谁普法”“谁服务谁普法”普法责任制，深入推进“法律六进”“法律七进”主题宣传活动。十年来，举办各类法治宣传活动10000余场次，发放资料几十万份，参与干部群众50余万人次，惠及群众200万人次。紧抓法治惠民这一主线，建成法治主题公园，青少年普法教育体验馆、“青少年普法示范路”等一批法治文化阵地。通过“律师说法”“天小律说法”“周晓法”“天门司法”公众号等媒介深入宣传，深入推进依法治村、依法治校、依法治企，推进基层依法治理。将法治文化建设融入美丽乡村建设，涌现出杨林社区、友谊社区等一批全国民主法治示范村（社区）。

4. 全力推动扫黑除恶常态化。坚持不懈推进扫黑除恶斗争，深入开展“六清行动”①，全面净化了基层政治生态和营商环境，提升了人民群众的获得感幸福感安全感。2018年以来，共侦办黑社会性质组织案件2件、恶势力犯罪集团案件2件、恶势力犯罪团伙案件46件，破获刑事案件219件，刑拘犯罪嫌疑人427人；追捕涉黑涉恶目标逃犯16人，协助异地抓捕涉黑涉恶目标逃犯24人，到案率100%，成为全省率先实现“逃犯清零”的10个市州之一。

5. 坚持和发展新时代“枫桥经验”。深化人民调解、司法调解、行政调解“三调联动”，建立完善矛盾纠纷“三级联排”工作机制，选聘4420名人民调解员，筹建仲裁委员会，年平均排查化解矛盾纠纷3500余件，各类矛盾纠纷调解成功率达98.2%，群众安全感提升至98.81%。以街道体制改革为契机，“一村（社区）一法律顾问”全覆盖，全市169名社区民警、544名驻村辅警上岗履职，配备专兼职网格员4475人，实现网格化服务管理、公共法律服务、社会矛盾纠纷调解、应急指挥“四合一”整合。加快“雪亮工程”②建设，在全市村（社区）试点推广“智慧平安小区（村）”“智慧平安家庭”建设，将视频监控延伸到居民家庭，全面提升公共视频监控覆盖率，为平安天门建设织就了一张“防护网”。

6. 全面开展政法队伍教育整顿。出台《中共天门市委政法委员会议事规则》等一系列党管政法的制度规定，深化政治教育、警示教育、英模教育，扎实组织政治督察、执法监督、纪律作风巡查。2021年开展政法队伍教育整顿期间，坚持无禁区、全覆盖、零容忍，深挖彻查违纪违法线索，有针对性地开展谈心谈话1822人次，举办2轮40场宽严相济政策宣讲。全市共清理排查“六大顽瘴痼疾”问题209件，整改率100%。2022年，出台《关于巩固政法队伍教育整顿成果 推进全面从严管党治警的实施方案》，建立完善执法司法制约监督体系、管人管事管权长效机制101项。通过教育整顿，全市政法机关执法司法满意度上升至95.95%，群众对政法工作的满意度、认可度进一步提高，涌现出全国优秀人民警察魏星等一批先进典型。

三、开创文化繁荣发展新局面，建设新时代文化强市

天门市文化底蕴深厚，是中国茶文化之乡、中国蒸菜之乡、中国曲艺之乡和中国民间文化艺术之乡。市委、市政府坚持文化兴市理念，以培育和践行社会主义核心价值观为

---

①“六清行动”：线索清仓、逃犯清零、案件清结、伞网清除、黑财清底、行业清源。

②“雪亮工程”：以县、乡、村三级综治中心为指挥平台、以综治信息化为支撑、以网格化管理为基础、以公共安全视频监控联网应用为重点的群众性治安防控工程。

主线，以深化文明创建为载体，统筹推进以文化人、以文惠民、以文兴业，着力提升文化影响力和文化软实力，建设新时代文化强市。

（一）社会主义核心价值观建设不断深化

1. 加强对意识形态工作的全面领导。认真学习领会习近平总书记关于意识形态工作的重要论述，始终坚持马克思主义指导地位，坚持和加强党对意识形态工作的全面领导。深入贯彻落实党中央、省委关于意识形态工作的决策部署及指示精神，出台《天门市党委（党组）意识形态工作责任制实施细则》，压实第一责任人责任，抓学习教育、抓阵地管理建设、抓互联网主战场、抓宣传载体创新、抓网络信息装备建设、抓督查检查，推动意识形态工作责任制落地落实。

2. 大力挖掘选树精神文明领域典型。常态化开展天门市道德模范、天门好人等选树，十年来，共评选出天门市道德模范59人、“天门好人”109人，获评“中国好人”4人1集体、湖北省道德模范1人、荆楚楷模15人、湖北好人14人。深化未成年人思想道德建设，常态化开展“新时代好少年”推选，2018年以来共评选出天门市“新时代好少年”80名，获评湖北省“新时代好少年”2名。2022年，在全省未成年人思想道德建设工作测评中排名第四。

（二）新时代文明实践建设提质增效

1. 丰富拓展文明实践载体。先后发布《天门文明20条》《天门文明20条2.0版》，录制快板节目《24字要牢记》，在全社会广泛传唱，通过开展文明交通、文明旅游、文明餐桌、文明上网等行动，推进文明行为促进，提升市民文明素质。制定《天门市新时代文明实践中心（所、站）建设标准》《天门市新时代文明实践所站提档升级工作方案》，先后建设1个实践中心、26个实践所、621个实践站，实现全市所站建设全覆盖，新城社区入选全省标杆实践站。整合公共服务资源1009处，设立一批文明实践点，打造文明实践综合体。全市建立志愿服务总队1支、志愿服务分队110支、志愿服务队621支、文明实践志愿服务队伍1008支。十年来，组织开展志愿服务总队活动3218场，各实践所站持续开展活动1750场次、开展志愿服务活动2330场，组织志愿宣讲、送文艺下乡、书记说理等活动440余场，惠及群众达50万人次。

2. 持续深化文明城市创建。成立市创建全国文明城市指挥部，通过实施城市建设工程、强化城市精细管理，组织文明城市接力赛、向不文明行为宣战等专题活动，城市硬件日益完善，软件不断升级，“文明创建＋”品牌获人民网、《湖北日报》等推广。2022年，在全省文明城市创建“五个一”推选宣传活动中，5个入选省级示范。同时，深化文明村镇、文明单位、文明校园、文明家庭等创建，全市创文氛围日益浓厚。

（三）高质量推进文化事业发展

1. 公共服务体系不断完善。十年来，累计投入约10亿元，建成博物馆、体育中心等公共文化服务场馆并对外开放，市级场馆全部达标，图书馆、群艺馆被评为国家一级馆，市图书馆、市博物馆、张港龚王村乡村图书馆入围湖北省最美公共文化空间评选。全市26个乡镇综合文化服务中心全部建成达标，并配套建设图书馆分馆、群艺馆分馆。建设村级综合文化服务中心621个、农家书屋数字化621家、文体小广场384个，“三馆一站”覆盖率达到136％。建设清廉文化阵地，擦亮茶廉文化品牌，建成天门职业学院茶廉文化教育基地，天门图书馆展出“中国古代廉政历史文化展”、天门博物馆展出“中国共产党反腐倡廉历程展”。2021年，天门市被评为全省第三批公共文化服务体系示范区。

2. 持续擦亮“中国曲艺之乡”金字招牌。组织实施文艺作品质量提升工程，提升“天门出品”质量，大型花鼓戏《茶树岭》参加第三届湖北艺术节并入选全国现实题材优秀剧目展演，广场舞《快乐莲厢》获第三届湖北艺术节一等奖，莲花落《搬猪场》获第三届湖北艺术节二等奖。折子戏《打神告庙》获湖北省第十二届戏剧牡丹奖，《清夏潺潺》入选“悲鸿精神”第二届全国中国画作品展优秀奖。花鼓戏《亮相》获2021年省“文华”进步奖；花鼓戏《孝子里》入围第四届湖北地方戏曲艺术节展演剧目。天门说唱《传家宝》入围第十二届中国曲艺牡丹奖大赛，花鼓戏小戏《村官招亲》入选2022年第十九届全国群星奖复赛，入围第十三届中国艺术节暨第十九届群星奖复赛。2022年6月，天门再次获评“中国曲艺之乡”称号。

3. 文化惠民活动丰富多彩。每年辅导培训基层文艺骨干5000人次，组建“红色文艺轻骑兵”小分队11支，常态化开展送戏下乡、送电影下乡、送图书下乡，戏曲进校园等活动。全市有民间文艺团队98家，8支民间剧团被评为湖北省百佳社会文艺团队。乡镇文化场馆全免费开放；连续举办18届陆羽广场文化月活动；每年送戏下乡100场、戏曲进校园170场、送电影下乡1万场。成功举办湖北省第十二届龙舟大赛、天门国际马拉松等体育赛事。

4. 文化资源保护利用不断加强。一是大力实施石家河遗址保护传承工程。编制《石家河国家考古遗址公园总体规划》，已建成石家河考古研究中心和石家河遗址博物馆。目前正加快做好出土文物修复保护，加强历史文化研究阐释，高质高效推进石家河国家考古遗址公园建设。二是做好非物质文化遗产保护传承，在市博物馆专设民间文化艺术展厅和非遗展示馆，在市群艺馆建成天门市非物质文化遗产展示厅，建成市—乡镇—村（社区）三级传承基地体系。市渔鼓皮影戏传承基地被省文化厅授予省级非物质文化遗产传承示范基地。

（四）快速推进文旅产业融合发展

1. 开展旅游品牌创建。以创建国家A级旅游景区为抓手，着力打造一批精品旅游景区和旅游目的地。2021年，茶圣故里园成功创成国家4A级旅游景区，胡家花园成功创成国家3A级旅游景区，亚航国际旅行社和天门康辉成功创成湖北省3A级旅行社。2022年，杨林方舟生态庄园景区和海龙岛景区先后成功创成国家3A级旅游景区，天门乾坤旅行社成功创成湖北省3A级旅行社。

2. 做大做强文旅产业。成功举办3届陆羽茶文化节、6届蒸菜美食文化节，打造“一镇一节”，形成黄潭米粉节、皂市桃花节、干驿龙虾节等乡村文化旅游品牌。策划“茶圣文化探秘之旅”精品旅游线路，入选全省50条品质旅游线路之一；茶圣故里园景区成功入选湖北赏花“网红打卡地”；知青农场、棉花博物馆景点入选第5个“中国农民丰收节”推出的“丰收的湖北”10条精品旅游线路重要站点。开发“天门创意礼盒”文创产品，在第25届武汉茶博会上，“季儿茶”“陆羽竟陵红”“竟陵陆子饼”荣获金奖；在“九头鸟”文旅创意奖评选中，“竟陵陆子饼”获文创作品类三等奖。推进“文旅＋”融合发展，积极盘活现有资源，发展“文旅＋农业”“文旅＋教育”“文旅＋体育”“文旅＋康养”产业。

2015中国(天门)茶圣节开幕式现场(天门市摄影家协会　供图)

四、决战决胜疫情保卫战和脱贫攻坚战，书写全面建成小康社会新篇章

坚持以人民为中心，坚决打赢疫情防控阻击战和脱贫攻坚战，用心用情用力保障改善民生，不断增进人民福祉，人民群众获得感幸福感安全感不断提升，全面建成小康社会如期完成。

(一)坚定坚决打赢疫情防控保卫战

1. 取得岁末年初疫情防控决定性成果。2020年年初，突如其来的新冠肺炎疫情蔓延天门，天门市委、市政府坚决贯彻习近平总书记重要指示批示精神，坚持人民至上、生命至上，组织指挥全市人民打响了疫情防控人民战争、总体战、阻击战。2020年3月13日，天门市转为低风险地区，3月20日在全省较早实现了确诊病例的全部“清零”，3月28日援助天门市的山西医疗队最后一批队员撤离，标志着天门市疫情防控取得决定性成果。

寸步不让严防死守。2020年1月21日至3月28日,疫情防控期间,市“四大家”领导全部驻点乡镇督导指导防控工作,组建26个督导专班下沉乡镇督查;全市2365个党支部、23870名党员、2001支志愿者队伍、14852名志愿者参与疫情防控。通过持续滚动排查、全面倒查重点对象、自我排查奖励等方式加强源头防控。设置卡口1246个,坚持24小时值班值守,确保管牢交通卡口、管住重点人群、管严重点场所。

科学施治提升效率。不惜一切代价,竭尽全力救治患者。坚持快检快测,做到日清日结。确定市一医、市中医医院(新院区)、市妇幼保健院、市三医院为定点医院,配备病房1353间,隔离留观房间5390间。整合全市及山西、四川、重庆支援医护力量2983人,共同开展医疗救治工作。建立指挥部定期沟通机制、医疗队及时沟通机制、医院无缝沟通机制,与国家级救治专家保持密切联系,通过远程会诊、巡回指导、会商会诊等方式,对确诊、疑似病例分轻型、普通型、重型、危重型实行“一人一策”、精准治疗。

强化物资供应保障。坚持政府采购、省级调拨、社会捐赠结合,精准科学调配医用物资,确保全市药品、医用防护物资持续供应。抓好生活物资保供稳价,实行内采外购、统筹调配,确保生活必需品供应充足、品种丰富、价格实惠。组织213家市场主体参与生活物资配送服务,发挥村组干部、下沉干部、志愿者作用,实行代买代购、错峰供应、错峰收货,解决“最后一公里”“最后一百米”问题;高度关注特殊困难群体,安排专人包保服务。加强捐赠物资分配管理,建立台账、严格程序、迅速下发、及时公开,对违规发放、截留捐赠物资的从严从重追责问责。

精准有序复工复产。在科学精准做好疫情防控工作的同时,实施差异化复工复产复市策略,努力恢复正常经济社会秩序。全力支持“停不得”企业复工复产,统筹抓好农村疫情防控和春季农业生产;推行健康码管理,促进人员安全有序流动,帮助群众通过“点对点、一站式”方式安全有序外出返岗;逐步恢复城市商业功能和民生保障功能。抢抓中央大力支持湖北一揽子政策机遇,谋划实施一批打基础、强功能、利长远的重大项目;千方百计稳企业稳增长稳就业,竭力帮助企业纾困解难;开展一系列直播带货和促销活动,着力提振市场信心、带动消费回补、畅通经济循环。

2. 取得常态化疫情防控决定性胜利。疫情防控进入常态化后,牢牢把握“疫情要防住、经济要稳住、发展要安全”总要求,坚持“动态清零”政策毫不动摇,完善常态化科学精准防控机制和局部应急处置机制,精准高效应对多起突发疫情,守住了不出现疫情规模性反弹的底线。2022年迅速、稳妥处置了5·12复阳及6轮疫情,未出现本土二代病例。筑牢免疫屏障,按照“应种尽种、梯次推进、突出重点、保障安全”的要求,依法依规、积极稳妥推进疫苗接种工作,截至2021年11月,全市累计接种新冠病毒疫苗176万余剂次。强化应急资源准备,建立一体化流调指挥中心,实行全链条、闭环式管理,做到快管控、快筛查、快隔离、快流调、快解封。做好核酸检测工作,2022年全年开展核酸检测86万余份。积极推进疾控体系改革和公卫体系建设，配足配齐医护力量，不断提升重大疫情和突发公共卫生事件防控应对能力。

（二）决战决胜脱贫攻坚

1. 减贫脱贫任务全面完成。天门属插花贫困地区，2014—2020年，全市完成减贫任务78492人，所有贫困人口全部脱贫退出，119个贫困村全部脱贫出列，实现了精准扶贫、不落一人的目标，全市绝对贫困问题得到历史性解决。

2.“两不愁三保障”水平显著提高。2014—2020年，累计投入资金100154.68万元推动脱贫攻坚各项政策落实。落实“雨露计划”，累计补助对象7224名1083.6万元；扎实推进健康扶贫，贫困对象基本城乡医疗保险全部参保，实现贫困对象参保政府资助全覆盖，“四位一体”①和“先诊疗后付费”“一站式、一票制”结算制度全面落实。累计救助贫困人口住院94924人次、47029.3万元；累计救助贫困人口门诊、特殊慢性病156963人次、4872.79万元。开展家庭医生签约服务，实施大病专项救治，实施住房安全有保障认定，累计实施危房改造8621户，全市三类对象和建档立卡贫困户对象住房安全有保障比例均达到100%。累计投入30515.6万元推进安全饮水，全市所有农户喝上了放心水。综合运用多重社会综合保障措施，做到了“应兜尽兜”“应纳尽纳”“应扶尽扶”。

3. 农村基础设施和公共服务能力大幅提升。2014—2020年，累计新建农村公路1928.5公里，实现村村通硬化路；累计投入1.26亿元，实施脱贫村线路改造项目590个，实现村村通动力电；推进宽带通信网络行政村、集中居住区全覆盖，全市行政村光纤覆盖率100%；投入资金1547万元完成119个脱贫村文化小广场建设并配套农民体育健身工程器材和全民健身路径工程；乡镇卫生院建设和全科医生配备全面达标，行政村卫生室“空白村”实现全面消除。农村行路难、用电难、上网难、就医难等诸多难题得以有效解决，脱贫群众生活水平和质量极大改善。

4. 人民群众收入水平不断提高。坚持把就业增收作为精准扶贫的关键举措，通过扩大产业基地、培育市场主体、强化利益联结、组织转移就业等方式动员贫困群众参与产业扶贫，不断提高脱贫群众自我发展能力。2014—2020年，全市119个脱贫村均发展了农业产业合作组织，共有合作社2973家，带动脱贫户增收的新型农业经营主体达574家，带动6099户脱贫户增收，特色产业带动有劳动能力脱贫户17938户，新型农业经营主体实际带动有劳动能力的脱贫户占比达72.9%，特色产业带动有劳动能力的脱贫户占比达95.1%，人均纯收入由2579.8元增加到14444.1元。

5. 基层治理能力不断增强。全市选派驻村工作队170支、驻村干部643名，驻村第一书记119名，8621名干部职工结对帮扶贫困户，实现了村村见干部，户户有帮扶。通过

①“四位一体”：基本医保+大病保险+医疗救助+补充保险。

组织开展大规模轮训、抓党建促脱贫攻坚、开展扶贫领域作风专项治理，农村基层治理能力和管理水平有效提升，基层党组织凝聚力和战斗力明显增强。

6. 持续巩固脱贫攻坚成果与乡村振兴有效衔接。研究制定《天门市实现巩固拓展脱贫攻坚成果同乡村振兴有效衔接的实施方案》，严格落实“四个不摘”要求，健全返贫动态监测和帮扶机制，加强对易返贫致贫人口的常态化监测和帮扶，做到“一户一档”“一户一策”“一户一专班”。落实针对性帮扶措施，守住不发生规模性返贫底线；抓好特色优势农业产业发展，拓宽增收致富渠道，增强内生发展能力，以管用措施做强村级集体经济、增加农民收入；转变“重建轻管”思维，完善乡村建设长效管护机制，真正促进农业高质高效、乡村宜居宜业、农民富裕富足。

黄潭镇七屋岭村知青农场（天门市融媒体中心　供图）

（三）社会民生福祉大幅增进

1. 多措并举稳定就业。十年来，全市累计城镇新增就业人员12万人，失业人员再就业2.7万人，困难人员再就业1.5万人，城镇登记失业率保持在5.0%以内，就业创业政策覆盖率逐步超过全省平均水平。高校毕业生信息核实率达到100%，年均接收大学生在内流动档案近7000份；建立覆盖市乡两级、功能完善的大学生实习实训基地42家；建立一批市级创业孵化示范基地、天门人才创新创业超市，为高校毕业生创新创业提供综合性服务。劳动者技能素质持续提升，以高层次人才和高技能人才为重点的人才建设各项政策全面实施，全市专业技术人员达到2.5万人。实施2019—2021年职业技能提升三年行动，累计开展补贴性职业技能培训4.1万人，劳动者稳定就业和转换岗位能力不断增强。十年来，全市公共就业服务机构举办线上线下各类招聘活动1271场，年均发布岗位8000余条，年均提供公共就业创业服务人数约8.3万人次。对维权者构建劳动关系全链条保障支撑，畅通劳动保障监察举报投诉电话，实行“24小时不打烊”，十年来共为2.051万人追回被拖欠的工资36467.53万元，劳动人事争议结案921件，劳动者权益得到有效维护，劳动关系总体保持和谐稳定。

2. 完善多层次社会保障体系。建立了以基本医疗保险为主，普通门诊、特殊慢性病门诊、大病保险、意外伤害保险、职工长期护理保险、医疗救助等为补充的比较完备的多层次医疗保障体系，保基本、防大病、兜底线的能力进一步增强。城镇职工医保与城乡居民医保已基本实现参保全覆盖，三级财政补助标准由人均380元提高至550元。2021年12月，全市养老保险参保总人数107.33万人，其中城乡居民社会养老保险参保84.39万人，实现城乡居民社会养老保险制度全覆盖；工伤保险参保8.37万人，失业保险参保3.3万人；全市社会保障卡累计持卡人数137.71万，社会保障卡持卡人数实现常住人口全覆盖。着力打好防范化解重大风险攻坚战，管好百姓的“养命钱”。

3. 织牢民生兜底保障网。全市基本形成以基本生活救助、专项社会救助、急难社会救助为主体，社会力量参与为补充，覆盖全面、分层分类、综合高效的社会救助格局，困难群众的基本生活得到了制度性保障。十年来，累计支出基本生活救助资金20多亿元，共计保障各类困难群众近60万人次，做到了应保尽保、应救尽救。2022年12月，全市有城市低保5590户8785人、农村低保18273户34825人、农村特困3787人、城市特困412人，累计发放保障金额18804.1万元。城市低保标准由360元/人·月提高到630元/人·月，增幅达75%；农村低保标准由150元/人·月提高到450元/人·月，增幅达200%，农村低保标准占城市低保标准比例增幅达70%；城市特困标准由720元/人·月提高到1260元/人·月，增幅达75%，农村特困标准由333元/人·月提高到880元/人·月，增幅达164%，农村特困标准占城市特困标准比例增幅达51%；临时救助标准由665元/人·次·年提高到2000元/人·次·年，增幅达201%。全市享受高龄津贴人员33441人，享受困难高龄、失能老人补贴人员673人，发放高龄津贴和护理补贴1872.7万元；发放孤儿和事实无人抚养儿童基本生活费381人，523.3万元；建立留守儿童信息台账5718人。严格落实24小时服务接待制，确保“求助有门、受助及时”。加强残疾人福利保障，做到应补尽补、按月发放，全市10604人享受困难残疾人生活补贴，7865人享受重度残疾人护理补贴，发放补贴1475万元。

4. 扎实推动基本社会服务。持续开展城乡社区居家养老服务中心建设，全市社区日间照料中心数量达到93个，老年人互助照料活动中心数量达到352个，覆盖率分别达到100%、67%。2016年，市政府将农村福利院提档升级改造工程纳入市政府十件实事，农村福利院全面提档升级，共计投入建设资金9918万元，新建农村福利院5所、扩建、改建农村福利院18所。投入资金600多万元，每年开展12个左右农村老年人互助照料中心提档升级建设，满足农村老年人生活照料、文化娱乐、简单康复、精神慰藉等基本服务。深化殡葬领域改革，加大殡葬改革宣传力度，推进移风易俗，倡导厚养礼葬。2022年，掩市殡仪馆2000平方米的公益性骨灰堂主体工程已完工，进一步加强了殡葬设施建设。

5. 大力推进教育事业发展。2013年以来，投入资金23.18亿元，新建中小学10所、改扩建8所，新建、改扩建幼儿园31所，新增学位5万余个。2022年，新建实验高中新校区，增加高中学位5600个；组建陆羽高中，撤并皂市、渔薪、张港、干驿4所乡镇高中，整合优质高中教育资源，改善高中办学条件，为加快县域普通高中高质量发展与提升奠定坚实基础。适龄幼儿毛入园率提高到94.3%，全市普惠性幼儿园覆盖率达到94%，公办园幼儿占比率达到50.2%。义务教育阶段小学入学率、巩固率100%，初中三年巩固率100%，高中阶段毛入学率提高到93.01%，均居全省前列。2017—2022年，发放补助资金近2.3亿元，资助贫困生35万余人次，确保应助尽助，不让一人因贫辍学。2021年，中小学校学区化办学的学校102所，集团化办学的学校69所，学区化集团化办学实现了全覆盖。启动教联体建设省级试点工作，《湖北日报》以《天门湾坝小学变形记》为题，对天门教联体建设工作进行了专题报道。

6. 稳步推进健康天门建设。坚持把健康融入政策，先后创建成国家卫生城市、国家慢性病防控示范区、全国健康促进市，获评“全国健康城市建设进步最快城市”。2021年，以832.7的高分通过国家卫生城市首次复审，位列本轮复审的13个国家卫生城市榜首。全力推进城市精细化管理等9个常态化管理，全力推进全域卫生创建，16个乡镇创建成国家级、省级卫生乡镇，314个村/社区创建成省级卫生村/社区，171个单位创建成省级卫生先进单位。以健康城市建设试点为契机，大力开展健康天门行动和“323”攻坚行动，不断提高人民群众的健康素养水平。2018年出台《“健康天门2030行动”纲要》、2020年出台《健康天门行动实施方案》等文件，形成政府主导、部门联动、社会参与的工作体系，全方位多层次开展健康知识普及行动，市民文明健康生活方式逐步形成。全市累计建成健康社区（村）280个、健康学校86所、健康食堂50个、健康酒店/餐厅36个、健康家庭608个、健康超市3家、健康企业11家。2022年，全市人群健康素养水平为33.16%，较2016年10.41%，有较大提升，超过“健康湖北建设”省布指标任务。

五、坚持生态优先，打造绿水青山新天门

坚持以习近平生态文明思想为指导，认真践行绿色发展理念，统筹推进生态环境保护各项工作，突出环境问题整改取得新进展，污染防治攻坚实现新突破，生态环境质量持续改善。先后被评为“湖北省生态文明建设示范市”“国家园林城市”“国家卫生城市”“中国最具生态竞争力城市”“中国生态魅力市”等。

（一）蓝天保卫战成效显著

1. 污染源管控力度不断加强。开展燃煤锅炉淘汰改造和工业炉窑排查整治工作，鼓励清洁能源替代，开展工业污染治理，对挥发性有机物排放企业、无组织排放企业和“散乱污”企业进行整改帮扶，进行建筑施工场所扬尘治理、餐饮油烟污染防治，划定了非

道路移动机械禁行区，开展了机动车污染治理和机动车排放检验机构检查，落实汽车排放检验与维护制度，全面强化固定污染源和移动污染源的管控治理。

2. 禁烧禁鞭禁燃工作持续推进。2015年制定《关于在天门城区禁止燃放烟花爆竹的议案》、2017年出台《关于划定天门市中心城区高污染燃料禁燃区的通告》，同步推进“禁鞭”“禁燃”工作，2021年扩大禁鞭范围，中心城区基本无燃放烟花爆竹现象，群众的环保意识逐渐增强。建立和完善了市、镇、村三级的秸秆焚烧监管责任体系，24小时不间断巡查，狠抓秸秆禁烧工作，出台奖补政策，强化农作物秸秆综合利用，切实解决秸秆焚烧污染环境的问题。

3. 污染天气防范应对能力大幅提升。印发重污染天气应急预案，编制重污染天气应急减排清单，健全大气污染联防联控工作机制，落实污染天气预警和临时管控机制，及时预警并发布臭氧及颗粒物临时管控通知，及时采取错峰行动，有效减轻沙尘污染等天气对空气质量的影响。大气环境质量明显改善，重污染天数明显减少，截至2022年底，天门市$PM_{2.5}$年均浓度从66.3微克/立方米降为36.3微克/立方米，下降了45.2%，PM_{10}年均浓度从92微克/立方米降为64微克/立方米，下降了30.4%，空气优良天数率上升了11.7%，天朗气清，好空气成为天门名片。

（二）碧水保卫战统筹推进

1. 天门河水质持续向好。2012年开始，市委、市政府将天门河水环境治理纳入发展规划，多次列入“十件实事”进行推进，专门成立天门河综合治理攻坚指挥部，印发《天门河综合治理攻坚方案》，明确天门河流域工业污染治理、畜禽养殖污染治理、城区污水处理厂及管网建设、农村生活垃圾统筹治理、乡镇污水处理厂建设等主要工作，全面开展天门河综合治理。累计投入约14.5亿元，对全市雨污水管网进行全面梳理，逐步消除城镇生活污水直排和污水管网混错接的问题，杜绝了生活污水直排天门河。建立河湖长制管理机制，全市43条市级河流、45个市级湖泊、224条镇级河流、7061个小微水体纳入管理体系，市“四大家”领导、50多个职能部门、1200多名河湖长常态化巡河，实现河湖管理保护制度化、长效化。天门河城区段水质从曾经的劣Ⅴ类提升至2022年的Ⅲ类，2022年全市地表水考核断面全部达标。

2. 畜禽养殖污染整治有力。2017年启动天门河、汉北河流域畜禽养殖污染治理工作，先后关停拆除中小养殖场2575家，改造规模养殖场538家、中小养殖场547家，建成农牧结合项目17个和有机肥厂5个，全市规模养殖场治污设施覆盖率100%。2022年，制定并印发了《天门市“十四五”畜禽养殖污染防治规划》，进一步强化畜牧业绿色长效发展。

3. 水环境治理成效显著。建立健全流域上下游联动机制，与周边地区签订天门河横向生态补偿协议，协调开展常态化生态补水，签订汉江跨流域突发水环境污染事件联防联控协议，完善流域联防联控机制。农村黑臭水体得到有效治理，2020年率先完成

100条小微水体整治和13个塘堰疏洗整治任务。

张家湖国家湿地公园(天门市摄影家协会　供图)

(三)净土保卫战持续发力

1. 土壤污染防治深入推进。全面开展土壤污染状况详查,建立了土壤污染防治工作联动机制,持续做好重点行业企业用地调查信息采集,编制印发了《天门市土壤污染防治和修复规划(2018—2030)》《天门市沿江化工企业搬迁后土壤修复可行性方案》。截至2022年底,完成2处沿江化工企业“关改搬转”污染地块清场并开展修复行动,有序对其他地块进行土壤详查与风险评估,污染地块修复治理有序推进。

2. 危险废物监管体系不断完善。进一步推进危险废物规范化管理,建立完善危险废物环境重点监管单位清单,加强工业固体废物和危险废物申报登记工作的指导和审核,开展固体废物专项执法检查、危险废物安全生产检查、危险废物监管物联网系统视频巡查。加强医疗废物监管,定期进行医疗废物专项检查,组织开展医疗废物规范化管理培训,疫情期间全市19个隔离点实行全覆盖巡查,确保医疗废物、废水收集处置到位。

(四)生态魅力市建设持续推进

1. 城市功能品质持续提升。截至2022年12月,天门中心城区建成区面积达到55平方公里、常住人口40万。复州大道、北湖大道、滨湖大道等主次干道相继建成,鸿渐大桥、泰康大桥、义河大桥等桥梁顺利通车,城市交通骨架进一步拉开。秉承共同缔造理念,让老旧小区焕发新的活力,2019—2022年,完成老旧小区改造161个,惠及8001户居民。体育中心、科技馆等一批功能场馆建成并对外开放,建成100多个综合公园、社区公园、专类公园、带状公园、街旁绿地,真正实现了让老百姓出门见绿、移步见景、小行见园。

2. 村镇人居环境明显改善。大力推进村镇建设,实施“擦亮小城镇”项目建设,实现村村通硬化路、通动力电，行政村光纤覆盖率100%。2012年以来，累计改造农村危房约1.3万户，拨付补助资金1.39亿余元，惠及农户超4万人；农村人口生活垃圾统筹治理实现全覆盖。

3. 公用服务能力显著提高。供水条件大幅改善，2022年底，全市日供水规模达29.5万吨，集中供水率100%，自来水普及率超过96%，总体实现饮水安全全覆盖目标，成功创建省级节水城市。供气服务持续提升，2019年底，实现乡镇镇区天然气管网全覆盖，成为全省第一个在乡镇镇区完成天然气管网覆盖的县市；2022年底，城区气化率达98%，实现村村通天然气。强化精细管理，城区道路保洁精细化，城区背街小巷硬化；持续实施桥梁、水体、树木、路灯、广场游园亮化工程，城市照明亮灯率达98%以上；垃圾分类成为新风尚。

4. 水乡园林特色愈发凸显。坚持以人为本的城市发展理念，开展生态修复和城市修补。启动湖泊保护“八项”攻坚行动，编制《天门市湖泊水功能区划报告》，着力推进“四湖六河”工程，以水为媒，以水兴城，充分挖掘城市湖泊的文化内涵，构建河、湖、公园“三位一体”的城市绿地系统。通过退垸还湖、水系连通等措施，开展水生态修复保护、湿地生物多样性保护和水景观建设等水环境治理工作，先后完成东湖公园、西湖公园改造，新建小南湖游园，完成北湖综合改造工程。建成天门河、汉北河、谌桥河、龙嘴河、东风干渠、杨家新沟等沿河两岸休闲景观带。一城坐拥四湖，绿水相融、处处皆景的生态宜居水乡园林特色尽显。

六、加强党的全面领导，推进全面从严治党向纵深发展

坚持以政治建设为统领，全面推进新时代党的建设新的伟大工程，坚定扛起管党治党政治责任，高质量开展党内主题教育，党员干部理论武装更加有力、理想信念更加坚定，各级党组织战斗堡垒作用明显增强。深入推进党要管党，全面从严治党，坚定不移正风肃纪反腐，全市党风政风持续改善，干事创业、担当作为的氛围更加浓厚，为加快建设四化同步发展示范区凝聚磅礴力量。

（一）把党的政治建设摆在首位

1. 党的建设全面加强。深入学习贯彻党的十九届六中全会精神，深刻领悟“两个确立”的决定性意义，增强“四个意识”，坚定“四个自信”，做到“两个维护”。坚定政治信仰，胸怀“两个大局”，坚持以政治建设为统领，把“两个维护”作为最重要的政治纪律和政治规矩，教育引导全市各级党组织和广大党员干部不断增强拥护核心、紧跟核心、捍卫核心的思想自觉、政治自觉、行动自觉，在政治立场、政治方向、政治原则、政治道路上同以习近平同志为核心的党中央保持高度一致。严明党的政治纪律和政治规矩，发展积极健康的党内政治文化，推动营造风清气正的良好政治生态。全市上下思想上更加统一、政

治上更加团结、行动上更加一致，党的政治领导力、思想引领力、群众组织力、社会号召力显著增强。

2. 理论武装持续夯实。党的十八大以来，先后组织开展了党的群众路线教育实践活动、“三严三实”专题教育、“学党章党规、学系列讲话，做合格党员”学习教育、“不忘初心、牢记使命”主题教育、党史学习教育，持续开展党员干部“下基层、察民情、解民忧、暖民心”实践活动和共同缔造活动，推动党史学习教育走深走实，拓展巩固学习教育成果，全市党员干部理论自觉明显提高，政治意识不断强化，宗旨意识持续增强，各级党组织的创造力、凝聚力、战斗力大大提升。以建设高素质、专业化干部队伍为导向，制定《天门市“干部能力素质提升年”活动实施方案》，高质量完成上级培训，圆满完成中央、省委点训调训任务，常态化开展公务员“四类培训”，十年来共举办各类培训班次144期，培训干部15700余人次。常态化开展支部主题党日活动，利用湖北省干部教育在线平台，全市1000余名干部参与在线学习。创新性举办“创新学堂”，搭建全市领导干部学习交流平台，2022年“创新学堂”开班11期，累计培训干部2040人次。

（二）锻造高素质干部人才队伍

1. 切实加强干部队伍建设。落实新时代好干部标准，从严把好政治首关，选拔政治上信得过、靠得住、能放心的干部。研究制定《干部考察谈话60问》，印发《关于进一步规范副科级及以上干部人选推荐沟通工作的通知》《天门市“新时代年轻干部成长工程”实施方案》《天门市优秀年轻干部管理办法（试行）》《天门市“干部能力素质提升年”活动实施方案》，党的十八大以来新招录公务员1300余人，2015年以来，晋升职级2200余人次。坚持“三个区分开来”，认真落实《推进领导干部能上能下规定》，党的十九大以来，共调整“下”的领导干部28人。打造干部轮岗交流“微循环”，2015年以来，共轮岗交流干部800余人次。坚持打破常规用，拓宽选用干部途径，2021年选拔“五方面人员”22人进乡镇领导班子。突出大胆提拔用，坚持以事择人、人事相宜，2015年以来，共提拔干部880余人次，重用干部780余人次。

2. 深入实施新时代人才强市战略。全市人才政策呈现创新突破态势，相继出台人才“十四五”发展规划，纵向衔接、横向配套的“1＋3”系列人才新政策①，市财政预算每年安排不低于3000万元的人才专项资金。2022年，全面推行“天才码”，实名认证1818人，1452人次通过“天才码”办理业务，人才队伍的认同感、荣誉感和获得感不断增强。大力实施医学领军人才计划，培养壮大名医队伍，天门第一人民医院医生学历硕士、博士达

①“1＋3”系列人才新政策：《关于激励人才创新创业促进高质量发展的实施意见》及《万名大学生回归工程实施意见》《天门市人才安居暂行办法》《天门市人才分类服务保障办法》3个配套文件，简称“1＋3”系列人才新政策。

156人；稳步推进现代服务业领军人才计划、"123"企业家培育计划，4人入围全省服务业领军人才计划，5人入选全省"123"企业家培育计划；重点支持实体经济引进科技人才，深入实施"大众创业万众创新"政策，市级及以上孵化器、众创空间、星创天地20多家；深化双创合作，促进双创共赢，协调企业与高校院所合作成立纺织服装、现代装备制造、蔬菜三大产业技术研究院。2022年，新增大学生来天就业6386人，引进高层次人才25人，分类引进事业单位、教育等方面人才325人，灵活引进柔性专业人才超400名。

（三）筑牢基层战斗堡垒

1. 选优配强头雁。坚持"双好双强"标准，严格落实村（社区）党组织书记市级备案管理和"两委"成员市级联审机制，采取"四个一批"方式，选优配强2752名村（社区）干部。深化农村"123"人才工程①，全市共聘请荣誉书记（发展顾问）733人、储备后备干部1349人、培养入党积极分子3000人，发展党员6800余人，蓄足村干部队伍"源头活水"。

2. 助力乡村振兴。2019年以来，持续组织村（社区）党组织开展"为民服务办好十件实事"，将2.5万件群众"需求清单"变成"实事清单"，构建"我为群众办实事"长效机制。坚持把党小组建在产业链上，积极探索依托龙头企业、优势产业发展新型集体经济项目和村党组织领办合作社的集体经济发展路径，推动341个村集体经济收入超10万元，辐射带动10余万农户增收1.5亿元。

3. 夯实基层基础。深化街道管理体制改革，推动政策向街道倾斜、权力向街道下放、编制向街道下沉，确保街道成为城市基层治理枢纽。加强城市社区党组织书记事业岗位管理，278名社区工作者纳入四岗十八级，打造"全科社工"。开发"天门先锋·党员e家"下沉管理App，常态长效推动下沉党员认亲认事认岗和单位资源、项目下沉，筑牢社区疫情防控"红色堡垒"。坚持党建引领共同缔造，建立市级统筹协调、乡镇指挥运转、村级组织发动、群众广泛参与的工作体系，扎实推动资源、服务和平台"三下沉"，构建共建共治共享城乡治理格局。

（四）持之以恒正风肃纪反腐

1. 政治监督有力有效。坚定践行"两个维护"，聚焦习近平总书记重要指示批示精神和中央决策部署落实情况开展监督，确保政令畅通、令行禁止。聚力打好脱贫攻坚战，2016年以来，连续5年出台脱贫攻坚专项监督方案，充分运用大数据开展监督检查，共查处扶贫领域问题565件，问责588人；聚力打好污染防治攻坚战，围绕中央、省委、市委环保督查反馈问题整改等工作开展监督，共查处生态环保领域问题210个，问责160人；聚

①农村"123"人才工程：每村选聘1名以上荣誉支部书记（荣誉村主任），确定2名优秀后备村干部，储备3名以上入党积极分子，集聚各类人才参与乡村建设和发展。

力打好防范化解重大风险攻坚战，严肃查处安全生产风险领域背后的责任和作风问题，发现问题22个，问责57人；坚持压紧压实管党治党政治责任，查处落实主体责任不力问题301个，问责336人；把严明政治纪律和政治规矩贯穿到监督执纪、审查调查全过程、各环节，查处问题93个，问责17人。2020—2022年，统筹推进疫情防控和经济社会发展，发现“推责式”排查、“放任式”管控等突出问题542个，问责567人。十年来，严把干部选拔任用廉洁关，回复廉洁意见16722人次，提出暂缓使用建议88人。建成市管干部廉政档案，全面掌握干部廉情信息，推动党风政风持续改善，政治生态不断优化。

2. 作风建设抓紧抓实。驰而不息纠治“四风”，严查违规公款吃喝、违规发放津补贴、不按规定使用公车等。严肃纠治享乐主义、奢靡之风，做到抓节点与抓常态有机结合，严肃查处“过度留痕”“文山会海”等典型问题。推动营造担当作为发展环境，2014年开始连续8年开展优化干部作风和发展环境“百日整治”活动。强化媒体监督，拍摄《作风监督360》《纪委请你来评议》等节目107期，举办电视问政41场，曝光不担当、不作为、乱作为、慢作为等问题。强化群众监督，2018年开始连续4年在全市机关中层科室和基层站所开展“双评议”活动，对群众不满意事项“零延迟”回访。坚持严管与厚爱相结合，2021年出台《关于鼓励干部担当作为的八条措施》，先后为252名受到不实举报的党员干部公开澄清正名，为18名党员干部减责免责，查处诬告陷害行为8起10人。

3. 坚定不移惩贪治腐。坚持以办案引领不敢腐、不能腐、不想腐一体推进，强化“不敢腐”的震慑，十年来，共初核问题线索5994件，立案4388件，给予党纪政务处分4204人，移送司法机关62人；扎牢“不能腐”的笼子，以“三书一报告”为载体，坚持查处一案、警示一片、治理一方，统筹推进以案促改、促建、促治，提出纪检监察建议310条，规范权力运行。构建“大宣教”格局，扎实推进清廉建设、党风廉政建设宣教月、“十进十建”、茶廉文化“十个一”等活动，打造“天天晓廉”全媒体纪法宣教平台，制播《微案说纪》警示教育片、廉政短视频等19部，举办“讲述我身边的勤政廉政好故事”主题汇演等全市性纪法宣教活动8场，组织旁听职务犯罪庭审112场，全市党员干部和公职人员纪法意识显著增强，“以清为荣、以廉为美”的社会风尚日渐浓厚。

4. 基层监督纵深推进。探索“群众点题、部门答题、纪委监督、社会评价”监督模式，倾力整治教育医疗、养老社保、食品药品、住房物业等民生领域突出问题。跟进监督化解村级债务，建立市乡村三级联动监督机制，推动化解村级债务4.29亿元。加大基层“小微权力”监督力度，出台《天门市村级小微权力清单事项流程图》，让权力在阳光下运行。选优配强全市村（社区）监督力量，全市621个村纪检委员配备全覆盖，切实以基层监督推进基层治理。建立健全信、访、网、电、微“五位一体”举报体系，持续畅通信访举报渠道，十年来共接收群众信访举报5103件，有效解决一批群众反映强烈的烦心事、揪心事。

5. 巡察监督全面发力。成立12个派驻纪检监察组，25个派出乡镇监察室，实现对所有行使公权力公职人员监督全覆盖。深化巡察监督，统筹推进政治巡察，先后出台2个巡察工作五年规划，完成八届市委16轮常规巡察和九届市委3轮常规巡察工作，探索开展“机动式”巡察、上下联动巡察、专项巡察。深化巡察成果运用，制定出台《天门市巡察整改和成果运用实施办法》，强化巡察反馈问题整改日常监督，问题整改率100%，推动完善规章制度63个。

历史总是在继往开来中谱写，梦想总是在创新实干中成真。面对新征程，天门市委带领全市人民更加紧密地团结在以习近平同志为核心的党中央周围，坚持以习近平新时代中国特色社会主义思想为指导，在省委、省政府的坚强领导下，勠力同心、勇毅前行，为加快建设四化同步发展示范区，奋力谱写中国式现代化的天门篇章而团结奋斗！

撰稿人：肖丽新
统稿人：罗义平
审定人：方新华

奋楫笃行步履坚　最是花开放眼春

——从党的十八大到二十大潜江发展综述

潜江市史志研究中心

潜江，地处江汉平原腹地，素有“江汉油城、水乡园林、龙虾之乡”的美誉，是一座文脉悠长的人文之城、星火传承的革命之城、虾肥稻香的丰饶之城、物华天宝的兴业之城、区位优越的通达之城、生态宜居的精致之城。

党的十八大以来，在习近平新时代中国特色社会主义思想指引下，潜江完整、准确、全面贯彻落实党中央决策部署和省委工作要求，锚定高质量发展目标，努力构建新发展格局，带领百万水乡儿女，接续奋斗，砥砺前行，交上了一份综合实力不断增强、发展底盘更加坚实、民生福祉显著改善的厚重时代答卷：2021年，潜江地区生产总值达852.74亿元，实现历史性跨越，十年年均增长7.8%；人均地区生产总值约9.9万元，增幅超过全国、全省平均水平；城乡居民可支配收入分别达到36985元、21146元，分别是2012年的2.0倍、2.1倍。全市主要河流劣Ⅴ类水体全部消除，达到历史最好水平。脱贫攻坚取得决定性胜利，抗击新冠肺炎疫情取得决定性成果，人民群众的获得感幸福感安全感不断增强，党的建设不断加强。水乡大地历经沧桑巨变，吹响了“加快建设全省四化同步发展示范区，奋力冲刺全国县域经济五十强”的昂扬号角。

一、锚定省委赋予潜江的重大使命任务，指导潜江实践、引领潜江之变

初心如磐，使命在肩。潜江坚持学习贯彻习近平总书记对湖北工作的重要指示批示精神，锚定省委赋予潜江建设四化同步发展示范区的使命和定位，提高政治站位、完善发展思路、优化策略方法、明确重点任务，努力为湖北加快建设全国构建新发展格局先行区作出潜江贡献、提供潜江支撑。

（一）明确新时代潜江高质量发展总体要求和主攻方向

2013年12月30日，市委七届六次全会召开，审议通过了《中共潜江市委关于“打造

升级版、建设先行区”的决定》。对潜江“打造升级版、建设先行区”作出了系统部署，强调“五位一体”建设全面协调的升级，重点是经济转型发展的升级；总目标是经济、文化、社会、生态文明等全方位的先行，核心是“四化同步”的先行。

2017年12月27日，市委八届四次全体（扩大）会议审议通过了《中共潜江市委关于学习贯彻落实党的十九大精神　全面建设社会主义现代化强市的决定》。全会强调，要坚持以习近平新时代中国特色社会主义思想统揽潜江工作全局，按照党的十九大对我国社会主义现代化建设作出的战略安排，结合潜江实际，把握历史方位，放眼更远未来，瞄准更高水平，全面开启建设社会主义现代化强市新征程。

2018年7月13日，市委常委会研究出台《中共潜江市委关于学习贯彻习近平总书记视察湖北重要讲话精神　奋力谱写新时代潜江高质量发展新篇章的决定》。要求坚决落实党中央决策部署，统筹推进“五位一体”总体布局，协调推进“四个全面”战略布局，着力打好三大攻坚战，切实解决发展不平稳不充分问题，全面做好稳增长、促改革、调结构、惠民生、防风险各项工作，奋力谱写新时代潜江高质量发展新篇章。明确了大力推动经济转型升级、深入实施创新驱动战略、坚持全面从严治党等20条具体措施，成为指引潜江高质量发展的纲领文件。

（二）深度融入全省“一主引领、两翼驱动、全域协同”区域发展布局

2021年7月23日，市委八届九次全会审议通过《中共潜江市委潜江市人民政府关于新时代推动潜江高质量发展　加快全国百强进位的实施意见》，紧扣“百强进位”这一重大主题，站在历史和时代的新高度，为潜江“十四五”乃至更长时期加快高质量发展明确了指导方针、目标任务、战略举措、实施路线。要求立足潜江实际，对标对表省委、省政府工作要求，坚持稳中求进工作总基调，立足新发展阶段，完整准确全面贯彻新发展理念，服务和融入新发展格局，以推动高质量发展为主题，以深化供给侧结构性改革为主线，以改革创新为根本动力，以满足人民日益增长的美好需要为根本目的，融入全省“一主引领、两翼驱动、全域协同”区域发展布局，加快推动潜江高质量发展，努力在全国县域经济百强中争先进位。

2021年12月7日，市第九次党代会高举习近平新时代中国特色社会主义思想伟大旗帜，深入学习贯彻习近平总书记考察湖北、参加湖北代表团审议时的重要讲话精神，审议通过《牢记使命、勇当标杆，全力冲刺全国县域经济五十强，奋力建设社会主义现代化新潜江》的报告。提出了优化实施“一城三区”城市发展布局[①]，着力构建“4+1”现代产

①“一城三区”城市发展布局：“一城”指国家县城新型城镇化建设示范城市，“三区”指北部绿色循环发展示范区、南部产城融合发展示范区、西部转型升级发展示范区。

业体系[①]，努力实现“1155”发展目标[②]，加快推动潜江高质量跨越式发展，全力冲刺全国县域经济五十强，奋力建设更强实力、更加美丽、更具幸福感的社会主义现代化新潜江的目标任务。要深度融入区域发展布局，大力推进产业协同化发展、交通一体化发展、社会同城化发展，建设更具影响力的现代化新潜江；要加快推动产业转型升级，坚定不移做强工业经济，专心专注做精现代农业，千方百计做活现代服务业，建设更具竞争力的现代化新潜江；要统筹推进城乡协调发展，高度聚焦中心城区建设，推进城乡联动协同发展，深入实施乡村振兴战略，建设更具吸引力的现代化新潜江；要全面深化改革开放创新，全面深化重点领域改革，全力打造一流营商环境，不断提升对外开放水平，深入实施创新驱动战略，建设更具创造力的现代化新潜江；要着力构建共建共治共享格局，持续保障和改善民生，加强生态文明建设，提升文化软实力，推动市域治理现代化，建设更具凝聚力的现代化新潜江。

（三）扛起“建设全省四化同步发展示范区，奋力冲刺全国县域经济五十强”使命

2022年6月18日至21日，在喜迎党的二十大胜利召开的重要时刻、向第二个百年奋斗目标进军的关键节点，省第十二次党代会胜利召开，赋予潜江建设全省四化同步发展示范区重大使命。

2022年6月22日、6月27日、7月7日、7月11日、7月15日，潜江密集召开市委常委会（扩大）会议、四化同步建设专题调研会、四化同步建设务虚会、四化同步建设座谈会、四化同步发展示范区座谈会，学习传达省第十二次党代会精神，研究部署推进四化同步建设工作，动员全市党员干部群众努力探索以四化同步发展推进中国式现代化的潜江实践，在“同步”“融合”“示范”上下功夫，进一步明确四化同步发展的目标任务、工作举措和评价标准，注重城乡融合、产城融合、三产融合、数实融合、开放融合，始终从示范的理念视角出发，以示范的标准追求开展工作，努力为全国全省现代化建设大局贡献潜江方案。同时，把握好安全底线和支撑体系两个基础，坚持以流域综合治理统筹四化同步发展，加强综合交通、现代物流等支撑体系的能力和水平建设，为四化同步发展创造良好条件，奋力冲刺全国县域经济五十强，答好省委交给潜江的“必答卷”。

---

①“4+1”现代产业体系：“4”指石油化工主导产业链，光电子信息新兴产业链，食品加工、纺织服装、家居制造、机械制造优势产业链，虾—稻、半夏特色产业链；“1”指农旅融合生态产业链。

②“1155”发展目标：指在“十四五”期间，潜江地区生产总值突破1000亿元，国家级化工园区形成千亿元产值，中心城区人口达到50万，中心城区建成区面积达到50平方公里。

二、认真贯彻新发展理念，高质量发展积厚成势

面对转型阵痛和各种困难挑战，潜江保持定力，笃定前行，举全市之力攻工业、强产业，优结构、促转型，推动实施了一大批重大改革、重大举措、重大项目，全市战略性新兴产业、高技术产业发展全面提速，“4+1”现代产业体系创新活力不断增强。成功争取国家高新技术产业开发区、国家园区循环化改造示范试点、国家独立工矿区、国家农业现代化示范区等国字号产业承载平台，成功跻身全国县域营商环境百强、中国工业百强县市、全国县域经济百强县市，并保持持续进位；2022年，潜江连续5年上榜全国县域经济百强县市并再次刷新纪录，位列第83位，为开启现代化新征程打下了坚实基础。

（一）优化产业结构，转型升级取得新进展

石油化工绿色工业体系持续锻粗延长。立足资源禀赋和生态优势，统筹空间、规模、产业三大结构，抢抓国家园区循环化改造示范试点、国家枯竭型城市转型试点机遇，加强“三废”循环利用，建成基础设施配套齐全、产业产品关联度强、资源循环利用率高的潜江经济开发区和江汉盐化工业园两大绿色化工产业园，园区资源利用率达85%、企业成本降低20%，初步形成了较为完备的石油化工、煤化工、盐化工、化工新材料、生物医药等相结合的产业体系。全市石油化工年产值412亿元，占全市工业总产值的47.3%左右。2021年，潜江经济开发区成为湖北唯一通过验收的全国循环经济示范园区。方圆钛白、长飞光纤、湖北沃夫特3家企业跻身“国家级绿色工厂”。

光电子信息新兴产业迅猛发展。依托长飞光纤、菲利华、日本信越、江汉盐化工等龙头企业，聚集晶瑞、鼎龙、北旭、达诺尔、孚诺林等全国集成电路材料创新联盟骨干企业，光电子信息产业集群入选全省第一批9个省级战略性新兴产业集群，成为全省“光芯屏端网”最大配套产业基地，“光芯屏端网”产业配套示范基地被列为武汉城市圈同城化发展首批十大示范工程之一。2022年，全市“光芯屏端网”关联企业近30家，全年实现总产值近百亿元，光电子信息产业利税增长18.5%，晶瑞一期、北旭、鼎龙、孚诺林等项目建成投产，菲利华融鉴、阿科力、华耐德等项目陆续上马，为全省解决“卡脖子”问题增添“芯”动力。

传统优势产业焕发新机。纺织服装产业集聚企业达400家，被湖北省确定为“全省成长型产业集群”，潜江高新区被列为全国纺织服装产业园区（试点），潜江裁缝劳务品牌价值达234.25亿元。生物医药产业聚焦原料药、高端制剂、生物研发等环节，培育了潜江制药、永安药业、潜龙药业等优质企业；食品加工产业以大豆、淡水产品等特色优势资源，依托尝相思、安井食品、好彩头等知名企业，打造出了香辣酱、风味酱菜、面点及速冻鱼类、乳酸菌饮料等绿色食品，形成了食品加工优势产业链。

特色产业引领力不断提升。投资64亿元创建国家农业现代化示范区，35个项目全部开工。现代农业科技示范园加快建设，安井食品战略入股新柳伍集团，省小龙虾控股集团成功落户，可新增产能35亿元以上，提供就业岗位1万个。“潜江龙虾”“潜江虾稻”获评中国驰名商标，建成全国唯一的集科研示范、良种选育、苗种繁殖、生态种养、加工出口、冷链物流、交易仓储、餐饮服务、节庆文化和旅游休闲于一体的“虾—稻”完备产业链条。2022年实现“虾—稻”产业综合产值660亿元，“潜江龙虾”区域公用品牌价值288.9亿元，连续4年登顶行业榜首，入选国家农业品牌精品培育计划，牢牢站稳“全国虾王”领先地位。潜半夏药业拥有“潜半夏”中国地理标志集体商标，是国家农产品地理标志登记产品，在湖北省乃至全国半夏同行业中处于领先水平。2015年，潜江成功创建10万亩全国绿色食品原料（水稻）标准化生产基地，被农业部认定为国家级农产品质量安全市创建单位。

（二）推动做优培强，工业实力取得新突破

“招大引强”为高质量发展聚势赋能。十年来新引进项目1126个，招商引资到位资金2013.21亿元，招商引资到位资金平均增幅13.17%。全市规上工业企业由185家发展到315家，净增130家。全市产值过百亿元企业1家，50亿元~100亿元企业2家，10亿元~50亿元企业5家。金澳科技位列中国民营经济500强第478位、湖北省民营经济百强第2位；金华润位列湖北省民营经济百强第98位；长飞光纤成为全球最大的预制棒和光纤制造基地；永安药业打造成了全球最大牛磺酸生产企业；江汉盐化工漂粉精年产能达7.2万吨，是全球最大的含氯消毒剂生产基地。

王场镇江汉盐化工业园全景鸟瞰（潜江市档案馆　供图）

（三）实施创新驱动，科创能力得到新提升

培育做强创新主体。科创中心四大板块加快搭建，与湖北大学、武汉工程大学共建光电子信息、绿色化工产业技术研究院，高新技术企业、科技型中小企业分别突破100

家、200家，分别增长45.8%、322.9%。获批国家级、省级专精特新小巨人企业3家、23家，培育行业“隐形冠军”企业38家、科创“新物种”企业7家、湖北省高新技术企业百强2家。高新技术产业增加值达152.3亿元，占地区生产总值比重17.2%。高新区光电子材料产业获批湖北省创新型产业集群和国家火炬微电子材料特色产业基地。筑牢创新人才支撑。引进中国半导体设备与材料标准化技术委员会副主任刘兵及团队等高层次创新型人才400多名；引导30多个光电子科研团队入驻，新硅科技董事长罗全安入选国家“万人计划”；爱尔兰籍专家威尔逊博士在潜创立硒诺唯新公司，入选省“外专百人计划”、荣获中国政府友谊奖。提升科技金融服务。撬动晶瑞股份、桐力光电等重点企业投资23.2亿元，培育省“金种子”企业6家、省“银种子”企业3家。2022年，全市科技型企业贷款26亿元，同比增长18.18%。推进产学研用融合。建成4家省级企校联合创新中心、7家省级企业技术中心、7家省级工程技术中心、9家省级校企共建研发中心。设立500万元成果转化专项资金，推动70多家企业与高校院所建立产学研合作关系，30多家企业与专家教授签订技术攻关合作协议，促成企业引进转化高科技成果113项。

（四）培育现代服务业，产业聚集效应凸显

电商服务业发展迅猛。电子商务从无到有、从弱到强，成为农村经济转型发展新的驱动力，发展电商运营重点企业2家、小微网店2500多家、物流企业226家、大型快递企业8家，转型涉及电商销售的生产企业140多家。潜网集团建成的全国最大小龙虾交易中心形成覆盖全国600多个大中城市的冷链物流网，成功创建部省共建国家级农产品产地市场。以特色小龙虾品牌为支撑的电商服务业，搭建起了全国最大的小龙虾垂直电商交易平台，打造了生态龙虾城“网红之城”综合网红聚集区、壹中心直播带货聚集区、后湖虾谷360农产品聚集区三大网红基地，探索出“一只虾、一袋米、一张网”独具特色的农村电商发展潜江模式，成功申报全国农村电商激励县。现代服务业形成了以园林片区、紫月湖片区、高铁片区为主体，现代金融、现代物流、电子商务、现代商贸、康养文旅等聚集发展的良好态势，建成和引进了中心城、金桥广场、城市一号、潜江希尔顿欢朋酒店等大批商贸综合项目，完成了中心城区9个农贸市场改扩建及功能提升项目建设，全市服务业增加值占地区生产总值比重由2012年的27.4%提升至2022年的45.9%，占比年均增长1.85个百分点，第三产业比重提升13.6个百分点。

（五）深化改革开放，发展动力活力不断释放

坚持用好改革创新“关键一招”，重点改革项目完成率100%。改革“潜江经验”大放异彩，党政机构改革、综合行政执法改革、江汉油田“三供一业”及其他社会职能分离移交顺利推进，供销社改革、农村集体产权制度改革、共青团基层组织改革、纪检体制改革、水生态文明改革、公共资源监督机制创新、文联综合改革、教师“市管校聘”管理改革等经验

推向全国、全省，“虾稻共作”生态种养模式创新荣获首届湖北改革奖项目奖。乡村振兴、深化商事制度改革两项工作获国务院督查激励，“打造‘虾—稻’特色产业链构筑现代农业发展高地”典型经验受国务院办公厅通报表扬。成功创建全国未成年人保护示范市、湖北省生态文明建设示范市、湖北省食品安全县。虾谷打造“小龙虾生态供应链”项目获第五届“中国创翼”创业创新大赛劳务品牌专项赛二等奖，被人社部授予“全国优秀创业新项目”称号。

小龙虾生产线上工人正剥制虾仁（潜江市档案馆　供图）

“双循环”多元化市场稳步成形。坚持对内对外开放相互促进、“引进来”和“走出去”更好结合，获批国家外贸转型升级示范基地、全国电子商务进农村综合示范县，荣获改革开放40年中国食品产业发展先进地区、中国电商示范百佳县等称号。2021年进出口总额较2012年增长252.6%，年均增长15.0%；进口额年均增长52.0%。2022年，全市外贸进出口增长创历史新高，进出口增幅位于全省第二；进口额总量位于全省第三，增幅位于全省第一。国内贸易实现新发展，商贸流通市场主体培育成效显著，全市限上商贸单位发展至359家。对外贸易跃上新台阶，外贸企业发展至65家，有贸易往来的国家和地区增加到120余个。

（六）优化营商环境，市场主体获得感大幅增强

“放管服”改革成效不断显示。以“四办五减”[①]为抓手，持续推进营商环境顽瘴痼疾攻坚行动，先后出台以市场主体需求为导向打造一流营商环境30条、持续深化一流营商环境建设23条、以控制成本为核心优化营商环境47条等系列政策。编制《工业和信息化类惠企政策汇编》，落实“全生命周期”代办服务，构建工业项目报建“零收费”制度。扎实

①“四办五减”：马上办、网上办、就近办、一次办，减事项、减环节、减材料、减时限、减跑动。

开展“解难题、稳增长、促发展”企业帮扶活动，近5年来，为市场主体退税减税缓税降费9.67亿元；兑现政策申请57批次，兑现政策资金3.29亿元。市场主体总量迈上10万户台阶，“四上”企业数达772家。

“高效办成一件事”扎实推进。在全省率先上线“鄂汇办·潜江旗舰店”。实行“一窗综办”“一网通办”，政务服务事项“一门集中”，实现市镇村三级全覆盖，事项可网办率达99.84%。企业开办“210”服务标准提升为“2050”①，19个行业开通“一业一证”行业综合许可证核发。线上43个表单式+线下103个导引式主题事项实现“一事联办”，“四减”②率达70%，办证效率提升2.3倍。193个事项实现全国通办，410项高频事项实现武汉都市圈“圈内通办”。不动产、水、电、气等过户登记实现“一件事一次办”。公共资源交易全流程电子交易率达100%，推行“两金”减免为企业减少资金占压近10亿元。

数字政府建设蹄疾步稳。印发了《潜江市数字政府建设总体规划(2021—2025)》，为推进数字政府建设提供了遵循。拟定了《关于加快信息化融合发展促进建设四化同步发展示范区的行动方案》，围绕赋能、融合、助推新型工业化、新型城镇化和农业现代化进行系统谋划和深度安排。以“一网一云一库一中心三平台”为核心，细致谋划了“大数据中心”建设项目的设计。同时组织编制了潜江市数据三清单一目录，将数据共享汇聚与信息化项目建设关联，推进全市数据库建设。通过实施“电子政务外网核心节点迁移”项目和租赁运营商过渡性云服务，保障了全市各地各部门基础数据需求。谋划设计了“智慧化政务服务”项目，旨在打造标准化、规范化、便利化政务服务。

三、全力打赢潜江保卫战，巩固拓展疫情防控决定性成果

2020年，面对突如其来的新冠肺炎疫情，潜江坚决贯彻习近平总书记关于疫情防控工作重要讲话和重要指示精神，认真落实省委、省政府工作安排部署，坚持人民至上、生命至上，开展抗击新冠肺炎疫情人民战争、总体战、阻击战，及时果断采取管控措施，实行多项硬核举措，全力遏制疫情扩散蔓延，用两个月左右时间实现本地确诊病例、住院病例“双清零”。

(一)高度警醒，强化战时指挥

认真践行习近平总书记以人民为中心的发展思想，把人民群众生命安全和身体健康摆在首位，把疫情防控作为头等大事来抓。决断早。潜江市委、市政府密切关注，周密部署物资储备、人员调度、防控措施准备等工作。反应快。按照省委、省政府部署，第一时

①“210”服务标准提升为“2050”：企业开办2个环节、1天内办结、零费用提升至2个环节、0.5天内办结、零费用。

②“四减”：减时限、减材料、减跑动、减费用。

间建立疫情研判、工作调度、问题会商等联动机制，确保各项工作高效运行、高效运转、高效推进。力度大。及时发布防控通告、防控指令，在第一时间取消所有集会活动、关闭所有娱乐场所、实行严格封闭管理、实施严格的“禁足”和人员流动管制的基础上，实行“七个一律”“八应八尽”的过硬工作举措，确保措施始终跑在疫情之前。

（二）众志成城，打好人民战争

认真贯彻落实习近平总书记重要指示批示和省委工作要求，广泛动员群众、组织群众、凝聚群众，构筑起群防群控的人民防线。组织党员干部冲锋在前。市领导全员上阵，选派23名市直单位主要负责人全脱产入驻区镇处，派驻438个工作队对全市所有村（社区）包保全覆盖，组织11764名党员干部“双报到双服务”就地充实基层防控力量，组建“战疫先锋”临时党支部276个，发动全市近4万名党员加入“突击队”、认领示范岗，让鲜红的党旗高高飘扬在抗疫前线。编写朗朗上口的疫情防控“三字经”，以新闻媒体、抖音短视频、流动宣传车、网上花鼓戏、农村高音喇叭等方式，把管控措施和预防科普知识宣传得家喻户晓、入脑入心，引导人民群众以“静”制动、“静”候佳音。市域各媒体及时策划推出30多个专题专栏，开展各类抗疫直播60余场，配合中央电视台《新闻1＋1》连线，凝聚起众志成城、共克时艰的强大共识。200多个社会团体响应号召，主动投身疫情志愿服务；广大爱心人士慷慨解囊，全市接受捐赠物款达1.6亿元，创历史之最。

（三）科学防治，高效精准施策

认真贯彻习近平总书记“坚定信心、同舟共济、科学防治、精准施策”的总要求和省委“两大关键环节、三个全覆盖、两个闭环”工作部署，坚决切断传染源、阻断传播途径。为全市所有家庭免费配备体温计，以村（社区）为单位分类组建微信群，建立身体状况“微信日报告”机制，做到“不漏一户、不落一人、不断一天”。全面开展流行病学调查，组建9支流调队伍，实行病例“一案一档”，充分利用大数据信息技术，深入开展病例溯源，最大限度降低隐性传播概率。充分调动全市所有医护力量，连同山西、陕西、宁夏等援潜医疗检测团队，总人数达到4000人，成立16人西医专家组、15人中医专家组，邀请中国工程院院士王辰率专家组到潜江会诊，专门增购ECOM、呼吸机等高端医疗设备，采取中西药结合，做到对症下药、精准治疗。

（四）倾情为民，维护社会和谐

认真贯彻习近平总书记“民生稳，人心就稳，社会就稳”的重要指示精神和省委工作部署，突出做好各类民生保障，确保全市政治社会大局稳定和谐。千方百计保医护。统筹各类资金3.1亿元用于病人救治、医护保障等，全市无一例医护人员感染。用心用情保供应。规范设置79个生活物资集中供应点，先后8次为武汉和其他地市送去鸡蛋、小龙虾、新鲜蔬菜、医用口罩等近千万元物资。兢兢业业保稳定。购置优质电视剧、纪录片6000余集，组织群众开展线上厨艺大赛、电视剧观后感征文等活动，将1885名专职人民调解员培训转化为心理调解员。强化属地职责、守土职责。落细落小防控措施，全市福利院、精神病院、监管场所等特殊场所对象无一例感染。

（五）居安思危，持续巩固战果

牢记习近平总书记“针尖大的窟窿能漏过斗大的风”的谆谆教诲，落实省委“晴天带伞”“撑伞避雨”“打伞干活”“修伞补强”工作要求，确保防控不松懈、疫情不反弹。抓好常态化疫情防控。严格落实“外防输入、内防反弹”要求，坚持人物地同防，坚持常态化精准防控与局部应急处置有机结合，提前谋划部署秋冬季疫情防控准备工作，储备各类物资药品，切实做到宁可备而不用、不可用时无备。补齐基础建设短板。投资30亿元大力推进市直及乡镇医疗项目建设，提升应对重大突发公共卫生事件能力水平。建立长效管理机制。明确完善疾病预防控制体系、完善应急医疗救治体系、优化公共卫生应急管理体系等系列措施，着力打造全省疾病预防控制体系改革和公共卫生体系建设的“潜江样板”。

（六）聚焦聚力，坚决打好疫后重振经济发展战

坚决贯彻落实党中央决策部署和省委工作要求，扎实做好“六稳”工作、落实“六保”任务，准确识变、科学应变、主动求变，全市经济社会发展呈现加快恢复、危局中开新局的良好态势。工业用电量、规上工业增加值、服务业增加值、社会消费品零售总额等主要指标增速位居全省前列，潜江位列2020年全国县域经济百强第88位、全国营商环境百强第76位，均实现进位。

打好市场主体保卫战。及时按下经济“重启键”，抽调210支工作队下沉企业精准服务，推动全市251家规上工业企业、158家限上商贸企业、82家农业产业化龙头企业及社会服务业全部复工复产。出台支持中小微企业发展28条、促进经济社会发展37条等措施，设立2亿元企业转产转型资金，多方筹集资金1亿多元支持企业稳定生产，金融机构新增贷款39亿元，采取补贴支持、“减免缓退”综合政策手段，为市场主体降本减负7.7亿元。

打好项目投资主动战。坚持项目建设不断链、招商引资不断线、谋划争取不断档，实行项目集中签约、集中开工、集中拉练推进机制，举行集中开工活动4次，开工项目66个、总投资280.6亿元。成功引进中巨芯、合煜能源、和远气体等重大项目，完成招商引资到位资金260亿元；签约项目133个，协议引资607亿元。争取抗疫特别国债、地方政府专项债、基本财力保障补贴等18亿元；深度谋划“十四五”规划项目906个、总投资8726亿元；微电子新材料产业、生态“虾—稻”一二三产业融合发展示范园等两个重点产业作为全省资源枯竭型地区接续替代产业培育发展重点上报国家发改委。

打好产业转型升级战。以转型升级的主动性对冲外部环境的不确定性。加快推动

晶瑞电子材料、长飞普利技术、鼎龙半导体等"光芯屏端网"重大产业项目建设。加快推进总投资60亿元的金澳科技油品升级深加工系列项目、总投资6.5亿元的长飞信越扩产升级项目、总投资6亿元的好迪家具智能化改造项目等技改扩能项目,推动重点企业"二次创业"焕发生机。举办第十一届湖北(潜江)国际龙虾节暨第四届"虾—稻"产业博览会,深入实施潜江龙虾"走出去"战略,线上成交量同比增长4倍,销售额超100亿元。

四、着力构筑精神高地,助力荆楚文化繁荣兴盛

作为曹禺先生的故里,潜江文化源远流长、资源丰富、基础扎实。潜江牢牢把握社会主义先进文化前进方向,坚定文化自信,夯实文化根基,建设文化强市,大力推进文明潜江建设,社会主义核心价值观深入人心,公共文化服务日趋完善,文艺精品推陈出新,文旅产业蓬勃发展……潜江以文化铸魂,擘画文化自信崭新图景,凝聚起了推动高质量发展的强大精神合力。

(一)牢牢掌握意识形态工作主导权

出台《关于严格落实党委(党组)意识形态工作责任制的通知》《关于严格落实党委(党组)意识形态阵地建设管理制度暨思想文化类活动备案审批制度的通知》《潜江市网络舆情应急处置联席会议制度》,形成各司其职、各负其责、主动担当、忠诚履职的强大合力。全面完成省委意识形态巡视反馈问题清单整改工作。出台《关于加强互联网企业和自媒体、直播从业人员备案管理的通知》,明确网络内容监管要求和监管标准,完成全市69家互联网企业、51名直播从业人员登记备案工作,组织举办网络安全知识竞赛和网络安全等级保护制度2.0国标宣贯会,网络空间进一步清朗。

(二)社会主义核心价值观深入人心

制定《关于培育和践行社会主义核心价值观的实施方案》,大力开展"我们的价值观"系列宣传普及、弘扬优秀传统文化等八大方面活动。大力推进未成年人思想道德建设,持续深化中国特色社会主义和中国梦宣传教育,广泛开展"亲子志愿服务"、童谣创作、缅怀祭扫、成人仪式等主题教育近万场;组织了近千场"我和我的祖国"百姓宣讲;创作排演反映社会主义核心价值观的惠民节目500余个;联合公检法开展法治教育进校园活动3000余期,服务学生近40万人次。成功创建全国未成年人思想道德建设先进学校1个;推评"潜江市道德模范"44人,2人被评为"全国道德模范",2人被评为"全省道德模范",14人被评为"荆楚楷模",以主流价值观构建道德规范、强化道德认同、指导道德实践的导向更加鲜明。

(三)文明创建活动持续深化

以文明创建"六进"活动为载体,编印发放《致全体市民的一封信》50万份,《市民文明

手册》20万份。开通“文明潜江”微信公众号、“潜江文明网”等官方宣传平台，连续开展5届“微视传文明”展播评选活动。在报纸、电视、广播、网络投放公益广告约3.5万余条，开展各类群众性主题宣传教育活动10万余场次。加强典型选树引领，先后评选90名“潜江好人”，10人被评为“中国好人”，8人被评为“湖北好人”；成功创建国家级文明单位8个，文明镇1个、文明村3个、文明校园2个、文明家庭1户。研究出台《争创文明城市“文明素质提升八大行动”实施方案》，全市注册志愿者达16.2万余人，筹建各级志愿团体795个。潜江连续三届获“全国文明城市提名城市”称号。

（四）公共文化服务持续巩固

深入实施公共文化服务效能提升工程，投资5.2亿元，新建含图书馆、博物馆、非遗馆等7个场馆于一体的潜江市文化中心即将投入使用。投资近4亿元建设的曹禺大剧院，已演出600余场。新建面积达8000平方米的市群众艺术馆，获评国家一级文化馆。市图书馆获评国家一级图书馆。全市镇(村)级综合性文化服务中心建设达标全覆盖，镇村文体广场覆盖率达100%。建成23个文化馆分馆，29个图书馆分馆，乡镇覆盖率达100%，公共文体设施免费或低收费开放率达100%。建有潜江市博物馆、曹禺纪念馆、曹禺祖居博物馆、章华台基址展示馆、世博湖北馆5家博物馆，平均每20万人1个文化类博物馆，远高于全国平均水平。2016年荣获湖北省首批公共文化服务体系示范区称号。

（五）特色文化品牌持续放大

坚持把曹禺文化作为最响亮的文化品牌，成功举办两届中国(潜江)曹禺文化周。中国剧协曹禺剧本奖创作基地、梅花奖艺术交流中心相继落户潜江，曹禺文化周获湖北省“一县一品”文化品牌创建特别奖，被人民网、中华节庆研究会评为“中国最负盛名文化艺术节”。举办4届全国剧本创作交易会，征集剧本3300余部，签约剧本355部，搬上舞台(荧幕)近60部。中国文联于2019年5月在潜江召开全国基层文联工作座谈会暨2019年组联工作会，进一步推动了潜江基层文联建设。精心策划举办两届湖北省荆州花鼓戏艺术节，创造了参演院团最多、剧目质量最高、观看人数最多、宣传影响效果最大等多个“历史之最”。“中国潜江龙虾节”被授予“中国最具地方特色物产节会”荣誉称号。成功创建“演潜江、唱潜江、写潜江、画潜江、摄潜江”五大精品文化品牌和“唱响潜江、舞动潜江、戏迷潜江、欢乐潜江、魅力潜江”五大群众文化活动品牌。

（六）文艺精品力作持续聚集

乡村振兴题材花鼓戏《河西村的故事》获第十二届中国艺术节“文华大奖提名剧目”、湖北省第十届“五个一工程”优秀奖、第三十四届田汉戏剧奖剧目奖，入选“庆祝中国共产党成立100周年舞台艺术精品创作工程”；红色题材花鼓戏《红荷》荣获湖北省“楚天文华大奖”、湖北省屈原文艺奖；花鼓小戏《有爱才有家》获第四届艺术节楚天群星奖；舞蹈《龙虾情韵》《花鼓戏迷》《皮影情》连续3年获得全省"文化力量·民间精彩"广场舞大赛金奖；诗集《少年游》获中国作协重点作品项目扶持出版发行，并获省第十届"屈原文艺奖"；女子群舞《花鼓情》荣获全国大学生艺术节优秀创作奖、表演一等奖；潜江烛龙入选文化和旅游部"视频直播家乡年"展播。

（七）文化资源保护利用持续加强

推进全市革命文物项目建设。投资8000万元，兴建潜江革命英雄纪念馆。投资2.3亿元，启动并实施了熊口镇红色教育基地项目建设，对红二军团部等23处文物建筑进行保护与修缮，开展《红军街史》专项展陈设计以及布展施工。完成了《拖船埠中国工农红军第五军军部旧址修缮设计方案及施工方案》，对红五军军部进行了展陈提升。做好荆楚大遗址传承发展，先后实施章华台基址展示馆提升工程、龙湾遗址放鹰台1号与2号台基之间考古发掘区保护与利用等项目，2019年被授予"海峡两岸考古学术交流基地"。2021年，龙湾遗址入列湖北省首批文化遗址公园。2022年，龙湾遗址博物院被省文旅厅评为"湖北省文物工作先进单位"。同年，龙湾遗址成功挂牌国家考古遗址公园。提升博物馆展示利用水平，先后实施了龙湾遗址博物馆建设、市博物馆新馆建设、曹禺纪念馆及曹禺祖居博物馆展示提升工程，有效发挥了博物馆教育功能。全市列入国家级非遗项目名录5项，其中"江汉平原皮影戏"被联合国教科文组织列入"人类非物质文化遗产代表作名录"；省级代表性名录23项、市级代表性名录153项，拥有省级以上保护项目数量居全省县市前列。建立了12个市级非遗传承基地和25个传习所。2020年，潜江民歌进校园实践案例入选全国第二届"非遗进校园"十大优秀实践案例。潜江非遗项目及传承人在俄罗斯、新西兰、德国、意大利等多个国际非遗展示活动中精彩亮相，江汉平原皮影戏保护行动获2015年"湖北省十佳非遗保护行动"。建立非遗电子资料、实物档案和非遗项目数据库，采集整理电子档案60余TB、实物资料800余件。市非遗中心先后获得"全国非遗保护先进集体""湖北最美非遗保护中心"荣誉称号。

（八）文旅发展底板持续夯实

精心编制文化发展、旅游业发展、文化产业发展、网红经济发展等规划，引领文旅产业发展。在湖北文化产业网录入企事业单位566家，入库项目55个，其中规上企业27家，注册运营网络直播企业39家。曹禺文化旅游区、龙湾国家考古遗址公园、渔洋镇拖船埠成功获评国家3A级旅游景区，实现潜江A级旅游景区零的突破。投资近20亿元打造以曹禺戏剧文化为主体的曹禺文化旅游区，该旅游区成为省内戏剧文化主题旅游目的地。延伸"潜江龙虾"品牌文化旅游价值，被中国烹饪协会评为"小龙虾美食地标城市"，潜江吃虾赏花之旅游路线入选文化和旅游部"乡村四时好风光—春生夏长万物并秀"全国乡村旅游精品路线。引进广东忠华集团投资16亿元打造以龙虾为主题的潜江生态龙虾城，龙虾城获评湖北省旅游名街、湖北省首批旅游休闲街区，最大日游客接待量突破10万人次。依托水乡园林生态资源，打造兴隆生态旅游区，建设兴隆生态绿道，成功举办环中国自驾游集结赛、环中国国际公路自行车赛、湖北省自行车锦标赛；投资建设返湾湖国家湿地公园，打造返湾湖运动绿道，先后举办多次国际马拉松赛事，返湾湖自驾旅游线路入选国家体育总局、文旅部“2020年国庆黄金周体育旅游精品线路”。潜江先后成功入围“2016最美中国榜”“湖北省千年古县(市)”名录，获得“湖北100个必驾最美打卡地”“中国最具魅力节庆城市”“最受欢迎网红目的地”“农文旅融合创新示范区”等称号。

五、保障和改善民生，擦亮幸福底色

发展为了人民、发展依靠人民、发展成果由人民共享。为人民谋幸福的初心使命，始终闪耀在潜江砥砺奋进的征程上。潜江抓重点、补短板、强弱项，始终保持民生投入占财政支出80%以上，坚持每年实施一批重点“民生工程”，办一批“民生实事”，以政府过“紧日子”换来老百姓过“好日子”，努力让高质量发展实绩更有温度、民生答卷更有厚度。

(一)书写决胜脱贫攻坚潜江篇章

认真贯彻习近平总书记关于扶贫工作的重要论述，举全市之力向贫困发起总攻，取得了脱贫攻坚的决定性胜利。全市减贫21877户67232人，51个贫困村全部出列。全市建档立卡贫困户人均可支配收入由2014年的2632元增加到2020年的11671元，区域性整体贫困和群众绝对贫困问题得到历史性解决，如期兑现了向省委立下的“军令状”、向全市人民作出的庄严承诺。2022年6月，国务院督查激励通报潜江市在促进乡村产业振兴、改善农村人居环境等乡村振兴重点工作中成效明显。

潜江半夏种植基地采收现场(潜江市档案馆　供图)

扛牢责任，坚持“三级书记”抓扶贫。坚决落实党政“一把手”负总责的限期脱贫责任制，把“三级书记”抓扶贫工作纳入领导干部考核重要内容，倒逼责任落实。全市成立381支扶贫工作队，1460名工作队员进驻381个村（分场），确保全市346个行政村及6个管理区（农场）的35个办事处（分场）全覆盖。按照每名干部帮扶不超过5户的原则，派出7516名帮扶责任人与全市贫困户开展“四个一”帮扶活动。市各行业部门主动作为，全面落实各项扶贫政策，确保脱贫攻坚兜底保障、发展产业脱贫增收“不漏一户、不落一人”。将脱贫攻坚纳入市委第十轮巡察重点内容，对23个区镇街道巡察全覆盖。

统筹谋划，持续抓好精准扶贫精准脱贫。建立与扶贫任务相适应的财政扶贫投入增长机制，统筹整合财政扶贫资金14.9亿元，精准落实产业扶贫、金融扶贫、教育扶贫、健康扶贫、救助兜底等各项扶贫政策。全市还安排财政专项扶贫资金2.2亿元，实施711个村级扶贫项目，农村生产生活条件得到极大改善。依托“南红北绿”①农业产业发展布局，不断完善特色产业扶贫机制，带动9505户建档立卡贫困户从事特色种养业，其中，从事虾稻共作贫困户4455户，种养殖面积5万余亩，人均增收超1万元。

久久为功，推动巩固脱贫攻坚成果与乡村振兴有效衔接。扎实开展“两类对象”监测与帮扶，325户1031人边缘户和159户507人脱贫监测户致贫返贫风险点全部消除。严格落实中央“四个不摘”要求，再设立5年过渡期，确保涉及“两不愁三保障”和社会保障类政策继续保持总体稳定。全市“南红北绿”农业产业格局持续深化，数字农业赋能激发特色产业新活力，荣获2020年全国县域数字农业农村发展先进县，成功举办全省地理标志农产品保护工程启动会、全省道地药材“一县一品”②现场交流会。村级集体经济发展不断壮大，被农业农村部表彰为农村集体产权制度改革工作全国试点典型经验推广单位。整合项目资金40亿元打造美丽乡村“三纵三横”乡村振兴示范带。将“四好农村路”建设融入乡村振兴战略，新改建农村公路1340公里，改造农村公路危桥101座，完成通达51个原贫困村、共计355公里产业扶贫路及14座交通扶贫桥建设，在全省率先实现全域公交一体化、乡镇全覆盖，为实施乡村振兴战略奠定了坚实基础。

（二）加快发展社会事业

坚持稳定和扩大就业。深入实施就业优先战略，全力贯彻执行政策扶持就业、经济拉动就业、创业带动就业、培训促进就业、援企稳岗稳定就业等多元化的促进就业模式。十年来，全市城镇新增就业129816人，年度农村劳动力转移就业总量始终保持在22万左

---

①“南红北绿”：在水田区推广虾稻共作等模式，在旱田区推广半夏、大豆、艾草与蔬菜连作、轮作等模式。

②“一县一品”：以县域为行政范围，利用当地独特自然条件培育具有县域标榜性的一个或多个特色农产品。

右，城镇登记失业率低于省政府控制目标。2012—2021年，连续10年将创业带动就业工作列为政府为民承诺办理实事之一，帮助74068名城乡居民实现创业，带动就业132895人。创新信息化培训监管方式，在全省率先建立完善培训远程视频监控系统，培训质量得到显著提升。开展就业创业培训1700期，覆盖86554人。加快推进公共就业服务信息化建设工程，在全省率先实现省、市本级，区镇处人社中心（社区），行政村四级公共就业服务平台信息化贯通，打通“15分钟公共就业服务圈”。2015年11月，湖北省就业信息工作现场会在潜江召开。2019年，公共就业服务信息化建设工作分别在全国、全省专题会议上做典型发言。

着力推进教育事业高质量发展。始终把教育事业放在优先位置，把教育发展放在改善民生的重要位置。先后荣获全国义务教育发展基本均衡市、全国阳光体育活动先进市、全国科技教育先进市、全国校园足球试点县市、全国校园足球“满天星”训练营、全国家长学校建设实验基地等称号，实现了省级教育最高奖项“大满贯”。义务教育阶段学生入学率达100%，初中巩固率95%，小学阶段巩固率100%，全市建档立卡适龄儿童无一人失学辍学。高中阶段毛入学率达到98.2%以上。残疾少儿入学率达到100%。深入落实“双减”工作要求，学科类校外教育培训机构从46家压减至7家，压减率达85%。高中教育质量明显提升，18名学生被北京大学及清华大学录取，一本上线率和本科上线率均高于全省平均上线率。高等职业教育快速发展，江汉艺术职业学院招生专业增加到27个，其中学前教育、音乐表演专业为国家骨干专业；高等职业教育在校学生规模由2012年的3415人增加到2022年的10827人。科技教育特色进一步凸显，160余人次在国家、省级科技创新大赛中获奖。十年来，教育经费投入达136.74亿元，新增学位13000个，新建、扩建和维修校舍495栋433088万平方米，集团化办学覆盖率达到60%以上，基本实现了由“有学上”到“上好学”的转变。

稳步推进健康潜江建设。大力实施“运动潜江、体育潜江、魅力潜江、健康潜江”建设，从源头上守住健康底线、保障群众健康。在发展群众体育上，投入约20亿元推进市镇村三级体育公园、健身中心、文体广场建设，体育设施建设实现市镇村全覆盖，人均体育场地面积达2.34平方米。成为湖北省首批体教融合示范区试点建设地，青少年体质提升工程得到大力推进。竞技体育上，与省体育局共建湖北省自由式小轮车运动队并落户市少儿体校，举办了国际自由式小轮车一级赛、全国小轮车自由式锦标赛等高水平小轮车赛事，成功建设了全国一流的小轮车训练基地。“奔跑潜江”“骑行潜江”“舞动潜江”“畅游潜江”成为活动品牌，先后举办了“潜江返湾湖湿地国际马拉松”“环中国国际公路自行车赛”等国际国内大型赛事活动，培养输送了奥运冠军吕小军、全运冠军孙露等高水平竞技人才。大力推进疾病预防控制体系改革和公共卫生体系建设，总投资30.43亿元的首批6个公共卫生补短板建设项目全部启动。持续开展改善医疗服务行动计划，组建

261个家庭医生团队，重点人群签约全覆盖。2019年在全省率先实现女性安康特定疾病保险项目全覆盖；2014—2021年，市政府投入1327.8万元、向上争取资金410万元，救助患病妇女2010人次。加快国家慢性病示范区创建，全省唯一免检通过验收。32个传染病网络监测质量达100%，排名全省前列。2022年，全民健康信息平台建设与应用作为数字健康典型案例获国家卫健委办公厅通报表扬。全市居民健康素养水平达36.16%，超过全省平均水平。

“美丽中国”2019年潜江返湾湖湿地国际马拉松现场（潜江市档案馆　供图）

（三）兜实兜牢稳定民生底线

不断完善社会保障体系。大力实施全民参保计划，基本医保参保人数达到82.02万人，参保率稳定在98%以上，职工和城乡居民基本医疗保险政策范围内住院费用基金支付比例分别稳定在80%左右和70%左右，国家组织药品和高值医用耗材集中带量采购价格平均降幅50%以上，建档立卡农村贫困人口全部纳入基本医保范围。门诊特殊慢性病病种数量扩大到32种。异地就医定点医疗机构数量增加至13家。持续巩固基本医疗有保障成果，全市罹患先心病、慢阻肺等30种大病患者救治率100%；罹患高血压、糖尿病等四类慢性病签约管理率达99.99%。

不断健全社会救助体系。十年来，城乡低保保障标准增幅分别达92%、277%；城乡特困供养对象救助供养标准增幅分别达44%、87%。社会救助资金持续增加，共计支出11.8亿元，十年增幅达24%。城市和农村低保对象保障持续加强，月人均补助标准增幅分别达207%和388%。临时救助规模逐年提升，增幅164%。救助兜底保障持续强化，建档立卡贫困、脱贫户救助兜底保障实现全覆盖。大力推进政府购买社会救助服务工作，每千人救助对象配置1名社会救助经办人员标准全面落实。

六、厚植生态底色，加快建设美丽潜江、实现绿色崛起

潜江深入贯彻落实习近平生态文明思想，以绿色规划引领绿色发展，以生态考核倒逼绿色发展，以高位推动保障绿色发展，以转型升级践行绿色发展，坚决扛牢生态文明建设的政治责任，书写了生态文明建设新篇章。成功创建国家水生态文明示范市、全国县域节水型社会建设达标市、省级生态文明建设示范市，荣膺水利部全面推进河湖长制先进集体，生态环保督察整改工作被认定为湖北整改工作取得显著成效的9个市州之一。

（一）深入推进长江经济带“共抓大保护，不搞大开发”严格落实

着力破解“化工围江”。成立了由市领导任指挥长的长江大保护十大标志性战役指挥部和15个专项指挥部。沿江化工企业“关改搬转”绿色转型涉及的7个年度任务清单，全部完成目标任务，完成14家沿江化工企业“关改搬转”。按照“有口皆查、有水必测、有污必治”工作要求，大力推进长江入河排污口溯源整治，完成113个排口的溯源、54个排口的监测和10个排口的立行立改工作。保持高压态势，突出日常监管，大力开展长江流域非法矮围攻坚提升行动，涉及的3个整治任务清单全部完成，实现了非法矮围零存量、零新增。加强船舶和港口污染防治整治，完成市域内生产性泊位污染物接收转运设施和45艘船舶生活污水处置装置改造，1200总吨及以上内河干散货船和多用途船岸电改造全部完成。

统筹推进流域综合治理。加快国土绿化和湿地保护修复，2022年完成国土绿化面积1.4812万亩，争取中央林业改革发展资金湿地保护类资金950万元，国家重要湿地返湾湖湿地保护修复加快，国土空间生态修复3个年度任务清单全部完成。深入实施“四退三还”①工程。推进返湾湖、冯家湖、白鹭湖、紫月湖等退田还湖2万亩，保护湖泊的整体自然形态和自我修复功能。扛牢自身流域治理责任，打造跨界流域治理样板，投入30余亿元对通顺河跨界河流实施综合整治，建设生态补水箱涵工程，建设园区化工综合管廊，实施工业污水处理厂提标升级，开展全流域村庄生活污水处理设施建设，实施支渠综合治理，关闭取缔涉污企业11家，关停拆除沿线畜禽养殖场122家。通顺河潜江段成为江汉平原流域整治的样板工程。开展非法码头专项整治，依法取缔汉江非法砂石码头2处，拆除内荆河、东干渠非法码头12处，腾退清理整治码头岸线1300米。建立完善集中式饮用水源地水质自动监测站、主要河流水质自动监测站、辐射环境自动监测站以及固定水平式遥感监测系统等，化工园区大气监测预警系统、工业企业废水治理设施建设得到加强。加强系统治理，实施矿山地质环境恢复治理重点工程，恢复耕地1116.15亩，修

①“四退三还”：“四退”指退人、退房、退田、退塘，“三还”指还湖、还水、还湿地。

复村庄道路147.5公里。开展长江干支流沿线10公里露天废弃矿山恢复治理，修复面积45.50公顷。完成“水污染防治联动平台、市镇两级通报平台、重点水域预警平台”三大平台和水环境应急处理机制建设。“十三五”期间，潜江在生态环境治理领域投资达60余亿元，全市环境基础设施建设水平明显提升，生态环境质量持续向好。

严格落实汉江“十年禁渔”。有序实施渔民禁捕退捕。2018年10月，全市辖区江段177艘渔船、354位建档立卡渔民全部退捕上岸，提前半年完成汉江潜江段渔船、渔民清零目标。通过组织禁捕退捕渔民免费技能培训、专场招聘会等措施，有劳动能力的退捕渔民就业率达100%。重拳打击严重破坏水生生物资源和水域生态环境的非法捕捞行为，江豚时隔多年再现潜江汉江段，世界极危物种青头潜鸭连续3年均监测到近百只。市农业综合执法支队被农业农村部评为2021年全国禁捕先进集体。十年来，坚持每年至少开展1次增殖放流活动，累计向汉江增殖放流各种鱼苗数亿尾，为维护辖区长江水域水生生物的多样性、改善水域生态环境作出了积极贡献。

（二）打好蓝天碧水净土保卫战

实施大气污染防治“组合拳”。开展工业污染源达标排放整治，重点涉气企业已全部采取脱硫脱硝除尘污染防治措施，并安装在线监测；正豪华盛电厂、江汉油田盐化工完成煤电机组超低排放改造；全市15家工业企业进行了无组织排放整治，22家“散乱污”企业、6座工业窑炉进行了综合治理；完成146台、786.2蒸吨燃煤锅炉淘汰改造和79座加油站油气回收治理改造。优化调整运输结构，购置纯电动公交车444辆，开通城乡公交线路20条，率先在全省实现新能源公交全覆盖；建成潜江开发区货运铁路专线；金澳科技专用输油管线加快推进。大力推进机动车污染治理，淘汰黄标车6833辆；制定《潜江市机动车检验与强制维护制度（I/M制度）实施方案》，相关部门联合开展柴油货车路检路查和入户检查。出台《潜江市人民政府关于划定禁止使用高排放非道路移动机械区域的通告》，推进非道路移动机械摸底调查和编码登记。修订《潜江市重污染天气应急预案》，成立以市长为指挥长的应急指挥部，明确了重污染天气应急响应发布启动条件、部门责任，强化了应对措施，建立了重污染天气应急减排清单。常态化开展扬尘、秸秆禁烧、餐饮油烟、加油站油气回收的巡查监管，提升秸秆综合利用率，建成年消化能力45万吨生物质发电厂1座。2021年，全市空气质量优良天数比例达94.1%，$PM_{2.5}$平均浓度为27微克/立方米，大气环境质量持续稳定。

推动水污染治理取得实效。强化工业、农业、生活、航运污染“四源齐控”，有效治理水环境污染。投资近12亿元完成城区支渠黑臭水体整治；投资13亿元实现污水处理厂全覆盖，建成4座工业污水处理厂、3座城市污水处理厂、12座乡镇污水处理厂。投资4532万元关闭禁养区畜禽养殖场903户，规模养殖场粪污处理设施配套率达100%，畜禽粪污资源转化利用率达95.2%。完成53个加油站的208个地下油罐双层罐更换等工作。

狠抓水源地环境整治，完成汉江泽口、红旗码头违章拆除和围网建设和景观治理。实施饮用水水源地治理，完成16处“千吨万人”乡镇集中式饮用水水源地保护区划定。建立饮用水水源保护长效机制。自2018年起，市政府每年预算安排40万元专项经费，加强汉江泽口、红旗2个饮用水水源地日常巡逻。构建市镇村三级河湖长责任体系，实现17座湖泊、827条河渠及571个小微水体河湖长制覆盖率100%。建立河湖保护大数据监管体系，实现水域环境24小时不间断动态监管。2021年，全市纳入国、省考核的9个地表水断面考核达标率100%，4个跨界断面考核综合达标率100%，全省跨界断面考核为优秀等次，全市主要河流水质符合Ⅰ～Ⅲ类的占92.8%，比2012年高23.6%，劣Ⅴ类水体全部消除，城市集中式饮用水源地水质多年达标率均保持在100%，水环境质量明显改善。

促进土壤质量安全可控。打好净土保卫战，突出预防为主，保护优先的原则治理土壤污染。全面加强疑似污染地块管理，编制调查报告，层层签订责任书，督促企业开展自行监测并向社会公开。加强重点行业企业用地调查基础信息采集，完成增补的6个地块信息采集及5个高关注度地块土壤及地下水样品采集、制备流转、检测分析。完成加油站地下油罐防渗改造，实施防渗改造72座，关停加油站3座。强化危险废物环境监管，医疗机构及危废处置单位监管处置实现“两个100%”。全面落实以“一控两减三基本”为核心的国家治理农业面源污染方案，完成10条国家清单农村黑臭水体整治、40个建制村农村环境整治，农业生产废弃物资源化利用稳步推进，先后被评为全国“送放心农资下乡进村”工作示范县、全国无公害标志监管与推广示范市、全国农业标准化示范市。

（三）持续推进生态市建设

深入推进“五级联创”。建立健全生态文明建设责任考核体系，严格落实环境保护“党政同责、一岗双责”，重大生态环保问题“一票否决”，实行领导干部自然资源资产离任审计和生态环境损害终身追究制度。将生态环保作为项目引进、招商引资前置条件，突出“环保第一审批权”，执行最严行业标准。推进环境信用评价，联合相关部门制订《潜江市生态环境信用评价应用办法》，将72家企业纳入企业环境信用评价信息管理系统。制定《潜江市生态文明（生态市）建设考核办法（试行）》，按照“五级联创”要求实现省、市生态村镇创建工作对接。创建国家级生态乡镇1个、省级生态乡镇20个、省级生态村89个，创建数量位于全省前列。

着力实施“绿满荆楚”行动。出台《关于加快推进绿满荆楚行动的决定》，完成重点地段和市、镇、村三级林长制全覆盖包保责任体系构建。“十三五”期间，全市造林19.749万亩，森林面积达21.2万亩，森林覆盖率8.09%，活立木蓄积量230.3万立方米，打造了宜黄高速、钟长线、章华台遗址旅游通道、兴隆河生态景观林带、返湾湖国家湿地公园等国土绿化精品工程。园林绿化建设上新台阶，形成了以曹禺公园、梅苑、南门河游园为绿肺，以城市主次干道为骨架，以河道水系绿化为绿带，以单位庭院绿化为基础的点、线、面、带相结合的城市绿化新格局。建成区绿地面积达到1625.13万平方米，绿化覆盖面积达到1854.68万平方米，绿化覆盖率36.87%，绿地率32.31%，城市人均公园绿地面积10.02平方米。全市创建森林城镇11个、绿色示范乡村102个，先后被授予全国绿化模范城市、国家园林城市、湖北省森林城市等称号。

不断改善城乡人居环境。开展全国“城市双修”示范试点，建成龙展馆、曹禺大剧院、紫月湖公园等城市地标。城市路网进一步完善，人均城市道路面积达17.65平方米，建成区路网密度达6.12公里/平方公里。完成30多条背街小巷道路排水照明等建设改造，市民生活更加方便。大力实施老旧小区改造，完成老旧小区改造178个、改造面积145万平方米，涉及1.52万户，完成投资2.07亿元。实现全市城乡生活污水治理全覆盖，城市生活污水处理率达到96.35%，出水水质达到一级A标准；污泥无害化处置率达到100%。大力推进城乡公共服务均等化，城市供水普及率达到100%，农村供水普及率提高到了99.9%，实现了“村村通自来水、户户饮放心水”目标；实施“气化乡镇”工程，敷设供气管线近1500公里，23个区镇处基本全覆盖；全面开展“五清一改”，整改完成农村户厕7.1万座，403个行政村全部完成垃圾收集、转运、处理建设和公厕建设，工作经验在全省推广。在全省率先提出打造“四好农村路”示范区，创建全省美丽农村路656公里，“一条好路，两排好树，一河清水，两岸花香”成为美丽农村公路的标配。成功创建全省公交示范城市，在全省率先实施国省道亮化工程全覆盖，率先实现公交卡全国互联互通。全市公路密度达189公里/百平方公里，高于全省平均水平，实现了90%乡镇通一级公路，100%省道通二级及以上公路。

七、大力发展社会主义民主政治，凝聚同心共进强大合力

社会主义民主政治是中国特色社会主义政治文明的集中体现。潜江坚持党的领导、人民当家作主、依法治国有机统一，深入推进民主法治建设，广泛调动各方面的积极性主动性创造性，形成了生动活泼、安定团结的政治局面。

（一）发展全过程人民民主

加强和改进新时代人大、政协工作。加强党对人大工作的领导，支持人大听取和审议“一府一委两院”专项工作报告。

坚持党管干部与人大依法任免干部有机结合，依法任免国家机关工作人员。人大组织开展专题调研、集中视察和法律法规实施情况检查109次，开展专题询问8次，作出决议决定220项，确保了党和政府在决策、执行、监督落实各个方面听到来自人民的声音。高标准建立了23个人大代表之家、82个人大代表小组活动室，构建了以“人大代表之家”为中心、以“代表小组活动室”为辐射点的基层人大代表阵地体系。“大力推进‘绿满潜江’

行动”议案办理，推动潜江顺利通过全国绿化模范城市核查，成为全省5个全国绿化模范城市之一；“关于加快推进城乡公交一体化的建议”议案办理，推动潜江在全省率先实现全域公交全覆盖。坚持党对政协工作的全面领导，坚持把协商民主贯穿政协履职全过程，政协系统党的建设工作受到全国政协领导肯定。支持政协创新开展议政性常委会，在全省率先将市委、市政府主要领导每年参加一次政协议政性常委会纳入制度化安排。建立市委常委领衔督办政协重点提案制度，促进重点提案高标准、高质量办理落实。市政协围绕全市经济发展大局和重大民生问题，常态化组织委员视察、民主评议，共立案1123件，一批成果转化为市委、市政府决策。打造了“协商在一线”活动品牌，全市政协工作呈现整体联动、生机蓬勃的良好局面。

做好新时代统一战线工作。凝聚和调动一切积极因素形成发展合力，深入开展“统战基层年”“大走访、大调研、大宣讲”“统战工作进社区”等系列活动，“小龙虾产业链统战工作”成为潜江开展基层党建工作的一大亮点受到省表彰。大力支持民主党派加强自身建设，积极履行参政议政、民主监督职能，打造“同心”社会服务品牌，爱国统一战线日益壮大。深化理想信念教育，引导党外知识分子和新的社会阶层人士，积极投身潜江创新创业实践。2017年，首届潜江楚商大会签约重点项目24个，引资118亿元。认真落实中央民族工作会议、新疆工作座谈会、西藏工作座谈会精神，深入开展民族团结进步创建“六进”活动，不断增进“五个认同”。建立海外统战工作协作机制，不断深化海外交流交往，开展走访慰问台胞台属、赴台陆生，协助有关方面帮助在台大陆老兵寻找在潜亲属。

（二）推进法治潜江、平安潜江建设

依法治市建设持续深化。不断健全依法治市体制机制，法治环境更加公开透明、规范有序、公平高效，获评第四批“全国法治县（市、区）创建活动先进单位”。严格落实“谁执法谁普法”的工作责任制，广泛开展“民法典主题宣传”“宪法宣传周”“司法行政开放日”等各类主题法治宣教和法制建设创建活动，9家单位获得法治建设示范单位称号；2家单位获全省第三批“省级法治文化建设示范点”；积玉口镇郧府新村获得“全国民主法治示范村”称号。创新体制机制，努力打造新时期人民调解升级版，完成市级公共法律服务中心、23个区镇办事处公共法律服务工作站和443个村（社区）公共法律服务室建设，建成23个规范化试点村（社区）人民调解委员会。全面推行行政执法“三项制度”全覆盖，选任人民陪审员82名、人民监督员20名，“阳光司法”得到大力推进。

社会治理现代化稳步推进。坚持发展新时代“枫桥经验”，“红色物业”、矛盾纠纷多元化解、“五户联防”、“交通事故一站式处理”等工作机制不断完善，“一村（社区）一法律顾问”“一社区（村）一警（辅警）”制度全面落实。创新建立专职人民调解员制度，选聘1885名专职人民调解员，实现了全市431个村（社区）专职人民调解员全覆盖。构建“大治理”格局，以综治中心为载体，打造集社会治安综合治理、矛盾纠纷排查调处、公共法律服务、应急管

理等一体化实战平台，完善“街道—村(社区)—基础网格”三级网格体系，推行“街道吹哨、部门报到”工作机制，实现基层矛盾纠纷调处精细化、信息化。坚持政治引领聚民心，以“双报到双服务”为载体，组织引导18791名在职党员干部常态化下沉社区亮身份、领岗位，推进“社区党总支＋小区党支部＋楼栋党小组”建设，打造“党建＋社会治理”新模式。坚持自治强基顺民意、智治支撑保民安，建设市镇村三级政法应急指挥视频调度系统，搭建“雪亮工程”信息平台，接入4100路A类监控、11000余路社会面监控资源，初步建成全域覆盖、全网共享、全时可用的“大防控”网络。深入开展“平安荆楚”“抓防范、破小案、攻积案、禁毒赌、保畅通百日会战”“雷火”“道路交通整治”“校园周边环境整治”等平安建设专项行动，成功实现“禁毒摘帽”，刑事警情、治安警情得到有效控制。人民群众安全感每年保持在95%以上，2018—2020年连续3年被评为全省平安建设先进市州。

扎实开展扫黑除恶专项斗争和政法队伍教育整顿。2018年1月，全国扫黑除恶专项斗争打响。潜江强化高位推动，落实领导包案责任，紧盯重点案件深挖彻查，坚持刀刃向内惩腐打伞，专项斗争取得明显成效。专项斗争期间，打掉黑社会性质组织3个，恶势力犯罪集团3个，恶势力团伙40个，破获刑事案件221起，打击385人。打赢“六清”行动攻坚战，261条线索全部办结，9名目标逃犯全部缉拿归案。坚持打击犯罪与查控黑财同步进行，依法处置涉黑涉恶财产1.82亿元。强化打伞破网，通过查办一批“保护伞”，获得全国、全省表彰。惩治腐败和“保护伞”立案94件，处理88人，留置14人，移送司法机关14人。

大力开展政法队伍教育整顿，全面推进从严管党治警常态化制度化。教育整顿工作受到中央督导组、省指导组高度肯定，省教整办简报、微信公众号4次推介潜江优化法治化营商环境、“我为群众办实事”做法。聚焦“6＋1＋N”①顽瘴痼疾，切实开展查纠整改，实现顽瘴痼疾清仓见底，推动全市政法各单位共出台执法规范化建设、干部队伍管理、优化营商环境等方面制度24项。聚焦“我为群众办实事”实践活动，全市政法干警为群众办实事4000余件。人民群众获得感、安全感、满意度进一步提升。

八、强基固本筑堡垒，以党的政治建设为统领，推进全面从严治党向纵深发展

事业兴衰，关键在党。潜江市委、市政府坚决扛牢全面从严治党主体责任，不断强化党的创新理论武装，持续推动基层党组织全面进步全面过硬，全市各级党组织和党员干

①“6＋1＋N”：“6”指违反防止干预司法“三个规定”，违规经商办企业和配偶、子女及其配偶违规从事经营活动，违规参股借贷，违规违法减刑、假释、暂予监外执行，有案不立、压案不查、有罪不究，法官、检察官离任后违规从事律师职业、充当司法掮客。“1”指优化法治化营商环境。“N”指其他自查的各类问题。

部管党治党意识和纪律意识不断强化，反腐败斗争取得压倒性胜利并全面巩固。2018—2021年，党风廉政建设民意满意度调查排名连续4年位居全省第一方阵，2020年排名全省第一。党风政风焕然一新，党心民心极大提振，交出了一份党和人民满意的政治答卷。

（一）高扬思想引领旗帜，把党的政治建设摆在首位

坚持“两个确立”、做到“两个维护”。党的十九届六中全会作出的“两个确立”的重大政治论断，是党的十八大以来最重要的政治成果，是时代呼唤、历史选择、民心所向。2022年1月8日，市委九届二次全会审议通过《中共潜江市委关于进一步加强党的政治建设坚持“两个确立”做到“两个维护”的决定》，要求全市各级党组织和广大党员干部要充分认识党百年奋斗的重大成就和历史经验，特别是党的十八大以来形成的原创性思想、变革性实践、突破性进展、标志性成果，充分认识风雨来袭时习近平总书记是最可信赖的核心、以习近平同志为核心的党中央是最可靠的主心骨，充分认识习近平新时代中国特色社会主义思想是马克思主义中国化新的飞跃，以更加坚定的思想自觉、政治自觉、行动自觉做到“两个维护”，确保步调一致向前进。坚持“两个确立”、做到“两个维护”成为潜江广大党员干部鲜明的政治品格，成为潜江政治生态鲜明的重要底色。

推动理论学习和党内主题教育走深走实。建立“思想引领、学习在先”机制，分级分类推动党内教育从“关键少数”向广大党员拓展、从集中性教育向经常性教育延伸。市委理论中心组率先垂范，通过专题辅导、集中学习、交流研讨、外出考察、实地调研等形式深化学习，开展专题理论学习203次，开展专题交流研讨40余次。加强与省委讲师团、湖北工业大学的联系合作，拓展“理论热点面对面”实践基地建设，形成了以市委宣讲团、青年宣讲团和特色宣讲队伍为主的“两团多队”宣讲格局。贯彻落实“十讲十进”工作要求，全面开展“五路大军进基层”宣讲行动，开展各类专题宣讲5000余场，受众30余万人。实施“干部能力素质提升计划”，充分发挥党校和“线上线下”培训平台作用，共举办各类培训班次440余期，培训副科级以上领导干部4360余人次、村（社区）党组织书记2050余人次。扎实开展党的群众路线教育实践活动、“三严三实”专题教育、“两学一做”学习教育、“不忘初心、牢记使命”主题教育、党史学习教育等一系列党内学习教育，精心组织开展改革开放40周年、新中国成立70周年、中国共产党成立100周年等系列重大庆祝活动，做到了思想引领深入基层、“声”入人心。

（二）坚持政治引领，以高素质专业化干部队伍赋能高质量发展

着力打造忠诚干净担当干部队伍。始终把政治标准放在第一位，健全完善领导干部政治素质考察评价机制，坚持新时代好干部标准，大力选拔信念坚定、为民服务、勤政务实、敢于担当、清正廉洁的优秀干部，市管领导班子综合素质和整体功能显著提升。深入实施新时代年轻干部成长工程，常态化推进干部跨地域、跨领域、跨行业和上下交流锻

炼，近5年来，共选派79名年轻干部到省直单位和基层一线挂职锻炼，在学习中解放思想、开阔视野、提升能力。持续开展干部不担当、不作为问题专项整治，共处理处分干部334名，形成强力震慑和警示教育。落实干部容错纠错机制，提拔重用13名曾受处理处分后积极改正错误、表现良好的干部，对5名受诬告干部予以澄清，推动各级领导班子和领导干部树立正确的政绩观，多做打基础、管长远、惠民生的工作。

大力实施新时代人才强市战略。树牢“人才是第一资源”的理念，出台《关于加强招才引智工作的若干意见》，明确招才引智“20条”具体措施，实行差异化精准引才。扩大用人单位招才自主权，突破岗位类别等级和结构比例限制，探索自主招聘方式，建立完善优秀人才引进绿色通道，激发各单位引才育才留才积极性。积极推动产学研合作，建立3个工作站、16个省级技术研发中心，促进人才、技术、资本等要素高效对接。立足产业发展基础和资源禀赋，深入实施“招硕引博”工程，招引各类高层次和急需紧缺专业人才280名。实施“章华人才”计划，重点推进“名企业家”“名医”“名师”“名校长”“潜江工匠”和“名乡土人才”等6支人才队伍建设，培养了一批行业领军人才。优化人才发展环境，落实党委（党组）联系专家制度，组织市领导联系服务100名优秀专家人才，强化对专家人才的政治引领。印发《招才引智实施细则（试行）》，推动招才引智政策落地落实，兑现创业引导资金300万元、研发补贴50万元，为创业青年提供贷款5988万元。持续推进“人才安居工程”“我为人才办实事”活动，为375名人才提供住房保障，解决人才子女入学、医疗保障、落户、夫妻两地分居等急难愁盼问题。整合资源建设了4家人才驿站，打造人才互动交流与创新创业平台。

（三）加强基层党组织建设

突出顶层设计强基固本。牢固树立“抓好党建就是最大政绩”理念，连续出台《关于整市推进基层党建工作全面进步全面过硬的实施意见》《关于大抓基层大抓支部强化党建的若干措施》《关于牢固树立大抓党建大抓基层鲜明导向全面加强基层党建工作的通知》等系列文件，切实将党的工作落到支部、依靠支部，推动全市基层党建全面进步、全面过硬。《潜江市：大抓基层大抓支部着力提升基层党组织组织力》经验做法被《湖北党建》报道推介。坚持“抓系统、系统抓”，成立市委教育工委、市物业服务行业党委等5个行业党组织，将32个城市社区党总支升格为党委，推动形成上下贯通、执行有力的组织体系。

全面提升党的组织和工作覆盖质效。制定出台《关于推进全市基层党支部标准化规范化建设的实施方案》，分10个领域列出建设标准，组织区镇街道党（工）委书记遍访行政村（社区），建立问题清单，推动各基层党支部达标提升。开展基层党建示范点创建工作，提出“区镇街道每年新增3～5个党建示范点”目标，形成抓中间带两头的工作格局，涌现出园林街道红庙社区、熊口镇赵脑村、金澳科技等一批全国先进基层党组织。持续整顿软弱涣散基层党组织，推动179个软弱涣散基层党组织完成整顿转化。扎实开展两新组织“百日攻坚”“百日巩固”“百日提升”等行动，将基层党组织建设创新落实在项目建设现场和产业链发展上。

设立145个党支部，两新组织党组织覆盖率超过90%。持续强化基层保障。出台《关于健全村级组织运转经费保障机制促进乡村治理的实施方案(试行)》，建立以财政投入为主的经费保障制度，确保村级组织正常运转。全面恢复23所乡镇党校，开展乡镇党校规范化建设，引导各地分别打造1～2个现场教学点，提升基层党员教育阵地建设水平。建立村干部待遇正常增长机制，村副职干部年工资人均增长1.5万元。加大村级组织活动场所扩能升级，争取财政资金1500万元，扶持46个村级党群服务中心建设，增强村级组织活动场所综合服务功能。筹集资金1950万元，扶持39个村发展新型集体经济，持续增强村级组织“造血”功能，解决了基层无钱办事难题。

(四)持之以恒正风肃纪反腐

切实强化政治监督。突出“两个维护”根本任务，积极推进政治监督具体化常态化精准化。围绕“三新一高”贯彻落实，聚焦做实“六稳”“六保”，共开展人防系统、供销系统、粮食购销领域、“大棚房”问题、农村乱占耕地建房、长江大保护等40余项专项监督、治理和整治。持续加强对中央、省委巡视反馈问题整改监督，推动问题整改见底清零。聚焦“关键少数”，压紧压实管党治党政治责任，60余名管党治党责任履行不力的党委(党组)书记被约谈，333名党员干部被问责。围绕市人大常委会原主任违纪违法案件，连续2年组织开展警示教育，引导全市党员干部汲取教训、引以为戒。坚持审查调查从政治纪律查起，案件审理从政治视角分析，13名党员干部受到严肃查处。持续保持正风肃纪反腐高压态势，共处置问题线索5334条，立案3556件，给予党纪政纪处分3071人，其中，涉及党政“一把手”73人，处级干部29人，科级干部407人，“两规”18人，留置51人。

驰而不息纠治“四风”。以抓铁有痕、踏石留印的韧劲，一个节点一个节点地抓，一个问题一个问题地治，持续引领党员干部作风向上向好。强化日常监督，开展专项整治，严查享乐主义、奢靡之风，严肃治理“舌尖上的浪费”“车轮上的铺张”“节日中的腐败”，坚决防止和查处“精致走账”式公款吃喝、“突击花钱”、私车公养等隐形“变异”问题，对违规收送礼品礼金、违规操办婚丧喜庆事宜等问题露头就打。从政治上审视和整治形式主义、官僚主义，开展“庸、软、懒、慢、粗”专项治理，严肃整治不作为、乱作为、慢作为等问题。查处“四风”问题940个，批评教育帮助和处理1221人，其中给予党纪政务处分425人。

实现政治巡察全覆盖。成立市委巡察工作领导小组，28次专题研究巡察工作。紧扣“三个聚焦”，开展12轮常规巡察，推进“巡镇带村”，实现对全市各级党组织巡察全覆盖。共发现问题2659个，移交问题线索840个。市纪委加大对巡察移交问题线索核查力度，给予党纪政务处分303人，组织处理773人，“两规”1人，留置3人。压紧压实巡察整改责任，被巡察党组织整改问题完成率达92%，督促健全完善制度400余项，实现面上问题整改完成率和问题线索处置完成率两个百分百。

深入推进清廉潜江建设。制定《关于推进清廉潜江建设的实施意见》，稳步推进清廉机关、清廉企业、清廉学校、清廉医院、清廉村居、清廉家庭、清廉文化7个清廉载体建设。公开宣布市管干部处分决定255人次，拍摄5部警示教育片，组织党员干部参观广华监狱，旁听庭审现场，学习案件警示录，抓实警示教育。持续开展党风廉政建设宣传教育月活动，打造“青年倡廉”“家庭助廉”品牌，深入挖掘钱瑛同志革命事迹，将廉政元素融入潜江传统艺术，编排8部廉政花鼓戏，拍摄《清廉潜江》宣传片，推动清廉文化深入人心。以“零容忍”态度坚决惩治腐败行为，严肃查处有关领导塌方式腐败案。查办市环卫局吴清海案，是全省留置案件“审判第一案”，受到中央纪委调研组和省纪委肯定。成功查处潜逃24年的原粮食系统干部张郑伟，持续释放有腐必查、一追到底的强烈信号。

踏浪前行风正劲，不负十年争朝夕。回首来路，崇文厚德、创新图强的潜江人民，因时乘势、踔厉奋发开新局；展望未来，潜江百万儿女将从非凡十年的辉煌成就中汲取精神能量，始终沿着习近平总书记指引的方向，步履铿锵、笃行不怠启征程。在新的赶考之路上，潜江上下必将更加紧密地团结在以习近平同志为核心的党中央周围，在省委、省政府的坚强领导下，保持战略定力和发展定力，接续奋斗、扎实奋斗、团结奋斗，努力推动建设四化同步发展示范区宏伟蓝图转化为高质量发展生动实践，奋力开创中国式现代化建设的潜江新篇章！

撰稿人：潘建军
统稿人：璩雨林
审定人：闫玉松

深入践行习近平生态文明思想
奋力谱写新时代高水平保护高质量发展新篇章

——从党的十八大到二十大神农架林区发展综述

神农架林区史志研究中心

党的十八大以来的十年，是神农架林区（以下简称“林区”）保护与发展极不平凡、极为艰辛的十年。十年来，林区党委以习近平新时代中国特色社会主义思想为指导，全面贯彻党的十八大和十八届历次党代会精神、十九大和十九届历次党代会精神，在省委、省政府正确领导下，认真贯彻落实省第十一次、十二次党代会精神和林区第十一次、十二次党代会精神，团结带领全区人民，不忘初心、牢记使命，众志成城、攻坚克难，建设“一园一地一区”[①]，生态保护成果丰硕，基础设施明显改善，绿色发展稳中求进，社会事业不断进步，党的建设全面加强，经受住疫情严峻考验，交出了疫情防控和经济社会发展“双胜利”的合格答卷，实现了“小康赶超、转型跨越、绿色示范、惠民共享”目标，为新时代神农架高水平保护高质量发展奠定了坚实基础。

一、建设人与自然和谐共生的美丽家园，生态文明建设成效显著

党的十八大以来，林区党委深入践行习近平生态文明思想，坚持生态优先、推动绿色发展，全方位全地域全过程加强生态保护，全区生态环境保护发生了历史性转折性全局性变化。呈现出生态更加完好、经济快速发展、社会全面进步的良好局面和人与自然和谐共生的美丽画卷。

（一）党中央、湖北省委关心重视支持林区的保护与发展

神农架林区是中国唯一以“林区”命名的行政区域，既要保护好生态环境，又要发展经济，在发展中，既要金山银山，更要绿水青山，生态文明建设成效，体现在尊重和顺应自然规律上，落实到具体行动上。2018年4月，习近平总书记视察湖北时，指出要加大

---

①“一园一地一区”：国家公园、世界著名生态旅游目的地、全国生态文明示范区。

长江生态修复力度，统筹山水林田湖草等生态要素，扎实开展重要生态功能区保护和修复，全面推进长江大保护“九大行动”，突出抓好包括长江、神农架林区等重点区域的生态保护修复，实施退耕还林还草、天然林和生态公益林保护、地质灾害防治、水土流失治理、消落带修复、湿地生态修复、生物多样性保护等工程，建设长江绿色生态廊道。习近平生态文明思想为重点功能区的保护与管理指明了前进方向、注入了澎湃动力、提供了根本遵循。

省委第十次党代会对神农架“彰显生态保护与绿色发展价值，建成世界著名生态旅游目的地”战略定位，为神农架规划了宏伟蓝图和奋斗目标。2017年6月，省第十一次党代会报告明确支持神农架建设成为世界著名生态旅游目的地，深化神农架国家公园体制试点。2020年4月14至15日，时任省委书记应勇深入林区企业、乡村、林场调研时强调，要深入践行习近平生态文明思想，牢固树立“绿水青山就是金山银山”理念，发挥好山好水好文化的资源优势，做好“生态修复、环境保护、绿色发展”三篇文章，推动生态保护与经济社会发展同频共振、相得益彰；要进一步巩固脱贫攻坚成果，防止因疫致贫返贫。

神农架林区杜鹃花（神农架林区档案馆　供图）

（二）认真贯彻中央决策和落实省级战略，绿色发展成效显著

人与自然和谐发展。坚持构建以神农架国家公园为主体的自然保护地体系，推动全域生态保护提档升级。把旅游业作为实现绿水青山转化为金山银山最有效的抓手，破解旅游产业“区域、季节、供给”不平衡难题。做好“旅游＋”文章，加快发展农林特色产业，培育康养优势产业，推动绿色产业高质量发展。全面推进乡村振兴，巩固拓展脱贫攻坚成果，激励脱贫群众内生动力，健全基本公共服务体系，提升城乡品质，发展社会事业，兜紧兜牢民生底线，推动民生明显改善。

完成国家公园体制试点改革。2016年,国家发改委批复《神农架国家公园体制试点区试点实施方案》,试点正式启动。两年探索取得阶段性成果,制定了《神农架国家公园保护条例》。2017年,经省十二届人大三十一次会议表决通过,2018年5月1日正式施行。2019年,改革试点成果荣获第二届湖北改革奖。与国内29所高校、12家科研机构开展多领域课题合作研究。联合组建中国林科院神农架国家公园研究院,设立国家林草局神农架金丝猴研究中心。实施国家和省重大科技专项研究课题5项。完成珍稀濒危植物资源本底调查,发现植物新种5个。跨区域金丝猴专项调查,发现旗舰物种神农架金丝猴种群数量从8个增至10个,总量从1471只增至1618只,栖息地从354平方公里增至401平方公里。举办首届"神农架国家公园杯"观鸟赛,发现鸟类新记录种10种。建立资源数字化平台。探索自然保护和利用新模式,形成社区共建共管共享可持续发展新格局。举办中国首个"文化和自然遗产日"活动暨中国世界自然遗产推进会,发表《中国世界遗产神农架宣言》。成立神农架国家公园金丝猴保护基金会,接受首批捐赠400万元。同法国普罗旺斯高地世界地质公园等4家国外地质公园和18家国内地质公园缔结为姊妹公园。

2016年7月,湖北神农架申遗成功(神农架林区档案馆　供图)

生态价值持续彰显。开展污染防治攻坚战,实现乡镇污水处理全覆盖,城乡生活垃圾无害化处理。神农架生物多样性指数稳定在81.18%以上,森林覆盖率保持在91.12%以上,护林防火和资源管护实现连续42年无较大森林火灾、无森林病虫害、无人为破坏资源案件"三无"目标。优良天数比例达到极值100%。2016年获"省级生态区"命名。全区8个乡镇已有4个国家级生态镇、4个省级生态镇,省级及以上生态乡镇创建比例达100%。67个行政村已有3个国家级生态村、54个省级生态村,省级及以上生态村创建率达85%。生态考核连续5年全省优秀。2019年6月,建立跨区域横向流域生态补偿机制，实行共保联治。2021年10月，在联合国《生物多样性公约》缔约方大会第十五次会议举行的生态文明论坛期间，获评“第五批国家生态文明建设示范区”。投入生态文明建设资金5.23亿元，实施生态监测、修复和“增绿、改绿、覆绿”工程，累计新增造林绿化24429亩，全域森林覆盖率增长近17%。开展全国文明城市、国家卫生城市、国家级旅游度假区联合创建工作，打造“华中屋脊”生态文明基地。截止2022年末，森林面积305169公顷，森林蓄积量3300.55万立方米。环境空气质量PM_{10}平均浓度为32微克/立方米；$PM_{2.5}$平均浓度为18微克/立方米。全区3个国控水质断面监测点位和2个省控水质断面监测点位水质断面达标率达到100%，城市地表水水质指数(简称CWQI)为2.7522，排名全省第一。

大九湖湿地风景(神农架林区档案馆　供图)

人不负青山，青山定不负人。2021年党史学习教育突出以党员干部为重点向广大护林员延伸，向旅游景区覆盖，打造千条护林线上的生动党史课堂。借党史学习教育契机，筹建以神农架苏维埃纪念馆等为龙头，农商行现场教学基地、林业历史馆等分布乡村的红色驿站为基础的红色教育网络。同时，在3000多名护林员中开展“四史”宣传教育，利用支部主题党日、读书班等形式开展“退休老林业工人讲党课”“二代林业人谈林业转型史”“山林中行走的党史教育”等活动，引导广大护林员弘扬“塞罕坝精神”，更好守护好绿水青山。发挥“全国自然教育基地”“全国林草科普基地”“国家绿色旅游示范基地”等职能作用，打造生态展馆，推出生态游感官体验、研学游基地等方面，引导游客深刻领悟习近平生态文明思想，形成保护绿色神农架，热爱祖国大好河山的强烈共识。

(三)四大举措争创国家生态文明示范区

构建四个体系，生态创建保障有力。构建组织保障、政策支撑、协同推进、全民参与的体系。成立领导小组，形成“政府统一领导、乡镇部门分工协作、社会共同参与”创建工作格局。制定方案，细化目标，连续5年获生态省建设考核优秀等次 。召开动员推进大会和专题会议，研究部署任务，协调解决困难和问题，开展明查暗访，促进创建工作纵深推进。调动全民参与的积极性、主动性，利用媒体宣传。把生态文明教育纳入中小学教育课程和党员干部教育培训内容，营造“人人参与创建，共建美好家园”的良好氛围。

打好三大战役，环境质量持续改善。打赢蓝天碧水净土保卫战。制定《神农架林区打赢蓝天保卫战行动计划》，加强污染治理，改善大气环境质量。2个国控点、1个省控点位地表水断面水质符合Ⅰ～Ⅱ类断面占100％，水质达标率为100％，集中式饮用水源地季度水质达标率及年度水质达标率均为100％ 。印发《神农架林区土壤污染防治行动计划重点工作职责分工》，对全区土壤污染防治工作全面部署，未发生因疑似地块或污染地块再开发利用不当造成不良社会影响事件。

实施四大工程，生态建设成果显著。实施生态工业、农业、旅游和生态家园工程。执行项目环保准入制度，合理规划企业布局，推广节能降耗、减污增效生产模式。通过政府引导、政策扶持、龙头带动等方式，建立鲜活农产品冷链物流配送中心，“汇野”“神农相思”荣获湖北省著名商标，“华夏始祖”茶叶荣获湖北名牌，神农“百花蜜”“野板栗”成为国家地理标志保护产品。深化“一江两山”区域合作，推进船进神农架、赏雪滑雪直通车和户外营地等特色产品，实现旅游产品季节平衡、区域连线。“牵手”美国黄石公园摄制的《城市一对一神奇之旅》在中央电视台中文国际频道向全球展播。

强化四大监督，生态监管落实有力。强化日常、专项、社会和部门联合监督。落实环境执法“双随机，一公开”监管制度，每季度通过湖北省环境监察执法移动平台，随机抽查企业和执法人员开展日常执法监督。督办“环保督察”“三磷”“小水电”“绿盾”等专项问题整改，确保各项整改任务达到序时要求、取得实质性效果。 公布监督执法正面清单。统筹推进疫情防控、经济社会发展和生态环境保护工作协同发展。针对建设项目、采石制砂、生态修复等重点工作，联合各行业主管和监管部门合理开展环境执法行动，督办效果进一步加强。

二、完整准确全面贯彻新发展理念，推动新时代神农架高水平保护高质量发展

十年来，林区坚持生态优先，系统推进生态保护和生态文明建设，开创了保护与发展新局面。

（一）经济快速增长，综合实力显著增强

综合实力显著增强。实现地区生产总值共计274.07亿元。2022年实现地区总产值

356121万元，是2013年185745万元的1.9倍。完成地方一般公共预算收入共计43.61亿元，2022年实现地方一般预算收入51559万元，是2013年29960万元的1.7倍。固定资产投资共计324.99亿元。城镇、农村居民人均可支配收入2022年分别达35907元、13488元，分别是2013年的18133元、6305元的2.0倍、2.1倍，增幅位居全省前列。2022年金融机构年末存款余额为715051万元，是2013年407127万元的1.8倍，人均居民存款进入全省前五。三次产业结构由9:32:59调整为9:29:62。实现农林牧渔业总产值24688万元。截至2022年，共有规模以上工业企业10家、建筑企业17家。规模以上水电企业总装机容量11.88万千瓦时。其中建筑工业总产值完成76242万元。2022年实现社会消费品零售总额179121万元，是2013年的2.5倍，年均增长10.3%。

基础设施明显改善。2009年2月18日，神农架机场奠基。2011年4月全面开工建设。耗时7年多，2013年11月7日，由民航中南地区管理局组织的神农架机场试飞圆满成功。2014年5月8日正式通航，并与宜昌机场一体化运行。开通广州、上海直飞航线，发展通用航空。在机场建设过程中历经场址选择、规划设计、空域争取、立项批复、扩大对外开放、资金筹措、科研批复、初设批复等过程。从无到有，在海拔2580米的山顶上，施工作业面有限，施工难度很大，条件非常艰苦，建设者们发扬神农精神，动员一切力量，抢抓一切机遇，终于建成通航，实现了神农儿女的飞天梦，建成了"最美的生态机场"。

保（康）神（农架）高速于2017年9月正式开工，全长42.998公里，主线桥梁26座10448.7米，隧道11座26255.87米，桥隧比例高达85.36%，项目总投资67.5亿元。起于保康县后坪镇，与保宜高速相接，终点在阳日镇。2021年5月24日，由神农架发起的高速开通推介会在十堰启动。5月24至28日分别在十堰、襄阳、南阳、随州、孝感等地举行。5月28日0时，保神高速全线开通试运营，全国联网收费。这意味着湖北结束了最后一个县市——神农架不通高速的历史。自此，从襄阳保康进入神农架将由以往2.5小时缩短到1小时内，从武汉到神农架将节省1小时以上。

2017年3月3日，新华镇大岭村隧道3号横洞开钻，拉开了郑渝高铁神农架段开工建设序幕。该管段线路长18公里，含2隧1桥1站。其中，新华隧道横跨神农架、保康、兴山三地，全长18.78公里。2021年1月25日，经过工人1341个日夜奋战，湖北段最长施工难度最大的隧道——新华隧道在兴山县境内全线贯通，宜昌和神农架两地实现高铁"握手"。郑州至襄阳段于2019年12月1日开通运营。2020年8月25日，中铁一局五公司承建的郑渝高铁湖北段神农架车站多线特大桥全桥安全顺利合龙，大桥主体工程完工。2021年5月19日，历时17个月的郑万铁路神农架牵引站220千伏外部供电工程全部投产运营。6月9日，神农架站房主体框架结构全面封顶；7月4日，历经10个月鏖战的神农架段无砟轨道施工圆满结束。2022年6月20日，"郑万"高铁神农架站、新华客运枢纽站顺利运营，神农架正式迈入高铁时代。

2022年6月20日，神农架高铁站开通仪式（神农架林区档案馆　供图）

绿色产业发展加快。成功创建国家5A景区，新建3个滑雪场。建设桂竹园冰雪运动中心，打造国家冰雪与户外运动基地。发展盘水生态产业园，打造绿色产业发展示范基地。实施“一城引领、两带串联、两片联动”①森林康养产业发展战略，构建全域推动、产业融合、相得益彰的康养产业空间布局，打造国家森林康养基地。围绕“三农”工作重心转移，实现农业高质高效、农村宜居宜旅、农民富裕富足，建设全省乡村振兴示范区。形成旅游、农林、康养产业多点支撑、融合发展新格局。建成坪阡古镇、堂房新区，国际慢城、龙降坪度假区、柏杉园旅游度假区。

旅游经济大幅增长。2013—2022年十年间，全区共接待游客13169.6万人次，实现旅游经济总收入485.8亿元。2022年，接待游客1903.2万人次，是2013年520.3万人次的3.7倍。2022年实现旅游经济总收入720231万元，截至2022年，接待国内外游客数量同比增长6.6%。实现区内旅游经济收入同比增长7.8%。其中，景区门票收入16490万元，同比增长43.0%；客房收入178330万元，同比增长15.5%；餐饮收入163037万元，同比增长14.4%；旅行社收入6419万元，同比下降27.2%；旅游商品收入126954万元，同比下降8.0%；交通收入115427万元，同比增长7.2%；其他收入113575万元，同比增长8.2%。

（二）生态保护与绿色发展成效显著

绿色发展成效显著。从2013年“一园四区”和美丽幸福神农架建设到成功创建“国

①“一城引领、两带串联、两片联动”：围绕一座智慧康养慢城、一条森林康养景观带、一条森林康养休闲带，西南森林康养旅游片、东北森林康疗养生片发展。

家全域旅游示范区”，神农架先后荣获“中国十大生态旅游目的地”“中国天然氧吧”“国家绿色旅游示范基地”“国家体育旅游示范基地”“全国中小学研学游实践基地”称号，连续4年荣登“中国最美县域榜”。炎帝剧院建成运营，巴桃园成功创建4A级景区。实施品牌创建、质量提升工程，农林产品“两品一标”①认证19个。荣获“省级农产品质量安全县”称号。“神农四宝”②入选“一县一品”产业联盟。确定神农架为湖北省地道中药材“一县一品”优势品种发展重点区域。成功举办首届世界中医药健康论坛，成为世界中联森林康养研究专业委员会秘书处永久驻地、国家森林生态标志产品生产基地创建试点区。

打造全域、全年旅游新业态。营造“大抓旅游、抓大旅游”导向、氛围和环境，发展全域、全季、全时旅游。坚持提升西南一线、打造东北一片、强化中部支撑，加快推动区域、季节、供给平衡，补齐客旅转换、配套服务短板。培育成春赏花、夏避暑、秋赏红叶、冬滑雪旅游新业态，丰富避暑度假、冰雪运动、森林康养等旅游产品体系。坚持品质化、国际化，系统培育“吃住行游购娱”和“商养学闲情奇”新旧六要素。建设桂竹园冰雪运动中心，丰富拓展“野人五项”户外运动产品，打造国家冰雪和登山、滑雪、攀岩、房车露营等户外运动基地。打造南方最大滑雪胜地。建成送郎山、巴桃园、五峰山、太和山、太阳山、官门山攀岩等20余处大型户外运动基地。建成4个滑雪场、4个滑雪运动学校，连续两届代表湖北省参加全国冬季阳光体育大会并取得优异成绩。

全域布局森林康养产业。以“康养＋”为重点，建设松柏森林康养智慧中心、盘水康养科技产业园，建成3个森林康养城镇、5个国际森林康养基地、14个森林康养精品点(村)。拓展康疗、养生市场，实现“康养＋中医药”“康养＋体育”等融合发展。研发中药养生保健产品和养生药膳体验产品，建成一批睡眠村庄、森林氧吧、避暑秘境。丰富康养产品，打造康养、康疗、康体三大主题产品。加快推进与元康养中心、神农药王谷、廻龙坪睡眠小镇、新华康养小镇、徐家庄森林康养基地等项目建设。神农架除了拥有“四大中医名药”(头顶一颗珠、江边一碗水、七叶一枝花、文王一支笔)之外，还有灵芝、天麻、神农香菊等300多种野生名贵及常用药材。林区加强与鄂旅投、省交投、联发投和华中农业大学、湖北中医药大学的交流合作。成功举办首届世界中医药健康论坛，成为世界中联森林康养研究专业委员会秘书处永久驻地、国家森林生态标志产品生产基地创建试点区、全国森林康养基地试点建设区。

(三)深化重点领域和关键环节改革取得扎实成效

落实中央和省委重点领域改革。完善党政机构改革，一体推进党的纪律检查体制、国家监察体制、纪检监察机构改革。组建监察委员会，推进综合执法体制改革。深化群

①“两品一标”：绿色食品、有机农产品和农产品地理标志。

②“神农四宝”：神农奇峰茶、神农架生态酒、神农云蜜、神农架地药材。

团改革。建立现代企业制度,实现事企分开、市场化运营。加强经济体制改革。推进行政审批制度改革,实行"权责清单""收费清单""四办清单"管理,建立企业落户"一日办结"和涉企项目收费"一费制"。完成行政机关公务用车制度改革。"双随机、一公开"监管工作全覆盖。深化国库支付改革,全面清理规范财政专户,撤销预算单位实有资金帐户76个,实行标准支付流程。连续3年获"全省金融信用市州(县)"称号。建成惠农金融服务联系点67个,完成农商银行改制,组建村镇银行、担保公司等融资平台。加快投资体制改革,推行政府购买服务。

营商环境持续优化。推进"互联网+政务服务"改革,实现"一网通办、一窗通办、一事联办""跨域通办"。企业开办"210"标准等改革事项全面推行。打造旅游营商环境"金字招牌"。政务服务大厅设置公交、社保、民政24小时自助服务区,城乡居民基本养老保险关系转移接续、企业开办、户口迁移审批等高频事项实现区域通办。38个单位进驻集中办公,2272个依申请及公共服务类事项实现"一门办"。设置"智慧助老服务岗"和"帮代教办"专区,为老人提供便捷服务。融入"襄十随神"城市群政务服务。实现"异地代办代收"财政预算一体化运行,推行电子招投标和在线远程异地评标。加强市场主体培育和财源建设,建设协税护税机制。推进"立审执"提速增效。加快市场智慧监管,实现线上线下一体化,建成省级食品安全示范县。民营企业得到发展,招商引资和项目建设落实见效。连续3年获"全省金融信用市州(县)"称号。

三、实施一体化协同发展战略,生态文旅深度融合发展

积极服务"一带一路"、长江经济带、中部地区崛起、成渝双城经济圈等重大战略,融入全国、全省发展布局。强化公共文化服务创新发展,实现文旅产业融合发展新模式。

(一)加强意识形态工作,精神文明创建活动丰富多彩

强化政治担当,夯实理论基础。林区党委坚持以学习型党组织建设为依托,加强党委理论学习中心组的理论学习并抓实各级党委(党组)理论中心小组学习。围绕党的群众路线教育实践活动、"三严三实"专题教育、"两学一做"学习教育,"不忘初心　牢记使命"主题教育和"党史学习教育"等主题教育,认真组织开展学习习近平总书记系列重要讲话精神。学习宣传贯彻党的十八大、十九大、二十大,省第十一次、十二次党代会精神和林区第十一次、十二次党代会精神。组织党委理论宣讲团20余人,深入机关、企业、村镇、社区开展理论宣讲500余场次。百姓宣讲团成员98人,开展习近平总书记系列重要讲话、生态保护、法律法规、精准扶贫等300余场次主题宣讲活动。覆盖人次5万多人。党委理论学习中心组集中学习、培训、研讨,开展专题讲座、辅导报告等200余场次。

推进责任落实,强化意识形态。党委主要负责人切实履行意识形态工作第一责任,

每年带头研究分析并专题听取工作汇报至少3次、专题批示5次。学习贯彻中央、省委有关决策部署，研究解决意识形态领域存在的问题，制定出台《神农架林区党委（党组）意识形态工作责任制实施细则》。将该项工作纳入党建责任制和各级领导班子、领导干部目标管理，与经济、政治、文化、社会、生态文明建设和党的建设工作同部署、同考核，制定落实《神农架林区意识形态工作责任制落实情况考核评分细则》，进行专项督查与文明创建评分、年终考评挂钩。坚持意识形态“周报平安、月研判、季分析、半年联席会”制度，加强信息收集、分析研判、热点敏感问题处置引导，健全责任共担、信息共享、研判共商、处置联动的部门协同工作机制。落实宣传部机关全员全岗意识形态工作责任制。强化督办巡察，管好各类意识形态阵地。

加强舆论宣传，强化网络空间。党政主要领导每年专题召开新闻舆论工作者座谈会，听取宣传部、融媒体中心工作汇报，解决存在的困难和问题。完成全国、全省“两会”等重点敏感时段舆情值班及网上宣传引导工作并搜集舆情信息。推进政务互联网群组清理整顿，合并微信群6个、QQ群35个，解散微信群93个、QQ群96个。常态化开展网站安全执法检查。围绕稳定鼓劲、正面宣传为主方针，策划“精准扶贫、扫黑除恶、蓝天碧水保卫战、改革开放40周年、世界中医药论坛”等重大活动100余次。编发舆情专报14期，举报有害信息1800余条，完成“迎大庆、保军运”政治维稳任务。研判处置各类网络举报投诉70起，做好网络舆情引导处置。举办探访宋洛蛇草坪、赏秋色拍秋景、荆楚网友走进神农架等美丽乡村文化旅游宣传活动6次，网上推送首发视频380余条，防电信诈骗宣传片《不要联系》被人民网、中国警察网、湖北政法等官方微博转发，点击量过千万。《华中屋脊的守望者》被央广网推送并在央广之声《共和国追梦人》专栏播出。贯彻落实《党委（党组）网络安全工作责任制实施细则》，开展关键信息基础设施网络安全检查，下达限期改正通知书4份，签订网络信息安全责任书25份，关停网站3家。

弘扬新风正气，创建精神文明。发放社会主义核心价值观宣传年画2万余份，新增公益广告400余处。落实县域文明指数测评问题清单化管理，120个问题整改到位。开展人居环境综合治理暗访13次，曝光脏乱差问题30余处整改到位。打造实验小学“小手拉大手”、大九湖中心学校“小小导游班”志愿服务品牌。落实《文明操办婚丧喜庆事宜实施方案》，劝阻“无事酒”147起，无事办酒现象大幅减少。为贫困户无偿赠送电视机198台。规范“十星级文明示范户”创建评选，出台《神农架林区“十星级文明示范户道德信贷”工程实施细则》，对200户“十星级文明示范户”授信1700万元。召开“十星级”文明示范户表彰暨农村文明创建工作推进会，奖励资金24万元。1人入选“荆楚楷模”，1人进入“中国好人”候选人名单，2人入选全省行业系统“荆楚楷模”。开展庆祝新中国成立70周年、建党100周年系列活动，15项群众性主题宣教活动150余场次。“我和我的祖国”快闪活动、“大美神农架”中国画摄影艺术邀请展、“中国梦·劳动美”职工运动会受到群众欢迎。建成新时代文明实践中心，志愿者平台上线，完成百花坪和阳日社区试点建设，8个乡镇新时代文明实践站全部挂牌。

（二）深化旅游主导地位，生态文化旅游业高质量发展

丰富旅游文化产品。出台奖励补助办法和民宿经济快速健康发展实施方案，成功举办旅游发展大会和泛神农架区域旅游高质量发展论坛。《秘境神农架》大型情景剧成功商演。《汉唐乐府》《九湖幺妹洗衣服》等实景新剧常态演出。木瓜园、南溪湾等精品民宿示范点加快推进，“神农山居”民宿公共品牌逐步形成。盐道水街商业街顺利开街，“茶祖博物馆”建成开馆。古水河野趣体验区建成，“红色河畔”苏维埃革命教育基地投入运营。“大九湖魔法森林”、天燕星空帐篷等一批网红小店和打卡点深受游客喜爱。各大景区引进《榨油》《酿酒》《剪纸》手工制茶等传统手工技艺类非遗项目。打造木鱼香溪街特色文化产业园、大龙潭金丝猴文创孵化园。成立“神农架艺术团”和“神农架堂戏、皮影戏剧团”，配备流动图书、舞台、下谷堂戏舞台车各1台。年均开展文化活动40项以上，培育91支社会文化团体。连续两年举办“神农架世界民族之林森林音乐节”，引进《猫和老鼠》《雷雨》话剧和豫剧《婆媳冤家》，填补林区艺术门类欠缺。

创建生态文化品牌。神农架是汉民族创世史诗《黑暗传》的发现地，其中描述的从天地混沌到人类起源的内容以及盘古、女娲等历史神话，比史籍记载更为丰富奇特。2014年，神农架梆鼓荣膺“湖北十大特色品牌文化”。2021年，中国体育文化、体育旅游博览会上揭晓了当年中国体育旅游精品项目，其中，神农架国际滑雪场、神农架野人五项户外体验线路、神农架大众冰雪运动会分别入选2021年中国体育旅游十佳目的地，体育旅游十佳精品景区，体育旅游十佳精品线路、体育旅游精品赛事。国际滑雪场被评为“国家体育旅游示范基地”“湖北十大体育产业单项冠军”，两次入选体育旅游十佳精品景区。连续4届获得中国体育旅游十佳目的地，野人五项户外体验线路连续3届入选“中国体育旅游十佳精品线路”。林区荣获“省级农产品质量安全县”。“神农四宝”入选“一县一品”产业联盟。建成2个省级科技创新平台，入选全省首批创新型县（市、区）建设名单。神农架酿自原始森林的酱酒展示健康、自然、生态优势，成为国内独具特色的“生态制造”白酒高端品牌。神农架天麻、木鱼绿茶获批农产品地理标志。作为湖北唯一国家公园体制试点地区的神农架，还拥有联合国教科文组织“人与生物圈保护区”网络成员、世界地质公园、世界自然遗产、亚洲生物多样性永久性示范基地、世界名山、国际重要湿地名录6张“世界级名片”。

强化营销合作谋发展。精彩亮相首届中国（武汉）文化旅游博览会，组织30余家文旅企业代表团以景区、旅行社、酒店、旅游商品、非遗产品、大健康产品等特色类别参展，现场表演特色节目，进行有奖销售，吸引无数观众驻足打卡。成功举办第八届全国大众冰雪季启动仪式神农架会场活动。为迎接2022年北京冬奥会，围绕“圆梦冬奥、同享未

来”主题，精心策划预热期、爆发期、续热期3个阶段系列活动，融合“吃住行游购娱”旅游要素，联合旅游＋冰雪、滑雪赏雪娱雪＋民俗＋特色美食宣传。开展“全民冰雪公开课”、“滑向2022”、冰雪嘉年华、冰雪大联欢等群众性冰雪活动。邀请泛神农架区域文化旅游部门参加林区2021年旅游发展大会，举办旅游高质量发展论坛，共同发起区域旅游合作倡议。组织巫山、巴东、神农架开展区域合作座谈会，共商区域合作。参与“襄十随神”四地文化馆联盟和“襄十随神”四季村晚演出交流，筹办四季村晚(神农架站)。与陕西省安康市图书馆、襄阳市图书馆开展馆际互借业务，通过相互交流，推进汉水流域文化合作，泛神农架地区文化旅游一体化发展。在中央电视台、湖北卫视等媒体开展主题宣传，赴武汉、珠三角、京津冀、“襄十随孝南”等开展博览会、旅游推介活动，举办杜鹃花节、避暑节、汉服文化旅游节、环大九湖马拉松、UTSS森林越野跑、“野人五项”自行车公开赛、自驾旅游节、冰雪节等品牌赛事、节庆活动，提升影响力和美誉度。

服务质量明显提升。以宣贯旅游饭店、景区、旅行社服务规范为抓手，开展旅行社创“A”工作，饭店创“星”、绿色饭店创建工作，提升旅游服务品质。将神农架宾馆、神农山庄纳入绿色饭店创建单位。加强厕所保洁服务。在酒壶坪、大九湖游客集散中心及景区公厕内提供热水、纸巾等细致贴心服务，添置空气净化设备、自动感应烘手机等，完成景区旅游厕所百度定位，基本实现“数量充足、干净无味、实用免费、管理有效”目标。加强市场执法监管，深入开展旅游市场专项整治，督导常态化疫情防控，打击“黑社、黑车、黑导、假冒商品”等违法违规经营行为，开展专项检查。查处无证经营高危险性体育项目违法企业，责令整改和口头告诫、批评教育。加强导游、讲解员、旅游网红等人才培养，先后对景区从业人员及各乡镇旅游企业负责人、网络直播达人、旅游行业网络直播等300余名人员进行专业培训。

(三)突出公共文化服务，大力实施惠民工程

基础文化设施建设明显加强。创建2个省级公共文化服务创新发展示范项目。建成4个省级综合文化服务中心和12处“百姓舞台”农村示范文体广场。建成图书馆、群艺馆、博物馆、体育馆、文化站、神农印象中心“四馆一站一中心”场馆格局，免费开放接待132720人次。图书馆综合阅览室设党史学习专架，各类图书齐全，集藏、借、阅、咨询、管理一体化功能。馆藏品得到有效管理和养护。为区直单位展览讲解“建区50周年图片展”。完成有效电影放映500余场。建成微信和国学数字图书馆。建成8个乡镇综合文化站、图书馆和25个村(社区)文化服务中心，免费开放惠及群众10万余人次。67个行政村农家书屋全覆盖，推进“书香神农架”建设。建有卫星数字书屋69个，数字阅读屏20处。攀岩、滑雪、瑜伽和健身馆等公共文体服务场所健全。实现国民体质监测中心全覆盖。建文化阵地，送文化下乡。让村、社区居民吹拉弹唱有阵地，娱乐健身有场所。炎帝剧院建成运营。公共体育设施逐步健全，开展全民健身运动。

加强非遗、文物保护利用。建成非遗展示馆，集中展示下谷堂戏、皮影戏、剪纸、堂纺叠绣、打火炮、传统医药等国家级、省级、区级非遗项目和名录，集展示展演、收集收藏、公共教育、文化交流、传承传播于一体，对非物质文化遗产保护发挥重要载体作用。挖掘第八批区级非遗传承人和第九批区级非遗项目名录，新增7名区级传承人和2项非遗项目。《黑暗传》、下谷堂戏等纳入国家、省级非物质文化遗产保护名录。完成宋洛乡盘龙村"房县十三区八乡苏维埃政府旧址"的维修、革命纪念馆布展和红坪镇兰英寨安全防护，开展红色文物排查和长江文物资源调查。成立各类体育协会23个，建成文体广场96个。培育46家体育产业公司。共有销售网点26个，为林区体育公益事业发展贡献强大力量。

创作文艺精品，举办丰富文体活动。聚焦建党100周年主题，创作颂党歌曲《中国脊梁》，文艺作品《雕刻人生》(情景诗朗诵)、美术作品《松鹤延年》(国画)、音乐作品《红梅赞》(大合唱)等。组织开展"我们的中国梦"——文化进万家活动(送戏下乡)15场次。开展戏曲进校园活动20场次。成功举办庆祝中国共产党成立100周年文艺晚会。举办全国女子篮球锦标赛、国际马拉松、汽车越野集结赛、大众冰雪运动会、首届区运会等品牌活动和赛事400余场次。围绕"4•23"世界读书日主题，联合开展"这个春天书香正浓"阅读推广活动，举办全民阅读、神农架50周年成就展、现场办理借书卡等活动。联合开展第十八届"童之趣"杯征文征画大赛和"放飞梦想——湖北·拉脱维亚国际少儿画展"作品征集申报工作，其中《乡间傍晚》被湖北省图书馆选中收藏。实施体教融合，出台《林区政府办公室关于深化体教融合　促进青少年冰雪运动发展的实施意见》，举办体教融合冰雪运动进校园辅导员培训班，组织教师、体育工作者参加培训，冰雪运动进校园、进社区。

四、社会事业全面进步，人民群众幸福指数不断提升

坚持以人民为中心的发展思想，扎实做好保障和改善民生工作，切实把高水平保护高质量发展体现在增进民生福祉上，社会事业全面进步。

(一)坚持以民为本，社会保障不断健全

大力推进数字广播电视惠民工程。骨干台、补点站、中央数字电视节目、省级数字电视节目顺利运行，监管安全播出，严厉打击治理"黑广播"。农村智能广播网("村村响"工程)建成运行。围绕建党百年、疫情防控等主题，开展系列宣传活动600余次。聚焦建党100周年，创作文艺精品。解决直播卫星户户通工程，共有用户5800余户。建成新闻出版广电监管平台，群众可收看12套中央电视节目。新华、红坪、阳日和大九湖镇4个广播电视无线发射台站建成运营。农村电影放映实现每年每村每月1场，流动放映804场次。宋洛建固定乡村数字影院，新华、大九湖和下谷三乡镇文化站各设固定放映点，满足群众

日常观影需求。至2022年底，全区建有广播电视台，有线电视用户达30624户，电视覆盖人口7.8万人，电视覆盖率为100%。

社会保障体系不断健全。对全区88个社会团体和61个民办非企业单位及时进行年检，批准成立民办非企业单位1家、社会团体5家、变更登记2家、到期换证6家。按时足额发放养老金，社会化发放率为100%，落实降费减负政策。申报稳岗补贴28家企业共1732人。针对就业困难人员、返乡农民工、高校毕业生、退役士兵四大重点群体，开展就业援助月、春风行动、退役士兵专场招聘会、高校毕业生就业服务月等活动，累计提供岗位8000余个，1500多名农村劳动者实现就业。高校毕业生新增创业126人，就业创业培训851人；设立精准扶贫户专属就业岗位。通过政府购买服务帮助1368户贫困户就业，分别安置在生态护林员、河道巡护岗、交通设施维护岗、美丽乡村共建岗，每个岗位年收入4800元；公益性岗位安置采取社会公开招录与推荐安置相结合的办法，公益性岗位在岗310人；11个社区达到充分就业社区标准，给两个社区落实充分就业社区建设资金4万元。实施社会救助，发放社会福利。统筹建立覆盖城乡的多层次社会保障体系，制定并组织实施养老、失业、工伤等社会保险及其补充保险、企业（职业）年金有关政策、办法、制度和标准。

人民生活显著提高。完成脱贫摘帽，如期全面小康。新冠肺炎实现医务人员零感染，完成确诊病例治愈“清零”目标。疾病预防控制能力和医疗服务水平大幅提高，社会保障体系更加完善。低保、残补、特困人群供养标准持续提高。城乡人均可支配收入年均增长10%以上。深化与十堰太和医院联合办医。建成保障性住房3038套，改造各类棚户区住房7951套，改造老旧小区9个，惠及困难家庭2144户5300余人。完成易地搬迁1416户4026人、生态搬迁512户1545余人、农村危房改造1000户3260人。推行“农事代办”，完善三级便民服务体系，办理便民事项3万余件。新增城镇就业5746人。截至2022年，基本养老保险参保人数为58621人。社会福利单位9个，床位670张，福利院供养、代养260人，城镇社区服务中心、站12个，农村社区服务中心、站67个。完成农村户户通工程。标准化规范化村卫生室和农村安全饮水全覆盖。狠刹人情风，推行阳光村务，全区人民安全感满意度连续13年保持全省前列。

（二）深化教育医疗卫生体制改革，创新基层治理

全面改善办学条件，教育教学质量明显提升。实施教育改薄工程，推动职业教育改革发展。安排薄弱学科建设资金100万元，加强中小学数学、英语两个薄弱学科和语文基础学科建设。争取改薄工程资金1200万元，完成大九湖中心学校搬迁工程、实验小学综合楼、新华中心学校食堂宿舍、木鱼中心学校食堂等工程建设。实验小学食堂建成使用，全面推开校园托管。艰苦地区学费补偿政策落实到位。《制定神农架林区深化高中阶段学校考试完善制度改革实施方案》。高中与武汉名校联办，筹集7000余万元建成创新

实验学校。新建中小学、幼儿园8所,维修改造校舍2.7万平方米。教育信息化基础建设加强,网络光纤学校通达率达100%。教育信息化技术应用"三覆盖"。加强师资队伍建设和校园安全管理。提高教师待遇,2051人次享受教育精准扶贫学生救助政策,发放救助资金184.8万元。深化产教融合与校企合作。

深化医疗卫生体制和疾控体系改革。协调推进医疗价格、人事薪酬、药品流通、医保支付改革。实施"资源整合、托管办医",组建太和医院神农架林区医院、武汉第一医院神农架林区中医院,乡镇卫生院、社区卫生服务中心和村卫生室标准化建设达标率100%。建立"四位一体"医疗保险制度,实现全民医保"一站式""一票制"结算服务,贫困人口先诊疗后付费,企业养老保险纳入首批试点示范县(市)并成功运行。人民医院住院楼、中医院综合楼投入使用。建成发热门诊、第二人民医院、红坪中心卫生院和3个PCR实验室。推进"323"攻坚行动计划。实施医共体运作模式,建设"一中心三基地"应急救治体系。实行人民医院院前急救、院内急救一体化和乡镇卫生院"传染病区、感染病区、发热门诊"一体化建设。深化医院托管、合作共建,提升诊疗水平,建成三级人民医院。提升妇幼保健专业化能力和优生优育服务水平。实施"一村一名大学生村医"计划。

统筹发展和安全,创新基层治理。推进"法治、平安、诚信、和谐"四大工程建设,开展"六五""七五""八五"普法,创建法治单位、乡镇、村(社区)、企业。加快社会治安防控体系建设,加强安全生产基础能力和综合防灾减灾应急能力。强化信访源头管理,实行"阳光信访""法治信访"。军民融合共建,双拥工作质量明显提升。党建引领基层社会治理、党员"双报道双报告"制度,"三方联动"机制逐步完善。网格化管理水平提升。推广"三级联调""四网联防",健全志愿服务工作机制。开展扫黑除恶斗争,推进"三治融合"创新基层治理。实施城镇社区、农村、生态资源、旅游服务"四位一体"网络管理服务全覆盖。完善源头防控、排查梳理、纠纷化解、应急处置的社会矛盾综合治理机制,构建和谐稳定的社会环境。

(三)打赢脱贫攻坚战,如期实现脱贫摘帽

坚持"两不愁三保障"脱贫标准,2018年8月成功脱贫摘帽,退出国家级贫困县,如期全面小康。

综合施策,精准扶贫取得新成效。落实"双周战情会商""双月进位考评"等工作机制和"五个一批""两主业一技能"等扶贫举措,整合各类资金11.08亿元,组织100余个机关事业单位、4000余名干部职工投身精准扶贫。实施"5312"产业扶贫①,贫困生资助体系和资助政策全覆盖。神农架生态酒业、聚能药业等民营企业和社会力量积极参与脱贫攻

①"5312"产业扶贫:新增茶叶、蔬菜、中草药、小杂粮、干果5项产业各1万亩,3万群中蜂,1000户种养大户;带动贫困户就业2000人。

坚。教育救助、就业扶贫、补充医疗保险等一批既符合林区实际,又务实管用的办法和措施得到落实。截至2018年12月底,建成48个扶贫搬迁点,累计完成1416户4026人易地扶贫搬迁,完成5415户15840人、17个重点贫困村脱贫出列。围绕“十有”标准,67个村基础设施健全、公共服务配套。农村饮水安全覆盖普及率达到95%以上。硬化农村公路103公里,公路安全生命防护“455”工程283公里,荣获全省首批“四好农村路”示范县称号,旅游线路延伸至偏僻的村庄或自然景观,带动更多村民脱贫致富奔小康。建成200千瓦光伏电站17座。新建扶贫迁建小区文体广场20处。农村广播电视“村村响”“户户通”率达到100%,光纤网络行政村全覆盖。新发展红高粱5000亩,累计建成高标准茶园1.8万亩、中药材2万亩、精细蔬菜3.9万亩,推进畜禽养殖清洁化建设。中蜂发展累计达4万群,神农百花蜜纳入湖北地理标志孵化库重点培育,宋洛乡命名为“中华小蜜蜂之乡”,成功举办全国中蜂产业科技发展论坛。推行“旅游+扶贫”,旅游农家乐累计达707家。“木鱼青天袍民俗山庄”“下谷古楠寨”被评为省级休闲农业示范点。发放贫困户“免抵押、免担保、全贴息”小额贷款8467万元,位居全省前列。

真情帮扶,精准扶贫呈现新局面。全区99个单位67个工作队,以工作队为纽带,驻村扶户为主,兼顾社会管理创新、基层组织建设、村级经济发展等重任,发挥自身行业优势,落实党委、政府决策部署,真扶贫,扶真贫,收效明显。成立主要领导或分管领导任组长的驻村扶户工作队,建立帮扶台账,制定帮扶方案。明确主体责任和乡镇、村配合责任,确定驻村方式、时间、工作目标和年度任务。8个牵头部门(四大办、三大局、宣传部)均深入联系乡镇(片区)召开精准扶贫推进会或调研督办会,强化单位驻村扶户责任。各帮扶单位共投入资金630万元。帮助贫困户危改和环境整治180余万元156户。改水、改路90万元65户;产业帮扶(种、养、农家乐等)280万元520户。扶智(培训、助学)18万元85户。助迁、助残、助特40万元。其他近20万元,62个行政村、910户贫困户直接受益。67个行政村户籍人口50353人。其中,建档立卡贫困人口5417户15846人,通过持续攻坚,累计实现脱贫5145户15840人(2户6人因自然灾害和交通事故未脱贫),自评综合贫困发生率0.29%,未发现错退、漏评情况,群众认可度为93.42%,全部达到退出标准和条件。

巩固脱贫攻坚成果与乡村振兴有效衔接。严格落实“四个不摘”要求和5年过渡期政策,完善防止返贫监测和帮扶机制,巩固拓展脱贫攻坚成果。强化扶贫项目资产管理,加强公益性岗位管理,弱劳力、半劳力等家庭就近就地就业。加强易地扶贫搬迁后续扶持,优化集中安置点公共服务,精准做好产业、就业扶持,确保搬迁群众稳得住、能发展、可致富。出台巩固拓展脱贫攻坚成果同乡村振兴有效衔接实施方案,实现67个行政村常态化驻村帮扶全覆盖。整合涉农资金2亿元,助推乡村振兴基础设施建设和产业发展,2021年实现消费扶贫5353万元。

坚持示范引领、以点带面，实施“十百千”工程[①]，建设古水、木瓜园、长青、石屋头、桃坪、板桥河等特色村落，打造乡村旅游样板。实现农村道路硬化、村庄绿化、乡村美化。探索美丽乡村建设新模式，木鱼镇定为全国“一村一品”示范村镇，阳日镇为全国乡村治理示范乡镇，大九湖、盘龙、石屋头三村入选省级美丽乡村典型案例。农村改厕和污水有效治理，垃圾分类全覆盖，公共设施管护机制逐步健全，培育“神农工匠”，发布房屋图集，风貌、体量、色彩和质量安全监管加强。农村供水保障工程提升。全域地理信息系统更新升级和数字乡村建设工程加快，农村千兆光网、移动物联网与城镇同步建设。村级综合服务设施显著提升，村级客运站点、文体等设施管理加强。

（四）取得战疫决定性胜利，巩固拓展疫情防控成果

2020年新年伊始，一场突如其来的新冠肺炎疫情笼罩荆楚大地，神农架也不断受到外来输入病例冲击。面对疫情灾难，神农架和全国人民一道同病魔较量，与时间赛跑，在全省第一个实现确诊和疑似病例“双清零”。

加强组织领导，构筑严密防线。2020年1月22日，成立由党委、政府主要领导任双组长的新冠肺炎应急防控指挥部，对疫情防控工作统一领导、指挥和行动。抗击疫情“作战图”迅速铺开。第一时间关闭人员聚集场所，启动突发公共卫生事件Ⅱ级应急响应。23日，5镇1乡11个卡口8个留观室相继设立，景区正式关闭。党政主要负责人带头深入各乡镇展开督导，各单位、部门、各乡镇主要负责人认真履行第一责任人责任，站位一线、靠前指挥，上下联动、政令畅通。27日，神农架报告首例确诊病例，正式打响疫情防控阻击战。全区各战线全面动员、紧急行动，迅速从休假模式变为战斗模式。成立8个督查指导组明察暗访，督促各乡镇、各单位落实属地管理责任。强化内防扩散，外防输入。向各村、社区全覆盖，“菜篮子、米袋子、油瓶子”供应无虞。79支防控工作队1700余名队员，1427名党员、1154名志愿者下沉社区村组，协助辖区内人员全覆盖排查，开展返乡和外来人员登记工作，全面建立台账，24小时值班值守，实行“零报告、日报告”制度。一方有难，八方支援。无论党员干部、普通群众，还是白衣战士、公安民警……在社区、医院、车站、商场等场所，他们以平凡举动向社会传递爱心和温暖。农村防控前沿阵地，志愿者与村干部、党员自发成立疫情防控工作组，组建进出村口管控队，既当“守门员”“疏导员”，又当“跑腿员”“宣传员”。各卡口，乡镇书记、镇长成了守门员，居民小区局长、科长成了保障居民安全的守护神。人大代表、政协委员倾情投入、各尽其能。卡口内，居民们踊跃报名值守巡查；街巷旁，理发师免费服务；社区里，志愿者为隔离群众买菜送药；捐助站外，还有许多群众捐赠款物后就悄然离去，不肯留下姓名……正是这些点滴汇聚一起，形成了战疫的澎湃力量。爱心企业和人士的一份份爱心不仅让人深深感动，更让我们看

---

①“十百千”工程：大力发展乡村旅游，在全区培育10个示范村、100个示范村落、1000个示范户。

到了战胜疫情的强大社会力量。

坚持外防输入、内防反弹，筑牢疫情防控屏障。按照“平战结合、常急兼备”原则，突出“快准严实统”要求，坚持人物地同防、点线面结合，完整、全面、准确理解和把握优化调整疫情防控措施，科学精准做好疫情防控工作，努力实现以最快速度、最强举措和最小代价换取最好防控效果的目标。全区范围内进行疫苗接种，坚持“人民至上、生命至上”，坚持“外防输入、内防反弹”总策略和“动态清零”总方针，从严从紧把好“入口关”，坚持警钟长鸣，筑牢安全防线。

平战结合共战疫情，完善常态化疫情防控机制。充分认识疫情防控常态化特征，采取针对性措施，做好复工复产复岗，重整经济。随着疫情形势向好，神农架不失时机按下发展“重启键”。及时召开党委常委会议和防控指挥部指挥长会议，商讨复产复工、交通保障、人员流动等事项。“做好打新的硬仗的准备”“两场战役一起打”打响复工复产“保卫战”。全面恢复交通。“保神”高速、“郑万”高铁、慢城酒店、堂房学校、陶家沟水库水源地等关键性项目相继复工。全面落实习近平总书记在中共中央政治局会议上提出的“疫情要防住、经济要稳住、发展要安全”重要要求，高效统筹疫情防控和经济社会发展，统筹发展和安全，全力保持平稳健康的经济环境、风清气正的政治环境、国泰民安的社会环境。

五、把党的政治建设摆在首位，以党的政治建设统领党的建设各项工作

林区党委始终把党的政治建设放在首位，强化政治引领，铸牢政治忠诚。带头学习理论，练就讲政治、勇担当、善作为的硬本领和好作风。

（一）加强党的政治建设

始终把政治建设放首位，旗帜鲜明讲政治。制定“十条措施”加强党的政治建设，带头在党委常委会中建立“思想引领、学习在先”机制，坚持常委会“第一议题”制度，增强“四个意识”、坚定“四个自信”、做到“两个维护”，自觉向党中央对标看齐，贯彻落实党的基本理论、基本路线、基本方略。加强和规范党内政治生活，严格执行民主集中制。坚定正确政治方向，提高政治能力，营造风清气正的政治生态，努力把政治生态建设得和自然生态一样美一样好。在政治上思想上行动上始终同以习近平同志为核心的党中央保持高度一致。严守政治纪律和政治规矩。强化政治担当，锚定建设生态文明建设示范区的目标定位，切实把责任扛在肩上，敢于攻坚克难、动真碰硬。严格政治监督，纠治“躺平”思想和“佛系”心态，尊崇党章，严格党内政治生活。

提升科学决策、改革创新等能力。落实“能力作风提升”各项任务，领导干部练就讲政治、勇担当、善作为的硬本领和好作风。党政主要负责人深入一线开展专题调研，问情问需问计问政。注重优化方法，带着感情调研，掌握真实情况，善于发现问题解决问题。

突出调研实效，找准谋发展、提能力、强作风、抓落实的正确方向和思路。坚持民主决策，运用共同缔造理念和方法，让人民群众有效参与到决策中来。履行决策法定程序，充分运用法律方式处理公共事务、化解社会矛盾。“揭榜挂帅”，聚焦项目建设、整治更新等重点工作设榜揭榜，激发干部担当作为。开展拉练比武，大力选树典型，不断总结可复制、可推广的经验做法，形成“比、学、赶、帮、超”的良好氛围。

（二）发展全过程人民民主

人大、政协工作成效显著。十年来，人大常委会举行主任会议70次、常委会会议60次、人民代表大会10次，开展执法检查15次，专题视察调研100余次，听取和审议专项工作报告70个，作出决议、决定30项，常委会会议审议有关工作报告的审议意见320余条，形成书面审议意见300多件，处理完成200余件。表决通过任职事项179人次、免职事项210人次，组织任前法律知识考试16次、任后宪法宣誓仪式15次。收集整理建议意见176条，形成专题报告12篇。邀请代表160人次列席常委会会议，参与调研视察、执法检查等重大活动。全体代表主动参与履职活动达200余人次。重点督办群众普遍关注的330件意见建议。林区十二届人大三次会议代表提出的186件建议、批评和意见办复率100%。

政协工作全面落实省级战略，加快推进“一园一地一区”建设步伐。坚持把习近平新时代中国特色社会主义思想作为统揽政协工作的总纲，自觉贯彻落实党的路线方针政策和决策部署。自觉接受林区党委领导，一切重要活动围绕党委、政府中心任务进行。自觉把党政中心工作作为履职重心，在助推党政关键工作中彰显作为。实行大团结大联合，把牢团结、民主两大主题，广泛联系社会各界人士，实现和衷共济、共谋发展。加强政协队伍建设，补强工作短板，积极开展文史资料收集、整理和研究，编辑出版林区《神农架文化简史》《政协年鉴》《〈议政建言〉和〈各界反映〉十年成果汇编》等70万余字文史资料。

统战工作“有声有色”。组织动员统战人士服务全区深化改革、加快转型发展、维护社会和谐稳定等方面积极履职尽责。开展“同心·共促绿色发展”“进万家民企·促跨越发展”等实践活动，广泛凝聚统一战线力量。加强经济统战工作，服务非公经济发展。发展民族宗教事业，维护民族团结宗教和谐。“中华民族一家亲”中央民族歌舞团送戏下乡慰问演出和第十三届海峡两岸媒体荆楚行走进神农架，《弦歌逐梦》丝路之旅音乐会浓情上演。20家主流媒体记者深度采访神农架，海内外400多家网站媒体刊发林区生态文明建设成果信息1000余条。举办社会治理暨三级干部《宗教事务条例》知识普及和统战工作培训班，各乡镇各单位160余人参加。加强对台交流，2019年，第四届海峡两岸大学生环大九湖自行车赛顺利举办。30余名台湾大学生和内地大学生在大九湖湿地公园展开自行车山地骑行竞技。同年，第四届海峡两岸青年东湖论坛台湾青年参访团40余名台湾青年探访神农架，追寻炎帝神农氏足迹，举行祭拜仪式。

（三）创建平安神农架，构建和谐稳定的社会环境

深化扫黑除恶专项斗争。组织专班常态化管理扫黑除恶，每月召开一次专题会，开展线索排查、分析研判、协调会商、检查督办、考核评估、责任追究等工作。专题研究扫黑除恶专项斗争领导小组安排部署的重点工作，拿出具体贯彻落实意见。建立完善接待接访、群众举报、线索核查和移送、重点管理等工作台账。通过各种形式收到线索共计19条，查处行政案件251起，破获各类刑事案件38起，抓获犯罪嫌疑人41人，逮捕20人，取保候审27人，起诉32人。处理游客投诉29起，处理无理诉求11起，调解18起，行政处罚2起，罚款5000元，赔偿6000元。开展“长江生态大保护”“神农利剑”“绿剑”等专项行动。共检查宾馆、饭店600余家，检查木材经营场所20余家，查处各类野生资源违法犯罪案件81起。监督房屋建筑工程项目28个，下发质量安全整改通知书15份，停工通知书5份，行政处罚决定书2份，约谈施工企业3次，下发通报文件2份。深入农村宣讲，调动农民群众参与扫黑除恶专项斗争的积极性，提高群众的获得感和安全感。

开展政法队伍教育整顿。开展政法系统教育整顿主要有筑牢政治忠诚、清除害群之马、整治顽瘴痼疾、弘扬英模精神“四项任务”。2021年，通过推进学习教育、查纠整改、总结提升“三个环节”，全区政法单位政治生态进一步优化、纪律作风进一步好转、能力素质进一步提高、执法司法公信力进一步提升，督促广大政法干警更好担负起党和人民赋予的新时代政法战线职责使命，打造一支信念坚定、执法为民、敢于担当、清正廉洁的政法队伍。教育整顿自2021年3月开始，为期4个月，6月底结束。其中，学习教育环节约30天，查纠整改环节约75天，总结提升环节约15天。

创建平安法治神农架。实施城镇社区、农村、生态资源、旅游服务“四位一体”网络化管理服务全覆盖。开展“禁枪爆、禁毒、禁赌”、酒驾醉驾专项整治、突击“夜查”等专项行动，办理行政违法案件251起，破获各类刑事犯罪案件38起，抓获犯罪嫌疑人41人，逮捕20人，取保候审27人，起诉32人。共排查各类矛盾纠纷518起，调处化解497起。建立严重精神病障碍患者关爱小组，纳入残联补助386人，办理低保214人，与399名精神障碍患者监护人签订监护协议，对履行职责的监护人发放奖励补贴。开展吸毒人员“大排查、大收戒、严管控”，完善社区功能，挽救吸毒人员回归社会走向法治化轨道。完善法治建设“1＋5＋N”模式。整合司法行政一支主力军，专兼职调解员、基层法律服务工作者、专业社工、志愿者、社会组织5支专业服务队伍及分散的N种法律服务资源和其他社会力量，出台工作要点和规划。将法治文化建设纳入城镇化、新农村建设规则，打造法治文化进景区、进林区，成立法治文化书画社和研究社，编印《法治宣传文艺作品集》《民事纠纷案例》等法治文化读本，促进法治文化与自然保护、旅游、文化有机融合。深化“乡村说事”“道德讲堂”等特色品牌。开展“一月一主题”法治宣传，利用典型案例释法说理，推进人民调解、行政调解、司法调解“三调对接”。将法治宣传和精准扶贫及乡村振兴有机

结合，落实“谁主管谁普法，谁执法谁普法”责任，以法治促扶贫促振兴。修订出台城乡个人建房《管理实施办法》规范城乡个人建房行为。建成农村集体产权交易平台。粮食安全得到保障。村级债务全部化解。推动法治政府建设，全面启动“八五”普法，严厉打击电信网络诈骗犯罪，“盗抢骗”案件发案数明显下降。各类矛盾妥善化解和处置。

六、加强党的全面领导，为神农架高水平保护高质量发展提供坚强政治保证

中国共产党的领导是中国特色社会主义最本质的特征，是中国特色社会主义制度的最大优势，是人民当家作主和依法治国的根本保证。确保党发挥总揽全局、协调各方的领导核心作用。

（一）强化政治引领，加强党的全面领导

强化政治引领，严肃党内政治生活。强化政治引领，把牢正确方向。坚持把“两个确立”转化为做到“两个维护”的高度自觉，转化为推动高水平保护高质量发展的奋进力量，不断提高政治判断力、政治领悟力、政治执行力。抓紧抓实各级党委（党组）理论中心组学习。严格执行新形势下党内政治生活若干准则，认真落实民主集中制，提高“三会一课”、民主生活会、组织生活会质量，发展积极健康的党内政治文化。坚持统筹谋划、综合施策、立说立行。以理论武装凝心聚魂，统一思想基础。以作风整治激浊扬清，党风政风明显改善。以严明纪律强化刚性约束，党员干部的行为标准得到校正。从严选拔管理树立鲜明导向，用人环境不断优化。以抓好“关键少数”为重要牵引，形成以上率下良好局面。以制度建设为根本保障，建立常态化、长效化机制。

立足岗位实际，加强干部能力作风建设。聚焦“找差距、提能力、强作风、促发展”主线，广泛开展培训调研、挂职锻炼、揭榜挂帅、拉练比武活动。立足岗位实际，多举措多层次参加和开展培训活动，推动机关干部能力明显提升、作风向严向实。通过开展专题辅导、考察学习、理论测试，不断锤炼干部作风能力。列出作风能力建设问题清单，认真进行梳理。严肃监督执纪，开展党风党纪教育和经常性纪律教育，加强党风廉政建设宣传教育，推动党员干部把“守纪律、讲规矩”“内化于心、外化于行”。抓实政治理论和业务知识学习。强化责任主体，主动作为、担当善为，努力营造干事创业氛围，提高各级干部职工积极性，加强基层调研。各级党政领导班子成员积极履行“一岗双责”，统揽分管领域的党风廉政建设工作。班子成员之间工作积极协调配合，相互补台。对于安排的各项工作任务加强督办、检查，落实到位。

（二）发挥党的领导这一最大优势

加强自身建设，始终以上率下。党政主要领导班子成员严于律己，作风上身体力行、

作出表率，领导干部带头，“严”字当头，以更高标准要求自己，增强自律意识、标杆意识、表率意识。带头加强理论、政治、道德、纪律和作风修养，树立正确政绩观，确保思想政治引导、学习在先、干在实处、走在前列。党政领导干部以身作则、率先垂范，党员干部跟着学、照着做。领导干部学在先、做在前。以“关键少数”自我革命带动“绝大多数”作风转变，真正形成领导带头、层层示范，一级做给一级看、一级带着一级干的生动局面。

完善领导制度，坚持党的全面领导。党委坚持集体领导制度，建立健全严谨、管用的保证机制。改革形势深入发展，迫切需要依靠平等参与的集体智慧应对于平等介入，敢于知无不言、犯颜直谏，以促进党委正确决策，无私反映个人意见。发挥党委整体核心领导作用，尤以科学决定重大问题为要。

坚持以党的政治建设为统领，加强思想、组织、作风和纪律建设，充分发挥党委总揽全局、协调各方的领导核心作用，成立全面深化改革、审计、财经、网络安全和信息化委员会。定期听取人大常委会、政府、政协、法院、检察院党组工作汇报，支持人大依法加强对“一府一委两院”工作监督，支持政协开展民主监督，深化“协商在一线”试点和社情民意工作室工作。落实党管武装职责，加强国防教育宣传和民兵预备役工作，推进军民融合发展。深化政治巡察工作，完成年度巡察和整改回访督查任务。

（三）加强党的作风建设，全面从严治党纵深推进

开展党内主题教育。完成党的群众路线教育实践活动、“三严三实”专题教育、“两学一做”学习教育、“不忘初心、牢记使命”主题教育成果丰硕，党史学习教育常态化、长效化。学习贯彻落实党的十八大、十九大和十九届历次全会及二十大精神，贯彻落实省第十一次、十二次党代会精神及林区第十一、十二次党代会精神。在学懂弄通做实上下功夫，坚持法规法纪学、典型案例学、重点研讨学。十年来，党委理论学习中心组集中学习200余次，带动各级党委（党组）学习500余次。举办读书班集中研讨50余次，领办民生实事300余件，安全饮水保障、地质灾害治理、电商物流体系建设等问题得到有效解决。借支部主题党日活动契机，推动机关党组织全面学习、把握、落实党的理论、方针、政策。加强干部培训，分层分类举办各类轮训班60余期，培训干部1万余人。选派机关干部，送教下乡、送学上门、驻村第一书记宣讲等多种形式，推动党的创新理论进村组、进站所、进景区，累计宣讲2000余场。

加强基层组织建设。实施“头雁工程”，选优配强村（社区）“两委”班子，规范社区工作者员额管理，把基层党组织建成坚强战斗堡垒。把村（社区）“两委”换届作为加强农村社区基层组织建设的关键任务抓实，以选优配齐带头人队伍为重点，突出“双好双强”标准，严格候选人推选、比选、资格联审、组织考察等关键环节。出台《关于进一步补齐农村党组织基层基础工作短板的15条措施》，补齐村级队伍建设、集体经济发展、党建保障等方面短板。投入240万元提档升级16个村级阵地。每村设置1个生态村长岗位，梯队储

备村干部后备库172人、青年党员发展库108人。抓实事业单位、国有企业、"两新"组织党建工作，开展"两新"组织党组织书记培训2次、联席会议10次，新成立党支部4个。完善"红色物业"管理，推进党建引领物业管理全覆盖。提升党建质量和党员发展质量，优化党员队伍结构，加强党员教育管理。擦亮"绿海党旗红""旅游党建""五彩杜鹃志愿服务"品牌，建优游客服务站、党员示范岗、红色驿站，以"党旗红"守护"生态绿"，让党旗在"华中屋脊"高高飘扬。

建设高素质人才队伍。激发人才活力，建设高质量人才队伍。召开人才工作大会，评选表彰10家人才工作先进单位。吸引5家企业入驻，加快盘水产业园区建设。完成全省人才双创平台及人才超市建设路演，人才双创超市评审通过，获区级40万元项目支持。建立高校毕业生实习实训基地5家，吸引省内外20余所高校1670余人开展教学实习。出台《关于鼓励大学生到大九湖镇创业发展的实施意见》，在各类新业态旅游产业发展方面，给予"两补、两房、两贷"等扶持政策。加大人才引进力度。引进"三支一扶"117名、选调生96名、国有企业专业技术人员80余名、"三区"科技人才58名，引进"博士服务团"16名赴区挂职。为高层次人才争取高级别待遇，推荐选拔享受国务院津贴和省政府专项津贴专家5人，入选3人，总量达16人。评选区内技能拔尖人才8名。调研掌握一批主动作为、奋发有为、担当善为的"三为干部"，选拔配备年轻干部、女干部、少数民族干部和党外干部。坚持严管厚爱结合、激励约束并重，培养"看山、护林、守塔"接班人。全方位培养引进用好人才。念好引、育、留、用"四字诀"，培养一批会保护、善发展、爱农村、懂旅游、精管理的人才。推广"揭榜制"、编制"绿色通道"，伸长橄榄枝，筑巢引金凤。真金白银支持、真心实意服务、真情实感关怀，让人才创业有机遇、干事有平台、生活有品质。

（四）持之以恒正风肃纪

推进党风廉政建设。开展党风廉政建设宣传教育月和纪律教育"十进十建"活动，面向8个乡镇、80余个区直部门、10余家国有企业，采取集中宣讲＋线上线下＋法纪知识竞赛方式，实现党员和公职人员学习测试全覆盖。运用廉洁墙画、剪纸、宣传条幅、宣传专栏等宣传党纪国法，开设流动"微课堂"167场次。召开警示教育大会，面向155名"关键少数"开展警示教育活动。通报典型案例，增强震慑效果。集中观看警示教育片《不忘初心　警钟长鸣》131场次，观看人数5103人。收集党员干部心得体会文章176篇、感言摘录178条。开展廉政教育进家庭活动，向区级以上干部配偶发起廉洁倡议。在纪检监察网站和"清风神农架"微信公众号开设"家风故事"专栏，征集20余名基层干部职工身边的清廉"小故事"。运用"大篷车"展出党纪国法图书1000余册，播放廉政视频短片22次，开展廉政书画作品130余幅，廉政文艺节目巡演10余场次。推送廉政动态和工作信息693条，微信公众号关注人数增加至3600余人，公众点击和浏览次数达15.4万次。向党员干部编发廉政短信3000余条，编发中央八项规定精神政策制度汇编400余份。对659

名副科级以上党员干部廉政档案进行更新。常态纠治“四风”，健全长效机制，坚决防止反弹回潮、隐形变异。

加强政治巡视。2017至2022年6年来，十二届区党委共开展9轮常规巡察和1轮涉粮问题专项巡察，完成对58家区直部门、8个乡镇、8家区属国有企业以及79个村（社区）党组织的巡察，共发现面上问题842个，移交问题线索196条；十三届区党委开展了3轮常规巡察，共巡察25个区直部门，发现面上问题278个、移交问题线索48条。制定《中共神农架林区委员会关于建立巡察制度的实施意见》《关于加强上下联动推动神农架林区巡察高质量发展的实施办法》《神农架林区巡察整改和成果运用实施办法》等制度20余项，形成科学规范、运行顺畅、协作高效的工作机制。制定《林区党委巡察机构与林区纪委监委有关部门加强协作配合实施办法（试行）》和《相关部门与巡察机构贯通协作任务清单》，以“四项监督”有机融合为抓手，积极探索巡察与组织、统战、财会、审计等各类监督统筹衔接，完善巡前情况通报、巡中协助协查、巡后成果共享和督办督查的工作机制，监督合力不断增强。建立巡察干部队伍动态管理机制，调整充实巡察人才库和巡察组长库，累计抽调党员干部参加巡察350人次。紧扣政治巡察工作内涵，聚焦保护与发展大局，突出领导班子和“关键少数”，发现并推动整改党的领导弱化方面的问题200余个，移交生态环保领域问题22个、扶贫领域问题29个，追缴或挽回资金1200余万元，督促12个单位对共性问题或行业突出问题进行专项整治，对10个部门领导班子进行调整充实。根据巡察移交问题共追责问责45人，建立健全内部管理制度40余项。

深化反腐败斗争。落实党委（党组）全面从严治党主体责任，加强对党员干部特别是“一把手”和领导班子的监督，运用“四种形态”，健全完善监督体系，实现各类监督贯通协同。坚持无禁区、全覆盖、零容忍，重遏制、强高压、长震慑，坚持受贿行贿一起查，严肃查处政治和经济问题交织的案件，严查工程建设、土地出让、公共资源交易等方面的腐败问题。清除和治理腐败并重，发挥惩治震慑、惩戒挽救、教育警醒功效，做深做实以案促改、以案促治，推动正风肃纪反腐与深化改革、完善制度、促进治理融会贯通。推动清廉神农架建设“1+7”工作布局①全域覆盖、整体提升。推进政治生态分析研判，破解“熟人社会”监督难题。健全容错纠错、精准问责、澄清正名、教育帮扶机制。深化廉政教育，加强家风建设，实现干部清正、政府清廉、政治清明。

坚持廉洁从政。认真履行党风廉政建设主体责任和“一岗双责”，坚决破除形式主义、官僚主义。自觉抵住金钱诱惑，守好工程建设、项目招投标、土地出让、民生资金等重点领域权力边界。发扬自我革命和斗争精神，跳出人情羁绊，知敬畏、存戒惧。压缩“三

①“1+7”工作布局：推进机关、企业、学校、医院、村居、家庭、文化七大清廉载体建设，形成“1+7”工作布局，以重点行业领域清廉建设带动“全域廉”，推动党风政风社风民风一体改善。

公”经费，用党委、政府“紧日子”换取人民群众“好日子”。严查群众身边“微腐败”问题，加强审计监督和力度，营造风清气正的良好政治生态。

撰稿人：胡琴英
统稿人：张建军
审定人：段全恩

后　记

党的十八大以来，在以习近平同志为核心的党中央坚强领导下，党和国家事业取得历史性成就，发生历史性变革。湖北牢记殷殷嘱托，始终坚持以习近平新时代中国特色社会主义思想为指导，一丝不苟贯彻落实习近平总书记关于湖北工作的重要讲话和指示批示精神，努力建设全国构建新发展格局先行区，奋力谱写中国式现代化湖北篇章。

根据中央党史和文献研究院《关于开展〈新时代　新发展　新成就——从党的十八大到二十大〉(暂定名)编写工作的通知》要求，中共湖北省委党史研究室组织全省各市、州、直管市、神农架林区的党史和文献部门共同开展《湖北非凡十年——从党的十八大到二十大》专题性图书编撰工作。这项工作是学习贯彻习近平新时代中国特色社会主义思想和党的二十大精神，坚定捍卫“两个确立”，坚决做到“两个维护”的需要，是全方位反映十年来湖北经济社会发展取得的非凡成就和宝贵经验的需要，是发挥党史和文献部门存史资政育人重要作用的需要，意义十分重大。

中共湖北省委党史研究室高度重视《湖北非凡十年——从党的十八大到二十大》的编撰工作。何光耀担任编撰委员会主任负责全面工作，室分管领导施李国、钟文先后主持编辑工作。2022年9月，省委党史研究室向全省各市州党史和文献部门发出了编撰工作通知。2023年4月，在荆州市举办专题编写培训班。各地党史和文献部门组织精干力量，按时完成本地专题资料的收集、整理和综述的编撰、初审、上报等工作任务。

本书由何光耀终审定稿，钟文审读全部书稿，孙赔君统稿。由孙赔君、吴敏、李立新、王婵媛、王梦頔、潘奕虎、刘琳组成编辑组，具体承担联络、汇编、审稿、校对等工作。

本书撰写过程中，得到全省各地方党委、政府及有关部门、湖北人民出版社等单位的关心和支持。所有参加这项工作的同志都抱着极大的热情，力求全面、准确反映新时代十年湖北各地经济社会发展取得的成就和经验。在此，我们对帮助本书编写出版的单位和个人表示敬意和衷心感谢，也热忱欢迎、殷切期盼有更多同志参与到回顾总结历史、启迪襄助后人的事业中来。

由于水平有限，书中难免有不足之处，敬请广大读者批评指正。

中共湖北省委党史研究室

2024年12月